成为瑞吉欧

马拉古奇的教育之道

[意]保拉·卡利亚里
[意]玛丽娜·卡斯塔涅蒂
[意]克劳迪娅·朱迪奇
[意]卡丽娜·里纳尔迪
[意]维·维奇
[英]彼得·莫斯
◎主编

任丽欣　李薇
◎译

Loris Malaguzzi
and the Schools of Reggio Emilia
A selection of his writings
and speeches, 1945—1993

Paola Cagliari　Marina Castagnetti　Claudia Giudici
Carlina Rinaldi　Vea Vecchi　Peter Moss

华东师范大学出版社
·上海·

图书在版编目（CIP）数据

成为瑞吉欧：马拉古奇的教育之道／（意）保拉·卡利亚里等主编；任丽欣，李薇译．—上海：华东师范大学出版社，2022
 ISBN 978-7-5760-2610-8

Ⅰ.①成… Ⅱ.①保… ②任… ③李… Ⅲ.①劳瑞兹·马拉古奇—教育思想—研究 Ⅳ.①G40-095.46

中国版本图书馆 CIP 数据核字（2022）第 231231 号

成为瑞吉欧：马拉古奇的教育之道

主　　编　〔意〕保拉·卡利亚里　〔意〕玛丽娜·卡斯塔涅蒂
　　　　　　〔意〕克劳迪娅·朱迪奇　〔意〕卡丽娜·里纳尔迪
　　　　　　〔意〕维·维奇　〔英〕彼得·莫斯
译　　者　任丽欣　李薇
责任编辑　孙　娟
责任校对　樊　慧　时东明
装帧设计　卢晓红

出版发行　华东师范大学出版社
社　　址　上海市中山北路3663号　邮编200062
网　　址　www.ecnupress.com.cn
电　　话　021-60821666　行政传真 021-62572105
客服电话　021-62865537　门市（邮购）电话 021-62869887
地　　址　上海市中山北路3663号华东师范大学校内先锋路口
网　　店　http://hdsdcbs.tmall.com

印 刷 者　上海商务联西印刷有限公司
开　　本　787毫米×1092毫米　1/16
印　　张　29.75
字　　数　525千字
版　　次　2023年3月第1版
印　　次　2023年3月第1次
书　　号　ISBN 978-7-5760-2610-8
定　　价　98.00元

出 版 人　王　焰

（如发现本版图书有印订质量问题，请寄回本社客服中心调换或电话 021-62865537 联系）

Loris Malaguzzi and the Schools of Reggio Emilia: A selection of his writings and speeches, 1945 – 1993, 1st edition
by Cagliari, Paola | Castagnetti, Marina | Giudici, Claudia | Rinaldi, Carlina | Vecchi, Vea | Moss, Peter
ISBN: 9781138019829

Copyright © 2016 Taylor & Francis
All Rights Reserved.

Authorised translation from the English language edition published by Routledge, a member of the Taylor & Francis Group.
本书原版由 Taylor & Francis 出版集团旗下 Routledge Inc. 出版公司出版,并经其授权翻译出版。版权所有,侵权必究。

East China Normal University Press is authorized to publish and distribute exclusively the Chinese (Simplified Characters) language edition. This edition is authorized for sale throughout Mainland of China. No part of the publication may be reproduced or distributed by any means, or stored in a database or retrieval system, without the prior written permission of the publisher.
本书中文简体翻译版授权由华东师范大学出版社独家出版并限在中国大陆地区销售,未经出版者书面许可,不得以任何方式复制或发行本书的任何部分。

Copies of this book sold without a Taylor & Francis sticker on the cover are unauthorized and illegal.
本书封面贴有 Taylor & Francis 公司防伪标签,无标签者不得销售。

上海市版权局著作权合同登记　图字:09 - 2019 - 050 号

译者序

对于世界各地从事幼儿教育的人来说,"瑞吉欧"这个名字并不陌生,它不仅是高质量幼儿教育的一个标志,在许多教育工作者心中,它还象征着一个教育理想的高地,承载着人们对于某种不一样的教育的憧憬。尽管瑞吉欧幼儿教育①名声远播,但是由于它的开放性和流动性,以及它拒绝提供菜谱式的课程和流水线式的操作,这也使许多人只知其表,却无法领悟其精髓,有时难免让人产生一种"可远观而不可亵玩焉"的距离感。若想从根源上理解瑞吉欧的教育理念和实践,就必须了解它的缘起和演化,看一看它来时的路,方能理解它究竟是如何成为了当下这个独特的存在。

这本书就像一部纪录片,它努力地还原瑞吉欧幼儿教育从二战后呱呱坠地到如今长大成人的全过程,这是迄今为止第一部如此翔实地介绍其起源和发展的书籍。此外,它采用了一种独特而有趣的纪录方式,它透过的是劳瑞兹·马拉古奇(Loris Malaguzzi)——这位瑞吉欧幼儿教育的奠基人、这位教育领域的天才式人物——的视角,书中系统整理了马拉古奇的写作、演讲、通信、会议记录、发言草稿等,按照时间顺序加以排列。在瑞吉欧的甄选团队和英文版主编彼得·莫斯(Peter Moss)提供的文化、政治、历史的情境中,我们见证了从1945到1993年间的每一个阶段,瑞吉欧幼儿教育成长过程中的重要事件和议题,特别是特定概念和教育实践的诞生,比如社会管理(social management)、儿童的一百种语言(one hundred languages of children)、儿童形象(image of the child)、艺术工作室(atelier)和驻校艺术教师(atelierista)、教学协调员(pedagogista)、教学纪录(documentation)的由来。读过这本书,你就会明白这些当前定义了瑞吉欧幼儿教育的重要概念和实践不是马拉古奇或者其他某个人的灵光乍现,而

---

① 瑞吉欧幼儿教育创建于意大利北部城市瑞吉欧·艾米利亚(Reggio Emilia),它既包含一系列的幼儿教育思想和实践,也包含所开创的一整套的市立婴幼园(服务于0—3岁婴幼儿)和幼儿园(服务于3—6岁幼儿)的教育服务体系。

往往是一群人在痛苦的斗争、大胆的尝试和长期的反思中慢慢萌生并逐渐形成和稳定下来的。

瑞吉欧人认为,瑞吉欧的幼儿教育不是一株可以随意移栽到其他国家的植物,因为它需要植根于"当地土壤"(territorio)并得到它的滋养方可枝繁叶茂。在试图学习和借鉴瑞吉欧的教育理念和实践时,许多人会把它的这种在地性看作是它的局限和影响其传播的障碍。然而,这也正是它的迷人之处,正因为它扎根于特定的历史、文化、政治、地理环境,它才具有了如此多元的样态、如此浓厚的质地,对儿童、教育甚至说是人性才有着如此透彻的见地,它才能从一种教育理想转变为具体现实,持续存活了七十余年,并不断迸发出新的生命力。这本书也清楚地传达了这样一点,即瑞吉欧幼儿教育的发展自始至今都是一个高度政治化、高度参与性的过程。因此,通过这本书,我们将窥见一个比当前令无数教育工作者心向往之的瑞吉欧幼儿教育本身更为壮观的故事,它呈现了一群人在设法通过提供高质量的幼儿教育来解放儿童、捍卫儿童的尊严和权利的历程中,所经历的冲突、挣扎、牺牲以及所展现的承诺和奉献。

无疑,马拉古奇是瑞吉欧幼儿教育的灵魂人物,这本书的主角也正是他。通过呈现多种形式的文档,马拉古奇的智慧和性格都跃然纸上。马拉古奇生平并没有长篇巨著,但是通过这本书我们不难看出他的教育思想和哲学思考的深度和广度。使他突出于一些著作等身的教育家的是,他是一脚深深扎根于理论的肥沃土壤中,一脚又深深矗立在实践的丰腴田野里的巨人。马拉古奇同时代的另一位著名的教育家及其生前好友保罗·弗莱雷(Paulo Freire,1921—1997)对"实践"(praxis)有着独特而精辟的定义。能够影响现实、改变世界的"实践",是行动和反思的融合,是在理论照耀下的行动,而行动又在反思中检验和丰富其理论(Freire,1994)。马拉古奇的一生就是这样一种实践的真实的彰显。本书通过马拉古奇生前林林总总的写作为我们揭示,教育的哲学、理念和原则必须渗透并体现在学校的每日生活和环节中才有意义;而学校每日生活的具体设计都蕴含着教育的哲学、理念和原则,不管是显性的还是隐性的,是加以说明的还是未加说明的。可以说,那些至今仍然在为儿童服务的、仍然在不断发展的瑞吉欧的婴幼园和幼儿园正是马拉古奇一生的著述。

在强调了教育在不同的历史、文化、政治、经济情境(context)之间不可生搬硬套、模仿复制的同时,我们并不希望读者因此感到消极和无所适从。恰恰相反,在我国和世界各地都上演着由那些受到马拉古奇和瑞吉欧教育启发的人所发起的儿童教育的精彩尝试。我们感到，马拉古奇最为动人之处，是他对人——儿童和成人、男人和女人的关怀和挚爱，是对人性坚定的信念、尊重和捍卫，是把理想付诸行动的不知疲倦的努力。每一个关注儿童、关注人类、关注未来的人，都可以从中汲取力量和智慧。对于教育研究者来说，通过这本书可以系统地了解一个教育思想和实践体系的构建过程，这一点显而易见。而对于一线工作者来说，这本书也同样有着重要价值，它能让你看到任何一个教育行动的背后，哪怕是再细小的行为，都折射着深刻的价值观，传达着某种特定的教育理念。书中呈现了一些看似微不足道的文档，比如致家长的信、活动通知等，然而教育不就是由这样"稀松平常"的一砖一瓦搭建而成的吗？这就是教育的真实面貌！这本书告诉我们，一线工作者应该始终"用两条腿走路"：在反思中实践，在实践中反思。

翻译这本书对我们两个人来说都并非易事，因为它所收录的文档来源于一个距我们现在有些久远的年代、一个与我们有些距离的国度、一种对我们来说并不熟悉的文化，再加上马拉古奇的语言经常是跳跃式的、富含隐喻的，并常常与当时的背景以及他时下所阅读或参考的书籍有关，更不要说遍布全书的复杂英语句式的问题了（许多表述就像是俄罗斯套娃，从句套着从句）。这本译著是我们二人紧密合作的结晶，我们想指出的一点是，这不仅是两个人之间的合作，还是两代人之间的合作，我们一个出生于1950年代，一个出生于1980年代末。此外，我们二人有着不同的专业背景，一个是幼儿教育出身（教学过程与教师教育方向），一个是心理学出身（发展心理学方向），但二人都有多年在美国求学和工作的经历，我们发现自己在翻译的过程中也常常会讨论幼儿教育在中国、美国、意大利语境下的不同，这种代际、专业背景的碰撞以及不同文化视角的对比也让翻译这本书成为一次虽然挑战但又十分愉悦的经历。我们也非常感谢瑞吉欧同行，特别是来自瑞吉欧儿童（组织）的弗兰切斯卡·马拉斯托尼（Francesca Marastoni）和本书编者之一保拉·卡利亚里（Paola Cagliari）在翻译过程中总是耐心地解答我们的疑问，这使得不同思想的碰撞变得更加妙趣横生！我们还要鸣谢周菁博士和谢剑锋先生，他们用各自的专业所长对本书的校对慷慨地贡献了自己的时间。

这本书的翻译工作基本是在全球疫情期间完成的，在这个阴霾笼罩的时期，翻译马拉古奇的话语就像久旱逢甘霖，为我们带来了一股积极的精神力量。瑞吉欧的幼儿教育建立在二战后的废墟之上，战争的创伤激发了瑞吉欧·艾米利亚当地市民对于一种有别于传统教育的新型教育的强烈渴求，一种解放儿童的教育，一种看到并认可儿童潜力的教育,一种同时尊重儿童和成人、男人和女人,也就是完整的人性的教育。或许全球的"疫情之战"也将带来教育变革的新的可能,这本书恰恰讲述了全球灾难后瑞吉欧人重建教育的故事,它对当下的参考价值不言而喻!

任丽欣,李薇

上海,西雅图

二〇二二年二月

参考书目:

Freire, P. (1994). *Pedagogy of the oppressed*. Continuum.

目 录

致谢 / 1
英文版丛书序言 / 3
引言 / 7
文中使用的意大利术语列表 / 23

第一章 早年间：至 1963 年 / 1

介绍（彼得·莫斯） / 3
摘选的文档（瑞吉欧·艾米利亚工作组） / 11
截至 1963 年的时间线 / 16
三份回顾性传记文档 / 18
摘选的文档 1945—1963 年 / 40

第二章 迈出第一步：1964—1969 年 / 99

介绍（彼得·莫斯） / 101
摘选的文档（瑞吉欧·艾米利亚工作组） / 107
时间线 1964—1969 年 / 114
摘选的文档 1964—1969 年 / 115

第三章 成长的岁月：1970—1979 年 / 155

介绍（彼得·莫斯） / 158

　　　　　摘选的文档（瑞吉欧·艾米利亚工作组） / 164
　　　　　时间线 1970—1979 年 / 172
　　　　　摘选的文档 1970—1979 年 / 173

第四章　向世界开放：1980—1989 年 / 275

　　　　　介绍（彼得·莫斯） / 278
　　　　　摘选的文档（瑞吉欧·艾米利亚工作组） / 282
　　　　　时间线 1980—1989 年 / 293
　　　　　摘选的文档 1980—1989 年 / 294

第五章　最后的岁月：1990—1993 年 / 363

　　　　　介绍（彼得·莫斯） / 366
　　　　　摘选的文档（瑞吉欧·艾米利亚工作组） / 369
　　　　　时间线 1990—1994 年 / 376
　　　　　摘选的文档 1990—1993 年 / 376

在丝线上行走 / 429

参考文献 / 432

摘选文档目录

1. 78 简短履历,1978 年 / 18
2. ND 发表于《历史研究》(*Ricerche Storiche*)的文章,第 84 期,1998 年 5 月 / 20
3. 91《鲁契亚诺·帕瓦罗蒂出道 30 年后向吉吉托·里维尔贝里致敬》(*Omaggio a Gigetto Reverberi a trent'anni dal debutto di Luciano Pavarotti*)一书中的一章,由弗兰克·博阿迪(Franco Boiardi)编辑,1991 年 / 29
4. 45《真相》上的文章,第 1 年,第 13 期,1945 年 9 月 / 40
5. 46 载于《真相》的诗歌,第 2 年,第 6 期,1946 年 2 月 / 42
6. 46 载于《真相》的诗歌,第 2 年,第 17 期,1946 年 4 月 28 日 / 43
7. 50 意大利每日早报《意大利进步报》上的文章;1950 年 3 月 19 日 / 44
8. 51 发表在《心理教育学研究系列》(*Collana di Studi Psico-Pedagogici*)上的文章,瑞吉欧·艾米利亚,1951 年 6 月 / 45
9. 53 在瑞吉欧·艾米利亚举办的国际儿童画展的插图宣传页,1953 年 5 月 / 46
10. 54 在《社会精神病学贡献》(*Contributions to Social Psychiatry*)杂志上发表的关于瑞吉欧·艾米利亚圣拉扎罗精神病学研究所(San Lazzaro Psychiatric Institute)成立两百周年的文章,1954 年 10 月 / 49
11. 54 摘自《心理疾病研究杂志》(*Rivista Sperimentale di Freniatria*)附录中的片段,第 78 卷,第 2 期,1954 年 / 51
12. 56 在意大利先锋协会第七届全国理事会上的讲话,米兰,1956 年 12 月 / 52
13. 57 由心理-教育-医学中心的家长学校制作的"献给家长的课"系列中的第 1 号宣传页,1957 年 3 月 / 56
14. 58 由心理-教育-医学中心的家长学校制作的"献给家长的课"系列中的第 7 号宣传页,1958 年 1 月 / 60
15. 58 发表在《指针》(*L'Indicatore*)上的文章,《指针》是一本关注文学和其他文化问题的双月刊,第 16 期,EDA,米兰,1958 年 3 月 / 61
16. 58 心理-教育-医学中心的家长学校制作的"献给家长的课"系列第 10 号宣传页,1958 年 7 月 / 62
17. 59 在省共产党联邦委员会会议上的讲话,摘自会议记录,1959 年 10 月 / 64
18. 60 由瑞吉欧·艾米利亚市立剧院的剧院俱乐部组织的贝尔托·布莱希特晚会节目表,由劳

瑞兹·马拉古奇执导，1960年6月 /67

19. 60 在省共产党联邦委员会会议上的讲话，以笔记形式所做的会议记录，1960年6月 /69

20. 61 "1961年秋季瑞吉欧·艾米利亚市市立剧院戏剧活动方案"中的文章，1961年秋 /70

21. 63 在"精神病学、心理学和教育学之间关系"研讨会上的讲话，瑞吉欧·艾米利亚，1963年3月 /74

22. 63 致家长的公开信，1963年6月 /90

23. 64 以"作为社会服务的'暑期之家'"(La Casa di Vacanza come Servizio Sociale)为题的研究会议上的讲话，瑞吉欧·艾米利亚，1964年5月 /115

24. 65 致贝特霍尔德·波弗德(Berthold Beauverd)的信，1965年6月 /121

25. 65 来自瑞吉欧·艾米利亚市政厅的通知，1965年11月 /122

26. 65 致家长的信，1965年11月15日 /124

27. 66 为数字研讨会准备的笔记，1966年3月3日 /125

28. 66 致奥利维蒂公司的迪诺·佩雷戈(Dino Perego)的信，1966年3月22日 /127

29. 66 来自瑞吉欧·艾米利亚市政厅的通知，1966年5月24日 /127

30. 66 摘自儿童绘画展的项目手册，1966年5月 /128

31. 67 《3—6岁儿童教育》(L'educazione del bambino dai 3 ai 6 anni)一书中的章节，1967年由里米尼市政府出版 /129

32. 67 致瑞吉欧·艾米利亚市长伦佐·博纳齐的信，1967年3月 /136

33. 68 简报《市政府》(Il Comune)增刊中的文章，No.82，1968年 /136

34. 69 致市长、公共事业评审负责人和学校评审负责人的信，1969年1月9日 /139

35. 69 来自鲁滨逊·克鲁索和安娜·弗兰克这两所市立学校的工作计划，1969年2月 /140

36. 69 给市长、学校评审负责人和市总工程师的信，1969年3月 /145

37. 69 "幼儿园学校-城市委员会的经验"("Esperienze nelle scuole dell'infanzia Consigli di scuola-città")，第1号文件(Documento)，摩德纳市政府，1969年10月至11月 /146

38. 69 在市镇群(Circondario)会议上关于婴幼园和幼儿园的演讲，里米尼，1969年11月 /150

39. 70 学校与城市委员会在第一次市民集会上的演讲，镜厅，瑞吉欧·艾米利亚，1970年7月 /173

40. 71 给在瑞吉欧·艾米利亚和摩德纳的市立幼儿园上学的儿童家长的信，1971年1月 /178

41. 71 在"幼儿园的社会管理"(La gestione sociale nella scuola dell'infanzia)会议上的讲话，摩德纳，1971年5月 /179

42. 71 致瑞吉欧·艾米利亚政客的信，内容是有关市政府接管了一所教区学校，1971年8月 /187

43. 72 学校与城市委员会号召人们为"为所有儿童开放幼儿园"进行示威游行，1972年6月 /188

44. 72 马拉古奇在市立学校教学人员会议上的讲话摘要，瑞吉欧·艾米利亚，1972年8月 /189

45. 72 市立学校辅助人员会议上的讲话摘要，瑞吉欧·艾米利亚，1972年8月 /192

46. 73 市立学校到圣保罗的一次郊游,瑞吉欧·艾米利亚,1973年6月 ／193
47. 73 给贾尼·罗大里的信,1973年8月 ／195
48. 73 致所有学校与城市委员会以及学校工作人员的有关工作笔记本的信,1973年10月 ／196
49. 73 "'我即我们':五岁儿童的自画像"("Io chi siamo". Autoritratti di bambini di 5 anni)的介绍,戴安娜市立幼儿园,瑞吉欧·艾米利亚,1973年6月;该文也发表在了《父母报》,第11/12号,1973年11月至12月,第十五年 ／197
50. 73 致瑞吉欧·艾米利亚市立幼儿园的学生家长的邀请函,1973年(没有更精确的日期) ／199
51. 73 米开朗基罗幼儿园向家长、学校工作人员和社区居民发出邀请函,邀请他们参加一个关于这些群体之间关系的一个会议,1973年10月 ／200
52. 73 就出席咨询委员会会议一事致市立学校的信件,1973年10月 ／200
53. 74 致教师的事关工作计划的信件,1974年2月12日 ／201
54. 74 来自瑞吉欧·艾米利亚市长的信,其中宣布将有一场与各种组织联合举办的会议,以及马拉古奇在会上讲话的摘录,1974年4月 ／202
55. 74 在省级共产党联邦委员会的一次会议上,就议程项目"共产党人承诺在改革斗争的框架内选举学校管理机构"(L'impegno dei comunisti per le elezioni degli organi di governo della scuola nel quadro delle lotte per la riforma)进行干预,节选自会议记录,1974年10月 ／205
56. 74 马拉古奇出席的学校与城市委员会会议记录,1974年10月 ／207
57. 74 邀请教师和辅助人员参加逻辑-数学课程的邀请函,1974年10月 ／208
58. 75 1975年6月 ／209
59. 75 在瑞吉欧·艾米利亚的意大利共产党联合会上的演讲,1975年(没有更精确的日期) ／211
60. 75 关于《学校家具1975——为了学校的变革》(Arredo Scuola'75 - per la scuola che cambia)一书的文章,1975年 ／216
61. 75 由瑞吉欧·艾米利亚市政府的学校和社会服务部出版的《经验》(Esperienza)杂志第2期的文章,1975年2月 ／222
62. 75 研究委员会报告附录,主题为"艾米利亚·罗马涅大区的幼儿园——经验、假设、现实"(La Scuola dell'Infanzia in Emilia-Romagna — esperienze ipotesi realizzazioni),由艾米利亚·罗马涅大区博洛尼亚的国土规划、运输、建筑部门编辑,1975年3月 ／229
63. 75 在地区会议上的讲话"儿童作为家庭和社会中的主体和权利来源,将婴幼园和幼儿园扩大为促进个体和社会教育的中心"(Il bambino soggetto e fonte di diritto nella famiglia e nella società. Generalizzare l'asilo nido e la scuola dell'infanzia come centri di formazione e promozione individuale e sociale),博洛尼亚,1975年4月 ／233
64. 75 在瑞吉欧·艾米利亚选举学校与城市委员会新成员时发言的草稿,1975年(没有更精确的日期) ／238
65. 77 在为幼儿园工作人员开展的一次常规专业发展活动中产生的主要观点的综述,瑞吉欧·

艾米利亚,1977 年春 ／240
66. 77 即将在瑞吉欧·艾米利亚举行的摄影展的宣传简介,1977 年 4 月 ／240
67. 77 1977 至 1978 学年的开学报告,瑞吉欧·艾米利亚,1977 年 8 月(原始录音带的文字转录) ／241
68. 77 邀请家长、工作人员和市民参加一个关于儿童和婴幼园的公开会议,1977 年 12 月 ／251
69. 78 来自《地方当局和卫生与社会服务》(L'ente locale e i servizi sociali e sanitari)杂志的文章,第四年,第 1—2 号,ESI,1978 年 1—2 月 ／252
70. 78 关于面向婴幼园工作人员的一个专业发展活动的新闻公告,1978 年 2 月 ／254
71. 78 面向婴幼园工作人员举办的为期两天的研讨会日程,1978 年 7 月 ／255
72. 79 市立学校工作人员研讨会日程,1979 年 7 月 ／257
73. 79 在《团结报》中的访谈节选,1979 年 12 月 8 日 ／258
74. ND 分发到市立学校的标语,没有日期 ／259
75. ND 劳瑞兹·马拉古奇写的诗,没有日期 ／260
76. ND 管理委员会(Comitati di Gestione)的新职责,没有日期 ／262
77. ND 一个讲座的演讲草稿,没有日期 ／263
78. 80 市立幼儿园和婴幼园工作人员对于和平和自由的呼吁,1980 年 1 月 ／294
79. 80 1980—1981 学年对所有工作人员的开幕报告,瑞吉欧·艾米利亚,1980 年 8 月 ／295
80. 82 在学校管理委员会一次会议上的发言,瑞吉欧·艾米利亚,1982 年 9 月 ／296
81. 82 和戴安娜幼儿园的管理委员会成员的谈话,1982 年 11 月 ／300
82. 83 在全国婴幼园协会全国大会上的发言,奥尔维耶托,1983 年 3 月 ／302
83. 83 致家长的关于管理委员会的信,1983 年 9 月 ／303
84. 84 在"儿童与科学"会议上的发言,斯堪蒂奇(Scandicci)(托斯卡纳大区(Tuscany)),1984 年 11 月 ／305
85. 85 在"经验和问题:理论-实践模型及儿童教育的猜想"会议上的两次发言,瑞吉欧·艾米利亚,1985 年 5—6 月 ／310
86. 86 在 CGIL - FLEL 学校全国大会上的发言,瑞吉欧·艾米利亚,1986 年 1 月 ／316
87. 86 在"婴幼园的未来是什么"(Quale futuro per l'asilo nido)会议上的发言,都灵,1986 年 12 月 ／317
88. 87 手稿,可能是为一本未完成的书所写,1987 年 12 月 ／321
89. 88 一篇关于一个研究行动探索发言的草稿,瑞吉欧·艾米利亚,1988 年 4 月 ／327
90. 88 在幼儿园的一次工作坊就持续性的项目设计式学习(progettazione)的讲话,1988 年(没有具体的日期) ／329
91. 88《字母'88'》(ALFABETIERE '88')中的一篇文章,它是由戴安娜幼儿园制作的一本小册子,1988 年 12 月 ／340
92. 89 劳瑞兹·马拉古奇的发言,瑞吉欧·艾米利亚,1989 年 4 月(由"档案和教育研究中心"中收录的原始录音转写) ／342

93. ND 面向学校人员的讲话,无日期 ／355
94. 90 对劳瑞兹·马拉古奇的访谈(没有关于采访者或采访地点的记录) ／376
95. 90 劳瑞兹·马拉古奇在国际会议"'那么我是谁?首先告诉我这.'对话中的知识,以保障儿童和成人作为公民的权利和潜能"的发言,瑞吉欧·艾米利亚,1990年3月(由文献与教育研究中心转录自原始录音带) ／389
96. 91 劳瑞兹·马拉古奇的发言,瑞吉欧·艾米利亚,1991年2月(由文献与教育研究中心转录自原始录音带) ／402
97. 91 运河5套(Canale 5)电视频道的采访文字,戴安娜幼儿园,瑞吉欧·艾米利亚,1991年12月 ／415
98. 92 在《瑞吉欧·艾米利亚的童年和学校:全国解放委员会和意大利妇女联盟对市立托管学校的倡议》(*Infanzia e scuola a Reggio Emilia: Le iniziative del CLN e dell'UDI per la scuola materna*)一书的发布会上的讲话,瑞吉欧·艾米利亚,1992年2月 ／415
99. 93 代表瑞吉欧·艾米利亚市立学校就获得科尔国际教学奖的演讲,芝加哥,1993年5月 ／425
100. 93 劳瑞兹·马拉古奇所做的关于瑞吉欧儿童(组织)的笔记,1993年 ／426

致　谢

本书的出版得益于许多人的慷慨贡献。作为这本书的英文主编和《争议童年》(Contesting Early Childhood)系列丛书的联合主编,我要特别感谢瑞吉欧·艾米利亚的同事们,包括保拉·卡利亚里、玛丽娜·卡斯塔涅蒂、克劳迪娅·朱迪奇、弗朗切斯卡·马拉斯托尼(Francesca Marastoni)、简·麦考尔(Jane McCall)、安娜玛丽亚·穆奇(Annamaria Mucchi)、卡丽娜·里纳尔迪和维·维奇。没有她们的努力工作、持续的承诺和渊博的知识,什么都不可能实现。

我还要感谢劳瑞兹·马拉古奇的家人,我在瑞吉欧·艾米利亚与他们会面时,分享了这本书的项目。

如果没有来自勒维尔乌尔姆基金(Leverhulme Trust)的支持,这本书是不可能出版的,该基金的荣誉退休奖学金(Emeritus Fellowship)为我提供了归档、翻译和访问瑞吉欧·艾米利亚的资金;此外,如果没有瑞吉欧儿童-劳瑞兹·马拉古奇中心基金会的贡献,这本书也是不可能出版的。

最后,我要感谢艾莉森·福伊尔(Alison Foyle),她是劳特利奇出版社(Routledge)负责此书的编辑,她还负责了《争议童年》系列丛书。艾莉森始终如一地支持这个项目,总是为这个项目提供建设性的帮助和支持。

彼得·莫斯

鸣谢

所有图像均来自以下档案库:市立幼儿园和婴幼园市政运营机构的文献与教育研究中心

© 瑞吉欧·艾米利亚市立幼儿园和婴幼园市政运营机构

照片 5.3 除外：

© 瑞吉欧·艾米利亚学院（瑞典斯德哥尔摩）

经其善意的许可

英文版丛书序言

古尼拉·达尔伯格（Gunilla Dahlberg）

在《成为瑞吉欧：马拉古奇的教育之道》（*Loris Malaguzzi and the Schools of Reggio Emilia*）一书中，我们对20世纪最独特的教育经历的故事获得了引人入胜的洞见。最近，瑞典诗人兼作家戈兰·格雷德（Göran Greider）将这个故事描述为生发于血腥的20世纪的美丽故事之一。

它讲述了在法西斯分子被赶走之后，在战争造成的荒凉之中，小村庄塞拉（Villa Cella）的妇女们如何在劳瑞兹·马拉古奇的支持下成功建立了一所学校。今天所谓的"瑞吉欧·艾米利亚教育哲学和经验"诞生了。

劳瑞兹·马拉古奇在他的著作中将塞拉村发生的事情称为他生命中最鲜活的事件之一。"美丽"和"鲜活"——一种最广泛的美学和道德形式，与意义、赋权和对变化的开放性有关，这是马拉古奇努力为所有儿童革新教育和建立更公正、更美好的社会的基础。

马拉古奇的愿景是，在民主与平等的基础上建立新的公立学校。以价值观为基础并且有意义的学校可以保护儿童免受他所说的"预言式的教育哲学"（a prophetic pedagogy）①的侵害，这是一种以预先确定的知识为基础而一点一滴地进行传输的教育。它是对教师和儿童的羞辱，否认他们的才智和潜力。他也想保护儿童免受专制式教学方法的侵害，在专制的教学方法中，儿童没有什么话语权。

就像从1962年至1976年担任瑞吉欧·艾米利亚市长，同时也是该市教育事业的热心支持者伦佐·博纳齐（Renzo Bonazzi）在20世纪80年代后期的一次采访中所说：

---

① "pedagogy"一词在国内经常被翻译为"教学法"，通过与瑞吉欧同行的探讨，我们在本书中并未采用"教学法"这一译法，而是依据具体的语境主要采用了"教育学"和"教育哲学"这两种译法。在瑞吉欧的教育中（以及在许多文化背景中），pedagogy指的是一套价值观、原则、内容、标准和意义，它是教育实践的反思工具，指导并影响着教育实践。因此，pedagogy指的并不仅仅是在教学中所采用的方法，它的含义要更宽广，它指向的是整体的教育的理念和实践。此外，在本书中当"pedagogy"被翻译为"教育学"时，它指的也并不是教育学学科，而是具有"教育科学"（sciences of education）的意味。——中译者注

墨索里尼和法西斯主义者使我们明白,听话的人是危险的人。当我们决定在战后建立一个新的社会时,我们明白,我们需要开设一所学校,让孩子们敢于自己思考,让孩子们具备成为主动和敢于批判的公民的条件。

(与作者的个人交流)

马拉古奇与孩子们、老师们、父母们和瑞吉欧·艾米利亚市是如何一起建造了这样使人着迷,并影响和吸引着众多来自世界各地的教师、政客、科学家、建筑师、神经科学家和艺术家的学校?瑞吉欧·艾米利亚的经验为何仍然"鲜活"并且尚未僵化,而僵化在不同领域的类似实验中是如此常见?

我们中的许多人都问过自己,反法西斯斗争是否可以解释马拉古奇对童年所持有的强烈的解放观念,这是一种将儿童理解为*世界的探索者和研究者*的想法。一个有着丰富的父母(rich parents)的丰富的孩子(rich child),他应该拥有对儿童和父母的潜能寄予厚望的丰富的教师(rich teachers),他所去的学校应该是一所能够满足儿童的探索和研究态度的学校。

这本书为马拉古奇的非凡奋斗和努力背后的原因提供了复杂的答案。在跟随了他在整本书中的旅程之后,我想用"两条腿走路"这一比喻来形容他。他既是一位杰出的思想家,又是一位独特的学校领导者,他对现实的表达总是抱着既热爱又批判的立场。一个不知疲倦的思想家,他可以在希腊和罗马文化故事、不同科学范式、建筑、哲学、戏剧和艺术之间游历,同时能够建立有智慧的幼儿教育组织。

作为一个最深层次意义上的知识分子和政治活动的参与者,马拉古奇似乎能够作为一个独立、自由的思想者同时在政治和学术领域里傲立。当然,这给了他一个探索和尝试新范式和新教育实践的空间。他不仅将这个空间用于形成书面上的愿景和思想,而且还在整个城市的教育实践中使它们行动起来,同时,他实际上还设法在实践和研究之间建立起独特的联系。

实践与研究之间的独特联系

在这本书中,彼得·莫斯在法国哲学家米歇尔·福柯(Michel Foucault)的启发下,贴切地将马拉古奇和瑞吉欧·艾米利亚的教师们描述为*特定的知识分子*(specific intellectuals),即在自己的生活条件或工作环境中锻炼出来的知识分子。正如米歇尔·福柯所说,这一定位无疑使特定的知识分子对政治斗争以及理论与实践之间的不同联系有了更直接的认识。

当理论与实践之间的联系成为教育议程中的重要内容时,采用的策略主要是让研究人员将其研究成果告知教师,然后让教师在自己的学校中实施和实践这些成果。因此,教师成为研究的消费者。这是实践与研究之间的一种关系,可以将之描述为关于实践的研究。

马拉古奇选择了另一种阐释和研究的策略。他认为有必要通过与儿童一起的日常工作中出现的具体教学问题来积累知识。因此,他将研究整合到了瑞吉欧学校的组织和教学工作中。

在教学纪录(pedagogical documentation)[①]的支持下,教师通过密切关注此时此地(here and now)所发生的事情,并对其进行实验,从而将学校的日常生活构建成了一个持续、严格和系统的研究过程。在此过程中,研究问题源于儿童和教师的关系,以及对许多不同主题的探索,例如影子、彩虹、数学和读写能力。这是实践与研究之间的一种关系,可以被形容为来自自身组织内部和所处环境中的研究。

这样一来,除了作为思想家之外,马拉古奇还是一位"研究创造者"。他与孩子们和老师们一起,不断地、非常系统地跟踪过程及其对儿童的意义建构和学习的影响。在对此进行评估时,他始终考虑了这与社区建设以及营造一个更公正、可持续的社会的斗争之间的联系。鉴于在一个组织中进行即使微小的变更也很艰巨和耗时,这是一种惊人的努力。

一个具有智慧的组织

在马拉古奇不懈地努力创建和丰富这样的研究过程并与社区建设相结合之后,人们意识到这需要一种新的组织形式,需要新的条件和工具进行实验和创造性的合作。

为了创造变化,马拉古奇从一开始就在学校中建立了以前在教育中尚不为人知的不同的支持结构,通过这样建立了一个具有智慧的组织,例如他创设了"教学协调员"(pedagogista)和"驻校艺术教师"(atelierista)的角色。这两种职位的职业背景都与传统意义上的老师有所不同;两者都与学校紧密合作,为支持和挑战学校的日常生活提供了可能。此外,他们也为支持和挑战新的研究成果提供了可能,因为他们的工作始终是追随来自大学的最新学术研究,并与之保持联系。

---

① 教学纪录(documentation)在其他一些译作中也译为"档案纪录"。虽然原文是同一个词,本书译者认为"教学纪录"的意义更为准确,也因为在英文幼教出版物中,该词有时和 pedagogical documentation,即教学纪录交叉使用。——中译者注

生态的本体论和认识论

本书中举例说明了马拉古奇和教师们(作为特定的知识分子)如何将专业发展整合到自己的组织中,将其作为一个支持性的结构。从早期开始,这种综合的专业发展就反对了西方思想中普遍存在的二元论。马拉古奇的诗《其实有一百》(*No Way. The hundred is there*)是对教育的一个重要声明,这种教育的特点是联系和关系,而不是自然和文化、思想和身体、主体和客体、理论和实践的二元论。这首诗还指出建立跨学科的学校工作方式的重要性。

跨学科性也是马拉古奇自身知识之旅的一个特征。在书中,读者邂逅了由最迷人的科学和哲学观点编织而成的蜿蜒曲折的网络。早期,他引入了整体和系统的思维方式,这后来为复杂性理论和自然与文化之间的"新联盟"打开了大门。早在1980年代,他就以刚刚出现的理论和观念挑战早期儿童领域,例如自我组织系统(self-organizing system)、耗散结构(dissipative structures)、递归性(recursiveness)、横向性(transversality)和分形性(fractals)。

这样的理论和概念可以看作是我们在现代瑞吉欧·艾米利亚遇到的生态的本体论和认识论的先驱。在今天的使用中,我们可以看到这些理论和概念在市立学校中起着至关重要的作用,它们是教育工作的工具和方法,就好像用于实验的工具箱,以及使新实践的出现成为可能的发射台。

通过他的著作可以明显地看出,在所有这些努力的背后,马拉古奇对他和他的同事的所作所为非常信任。这是建立在参与、热情和情感之上的信任,并且促发了参与和行动的力量。如今,这种参与和行动已在劳瑞兹·马拉古奇国际中心(Loris Malaguzzi International Center)得到了明显的体现,该中心于2006年在瑞吉欧·艾米利亚成立,是一个专门为世界上所有希望探索专业发展与研究之间的交汇的人们提供的聚会场所。

一扇新的大门

这本开创性的书使读者对马拉古奇的思想和工作有了深刻而又至关重要的理解,而直到现在,人们大多是通过他与世界各地许多人进行的对话和他参与的会议来了解他的。

在与瑞吉欧·艾米利亚的经历的相遇中,产生了新的经验和视野,并且在其中仍然酝酿着新的经验和视野,这一相遇使我们对学习和对这个世界都充满了惊奇而迷人的感触。同时,它触发了伦理和美学运转其中,这给我们带来了新的宁静和责任感。或用马拉古奇的话说:"我拯救了我的世界,因为我一直在努力地改变她。"

引 言

彼得·莫斯（该书英文版的主编）

学校就是他的著作

劳瑞兹·马拉古奇是20世纪教育中最重要的人物之一。他一生的大部分时间都贡献给了意大利北部城市瑞吉欧·艾米利亚的早期儿童教育和市立学校①，在这一领域赢得了国际声誉。然而，由于当今普遍存在着兴趣狭窄的毛病，对于在其他教育领域工作的人们来说，无论他们的工作是与较大的孩子、年轻人还是成年人在一起，马拉古奇都鲜为人知；马拉古奇清楚地知道，他在瑞吉欧·艾米利亚的工作远远超越了幼儿期的边界，而是与革新所有公共教育和学校教育有关。此外，尽管他写作很多，并且无疑可以从事杰出的学术事业，但他的名字在学术圈的教育家中并不为人所知。他不是为学术期刊而写作，而且在许多方面，对他的教育重要性的最清晰的证明并不是书面文字，而是他在教育事业中所做出的巨大创造和不断发展：一个公立学校网络，瑞吉欧·艾米利亚的市立婴幼园（nidi）和市立幼儿园（scuole dell'infanzia），前者服务于3岁以下的儿童，后者服务于3至6岁的儿童。正如其他人所观察到的，毋庸置疑的是，"学校就是他的著作"。

劳瑞兹·马拉古奇的人生——从1920年至1994年——跨越了所谓的"简短20世纪"[1]的大部分时间。他在第一次世界大战结束后不久出生，在法西斯主义和第二次世界大战期间长大并成年。紧接着解放之后的忙碌，他先是在战后"黄金岁月"中快速的经济增长和社会变革期间，然后在新自由主义到全球霸权兴起的初期，度过了自己的人生。他在柏林墙倒塌和苏联政权崩溃后去世。

马拉古奇出生在瑞吉欧·艾米利亚省波谷（Po Valley）的科雷焦镇（Correggio），小时候与家人一起搬到瑞吉欧·艾米利亚市，之后一生中大部分时间都住在那儿。他还

---

① 在本书中，大多数情况下"学校"是指代婴幼园和幼儿园的集合名词，而非指中小学的学校。——中译者注

为这座城市工作了很多年,作为瑞吉欧·艾米利亚市政厅[comune]的雇员,他致力于各种市政儿童服务,不仅包括使他闻名遐迩的幼儿学校,而且还包括一个首创的为有心理问题的儿童服务的中心和夏令营。在此之前,他早期的工作经历是在国立中小学任教,其中包括在一个偏僻的小山村里使他锻炼成长的工作,这在本书的第二篇文档[2.ND]中有生动的叙述,还包括在成人教育领域为那些因战争而中断教育的年轻人所做的工作。他与朋友一起,在一个法西斯老板废弃的别墅里建立了一个"人民学校",这是一个为中学里面有困难的儿童提供的课后活动中心。因此,难怪他对整个教育体系都抱有广泛的理解,并且对教育的革新承担起如此广泛的义务。

这本书提供了独特的视角来认识教育家马拉古奇:通过他自己的话语来讲述。这些话语可以从选自瑞吉欧·艾米利亚市立幼儿园和婴幼园市政运营机构的文献与教育研究中心(以下有更多内容)所创建的档案里找到。它们的起点是1945年写的一篇关于文学和文化的报纸文章,那时战争在欧洲结束后不久,马拉古奇当时25岁;终点是1993年下半年,当时对于瑞吉欧·艾米利亚教育项目的新发展,即瑞吉欧儿童(组织)(Reggio Children)①——"一个展望未来的地方"——的诞生有了一些粗略的想法,该组织在他去世后不久的1994年1月成立。

任何希望看到一系列学术论文来阐述教学思想的无缝演变的人都会在此感到失望。但是,对那些想要洞悉一位积极从事公共教育的教育者的生活和工作,想要在一个运行良好的市立学校系统中建立一项独特的教学事业,并且对他来说,理论和实践完全不可分离的人,却不会失望。可以肯定的是,有一些文章和演讲包含了关于马拉古奇不断发展的思想的更持续的论述,而大多数不是来自学术期刊或会议。但是,这些文档中夹杂着许多较短的文档,常常是碎片式的:信件、研讨会和其他为当地人举办的活动的通知和方案、自传的片段、诗歌等。读着这些,你会感受到他的兴奋和沮丧、希望和烦恼、激情和毅力,因为它们记录了这位杰出的教育家不懈和专注的工作,致力于在一个革新的学校中建立新的公共教育,力求带动其他人与他一起,准备好应对这个雄心勃勃的项目所带来的诸多障碍。

因此,在这里你会获得的不仅是对一位伟大教育思想家的发展的见解,而且是对一位伟大教育建设者的日常工作的见识。我们看到马拉古奇与其他人——政客、儿童

---

① 瑞吉欧儿童(组织)(Reggio Children)是一个集教育、展览、出版、咨询等多种功能为一体的组织。有关该组织的更多信息可参考其英文官方网站:https://www.reggiochildren.it/en/。——中译者注

的父母、教育者、市民同胞们一起努力，使他的想法和理想得以实现，不仅在一所学校中，而是在一个不断发展的学校网络中。这个市立教育系统于1963年正式建立，今天包括由市政府管理的33所学校，另外14所学校则是根据与市政府达成的协议以合作托幼形式（co-operatives）管理的（后者中的大多数是婴幼园-幼儿园，就是3岁以下儿童的婴幼园和3—6岁儿童的幼儿园在同一座建筑内，作为提供给6岁以下儿童的一项整体的教育服务）。这是一项以前所未有的规模施行的激进的公共教育，并且持续的时长也前所未有。在这些马拉古奇的选编文档中，我们可以找到一些有关这一非凡教育经验的关键问题的答案，并能找到充分的证据证明这些学校确实是他的著作。

阅读马拉古奇

每个读者都会在这些文档中有不同的发现，从而对马拉古奇的话语进行自己的阐释。马拉古奇将会意识到这是不可避免的，因为他深知，视角和主体性不仅是不可避免的，而且是值得重视的。因此，接下来的内容是我自己对马拉古奇的阅读的一些反思，特别是让我震撼和共鸣的东西，以及我从这些丰富多样的资料中获取的意义。

像每个人一样，马拉古奇是特定时间和地点的产物。如前所述，他在独裁统治下长大，在一场可怕的战争中成年，然后经历了激动人心的日子，但也经历了解放和恢复和平与自由之后的巨大动荡。三次对成长有深远影响的经历，三个"我学会说话和生活的地方"[2.ND]——在一个偏远而贫困的小村庄索罗尼奥（Sologno）进行教学，瑞吉欧·艾米利亚的解放，在塞拉村参与社区建设学校的努力——都发生在战争结束前后的短短数年间。

所有这三次经历都发生在意大利的一个小地区，位于意大利北部，距博洛尼亚（Bologna）以西约70公里的瑞吉欧·艾米利亚市及其周边地区。像大多数意大利人一样，马拉古奇深深扎根于他的*当地土壤*[territorio][2]，特别是他挚爱的瑞吉欧·艾米利亚，他毕生致力于此。他是瑞吉欧人（Reggiano），并为此感到自豪。然而，这种强烈的本土认同感和忠诚并没有使他成为狭隘的人。他也许已经扎根于一种特定的文化，该文化的价值观和政治取向与许多其他市政府是共享的；他与更广泛的世界、意大利的其他地区以及其他国家保持着长期而有力的关系。

这种时空背景一定会对马拉古奇和他的教育方式产生巨大影响。很明显，在后来的回忆中，战后的几年是"似乎一切皆有可能的时代"[98.92]。他在瑞吉欧·艾米利亚的学校中坚决致力于民主,并将其作为一项基本的价值观和做法,这一点显而易见。他还坚持认为,学校不仅应向儿童的家庭开放,而且应向当地社区和所有公民开放,并与之互动,而且城市本身应承认、欢迎和容纳儿童作为年幼的公民(尽管他认为城市对这种包容性保持抗拒,而更倾向于契合成年人的需求和生活,参见39.70)。这也显而易见地体现在他对儿童和父母的深切敬意中,以及他对他们丰富潜力的坚定欣赏中,还有他对在适当的条件下每个人所具备的能力的坚定欣赏中。他如饥似渴地阅读,有着永不停息的求知欲,有着对跨界进入新学科和新范式的热爱,与瑞吉欧·艾米利亚和意大利以外的众多人和经验相遇,所有这些将他和他的教育同侪带进了许多新的地方,这一定与他在令人窒息的审查制度和法西斯政权的其他限制下成长的经历有关。

这种背景也影响了他的政治。恩佐·卡塔西(Enzo Catarsi)评论说,他的思想和工作受到"他参加民主运动和进步运动的斗争以及各种合作教育实例的影响"(2004,p.8)。他是左派人士,无论是对世界的一般态度,还是作为战后意大利共产党[Partito Comunista Italiano,PCI]多年的成员:"我对政治、十月革命、对马克思、列宁、葛兰西(Gramsci)、陶里亚蒂(Togliatti)一无所知。但我确信,我站在了最弱势的那一边,也是最怀有希望的人们的那一边。"[2.ND]在那个时间和地点,这项承诺没有什么特别之处:意大利共产党在战后的几年中拥有大量成员,特别是在瑞吉欧·艾米利亚所在的艾米利亚·罗马涅(Emilia-Romagna)地区。意大利共产党还是包括瑞吉欧·艾米利亚在内的许多市镇的执政党,无论其有什么缺点,它都提供了高效、诚实和进取的地方政府,这与意大利许多其他地区乃至罗马的国家政府形成鲜明对比。

正是在这样由意大利共产党领导的政府中,1960年代的"市立学校革命"在包括瑞吉欧·艾米利亚在内的许多北部市镇出现了,为幼儿带来了非凡的教育体验。实际上,革命已经超越了早期教育,对个人和集体权利的共识促成了包括医疗保健在内的其他创新服务。我们在这里可以看到意大利作为一个福利国家的诞生。

此书中有几份文档是马拉古奇在意大利共产党及其组织会议上的发言[例如,12.56、17.59、59.75]。它们不仅展现了他思想的演变和他的政治参与,而且表明了他时刻准备着批评和挑战该党,包括其对民主的态度——他不是一个盲从党的路线而不质疑的人。我们还可以多次阅读到他在多个场合对战后意大利的统治党天主教民主党[Democrazia Cristiana,DC]和他们在天主教会中的盟友的观点和政策提出异议[例如,12.56、42.71、59.75、61.75]。无论是从原则上,还是从许多学校的实际运作方式上,他都反对教会学校,而这些学校统领了幼儿教育多年;他赞成世俗教育①体系,在1970年代,主张建立由国家资助的全国幼儿园教育体系,由各市政府在本地运行管理。然而,这种对天主教教育的批判态度并不是贬损;有几份文档强调,他政治上的反对是在尊重和对话的意愿的前提下进行的,实际上是为了寻求某种妥协的手段[例如61.75]。

但是,马拉古奇在广义上是高度政治性的,超越狭义的政党政治。他深知,教育是政治性的,因为它要求在相互冲突的备选方案之间做出选择,包括价值观、理解和工作方式;不仅要做出选择,而且还要准备去为它们辩护。换句话说,他总是想在提出解决方案之前先问一些关键问题,而不是(今天经常如此)只想被告知"什么有效",却不必先探索和争论教育的意义、目的和价值。在我的解读中,马拉古奇是一个生动的例子,证明了教育首先和最重要的是一种政治实践。公开的政治立场是战后意大利的产物,在这种背景下,人们争论着真正的可供选择的解决办法,认为另一个世界是可能的,并认为教育在推动这个世界发展方面可以发挥重要作用。

马拉古奇本人完全理解情境(context)的重要性。这是他的范式定位——他对世界的观察、解释和联系的方式——的重要组成部分。随着岁月的流逝,他越来越重视这个定位的其他重要部分,即相连性(connectivity)和复杂性。"相互连接(interconnecting):这是当下和未来的伟大动词"[92.89],正如他所说的:在他的脑海中,一切都确实是相互联系的,无论是构成儿童整体的许多不同方面,还是文化、科学、经济学和政治学之间的相互作用,或者越来越多吸引着他去学习的学科,最终他对控制论和神经科学产生了浓厚的兴趣,还有他对需要做交叉学科或跨学科研究的坚持[88.87,94.90]。

看到万物的联系,加上对情境的深刻认识和对每个人的独特性的理解,不可避免地引发了对复杂性的欣赏,以及随之而来的对当代占主导地位的话语的厌恶,因为主导话语热爱分类和线性、可预测性和确定性以及分离和简化主义。他认为,这种话语已经过时且处于危机之中,受到新的科学观点和理解的质疑:因为"在今天一门科学的类别是不可预测的"[92.89],而:

> 反对古老的对科学的区别和分离(特别是那些"精确"科学,包括技术和人文科学)的[挑战是,]在跨学科的框架中重新建立它们的不可分割性,它们的交流和整合,这应该愈加使研究和教学都充满生气,打败单一学科的分类。
>
> [88.87]

---

① 世俗教育(secular education)是宗教教育的对立面。——中译者注

这种过时的思想运用于教育,使他对他所谓的"预言式的教育哲学"充满了批判,即:

> 事先知道一切,知道将会发生的一切,知道一切,没有一点的不确定性,绝对不会动摇。它考虑到了一切,预言了一切,看到了一切,看到了一切以至于它能够为你提供一点一滴的行动的配方——每分钟、每小时、每个目标、每五分钟。这是如此粗鲁,如此怯懦,羞辱了教师的才智,完全侮辱了孩子们的才智和潜能。
>
> [98.92]

马拉古奇并不渴望可预测性和规律性,而是珍视不确定性,渴望奇迹和惊奇,喜欢惊叹于完全出乎意料的事情。

马拉古奇不只是一位教育家,而且是一位卓越的教育家,还是在瑞吉欧·艾米利亚的教育事业中担任领袖的教育家。阅读这些文档使我意识到,作为一个公共和民主教育的一部分的领袖人物,需要满足哪些重要和与众不同的要求。前面已经提到了政治的要素,有多种方案可供选择的需要,以及做出某些选择并为之奋斗,还提到了参与的重要性,以及尊重所有对教育感兴趣的人们(实际上是城市中的每个人)的重要性,此外,他还坚信合作与团结的价值观。除了这些特质外,我还想补充从阅读本书的文档中获得的他作为教育领导者的角色的另外两个决定性特征。

首先,他是有智识的教育领袖。他是一个知识分子,喜欢其他知识分子的陪伴(例如,参见本书第三篇文档中关于"战后的城市"[3.91]的生动描述)。他是一个兴趣广泛、充满好奇心和不断跨界的人,从未丧失对遇到新想法、新观点和新朋友的喜悦。他是一个写诗、热爱剧院和戏剧、阅读涉猎很广的人。他紧跟政治、经济学、文化和科学的最新发展和论辩。他想要一种现代的教育,一种能够理解并响应当代的条件和需求,并且对当代的思想和知识持开放态度,同时又始终不忘对未来的责任的教育。作为一个具有强大的批判能力的人,他不仅致力于批判过时的思想和机构——他发现这在意大利是如此典型,也致力于批判他所加入的组织,还致力于批判心理学和教育学的领军人物,其中包括许多他极为钦佩并从中得到了启发的人(例如,参见他对皮亚杰著作各方面越来越具批判性的评价[25.65,31.67,77.ND,85.85,88.86,94.90])。

但是,这些只是成为知识分子的一些要素,是促成这一角色的原料。他是哪一种知识分子呢?法国哲学家福柯区分了两种知识分子。他提出,在很长的一段时间内,"普遍的知识分子"(universal intellectual):

以真理和正义大师的身份发言,并被承认享有发言权。作为普遍的发言人,他曾被听到,或声称要让自己被听到。成为一个知识分子意味着好似成为我们所有人的意识/良知。

(福柯,1984,p.67)

但是自第二次世界大战结束以来,福柯觉察到了一种新类型的出现,"特定的知识分子":

> 一种新的"理论与实践相联系"的模式建立了。知识分子已经习惯于不再是在"普遍""模范""对所有人都公平和真实"的模式下,而是在特定领域内,在自己生活或工作条件所处的精确位置上工作(在住房、医院、庇护所、实验室、大学、家庭和性关系的领域)。无疑,这使得他们对斗争有了更加直接和具体的认识。

(同上,p.68)

在我看来,这种对特定的知识分子的描述非常适合马拉古奇,因为他正处于教育的特定领域,意识到并参与了它的斗争,努力建立将理论与实践联系起来的新方法。此外,他也从这个角度来理解教师:1975 年,我们发现他在意大利共产党会议上说:"学校革新所需要的教师角色是一种新型的知识分子,是与社会需求相联系的知识生产者,这些需求通过各种类型的组织表达出来。"[59.75]

第二,他是民主的教育领袖。如今,新的公共管理要求采用分层结构,将高级官员与从事日常服务工作的人员区分开来,前者通过程序、目标和衡量标准远程控制后者。相比之下,马拉古奇则提供了一种民主和参与式管理的替代方式,这种管理铭刻着合作与对话的精神,并与"前线"保持着密切的联系。他是一名教学领袖,经常与教育工作者及儿童的日常生活打交道,并为之作出贡献,并且不断努力使儿童、教育工作者和父母提出自己的想法,和他们一起学习。他不仅策划新学校并确保其健全的管理,新校一旦开办,他还不断地参与其中,把握教学的脉搏,与各式各样的、所有的人互动、交流、交谈和倾听。当他谈到教育和学校时,他的见解是基于第一手的、当前的经验得出的。

因此,他的工作生活是复杂且多面的。比如,在某一刻,他是管理者,是瑞吉欧·艾米利亚新兴的幼儿服务的负责人,给市长、其他城市的政治人物或官员或学校写信:就新的戴安娜学校的建设存在的问题,或要求学校开设艺术工作室;或警告市政厅,要其对一所不合标准的教会举办的学校承担责任;或建议学校教职人员采取措施来实施市政府的新章程(Regolamento);或责备某些学校未能保证出席会议。下一刻,他是一名教育者，为父母和老师组织了一系列讲座和其他的活动，他自己也经常以老师的身份参加。然后，他是教育总负责人（pedagogical director），向本地的、区域的或全国范围内的各种受众阐述有关夏令营或学校及其基本的教育学的想法；这个角色不可避免地与教育研究者的身份相联系，在他对学校身份和教师工作的观念中，研究是其核心。而在另一刻，他又是学生，从皮亚杰和其他瑞士心理学家的数学研究中学习，他的阅读精挑细选而又涉猎广泛，希望紧跟许多领域的最新思想。他是"广播员"，与他人分享了最新的思想和新的工作方式；而在其他情况下，他是一名竞选推动者，主张为儿童和家庭提供更多更好的服务，或者在面对经费削减的威胁时捍卫已经取得的成就——所有这些都源自他对更广泛的公共教育的思想框架的热情承诺。最后但同样重要的一点是，他是一位民主人士和社区活动家，在新的市立学校、有子女就读的家庭和当地社区之间建立了开放的参与关系。

因此，他是一个这样精力充沛、从不停歇、从不满足、从不间断地活动的人；阅读这些文档常常使我屏住呼吸，想知道他是如何抽出时间做这么多事情的。他结合了思考、讨论和行动的能力，不断将想法付诸实践，并将工作成果用于反哺他的思想，这种互动过程是由关系推动的，是他每天与其他教育工作者、父母亲、管理者、政客——以及孩子们——的互动。此处呈现的多种多样的文档反映了这些角色与关系的范围和丰富性，以及它们之间的协同作用。

最重要的是，领导一项教育服务不仅意味着要了解系统、组织、程序和资源的细节，尽管他认识到这一点很重要，它还意味着对教育本身进行思考、对话和争论。他作为教育领导者的角色不是执行国家政策，不是告诉别人该怎么做，不是领导着别人顺从任何他的选择，而是在他所在的城市创建和发展一个教育事业，并本着参与与合作的精神，始终与他人保持着联系。通过这些文档不断共同构建的过程非常有趣，我发现了对一些特点的最初提及，这些特点随后被用于界定瑞吉欧·艾米利亚的教育事业项目，我注意到了它们为什么、在何时和何地出现，它最初是如何被概念化和讨论的，然后它又是如何随着时间的推移而演变的。

文档的选择

本书中包含的文档非常多样化，格式和内容各异，这使我们对这个人及其工作、他生活和工作的时代、与之共处的许多人和组织的关系、吸引他的话题以及他关于儿童、家庭、学校和教育的新兴思想有了独特的洞见。它们表明，马拉古奇不仅讲了很多话，而且写得很多。这些文档来自何处,是如何选择的?

它们是从位于劳瑞兹·马拉古奇国际中心的瑞吉欧·艾米利亚市立幼儿园和婴幼园市政运营机构的文献与教育研究中心创建的档案馆中挑选的。该档案库的形成很大程度上归功于玛丽娜·卡斯塔涅蒂的工作,玛丽娜·卡斯塔涅蒂自2000年以来一直在该中心工作,在此之前,她曾在瑞吉欧·艾米利亚的戴安娜幼儿园任教。她在许多地方(包括市立学校)都找到了文档,每个地方都有自己的档案库,以及在一些教师和教育工作者的收藏中找到了文档。她去了潘尼兹(Panizzi)市立图书馆,翻阅旧报纸,查找马拉古奇的文章,发现他在当地报纸上曾有定期的专栏。中心本身已经收集了马拉古奇在各种会议上发言的177份录音带,以及在某些地方以意大利语出版的大量文档。它也包含录像带,特别是从1987年开始该中心建立以来,当马拉古奇在国外讲话时,该中心开始要求[主办方]提供录像材料。玛丽娜还发现一些用不那么高科技的手段记录的、埋藏在旧文档中的其他材料,包括会议记录。最终结果是,创建了一个含有441个文档以及大量音频和录像带的档案库。

建立如此庞大和多样化的档案库,很大程度上要归功于马拉古奇存档了他所有的文件,瑞吉欧·艾米利亚的其他教育工作者也是如此。此外,马拉古奇和其他教育工作者记下了所有事情。我们在这里可以看到瑞吉欧·艾米利亚教育事业的文化中根深蒂固的两个重要习惯:记录以便能够反思、对话和构建意义;以及保存下来,以便能够回溯并重新认知(re-cognise)(一个将在下面讨论的词和概念)。

本书中的文档所选自的档案库并没有关闭;它仍然开放着,等待其他内容的添加。它也不是全面的,其中没有包含马拉古奇的所有已知著作、访谈和演讲。该档案库以及此书都不包含可以公开获取的英语版本的著作、访谈或演讲(有关马拉古奇或与之相关的一些英语出版物的列表,请参见本书末尾的参考资料部分);决定不包括这些文档是因为,其中的大多数来自他一生中的最后几年,都可以在其他地方阅读。我们没有收录他在1976年至1993年间定期为意大利幼儿杂志《零六》(*Zerosei*)和《孩子》(*Bambini*)撰写的任何社论或其他文章。最后但同样重要的是,档案库中没有马拉古奇经常保存的笔记本,例如他阅读的摘要、想到的想法以及他在会议上记下的许多笔记,这些都保存在一个家庭档案库中。

即使有这些例外,档案库中的数百份文档也证明了马拉古奇写了多少关于教育的文章,并且远远超出了本书的可用空间。甄选是必须的。因此,本书借鉴了中心档案库中400多份文档中的103个。此外,极少文档是完整地呈现在这里的,在这些文档中,人们做了节选,并用[……]指出在哪里切割了材料。甄选过程由瑞吉欧·艾米利亚的教育工作者工作组进行:保拉·卡利亚里、克劳迪娅·朱迪奇、卡丽娜·里纳尔迪、维·维奇和玛丽娜·卡斯塔涅蒂。与我一起,该小组还与瑞吉欧儿童(组织)出版团队的安纳玛丽亚·穆奇合作,组成了编写本书的编辑团队。瑞吉欧·艾米利亚工作组的所有成员都在市立学校中工作了很久,并且与市立学校合作了很长时间,尤其重要的是,她们都对劳瑞兹·马拉古奇十分了解。一旦选定,这些文档由在瑞吉欧·艾米利亚生活和工作多年的简·麦考尔翻译成英文,她将翻译的专业知识与对主题的渊博知识相结合,对这项工作来说,这是宝贵的财富。

马拉古奇的语言

翻译马拉古奇的话并非总是那么容易。他非常有能力做到精确明了,但是在纸面上乍一看到他的话时,有时似乎难以理解,有时几乎无法理解,即使那些文字是用他的母语意大利语写就的。这有很多原因。今天的读者,尤其是那些并非来自意大利的读者可能并不总是理解当时的背景,以及对人物和事件的提及。我试图通过为本书涵盖的五个时期中的每个时期提供历史性的和传记性的介绍,以及关于马拉古奇、瑞吉欧·艾米利亚和意大利的时间线为读者提供帮助。我还通过添加了"编者按"的方式对一些文档加以介绍,并提供了简短的尾注,以提供有关文档中出现的某些人物、地点和事件的基本信息。

对于基于口头陈述的文本,转录可能并不总是完整或完全准确的。此外,在这个把意大利语的演讲缩减为纸面上的英语的过程中,不可避免地丢失的是马拉古奇的声音、说话方式和肢体语言。那些非常了解他的人强调说,他在说话时是最自然的,而且他显然是一位非常有天赋的沟通者,充满激情,并且像工作组的一位成员所说的那样"戏剧性地像魔术师"。另一位回忆说:"劳瑞兹的讲话方式具有讲解员的风格,他吸引了人们,他使倾听者非常着迷,但是要花一些时间才能完全理解他。"他还会抓住人们的注意力,因为他总是与时俱进,与人们的感受保持协调,所以人们觉得他在跟他们说话,谈论的是有关他们的事情。因此,尽管听众可能无法立即理解他所说的一切,但他还是让他们着了迷,他把他们拉向了他想要的东西、他想要表达的东西,他带着他们,使他们想要走得更远。

另一位人士回忆说,当马拉古奇讲话时,他给了教师一种受到重视的感觉,使他们的工作提升到一个知识层面,使他们感到这是多么有价值。他为听众开辟了新视野和新观点,开辟了更广阔的未来,开辟了一个新世界。工作组成员经常重复使用的关键词是"开放的":对新观念、新观点、新研究、新可能性[保持开放]。同时,他是一个很好的倾听者,"他会让老师展示(他们的工作),而不是打断,然后发表评论"。遗憾的是,我们永远无法重现马拉古奇的这些品质,这些品质使他如此被热爱、尊重和信任。面对面能够让人受到启发或感到兴奋的事物可能并不总是能很好地传递到纸面上。

马拉古奇的声音,毫无疑问是意大利人的声音。他成长于英语成为当今世界上占主导地位的全球性语言之前。他从来没有学过英语。这并不意味着他从未走出过意大利,从未与来自国外的人交谈,或从未阅读过外国作家的作品。恰恰相反,他能说和阅读法语。而且,正如随后的文字所显示的那样,他是一个地地道道的热情的跨界者,曾去过许多其他国家,会见了许多欧美教育家,并阅读了许多翻译书籍。

本书的目的之一是,使那些几乎不懂或根本不懂意大利语的读者能够接触到马拉古奇用他的母语书写或口述的一系列作品。但是要做到这一点,要把他的话语从意大利语翻译成其他语言,则要求对翻译行为加以考虑。语言是不可能被完美地翻译的;一种语言和另一种语言之间没有完全的对等。概念、术语和其他词汇可能并不总是相对应的,在这种情况下,意义可能会在翻译中遗失。面对翻译成了你自己语言的文本,你很容易忘记这种可能性,这对读者来说是一种特殊的风险,因为他们已经习惯了总是用母语为他们提供的一切事物。这里的危险是,在有些时刻,人们会把陌生事物错误地看作是自己已知的事物,或者会把原本不同的事物错误地认为是等同的。在这些时刻,他者会变成同类,而他者的他异性(alterity)丢失了,同时丢失的是,当面对差异时可能激发思考的挑战。

因此,易于阅读可能反而对理解不利,因为这样就避免了为了解不同含义所作的努力。翻译也可能失去原始语言的某些政治意义。一个很好的例子是,在意大利语中,尤其是在瑞吉欧·艾米利亚教育项目的早期,那些相互竞争的用以指代为3至6岁儿童提供的服务的术语。这些机构最初在意大利被称为 scuola materna①,具有明确的以福利为导向的服务内涵,意为取代了母亲,它们的工作人员主要表现出母亲的特质。该术语与教会经办的学校的意识形态很吻合,一直到1960年代,该教会式学校在

---

① scuola materna(托管学校)和后面的 scuola dell'infanzia(幼儿园,直译应为"儿童学校")是当时在意大利同时使用的用以指代幼儿机构的称呼。英译者在此对两个称呼的含义、理念和各自所属不同来源做了说明。这两个中文名称的翻译,是为了既能使读者从名称上有较为准确的理解,又不会在它们同时出现时感到困惑。——中译者注

意大利都是主流。但是，像瑞吉欧·艾米利亚这样的市政府希望为这些服务开发一个不同的概念，因为这些地方既不像家一样，也不像母亲一样，它们希望这些服务被清楚地理解为是为了儿童以及受教育的地方，这一作用通过 scuola dell'infanzia 来表达。将这两个术语翻译成英文的"婴儿学校"（nursery school），"学前班"（kindergarten）①或"幼儿园"（preschool），就会失去两个不同术语背后的竞争性的政治内涵，因此，它们在更广泛的政治对抗中的角色也就失去了。

从本书选择的文档中，马拉古奇使用的大多数意大利语词语已被翻译成英语。但是，作为英语编辑，我选择保留一些重要且重复出现的原始意大利语术语，因为它们的含义可能会在翻译中丢失，或者这样会不断提醒读者他们是在与另一种语言、文化和政治互动。在这种情况下，如果我选择保留原始意大利语，那么我会在单词或术语首次出现时提供英语的近似词，并在词汇表中包含意大利语原文和英语近似词（请参阅"文中使用的意大利术语列表"）。未翻译的这些字词主要是指代服务、角色和组织的词汇，即那些定义瑞吉欧·艾米利亚教育项目主要结构组成部分以及其演变的政治背景的词汇。

然后还有其他一些单词被翻译成了英语，但这些单词蕴含着马拉古奇使用它们时所赋予的特殊含义；综合起来，它们为理解他的观点和瑞吉欧·艾米利亚的教学计划的独特身份作出了重要贡献。没有使用"发展"（develop）这个具有直线性和可预测性含义的词汇，而是使用"演化"[evolvere]②，即人们和项目对突发事件做出不可预测的响应，是一种"无节奏的和不连续的"，而不是"统一的、有规律的进步"[21.63]。"实验"[sperimentare]是一项持续不断的必要实践，它意味着探索、尝试或测试事物。反过来，这又需要"验证"，"验证"（verificare）的含义是，在日常工作流程中测试思想或理论，并通过检查和实验来确定它们是否成立。可以将其视为"研究"[ricerca]态度的一部分，即研究者从不认为任何事情都是理所当然的，他将理论视为参考点，但不断对其进行测试，验证它们是否有用；如果是有用的，又是以什么样的方式有用。所有这些

---

① 在美国的英语语境下，kindergarten 被用来指代"学前班"，preschool 被用来指代服务于 3—5 岁儿童的"幼儿园"，而在其他许多国家，kindergarten 往往被用来指代服务于 3—6 岁儿童的"幼儿园"。——中译者注

② 尽管在本书的英文版本中经常使用"evolve"（演化）一词，而不是"develop"（发展）一词来更好地传达这里所说的个体或项目发展的不可预测性、无节奏性和不连续性，但是在许多地方翻译为"演化"会造成中文阅读上的不顺畅和理解上的困难，所以本书中多处的"evolve"我们依然选择翻译为"发展"。——中译者注

品质都辅之以随时准备好的"正面交锋"[confronto],即愿意并有能力质疑他人的阐释和观点,并以坦率但相互尊重的交流面对向自己提出的类似挑战,而又不会沦为敌意和对立。

马拉古奇用多个词汇来表达他的观点,即一切都是相互联系和相互依存的,这一观点也吸引了他进入控制论,控制论关注的是系统,并吸引他关注格雷戈里·贝特森(Gregory Bateson)的著作。例如,有一组相关的词语——"有机的"[organico],"整体的"[olistico],"构成整体所必需的"[integrale]——用于申明儿童不能(或至少不应该)在教育和教学或其他工作中被分割为碎片。其他词汇也表示连接或互动的各种形式,包括"节点"[nodo],即网络中的线或路径相交或分支的点;"感染"[contaminazione]或"传染"[contagio],以表示受到某人或其他事物的影响或触动——但是用于表达积极的意义;以及"绞接"[articolare],即各个部分连接成一个复杂体。"生态"(ecological)和"基质"[matrice]指在其中某些事物发展的文化、社会和/或政治环境,这两个术语强调"情境"(context)①的重要性,"情境"这个词本身会多次出现。

另外,还有两个词对于理解马拉古奇和市立学校非常重要。"重新认知"[ri-conoscere]是每个过程的基础,"重新认知"是指返回到以前的经验(通常与他人一起),以反思、重新思考和重新认识其含义。例如,当一个小组重新加入较大的小组并告诉他们正在做什么时,在此过程中创建新的共享知识,而他们自己则通过与他人分享来"重新认知"原始经验。重新认知还支持保存的重要性,因为可以对保存的文档进行重新访问、重新考虑和重新了解,从而提供了丰富的反思资源。最后,"获取资格"[qualificare]并不是要对某事物添加保留意见或告诫,而是要赋予其更大或不同的价值,从而加强其地位。

除了保留一些原本的意大利语单词外,我在用英语编辑本书时还采用了其他惯例。为了抵制现代化和清洁化的诱惑,我保留了马拉古奇的原始语言,即使他使用的术语今天不会被广泛使用或接受,例如,"对精神异常、行为不正常和社会适应不良的人的教育"[10.54]。我保留了字母和其他格式的文档的原始布局,保留了大写字母以及在原始文档中使用的粗体或斜体字体,并使用方括号来表明了我在哪里对原始文本进行了补充,或者在其中提供了意大利语术语的英文翻译,或者提供了所选文档的参考编号。最后,我用"市立学校"一词来指代瑞吉欧·艾米利亚市政府(或其他意大

---

① Context 这个词在本书中根据上下文译为"情境"或"背景"。——中译者注

利市政府）为出生至 6 岁的儿童提供的所有服务；更直接的翻译是"公共学校"（communal schools），但是我认为这在英语中很奇怪，并可能会引起误解。

这些是需要说明并铭记在心的问题和惯例。但是，它们不应该削弱你阅读马拉古奇所感到的愉悦，来自于不知道接下来会发生什么的兴奋，以及因为进入了这位出色的教育家的生活和思想而享受的特权。他以令人难以置信的精力和无限的热情洋溢，带领我们所有人坐上这个充满惊喜和变化的过山车。这才是应有的教育；它不是对鼓吹预设结果的技术性实践的苍白描述，而是一个生动和原创的关于民主、实验和潜力的故事。

本书的结构

本书分为六个部分。首先的五个部分，第一章至第五章，按五个时间顺序介绍了选定的文档：1963 年及之前；1964—1969 年；1970—1979 年；1980—1989 年；1990—1993 年。如此，我们在很大程度上遵循了"一个城市，许多孩子：瑞吉欧·艾米利亚，一部关于当下的历史"（One City, Many Children: Reggio Emilia, A History Of The Present）这个瑞吉欧·艾米利亚教育系统制作的展览和目录在讲述这座城市的教育项目时所采用的时间跨度（Various Authors, 2012）。但是，我们选择将三个后来写就的文档移到开篇章节，因为它们是马拉古奇自己提供的有关他早年生活的记载，为读者提供了重要的传记性和历史性的背景。

这五章中的每一章都有三个部分的介绍。第一部分列出了瑞吉欧·艾米利亚和意大利的这段时期的历史背景，并概述了马拉古奇工作生涯中的重大事件。工作组撰写的第二部分讨论了后续文档的选择以及它们代表的主题。最后，还有一个时间线，使读者能够快速查看马拉古奇、瑞吉欧·艾米利亚和意大利每年的情况。

每个部分的简介后面的每个文档都进行了编号。前两位数字表示文档在所选文档中的位置，从 1 到 100（在三种情况下，两个或两个以上单独的文档已合并为一个文档用于此出版物，因此将原来的 103 个所选文档缩减为 100 个）。编号的第二部分表示文档编写的年份，"ND"表示尚无确切的日期。所以，例如文档 59.75 是日期为 1975 年、编号为 59 的文档。

该书的最后部分由瑞吉欧·艾米利亚工作组撰写，简要地反思了劳瑞兹·马拉古奇留给我们的教育、政治和社会遗产。

谢幕

编写这本书有着双重的愉悦。首先,是间接地认识了一位伟大的教育家和一个令人着迷的人,一个拥有很多兴趣、很多面和许多语言的人(也就是他的诗歌《儿童的一百种语言》①中使用的关于语言的意义[75.ND])。其次,很高兴将这本书纳入我与古尼拉·达尔伯格合编的《争议童年》丛书系列中。

这是该系列中由我们担任编辑的最后一本书。我们正在将任务交给年轻的一代,(来自瑞典的)丽萨劳特·玛丽耶特·奥森(Liselott Marriett Olsson)和(来自比利时的)米歇尔·樊登布洛克(Michel Vandenboreck)。到目前为止,瑞吉欧·艾米利亚在该系列中都有很重要的呈现,无论是在来自瑞吉欧·艾米利亚的教育工作者(Rinaldi, 2006;Vecchi, 2010)的著作中,还是在那些从瑞吉欧·艾米利亚汲取灵感的作者的著作中。瑞吉欧·艾米利亚例证了该丛书系列的目的和精神:质疑"目前关于幼儿期的主流话语,并在当今由多种观点和争论组成的该领域里[提供]不同的叙述"。

当然,瑞吉欧·艾米利亚不是提出疑问和其他叙述的唯一例子,该丛书系列还包含更多的内容。但是,它在产生和联系新的思想和新的实践方面,以及在一个既广泛又有能力维持动态的、实验性的和民主的公共教育的学校体系中激活另一种叙述方面,仍然保持着独特的地位。因此,这是对目前弥漫在早期儿童教育中有害而贫瘠的主流话语的一种谴责和挑战,也就是我所说的"追求质量和高回报的故事"(Moss, 2014)。[这个故事]的工具理性和对关系的"精明算计",以及思路狭窄的视角和对技术惯例的痴迷,是一种铭刻着新自由主义价值观和信念的话语,在一个专注于控制的社会中,这一话语加剧了对儿童和成人进一步的管治。

瑞吉欧·艾米利亚坚称另一种世界是可能的,它通过肯定替代方案的存在来抵制主流话语的独裁专制,并且坚持政治和道德必须先于技术。不仅仅是要肯定,而且要去行动。瑞吉欧·艾米利亚的一项伟大成就就是创造并维持了一项集体的教育事业,其中涉及许多人的参与和承诺,包括教育工作者、父母、政客,当然还有儿童。劳瑞兹·马拉古奇于1994年去世,这是极大的悲伤和巨大的损失,但该事业得以幸存并继续成长。事实证明,这个事业比其本人更为伟大。

这并不是要贬低他在此事业中的作用,远非如此。如果瑞吉欧·艾米利亚在马拉古奇逝世后能幸存下来,部分原因是他帮助建立了坚实而可靠的基础,包括文化和结

---

① 这里所指的应该就是国内译为《其实有一百》的那首诗。——中译者注

构基础,其中包括一群有奉献精神和创造力的教育工作者;而且得益于他在从教育理论到学校网络组织的各个层次上的工作。但是,当然,马拉古奇所讲的超越了瑞吉欧·艾米利亚。他有着强烈的本土特色,是个地地道道的瑞吉欧人,但他也属于世界,是个世界人,无论在哪里,只要有关于教育的兴趣,他的声音都值得被听到,都应该被听到,不止是关于幼儿教育,而是关于任何教育。简而言之,他是一个全球性的人物。凭借无限的好奇心、无止境的发明以及对人类潜能的一贯信念,马拉古奇羞辱了当今主流故事的单调乏味和重复的胡扯——那些"柜员们"①对投资回报、预定结果和应用正确技术的痴迷。我想不出比这本书更好的"音符"来告别,为本系列谢幕。

  1 最初由匈牙利科学院的伊万·贝伦德(Iván Berend)提出,但由英国马克思主义历史学家埃里克·霍布斯鲍姆(Eric Hobsbawm)定义,"简短20世纪"指的是1914年至1991年之间的时期,从第一次世界大战开始到苏联垮台。
  2 当地土壤(Territorio)在意大利语中具有关于本地身份和根源的深层含义,涵盖本地传统、土地、食物和葡萄酒,本地的方式和历史,通常还有本地方言——所有这些在 territorio 和 territorio 之间差异很大。

---

① 在此的英文原文是"teller",它的解释可以是"说话者",也可以是"柜员——银行柜台工作人员"。这里作者巧妙地用了它双重的意义。中文翻译选择了它的政治意义,故译为"柜员"。——中译者注

文中使用的意大利术语列表

意 大 利 语	中 文 翻 译	释 义
Aggiornamento	常规专业发展活动	用于专业发展和为彼此提供最新信息的定期会议
Asilo	庇护所(幼儿园旧称)	指代服务于3—6岁儿童的中心或者学校的早期术语
Asilo nido/asili nidi①	婴幼园	服务于3岁以下儿童的中心
Assessorato Scuola e Servizi Sociali	学校和社会服务部	学校和社会服务部门/办公室
Assessore	(某政府部门)评审负责人	市议会执行委员会的成员,通常负责某一部门
Atelier/atelierista	艺术工作室/驻校艺术教师	艺术工作室/在工作室从事工作的具有艺术教育背景的教育工作者
Casa di vacanza	暑期之家	参考"colonia"一栏
Centro Documentazione e Ricerca Educativa	文献与教育研究中心	文献与教育研究中心
Centro Italiano Femminile (CIF)	意大利妇女中心	意大利妇女中心,与天主教行动(Azione Cattolica)有联系
Centro Medico Psico-Pedagogico Comunale	市立心理-教育-医学中心	市属的心理-教育医学中心
Colonia/colonie (后改为 casa di vacanze)	夏令营	服务于儿童的夏令营
Comitato/Comitati di Scuola e Città	学校与城市委员会	学校与城市委员会
Comune/comuni	"市政府"或"市政厅"[根据语境选择使用]	地方当局或市政当局
Consiglio/Consigli di Gestione	管理委员会	学校管理委员会
Consiglio/Consigli di quartiere	社区委员会	社区委员会

---

① 在1971年当意大利服务于0—3岁儿童的机构初建时,它们被命名为"asilo nido"(复数形式为asili nidi),asilo/asili 有"庇护所"的意思,nido/nidi 直译是"巢穴"的意思。逐渐地,由于"asilo"一词中所蕴含的用于看管、照料、辅助等的福利意味,这个词被略去,而只用"nido/nidi"来指代婴幼园。——中译者注

续 表

意 大 利 语	中 文 翻 译	释 义
Democrazia Cristiana（DC）	天主教民主党	天主教民主党
Équipe Pedagogico-Didattica	教育教学团队	包括教学协调员（pedagogista）在内的教学协调和支持团队
Gestione sociale	社会管理	包括家长、工作人员和当地社区代表在内的参与性管理系统
Giunta Comunale	市议会	市议会
Gruppo Nazionale Nidi	全国婴幼园组织	全国婴幼园组织
Istituzione	（婴幼园和幼儿园的）市政运营机构	管理公共服务的一个自治的市政机构
Nidi convenzionati	合作托幼	由合作社根据与市政府的协议经营的服务于3岁以下儿童的中心
Opera Nazionale Maternita e Infanzia（ONMI）	妇女儿童联合会	法西斯政权建立的向幼儿及其母亲提供援助的全国性组织
Partito Comunista Italiano（PCI）	意大利共产党	意大利共产党
Partito Repubblicano Italiano（PRI）	意大利共和党	意大利共和党
Pedagogista	教学协调员	拥有心理学或教育学学位的工作人员，每个人支持一小组婴幼园和/或幼儿园
Prefettura	国家驻地方行政长官办公室	国家驻地方行政长官是意大利各省地方一级的国家政府代表
Scuola comunale dell'infanzia	市立幼儿园	由市政府提供的学校，是一所"市立学校"
Scuola/e dell'infanzia	幼儿园	服务于3—6岁儿童的学校
Scuola materna/scuole materne	托管学校	服务于3—6岁儿童的学校；该术语在1991年之前一直被广泛使用，最常见于国家和私立部门
Territorio	当地土壤	当地地区，有着其文化、习俗和传统
Unione Donne Italiane（UDI）	意大利妇女联盟	意大利妇女联盟根源于抵抗运动的反法西斯协会

第一章
早年间：至1963年

图1.1　劳瑞兹·马拉古奇在瑞吉欧·艾米利亚市立心理-教育-医学中心，1950年代

图 1.2　劳瑞兹·马拉古奇，1940 年代末期

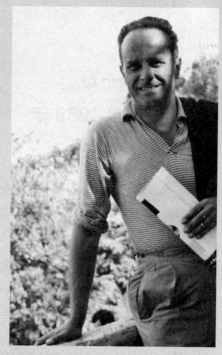

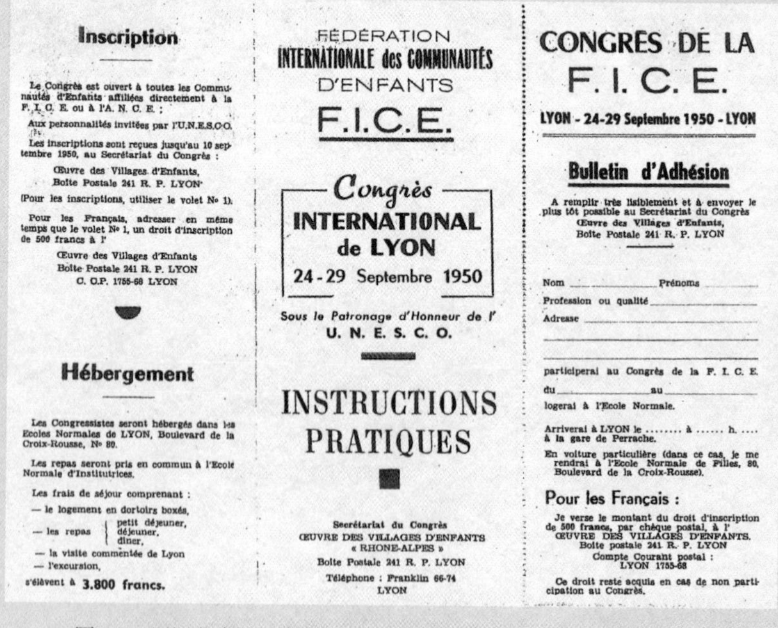

Inscription

Le Congrès est ouvert à toutes les Communautés d'Enfants affiliées directement à la F. I. C. E. ou à l'A. N. C. E. ;

Aux personnalités invitées par l'U.N.E.S.C.O.

Les inscriptions sont reçues jusqu'au 10 septembre 1950, au Secrétariat du Congrès :

Œuvre des Villages d'Enfants,
Boite Postale 241 R. P. LYON

(Pour les inscriptions, utiliser le volet N° 1).

Pour les Français, adresser en même temps que le volet N° 1, un droit d'inscription de 500 francs à l'

Œuvre des Villages d'Enfants
Boite Postale 241 R. P. LYON
C. C.P. 1755-68 LYON

Hébergement

Les Congressistes seront hébergés dans les Ecoles Normales de LYON, Boulevard de la Croix-Rousse, N° 80.

Les repas seront pris en commun à l'Ecole Normale d'Institutrices.

Les frais de séjour comprenant :

— le logement en dortoirs boxés,
— les repas { petit déjeuner, déjeuner, diner,
— la visite commentée de Lyon
— l'excursion,

s'élèvent à **3.800 francs.**

FÉDÉRATION
INTERNATIONALE des COMMUNAUTÉS
D'ENFANTS
F.I.C.E.

Congrès
INTERNATIONAL
de LYON
24-29 Septembre 1950

Sous le Patronage d'Honneur de l'
U. N. E. S. C. O.

INSTRUCTIONS
PRATIQUES

Secrétariat du Congrès
ŒUVRE DES VILLAGES D'ENFANTS
« RHONE-ALPES »
Boite Postale 241 R. P. LYON
Téléphone : Franklin 66-74
LYON

CONGRES DE LA
F. I. C. E.
LYON - 24-29 Septembre 1950 - LYON

Bulletin d'Adhésion

A remplir très lisiblement et à envoyer le plus tôt possible au Secrétariat du Congrès
Œuvre des Villages d'Enfants,
Boite Postale 241 R. P. LYON

Nom ________ Prénoms ________
Profession ou qualité ________
Adresse ________

participerai au Congrès de la F. I. C. E.
du ________ au ________
logerai à l'Ecole Normale.

Arriverai à LYON le .... à ...... h. ....
à la gare de Perrache.

En voiture particulière (dans ce cas, je me rendrai à l'Ecole Normale de Filles, 80, Boulevard de la Croix-Rousse).

Pour les Français :

Je verse le montant du droit d'inscription de 500 francs, par chèque postal, à l'
ŒUVRE DES VILLAGES D'ENFANTS.
Boite postale 241 R. P. LYON
Compte Courant postal :
LYON 1755-68

Ce droit reste acquis en cas de non participation au Congrès.

图 1.3　国际儿童社区联合会（FICE）国际大会的海报，里昂（法国），
劳瑞兹·马拉古奇参加了该会议，1950 年

介绍(彼得·莫斯)

历史背景

马拉古奇的大部分成年时光都与瑞吉欧·艾米利亚这座城市交织在一起。瑞吉欧·艾米利亚位于博洛尼亚市以西70公里处,位于波河谷的南部边缘,靠近亚平宁山脉的山麓。它以前是埃斯滕公国(Duchy of Estense)的一部分,在1860年的公民投票中,以压倒性票数决定加入意大利这个新的国家,当时该市的人口约为47 000人。同年,一个慈善机构开设了该市第一所儿童庇护所①(asilo d'infanzia)[服务3—6岁儿童的学校],它提供免费服务,并且主要面向生活处境恶劣的儿童。在1899年,社会主义者获得了对市政府的控制权,并在大部分时间里一直掌权,直到1926年被镇压,并由国家政府任命的官员波德斯塔(Podestà)取代。从1922年到1943年,该政府由贝尼托·墨索里尼(Benito Mussolini)领导,其法西斯政权给世界遗留下了"极权主义"(totalitarismo)[1]这个术语。

在最终被墨索里尼的极权主义政权镇压之前,瑞吉欧·艾米利亚的社会主义政府在发展教育方面发挥了强有力的领导作用。它扩张了小学教育,建立了夏令营②(colonie)和音乐学校,并于1913年在盖达村(Villa Gaida)开设了一个儿童庇护所,以服务于社区中许多在职工作的母亲,但是它的目的不仅仅停留在看护,它借鉴了弗里德里希·福禄贝尔(Friedrich Fröbel)和费兰特·阿波蒂(Ferrante Aporti)的教育理念,坚定地致力于将看护与进步主义和世俗教育相结合。这所学校最终于1938年被波德斯塔关闭,他发表了以下言论:"盖达村的市立庇护所是在1912年由社会主义政府开办的,它被作为自1910年就存在的教堂学校的替代品。在法西斯政权中,这是不可想象的。"因此,在法西斯统治下,瑞吉欧·艾米利亚只能资助私立庇护所学校,其中包括14个天主教学校和3个慈善学校。

意大利于1940年加入第二次世界大战,并于1943年向同盟国投降,这导致德国占领意大利北部。一场抵抗运动被开启并发展壮大,战斗和暴力不断蔓延;与其他被占领的意大利城市一样,瑞吉欧·艾米利亚遭到轰炸,马拉古奇家的房子沦为废墟。

---

① 在意大利,服务0—6岁儿童的学校机构的名称经历了多次变化,庇护所(asilo)是较早的一种说法,正如其名称中所暗示的,庇护所多为慈善性质。——中译者注
② 这里所说的"夏令营"的性质与我国夏令营有所不同,这里所说的夏令营指的是在暑期为儿童(和家庭)提供的一种社会服务。详情见后文。——中译者注

对于那些积极参与抵抗运动的人(在被占领的意大利地区,有35 000人死亡,还有许多人受伤或被驱逐出境)以及其余那些在资源严重短缺的境况下挣扎求生的人来说,这些都是异常艰难的岁月,充斥着专制政权下的非人道行为,以及战争带来的破坏和暴力。与意大利北部的大部分地区一样,瑞吉欧·艾米利亚直到1945年4月欧洲战争接近尾声之际才获得解放。

战后的最初几年也充满艰难,百姓面临着独裁统治和战争的遗留问题。但是,尽管困难重重,那几年也是文化和政治复兴的年代,不仅在瑞吉欧·艾米利亚如此,在意大利的其他地方也是如此。反法西斯运动的价值观历久弥新:团结、社会正义、和平、民主。公民社会(civic society)①蓬勃发展,各种各样的政治和文化团体形成,新的聚会场所不断涌现,许多活动在经过多年的压制和审查后得以恢复,其中包括马拉古奇所钟爱的剧院。

在抵抗运动中,萌生了强大的女性组织。在1944年,意大利妇女联盟(Unione Donne Italiane, UDI)成立,这是一个反法西斯组织,其根源就来自于抵抗运动,它致力于妇女的解放和就业以及妇女和儿童的权利问题。而意大利妇女中心(Centro Italiano Femminile, CIF)与天主教行动运动(Catholic Action movement)②有关,它成立于1945年,旨在促进妇女的社会参与。瑞吉欧·艾米利亚和其他地区的许多后来的女性官员都是意大利妇女联盟的成员,她们将在推动幼儿公立学校方面发挥重要作用。

在战后的多年间,位于罗马的国家政府由天主教民主党领导,这是一个罗马天主教和中间派政党,于1944年成立,到1994年灭亡,在其存在的50年间,它在意大利的政治舞台上发挥了主导作用。这一时期颇具规模的第二政党是意大利共产党,它在1953年大选中获得了23%的选票(相比之下,天主教民主党获得了40%的选票),在后续全国投票中,它所获选票的份额持续增加,直到1976年达到巅峰34%,接近天主教民主党的39%。在其战后第一任领导人帕尔米罗·陶里亚蒂(Palmiro Togliatti)的领导下,意大利共产党采取了一项非革命的改革战略,建立了社会和政治联盟(例如,与天主教民主党和中产阶级),并将"共产党人从一个小型先锋队转变为公民社会的一个群众政党"(Ginsborg,1990,p.46)。

---

① 公民社会(civic society)指的是围绕共同的利益、目的和价值观的非强制性的集体行为,这里强调的是公民参与到当地政治、文化等各个层面之中。——中译者注
② 意大利妇女中心是由天主教非神职妇女组成的组织。天主教行动运动始于19世纪后半叶,旨在对抗反牧师情绪的上升,尤其是在欧洲。——中译者注

虽然意大利共产党在全国范围内落后于天主教民主党,但它在意大利的某些地区占主导地位,特别是在艾米利亚·罗马涅大区①——瑞吉欧·艾米利亚所坐落的地区。战后意大利历史学家保罗·金斯伯格(Paul Ginsborg)写道:"自战争结束开始,共产主义者[在艾米利亚·罗马涅]占据了统治地位……与该国其他地区相比,[这使得]意大利共产党得到了很高的支持度。"(同上,p.200)截至1947年,意大利共产党在该地区拥有近50万成员,几乎占到成年人口的五分之一。由于空间限制,无法在这里展开探讨意大利共产党获得主导的原因,但是,有两个方面值得在此一提。首先,它不是基于重工业以及无产阶级劳动力。在战后,艾米利亚·罗马涅是一个小企业、工匠和农场工人居多的地区,意大利共产党与所有这些行业都建立了联盟,并获得了它们的支持,意大利共产党采取了包容性战略。第二,意大利共产党努力赢得地方当局的控制权,并极力展示它的治理能力,该地区最大的城市博洛尼亚成为共产党地方政府的典范,该城市的"效率和诚信与意大利其他许多地区的混乱和腐败形成鲜明对比"(同上,p.203)。这种本地的效率和诚信也与天主教民主党领导下的中央政府及其一成不变的官僚主义的惰性和无能形成鲜明对比。

在战后年代,特别是自20世纪50年代后期,是意大利经济和物质发展的一个时期,造就了意大利所谓的"经济奇迹"。在1950年至1970年的20年间,意大利的人均收入增长速度超过任何其他欧洲国家。经济增长和快速增加的家庭收入催生了消费主义,广告业史无前例地迅速扩张,推动着消费。电视机拥有量从1958年的12%的家庭增加到1965年的49%,冰箱拥有率从13%增加到55%,而汽车数量从1950年的34.2万激增至1964年的467万(同上,p.239)。

随着经济和物质的增长,出现了三个方面的人口和社会变迁。从农村到城镇、从南到北都出现了大规模的人口流动,1955年至1971年间,超过900万意大利人从一个大区迁移到另一个大区。紧接着,来自意大利四面八方的人们越来越多地汇集在一起,再加上受到电视和学校的集中影响,导致了地方方言作为优势语言的地位下降,移民家庭的孩子经常出现在新学校里,但是他们最初只能听懂很少量的对他们说的话。最后,移民、城市化、经济增长和消费主义导致公民社会日益原子化,家庭变得孤立。核心家庭比以往任何时候都变得更加重要,但也越来越孤独,虽然"小家庭单元的这种私人化"可能有一些好处,但这也意味着"每个核心家庭倾向于更加封闭自己,对社区

---

① 意大利的第一级地方行政单位是"大区"(regione),相当于我国的"省"。——中译者注

生活或家庭间的集体活动形式不那么开放"(同上,p.243)。

正是在这种历史背景下,我们才能目睹瑞吉欧·艾米利亚战后幼儿教育的演变。战争结束后,瑞吉欧·艾米利亚重新获得了民主的地方政府,社会主义-共产主义政权执政数届。正如下文所示,复苏的市政府在许多领域活跃起来,为儿童和年轻人提供了一系列服务,比如夏令营和一个服务于有心理健康问题的儿童的中心,这些服务将医疗、心理和教育功能进行了有机结合。市政府还认真地履行它的文化角色,推广戏剧、电影和音乐,并通过例如低价门票政策等途径来吸引新观众,从而扩大公众参与。

但直到20世纪50年代后期,市政府才缓慢地开始支持妇女和儿童的需求。早期的新举措主要由私人组织发起。例如,在战后最初的几年里,意大利妇女联盟为城市内的3—6岁儿童开设了8个自治的庇护所,其中之一是1947年在附近名叫塞拉的村庄开设的"人民庇护所"(asilo del Popolo),它后来成为马拉古奇生命中重要的一部分。在20世纪50年代,意大利妇女联盟和(扮演次要角色的)意大利妇女中心还为城市内部及周边的妇女和儿童开设了其他项目,包括农作物收割季节设立的临时庇护所、课后活动中心和夏令营。

在发展自身服务时,市政府面临着外部的制约。尽管恢复了地方民主,但中央政府仍然通过国家驻地方行政长官(Prefetto)[2]行使的权力来继续对地方事务施加强有力的控制,将早期儿童服务仅归类为"可选的",限制其开支,并强烈要求这些服务应主要由教会运行。到1962年,由天主教教会运行的托管学校(scuole materne)[3]有22个,远远超出了意大利妇女联盟在瑞吉欧·艾米利亚运行的7个剩余的庇护所。地方举措也受到妇女儿童联合会(Opera Nazionale Maternità e Infanzia, ONMI)的限制,妇女儿童联合会是法西斯政权遗留下来的一个全国性组织,它依然是国家负责幼儿和母亲健康及福利的主要机构,它反对提供市立托育机构。

但随着意大利"经济奇迹"的发展势头越来越迅猛,以及在意大利妇女联盟和其他组织要求建立面向幼儿的市立学校的持续压力下,市政府开始寻求建立这些服务的方法——尽管位于罗马的国家政府在其途中设置了阻碍。1962年出现了突破,地方议会在当年就妇女就业和公共服务供给的问题进行了争论,天主教民主党人主张为母亲提供兼职工作这一策略,而意大利妇女联盟和左翼政客则要求提供早期儿童服务。新当选的市长伦佐·博纳齐在其任职的15年间都是瑞吉欧·艾米利亚教育的热心支持者,在他的领导下,市政府决定采用后一种方式,并同意建立了第一所面向

3—6岁儿童的市立学校:鲁滨逊·克鲁索(Robinson Crusoe)学校于1963年11月5日开放,它坐落于一座预先建造的建筑内,以绕开国家驻地方行政长官的阻挠性规定。

瑞吉欧·艾米利亚的幼儿教育事业就这样开启了。这是一个重要的时刻:当地社区承担起了幼儿教育的责任,并挑战了天主教会在这一领域中占据的主导地位。在多年之后的一次采访中,马拉古奇强调,鲁滨逊·克鲁索学校的建立标志着"正当而必要地破除了迄今为止天主教会对幼儿教育的垄断权……[市民和家庭]想要一种新的学校:质量更好的,没有慈善倾向的,不仅仅是监护性质的,而且没有任何歧视的学校"(Malaguzzi, 2012, pp.31-2)。

马拉古奇的生平

正是在这种压迫与解放、恐怖与刺激、毁灭与革新共存的年代,劳瑞兹·马拉古奇度过了他的早年。他在1970年代末到1990年代初撰写的三个文档中描述了那个时期[1.78, 2.ND, 3.91]。尽管按时间顺序来讲这些文档应该从属于后面的章节,但是由于它们阐明了20世纪50年代及之前马拉古奇的生活,它们将是本章中呈现的第一批文档。

马拉古奇于1920年2月23日出生在科雷焦,这是坐落于波河谷的一个小乡镇,靠近瑞吉欧·艾米利亚市和摩德纳(Modena)市,目前科雷焦归属于瑞吉欧·艾米利亚省①以及艾米利亚·罗马涅大区。在1923年,他和家人搬到了瑞吉欧·艾米利亚市,在墨索里尼的法西斯独裁下长大。马拉古奇在瑞吉欧·艾米利亚的教师培训学校(Istituto Magistrale)"卡诺萨的马蒂尔德"(Matilde di Canossa)接受了成为小学老师的培训。在1938年,也就是18岁时,他获得了资质,并开始工作,然后于1939年他开始在位于马尔凯(Marche)大区的乌尔比诺大学(University of Urbino)修读三年的教育学课程。

在1938到1950年间,除去战争末期的一段时期,马拉古奇一直都在学校做老师,其中包括有段时期他在位于亚平宁山麓一个名叫索洛尼奥(Sologno)的小村庄中的小

---

① 意大利的行政划分与我国有所不同,意大利的第一级地方行政单位是"大区"(regione),相当于我国的"省",第二级地方行政单位在意大利语中称之为"省",但实际是介于大区和市之间的一个行政单位,这里的"瑞吉欧·艾米利亚省"指的便是意大利语境下的第二级地方行政单位,艾米利亚·罗马涅大区下面目前设有9个省,瑞吉欧·艾米利亚省是其中之一,其首府是瑞吉欧·艾米利亚市。——中译者注

学工作,在那期间的一段时间,他一边工作,一边在乌尔比诺大学学习。后来有段时期他在瑞吉欧·艾米利亚省的两所中学教书。在1942年,他的教学被迫中断,他被萨罗共和国(Republic of Salò)[4]征募到博洛尼亚的军营工作。在这期间,他经历了瑞吉欧·艾米利亚被轰炸,其中还夹杂着许多其他形式的暴力,它们标志着意大利该地区接近了战争的尾声。

在1950年,他离开了在国家公立学校单位从事的教学工作。不过,他对此做出了如下评论:

> 跟孩子们在一起的工作很有收获感……国立学校继续走着它自己的道路,对待孩子抱有着愚蠢的、让人难以忍受的冷漠,对待权威则奉行着急功近利和唯命是从的态度,它是精致的利己主义者,坚持传播预先"包装"好的知识。
>
> (同上,p.29)

他随后大部分的生命都致力于创建一种令人满意的教育模式和学校模式,以替代已有的教育。

接着,他并没有离开教育的圈子,而是进一步发展与其他部门的关系,这一关系在战争结束后不久就已经开始了。在1946年,他成为复兴学院(Convitto della Rinascita)的创始人之一,它由意大利全国游击队员协会(Associazione Nazionale Partigiani d'Italia)和国家就业部创立,其目的是帮助16—24岁的前游击队战士和囚犯学习一项本领,它的运作很强调合作和自我管理。总共有10所这种学校,包括在里瓦尔泰拉村(Villa di Rivaltella)的复兴学院"鲁契亚诺·福尔纳恰里"(Luciano Fornaciari),它毗邻瑞吉欧·艾米利亚市。在1949年,马拉古奇成为这所成人教育学校的校长,在经历了马拉古奇所谓的与就业部的"激烈斗争"之后,学校最终于1954年关闭。在复兴学院的这段经历是建设性的,它发生在解放后的环境中,正如他向马可·芬卡迪(Marco Fincardi)所描述的那样,在那种环境中"一切皆有可能",个体"仿佛身处在一场伟大的冒险之中"。

在战争刚刚结束后的那段时期,马拉古奇还参与了另一项国家部门之外的创新教育事业,并深受启发:瑞吉欧·艾米利亚市以及其周边地区的当地社区开始为儿童创建新的学校,最早的一所是于1947年在塞拉村创立的学校。当马拉古奇听说"人民团结在一起为孩子建设学校"的消息之后,他就被吸引入了这场冒险之中(同上,P.27)。据他追忆,这开启了他两班倒的生活:"我开始过着两种平行的生活,一个是早上在中心[市立心理-教育-医学中心(Centro Medico Psico-Pedagogico Comunale)],另一个是在下午和晚上在家长自治的小学校"(同上,p.29)。这是他一生致力于幼儿教育事业的开端,在生命晚期,马拉古奇写道,塞拉村是他"学会说话和生活"的三个地方之一,另外两个分别是在索洛尼奥的学校和瑞吉欧·艾米利亚的解放①。

马拉古奇不仅教书,他还广泛学习。除了海量阅读之外,在1951年,他还进修了一门临床和教育心理学的课程,该课程由国家研究院(Consiglio Nazionale delle Ricerche)在罗马开设。这是法西斯政权结束后意大利首次进行的心理学方面的教育,在法西斯政权期间,意大利的心理学,实际上所有的社会科学学科,包括来自世界其他地方的出版物和其他相关进展,都遭到中断。该课程对马拉古奇产生了深远的影响。心理学以及希望在心理学和教育学之间建立更密切关系的诉求在他的思想中发挥了重要作用。通过修读课程获得的资质也使他进入了职业生涯的新阶段:马拉古奇成为市立心理-教育-医学中心的创始人和心理学家之一。该中心由瑞吉欧·艾米利亚市政府为在学校遭遇困难的学龄儿童建立,它是意大利首批此类心理健康中心之一。该中心于1951年开始运行,直到1970年,马拉古奇一直都在里面发挥着领导作用,在之后的几年间,他还承担了瑞吉欧·艾米利亚开设首批市立幼儿学校的职责。

马拉古奇还腾出时间参与其他与儿童相关的工作。从1948年成立直至1952年,他是意大利国际儿童社区联合会(Fédération internationale des communautés d'enfants)的积极成员,该委员会是在教科文组织赞助下成立的一个国际组织,旨在促进儿童权利和国际交流,尤其关注弱势儿童。在担任该职务期间,他走遍了"我国和欧洲各地接纳孤儿、失散者或战争受害者的机构"[2.ND]。档案资料中包含了一个国际儿童社区联合会举办的为期六天的教育主题会议日程,该会议于1950年9月在里昂举行,马拉古奇出席了该会议(见图1.3;意大利国际儿童社区联合会主席埃内斯托·科迪诺拉(Ernesto Codignola)邀请了所有18名联合会成员参加此次会议,只有马拉古奇和另外两人,再加上科迪诺拉本人出席了)。从马拉古奇于1956年在由意大利先锋协会(Associazione Pionieri d'Italia)举办的一次会议上所作出的贡献可以得知,他很显然参与了这个左翼青年运动[12.56]。在1953年至1956年间,他执导了在瑞吉欧·艾米利亚举办的儿童戏剧节,表达了他对戏剧舞台的热爱。

---

① 这里的"三个地方"指的并不都是实体的地方,"瑞吉欧·艾米利亚的解放"指的是解放这一事件或那一时期。——中译者注

在本章所涉及的阶段后期，马拉古奇将注意力转向了另一个儿童服务机构：市立夏令营，他将其重新命名为"暑期之家"（case di vacanza），并把它作为革新项目的一部分。他在瑞吉欧·艾米利亚和附近的科雷焦主办了其中的一些夏令营，还与合作运动（cooperative movement）①运行的夏令营开展了合作，并参观了那些夏令营。他为瑞吉欧·艾米利亚的夏令营制定了新的指南，在其中他提出，要对这些服务的理念进行重新定位，不再将其视为专注于健康的慈善机构，而把它看作广泛意义上聚焦教育的儿童权利[23.64]。他还拓宽了服务的对象，从传统的6—12岁拓展到3—6岁的儿童。这些夏令营成为教育实验的重要场所，就像市立心理-教育-医学中心一样，为他后来在瑞吉欧·艾米利亚市立学校的教育工作奠定了基石。

到1963年，也就是这一章结束时，马拉古奇的职业生涯已经非常丰富多彩，他的经验不仅囊括了幼儿、小学和成人教育，还包括为学龄儿童提供心理服务和开展夏令营。然而，这只是他丰富多彩的生命的一部分。他是一个兴趣涉猎很广泛的人，拥有深厚的底蕴。他是一名知识分子，并且与其他知识分子交往甚多，尤其是通过左倾的"齐博尔迪文化圈"（Circolo Zibordi）结识了大量的知识分子，他于1946年成为其中的成员，该组织是积极参与瑞吉欧·艾米利亚文化和政治生活的团体中的一部分（其中包括伦佐·博纳齐，在后来瑞吉欧·艾米利亚的市立学校蓬勃发展年间，他担任了瑞吉欧·艾米利亚的市长）。在摆脱了多年审查制度的战后意大利，马拉古奇是一个求知若渴的阅读者，他一生都保持着对阅读的热忱；他还是一名运动员、诗人、戏剧和其他艺术的狂热追随者，以及一名记者。

从1947年到1951年，他是博洛尼亚日报《意大利进步报》（*Il Progresso d'Italia*）中瑞吉欧·艾米利亚版面的编辑，这是一家成立于1946年的左翼报社，与此同时，他还广泛撰写有关戏剧、文化、教育和政治的文章。他也为《团结报》（*L'Unità*）撰稿，该报纸于1924年由安东尼奥·葛兰西（Antonio Gramsci）创立，是意大利共产党的官方报纸，被法西斯政权查禁。他的新闻生涯甚至可以追溯到更早的时候。在瑞吉欧·艾米利亚档案馆中现存的他最早的出版物是于1942年6月28日发表的一个戏剧评论，该评论发表在瑞吉欧·艾米利亚的国家法西斯党（Partito Nazionale Fascista）的官方报纸《法西斯道路》（*Il solco fascista*）上面，在当时所有反对派的报纸都已被禁止。十五年之后，在

---

① 意大利的合作运动是国际合作运动的一部分。意大利的第一个合作社创建于19世纪中叶，合作社的主要特点为民主管理、自治、关心教育和培训、关心社区发展等。在法西斯政权统治期间，意大利的合作社组织遭到迫害，二战以后，合作社运动在意大利再次兴起。——中译者注

更快乐的时代,我们仍然发现他在撰写有关戏剧的文章,在《小剧场》(Ridotto)报纸上有一篇题为《连续11晚》的文章,回顾了在不同城市由业余戏剧团体在五周内上演的11场戏剧,这些城市包括米兰、帕尔马(Parma)、罗马、巴里(Bari)和威尼斯。

他所做的不仅仅是写戏剧评论。在1960年,他导演了由剧院俱乐部(Teatro Club)组织的"贝尔托德·布莱希特(Bertold Brecht)之夜"晚会,该俱乐部也是他两年前帮助创立的[18.60]。随后的第二年,他为第11届玛丽亚·梅拉托(Maria Melato)艺术节提议了一个多样化、国际化的节目单,从中可以切实感受到"我们的瑞吉欧"及其成绩——"一个罕见现象"——中渗透的自豪感,不仅仅是对于戏剧创作的自豪感,还包括为更多新观众打开了戏剧之门所带来的自豪感[20.61]。

在这些年间,马拉古奇还积极参与政治活动。他于1945年加入意大利共产党,并且是合作运动的长期支持者,该运动在艾米利亚·罗马涅有着深厚的根基和广泛的存在。正如保罗·金斯伯格所观察到的那样:"没有哪个地区的合作传统比艾米利亚·罗马涅更强……[并且]在战后,合作更是空前繁荣"(1990, p.202)。

最后,同样重要的是,他是一个重视家庭的男人,在1944年他与尼尔德·博纳奇尼(Nilde Bonacini)结婚,1946年,他们的儿子安东尼奥(Antonio)出生。

摘选的文档(瑞吉欧·艾米利亚工作组)

> 我从来不相信,而且时至今日也不相信,一个故事只能属于单单一个人。
> 毕竟,故事总是多元的,来源则是无限的。
>
> (Loris Malaguzzi, 1991, 'In the post-war city' [3.91])

在此节选的文档是一系列文档的一部分,这些文档都很有趣,谈到这些文档就不能不参照当下,至少我们没有能力回避当下(或者说在不知不觉之中,我们不想回避当下)。我们选择的文档倾向于展现马拉古奇许多想法的起源,这些想法在日后的岁月中不断发展;通过这些文档,我们可以发现在处理和不断革新教育项目的过程中,他所展现出的创造性和批判性的个性;这些文档凸显了教育和公立学校教育至今仍不可幸免地需要应对的无限扭曲和关键的问题,这就像一个永恒的、永远无法解决的问题。我们所节选的文档的时间顺序能让我们——我们认为也可以让读者——置身其中,参与这段历史及其演变,从而能够更好地定位和理解这些写作中的陈述、兴趣和关切的问题。

本章中的第一篇自传性文章是这一时间顺序的例外情形,它是在马拉古奇生命的后期撰写的,把它放在开头是为了给读者提供一些基本事实,以便为第一章中后续的文档的历史和文化背景提供框架。对吉吉托·里维尔贝里(Gigetto Reverberi)的致敬尤其有趣[3.91],它使我们能够理解战后几年瑞吉欧·艾米利亚的文化的"有机土壤"。在阅读这一文档时,我们可以看到丰富的描述,描述了与他人互动的动态过程,其中伴随着这个国家从黑暗和法西斯独裁的文明、道德和思想蒙昧中浮现出来的新的文化酝酿。在这里,读者会发现一些蛛丝马迹,它们是后续牵引概念和组织上的选择的红线,在后来几年里,市政府请求劳瑞兹·马拉古奇为城市的政治项目提供一种教育形式,首先是市立幼儿园,然后是市立婴幼园。

人们在城市公共空间(广场、街道、咖啡馆、柱廊下)的集会,以及为业余剧院赋予的价值——业余剧院被定义为"游戏、思想和发明的实验室,简单的、无需学校文凭或学历就能促进文化产生的先导事实的实验室"——都是旅途中给他的教育哲学留下深刻印记的元素。我们还发现,民主和人人享有文化权利的概念也将塑造马拉古奇早年的教育思想。事实上,我们可以将这些思想和经验与学校联系起来,学校被视为一个儿童、教师和家长进行参与、辩论和研究的场所,所有的人都可以彼此对话,并在学术研究中处于平等地位。

令人惊喜的发现是,劳瑞兹·马拉古奇从年轻时就喜欢写作,也喜欢尝试写作诗歌。他在1946年[5.46, 6.46]创作的一些作品显示出他的活力和乐观。在他对埃德加·李·马斯特斯(Edgar Lee Masters)的《匙河集》(*Spoon River Anthology*)[7.50]的评论中,他对诗歌的热爱再次显而易见,在法西斯主义强行在国内推行的文化专制结束之后,这本文集如今广为流传。但是,尽管他意识到并且钦佩这位美国诗人的文字是如何能够把人类的细节引至一个普遍的层面上来,他还是批判性地反思了马斯特斯的思想在很大程度上是回顾过去而不是展望未来。在马拉古奇的一生中,这种对未来的展望是他的特点。

从他对埃德加·李·马斯特斯作品的解读中,还出现了标志着他的思想和行动的另一个基本主题:问题及其解决方案的社会维度。马拉古奇说:"用来与痛苦、贫穷和死亡做集体斗争的工具是存在的。"

早前,在瑞吉欧共产主义联合会的报纸《真相》(*La Verità*)上写到文化问题时,我们发现了一个想法的萌芽,这一想法后来将会成为另一条红线:"诚然,我们不可能随心所欲地创造出一个艺术家,但我们可以从现在开始创造艺术家诞生和成长的条件。"因此,在这个写作非常多样化的时期,教育人类所需的条件这一主题已经是一个反复出现的主题了。例如,他强调了环境对于生活在马洛夏令营(Colonia Marro)中功能失调的年轻人的重要性,或者从他后来的作品《学生、班级和教师》("The Pupil, the Class and the Teacher")[21.63]中我们都可以窥探到这一主题。此外,我们还可以加上马拉古奇写给住在夏令营的孩子的父母的信,在夏令营[22.63],他对教育项目进行了彻底的革新,在信中他强调,他们有必要为了他们孩子的福祉合作构想一个提案——一个把关于儿童及其经历的统一思想转化为行动的战略。

为了创造相应的条件,使理想能够照进现实,劳瑞兹·马拉古奇经常参加政治辩论。证明这一点的一个例子是他1959年在地区共产党联邦委员会上的发言,这是马拉古奇第一次参加该会议。他说的话很恭敬,但他也对会议主要发言所涉及的各个方面提出了批评。他慷慨激昂地宣称,每一种政治行为都是一种文化行为,所以他批评道,前面的政治分析遗漏了时代的文化问题,反而过于重视行政问题。他敦促在座的人紧跟时代,紧跟社会和文化斗争的演变,致力于学校教育、"泰迪男孩"的存在和新的科学发现等问题。他报告了致力于把技术和政治区分开来的有组织的合作运动面临的风险。他指出,建立在精确的、具体的信息基础上的民主是抵御过度商业逻辑的一种策略。他已经看到了所有的危险,事实上,不幸的是,意大利政治的进程常常偏离它最初的工程——理想的工程和道德的工程。

民主是一个解释性的概念,在劳瑞兹·马拉古奇的著作中我们多次发现这一概念,并将继续发现这一概念。我们在马拉古奇提出的为剧院建立一个"新公众"的想法中找到了它的痕迹,而在当时的意大利,剧院是少数人、精英阶层所光顾的地方。他用廉价的收费和公共交通的政策(我们再次看到"支持条件"这一主题)来实现这一理想,这使得瑞吉欧·艾米利亚取得了与意大利其他中小城市相比更为斐然的成果。

在1957年由市政府公共管理的城市大剧院中,我们还可以发现技术和行政领域之间的团结一致,这对构建幼儿园的经验至关重要。马拉古奇在1963年将会说道,"文化发展不仅仅是一个智力事实(intellectual fact),而是一个具有社会和情感结构的复杂活动",就像教育一样[21.63]。

他对于民主的理念还体现在他对业余戏剧的贡献,以及后来他对与家长对话的投入和对人类的乐观想法上。他宣称,人类不是由他们的遗传性或个性预先决定的[12.57]。这种民主是基于这样一个想法,即抛开刻板印象和先前的判断或偏见,为使每个个体获得个人知识的承诺创造空间,以及使得个体成为自己命运的主人公变为可能。教育的一个有趣的定义与这一理念密切相关:"教育意味着完善我们的知识、我们的行为和我们的情感。"[12.57]这里可以假设,他所指的"我们",从语境上看,是成人与儿童关系中的成人:在通过这些关系而完善了自身的成人的努力下,通过对话,让儿童摆脱匿名,让儿童在其所处的背景和环境中被人得知。在1959年的地区意大利共产党联邦委员会会议上,马拉古奇提出了另一个与他的工作相关的民主定义:"在精确的、具体的信息基础上,能够有意识地发言和讨论。"[17.59]

1951年,心理-教育-医学中心在瑞吉欧·艾米利亚成立,马拉古奇是创始人之一。1963年,他参与了海滨和山区夏令营的重组工作。他在这些服务机构中的长期工作经验影响了他的教育思想,并使他开始谴责这些儿童机构在此之前所一直基于的落后思想。

在这些服务中,他开始将理论与具体行动进行高度有效的交织,这将成为他一生的一个特点。他的另一个特点是,他对最新研究和理论抱有好奇心和"贪得无厌"的渴求,并且无论是在分析层面,还是有待考证的假设层面,他都有能力将它们立即融入日常工作之中。例如,启发了心理-教育-医学中心工作的现代健康概念包括整个个体,而不是狭隘地解释为没有疾病。马拉古奇赋予教育的不仅仅是教学任务,而且还有"真正发挥服务于个人和社会的预防医学的作用"[8.51]。

他采用了同样的激进方法,使夏令营摆脱了在此之前定义和区分它的身份的陈旧观念,即它是慈善、赞助,是一个以医疗护理为主的场所,而教育在其中是边缘化的、不足的。新的社会号召革新理念和教育的宗旨,夏令营必须是一个关注儿童身心健康和平衡的完整状态的地方,是一个促使良好的个人和社会人格"开花"的地方,而且这里的基本教学哲学是一种群体教育哲学(a pedagogy of group)。这种教育哲学和这种教育必须符合当时儿童的特点,他们生活在社会之中,马拉古奇同样淋漓尽致地描绘了这一社会的特殊性。他不厌其烦地提醒我们,实施这样一个项目需要广泛的组织。

我们发现,马拉古奇1953年的一篇文章中再次讨论了健康的概念[9.53]。在这里,马拉古奇根据当时的文化,讨论了儿童绘画作为心理知识、心理诊断和治疗的工具。但是,口头语言和绘画语言之间的相似之处仍然是在发展中的一项尝试,这种相似之处明确了类似的深层结构,并开辟了一条新的研究途径,这很可能促使了后来幼儿园中艺术工作室的最终*开创*。支持这一点的一个可能的证据是,这里提到的某些测验将在很久以后被用于学校的儿童群体中:尽管是以一种*轻松*的态度,在教育而不是诊断的背景下进行的这种测验,但马拉古奇出于好奇,试图了解学校艺术工作室的日常存在可能在多大程度上会改变绘画测验的一些结果,例如,"一个女士打着伞在雨中行走"的绘画(H. M. Fay, 1924)。

曾经有一次,马拉古奇提出了一个说法,这种说法对于我们当前的文化时代来说可能显得很冒昧:"孩子*越健康*,他画得就会越好。"在我们看来,他的态度在他所有的教育思想中都是一脉相承的,而且与主流的、非常普遍的文化背道而驰。他选择了"健康儿童"的观念,把它与儿童总被认为是弱小的、贫乏的这一观念抗衡。他经常宣称:"所有的孩子都是聪明的,所有的孩子。"

在这些著作中提供的另一条红线是,在"重新组合"(re-composition)的愿景和互为补充的框架下,解决偏见和意识形态的对立。这一点后来得到了系统性理论和复杂性理论的进一步强化和支持,如自由与权威(1957年)、正常与异常(1958年)、技术与政治(1959年)、基于兴趣的教育哲学和基于努力的教育哲学(1963年)等概念之间的对立。这些对立的概念都是以致力于重新组合的名义得以克服的,这种承诺也伴随着马拉古奇一生的工作。

我们被他此时对家庭养育工作的高度重视所打动[13.57, 14.58, 16.58];但与当今情况不同的是,养育文化被看作是一种真正的共同利益,是一个更美好的、更民主的、更团结的社会所必需的。正如我们已经说过的那样,在我们看来,养育文化的这种重要性似乎与民主文化的理念有关,而不被认为是专家的专属领域,并且它与对于条件和环境在教育过程中的作用的认识有关。他对家庭所使用的语言很有意思:清晰易懂,又不失专家的功力,总是很明了,不制造戏剧性,也不神秘化或只是简单安慰,即使是在处理那些经常困扰家长的问题时,也是如此,如尿床、神经性抽动症,或者只是更简单的吸吮拇指和咬指甲的问题。

当代学校缺乏真正的教育功能,这一点得到了强调,教育过分抽象、以自我为中心、理想化并且居高临下,以儿童被动"吸收"为宗旨,这受到了谴责。儿童不像弥涅尔瓦(Minerva)[①]女神一样全副武装地来到这个世界上,但是她要开始她的战斗,这个隐喻所传达的含义是明确的。这个孩子需要成人朋友陪在她身边,与她对话。

在他1958年关于"家长学校的经验"[16.58]的宣传页中,马拉古奇建议参与者反思具体的案例,以使他们能够致力于个人的研究和理解;我们相信,这也是他的一个显

---

① 弥涅尔瓦是古罗马神话中的智慧女神,传说是她把纺织、缝纫、制陶、园艺等技艺传给了人类,在西方,弥涅尔瓦是勇气和谋略的双重象征,同时,她也代表着绝对的自由。——中译者注

著特点,在以后的几年里,他将会以类似的方式从教。这所"学校"的家长有十八节课,每两周一节。在最后,协调小组进行了一次非常有趣的内部调查,报告了参与者的出席情况、年龄、性别和社会地位的统计数据,尽管课程取得了成功,但他对整个活动进行了一个清晰的分析,即一次批判性和自我批判性的反思。例如,承认了与家庭的关系过于一对一(tête-à-tête)这一最初的错误,以及在多大程度上公共辩论的增多激发了更丰富、更活跃的讨论。该报告详述了这场辩论的发展,让读者(家长、教师、政客)不仅可以从专家那里学到东西,还可以从家长的经历中学习到我们前面讨论过的民主理念。

截至1963年的时间线

关键人物:马拉古奇
瑞吉欧·艾米利亚
意大利

1860	为6岁以下儿童开设马诺多里(Manodori)儿童庇护所;
	瑞吉欧·艾米利亚以压倒性票数加入新的意大利联邦。
1861	意大利统一(罗马和威尼斯除外);第一届意大利议会成立,维克多·伊曼纽尔二世(Victor Emmanuel II)宣布就任意大利国王。
1895	市政当局获准为婴儿开办学校。
1899	社会主义市政府成立。
1913	盖达村的第一所市立庇护所:为3—6岁儿童提供免费的世俗教育。
1919	法西斯运动开始。
1920	马拉古奇于2月23日在科雷焦出生。
1923	马拉古奇搬到瑞吉欧·艾米利亚。
	法西斯独裁统治开始。
1925	妇女儿童联合会成立,其目的是为幼儿和母亲提供服务。
1926	市政当局解散,责任移交给政权官员①。
1938	马拉古奇从瑞吉欧·艾米利亚的教师培训学校毕业,并获得小学教师

---

① 这里指的应该是法西斯政权官员。——中译者注

资格。

法西斯政府关闭了盖达村的庇护所。

主要针对殖民地的犹太人和土著人的种族法律颁布。

1938—1946	在雷焦洛（Reggiolo）、索洛尼奥、瑞吉欧·艾米利亚和瓜斯塔拉（Guastalla）的小学和中学任教（被征召入伍期间除外）。
1940	意大利参加第二次世界大战，与德国结盟。

马拉古奇在乌尔比诺大学开始教育学课程。

1942	八月份被政府征召入伍。
1943	**抵抗与战斗**

意大利向盟国投降；德国占领未解放地区；占领区的抵抗和内战时期；国家解放委员会（Committee for National Liberation）成立，致力于团结反法西斯党派和协调抵抗运动；与11月在米兰成立的"捍卫和援助自由战士的妇女团体"（Women's groups for defense and assistance to freedom fighters）密切合作，在意大利全国动员妇女。

1944	与尼尔德·博纳奇尼结婚。

意大利被盟军轰炸：265人死亡。

意大利妇女联盟成立，这是一个以抵抗为根基的反法西斯组织，致力于社会正义和解放。

1945	加入意大利共产党。

解放（4月24日）；在1945年至1947年间，社会主义和共产主义政府为3—6岁的儿童开设了8个自治学校，包括塞拉村庇护所。

意大利获得解放（4月25日）；二战结束；意大利妇女中心成立，并与天主教行动（Catholic Action）共同合作，其目的是致力于推动妇女的社会参与。

1946	大学毕业；儿子安东尼奥出生；加入"齐博尔迪文化圈"；从国立学校辞职；成为瑞吉欧·艾米利亚的复兴学院的创始人和老师之一。

意大利共和国成立，新宪法通过。

1947	担任意大利博洛尼亚日报《意大利进步报》瑞吉欧·艾米利亚板块的编辑。
1948	成为国际儿童社区联合会成员。
1950	总统授予瑞吉欧·艾米利亚金质奖章，以表彰其对解放斗争所作的贡献。

1951	结束报纸编辑工作；在国家研究院参加临床和教育心理学课程；马拉古奇是瑞吉欧·艾米利亚市立心理-教育-医学中心的创始人之一，并作为心理学家在那里工作了20多年。
	合作教育运动（Movement of Cooperative Education）①创立。
1952	复兴学院关闭。
1953	与儿童剧院（Teatro per Ragazzi）一直合作到1956年。
50年代早期	妇女组织为职业妇女和儿童安排服务，包括面向农工的临时庇护所[学校]、课后活动中心和夏令营。
	新一轮移民潮出现，意大利国内流动以及移民到其他欧洲国家。
1958	剧院俱乐部的创始成员。
50年代晚期	经济、社会和文化开始快速变化的时期。
60年代早期	对市立幼儿学校的需求日益增加。
1960	新法西斯党支持的反政府示威游行爆发，五人被警察枪杀，多人受伤。
1962	瑞吉欧·艾米利亚有33所3—6岁儿童学校：22所天主教学校，7所意大利妇女联盟学校，4所慈善学校；伦佐·博纳齐当选市长，与共产主义-社会主义内阁共同执政；市政府同意再建造5所学校。
1963	担任瑞吉欧·艾米利亚为3—6岁儿童开设的新市立学校的顾问。
	市政当局为3—6岁儿童开设了第一所市立学校——鲁滨逊·克鲁索。

三份回顾性传记文档

1.78 简短履历，1978年

> 编者按：在意大利，简历通常是用第三人称撰写。

劳瑞兹·马拉古奇自传体简历

　　劳瑞兹·马拉古奇于1920年出生在瑞吉欧·艾米利亚。他曾是一名小学教师，获得教育学学位，并在中学担任教师。在1946年，他成为复兴学院的创建者和推动者

---

① 合作教育运动于1951年创立，由布鲁诺·齐阿里（Bruno Ciari）领导，齐阿里是马拉古奇的密友。——中译者注

之一,该类学校由意大利全国游击队员协会(Associazione Nazionale Partigiani d'Italia, ANPI)和就业部联合成立,以帮助游击队员、退伍军人和孤儿学习和就业。直到1952年,复兴学院持续运作,在民主教育方面取得了令人振奋和开拓性的经验。从1948年到1952年,马拉古奇与埃内斯托·科迪诺拉、玛格丽塔·佐贝利(Margherita Zoebeli)、唐·里沃尔塔(Don Rivolta)和比斯·利布雷蒂·巴德斯基(Bice Libretti Baldeschi)一起通力协作,他们都是联合国教科文组织的国际儿童社区联合会的积极成员。1951年,他参加了意大利组织的第一个临床和教育心理学课程,在国家研究院由巴尼索尼(Banissoni)进行教授。巴尼索尼一再邀请他继续留在国家研究院,但是他更加偏爱积极实践,后来,他回到瑞吉欧·艾米利亚,建立了意大利最早之一的心理-教育-医学中心。1965年,他与马泽蒂(Mazzetti),尤其是后来与布鲁诺·齐阿里(Bruno Ciari)在艾米利亚·罗马涅大区合作,成为公立的、由市政府直接管理的幼儿园的理论家和发起人之一。他看到了儿童教育革新过程的重要性,以及社会管理、社会参与和社会责任的形式的重要性。从那时起,他的工作越来越多地投入到这一经验领域,这使他能够完全按照自身最自然的倾向将教育学研究和教育实践结合起来。

他预见到了直到今天仍然具有重大意义的主题,在1964年,他推动了一次全国性研讨会,聚焦教育学和精神病学之间的关系。1966年,他与博尔吉(Borghi)、拉波尔塔(La Porta)、沃尔皮切利(Volpicelli)、马泽蒂、乔文(Jovine)、维萨尔伯吉(Visalberghi)和阿达·戈贝蒂(Ada Gobetti)一起,在瑞吉欧·艾米利亚组织并促成了意大利-捷克斯洛伐克教育学会议,这次会议是有史以来首次与社会主义地区开展的围绕教育学概念的文化和政治交流。1970年,他在瑞吉欧·艾米利亚组织了一次为期四天的关于早期教育问题的研究会议,吸引了一千名意大利教师,他们作为主角参与其中。这次辩论重新界定了一场大规模的幼儿学校解放和革新运动的性质和方向。

自1970年起,他继续在瑞吉欧·艾米利亚和摩德纳的市立幼儿园同时开展更有机、更原创的工作。今天,这项工作构成了该领域在方法论和教育实践方面最先进的研究点之一,也是那些致力于该领域的专业人员的具体参照点。这一经验的重要性通过书籍、在意大利和海外顶尖期刊上发表的若干文章、电视纪录片和访谈、会议、讲座和辩论等形式得以传达出来,在这些书籍、文章、纪录片、访谈、会议、讲座和辩论等中,马拉古奇教授与意大利的教师、家长、专家、政客、早期教育学者、大学中心和专业心理学中心是其中孜孜不倦的主角。

* * *

2. ND 发表于《历史研究》(*Ricerche Storiche*)的文章,第 84 期,1998 年 5 月

> 编者按:这个自传片段是劳拉·阿蒂奥利(Laura Artioli)和卡丽娜·里纳尔迪在 1997 年发现的,当时她们正在劳瑞兹·马拉古奇的儿子安东尼奥家中搜寻马拉古奇的私人著作。这次搜寻是奉瑞吉欧·艾米利亚市政厅、瑞吉欧儿童(组织)以及伊斯托科瑞吉欧儿童之友协会(Association of Friends of Reggio Children by Istoreco)的要求,伊斯托科瑞吉欧儿童之友协会是瑞吉欧·艾米利亚省一个关注抵抗运动历史和当代社会历史的协会。该组织出版定期刊物《历史研究》,并开展一系列其他文化活动,包括组织中学生和教师参观纳粹死亡集中营以及当地山区的意大利抵抗运动遗址,并为欧洲抵抗运动档案添砖加瓦,这是一个在线档案,收录了对欧洲反法西斯抵抗运动的证人和主要人物的采访。[5]
>
> 以下文章由劳拉·阿蒂奥利编辑,随后于 1998 年在《历史研究》上发表。她认为,原文可能是在 1989 年至 1991 年之间创作的,是受马拉古奇和莱拉·甘迪尼(Lella Gandini)在编写《儿童的一百种语言:瑞吉欧·艾米利亚早期教育理念》(*The Hundred Languages of Children: The Reggio Emilia Approach to Early Childhood Education*)一书期间的交流所启发。该书随后于 1993 年在美国出版(Edwards et al., 2012)。最终,这本书没有出现该自传作品中的任何内容,尽管在书中收录的一篇访谈中,马拉古奇确实提到了战争对于他选择献身教育的重要性,"这是一种重新开始,并面向未来而生活和工作的方式" (Malaguzzi, 2012, p.35)。因此,正如劳拉·阿蒂奥利在她对文章的介绍中所说的那样,接下来的几页"是马拉古奇写自己、写他的童年、写他在教师培训学校和大学的岁月、写他作为教师的第一步、写婚姻、写战争、写那些重要的事情……这几页目前是马拉古奇自传背景历史的唯一草稿"。

我应该走教学之路

1. 我应该走上教学之路,成为一名小学教师,这是父亲心中的期许,他对我的哥哥也有同样的希冀。

这个选择并不是出于任何真正的或假定的天职,它只是一个最快捷的可以赚取工资的职业,也许还可以让自己继续上大学。[6]这是一个没有蕴含什么哲理的选择,它在很大程度上归因于我父亲微薄的工资——他是瑞吉安铁路(Reggiane Railways)的站长——以及我母亲的无限节俭。

无论如何,像所有同龄人一样,我是一个愿意登上任何船只的旅客。

在教师培训学校[一所 14—18 岁学生就读的培训小学教师的中学]就读期间,从高年级大孩子们前一年散布的恶意谣言中我学到的第一件事情是,我们那个以严格而著名的女校长穿黑内裤,是为了向首领(Duce)[墨索里尼]和法西斯主义致敬。他们发誓他们说的是真的,就是那样。

我记不起我学到了什么。甚至当我开始我的职业生涯,迫切需要从学到的知识中汲取营养时亦是如此。

那是一段美好的岁月,异常轻松,只需要滑动几下手臂、一些小聪明、一些东西熟记于心、一些来自更有能力的朋友的帮助以及一点专长,你就可以漂浮在水面上,保持惬意。相反的是,我时至今日仍然清晰记得同伴们的面孔和身影,还有老师们的面容和身影:无论是慈祥的、严厉的,还是友好的。

老师们包括唐·斯帕多尼(Don Spadoni)和唐·皮涅多利(Don Pignedoli)(后来成为红衣主教),前者言语无畏,后者优雅而无比善良。和他们在一起的还有莉娜·塞奇尼(Lina Cecchini),她崇拜亚里士多德(Aristotle)、康德(Kant)和裴斯泰洛齐(Pestalozzi)。她可能是所有老师中最可爱、最慈祥的一位。在很长一段时间里,我和这三位老师都保持了联系。

可以肯定的是,尽管充斥着詹蒂莱式(Gentilian)[7]的理想主义、天主教的唯灵论和法西斯主义的阴险黑暗,但我的教师培训学习并没有启发或者强化任何东西。他们[学生]也没有从事教师职业,这一点后来得到了证实。当我的朋友们获得文凭后,开始从事办公室文员、银行职员和店员等各个职业,只有我和极少数其他人成为了教师。

我拿到的第一份工资用于了感谢我父亲的先见之明。我被指定进入雷焦洛的小学教书。[8]父亲带我去了那里,他做了一切他能做的。他把我介绍给年长的教师和管理员,他还在白马(Cavallino Bianco)给我找到吃的和住的。好莱坞式的情节!

与一年级孩子们的见面消除了我的一切焦虑。我们漫无目的地玩了一天又一天,随心所欲,我们的聊天将我们从一个从未到来的开始中解放出来①。他们和我都一无所知,没学到什么东西。随后,我意识到这是不负责任的,这一意识为我打开了职业的大门。我们发明了各种各样的事物,孩子们非常擅长从中学到一些阅读、书写、计算的东西。

当我们在年底告别时,战鼓已经敲响,我当时第一次参加了大学考试[在乌尔比诺大学]。从那时起,学校、大学和战争开始并驾齐驱。对于19岁的我来说,这三者都还不是现实。由于我缺乏成熟和意识,再加上我的家人讲述它们的方式,这三种境况看起来并不具有戏剧性,或者说它们看起来并不是不可能被渡过的或者被结合在一起。

带着这种天真的心态,我去了位于库斯纳(Cusna)山脚下的维拉米诺佐(Villaminozzo)的索洛尼奥[9]担任教师。那是一个我从未耳闻的小村庄,我从不知道到达那里必须要步行数公里。最初的沮丧暂且不提,我只想说,这是一次非同寻常的经历。

---

① 马拉古奇的意思是,他们随心所欲地玩耍、聊天,原本该开始的学期从未开始,他和孩子们将自己从学校学习的任务中解放出来。——中译者注

2. 在接下来的两年里,在那海拔 800 米的地方,我学到了千百种东西:徒步行走的艺术、在树木和岩石中寻找方向的艺术、了解歧路和真路的艺术、涉足河流的艺术,并且发现了栗子的慷慨、沉默的友好、人们不可思议的管理能力、捕捉野兔的陷阱,以及在这片居民不断逃离的边境土地上深不见底的贫困。

我在那里与十五个脚踩木屐、身穿巨大旧外套的男孩结下了深厚的友谊。他们有着浓重的带有法语"u"的口音,有着充满好奇、敏锐和坚定的眼神,他们在学校和羊群之间、在家庭作业和牛棚之间、在炉火和田野之间穿梭着。

在一个刚刚被废弃的牛棚里,我让学校运转了起来,每天早上用新鲜砍伐的木头点燃炉子,每天和孩子们的迟到作斗争,经常帮他们烘干仍然湿漉漉的袜子。我还从学校赞助部(patronato scolastico)[10]那里为他们找来一本又一本的练习册。

我对福图纳托(Fortunato)的骡子充满谢意,它每天到卡斯特尔诺沃蒙蒂(Castelnuovomonti)[11]为 146 名居民——加上我是 147 名——驮来大米、葡萄酒和萨拉米香肠。

我渴盼着星期天带来的异常的欢乐,起初它是温和的,然后是嘈杂的、喧闹的,弥撒和酒馆混在了一起,在午夜结束时,孩子们和女人们就会来接他们的兄弟、父亲和丈夫回家。

我会熬夜在石头房子里与那里的男男女女长谈,他们对移居到热那亚(Genoa)和米兰的孩子们充满了忧伤的思念,他们坐在这里守望着自己的根。

我与唐·卡明(Don Carmine)和谐地相处、成长,他也很年轻,像我一样是个新来的人,在做自己的第一份工作[教区牧师],他接受了没有事业的现实:没有洗礼和婚姻,只有弥撒和极度的虚情假意,他对酒馆(我住的地方)很害怕,并打算利用我来举行孩子们的庆祝活动,活动总是失控。

最后的活动是打牌,这是老师的一项义务,那里的人喜欢玩王牌和布斯凯(busche)[意大利传统纸牌游戏];最深不可测、最可怕和最滑稽的事情是,目睹像我这样的新手与精明智慧的老山民打牌时如何成功地找到制胜方法。

时间被拉得很漫长,这让我可以尽情地阅读各种书籍。我如饥似渴地读了陀思妥耶夫斯基(Dostoevsky)和托尔斯泰(Tolstoy)、康拉德(Conrad)和里尔克(Rilke)、莫泊桑(Maupassant)、蒙田(Montaigne)、莫拉维亚(Moravia)、皮兰德罗(Pirandello)的戏剧,还有几本教学手册。我对伟大的课程和伟大的理论不感兴趣,我对克罗齐(Croce)和卢梭(Rousseau)的美学一无所知,在那里,他们只是可笑的人物。

在一个混龄的班级里工作,我不得不练习如何把脑子分成五部分,班上的孩子从一年级（不可能称他们为小孩子，他们太成熟、太洞察世故了）到二、三、四和五年级。对于一个刚开始自己职业生涯的［教师］来说，这么大的年龄跨度是一种折磨，并且使得教师培训学校教授的知识显得是一派胡言。

如果福图纳托有时间买报纸的话，我就会看报纸。战争离我很远，我对其置之不理，我离城市很遥远。我设法参加了六场大学考试，这是一种毫无意义的仪式，只有六十分之一的人的分数可以达到录取水平。

我每月去两次瑞吉欧·艾米利亚，快速拜访我的家人、我的女朋友，并去图书馆挑选更多的书。

在这两年里，教学总管（Direttore Didattico）斯卡拉布里尼（Scalabrini）先生进行了两次检查，他［常驻］在卡拉皮尼蒂（Carpineti）镇：在酒馆里喝一杯，说些好话，一切静好。

战争愈演愈烈。我匆匆去了一趟瑞吉欧·艾米利亚，城市中没有文字，没有人气，只有一些在沉默中行走的人，他们寻找着食物。空荡荡的房子。午饭时，我父亲承认说，寻找食物已经很困难了。肉和黄油是奢侈品，面包是黑色的［次品］，商店里的东西也很少。当我回到索洛尼奥时，我动用了我的积蓄，买了四只最好的羊羔。我想给他们一个惊喜，那是上帝赐予的肉。那四只小羊在舔舐了用来粘住房屋砖头的红石灰后，几乎同时死在了我身旁。这是我一生中唯一一次的投机倒把，我没有向家人坦白任何事情。

在索洛尼奥的两年，我变得成熟了很多，甩掉了我身上最后的青涩。

告别是在酒馆里进行的，唐·卡明以前常说那是个罪恶之地，但他也来了。我收到的礼物是八块黄油、一瓶香草甜酒、一根自制的萨拉米香肠和一小袋栗子。我则送给他们一个甜栗子蛋糕和一大瓶托斯卡纳葡萄酒。手风琴也奏响了，孩子们也啜饮着（可以这么说）他们父亲的托斯卡纳酒。

3. 加起来，我当老师已经三年了。如果说我相当有意地长篇大论这些年的过往，那是因为这些年对我来说有着决定性的意义。

我也感觉到自己作为一名教师成长了起来。当然，我可以说我更彻底地熟悉了一个教师的样子，熟悉了孩子们推理和运用自身的方式，熟悉了他们花在事物本身——而不是事物表征——上的时间的波动，熟悉了接受或回避挑战，熟悉了无尽的回避策略；［我也可以说，］我更好地按照课程的规定完成了我所负责的科目和活动。

然而，我的脑中还从未闪现过孩子们的思维和智力与学习的困难过程有关这一想法，哪怕只是怀疑二者的关联也从未有过。他们学到或没有学到什么，很大程度上是

[归结于]我的长处或短处,以及孩子们自身的努力或不努力。

我曾不止一次地确信,我很擅长和孩子们相处,我喜欢这份工作。我学到的一点是,即使不可能像约伯(Job)那样有耐心,但也不能失去自我控制,那样是没有用的,而且也是愚蠢的。并且我也学到了,如果我想让一切都变得更轻松、更有用,那么建立一个宽容的、欢乐的、游戏的、诉诸幽默的、脱离自身职业角色的关系是个好主意:最终这是唯一的方法,能够让学校工作远离道德说教的优越感,并与这些孩子们保持对话,这些孩子因为残酷且不公正的历史而与众不同,而不是因为自身的行为和发展。

战争愈演愈烈,现在我们的骨子里和意识里都充斥着战争。男人们都到前线去了。我被征召去做军医,但是由于我的腹膜炎疤痕很大,我得以不前往战场。教师极度短缺,他们也在前线。行政长官(Provveditorato)提出把我分配到[瑞吉欧·艾米利亚的]瓜斯科路(Via Guasco)小学当一年级老师,这也是我小时候上过的学校。我还记得,接到邀请时我感到很自豪。当然,我很高兴是因为这稍微减轻了军医给我带来的深深的不适感。我知道教师培训学校的朋友有的在阿尔巴尼亚、希腊和利比亚。[12] 学年即将结束,"红牌"① 到来,迫使我前往博洛尼亚的厄尔巴纳路(Via Urbana)军营,[13] 这是个老爷爷军营②。我在仓库里当军需官,同时,我还在一所学校当会计,博洛尼亚遭遇第一次轰炸后,无家可归的人占据了学校。

[1944年]1月8日晚上,那时我和我哥哥在一起,我们在位于[瑞吉欧·艾米利亚]图里路(Via Turri)的家中。幸运的是,我的父母不在瑞吉欧·艾米利亚。在美国轰炸机到达之前,我们听到了警报声。在照明弹和爆炸声中,我们逃向艾米利亚路(Via Emilia),我们成功了。在黎明时分,我们回到了图里路,房子已经变成了一堆模糊不清的废墟。我们只有身上穿的衣服。最终,我们在圣佩莱格里诺(San Pellegrino)亲戚们已经撤离了的房子里留宿。

我从来没有到过前线,这就是老天的安排。当我逃离军营的时候,意大利和法西斯主义已经被打败了。

作为一个逃亡者,生活是艰难的。轰炸、我对德国人的恐惧、封锁、逃亡至隐蔽处、在地窖里度过不眠之夜、废墟、饥饿、黑市和死亡公告如影随形。

只要我报名参加铁路服务,德国国防军(Wehrmacht)就可以发给我通行证,这就

---

① "红牌",在意大利原文中实际使用的表述是"粉牌",这是一种口语化表述,指代的是当时的强制征兵。——中译者注
② 指的是这个军营里招募的人年龄都很大。——中译者注

能帮助到我。这是一项危险的工作，但别无选择。我在瑞吉欧·艾米利亚至齐亚诺（Ciano）以及瑞吉欧·艾米利亚至福吉亚（Veggia）两条铁路线上工作，从一个车站前往另一个车站。这些线路后来也在轰炸中变成了废墟。

1944年新年前夕，我结婚了。我当时24岁。我们把婚礼推迟到晚祷之后，安排在警报声的间歇之间。当时处于封锁，我们在五个非常亲密的朋友的陪同下回到了家。我们几乎是在沉默中吃着饭，封锁让我们变成了囚犯，我们通宵打牌，然后聊天，为我们每个人规划尚存争议的未来。

在我们的周围，已经发生了一段可怕的历史。这座城市矗立在那里，肩负着它所有的毁灭、它的野蛮、它的屠杀、它的英雄主义、它的死亡、它的失踪以及它的幸存者。我听说了学校同伴、朋友、认识的人的死讯。

每个人都试图再次让一切变得合乎情理，试图弄清楚这个多年来一直奉行死亡崇拜的世界到底发生了什么。

1945年的头几个月里，战争即将结束的预感愈发浓厚。不仅仅是伦敦电台这么说，在南方和罗马发生的事情也有此征兆。在我们的城市里，某些特定的事件承载了越来越多的意义。一些在此之前还只是传说的东西开始变得有意义，可以察觉到游击队斗争的存在及其力量。这些都是真实的：撤退中经过的纳粹军队，共和国卫队[14]的消失，纳粹屠杀处涌现的花束和十字架，那些仍然无名的年轻人身上展现的英雄主义。

解放，即战争结束，在[1945年]4月25日到来，游击队员与英美士兵同时进城。

人们在街头奔跑，激活萎靡多年的双手、眼睛、身体和思想。问候声又回来了，泪水、拥抱、强有力的声音也都回来了。

随着春天的到来，我在外面待到深夜。我也路过了地狱：塞尔维路（Via dei Servi），库奇村（Villa Cucchi）、步枪射击场[15]，那些非人的地方。

一个未知的时代正在开启，这是一个广阔的地平线，在那里你仍然无法衡量自己，也无法衡量思想和欲望。你身处一个充满希望的城市里，想要大声呼喊。

5.[16] 这就是我的一些人生选择诞生的时间点。我将会加入共产党，我对政治，对十月革命，对马克思、列宁、葛兰西、陶里亚蒂一无所知。但我确信，我站在了最弱势的一方的那一边，也是最怀有希望的人们的那一边。我身上作为人以及作为一名教师的那一部分被这种归属深深地吸引着。

紧接着，几天之后，一些意想不到而又难以置信的事情发生了。在充满自由的最初几天的混乱之中,有消息传来,说是在塞拉村[17],女人以及男人、农民以及工厂工人凭靠双手自发决定为他们的孩子建造一所学校。逃向波河的德国士兵留下了一辆坦克、一些卡车和一些马匹,这是人们的战利品,把战利品卖掉后得到了一些钱,这些钱可以马上花掉。建学校这个想法就是这样诞生的。

城里的人都不相信。我骑着自行车去了那里,一切千真万确。妇女们已经在那里清理从战争废墟中收集来的砖块。

真的是一所学校吗?当然,她们带我去看了那片区域,当她们发现我是老师的时候,一半用方言,一半用意大利语告诉了我所有的事情,就好像故事已经发生了一样。如果那是真的,来这里和我们一起教书吧。

奇迹发生了。人们举行了一个募捐,筹到了更多的钱。每个星期六和星期天,都有一大群男女老少在砌墙。八个月后,屋顶建好了。九个月后,这所学校就像一个婴儿,呱呱坠地来到这个世界。在1947年,经过官方授权,学校开始运作。

一所专门为儿童设计和创建的自治学校,在那个地方,以那种方式设计和创建,这肯定不是那个时代的模式和哲学理念的一部分。这是一个激动人心的反常现象,是一个我非常喜欢的发明,我人生中的许多事情都将由此而来。

我的童年呢?我的童年是温柔的、闲散的、好奇的,渴求游戏和友谊。菲乌姆广场(Piazza Fiume)的办公室职员房屋里充满了欢乐,那里有很多孩子,男男女女,还有慷慨宽容的房客。这是一个让你从上到下都能在里面玩耍的地方,院子环绕着房子,有着菜园、阁楼、地窖,在金属栏杆和标志地界的大门之外,还有门前偌大的广场。广场是一个上演人生百态的"竞技场":从葬礼到公共的杂技表演,到自行车的不断发展,到足球比赛,到停靠的马车,到耐力赛,到盲人游戏,还有罐子打靶游戏。

然后是1929年,历史学家因经济危机的暴行而记住了这一年。我之所以会记得它是因为家庭经济的崩溃,以及被迫离开菲乌姆广场房子这一不可挽回的痛苦决定,我们搬去了扎佩洛路(Via del Zappello)的一个铁路工人小房子,因为那里的租金更便宜。

扎佩洛路位于圣克罗齐(Santa Croce)街区,隔着铁路,坐落在瑞吉安工厂(Officine Reggiane)的后面,那是这个城市最大的工厂,在战争期间有着12000名员工。

这个地方随处可见工人和蓝色工作服,工厂用鸣笛声专横地召唤着工人们。工人们携带着一个装有食物的小容器动身出发,归来时他们带着疲惫的面孔和发黑的双手。我们的房子也随着鸣笛声和锤子声的节奏运转着,时钟失去了所有的意义,我母亲从未出过错。

这是我很快就学会了欣赏的另一个世界。我开始了解街道、小巷和庭院,这些都是[我住在]菲乌姆广场时的禁忌之物。我有了更多的空间、更多的自由、更多的孩子、更多的了解和发现。不同年龄和不同代际的人的共存和交织是一件充满冒险的事情：在保龄球馆，在瑞吉安工人俱乐部，在火车站，人与人之间的相遇更加温暖。长者的话语是一种饱含新的成人深意的语言，它萦绕在每个人身边，触手可及。我的整个青春期和教师培训学校的学业都是以这个地方为背景的。

如果维特根斯坦（Wittgenstein）所说的是真的，即了解我们说话的地方是很重要的，那么我有三个这样的地方，我在那里学会了说话和生活。[⋯⋯][我必须]牢记这三个地方：索洛尼奥、塞拉村，还有解放。

我和塞拉村达成了某种团结一致的契约，并与其他六所小学校达成了另一种契约，这些学校是由妇女和人民运动在城市的贫困边远地区发起和管理的，我永远不会抛弃它们。

解放是在4月，在9月份时，我已经在瓜斯塔拉的中学[18]教孩子们拉丁语和意大利语，我一直陪伴着他们，直到他们拿到毕业证书。然后我做了一个冒险的、前所未闻的决定，我放弃了我的职业，还有在国立学校的工作，因为这一切都太狭隘了，战后的大千世界有无限的空间和想法在召唤我。我先是在《意大利进步报》做记者，后来又在《团结报》做记者。然后在1949年，我无法拒绝游击队员和监狱老兵的期许，为了他们，我在瑞吉欧·艾米利亚和另外八个城市成立了复兴学院。

当他们让我成为意大利国际儿童社区联合会的成员时，我也不忍心说不。在该委员会的带领下，我走遍了意大利和欧洲的各个服务孤儿、失散儿童或战争受害儿童的机构。我接受了一个非同寻常的机会，它让我得以到罗马的国家研究院参加了为期六个月的教育心理学课程，这是心理学在遭受法西斯主义的排挤之后的首次恢复。

在课程结束时，机构[国家研究院]的管理者巴尼索尼教授请我做他的助手。但是，我更倾向于回到瑞吉欧·艾米利亚，开设一个预防、诊断和照料儿童的市立心理-教育-医学中心，这是一项令人着迷的工作，我直到1970年才停止在那里工作。我离开它一方面是为了接受市长伦佐·博纳齐的邀请，成为幼儿园部门的主任（总负责人），但另一方面也归因于早期精神病学反对者抱持的神秘而破坏性的态度，使得这项工作变得无法继续。

在很大程度上，1970年标志着一个漫长的职业旅程的结束，这个旅程从来没有真正离开过教育领域，它也标志着我正式明确地抵达了在幼儿园开展儿童教育的职业体验。事实上，自1963年（第一所市立学校成立的那一年）以来，我一直担任这一新教育经验的顾问，同时在心理-教育-医学中心工作，并且从未中断过通过各种方式帮助小规模的自治学校进行开拓创新,这些学校最终在1967年实现了市立化,我指的是那些经过20年的巨大牺牲而幸存下来的学校。

我不知道,最终抵达的这一抉择是一系列事件的阴谋之下偶然造就的正确结局,还是说我的一部分其实作为一个共犯以某种方式参与到了这场阴谋之中。

你想让我为你深究这个阴谋,探寻我选择与孩子们在一起,并与他们相伴一生的根源?

我可以像别人一样逃避这个问题,告诉你说,如果你不问我,我知道,但你一旦问我,我反而就不知道了。有些选择,当它们附着在你身上时,你能够感受得到。有些选择则顽固而又举重若轻地渗透到你的体内,让你认为它们是伴随着你、伴随着各种事件一起成长的,就像分子混合在了一起。

在我看来,每一个选择都很难只凭借一只手来推动,可能它来源于几只手的助推,它是来自于时代、事实、人物、呼应、情感、诠释所谱写而成的一曲合奏。阴谋的好戏正在于此。

这个选择与我早年生活的**地方**有关,包括圣克罗齐、索洛尼奥、塞拉村,我也曾部分地怀疑自己。但我还想补充进去战争、解放、人民以及随后的事件发生的**地方**。最重要的是,随着和平的到来,有一股动力存在,人们渴望把被疯狂玷污的道路清理干净。

如果你把所有这些东西都放置在一起,它们就会产生一个交叉路口,这是一个具有压迫性空间的点,也许,你正在等待这样一个点。这就是选择的点。

我不知道,战争所有悲惨的荒诞不经,以及衔接前后的其他阴谋事件是否共同构成了一种经历,把我推向了教育工作,作为诸多可能的新开端的一种,面向未来而生活和工作。尤其是当战争结束的时候,生命的迹象再次萌生,携带着一股巨大能量,正如你在战争期间所目睹的暴力具有的能量一般。

我不是很清楚。但是,我认为那是一个可以寻找答案的地方。我在生活的地方与儿童、人民、监狱老兵、抵抗军游击队员以最强烈的方式结成联盟:与一个满目疮痍的世界共存,相较于停滞在当下,展望未来的想法和情感似乎要强烈得多。在当时,似乎没有什么事情是困难的,或者是无法克服的可能障碍。

这是一种令人难以置信的强烈体验,它是由紧密交织的情感、对于学习的更复杂的发现以及有望激发新创造力的价值观共同塑造而成的,而我们只需要意识到这一点。

虽然我经常更新我的思想,但我始终停留在那个定位上。

我从来没有为这种选择而感到后悔,也没有为我身上所留下的或者被剥离的东西而感到遗憾。

* * *

3. 91《鲁契亚诺·帕瓦罗蒂出道 30 年后向吉吉托·里维尔贝里致敬》(*Omaggio a Gigetto Reverberi a trent'anni dal debutto di Luciano Pavarotti*)一书中的一章,由弗兰克·博阿迪(Franco Boiardi)编辑,1991 年

> 编者按:本章所出自的书籍于鲁契亚诺·帕瓦罗蒂在《波西米亚》(*La Boheme*)中的歌剧处女秀以及荣获阿奇利·佩里奖(Achille Peri Prize)30 周年之际出版,阿奇利·佩里奖是一个国际的歌唱比赛,它起源并举办于瑞吉欧·艾米利亚。该书出版时,帕瓦罗蒂已是闻名遐迩的歌唱家,他回到市立剧院(Teatro Municipale)演出。他还为该书撰写了简短的介绍,该书由瑞吉欧·艾米利亚剧院协会(Associazione I Teatri di Reggio Emilia)出版,以纪念吉吉托·里维尔贝里的一生和工作,吉吉托是活跃在当地文化领域的一个市民,他在设立佩里奖方面发挥了主导作用。
>
> 马拉古奇的这一章以出生于瑞吉欧·艾米利亚的著名演员罗莫洛·瓦利(Romolo Valli)的回忆录中的一段话开始。

战后的城市

1. "1946 年的一个冬夜,在瑞吉欧·艾米利亚,我和几个朋友在蒙泽尔蒙奈街(Via Monzermone)的大雾中离开圣罗科(San Rocco)剧院。几分钟前,我们结束了"舞台朗诵"桑顿·怀尔德(Thornton Wilder)的《我们的城市》(*Our Town*),我们再一次看到,即使是在最卑微、最简陋的环境中,诗歌写作也能激发公众纯洁而纯粹的情感。对于这一觉察,我们有充分的理由感到满意和确信[……],我们告诉自己,我们"小城市"的公众能够产生新鲜的情感和热情,这是"大城市"的其他观众所无法获得的,也许他们拥有更好的条件,但是戏剧的魅力对他们的诱惑肯定更弱,他们是更难对付的观众,他们不太愿意交出自己,或者像布拉加利亚(Bragaglia)[19]所写的那样,不太愿意"跟随着剧情"和"沉浸在剧中"。既然如此,我们不禁要问,我们城市中剧院的孤立状态为什么还要持续下去呢?《我们的城市》和欧文·肖(Irwin Shaw)的《埋葬死者》(*Bury the Dead*)的朗诵、黑人诗人的朗诵会以及加西亚·洛尔卡(Garcia Lorca)和歌德(Goethe)的朗诵会[……]都是由这种真诚的紧迫感孕育出来的。"

2. 在那个夜晚过去 9 年之后,罗莫洛·瓦利[20]写下了上述回忆,用以祝愿五年来参加玛丽亚·梅拉托奖(Premio Maria Melato)[21]的意大利青年作家和业余戏剧团体获得好运,并取得成功。

实际上,罗莫洛·瓦利的字句、它的意义以及人们对它的感知远远超出了剧院事件的范畴。它们是一个信号,是对城市的召唤。文化复兴不仅是必要的,而且是可能

的，城市可以通过利用自身的优势、自身的资源来实现它。事实上，他和他的朋友们的事迹，包括律师吉安尼诺·德加尼（Giannino Degani）的事迹，都成为一种*即兴表演*，是一种示范和刺激行为。

与此同时，罗莫洛·瓦利与他的朋友阿弗洛·萨卡尼（Afro Saccani）已经选择了自己的道路，这条路的起点就是《我们的城市》的朗诵，我有幸目睹了这场朗诵。他告别了朋友，加入了范塔西奥·皮克利大篷车（Carrozzone di Fantasio Piccoli）[22]的年轻演员队伍，他们毅然决然地进入了艰难的先锋戏剧世界，这种戏剧的探索能够"拓宽视野、塑造新公众、加强功能和现代性"。在乔瓦尼剧团（Compagnia dei Giovani）中，这种探索将继续下去，它总是那么急切、清晰而又严谨，该剧团被誉为意大利戏剧文化有史以来最美丽、最迷人、最创新的演员阵容之一，至今仍被铭记于心。今天，从圣罗科剧院起步的罗莫洛·瓦利回到了他的［家乡］城市。［瑞吉欧·艾米利亚的］市立大剧院现在也以他的名字命名。

3. 一场火总是需要有人来将它点燃。1946年以后，在我们瑞吉欧·艾米利亚这座小城的舞台上发生了许多值得称赞的事情，渺小抑或伟大的爱情故事、戏剧、电影、音乐、绘画以及文化和公民辩论都可以溯源到罗莫洛·瓦利在1946年的迷雾和寒冷中点燃的第一把火。我们发现，伦佐·博纳齐和塞尔吉奥·博齐亚尼（Sergio Borziani）于同年在瑞吉欧·艾米利亚成立了电影俱乐部，并通过《墨西哥闪电》（*Lampi sul Messico*）[23]开启了第二次辉煌的冒险。

这些东西是在极其困难的时期创造出来的，是在这个城市创造出来的，这个城市试图在废墟上重建自己，并哀悼那些在战争和抵抗运动中死去的市民。这些最初自发的文化骚动的模样和迹象被隐藏在小地方之中，隐藏在小团体之中，隐藏在分散的地点之中，或者更简单地说，隐藏在个体的行动之中（我想提醒读者留意埃齐奥·坎帕罗尼（Ezio Comparoni）[24]的秘密文学活动），它们如星星之火般迅速聚集并壮大，尽管没有预先确定的计划或者官方的公告和赞助。这些行为、直觉、想法和主人公精神彰显在不同的层面上。很多时候，它们反映的是一种谦卑的、大众化的起源，并分散在不同的地方，就像一个城市中天生的先驱者，想要匆匆加入重生和文化之路。那些年，一股异常强大的社会能量，伴随着强烈的意识和乌托邦式的理想，似乎足以消除时间和可能性的限制。

在卡瓦里亚戈（Cavriago）、法布里科（Fabbrico）和斯堪迪亚诺（Scandiano）等［城镇］，我记得那些创造了难以置信的作品和梦想的人们，他们用自己的双手建造了电影院和剧院。在塞拉村和城市的居民区，第一批自治幼儿园诞生了。在这个城市和它所在的省，自发的聚会接踵而来，这种行为远远超越了在战争的可怕孤独之后想要聚在一起消磨时间的愿望。随之而来的是第一批业余表演、第一批小戏剧，吸引年轻人和年长者都参与到长时间的排练中，并期待着首次亮相。剧场总是座无虚席，公众也是全新的。齐博尔迪(Zibordi)、加里纳利(Gallinari)、双面具(Due Maschere)、波维夷(Poviglio)和卡德博斯科·赛普拉(Cadelbosco Sopra)都是业余戏剧团体。

这些团体常常成为唱诗班音乐、歌剧音乐和体育俱乐部的组织者，正如我们后来所看到的那样，他们也成为画展和文化辩论的组织者。

几年后，当阿里奥斯托剧院(Ariosto Theatre)重新开放举办戏剧季时(先是由意大利剧院组织管理，后来是由市政府管理)[25]，它已经拥有了一批开放的、有意愿的观众，这一群体与传统戏剧的观众有些不同。

梅默·贝纳西(Memo Benassi)、伦佐·里奇(Renzo Ricci)、蒂诺·布阿泽利(Tino Buazzelli)和范塔西奥·皮克利大篷车公司为戏剧季揭开序幕，囊括了戏剧界最知名的人物，从卡拉拉(Carrara)到帕夫洛娃(Pavlova)，从艾玛·格拉玛蒂卡(Emma Gramatica)到萨尔沃·兰多纳(Salvo Randone)，从艾尔莎·梅里尼(Elsa Merlini)到卡琳德里(Calindri)，从戴安娜·托里里(Diana Torrieri)到维托里奥·加斯曼(Vittorio Gassman)。在 1949 年，我们在令人难以忘怀的普劳图斯(Plautus)的戏剧《吹牛军人》(*Miles Gloriosus*)中目睹了罗莫洛·瓦利的归来。

我们有近乎一流的戈比剧院(Teatro dei Gobbi)[公司]，并有幸观赏了让-路易斯(Jean-Louis)的法兰西喜剧(Comédie-Français)以及由路易斯·乔维特(Louis Jouvet)导演的作品。

1949 年，瑞吉欧·艾米利亚市还举办了另一项特殊的活动，名为"黑与白全国双年展"(Biennale Nazionale del Bianco e Nero)[一个绘画和版画展览]。与此同时，电影俱乐部也继续取得了成功，深受瑞吉欧·艾米利亚公众所珍爱的、有着悠久传统的歌剧季和音乐会季也继续取得了成功，这推动了一个备受瞩目的新协会的诞生：瑞吉欧艺术之家(Famiglia Artistica Reggiana)[26]，该协会发挥了重要作用，尤其是在音乐和艺术领域。

战争刚结束时，那是一个无家可归的时代。没有可以聚会的地方。如果你想和朋友一起打发时间，一起思考和讨论，你可以在街道、广场和城市的角落，有时是在家里，或者是吉安尼诺·德加尼的工作室，或者在小食咖啡馆(Caffè Cibotti)、中央咖啡馆

（Caffè Centrale）、意大利咖啡馆（Caffè Italia）打发时间，忍受着熙熙攘攘的人群。如果埃齐奥·坎帕罗尼和他的朋友们还没有占领以下地方的话，那最好就是勇敢直面晨雾或者太阳，在市立剧院、圣三教堂（Trinità）的廊柱下，或者是阿里奥斯托和博亚德（Boiardo）雕像之间的蒙特广场（Piazza del Monte）聚会。

我们在开罗利街（Via Cairoli）的《职业报》（Il Lavoro）报社总部，以及后来在意大利银行（Banca d'Italia）对面的《意大利进步报》报社总部（后来还有《葛兰西圈》（Gramsci Circolo），以及艾米利亚街（Via Emilia）价值不菲的《文化圈》（Circolo di Cultura）报社的总部）才找到了休憩、开会、聊天、探讨项目和政治形而上学的地方。而在其中你会发现罗莫洛·瓦利、卡维乔奥尼（Cavicchioni）、吉亚诺里奥（Gianolio）、马西尼（Masini）、鲁森蒂（Lusenti）、萨卡尼、拉比蒂（Rabitti）、莫里尼（Morini）和科斯塔（Costa）。

4. 1946年初，当社会主义的"齐博尔迪文化圈"在托斯卡纳营路（Via Battaglione Toscano）开设时，我缓慢但却坚定地在那里扎根。这是一个小世界，但它有着充盈的灵魂。你永远不知道会发生什么，它是一个与众不同的地方，许多事情真的在那里发生了。在现实中，它是一个多元的圈子：有学生、工人、办公室职员、年轻的还在发展之中的知识分子、在等待的人们、在阅读的人们、在玩三七点（tresette）和拉米（ramini）［纸牌游戏］的人们，还有在玩桌球和思戴凯（stecche）［一种台球游戏］的人们。那里有一个图书馆，可以借阅书籍和杂志，还有一个大的剧院大厅，有红色天鹅绒的舞台幕布，在盛大的场合，它会变成一个非常快乐和喧闹的舞厅。人们非常友好，［表现出］团结一致，他们总是愿意离开自己的桌子并卷起衣袖，愿意在工作日穿上星期天的衣服，反之亦然。

经过短暂的学徒期后，一些非同寻常的事情发生了，那就是凡是想让自己忙碌起来、想发起或者支持一个新想法的人，或者是想要找一个熟悉的中途停靠点的人，都与齐博尔迪有交集。齐博尔迪文化圈的主席、秘书和勤杂员是布鲁诺·普兰迪（Bruno Prandi），他是一个铁路工人，但在这个网络的中心，他是一个令人钦佩的组织者。还有一位的名字叫吉吉托·里维尔贝里，是海关的一名职员。要把他从人群中辨认出来或者成为他的朋友并不难，我一直是他的朋友，直到死亡把他从我们身边带走。他是一个原始朴素的人，有着肉眼可见的魅力，他像是某种火焰喷射器，热情地燃烧着，他的声音总是慷慨激昂，从来不用低沉或者小心翼翼的语调说话，应接不暇的活动提案和项目组织使他忙碌不已,我猜想他都是熬夜思考这些事情。你必须发现他的全部。他是一种图腾。一切都围绕着他旋转,他就像牛顿所说的万有引力那样,所有的事物都向他靠拢。

事实上,在骑自行车的人、排球运动员、前往维罗纳竞技场(Arena di Verona)[演出]的特殊火车、年轻的画家和戏剧演员、各种音乐家、轻音乐歌手、女高音和男高音的人海之中,你可能会看到大师坎波加利亚诺(Campogalliano)……迈克·布昂戈尔诺(Mike Buongiorno)、西特拉四重奏(Cetra Quartet)、一个名叫埃德蒙达·阿尔迪尼(Edmonda Aldini)的年轻姑娘,还有梅默·贝纳西、玛丽亚·梅拉托、阿方索·加托(Alfonso Gatto)、南多·塔尔塔利亚(Nando Tartaglia)、乔瓦尼·麦克基亚(Giovani Macchia)、安东·朱利奥·布拉加利亚(Anton Giulio Bragaglia)、拉斐尔·德·格拉达(Raffaele De Grada)、马里奥·德·米凯莱(Mario De Micheli)和埃内斯托·特里卡尼(Ernesto Treccani)的风采。参议员皮埃特罗·马拉尼(Pietro Marani)是文化圈的幕后保护神。

这已经是一个民主会议和公开辩论的时代了,我觉得这是首个这样的时代。因此,我的朋友们——那些无家可归①的人——会聚在一起,继续讨论已经在剧院大厅里讨论过的东西。来来往往的人络绎不绝。在阿里奥斯托剧院的意大利剧院组织的演出结束后,会有与男女演员一起的小型野餐。后来,这些与演员相关的会面将由市立剧院组织。

齐博尔迪业余戏剧协会业已成立,并开始进行演出和舞台朗诵。在该协会成立之前,有一个歌剧公司表演了当地市民和大师马里奥·米凯莱蒂(Mario Micheletti)的精彩剧目。其中就有大师[赫尔托·]坎波加利亚诺的首次歌剧音乐会和课程,他与我们的城市结下了长期的友谊,并为我们的城市提供了音乐文化方面的思想和课程的馈赠。

后来,一家儿童剧院[27]的创立也被载入了齐博尔迪的历史。连续三年,儿童剧院每年都会在市立剧院与管弦乐队一起演出,有一次还在米兰的斯福尔泽斯科城堡剧院(Castello Sforzesco)演出,并获得了全国比赛的一等奖。我与科拉多·科斯塔(Corrado Costa)和詹卡洛·康特(Giancarlo Conte)一起参与了那次冒险,我将在晚些时候再回

---

① 我们猜想,马拉古奇在这里指的并不是真的无家可归的人,而是用一种幽默的语气指代他的那些在外面聚在一起的朋友。——中译者注

到这一点上来。在那个穷困潦倒的年代,这就是齐博尔迪,它成为一个游戏、思想和发明的实验室,简单的、无需学校文凭或学历就能促进文化产生的先导事实的实验室。这是一种神秘而反常的[不因循守旧的]文化生产方式,这让人难以理解,因为它是由平凡的人完成的,所以很难列入官方记载的史册。在这些人中,就有吉吉托·里维尔贝里。

将罗莫洛·瓦利的形象与吉吉托·里维尔贝里的形象联系起来并不容易,毕竟瓦利已经赢得了人们的钦佩和感激。然而,如果我们想了解我们城市对戏剧和音乐的强烈热爱的史前背景和历史,我们就必须承认这是需要成对出现的两个名字。

深厚的友谊与彼此之间的仰慕和钦佩是这两个人的人生旅途中的共同体会,一个是意大利有史以来最伟大、最高雅的演员,另一个是不计其数的戏剧活动的激发者和发明者,伟大而谦逊,他们想要把我们的城市打造成为一个无与伦比的孕育创造力和热情的场所。

5. 我花了大量笔墨来讲述齐博尔迪的世界,因为如果没有它,就无法讲述关于吉吉托·里维尔贝里的故事,也无法讲述20世纪50年代到70年代之间在市立剧院台前幕后发生的传说或故事。有时候,一个事情的起源就像是俄罗斯套娃一样,一层套着又一层。把吉吉托·里维尔贝里和齐博尔迪牵引到历史舞台的事件是玛丽亚·梅拉托之死。吉吉托·里维尔贝里最早明白了她死亡的意义,以及她的家乡对她的亏欠。仅仅几周后,通过埃利吉奥·波森蒂(Eligio Possenti)(《晚报》(*Corriere della Sera*)的评论家)的话语以及齐博尔迪业余戏剧协会演出的贾科萨(Giacosa)的《像落叶一样》(*Come le Foglie*),这位伟大的女演员在阿里奥斯托剧院受到了人们的纪念和哀悼。

其他人将会讲述她的遗体被运往纪念教堂(Civico Famedio)时发生的事情,还有市政府组织的荣誉纪念活动,以及"玛丽亚·梅拉托"这一全国性节日是如何从1951年延续至1965年的。

我把自己也囊括在这个故事中,我只是想指出,这个选择和它的实现方式是吉吉托·里维尔贝里的外交杰作之一。谈判的艺术,辅之以透彻而又热烈的慷慨,是吉吉托的智慧和远见中的一种天赋。他的选择立即得到了令人尊敬的参议员马拉尼的支持,这一选择不仅仅是个人的愿望。事实上,他的选择是一种政治和文化直觉,建立在罗莫洛·瓦利最初故事的基础上,以最启发人心的方式纪念这位女演员,在戏剧危机最糟糕的时期进行干预,更重要的是,没有把筹码压在传统观众的身上,而是把赌注放置在了新的观众的身上。新的观众能够回应这个提议并参与文化建设,而在此之前,对他们来说,文化参与要么是无关紧要的,要么是被置身事外的。

6. 由瑞吉欧·艾米利亚市政府和意大利戏剧家协会（Società Italiana Autori Drammatici）宣布开始的歌剧初选比赛始于1957年,当年是第一届面向业余戏剧俱乐部的"玛丽亚·梅拉托奖"成功举办的六年后[……]。该戏剧节系列提供了几个值得考虑的因素：它在公众中取得了巨大的成功,并克服了试图阻止其举办的所谓的"知识分子"的反对；许多业余团体的表演很好,并且经常是精彩绝伦的；有着广泛和精心挑选的剧目,它印证了人们具有意大利和非意大利戏剧的扎实知识,现代的、有见地的批判意识往往为这提供了支持。

这些都是令人鼓舞的原因（其背景是,职业戏剧处于生死存亡的深度危机之中,它在与电视的竞争中已经落于下风）,它们使得最初的经验激发了另一个勇敢的雄心和目标：为意大利的年轻作家发起一场全国性的竞赛,他们有充分的自由选择戏剧的主题。奖金是50万里拉。评审团事先选定的业余团体的表演是有保证的,这些作品将被列入"梅拉托"系列。可以说,这个项目在欧洲是独树一帜的。

戏剧节承担了第二项职能,展现出它不仅仅是一个推广的工具,而且是一个积极激励和寻找新能量和年轻作家的工具,将他们带到公众和评论家的视野之中,让他们接受审视,这样做的功能是加强和复兴戏剧剧目。

我不得不说,这个选择被争论了很久。无论是组委会的朋友、评委,还是记者和戏剧评论家,每个人都在权衡这项倡议的意义,它是否能取得成功还难以知晓,同时,大家也同样清楚文化和政治的艰难处境,尤其是与戏剧生活相关的文化和政治。这种文化生活被归类为第二领域,其特征是历史上的精英主义传统,这种传统使得剧院在很大程度上是拥有包厢的人的财产,或者是属于咖啡馆社会中享有特权的少数群体——正如乔瓦尼·卡伦多利（Giovanni Calendoli）和奥里奥·维甘尼（Orio Vergani）所写的那样：屈从于老式的建筑和活动、过分昂贵的收费、无休止重复的单一剧目,以及被战争悲剧所部分破坏和扰乱的场地。而现在,正如我们所说,戏剧正受到电视的围攻,电视正迫不及待地窃取戏剧的观众,并改变着传统、习惯和文化。

在1952年至1959年间,意大利的剧院的演出减少了大约50%。剧院演出仅限于罗马、佛罗伦萨、那不勒斯等大城市,"巡演"拒绝在各省的广场开演。直到1949年,我们瑞吉欧·艾米利亚市的剧院每年只开放三到四次,而且只在冬季开放。

然而，尽管如此，一个有趣的事实却是真实存在的：虽然专业剧院每年演出约4 000场，但是二级剧院和业余爱好者则演出了约35 000场，覆盖了更广泛的范围和更边远的地区。实际上，存在着一个庞大的、分散的、被淹没的戏剧世界，但官方的统计数字否认了这一点。这个世界是活生生的，是与人对话的，它通常是谦逊的，但又总是真诚地投身其中。这个地区愿意接受歌剧初选比赛的召唤吗？再一次地，有一大群年轻的、不知名的作家，带着新的思想、新的欲望、新的期冀崛起，他们是社会主题和社会问题的一分子，这个社会在不断地变化着，找寻着自己的身份，年轻作家们渴望携带着自己的情感和理智进入到这个社会之中。这是我们应该寄予希望的地方吗？在吉吉托·里维尔贝里的心中，他毫不怀疑。他一生的任务就是打开世界，打破边界，让馈赠从中涌现。

我们都同意了，意大利戏剧家协会也一样同意，我们都感觉到，找寻新人加入剧作家的行列将会有所收获，而且是非常卓越的收获。

7. 在这些讨论结束时，堆积如山的数字、问题和预测得以以"同意"举办戏剧初选比赛而告终，每个成员都得到了令他们满意的答案。你可以想象吉吉托·里维尔贝里从中扮演了多么重要的角色。如果对此有疑问的话，从以下事实中你就可以清楚这一点了，项目当时已经有了一个清晰的财务报表和预算，并且它有一个独立于"梅拉托"系列的身份，但是它们立即被重新联系在一起，就好像同一个形态结构不可分割的部分。此外，未来评委小组中的许多人的名字已经被公布了。吉吉托何时、何地以及如何开展这些规划，我们不得而知。

就我自己而言，我想我了解他的行为方式，正如他在这种情况下所做的那样。在最后阶段，你看到他看起来显得更渺小了，呈现出一种纯洁的气息，他行动起来像木桶中的鱼，表现出令人诧异的沉默，显然是在局外，但他仍然愿意点头表示同意。这意味着一切都在按计划进行。他已经在不为人知的黑暗角落里编织好了这一切，就像古代的佩内洛普（Penelope）①一样。

他总是这样行事。在创建齐博尔迪业余戏剧协会时，在为玛丽亚·梅拉托授予荣

---

① 典出希腊神话。佩内洛普（Penelope）是尤利西斯的妻子。她对丈夫忠贞不渝，在丈夫10年征战特洛伊，10年海上漂泊的漫长岁月中，她一直苦守宫中，等着丈夫归来。她丈夫在外流浪的最后几年间，盛传他已葬身鱼腹或客死他乡，各地王孙贵族纷纷登门求婚，但她始终没有为之所动。求婚者赖在宫中不走，为了摆脱求婚者的缠绕，她坚持要为家中过世的公公编织好寿衣之后才会考虑嫁给谁。她白天织了，夜里又拆掉，每天如此反复，寿衣总是不能完工。——中译者注

誉称号时,抑或是开启一系列的文化会议时,他均是如此般行事。[……]当他把"先锋奖"(Premio Avanti)升级为由市政府和市立剧院运营的阿奇利·佩里奖[28]时(在1969年),他亦是如此般行事。先锋奖原本是面向在齐博尔迪登台的歌剧歌唱家的一个比赛(始于1955年)。当他请来了大师坎波加利亚诺管理市立剧院时(1969年),他也是如此般行事。坎波加利亚是一位知识渊博、精通音乐的杰出人物,立即当选为阿奇利·佩里奖赛事的名誉主席,他为自己保留了组织秘书的角色,直到永远。最后,当他点燃了催生儿童剧院的火焰时,他还是如此般行事,再一次地,儿童剧院与齐博尔迪文化圈联系在一起,再后来,又与在市立剧院空间中的剧院俱乐部联系在一起。

8. 歌剧初选比赛(后来发展为三色奖(Premio del Tricolore))持续了七年,举行了八次。对于这类活动,没有其他的欧洲模式。它是一束大胆、慷慨而又及时的希望之光,它没有让人们失望,在那个几乎是一片沙漠的地方,它使得在黑暗中寻找到的一点戏剧文化和生命力得以复苏。几年后,随着斯达比利剧院(Teatri Stabili)和米兰皮克乐剧院(Piccolo Teatro di Milano)的出现,它又卷土重来,在保罗·格拉斯(Paolo Grassi)和乔治·施特莱(Giorgio Strehler)[29]的带领下获得了国际认可,并得到了维斯康帝(Visconti)、加斯曼(Gassman)、阿尔伯塔齐(Albertazzi)、乔瓦尼剧团等一代杰出艺术家的支持,还得到了迭戈·法布里(Diego Fabbri)、伊塔洛·卡尔维诺(Italo Calvino)和乌戈·贝蒂(Ugo Betti)等作家的支持。

歌剧初选比赛是一个吸引媒体兴趣的工具,它甚至成功地与电视台结盟,奖励某些比赛获奖者的辛勤工作和剧本贡献,并推动了会议和辩论。

我认为评审委员会的权威性发挥了重要作用,评审委员会由亚历山德罗·德·斯特凡诺(Alessandro De Stefano)担任主席,成员包括马里奥·阿波罗尼奥(Mario Apollonio)、朱塞佩·贝托鲁奇(Giuseppe Bertolucci)、乔治·坎德洛罗(Giorgio Candeloro)、朱利奥·特雷维萨尼(Giulio Trevisani)等极有修养的人,还包括记者和评论家,如洛伦佐·鲁吉(Lorenzo Ruggi)、吉戈·德·恰拉(Ghigo De Chiara)、伊西利奥·里帕莫蒂(Icilio Ripamonti),剧作家包括埃齐奥·德埃瑞克(Ezio D'Errico)和图里·瓦西尔(Turi Vasile)等,演员和导演包括弗朗哥·帕拉蒂(Franco Parenti)和桑德罗·博尔奇(Sandro Bolchi)等。

第一届歌剧初选比赛有93位竞争者。从当下的角度来看,这次比赛不负众望,正如我们已经说过的那样。虽然它没有发掘出杰作,但它确实发现了制作精良、富有灵感的剧本;它奖励和发掘了青年才俊,这些人在剧院找不到机会时——剧院从来没有重视过国家的人才储备,他们却常常在电视、报纸和出版界的编辑岗位上[找到工作]得到认可,成为出色职业生涯的主角。此外,如果我们浏览那些接受邀请成为评审团成员的人士的名字,我们也可以进一步发现这个比赛的价值、严肃性以及文化和艺术声誉。可以毫不夸张地说,当时我们的城市不仅在多个领域开展了文化活动("梅拉托"艺术节、歌剧初选奖、阿奇利·佩里奖、专业公司的演出),而且还具有作为城市实验室的资格,正如评论家吉戈·德·恰拉所写的那样,这在我国戏剧文化领域是一个重大而出乎意料的现象。

9. 现在要轮到他了。我不知道科拉多·科斯塔[30]会如何回忆或叙述 1953 年至 1956 年期间儿童剧院的岁月。他会给我们带来快乐,并把我们带到另一个世界——他的世界,那里没有土地或边界或神圣的记忆,他会把这个主题转化为最轻松、最富有矛盾的主题。正如伊万娜·罗西(Ivanna Rossi)所说,他总是整装待发,时刻准备采集"生活的蜂蜜"。我不知道他会以怎样的方式颠覆过去的游戏、为儿童发明的故事以及戏剧——戏剧在当时看来更像是一个游戏,而不是一场严肃的冒险。

以下这些剧本都是他的,是科拉多的:《迷失在狂欢节里的小女孩》("The Little Girl Lost in the Carnival")、《领头猫》("The Lead Cat")、《雪人》("The Snowman")和《偷鸡贼萨尔瓦格诺》("Salvagno the Chicken Thief")。我是导演,詹卡洛·康特是编舞,马里奥·诺维利尼(Mario Novellini)是布景设计师,安吉洛·布林达尼(Angelo Brindani)是配音,西西奥·罗基(Ciccio Rocchi)是配乐作曲家;为了 50 个孩子,出动了 20 位母亲制作服装,进行了为期 4 到 6 个月的排练,在市立剧院与管弦乐队一起演出。我们在博洛尼亚、曼托瓦(Mantova)、里奇奥内(Riccione)的剧院以及米兰的卡斯泰洛·斯福尔泽科剧院也进行了演出,在 1954 年,剧团在米兰的剧院参赛,并赢得了第一次全国比赛。

这一切都是在街头偶然发生的,就像科拉多喜欢的那样,当时正在讨论诗歌是否是儿童会喜欢的东西。我们把这个想法整理好,联系了吉吉托·里维尔贝里和齐博尔迪,并得到了他们的祝愿和支持。然后,我们得到了劳动者援助国家管理局的支持,劳动者援助国家管理局在当时是很重要的。就这样,这艘奇怪的思想之船起航了,并在海上航行了三年多。

如果说幽默和诗歌是上天的恩赐,被用以改变事物的感知,让事物变得更加容易亲近、更加有趣,那么科拉多所整理的故事中早已包含了这些东西。一个小姑娘丢了十里拉，一只领头的猫被戏弄，一个雪人不想死，萨尔瓦格诺是个可笑的偷鸡贼，所有这些足以创造出超现实的、如梦似幻的、魔法般令人享受的情节。

科拉多总是出席开幕式。他偷偷溜进"神秘海湾"［管弦乐队池］，如果管弦乐队在一个节拍上出现失误，那是因为科拉多在最微妙的时刻制造了玩笑和笑话，这让总是在幕后、像个额外保镖一样的吉吉托感到惊恐。

我还记得，他非常高兴地看到最初的这些故事，以及后来到处发表的其他故事。他很高兴能成为意大利作家和编辑协会（Italian Society of Authors and Editors，SIAE）的一员，这是他的一个抱负。

我不想再说得更多了。毋庸置疑，如果他还活着的话——在他去世前几天，他还用假装的惊恐和真实的笑声向我暗示，我们会有更多的机会去惊叹，去追随着他的记忆一起目睹这场如走钢丝般的冒险，而这是连他自己都还未曾探索过的疆域。只有他才能给予我们那么丰富的情绪情感。

［……］

10. 安排给我的任务是主要谈论歌剧初选比赛，我想我已经做到了。虽然我的讨论从更早的战后的歌剧初选开始说起，但它在某种程度上起到了先导作用。

我从来不相信，而且时至今日也不相信，一个故事只属于一个单一的个体。故事总是多元的，来源则是无限的。我想说的是，吉吉托·里维尔贝里始终是一个重要的人物，始终处于瑞吉欧·艾米利亚故事的中心位置，从未处于边缘，我不知道，如果没有他，这些故事是否会发生。我想是不会的。

我与吉吉托·里维尔贝里共度了许多年的时光，分享了许多的想法［……］，共同经历了他创造或倡导的许多事情。我追逐着同样的精神，并沿着相同的石子路跨步向前。我真的不知道我们是爱上了市立剧院，还是更高意义上的戏剧。关于他，我毫不怀疑：答案是后者。

很难解释他那永远取之不竭的能量，以及他在选择上的本能和智慧，因为他总是选择不存在的东西，因为对于他来说，这是诠释情感和期望的唯一方式。他忙个不停，时刻在挑战着"那些不可能完成的"，他毫不怀疑那些事情是简单的，是他自己可以完成的，他确信，如果你创造真实的事物，那么它们的后果也将是真实的。这就是他的哲学（自学成才的奇迹）、他的生活理念以及他的学问，由此他使自己熟悉事物、思想和人，即使它们似乎属于一个不同的、显然不可能的宇宙。

意大利音乐和戏剧文化中最优秀和最杰出的［代表］都知道他这种单纯的、自发的魅力,在他开始滔滔不绝地发表言论和阐述思想之前,人们就可以体会得到这种魅力。这些立即展现出他身上真诚的天赋,以及他在这一领域发展起来的丰富能力,还有他永无止境的组织严谨性。

［……］

这是一个关于一个男人的故事,这个故事不在任何经典典籍或普罗普(Propp)的公式之中[31],他在我们城市的历史中穿梭了二十多年,在那个历史时期,每一个行动都是朝着希望和激情在努力。他来自比比亚诺(Bibbiano)[32],他是——如果你想这么说的话——为戏剧艺术而生的,因为他的父亲是当地一个业余戏剧协会的首席喜剧演员。他与保罗·格拉斯、乔治·施特莱、吉安安德里亚·加瓦兹尼(Gianandrea Gavazzeni)、鲁契亚诺·帕瓦罗蒂、阿尔贝托·塞尔达(Alberto Zelda)、卡洛·玛利亚·巴迪尼(Carlo Maria Badini)之间用"你"(tu)亲切地称呼彼此。他也用"你"这个词来称呼罗莫洛·瓦利和整个瑞吉欧·艾米利亚市。

摘选的文档 1945—1963 年

1945 年

4. 45《真相》上的文章[33],第 1 年,第 13 期,1945 年 9 月
新的文学,新的文化

想要让艺术触及到人民,人民触及到艺术,我们必须首先提高总体的教育和文化水平。

列宁

在当前历史和社会转型时期,出现了一种新氛围,这种氛围既与当前历史和社会转型相关,也是历史和社会转型的结果。在这一新氛围下,考察我们最近的文学作品会产生怎样的影响是一件非常有趣的事情。我们是会看到猛烈的、革命性的蜕变,还是潜移默化般缓慢而渐进的吸收? 今天来回答这个问题的时机还不成熟。

［……］

与此同时,我们有责任认识到存在着一种艺术,该艺术在人和事物中生存并繁荣生长,它具有一种功能,并且一直是被批判和称赞的对象。而且我们必须认识到,这种艺术由于可怕的裂痕而与社会疏远，尽管从广义的角度看，这是它最大的缺点，但这也是它的原始特质。如今，我们说这门艺术的功能已经被耗尽了。但是，这些艺术家的贡献是不能忘记的；他们的劳动、宝贵的经验或多或少都是历史事实，因此不能被否认。

今天，面对新的理想和观念，我们感觉到这些新理念、新观念用自身所有的美和正义吸引着我们，我们希望我们的艺术和文学有一个新的表达形式，不仅如此，我们更希望它有新的内容。没有这一点的话，它就不能成为新的伦理和社会现实的一部分，从而就会遭受谴责，这对于信息和教育的新精神来说将会是特别危险的。

[……]

今天，如果我们想找到一些有生命力的东西，我们就必须追溯到很远以前：乔瓦尼·维尔加(Giovanni Verga)[34]。他是一位艺术家，他能够通过艺术来观察和升华大众的灵魂，寻找到自由的综合体。而达农齐奥(D'Annunzio)[35]则借助他的抒情诗和散文，这是一种形式的升华，似乎是在庆祝意大利一直以来结构都很脆弱的资产阶级的第一次瓦解。而西西里作家维尔加则发出了真正的革命声音，仿佛为艺术指明了正确的道路。然而，也许是因为没有用[像达农齐奥]那样高度华丽或精巧的方式来表达，他的呼声无济于事。因此，意大利文学就止步于《马拉沃利亚一家》(*Malavoglia*)和《唐·格苏尔多师傅》(*Mastro Don Gesualdo*)①。

从20世纪20年代至今的一代作家没有正视维尔加的道路，而是被虚假艺术的空洞潮流所吸引，这种艺术潮流与政治潮流融合在一起，两者都因为没有社会层次感而让人生厌。他们要么是这样，要么就是退却到歌咏田园生活，通常缺乏抒情情感——并隐藏在一种可怕的神秘方法的背后，因为他们或多或少、不自觉地反映了一个摇摇欲坠的、冷漠的、自私的社会中的腐败。

他们不知道如何超越这些限制。对于这些作家来说，群众隐蔽而光辉的历史，以及工人们在汗水和日常劳作中跳动的灵魂，是并不存在的。这些故步自封在象牙塔里的作家们忽视了塑造我们工人和农民的苦难和痛苦的经历。

对于今天和近在咫尺（或远在天边）的未来，僵化的理想遗产压得他们喘不过气来，导致他们在重生这一大背景下，无法给我们提供有生命力的、真诚的艺术作品。为了重生，我们必须等待来自青年和人民的新艺术家。因为年轻的群众将是第一个抬起

---

① 《马拉沃利亚一家》和《唐·格苏尔多师傅》都是意大利文学家乔瓦尼·维尔加撰写的小说。——中译者注

头来,用他们丰富的感知力来吸纳我们当今时代现实的人,就像他们在抗战起义的斗争中所做的那样。

艺术的概念

然而,等待艺术家的诞生并不意味着等待来自天堂的奇迹。

诚然,我们不可能随心所欲地创造出一个艺术家,但我们可以从现在开始创造艺术家诞生和成长的条件。

"想要让艺术触及到人民,人民触及到艺术,"列宁说,"我们必须首先提高总体的教育和文化水平。"

文化需要缓慢但又坚定不移地进入到我们人民的习俗中。这就是为什么我们必须在所有地方,在城市,在乡村,到处建立所有工人都能参与的文化圈,通过会议、课程和辩论,这些文化圈可以打破今天把文化和民众区隔开来的壁垒。也就是说,要让这些圈子成为贴近民众、贴近民众话语的有生命的有机体,用朴实而又全身心投入的方式,而不是成为伪知识分子的排外团体。

文化必须成为全体人民的共同财产,而不是少数精英或特权阶层的财产。

为了唤起这种觉醒,或者更恰当地说,为了在国家生活中进行文化革新,我们必须组织民众大学,创建新的图书馆,使已有的大学和图书馆成为繁荣的文化中心,发展业余戏剧运动,组织参观博物馆和艺术场所,在全国各地举办巡回展览。

通过这种方式,将会为艺术和社会的复兴创造条件:让今天生活在愚昧和冷漠中的数百万人呼吸到这种新的空气,感受文化的乐趣,这样就足以在文学领域开辟新的天地,孕育出新的果实。

1946 年

5. 46 载于《真相》的诗歌,第 2 年,第 6 期,1946 年 2 月

9 月中旬

　　九月中旬
　　当松树变得雾蒙蒙
　　它们把废旧的桌子
　　留给醉生梦死的土拨鼠
　　——羊群

缓慢地沿着幽谷向下移步

追随一个看不见的神的脚步。

水面变得光滑,它浸没在

燃烧的天空

随着一下颤抖

它开始起皱了

青草也开始起皱了

合唱中少了一只蝉。

一股淡淡的奶香味

萦绕着

掺杂着杜松子的香气

这宛若一个缓慢行进的唱诗班队伍

哀悼着事物的死亡。

* * *

6. 46 载于《真相》的诗歌,第 2 年,第 17 期,1946 年 4 月 28 日
我的歌

  我知道。

  我的嗓子只能歌唱

  人们已经听说的小事。

  有什么关系?

  我歌唱! 让我歌唱!

  这是我灵魂的全部快乐。

    我的歌

    将是关于欢乐、渴望和孩童般的异想天开

    将是关于一个仍在追逐的人

    绿毯上的白蝴蝶

    疲倦地打着瞌睡

    几乎不被察觉。

    它们将会死去,缄默,遗失在无意义的角落

说着一种充满醉意的语言

也许,只有我能理解。

它们将会是一个孩子用金色的音符写下的咒语:

有些锈迹

消失在压迫我们的迷雾中

无声无息

就像沼泽水里的波纹

或一个男人的哀叹,

比海鸥的叫声还要短促;

一个无法再挣扎的人

但是,他倾听着

远古的狂风暴雨

发出的诱人的回声

纯白贝壳泛起泡沫。

这种由内在表达出来的苍凉的声音

很快就会消失,我知道

这又有什么关系呢?

与此同时,我把自己淹没在无边无际的迷宫里

由阳光筑成的迷宫。

1950 年

7.50 意大利每日早报《意大利进步报》[36]上的文章;1950 年 3 月 19 日

> 编者按:埃德加·李·马斯特斯(1868—1950)是一位美国诗人、传记作家和戏剧家,同时也是一位职业律师。《匙河集》是他最著名、最广为人知的作品,该文集收录了 200 多首自由形式的诗歌,讲述了一个虚构的小镇——匙河——的居民的墓志铭。该文集于 1915 年首次出版,因其对性、道德沦丧和虚伪的直言不讳而引起巨大轰动。该文集的第一个意大利版本出版于 1943 年,当时时局正值艰难。法西斯政权对美国文学普遍抱有敌意,经过把书名改为"圣·里弗尔思想集"(Antologia S. River),该译本侥幸通过了审查。译者费尔南达·皮瓦诺(Fernanda Pivano)最终因这次对制度的挑战而入狱,后来他评论道:"这本书在意大利遭到极度禁止。它谈到了和平,反对战争,反对资本主义,反对一般意义上的整个传统。这是政府不允许我们思考的一切[……]他们把我关进了监狱,我很高兴在那里待过。"《匙河集》在意大利广为人知,广为传阅,至今仍然很受欢迎。

该给埃德加·李·马斯特斯什么题词呢？

在艰难地发现内在心理真相的过程中，历史过往的语言变得非常尖锐，这是一种明确的语言，它屹立在所有传统之外，语气令人毛骨悚然，具有戏剧性和悲剧性，充满磨难、懊悔和指控。

切萨雷·帕维塞（Cesare Pavese）[37]很好地理解了埃德加·李·马斯特斯的真正的抒情和人性特质，觉察到他的思维方式（他当时的生活方式，以及作为诗人的方式）是在"普遍性中"（in universals）的，并且是在"普遍性中"表达的。

正如帕维塞所指出的那样，在"普遍性中"思考意味着成为一个社会的一部分，在这个社会中，精神和肉体的痛苦以及生活的问题并没有像傻瓜所认为的那样被消除了，但是，存在着与痛苦、贫困和死亡进行共同斗争的工具。在《匙河集》中，李·马斯特斯证明了这样一个事实：在他所居住的社会中，这些工具、这些"普遍性"是缺失的，换句话说，它的行动已经失去了意义和方向。

[……]

李·马斯特斯与其说是预言家，不如说是法官（也许他的律师袍重压在了他的身上）。他只能在过去之中看到"光"，这就是为什么他那在"普遍性中"思维的方式不应该被视为最有效、最现代和最具当前意义上的哲学含义——也许帕维塞也没有这样理解他。对于李·马斯特斯来说，普遍性还只是一种贵族式的分析和思考方式（事实上，他对希腊文明感到非常钦佩）。他无法理解鞭策人类成长的真正动力，以及人类如何通过精练的逻辑论证，势不可挡地抵达未来，在这个未来里，如果有斗争，那就让它成为人与物之间的斗争，而不是人与人之间的斗争。

即使到了今天，美国的思想仍未抵达这个真理。李·马斯特斯——一个真正的诗歌使者，他仍然活着，仍然弥足珍贵——当然也不可能在 1914—1915 年就能够抵达那片真理之地。

1951 年

8.51 发表在《心理教育学研究系列》（*Collana di Studi Psico-Pedagogici*）上的文章，瑞吉欧·艾米利亚，1951 年 6 月

致力于童年早期心理卫生的心理-教育-医学中心

童年早期的心理卫生[健康]问题是一个非常紧迫的讨论议题。意大利在这方面已经做了一些工作，但在其他比较幸运以及较少受战争蹂躏的国家，这个问题已经具

体转化为公共部门和国家当局预算的一个项目。

[……]

健康的概念必须适用于儿童的身体、情感和精神的整体性：在儿童复杂的生命中，没有任何一个方面可以在不影响其他方面的情况下受到伤害或损伤。布罗克·齐索姆（Brock Chisholm）博士[38]说："健康必须被视为一种完全的身体的、心理的和社会的适应状态，而不仅仅是没有疾病和体弱。"

如果我们以此作为健康的定义，教育就不再是教学的艺术；在最广泛的意义上说，它变成了辅助人的心理成长和成熟的工具，使丰富的、原始的、社会的和个人的正常人格的成长成为可能。同样，身心科学中日益显著的成果也揭示了心理对躯体的影响（心理与躯体之间的相互关联），使教育真正发挥对于个人和社会的预防医学的作用。

因此，心理卫生[健康]与教育之间的联系显得极为紧密。在实践层面上，心理-教育-医学中心必须成为一个补充家庭和学校并捍卫社会正义的机构。

1953 年

9.53 在瑞吉欧·艾米利亚举办的国际儿童画展的插图宣传页，1953 年 5 月
把绘画作为了解儿童的工具

绘画是否是研究和诊断儿童智力、情感、情绪和意志品质的有用和有效手段？

答案是绝对肯定的。心理学有大量丰富而详尽的文献资料，在科学层面上越来越扎实，并且它们是建立在严格的统计实验和应用基础上，没有留下任何可被质疑的余地。因此，把绘画作为心理诊断和治疗的手段，已经成为心理学拥趸者普遍接受和普遍赞赏的技术。没有一个心理-教育中心（即通常专门从事儿童临床研究的机构）不广泛使用它们，或证实它们的重要性。

[……]

儿童绘画的发展与他们的语言发展、概念习得、思维、逐步适应和融入新环境的阶段以及模式是并行的。

第一阶段的纯思维-动作绘画，或者布勒尔（Bühler）[39]所说的纯动作游戏（儿童画标记、线条、圆圈、螺旋状），伴随着的是在语言方面众所周知的初次咿呀学语，儿童发出没有意义的声音和音节，而且不断重复。在这一阶段，我们正处于绘画和语言的初级阶段。后来，图式化、省略化和合成化的表达，不管是在绘画方面，还是在儿童说出的最初的语言方面，都很重要。一个孩子画了一条很简单的线来表示一个人或一只动

物,这就像这个孩子用一个词"喝"来表达一个完整的命题:"妈妈给我点喝的,因为我渴了。"然后,他的绘画变得更加丰富,有了细节,有了关系和逻辑联结,同步地,他的语言也因习得新的词汇变得丰富了,有了更精确的动词的新形式,他的表达变得有序和完整。

正如儿童绘画中的一个表征有许多不同的可能含义(同一表征用于表示物体、动物、人物),他的心理概念也有多种含义(同一个词"描绘"不同的东西)。

这一切都表明了儿童绘画是如何和谐地嫁接到个体的整体发展中,以及它又是如何具体地表现出个体的整体发展的。

让我们以费伊(Fay)著名的测验为例,该测验经温特施(Vintsch)修改,最后又由费伊修改。在这个测验中,让一名儿童通过绘画的方式来表达"一个女人在行走,而且正在下雨"。这个题目要求个体理解这个主题,并呈现这一场景。根据其实际年龄和心理年龄,儿童会给出不同的解决方案:从潦草的涂鸦到一个简单的人头(homme-tetard),再到一个打着雨伞的女人的清晰形象,人物在运动中,并或多或少地画出人物所处的环境。基于用以区分性别、环境、行动和良好逻辑关系的数据的数量和种类,心理发展的程度[在绘画中]得到转化和表达。

[……]

> 编者按:以下部分是根据 120 名 4—10 岁儿童在心理-教育-医学中心的绘画作品分析得出的。

因此,我们由此得出了这样的规律:截至一定年龄,绘画可以揭示心理发展。

1:无性别的人物

2:无性别的人物和雨

3:无性别的人物、雨和雨伞

4:女性形象和雨

5:女性形象、雨和雨伞

6:运动中的女性形象、雨和雨伞

	1	2	3	4	5	6
4 岁	13	7	—	—	—	—
5 岁	4	9	5	—	—	—
6 岁	—	4	8	2	6	—

续表

	1	2	3	4	5	6
7岁	—	1	4	5	8	2
8岁	—	—	—	4	6	10
10岁	—	—	—	—	2	18

[……]

更困难但同样有效和宝贵的方法是,通过绘画来研究儿童的情感和情绪人格。

既可以通过完全自由的绘画来进行研究,也可以通过让儿童接受所谓的投射性格的绘画测验来进行研究,因为这些测验或多或少地诱导或者促使构成儿童人格基础的隐性元素浮出水面,这些元素构成了儿童的个人历史、类型、心理遗传以及儿童与外部世界的关系。

[……]

绘画结构的维度,以及它的位置主要是在页面的左边还是右边,都是其他重要的方面;正如所表现的人物的比例大小是重要的方面一样。

[……]

如今,心理学研究已经准确地重申了绘画、智力成熟度和情感之间的这种关系。我们可以坚定地说,这样一个命题转变了艺术教学的传统问题和方法,正如从更广泛的意义上说,它转变了整个教育的整体性问题。儿童越*健康*,他就能画得越好,就能创造得越好,他就能越好地表达自己,在自身发展成为人和公民的过程中,他就能越好地成为积极的主人公。

但在这里,健康的概念必须摆脱旧观念的束缚,健康的概念必须运用于个体生理、情感和心理的统一。健康必须被视为一种完全的身体的、心理的和社会的适应状态,而不仅仅是没有疾病和体弱。

这是一种新的定义。如果以这种方式来理解健康的定义,那么教育(整体意义上的教育)就会成为一种新的定义。这种整体意义上的教育不再仅仅是教学的艺术,而是成为每个人心理成长和成熟的辅助,让他们的人格以尽可能丰富的方式得到发展,并尽可能地遵循个体和社会的常态。

凭借其暗示性而又精确的语言,儿童绘画提醒我们注意这一现实和这种需求。抓住它的本质,并充满激情地工作,这是我们所有人的责任。

> 编者按:在宣传页的最后,国际展览和瑞吉欧儿童绘画收集组织委员会感谢"瑞吉欧·艾米利亚市长慷慨地许可劳瑞兹·马拉古奇博士对市立心理-教育-医学中心的一些方面和经验进行评论"。

1954 年

10.54 在《社会精神病学贡献》(*Contributions to Social Psychiatry*)杂志上发表的关于瑞吉欧·艾米利亚圣拉扎罗精神病学研究所(San Lazzaro Psychiatric Institute)成立两百周年的文章,1954 年 10 月

心理-教育-医学中心两年的咨询活动

伊安努切利(C. Iannuccelli)博士、马拉古奇博士和蒙塔尼尼(M. Montanini)博士

心理-教育-医学中心于 1951 年 6 月开始其活动。它是由瑞吉欧·艾米利亚市政当局建立的,并受益于市政当局与妇女儿童联合会[40]之间达成的一项协议,该协议使得它们的"母子之家"(Casa della Madre e del Bambino)有了房舍。

心理-教育-医学中心的历程并非一帆风顺,尤其是在最开始的时候。

这些经历证实了在创建一个现代的、科学先进的机构时,会不可避免地遇到困难和不确定性——对于省会城市来说,这或许是典型的经历。毫无疑问,心理-教育-医学中心就是这样一个力求现代和科学的机构。

如今,该机构正在迅速发展,赢得了公众的尊重和信任,并以日益明确和宽广的视角开展工作:它已经确定了自身的工作方法和组织结构,以便更加明确地与其他机构加以区分。

尽管如此,在技术、功能和激励标准方面,负责照料和教育精神异常者、行为异常儿童和社会适应不良者的权威和组织仍然存在令人悲哀的延误;不可避免地,这些权威和组织所开展的活动与心理-教育-医学中心存在内在的联系。(这些[延误]主要是由于缺乏资金,或者是由于规程和法律落后于现实情况,以及落后于科学研究和心理-教育研究的迅速进展。)

心理-教育-医学中心的活动所依据的基本主题是:儿科精神病学家、心理学家和社会工作者之间的团队合作;儿童个体和社会发展相关的生物心理学研究;旨在改善精神异常状况的护理;适应不良和困难[儿童]的心理治疗;环境治疗、学校指导、学校中的筛查工作、与家长和教育工作者的合作,以及普及心理卫生的基本原则。

通过以下的统计数据和图表,我们试图对心理-教育-医学中心的活动进行初步分析。在结合数据的解释性评论中,我们包括了基于对现象的客观审视和长期以来形成的实践经验所进行的思考。

这就不需要任何进一步的解释说明了。不过,有一件事情我们想对其进行评论。我们深信,在教育儿童智力和性格的过程中,家庭的作用至关重要,即使对于异常儿童来说也是

如此，我们也作出了有意识的承诺，只有在极端紧急的情况下才接纳儿童进行住院治疗。

以这种方式制定我们的方案进一步明确了中心的运作路线；这也解释了为什么机构接收的案例数量较少。住院机构的不足之处是众所周知的，特别是对困难和适应不良儿童而言，这意味着我们的信念依然是根深蒂固的。

考察对象

瑞吉欧·艾米利亚：考察对象524人（男346人，女178人）

省内其他地区：考察对象126人（男78人，女48人）

考察对象总数：650人

基于对接受中心服务的人的数据进行的分析表明，男性明显多于女性：分别为65%和35%。

根据我们的经验，可以从以下原因中找到对这一现象的解释：

a. 家长和学校当局对男性的失败、反常、智力和情感异常的关注程度更高。毫无疑问，这源于对社会任务和前景所抱有的错误且不合理的观念，以及对心理卫生问题的认识不足。

b. 异常表现在男孩身上体现得往往比女孩更明显，特别是在行为举止方面。

c. 根据我们的判断，有理由相信，现代生活各个方面的动态使得男性比女性更多地暴露在早熟的、无序的、不充分的经历之中，然后这些经历转化为不规则的、有缺陷的成熟过程（这是一个值得深入研究、有启示意义而又有趣的话题）。

显然，由于所考察的人群具有随机性和非同质性，我们无法总是从我们的分析中得出可靠的结论。尽管如此，我们还是想指出，被考察的女孩和男孩之间，在人数上差距最为悬殊的年龄大约是在6岁（54个男孩，11个女孩）。这一现象又把我们引回到了我们上面所提及的原因，以及男童在适应学校生活方面存在明显的困难这一发现。

记录显示，对于男童和女童来说，病例最多的年龄段都出现在7—8岁。[……]正是在这个年龄段，学校领域[开始]对成绩和行为进行分类，让家庭了解这些情况，并敲响警钟。

[……]

相对于富裕阶层，考察对象中来自工人阶级的比例更高（72%），这是心理-教育-医学中心的性质和目标定位所导致的必然结果，心理-教育-医学中心的服务也是完全免费的。这[也]符合人们普遍持有的观点,即经济的不稳定及其所引发的道德、心理、生理和教育方面的后果,在很大程度上导致了个体缺乏和谐发展,而个体的和谐发展正是中心的工作内容。

* * *

11.54 摘自《心理疾病研究杂志》(*Rivista Sperimentale di Freniatria*)附录中的片段,第78卷,第2期,1954年

> 编者按:安东尼奥·马洛(Antonio Marro)夏令营学校——或者称之为特殊学校——于1921年开设,是瑞吉欧·艾米利亚圣拉扎罗精神病医院的一部分。夏令营的服务对象被认为是在性格和智力方面存在"异常"的儿童,每个儿童都要接受神经-精神病学和教育学的评估。这所学校的主要目的是让学生改善到能够就业——虽然只是从事简单的手工行业。有关该学校的更多信息,参见保勒拉(Paolella, 2010)的著作。

关于1930—1940年十年间从"马洛夏令营学校"出来的人员的社会行为研究

伊安努切利博士、马拉古奇博士和蒙塔尼尼博士

众所周知,在[实现]良好的社会融入方面,个体如今遇到了广泛的物质和道德困难。战争、社会动荡、意识形态冲突、突如其来的经济损失和瞬息万变的命运、永无止境的生存斗争、技术的迅速提高和环境条件的巨大变化,这些不可避免地导致社会结构缺乏和谐发展的条件,对个体的适应系统造成持续的压力。

若没有冲突,适应就不会发生。相反,适应本身恰恰就包含在解决冲突的过程中。因此,社会有必要利用一切可利用的手段进行干预——从更深入地了解个人的能力和可能性,到援助和指导工作,再到改善环境条件。

在对抗这些问题的过程中,在解决贫困、道德失范和工作不稳定的危急情况的过程中,在改善人们的生活条件的过程中,以及随之而来的在减少冲突、减轻本能倾向产生的强烈且往往不和谐的影响的过程中,还有最后,在创设条件以更好地了解个体个性的过程中,以及在增加所提供的支持的数量和提升效率的过程中,我们能够减少社会适应不良给社区造成的破坏性的道德后果和物质后果。

[……]

要想全面调查瑞吉欧·艾米利亚和摩德纳两省成立"夏令营学校"以来所有进入其中接受服务的人,难度会很大,也需要时间,鉴于此,我们将调查范围局限于在瑞吉

欧·艾米利亚市被夏令营学校接收的人,然后再就这个主题进行更大规模的调查。此外,我们还对1930—1940年间居住在该机构中的人进行了观察。

虽然这一方面是有限的,但它使我们能够在研究对象从夏令营学校出来后至少14年的时间里跟踪他们的社会行为,这段时间足以让我们对他们成年后的生活变迁有一个完整的记录和评价。

我们想简要地提醒读者,"马洛夏令营学校"成立于1921年,其目的是教育和指导瑞吉欧·艾米利亚省和摩德纳省的智力或性格异常的儿童。

[……]

基于这项调查的目标,我们尤其关注家庭环境的构成和质量,从机构出来后从事的工作种类、工作表现、所达到的经济独立程度,以及社会行为中的道德或非道德行为。

总的来说,在这些人重新融入社会的问题上,家庭环境有着根本性的重要意义。我们发现,在60%的案例中,病理性的问题都是与家庭有关的(父母的精神疾病、心理缺陷、酗酒、结核病或梅毒)。80%的家庭环境呈现出经济贫困的特征,且往往伴随着道德上的缺失。在25%的病例中,我们发现了家庭单元的破裂。10%的人是非婚生的。

很显然,在年轻人离开夏令营时,是尤其需要情感和经济上有保障的庇护所的时候,在这种时候,家庭的不稳定使他们的处境雪上加霜,他们的前景受到家庭环境的极大限制,因为家庭环境不适合他们继续接受教育,也不适合引导他们就业。

1956年

12.56 在意大利先锋协会第七届全国理事会上的讲话,米兰,1956年12月

> 编者按:意大利先锋协会是意大利共产党的一个青年运动,面向15岁以下的男孩和女孩,它的第一个团于1947年在瑞吉欧·艾米利亚的一个街区成立。在1950年,它开始出版一份面向年轻人的周报《先锋报》(Il Pioniere),该报的第一任编辑是贾尼·罗大里(Gianni Rodari),他是意大利共产党的成员,他因撰写的儿童读物而闻名遐迩,他也是马拉奇和瑞吉欧·艾米利亚的密友[见47.73]。意大利共产党在1960年关闭了这个组织,一方面是迫于天主教会的压力,另一方面是由于共产党决定致力于改革学校,但是通过这样做,该组织就放弃了自己开展儿童教育运动的可能性,而把这个领域留给了教会。
>
> 在1956年的全国委员会上发言时(见注释44),阿达·戈贝蒂将意大利先锋协会描述为"为了回应对真正民主的深切需求而诞生:在我国童年状况的荒凉背景下,肯定儿童——所有儿童——接受健康和快乐的教育的权利;遵循反法西斯斗争中浮现的理想,赋予这种教育以新的内容,一种真正的、民主的、非宗教的内容"。
>
> 在马拉古奇发表下文中呈现的讲话之前,意大利先锋协会全国秘书卡洛·帕格利亚里

尼(Carlo Pagliarini)做了一个报告,他在报告中强调了意大利儿童"荒凉"的生活环境,以及在解决该国童年问题上的失败;天主教会的敌对态度,虽然有一些迹象表明天主教会的态度在改变,"某些体现出不容忍态度和宗教战争的表现[已经]淡化或完全消失";学校革新和教育改革需要不是按照阶级和宗教划分,而是基于能够"教育一个现代化的成人,使其拥有坚实的科学知识和明确的民主人格"。帕格利亚里尼在最后还呼吁会议"开启对教育学的阐述工作"——就在这时,马拉古奇接过了话头。

坚持不懈地阐述教育路线

我们必须承认,这次学习会议显得格外富有激情。每个人都有一种想做事、想把事情做好的强烈愿望,这一点可以从大家讲话时所使用的热情语气中看出来。在积极提出自己的经验、不确定性或悬而未决的问题时,每个人的语气都很热情;在提出具体的对策、勇敢的解决方案,进行批评与自我批评时,每个人的语气中依然充满着热情。我们是应该更加深入到这场辩论中去,还是继续了解弗里奈(Freinet)[41]的方法?这个问题由我们的朋友达阿利奥(Dall'Aglio)提出,它再次证明了,我们希望赋予我们的工作以秩序与完整性,我们对此有着热切关注和浓厚兴趣。

另一方面,我们不应该对人们所表达的许多不确定感到惊讶。教育年轻人这一问题无疑是所有问题中最困难的一个,也是需要最大程度全身心投入的一个问题:最重要的是,这些教育问题必须具体落实到组织层面,像意大利先锋协会这样的组织,它正在以日渐完善的方式寻找自身的独创性。

显然,在对这样一个组织的成立动机、特点和视角开展认真的研究时,不能忽视它所在国家的现实情况,不能忽视它的政治、社会和传统的现实情况,不能忽视在理论和实践层面上浮现出的教育发酵的骚动。如果我们能以某种方式简化意大利教育学的现实,并以这样一种方式将其组织起来,使它更易读懂,我们可以看到,有两个渠道贯穿其中。第一个渠道是集结并反过来加强天主教会的组织力量,天主教会拥有巨大的能量、极多的资源和数百年的经验。第二个渠道由民主和大众组织构成,这些组织年岁尚浅,经验并不丰富,更没有那么丰富的资源,但却充满着坚定的决心和果敢,在历史上而言,这种决心和果敢完美地契合新兴社会力量的需要。这些组织日益意识到自己的工作方式和角色。然而,在这两种渠道、两种力量之间——二者的效率水平截然不同——存在着某种组织上的真空。

与其他国家发生的情况不同,第三力量的意识形态——如果你允许我使用这个简明扼要的术语的话——还没有找到一种在组织方面彰显自己的方法或手段。然而,这种第三力量在研究和教育学传播领域开展了有趣的工作,它孜孜不倦地研究现代理论和技术,并对它们作出了独创性的贡献,尤其是积极教育学(active pedagogy)的经验,并且在若干场合,它在教育问题和普遍的学校教育问题上采取了勇敢的反传统的立场。

我们可以认识到,这都是自由研究的结果,从某种意义上说,研究变得更加自由,从未因组织或实际需求而受到阻碍,遗憾的是,这在我国常常导致直接的、公开的冲突。虽然这项研究和传播方面的特殊工作源于一种结果导向的方法,并且我们并不总是认同这种思维,但坦率地说,必须承认,直到最近我们才开始对它进行认真而冷静的评估。

然而,让我们回到我们今天感兴趣的话题上来。天主教组织和尚且年轻的社会主义力量组织之间的这种真空现象究竟意味着什么呢?这必然意味着,由于在它们之间不存在其他的竞争性力量来以某种方式进行调节和斡旋,这两种形式的组织立刻就发现它们处于一种对抗之中。鉴于神职人员和部分天主教界的过错,特别是近些年来的情况,大家都知道这种冲突达到了令人义愤填膺的程度。长期以来,这场战斗的怒火——请允许我再次简化——引发了双方意识形态的僵化,以及在研究、调整、革新方面,出现方法上的瘫痪。所幸的是,一段时间以来,这场辩论已经脱离了这种暴力,走上了更加深思熟虑的道路,以至于在天主教世界的某些地区——我们可以举出一些重要的例证——我们不难发现,人们可以就儿童教育的核心和原则等重大而紧迫的问题进行对话和交流。

意大利的教育状况极其复杂(学校、自由时间、媒体、电影、广播、电视),它呈现出显著的紧迫性,这并不罕见。当然,其中最重要的、人们最普遍感受到的问题之一是,把学校和教育工作中使用的传统手段进行现代化,寻找和明确符合当今儿童的新工具。在这项工作中,在这场斗争中,先锋组织必须竭尽全力以明确的方式使自己脱颖而出。为此,必须对现代心理学和教育学的发现和阐释进行冷静而严肃地初步批判,以及创造性地审视。在积极教育学领域的著作和工作中,也许可以找到有用的好东西,正如我们所看到的那样,在我们国家存在着丰富的经验,至少在理论层面上是这样的。

先锋组织,以及通常意义上的民主教育学(democratic pedagogy),不仅有精力吸收这些现代的发现和技术,而且还能提供更具体的内容、新的输入和重要贡献(而在天主教的组织和教育学中,新的酝酿往往会被致命的保守主义和家长式的倾向所削弱和贬低)。

然而,为了做到这一点,我们必须首先消除恐惧和模棱两可。学校和教育学原则的现代化意味着立法和工具性手段的现代化,这些显性的和隐性的不公正持续抑制着我国福利和教育的整体发展。我们提议,这场重要的斗争应该与社会和进步民主概念的所有推动力量、拥护者并肩进行。意大利先锋协会的位置就在这个框架之中,在这场斗争的前线。意大利先锋协会必须沿着这些路线出发，它从一开始就知道，如果它真的想进步，想把它的本质转化为具体的事物，它就必须向前迈出一大步，这表达了那些对社会主义和民族社会复兴抱有信念的儿童和成人的愿望。

在这些前提下，我们直接得出的结论是，我们很有必要阐明该机构的理想，并将其转化为实质性的事实，以及焕发生机的组织形式，直到它在一种解放的教育学（a pedagogy of liberation）中具有统一理想的具体形态。

我们承认，这是一个雄心勃勃的计划，为了实现这一计划，至关重要的是，要消除意大利先锋协会可能仍然存在的小规模的派系斗争；要反对卑躬屈膝和因循守旧地效仿那些能够激发成年人民主力量的模式和组织方法；不采用现成的教育模式，而是尊重和坚持社会主义意识形态，并根据我们的最佳经验和传统以及当代意大利儿童的实际需求创建模式；要澄清我们与天主教意识形态和宗教实践的关系；要明确与学校和其他儿童组织、福利组织以及各种教育哲学思潮之间的关系。

那么，意大利先锋协会迫切需要对教育事务有更深理解的负责人和官员，他们能够更用心、更自觉地掌握教育心理学和方法，以丰富充实组织的优点。然而，显而易见的是，首先我们需要稳定和巩固意大利先锋协会的任务、结构和正式的组织机制。省份负责人和边远地区负责人的不断调动和更换对于意大利先锋协会来说是致命的，会导致经验和精力的不断枯竭。意大利先锋协会决不能成为"佩内洛普的织物"[42]。首先，我们必须审视我们与其他年轻民主力量之间的联系和关系。只有有效地依靠其员工的稳定性和充足的可用资源，意大利先锋协会才能增加丰富的经验和影响力，实现自身的目标。

很容易理解的是，意大利先锋协会的计划和政治理想需要以意大利整个民主运动的计划和政治理想为框架。除非我们想要把意大利先锋协会运动宣判为是无用的、琐碎的，否则我们就必须以切实可行的方式直接和间接地帮助意大利先锋协会运动发展。间接的方式是，通过对童年问题相关的民主观点和行动变得更加敏感。直接的方式是，通过开展大规模的、统一的战斗，以捍卫国家局势中的几个关键问题。在今天，这依然意味着捍卫和改善国立学校，提升教学自由，改善教师的经济状况，保障入学的可能性以及保障学校可以向所有人开放，更加重视科学研究，解决前"意大利青年刀斧手"组织和"学校赞助基金"（Patronati Scolastici）[43]的资产问题，以及重组和统一福利组织等问题。

只有在这种广泛而动态的视角下，才有可能正确定位意大利先锋协会的问题，并找到定义和改进它的源头。

1957 年

13. 57 由心理-教育-医学中心的家长学校[44]制作的"献给家长的课"系列中的第1号宣传页，1957年3月

家长这一职业

[……]

在吉卜林（Kipling）[45]的作品中，勇敢的船长们不得不在异常艰难的航线上驾驶他们的船只。他说，这些航线如此曲折和不规则，如果有一条蛇想要沿着这蜿蜒曲折的航线游移，那么它的脊背也会被折断。家长的任务并不比吉卜林笔下的"海上之狼"——船长们——轻松，为了迅速而明智地回应孩子们的需求，家长在必须要行走的道路中付出的艰辛程度有过之而无不及。

我们和其他一些人一样，认为今天的教育[46]是一项比过去更复杂、更困难的任务。

[……]

学校对教育的贡献比较小，事实证明，学校革新课程的速度极其缓慢，缺乏手段，越来越不能满足儿童的每日生活。但与此同时，学校也越来越多地忙于应对电影、广播、电视和报刊等具有巨大影响力的技术媒体的广泛文化存在。

自世纪之交以来，在对现象更全面了解的推动下，心理学和教育学学会了携手同行，在对儿童的认识方面取得了令人钦佩的进步，并能够分享它们宝贵的发现和研究资源。这是我们必须求助和加以利用的地方，这是我们必须起步的地方。

最重要的是，教育学和心理学帮助我们对一种过于哲学化、过于抽象、过于专制、过于理想主义或过于居高临下的教育作出反应，现在的教育只使用成人图式[47]，把儿童当作虚构的个体（child-as-myth），把儿童看作是具有"破坏性""叛逆性"的，认为儿童是渺小的、没有防卫能力的、攫取型的、被动的生物。今天，人们普遍认识到，要理解儿童，必须把他们作为一个有机的心理整体来研究，并与他们的家长联系起来加以研究。这些关系只能从生物及其环境之间相互的、不可分割的关系的辩证角度来理解。

[……]

我们已经说过，儿童是一种有其自身规律的现实存在。我们必须立即补充的一点是，这一现实存在呈现出与成人完全不同的性质，他们行走的道路与成人所走的道路完全不能相提并论。

[……]

儿童没有成人的抑制能力,儿童不知道各种限制,不知道想象游戏的不真实性,他们不知道如何从自己创造的或从外部世界接收到的事物中解放出来。一把椅子变成了一列火车或一个海盗船,在街上看到的一条狗变成了像建筑物的门一样巨大的狗,"穿着靴子的猫"变成了儿童希望在街上真正遇到或害怕遇到的角色。

儿童对事物和现象的把握方式,以及他们如何将这些置于自身的经验和语言中,与成人迥然不同。在马戏团的整个壮丽场面中,他们能记住的也许只有骆驼的粪便。他们无法创造秩序和进行整合,他们只能储存某些细节,除非通过类比,否则他们在很长一段时间内无法将这些细节连接起来。"煤炭像一块黑色的石头""大山像阿姨的帽子"。在五岁之前,儿童都坚信太阳、石头、树木是活的生物;在六岁或七岁以前,他们相信运动的物体(烟、火)是有意识的,人使得风吹动,并驱动着太阳移动。他们的定义在本质上是工具性的,"河流是为了帆船而造就的""球是为了玩耍而造就的"。

他们在智力和情感层面上以自我为中心,其行动表现得好像他们是世界的中心。在四岁之前,*他们不会偷窃*,因为当他们拿了玩伴的球时,他们认为自己只是拿走了属于自己的东西而已。

他们的道德没有原则性的根基。他们判断美或丑、好或坏、对或错都是依据他们最亲近、最重要的*榜样*所判断的:母亲、父亲、兄弟姐妹。

儿童不具备时间概念,他们没有"现在"或"未来"的概念来帮助他们缓和或推迟满足自身愿望的紧迫性。对他们来说,延迟满足感觉起来就像拒绝。如果他们饿的时候哭闹,他们的母亲就会认为:"他饿了,一会儿我就会满足他的要求。"然而,对于小家伙来说,这种推迟意味着:"我饿了,他们不给我任何东西吃。"他们的反应与这种思维方式是相称的。

当他们说话时,他们不会赋予单词与成人相同的含义,在到达上学的年龄以前,成人所认为的孩子的对话不过是独白,孩子不太关心自己的话是否被他人理解,更不用说左右他人的想法了。让许多让家长感到如此不安和尴尬的"十万个为什么"实际上都是没有尽头的独白,是完全没有要求的、模仿性的言语,而不是孩子期望得到回答的问题。

这些例子可以帮助我们理解已经说过的话:儿童的整个生活有其特定的动态和现象,与成人的生活毫无关联。这足以证明谈论幼儿心理教育学是恰当的。

了解儿童就是欣赏儿童,就是更加意识到我们的教育责任。然而,在此之前,我们应该一劳永逸地扫除愚昧观念,即认为我们必须等到一定年龄才能开始儿童教育:"反正在此之前他们也不懂。"儿童的性格和人格是从出生、从生命的最初几天就开始构建的。

[……]

儿童的发展是由进步、不规则、冲突和危机构成的。它充满了选择、放弃和不断的适应。

亨利·瓦隆（Henri Wallon）[48]，我们在世的最杰出的学者之一，写道："儿童长为成人的过程并不是沿着没有偏差、岔路和迂回的道路前进的。有多少次他被迫在努力和放弃之间做出选择？这些产生于环境——人与事物的环境。母亲、亲戚、常规的以及不寻常的相遇、学校，这些是如此多的接触，它们都是关系，在由这些关系构筑而成的'机构'中，个体成为社会的一部分，无论是自愿的抑或是被迫的。在他和他的欲望之间，以及在他和他人之间，语言设置了一个障碍抑或工具，他可能会试图规避或支配这一障碍或工具。那些离他最近的、有形状的物体，如他的碗、他的勺子、他的便盆、他的衣服、电、收音机、最古老的技术和最新的技术，对他来说是一种烦恼、一种问题抑或一种帮助，它们令他退却或吸引他靠近，塑造着他的活动。"

从生命的最初几个小时开始，儿童——他们并不像弥涅尔瓦女神那样全副武装地进入生活——就参与到他们的战斗之中。他们是一个发展着的神经系统，是情感的觉醒，是智力的扩展。

两个月大的时候，他们就会微笑。这种微笑是有选择的，在吮吸母亲的乳房时，他们会微笑。这种最初的智慧行为渗透着情感，情绪引导着选择、刺激着动作。

在早期的心理表现中，情绪、智力和动作是紧密共生的。

然而，这种情况并不是凭空发生的，而且也不会凭空发生。物理和社会环境、母亲、父亲、建立的关系以及关系形成和巩固的方式，这些都起着决定性的作用。

儿童总是与成人一起面对和应对他们的挣扎，但是这些成人如何帮助、支持、引导他们呢？

儿童天生的被爱倾向得到了强化，因为被爱会与被滋养和生存交织在一起。因此，早期感觉剥夺的后果极为严重，它不仅在生理层面上对儿童造成了伤害，而且在心理层面，尤其是情感层面上更是如此。

因此，随着时间的推移，家长的责任一点也不会减少，他们无可替代的角色将永远是陪伴孩子的成长，以及在即将来临的差异化过程中——这是又一个决定性的重要时期，积极进入孩子发起的日益热烈、广泛和有意识的对话。

[……]

家长必须明白，如果不抗衡那些迄今为止一直行使保护和支配角色的人，就无法实现自主。

这种危机感是必要的。瓦隆警告说，如果危机感太弱，它会导致软弱的顺从和对责任感的麻木；如果危机感太强，它会导致让人士气低落的冷漠或变相报复的味道；如果危机感太容易被应对，它会导致一种傲慢。一旦如此的话，它的作用就完全消除了，并可能成为进一步冲突的来源，在这种冲突中，儿童有可能会遭受更大的羞辱。

然后，儿童终于*展现出自己*之后，他们开始加入*他人*，而模仿则是满足他们的手段。他们以亲近的人为榜样，这些人对他们有强大的吸引力。然而，这个年龄段的模仿不仅是一种爱的崇拜，同样是一种取代的欲望。家长必须把自己变成*可接近、可复制*的榜样，在让孩子感受到家长的优势地位和指导的分量的同时，家长还要真诚地鼓励孩子的努力和对认同的需要。与此同时，通过在外部世界中的学习，儿童不断取得进步，他们希望进入他人的思想，与他人合作，*共同游戏*，在这个过程中，儿童的社会化获得新的意义。于是，当儿童到了上学的年龄，又产生了一个巨大的飞跃，他们进入了一个全新和未知以及有着不同层次、不同习惯和不同要求的世界。

长期以来，*自由*和*权威*一直被视为哲学层面上两个对立的概念，是两种思考和施展教育的方式。相反，*自由*和*权威*是儿童的两种需求，是两种互补的必需品。他们被引导在一定的规则范围内行使自己的自由，他们期望如此，成人的这些规则就像是为他们的安全而搭建的护栏。我们只需要反思一下儿童是如何组织游戏和活动的。他们为自己制定规则和法则，修订它们，更新它们，最后以绝对严格的态度尊重它们。

读者会意识到，我们已经用这些论点潜移默化地摧毁了另一个仍然过于普遍的谬论，即性格和个性是遗传的。"他生来就是这样，对此无能为力"，我们有时会听到这样的说法。没有什么比这更错误或更不合逻辑的了。没有什么是以不能纠正、改变或逆转的遗传方式获得的。性格不是先天的，而是后天习得的，是日复一日地建立起来的，我们所表现出来的整体行为是无限相加的动态*总和*，而其中只有一个方面，仅仅是一个，是由遗传倾向性构成的。显然，这种表述给教育的可能性、教育学的资源以及成人和社会群体的任务和责任提供了无限的空间。

儿童的性格、他们的优点、他们现在和将来的缺陷、他们的智慧、他们处理问题和倾向于解决问题的方式、他们进入以及与社区生活的具体融合、他们生活的幸福感、他们在生命过程中能够迸发出的丰富的能量和价值，所有这一切在很大程度上取决于他们的幼年经历，他们是如何生活的，以及父母是如何回应他们的需求的。

这是一种可怕而又奇妙和令人着迷的责任。

我们都说我们爱孩子。为了使我们的爱能够有效地胜任这项任务，为了使它表现在活动中，能够影响我们所希望达成的结果，首先我们必须*知道*我们爱的是谁，我们要清楚并意识到他们发展成为成人和社会公民的历程，以及他们期望从我们这里得到什么样的合作。

从这个意义上来说，教育意味着完善我们的知识、行为和情感。

1958 年

14. 58 由心理-教育-医学中心的家长学校制作的"献给家长的课"系列中的第 7 号宣传页，1958 年 1 月

吮吸拇指或咬指甲的孩子

[……]

在小孩子身上——心理学家称之为"口唇期"①——吮吸伴随着乳汁的吸收，这不仅是生命的源泉，而且是一件无限快乐的事情。这种快感是一种极具情感价值的满足感。

[……]

随着时间的推移，其他的变化也随之出现，如果儿童不能接受这些变化，很可能他们会试图通过重现幼儿时期的快乐来做出反应。这种退化、回归、在婴儿期的环境中寻求庇护的机制，以及由此带来的好处，会经常被触发，每次情感挫折都会破坏日常生活的节奏和儿童的成长。

[……]

吮吸大拇指既不是坏习惯，也不是疾病；它几乎总是焦虑、不安和儿童内心失调的一种症状、一种外在可见的表现。

[……]

吮吸拇指的孩子就像蜗牛退缩到壳里，他们与外部[世界]、与现实的接触中断了，他们退缩回自己的身体里，几乎就像陷入了麻木或完全内化、私密的自言自语。我们需要防止他们这样做，其中一个方法是确保他们不会被孤立。孤独是一种危险的诱因。我们必须尽可能地让他们与其他孩子在一起。当两三个孩子在一起时，我们可以肯定他们的双手不会闲着，他们构建的游戏社会将防止任何孩子出现孤立和休止状态。

---

① 心理学家弗洛伊德把人格的第一个发展阶段定义为"口唇期"，他认为，婴儿在该阶段欲望的满足主要是通过口唇的吮吸、咀嚼和吞咽等活动。——中译者注

[……]

咬指甲和吸拇指一样，并不是一种疾病，而是一种性格和行为上的特殊异常或紊乱。咬指甲有时被认为是一种症状，揭示着神经疾病、道德错乱或"异常"行为。

[……]

当然，咬指甲是一个警钟，它让我们注意到儿童不安宁或痛苦的状况。

[……]

根据博威特（Bovet）的说法，在 20 岁以后，100 个人中只有 2 个人会咬指甲。然而，这些数字基于的是在瑞士进行的调查。根据我们在意大利的经验，由于生活和习俗的特殊原因，我们计算出的这种现象的发生率要高出 4%—6%。

* * *

15. 58 发表在《指针》（*L'Indicatore*）上的文章，《指针》是一本关注文学和其他文化问题的双月刊，第 16 期，EDA，米兰，1958 年 3 月

位于意大利各省的精致书商（bouquiniste）[49]：普兰迪（Prandi）书店，除了现代书籍之外，它还收藏珍贵的古文物和外国原创版画

我们还没有一部关于意大利各省历史的书，可以让我们了解它们的人文和文化精髓、它们的动荡、贡献和斗争，以及由此产生的令人惊讶的事实和问题。

举例来说，普兰迪书店是一个什么样的书店？在瑞吉欧·艾米利亚这样一个典型的省会城市，普兰迪书店消除了停滞不前的意大利品味的印刷收藏，重新激发了对艺术的热爱，并使得市场重获新生，继道米尔（Daumier）[50]的塞纳河畔浪漫而辉煌的书商之后，似乎只有在巴黎和伦敦这样的市场才得以幸存。为什么这种艺术领域的真实斗争——它受到评论家和艺术家的热烈喝彩——来自于各省？

这种勇气和智慧一定是很久以前就诞生了，比如说来自于传统，以及来自于书籍、文化和艺术世界多年的热情工作。

事实上，普兰迪书店高尚、慷慨和自由的性格就像一枚在瑞吉欧·艾米利亚和其他地方众所周知的古老徽章。在独裁统治的年代——当时的独裁统治是对文化和思想的一种侮辱——这个书店依然是一个致力于非顺从主义和教育的圈子，是一个自由精神者的聚会场所。仅举几个例子来说，被囚禁在文托特内（Ventotene）[51]的尤金尼奥·库利艾尔（Eugenio Curiel）、埃内斯托·罗西（Ernesto Rossi）、里卡尔多·鲍尔（Riccardo Bauer），以及在其他地方的克罗齐（Croce）、艾努迪（Einaudi）、博诺米

(Bonomi)和蒂尔格(Tilger)就可以写信给尼诺·普兰迪(Nino Prandi)和他的儿子迪诺(Dino),通过尼诺和迪诺的帮助,他们肯定可以找到罕见的作品作为参考,可以找到最隐蔽的文本,与此同时,他们还会收获慷慨的友爱。

[……]

三十多年来,当人们走进卡瓦洛蒂街(Via Cavallotti)的商店,他们一定会发现最能契合他们文化品位的东西。今天,有的只是尼诺·普兰迪这个瘦小的身影,他看起来总是越来越小,他的头发总是越来越白,他就像一只敏捷的松鼠穿梭在书堆中,他也是唯一一个手握书籍订单钥匙的人。如果有时间,我们可以让尼诺·普兰迪发言。这并不需要太多的尝试,然后,除了对"美好"(belle)和"艰难时期"(mauvais époque)的回忆,我们还将发现他的不安和梦想所触及的范围、他成功的原因以及他十分青春的活力。我们还将会添加一本可爱的书,这本书肯定是我们图书馆所缺少的。[52]

* * *

16.58 心理−教育−医学中心的家长学校制作的"献给家长的课"系列第10号宣传页,1958年7月

家长学校的经验

[……]

组织"家长和教育工作者课程"的费用由瑞吉欧·艾米利亚市政府承担。该项目包括共计17节课,每周两次。然而,在意识到有必要开设两节关于"儿童、电影、广播和电视"的课程后,这套课程就变成了18节课①。

[……]

我们最初的错误是遵从要求,以及接纳了一种有损于公开讨论的"一对一"模式。相反,除非话题特别个人化,否则就应该把这些话题集中起来公开辩论。这种制度不仅有助于更丰富的辩论和经验分享,还能让一部分公众从一种不恰当的紧张和被动的约束中解放出来。

课程参加者只有经过三四节课的学习和讨论后,才能达到课程所需的团体精神,以及达到自信高效的水平。参加者的评论变得更加有序和具体,尊重并关注所讨论的主题,并以更恰当的方式将新的活动与以前的活动联系起来,并加以整合。

---

① 实际情况是,把第15节课根据需要分成了两节,因此总数为18节课。——中译者注

在课程中期,能看到进一步的进展,再一次地,正是人们参与讨论的方式证明了这一点,人们具有了更高水平的有选择性和针对性的自主阐述。讨论的某些要素是一个清晰的线索,证明了一些参加者获得了一项能力,即把课程经验作为一个视角来提出有待验证的假设。

正如我们所发现的那样,其他人可能已经发现,在某一个时间点上,可以在听众身上感觉到一种不安的因素,这种困惑来自于处理这些话题的特定方式,而这与听众所认为的心理病理学性质的过程和解释是分不开的,因此可能会出现错误或扭曲的解释,并在"常态"和"异常"之间的边界上可能出现误解。

以下这些根深蒂固的习惯——把儿童的态度和表现解释为"坏习惯"或"恶习",或者在依据动态心理学、深度心理学[潜意识]、儿科神经心理学(小学和中学教师)来处理教学问题时,使用说教式的、不充分的、过时的和不为人熟悉的说理——使这种现象更加频繁。

因此,我们需要非常小心:这是一种很难完全避免的现象,但通过运用技巧,就可以大大减少这种现象,并将其转化为一种积极的因素,这反过来有助于通过利用这些痛苦的情况来颠覆陈旧和错误的解释立场。

除了指出[家庭中]儿童教育的错误以及解释避免和纠正这些错误的方法之外,我们觉得特别需要强调家长的行为、他们的性格、他们的人格、他们思考整个社会生活的方式的真正起源。虽然这项工作一直在进行,但我们意识到,需要以一种特殊的方式来考察和处理该问题的这一方面,以便公众尽可能具体地了解[家庭中的]教育过程。

巴黎家长学校(L'Ecole des Parents)的更多专家教师已经警告了这种危险,并且他们认识到了将一整门课程专门用于研究家长心理学的益处。

[……]

本课程的目的是,证明中心[市立心理-教育-医学中心]的讨论是合理的,它为我们提供了运用有效的事例来讨论真实情况的机会,同时也有助于提高中心的知名度。事实上,我们意识到,当我们从一个特定的个案研究出发,而不是从宽泛的理念和前提出发时,教学会更富有成效,这样我们就可以考察整个情况,并立即轻松地得出一系列实用的结论,从而激发个人的研究和理解。

正如我们说过的,我们[开展该课程的]第二次经历是在法布里科,这是一个拥有5 000名居民的乡镇,位于瑞吉欧·艾米利亚的"低地"[波河谷平原]30公里外,由于其地理位置的原因,它与城市的联系很大程度上被切断。它的文化生活很匮乏,只有小学，人口都是农民和手工业者出身，但是由于拖拉机厂的重要性日益凸显，其中一部分人目前受雇于工业界。

市立图书馆负责组织工作，课程在市政厅的一个房间里进行。课程缩减为8节课："了解儿童的需求""左撇子的儿童""有[神经]抽动的儿童""害羞和恐惧的儿童""撒谎的儿童""易怒和不听话的儿童""儿童与电影""中心的方法和目标"。我们注意尽可能把关注点集中在家庭[教育]中最明显和最常见的问题上。

报名参加的人数不是开办这个课程的限制条件。课程促进委员会——由市长担任主席——决定向每个人收取每节课50里拉的费用。

这笔小小的收费丝毫没有妨碍这项活动的成功。共有24人参加了开幕讲座。在第二节课上，这个数字上升到了54人。出席人数平均稳定在45人，[参加的]人的类型也变得更加稳定。

就我们而言，我们关心的是简化解释，用简单的例子来增强具体性，给予尽可能广泛的讨论机会，并通过各种方式鼓励这种讨论。公众的构成如下：办公室职员9%；工人24%；农民15%；家庭主妇35%；小学教师14%；学前教师3%。女性人数大大超过男性人数，比例为77%。

结论

从这些经验的总结中，我们可以得出一些重要的结论。我们想要提及以下几点：

- 我们为家长和教育工作者开设的这类课程在这个国家受到了极大的欢迎，它不仅满足了家长真实而普遍感受到的需求，而且也满足了专业教育工作者的需求。
- 普遍缺乏植根于儿童心理和历史现实的心理学和教育学知识，这经常是促进这项活动成功的积极因素，而不是障碍。

1959年

17. 59 在省共产党联邦委员会会议上的讲话，摘自会议记录，1959年10月

> 编者按：虽然这是在意大利共产党会议上的发言，但马拉古奇经常提到合作运动。两者在该地区都很强大，马拉古奇对两者都表示支持。虽然意大利共产党最初很少关注合作运动，认为它是"改革派"，但1947年在瑞吉欧·艾米利亚举行的一次会议上，意大利共产党接管了合作联盟的领导权。到了1960年代初，"合作运动代表了艾米利亚·罗马涅共产主义力量的支柱之一"（Ginsborg, 1990, p.202）。

[……]

同志们,这是我第一次参加联邦委员会的会议,也是我第一次在我们联邦中体验到如此高规格的会议。请允许我首先就方法的问题说几句话。在我看来,这个问题,即我们关注的中心问题,是一个非常重要的议题,如果[前面呈现的]报告能够及时撰写好并分发给各位,我们的贡献很可能会更加详尽和精确。

[……]

我的发言将集中在一个问题上,这个问题源于一个很容易观察到的点,因为在起草报告的同志小组中,似乎没有文化委员会的代表。现在很明显,这种遗漏在很大程度上必然导致了报告在这一层面上的某些缺陷,因此,卡泰利(Catelli)同志的报告,在我看来是一个深刻而勇敢的报告,并且无疑提出了一系列问题、观点和批评,但它却再次过度地侧重于行政问题,而把文化事宜和其他事宜放置在一旁。在我看来,针对这些事宜的探讨是实现对该问题的总体和整体看法所必需的。

在我们的地方政治中,也许在区域政治中亦是如此,一个古老的恶习是不承认——或者说是难以理解——这样一个事实,即我们政治生活的每一个行为都是一种文化的标志。正如我刚才所说,这是我们联合会的一个老毛病,这是我们已经多次评论过的问题了,它不仅局限了同志们对所考虑问题的某些方面的讨论,而且歪曲了我们面前的政治现象的客观现实。在这里提出这个问题似乎是正确的,原因有很多,不仅仅是因为只有当我们能够解决特定现实中的所有问题,并且不将任何问题排除在外时,我们才能称之为真正的政治考察(political examination)。不仅因为这个原因,而且因为与私营企业相比,合作运动在实践层面上的一个显著特点是它的社会关系,这种社会关系是具有工具性和目的性的。我对卡泰利的报告提出的看法正是这样:在其政治分析中,它没有抓住文化问题和社会问题,而这些问题是我们所有政治行为所内在固有的,也是合作运动的典型特征。

我想说的是,当今和未来对于政治斗争的需要向我们暗示,并要求我们扩大我们的视野范围。因此,我们的每一个行动,以及合作运动的每一个行动,都必须努力拥抱每一个社会革新的具体事件,并通过工作和目标赋予它们以实质性的内容,在社会的消极的、保守的和反动的方面,这些工作和目标提出挑战并带来进步,无论上述的这些方面是经济的、技术的、艺术的、文化的还是社会的。

[……]

我认为,我们缺乏成功的原因可以从一个重大而决定性的问题中找到,我们需要承认这一问题,即在我们的日常实践中赋予我们的基本政治原则和理想以实质内容这一难题。在我看来,这是问题的真正核心,基于制约我们目前工作的思想和主题来赋予政治活动以具体的实质内容,这无疑是一个真实的事实,并且也是极其困难的。

[……]

这意味着我们的合作运动成员要有能力跟上技术的发展,掌握知识和判断的工具,参与他们周围正在进行的一切斗争。学校的问题、泰迪男孩的问题[53]、科学发现的问题、教育夏令营的问题,这些问题不是,也不可能是,我们合作运动的政治敏感性之外的问题,它们也不是我们合作运动成员作为个人、作为一名同志的政治敏感性之外的问题。

我想说的是,在这个时候,重要的是,除了[了解]市场价格的变化以及伴随其团体一生的斗争之外,我们的合作运动成员还应该要知道罗西里尼(Rossellini)和爱德华多(Eduardo)[·德·菲利波(De Filippo)][54]几天前写了一封勇敢的信,以结束我国电影和戏剧业的丑闻。当苏联人正在实现他们了不起的冒险时,意大利的科学家们却在躁动和罢工,他们对我们的统治阶级掌控科学活动的可耻状况而感到气馁。那么,从这个意义上来说,我们的合作运动成员变成了真正完整的人物,我们不再犯这样一个错误,即倾向于赋予成员以双重定义:成员被定义为技术人员,以及成员被定义为政客。这个错误在这次会议上已经被强调了多次。

[……]

在这里,对于为什么报告和同志们的评论中都没有充分地突出合作运动与年轻人、年轻人流动以及责任岗位流动之间的关系的视角,我们有一个解释。

[……]

当我们提出党内民主的问题时,我们不仅仅是要求能够发言。我们并不是要寻求进行干预、讨论和争论的可能性,这不是我们想要的。相反,我们所要求的是能够带着意识发言和讨论,以准确、具体的信息和我们自己的批判能力为基础,这种批判能力变得更加深刻,因为它是基于意识的。这就是为什么在今天,当我们继续想要捍卫民主的概念,并且希望这个概念成为我们的报告以及与同志们的关系的一部分时,民主首先应该具有这样的意义。正是在这里,需要扩大我们党的民主范围,要记住,扩大民主范围意味着扩大对该党特有的、具体的根本问题的认识范围。

这就是我们所谓的民主。如果这种民主的概念能够成为我们的习惯,得以渗透到合作运动的方方面面中去,那么你就可以肯定,如若有效的民主问题进入我们的合作运动,那么一大堆的问题、过度的商业心态、文化敏感性的缺乏以及没有能力与摆在我们眼前的事实保持一致并遵循这些事实,所有这些问题都注定会消失。

我想更深入地探讨这个问题,并谈及一点。我们孩子的社会教育问题是一个非常重要的问题。我知道今年在夏令营举行了"合作日"(Co-operative Day)庆祝活动。但是,这一教育日的内容是什么呢?只是一种游戏而已。当然,它能够让孩子们开怀大笑,能够迎合孩子们的期望和兴趣,但这并不能使他们向前迈进一步。你早上带着孩子们,对他们说:"看,今天是你们的日子,整个营地都在你们手里,你们想用它来做什么就做什么吧。"其中自然已经包含了大量的谎言,因为你永远不能把夏令营交给十岁或十一岁的孩子。这就是那天早上出现的第一个谎言:"你们将会拿着锅,在火上加热,把牛奶加热,然后分给孩子们,你们要做所有成年工作人员通常要做的工作。"

现在我的意思是,孩子们是怎么接受这个的?一些有趣的东西,一些戏剧性的东西,比如一场戏剧——这些都很好,但是他们没有理解其中的真正价值,至少不理解试图以这种方式来组织一天的人的意图所隐含的价值。我想告诉你我在卡纳泽(Canazei)[在多洛米蒂山(Dolomite)]的一次不同的经历。我在卡纳泽目睹并与孩子们有一段非常重要的经历,在我看来,如果有可能把它转化为像你们这样的社会活动场景(我指的是夏令营),这无疑将有助于孩子们真正地成熟起来,并在我们需要开展的旅程中播下第一颗种子。

[……]

有没有可能我们永远无法以清晰具体的方式谈论这个问题,"称呼面包为面包,称呼酒为酒"①,并试图弄清这个问题的真相?否则,如果我们放弃对基本主题和理想的讨论,那么一切都会出问题。但是,我们不能在我们的城市失去阵地,我们在这里有工作和运营的任务。

1960 年

18. 60 由瑞吉欧·艾米利亚市立剧院的剧院俱乐部组织的贝尔托·布莱希特晚会节目表,由劳瑞兹·马拉古奇执导,1960 年 6 月

编者按:剧院俱乐部于1958 年在瑞吉欧·艾米利亚成立,其临时委员会成员包括劳瑞兹·马拉古奇。俱乐部的目标包括"通过阅读特别重要的以及当前感兴趣的文本、参加会议、辩论、听录音以及与导演、演员、作家和评论家会面,还有通过其他一切激发戏剧艺术兴趣的举

---

① 这是一个意大利谚语,表达的意思是"不拐弯抹角,直话直说"。——中译者注

措,来传播和革新戏剧文化"。贝尔托·布莱希特(1898—1956)是德国马克思主义诗人、剧作家和戏剧导演。他于1933年逃离纳粹政权,1939年至1947年在美国生活,之后返回欧洲,最终搬回柏林,并于1949年在那里成立了举世闻名的柏林剧团(Berliner Ensemble)。

献给布莱希特作品的晚会,节目单如下,由马拉古奇执导。

剧院俱乐部

瑞吉欧·艾米利亚

市立剧院的传单

1960年6月14号星期二、15号星期三——21：00准时开始

"贝尔托·布莱希特"

献给贝尔托·布莱希特的夜晚

1959—1960年文化季结束之际

贝尔托·布莱希特之夜

瑞吉欧·艾米利亚剧院俱乐部兑现了对自己和对会员的承诺,为了庆祝它结束第二届成功的年度活动,举办了一场"贝尔托·布莱希特之夜"。

让我们走近这位伟大的德国剧作家、诗人和小说家,他在理论上提出了一种新的、原创性的美学承诺,具有明确的艺术和社会目的,是一种非常有趣同时又具有鲜活的当代相关性的行为和文化选择。意识到这一点,剧院俱乐部开启了一项艰巨而要求极高的冒险,即在几个小时的时间里,让大家欣赏贝尔托·布莱希特丰富而复杂的艺术创作——最具代表性的艺术创作。

因此,当晚的节目单被设计成几个精选作品集合,每个作品都提供了一个观念——布莱希特艺术最典型和最具代表性的观念。

晚会分为两个部分。介绍部分采用了序幕的形式,引导我们了解布莱希特这个人和这位艺术家,以及他的美学的基本原则。

接着,是朗诵他最著名的教育戏剧,即《例外与规则》(*Die Ausnahme und die Regel*)。这部作品目前在米兰皮克乐剧院的节目单上,该作品是在希特勒主义出现和布莱希特流亡之前不久写就的。关于他的论点的激烈辩论记录了布莱希特[55]思想和艺术演变中一个重要的决定性时期。

晚会的第二部分带领我们了解布莱希特这位诗人、散文家以及歌曲和民谣作家,他的歌曲和民谣与库尔特·魏尔(Kurt Weill)、汉斯·艾斯勒(Hans Eisler)和保罗·辛德米斯(Paul Hindemith)的音乐相结合变得非常流行。届时还将有库尔特·魏尔的配乐歌曲表演。

* * *

19. 60 在省共产党联邦委员会会议上的讲话,以笔记形式所做的会议记录,1960 年 6 月

政党竞选筹备活动

莎拉蒂(Salati)(马拉古奇之前的发言者)

同志们,如果我说行政[地方]选举极其重要,我相信没有人会笑。事实上,它们发生在一个世界舞台上,在这个舞台上,意大利所扮演的角色远远超出了一个国家的大小和范围,尤其是考虑到其与资本主义欧洲的政治形势的关联。

[……]

大家可以想想德国、法国和英国本身就够了,在这些地方,工人运动因其所犯的错误而遭受严重挫折。

[……]

劳瑞兹·马拉古奇

竞选政治化(和平-地区-进步-自由-社会主义)——与[奈尔德·(Nilde)]奥蒂(Iotti)[56]的观点一致。强调当地的现实、基本主题的现实——动力、愿望、对进步的渴求、对更大舒适度的渴望。

[……]

学校缺乏——专业[技术]学校——学校改革。

牲畜税——垄断、化肥价格——地区自治、运动场——奥林匹克和青少年一般设施——缺乏庇护所[托育机构]——妇女解放。

公共生活的世俗化。艺术、文化和科学方面的危机,国家继续为政府付出的沉重代价,以及 1947 年以来天主教等级制度和大资本之间达成全面协议,资本主义成功复兴。

1. 意大利的科学研究落后。
2. 学校结构落后。

3. 面向大众的蒙昧主义(Obscurantism)[57](电视——广播——报刊)。

4. 对知识分子群体的不宽容和强制干预(电影)。

5. 桑菲迪塔(Sanfedista)[58]的重新启用,令人憎恶(主教们反对世俗主义的信件)。

6. 受地方利益保护、反动性的教会热衷、工具性的人生观和屈辱妥协的影响,许多成年人和青年人的生活质量降低。

我们必须解释这些东西如何致使文化丧失其固有的作用,使公民处于缺乏文化的屈辱状态——倾向于迫使智力只发挥纯技术性的作用,从而来抹杀智力的力量。这无疑是造成青年和大部分公民迷失方向的主要原因之一。对现代化的、更先进的生活的向往,与意大利的经济和文化落后之间相冲突。

学校与生活是分离的——年轻人的抗议针对的是个人主义的不作为立场。年轻人见证了统治阶级的思想和道德的失败。重建新的、现代的、理性的、世俗的根基。

1961 年

20. 61 "1961年秋季瑞吉欧·艾米利亚市市立剧院戏剧活动方案"中的文章,1961 年秋

发展戏剧的新选择(弗兰克·博阿迪博士,公共教学评审负责人)

瑞吉欧·艾米利亚的市政府和文化组织——作出了许多其他更大、更重要的城市所没有的承诺——近年来推出了一个几乎令人难以置信的作品计划,填补了学术机构、研究中心、期刊和杂志的空白,并将其影响扩大到社会的更多层面。

[……]

玛丽亚·梅拉托艺术节(见注释21)在市政府的支持下,以意大利业余剧院的慷慨和志愿工作为基础——这有时颇让人感动。

这些年来,上演了几十部戏剧,欧洲当代戏剧的主要作品和古代戏剧的顶尖之作都得到了展示,虽然有非专业工作的局限性,但却充满了对戏剧艺术和公众的热爱和尊重。

在农村地区和工厂开展了组织公众的细致工作,并出台了政策来保障演出门票的价格亲民,这意味着,传统上与戏剧无缘的社会阶层也被吸纳进来。

不可否认,通过耐心细致的工作,玛丽亚·梅拉托艺术节为提升城市的文化品位作出了巨大贡献。[……]公有制管理施加了新的标准:私人收益消失了,资金被分配给优秀的歌手、优秀的管弦乐队、导演等。[……]

这些标准也适用于节目的选择。[……]今年意大利主要剧团的剧目有十部,业余剧团的剧目有六部;与瑞吉欧艺术之家共同组织的音乐会,其中包括米尔斯坦(Milstein)、安吉利姆(Angelicum)、古尔达(Gulda)、维森堡(Weisemburg)等[的表演];七部普罗科菲耶夫(Prokofiev)、威尔第(Verdi)和普契尼(Puccini)的歌剧;布达佩斯芭蕾舞团和现代爵士四重奏爵士乐晚会。最后也许还有一场勋伯格(Schoenberg)的音乐会——当代的东西。

[……]

如果其他城市也能加入我们的行列,一起分享剧目以及艺术和教育目标,我们会很高兴——并认为我们的工作对大家都更有帮助。我们可以做得更多,做得更好,服务更多的人。我们可以为剧团提供更多的场所,从而鼓励他们尝试新的、有生命力的作品,以回应我们社会的疑虑和精神需求。一个直面问题而不是逃避问题的剧场,一个表达当下文化文明而不仅仅是过去文明的剧场,一个观众和演员之间进行辩论的社会剧场,一个属于大多数人而不是精英的社会剧场,这是我们想通过我们的努力实现的不可剥夺的目标,这当然是个不小的目标。

剧院的第 0 年? 在瑞吉欧·艾米利亚是第 1 年!(作者:劳瑞兹·马拉古奇)

多年来,人们一直在谈论、讨论、指责、辩解、虚夸、哀嚎和诡辩。剧院已经卧床不起,它的四肢中有些已经瘫痪,另一些则已经坏死。在罗马,据说那是伟大的外科医生①居住的地方,但他们继续在旁敲侧击地兜圈子。剧院立法:谁看过这东西?与其说是他们在通过法律,不如说是数百万[里拉]在被转手,如此一来,大大小小的秘密政治集团假装为他们*伟大的病人*而悲恸,但转过身又继续强取豪夺。

在真实的和虚假的"痛苦呐喊"的喧嚣声中,一本名为《剧院的第零年》(*Theatre Year Zero*)的书横空出世,它正在取得适度的进展。这本书是由年轻一代的剧作家扎尔迪(Zardi)和贝尔贡齐尼(Bergonzini)与一位大学的统计学教师共同撰写的,其中有一些数字和文件会让你不寒而栗。简而言之,如果我们把去剧院看戏的人数作为我们讨论的现象的基数,把 1938 年的人数设定为一个 100 的指数,那么我们在 1952 年就会下降到 91,在 1959 年下降到 43。这就是我们今天所达到的程度:在那不勒斯,被排除在散文戏剧之外的公民人数占人口的 97%;在都灵(Turin)、博洛尼亚和热那亚,占

---

① 马拉古奇在这里用"外科医生"来比喻那些可以自认解决这些问题的政客。——中译者注

比为95%;在米兰,占比为87%;在佛罗伦萨,占比为80%。

自从具有勇敢的公民意识以及理想意识的市政府成为一切戏剧事务的管理者以来,我们市的戏剧政治就在这种戏剧背景下创造了一个空间。我们的教育评审负责人朋友弗兰克·博阿迪已经在一本出版物的另一个部分发表了阐述,我们看不出还有什么可以补充的。

[……]

事实上,我们绝对相信,在意大利的一百个城市中,我们的瑞吉欧·艾米利亚是一个罕见的现象,它有着紧张、活跃、多样的戏剧日程。在这里,不能把这一切归功于这只是重大奇迹。

其中有两个秘诀,再加上普西内拉(Pulcinella)[59]的[人人皆知的秘密]。首先,我们的市政府坚决遵循的方针是,首先要充分认识到,戏剧是一种高尚的、不可替代的文化活动,应该受到高度的尊重,并把它视为一项具有首要意义的公共和社会事务。其次,多年来,本市的戏剧生活是通过一系列的倡议活动组织起来的,这使得人们始终能够在不同的层面上保持对舞台活动的兴趣。这种动态直接或间接地刺激了热情观众的形成,同时也造就了文化和行政工作者,他们有能力为深思熟虑过的戏剧政治提供具体的表达。

我们不需要重申一年一度的"梅拉托"全国业余戏剧节的作用,也不需要重申剧院俱乐部的作用,剧院俱乐部选择了不墨守成规的、文化前卫的表演。我们不需要再次强调它们在密集的戏剧节目方面所扮演的角色和所呈现的观点的价值。

[……]

如果没有这个前提,就不可能充分理解即将开始的戏剧艺术节的意义,也不可能充分理解它被赋予的目标。很明显,这个艺术节不仅仅是,也不可能是,一个意大利最佳[戏剧]团体的学院(academy)(从"学院"这个词最积极的意义上来说)。它不是孤立的;它是这个城市更广泛的戏剧政治的一部分(我们已经说过了)。

因此,选择团体和剧目显然具有非常重要的意义,正如寻找和组织观众的问题具有决定性的意义一样。这些团体是我们蓬勃发展的国家业余戏剧团全中的佼佼者,他们所呈现的作品都是关于生活时事的作品,置身于严肃而持续的文化和批判话语的框架下。它们有助于提高和完善艺术节观众的知识和品位,激发人们对戏剧更持续的兴趣,并使人们在现实中成为较新的、接受能力较强的观众。

不仅仅是玛丽亚·梅拉托艺术节,整个以剧院为中心的多方面活动所公开宣布的目标都是寻找和形成一个新的观众。无须提醒,这是所有问题中的核心问题。

这就涉及到演出价格的问题。[剧院的]门票价格已经比电影票价低或相同。寻找新的观众必然意味着要考虑一场戏剧演出的价格。

在第一场戏还没有拉开帷幕之前,这些价格意味着我们可以组织乘坐本季剧院组委会安排的专车从全省各地赶来的大批观众购买季票。

我们面前摆着一个有趣而新颖的实验,高尚且大胆。我们已经知道大多数观众的社会构成,这使得我们能够用季票持有者来填满剧院四分之三的座位。他们是第一次来感受舞台情感的人。如果没有得到这样的机会,这些人永远不会知道剧院是这样子的。他们是学生、年轻人和来自中产阶层(ceto medio)的整个家庭,他们对戏剧充满了渴望,他们得以满足这种渴望,是因为剧院作出了让步,收取的费用极低。

第十一届玛丽亚·梅拉托艺术节的节目以皮兰德罗的作品《一如既往》(*Come Prima Meglio di Prima*)开场,在这位伟大的作家逝世25周年之际向他致敬[……]。[60]

我们将看到阿瑟·米勒(Arthur Miller)的《桥上的风景》(*A View from the Bridge*),在由维斯康帝(Visconti)执导时,该剧在整个意大利取得了巨大成功[……]。一群业余爱好者的勇气和成熟让我们有机会了解米勒的作品,否则我们可能永远不会再看到这部作品。

业余戏剧为我们提供的另一个特权是再次观看约翰·奥斯本(John Osborne)的《怒目回首》(*Look Back in Anger*),这部剧三年前在意大利巡演时就已经成名,在各地引起了惊叹和争议。这部戏剧表达了这位年轻剧作家的反叛和道德上反传统的立场。

另一个经过深思熟虑的选择是马可·普拉加(Marco Praga)最可爱的作品之一《处女》(*The Virgins*),它将以其令人惊讶而美妙的新鲜感让每个人拍案叫绝(就像在佩萨罗(Pesaro)艺术节期间欣赏了它的人感到惊叹的那样)。在最近的佩斯卡拉(Pescara)艺术节上,都灵的皮克乐剧院以这首曲子取得了胜利。

如果我们想要等待加西亚·洛卡(Garcia Lorca)的戏剧由一个专业团体来演出,那将会是徒劳,专业团体被束缚在戏剧行业之中,这个行业几乎不允许文化选择。然而,我们的节目包括《伯纳德·阿尔巴之家》(*The House of Bernard Alba*),这是西班牙伟大诗人最艰巨和最具概念性的作品之一。

本届艺术节还有一项令人钦佩而又勇敢的任务,即*推出*新的年轻作家——来自热那亚的记者马尔蒂尼(Martini)——的《安吉拉与魔鬼》(*Angela and the Devil*)。

在这些演出的同时,瑞吉欧艺术之家[见注释26]和剧院俱乐部还将举办另外两场极具原创性的晚会。这两个活跃的城市协会都将带来价值等同但又各有千秋的演出。瑞吉欧艺术之家将举办一场音乐会,由吕锡音乐学院(Music Lycee)的师生奉上,而剧院俱乐部的《我们在这里多好啊》(Come siam bravi quaggiù)则是一场卡巴莱(cabaret)①风格的歌舞表演,其方式和意图与战后戈比剧院的经验遥相呼应,但它的呈现方式更加具体。这是一场富含影射意味的戏剧,它充斥着迅猛的攻击性、有穿透力的滑稽模仿以及微妙而又沉重的讽刺,压迫和鞭笞着我们这个时代的世界。这两场演出将使观众的艺术情感得到延伸。再一次地,这不是偶然发生的,而是一个规划好的框架下的一部分,这个框架是在一个现实中[创造]的,是在本文开头所阐述和解释的话语体系中[创造]的。

1963年

21. 63 在"精神病学、心理学和教育学之间关系"研讨会上的讲话,瑞吉欧·艾米利亚,1963年3月

在心理教育学(psycho-pedagogy)的经验中,学生、班级和教师在教育动态中的地位

[……]

1) 这里当然不是试图完整回答"教育是什么"这个问题的地方。但是,可以肯定的是,只有把我们的答案从一种古老的、抽象的哲学中抽离出来,从教育是社会的一个事实这一信念出发(学校只是教育的一个因素),并朝着历史考察的方向发展,我们才能理解教育的意义和价值、教育的定义和变化。

在这个问题上,法国哲学家涂尔干(Durkheim)[61]有清晰的感受:

> 每个社会,从其发展的特定阶段来看,都有一套施加在个人身上的教育体系,通常具有不可抗拒的力量。如果认为我们可以随心所欲地教育孩子,那我们太过于自负傲慢了。如若历史性地研究教育制度的形成和发展方式,就可以看到它们取决于宗教、政治组织、科学发展的程度、工业的状况等。如果我们把教育制度从所有这些历史原因中分离出来,它们就会变得不可理解。那么,为什么一个人要指望只利用个人反思的力量来重建一些根本不是个人思考可以实现的东西呢?在他的面前,并没有摆着一块他可以在上面创建自己喜欢的东西的白板(tabula rasa),而是一块他既不能创造、破坏也不能随意改变的现实。他可以对它们采取行动,直到他学会认识它们、知道它们的性质

---

① 卡巴莱(Cabaret)是一种歌厅式音乐剧,通过歌曲与观众分享故事或感受,演绎方式简单并直接,不需要精心制作的布景、服装或特技效果,纯粹以歌曲最纯净的一面与观众作交流。——中译者注

和它们所依赖的条件是什么;他不可能了解这些东西,除非他研究它们,开始观察它们,并像物理学家研究物质和生物学家研究生物一样来阐释它们。[62]

通过接受这种方法,我们也将不可避免地看到教育的复合性质,即通过不同因素的制约力量来进行演变,这些因素有时是有目的的,有时是来源于不同历史时期的文化、经济和社会条件及运动的直接或间接的影响。

因此,今天当我们谈到"新教育"(new education)或"积极教育"(active education)时,我们希望具体地提到我们当今时代的某种教育学之下的定义,它是特定价值观的复杂体系的一部分。这些价值观并不等同于与之相对立的前一个教育学阶段的价值观(今天这些价值观仍在被讨论中,并且它们对变化和评价持开放态度)。而那些价值观被铭刻在大约始于上世纪[19世纪]初的历史(或意识形态)背景中,至少就对它们的认可而言是如此。

当我们谈到"新教育"和"积极教育"时,我们当然不会忘记六十年来的教育学进步意味着什么,我们将牢记不同或趋同的方向,牢记当前在哲学、历史、方法和教育价值上的争论。

然而,如果我们接受新教育的基本价值体系,为了便于讨论,可以将其概括为基于儿童更理性、更系统、更科学的知识而形成的对教育现实的更强烈的意识,这里重要的是强调心理学对这一现象的演变和支持所作的贡献,以及普通医学、神经精神病学和社会学在近代所作出的贡献。这一点可以用人名和事实来证明:从杜威(Dewey)[63]的"实验室"强调需要以研究的精神来看待教育的解决方案,到格赛尔(Gesell)、伊塔尔(Itard)、塞金(Seguin)、蒙台梭利(Montessori)、克拉帕雷德(Claparède)、瓦隆、皮亚杰(Piaget)、盖梅利(Gemelli)的经验,以及精神分析学派、社会学派和格式塔学派的发现,尤其是勒温(Lewin)的发现。

2)当然,我们最感兴趣的发展是,现代教育终于摆脱了19世纪的哲学抽象,被理解为一个更广泛的问题,这在今天可以被看作是这样一种哲学,即在这种哲学中,其他科学的贡献——直到最近它们才被纳入到该领域进行考量——在文化、科学和民主的事务中以理论和实践的方式聚集在一起。我们认为,这种基于科学的新概念的教育学的扩展不是偶然的,它也与意大利历史上首次将大量新的个人群体纳入教育服务的社会扩展相吻合。

最近,公众日益认识到*教育是社会自身发展的一个因素*,这证实了学校与社会之间的密切关系。因此，社会学和统计学研究（在我国首次成为教育辩论的核心）现在旨在规划学校的组织和方向，以满足社区的生产、文化和公民需求。说教育学只是科学是不确切的，它不断地重新阐述存在于"生活"中的"哲学"价值。然而毋庸置疑，它越来越倾向于科学精神、研究和实验，在今天，它不再只针对少数特权群体，而是倾向于满足更大群体的文化需求，它揭示新的概念，而这些新概念注定要越来越多地运用不同科学和专家团队的贡献。

3）谈到心理学及其贡献的历史，我们必须认识到一个重要的事实：心理学只有脱离了赫尔默茨（Helmotz）、韦伯（Weber）、费希纳（Fechner）和冯特（Wundt）[64]（克拉帕雷德[65]称之为"精神的一种生理解剖"）的实验室心理学，并开始面对发展中的人类——人类既是其发展的主体，也是自身发展的创造者——以及人类功能的统一性和完整性时，才有能力为教育学提供信息。心理学的转变之日，正是教育学的转变之日，也就是新教育的诞生之日。这种巧合意义重大，事实上，从此刻起，这两个领域就沿着利益日益趋同的平行线展开。

因此，心理教育学不是一个抽象的、历史的术语。它是一个在历史中形成的现实，它不断前进，不断战斗，将自己定位为教育组织革新的关键因素之一，以及概念化及实施教育的方式。

4）在心理教育学的各种可能的参照点中，有一个我们认为是有说服力的，它支持了我们今天将要说的内容，有力地突出了*经验和知识的社会结构*。

当然，从本质和定义上来说，学校是学习文化的地方。但这种学校如果没有立即意识到其他的价值观，那么它们就会是夸夸其谈的、官僚主义的、肤浅的学校，是非学校（non-schools）。

学校所关心的，以及学校应该关心的，是条件和教育方式，只有在这些条件和教育方式之中，以及通过这种条件和教育方式，文化学习才会发生，学生才会成为这一过程的共同参与者。与这一基本真理相关的条件[反映出]文化发展不仅仅是一个智力事实（intellectual fact），而是一个具有社会和情感结构的复杂活动。

在真正的知识过程中，智力元素从来不会以一种假想的纯粹性和自主性行事。它无法这样做。智力元素是在现实中发展的，它受到暗示、动机的某种影响（在认知过程中，这些暗示和动机成为真正的工具和内容），这些暗示和动机源于个体的社会和情感背景。我们无法宣称,这是一个自始至终并无处不在地主导着我们学校的文化建设的真理。相反,我们经常看到这一真理被悲惨而痛苦地斩首。

那么,教育学的启示就很明显了。最重要的是,教育应该引导学校关注确保儿童获得最有利的社会和情感环境,这是一个绝对不可或缺的条件,因为它与文化状况融为一体。这样,学校不仅为文化学习提供了最适当的手段,而且它们已经在创造文化了。

5) 教育的首要和最自然的特征是集体性和社会性。人们构建出制度化的系统来维持社区的秩序,在制度化系统所构成的广泛结构中,大量的儿童被组织起来,由于进入学校这一事实,他们因而被称为学生。也许,"儿童"与"学生"之间是有区别的。这个问题并不是无关紧要的,我们稍后会再谈论这个问题。目前,我们已经建立了一些非常重要的东西:对进入学校的儿童来说,这构成了他们初次的、真正的、真实的社会经验,这种经验将儿童以及他们不断发展的个性一起置身于一个已经形成的群体之中——或者更确切地说,置身于一个正在形成中的群体之中。这种现象引发两种反应:一种是儿童心理秩序的反应,儿童开始掌握一种极其新的经验,他们必须立即应对适应的问题;另一种是社会秩序的反应,涉及到一个群体稳定下来的动态。但是,在一般的动态中,我们立即发现,教师的个性及其行动在很大程度上被引入其中。

在教师与班级之间、教师与小组之间、教师与学生之间、学生与学生之间,新的潮流和行为方式开启了情感、情绪、智力和文化方面的新水平。

然而,如果我们不考虑到这一结构化过程中存在的其他力量,那是不充分的,也扭曲了我们对这一现象的分析。这些力量可能源于儿童自身的个人生活史,源于他们的文化水平和背景的多样性,源于学校教育在他们的家庭环境中产生共鸣的方式,源于所有这些力量实现的方式和价值,以及源于一个有组织的、有历史责任感的社会获取和促进[教育]经验的方式和价值观念。

因此,我们可以立即得出一个重要的结论:考察学校教育的基本事实会引导我们从心理社会现实的角度来总结这种状况。

三个根本因素相互作用:学生、班级、教师。但是,其中的每一个因素都借助自身历史中所蕴含的动力,来构成一种复杂的化学过程,在这一过程中,关于各种成分的知识,以及关于它们如何表达、如何碰撞和如何融合的知识,构成了有效教学行为的必要前提。

[……]

7）临床和咨询[心理-教育-医学]中心的经验使我们确信，学校中的许多失败、诸多不成功、许多学习节奏不恰当的例子，一些异常行为，许多儿童最初的热情突然丧失的例子，心理-生理障碍的突然出现，它们最初都是由于与学校的接触没有得到良好的引导或促进，特别是在学校的第一年和第二年。

例如，儿童初次上学时表现出来的情感需求是最重要的。我们确定我们给了他们必要的时间，并提供了一切必要的机会，让他们以最契合的方式适应这个过程了吗？

一个月的时间，也就是入学的第一个月，专门用于全力以赴深入了解学生及其家庭，使他们摆脱匿名的状态——很不幸这种匿名状态往往持续数年，这样做有望推动教育的个性化，从而可能会得到成倍的回报，而这种个性化的教育也正是儿童有权要求的，也是教师所需要的。

[……]

9）在这里，我们并不打算对学龄期的儿童心理进行详细分析。但是，每一种教育学，无论它多么实证，都假定对其指向的对象有一知半解。当代教育学必然如此，它在心理学方面享有极其广泛的文献。我们将仅限于指出以下这一点，即当今教育学所有严肃研究所基于的伟大指导思想。其中第一条是，童年是人生中极其丰富而重要的一个时期。

长期以来，童年被认为是一个停滞的阶段（而儿童则是一种幼虫），要从这个阶段逐步解脱出来，才能到达成人的状态。

尽管卢梭的警告引起了对"儿童中的儿童"（the child within the child）的尊重，但直到20世纪，童年才被认为是一个充满活力、异常剧烈的时期，在这个时期，生理和心理的持续酝酿不断地改变着儿童的特征。

心理学已经取代了（旧的哲学和教育学传统中的）如下概念，即生活是从缓慢而简单的节奏逐步变得越来越复杂。心理学肯定了如下观点，即儿童在其发展的每一个时刻都过着完整而原创性的生活，有着统一的历史。儿童不再仅仅是通过成人的心态被理解和被认识的成人缩影。我们需要知道儿童是如何被塑造起来的，如果儿童是不断成长的存在，那么我们就需要一步一步地跟随他们。

遗传学方法比任何其他方法都能够使我们更好地确定儿童发展的特征，并且它考虑到了每一个时刻。不间断的发展并不是恒定的，我们说它是无节奏的和不连续的。儿童的发展不存在截然不同的阶段，也不存在统一的、恒定的进展，我们并不是只是在处理数量上的增长。

在成长过程中,儿童会经历关键期,这些关键期是通过外在表现——通常表现为与以前的习惯行为形成鲜明对比——来引起家庭和教师注意的节点。

瓦隆[见注释48]说:"从一个阶段到另一个阶段,儿童的心理成因,其因素和功能的复杂性,以及其危机之间的对照,在每个危机之中以及在危机与危机之间都表现出一种统一性。以支离破碎的方式对待一个儿童是违背自然的。在每个年龄阶段,它们构成了一个不可分割的、原始的整体:在相继发展出来的一系列自我中,它们是一体的,是唯一的个体,而且永远是同一个人。"

在心理学所指出的危机点中,有一个危机在儿童6岁入学时影响着他们。在这场危机之中,将会有一个在深层次上展开的、缓慢的心理-情感-情绪的重组。

10) 正如扎佐(Zazzo)[66]所说,*生活场域*(field of life)的扩展会使儿童内化重要的个性化和差异化水平。在数量和质量上,与社区及其纪律(或组织)形式的关系和互动都有所增加。儿童学会认识到,自己是一个具有多重特质的个体,在面对不同的或特殊的情况时,这一个体调整着自身的行为。他们不会无休止地分心,相反,他们意识到自己的能力,对自己有更准确、更全面的认识。在感知和知识领域,也发生了类似的发展。事物和情境的不同特征——截至当前为止,它们在儿童脑中被认为是身份的混淆——终于可以被逐步识别和分类,从而就有可能在一个系统的、连贯的过程中进行比较和区分。*逻辑和范畴思维*(thinking of logic and category)——把事物和事物的性质细分为类属,以及对它们的不同属性进行精确把控的能力——出现了。用皮亚杰的话说,他们不再把事物的*恒常性*(invariants)[67]彼此混淆了。

在情绪层面上,儿童开启了一段情感可逆的旅程,他们发展出了一种可能性,即成为自己的替身的可能,因为他们能够像思考自身以外的他人那样来思考自己,在自己的身份和他人的身份之间做出区分。

慢慢地,感受开始取代情绪[68],并按照逻辑标准获得秩序。在社会层面上,儿童开始以一种越来越合乎逻辑的、客观的方式,感受到与他人关系的存在和价值。重要的是,这一现象与另一种现象同时出现,即在智力层面上,分析综合取代了整体视角。

这或许会让我们认为,*整体主义*(globalism)远非仅仅指图像感知的现象,实际上,它是儿童变得更整体、更全面的方式:这正是皮亚杰所说的以自我中心的方式。因此,与拉波尔塔(Laporta)[69]的观点一致,我们认为,在分析综合中,当每一个细节对其他的所有细节发挥作用,并且这些细节凝聚成一个统一的整体时,其他儿童就成为人类整体框架的一部分,并出现在这个儿童现在更加扩展的世界之中,其他儿童将不再是工具,而是具体的客体,在趋向于共同目标的活动中与之相伴。

这些都是我们小学儿童的特殊心理特征(显然,讨论还可以更加丰富和具体)。然而,同样需要提醒的是,每个儿童的心理画像或概况不能机械地从一个笼统的模式中推导出来,而是从基于个体原有的生物学、心理学和个人历史进行的个体分析和观察中[浮现出来]。

某些不协调可能会被凸显出来,有时这些可能会导致我们在采取了适当的预防措施后,诊断出异常或发展延迟、反常或情感障碍。然而,在大多数情况下,这些不协调是正常的,并没有超出平均水平的个体差异范围。它们可能只是表明早熟,或者儿童天性中固有的相对发育延迟。

11) 这个事实已经很明显了:根据心理教育学,我们需要像了解自己想教给孩子的东西一样了解孩子。

时间还没过多久,我们就已经在要求儿童要服从我们,听我们的话,养成符合学校共同生活规则的习惯,并要求他们铭记和"努力",还有展现他们的乐意服从。也就是说,我们要求他们努力尝试。

当我们说到这一点的时候,我们就把教育学中最重要的、最有争议的一个观点牵引出来了:关于兴趣的观点。

什么是兴趣?它是一个事物、一个行为、一个想法对我们的吸引力。

心理学研究已经证实,在个体发展的每个年龄或阶段,都会表现出特定的兴趣,心理学研究还概述了一些值得注意的概括。然而,现实情况更加复杂。

杜威的理论坚持将每种兴趣与其相应的需要联系起来,这是众所周知的。他列举了四个因素:激发好奇心的智力因素、激发行动的动作因素、赋予事物价值的主观因素,最后是情感因素,即对事物的欲望。

因此,兴趣具有全局性的特点,它影响着所有的心理过程。这是一个影响深远的概念。兴趣驱使儿童去寻找它的对象,在这样做的过程中,它也引导儿童朝着学校活动的方向前进,当然,如果这些活动的选择、顺序和分配是明智的话。

因此,我们可以得出这样的结论:能够激发儿童兴趣的教育哲学,加上适当的节奏,就会在教室里营造出一种宁静祥和的氛围,它有利于工作的开展。

然而，我们马上也会注意到，这种教育哲学的原则极易被扭曲。如果说有吸引力的教学有利于知识的习得，那么我们必须关注的是，它所施加的吸引力不是表面的，它不依赖于随意的流程，而是依赖于所考量的想法，以及它在儿童身上激发的深层次兴趣。

把游戏概括为一种教育的程序当然是错误的，这一错误的严重性随着儿童年龄的增长而增加。在心理层面，这一错误会导致相当严重的退化过程。

因此，有必要把*有趣的*(interesting)教学和仅仅是*吸引人*(attractive)的教学区分开来。

然而，基于兴趣的教育哲学本身也难逃批评。事实上，它依赖于对儿童天性持有的一种完全乐观的概念，并暗含着这样一个论点：教育可以而且必须独特地看待儿童和儿童的自主能动性。

这种类型的*自然主义*观点受到其他观点的质疑，这些观点对教育者发挥了巨大的作用。这些人说，儿童渴望成为成人，他们的努力就是成人的努力。容易引起的注意根本不是注意，否则正如阿兰(Alain)[70]所说："就连在吃糖的狗都是在注意。"

事实上，儿童想要游戏，但他们也想要跳出游戏，这使他们处于一种不完满的状态，并激发他们努力，这也是他们所渴望的。

问题在于循序渐进地尝试和努力。它在于运用儿童具有巨大潜力（人类不可思议的潜力）这一理念来激励他们，并用成功来支持这种理念。然而，同样重要的是，这些成功应该是艰苦的、困难的，而且是在没有帮助的情况下获得的。

当然，兴趣是一个重要的跳板，它在人类的最深处——与性情处于同样水平——汲取能量。但是，生活及其现实真的只受兴趣的制约吗？那么，似乎还有必要培养一种努力的情怀，认识到努力的必要性，以及认识到努力所具有的巨大的人类价值。这意味着，要把一种意志力文化(culture of volition)与知识的传递联系起来。这样的话，很明显，这两种教育理念之间并不存在矛盾，它们实际上是相辅相成的，而不是相左的。

这种对立并不是基于兴趣的教育哲学(a pedagogy of interest)和基于努力的教育哲学(a pedagogy of effort)之间的对立，而是由兴趣支撑和盘活的基于努力的教育哲学与仅仅是努力或仅仅是有吸引力的教育哲学之间的对立。没有兴趣的自然刺激，而是借助于惩罚形式的人为刺激来激发出的努力是不健康的，也是没有效果的。儿童在成熟的过程中获得自发的兴趣，在自发兴趣的基础之上，并遵循其发展方向所产生的努力才是健康的、正常的。

12) 所有自称理性的心理学都是建立在对一般儿童和特殊儿童的双重认识之上的。然而,对学龄儿童的心理学描述,即使把以上两个视角结合在一起,如果忘记或忽视了儿童与他们所处环境之间的相互影响和反应,那么它也是不完整的。

已经有研究表明了学校环境作为个人成熟的一个因素的重要性。但是,最近的心理学研究(例如瓦隆的研究)强调,儿童的个体发展和他们与环境的关系的性质之间存在着密切联系。换句话说,个性和社会性是相互联系的,并且二者相互制约。

那么,我们可以推断,如果不是关于儿童的社会心理研究来引领我们把一个儿童与另一个活生生的现实——群体——立即放置在一起,那么我们就不可能真正地了解这个儿童。

聚集在同一个班级的学生构成了一个指向教育目的的整体。古典心理学(例如法国学派中的涂尔干)坚定地认为,一个班级就是一个小社会,不能把它简单当作独立主体构成的一个集合来运转。在班级里,儿童以一种独特的方式思考、感受和行动,这与他们被孤立时的行为方式完全不同。

一个班级构成了一个真正的*集体存在*(collective being),它有自己的本能反应和响应,有自己的深层和表层结构,当教师感觉到班级在学习和行为上的演变、在数量和质量上的演变、调整、方向的突然变化或转变,所有这一切时,他就可以凭经验感受到这个集体的以上特征。这是一个众所周知的现象。

有人可能会说,一个班级不就是一个人为的群体吗?不就是通过外在的人为要求,把不同性格、不同家庭背景的孩子聚集在一起组合而成的吗?上学是儿童无法回避的义务,他们也必须接受集体的组织形式。

此外,这个班级或团体完全由一个成人领导,这个成人具有权威和权力的特性。因此,儿童发现自己被迫调节或抑制自己的冲动和倾向,并使自己的行为适应新的社会结构,不管他们愿意与否。

同样,除了游戏活动,儿童不会自发地寻找群体。这些群体可能或多或少是数目众多的、稳定的、有组织的,这取决于年龄(最终我们会有路易斯·佩尔高德(Louis Pergaud)[71]在他的书《纽扣战争》(*The War of Buttons*)中所描述的严格的群体规则,这本书最近被拍成了电影)。

因此,我们是否必须得出以下结论?即由于其人为的属性,一个班级群体和一个自发群体的动态之间存在一个明显的反差。

实际上这种对立并不存在。相较于过去,心理教育学现在更客观地分析了当代童年问题的现实,坚持认为,儿童有对组织的需求,即社会意义的组织,以及他们社会性的组织。这是一种绝对自然的需求,在满足这种需求的过程中,儿童找到了他们根本和原始需求的答案,他们要求我们满足这种需求,这样他们才能够成长和成熟,才能从孤独、无聊、"我该做什么"和被抛弃的感觉中解脱出来。从某种程度上说,经验告诉我们,如果一个地方缺乏对需求的这种回应,那么我们会发现,暴徒和帮派就会在那里形成。这种现象在被战争摧毁的国家中非常明显,随着学校的关闭和教师的流失,孩子们并不甘于孤独,他们组织起了类似于拿破仑战争后兴起的帮派,正是这一现象激发了裴斯泰洛齐[72]的工作。

这还不是全部。最近,我们在新闻中听到了类似的混乱现象,以及在所谓的富裕国家里,也有帮派产生,在那里,被成人和成人社会抛弃、被边缘化和被推入孤独境地的儿童无法有效地在社会中找到自己的位置和角色,更不用说拥有美好的理想前景了。

回到我们感兴趣的主题,我们可以说,儿童越是真正地、和谐地参与共同生活,就越能满足其对社会性和团结性的需求。一旦一个班级不再是一个约束性的环境,而是成为一个真实的生活环境,儿童可以在其中体会到与他人一起成长的快乐,那么学校群体的人为特征就会消失。这个和谐化的过程不是自发进行的,它很大程度上有赖于教师的工作,在构建一个群体和赋予该群体以价值的过程中,教师的存在和行动被证明是决定性因素。

13) 一个学校集体构成了一个人类团体,其成员通过紧密的团结联系在一起,随着儿童年龄的增长,这种团结变得越来越强大。儿童很早就意识到了这种团结。例如,在最初的几周和最初的几个月里,打小报告的现象很频繁,但很快这种行为就会被嗤之以鼻。

就像在所有原始社会中一样,情感起着非常大的作用,它"沾染"了所有的理性因素,并且它是自发行为的基础。在学校生活的第一阶段,行为首先是通过模仿而形成的。自发的模仿在儿童发展过程中的重要性是众所周知的。例如,儿童通过模仿他人来学习语言,以及习得大量的社会行为。通过模仿他人和"借鉴"他人,儿童开始发觉和衡量自己是谁。模仿的现象在课堂上不断发生,日常教学合乎时宜地利用了这一点。这种现象的社会本质是毋庸置疑的。

模仿通常发生在较低的层面,比如当我们发现自己面对具有集体暗示性的东西,这种东西能够导致整个班级做出不寻常或异常的举动。有时,笑声会在全班同学中传染开来,在其他情况下,它可能是教师或学生表达的一个引起全班反应的想法或者一种情绪。再一次地,这也是一种现象,如果我们不过度使用它,它可以成为一种强有力的教学手段。另一个重要的现象是心理传染,它往往以不那么明显的方式表现出来,它更加脆弱,但同样真实。所有的教师肯定都会发现自己有面临着集体情绪突然变化的时刻。[有时]似乎有些日子壮丽辉煌,有些日子则悲从中来,有些日子孩子们的接受能力特别好,有些日子孩子们则被笼罩在懒惰和冷漠的浓雾中,迷茫和漫无目的的骚动在孩子们身上蔓延开来,使得他们举步不前。

所有这些源于集体性的自发行为,构成了学校活动发生的"有机土壤"的重要组成部分,我们需要了解并欣赏它们在班级经验和教育过程的复杂游戏中所提供的益处。

14) 另一个重要的社会问题位于意识思想的层面上,那就是超越(emulation)。超越这个概念并不像通常认为的那样简单明了。在超越中,两个不同的概念可能会混淆,因此我们最好要把它们区分开来。有一种是个人超越的形式,它是一种推动个人超越自己和自身成就的力量。这有一个比较特定的心理根源,尽管它会导致社会影响。

我们要讨论的另一种形式的超越是社会性的,它出现在群体环境内,事实上除了群体环境它并不存在于其他形式中。它是由不同顺序的要素构成的:寻求公众的赞扬、害怕被嘲笑、寻求奖励,以及害怕遭受同学的惩罚、不认同或谴责。

因此,在一个群体、一个班级中的超越,往往首先表现为寻找优越性的外部标志。在这种情况下,超越的*价值*似乎非常值得商榷。当然,它的好处是给在校儿童提供了一个了解外面生活的机会,不幸的是,在那里竞争成了普遍的规则。它促使孩子们去努力,否则他们可能没有动力去努力,它起到了激励的作用。然而,与此同时,它也有诸多弊端。

在这种意义上,超越取代了*责任感*,原本简单的手段变成了目的,一种以惩罚和奖励为基础的*行为*的条件反射形成了。努力不再被视为实现个人进步的必要条件和手段,而是被视为战胜他人的手段,并最终获得了一种非连续的、机会主义的特性。

不难发现,在教育的层面上,群体的儿童作为动态性、激发性和目的性的能动体很重要。然而个体与个体之间、儿童与儿童之间不断发生的主观影响和相互作用,应该被视为同等重要,以及教师与学生、教师与学生群体之间的关系所产生的影响和相互作用,也应该被视为同样重要。如此一来,在班级这个小社会中,就会形成不同强度的动态。有时这些动态只影响几个人,有时只影响班级的一部分人,有时则影响几乎所有的人或整个班级。

因此,每个儿童都会发现自己处于一个庞大的社会网络的中心,这取决于他们与同伴建立(或在帮助下建立)关系的能力,以及他们被他人寻求的程度。以这种方式建立的主体间关系定义了他们在群体中的个人角色。

这就是一个细心的教师如何注意到从简单的相识到友谊,以及二者之间所有不同阶段的纽带和关系的发展。这些关系不一定只能通过偏好和亲和力产生,相反,它们可能是竞争和敌意的转化。

关系缺失本身就有重要的意义。一个被孤立的孩子,被他人忽视或排斥,这是一个需要认真对待的问题。例如,莫雷诺(Moreno)[73]的研究和社会测量学的调查提供了丰富的知识和结果。

基于我们已讨论的反思,作为一个结论,我们似乎有必要更清楚地强调:"班级是儿童全面发展的必要环境,班级促进的*社会化水平越坚实、越广泛,它们的教育价值就越高*。"

[……]

16) 如果我们进行适当的反思,学校的整个生活(就像社会生活的其他每个方面一样)都是在一套成文的结构和规则中进行的。由于教育被认为是国家在社会和道德方面的当务之急,所以教师从确切的社会学和法律基础上汲取权威。在此基础上,教师又增加了第二种权威,这种权威在家庭将孩子托付给学校的那一刻就得到了家庭的默许。在这种情况下,似乎教育过程必须基于教师的权威态度、儿童的服从和从属态度以及家庭对教育的某种让渡。

但如果是这样的话,教育问题就会以一种机械的、等级森严的、惩戒性的方式得到解决。教师就会统治儿童、团体、班级、家庭。我们现在知道,这种教育在今天毫无意义,在理论上没有人提出它,也没有人想要它。然而,尽管如此,我们可以说,这种亵渎教育的观念仍然存在于一些地方,教师通过统治,将自己排除在群体和儿童之外,把儿童与他们的家庭割裂开来,把他们的根与既存的、重要的现实割裂开来。

如果我们希望今天的教育行动是有效的、真实的,也是国家和家庭所希望的,那么,它必须建立在完全不同的基础之上,建立在完全不同的联系和关系之上,这一点可以从现代意识中清楚地推断出来,也可以从我们在这里详细讨论过的内容中推断出来。

教师有责任滋养合适的土壤,让他们能够在那里进行自己的工作,满足儿童对情感、知识和活动的需求。

但是,对于儿童来说,什么是教师?教师代表着什么?他们是如何被看待和衡量的?儿童是如何发展这种判断并对其作出行动的?在六七岁时,儿童的认知方式仍然反映出主观因素,这些因素具有很强的感召力,渗透着前逻辑的、魔力般的情感,儿童会动情地把自己不具备的力量赋予人和事物。

教师的力量,不管它是什么,对儿童来说似乎都是无限的,就像是一个绝对的事物,就像透过一双使得事物大于其本身客观大小的眼睛,所看到的现实的全部。"老师是这样说的,他想让它这样子。"家长们很清楚,孩子们会用坚决的态度来缩短那些似乎与他们老师的威信和权威相冲突的讨论,或者是那些削弱他们老师的威信和权威的讨论。这些紧密依赖的感觉要求教师保持警觉的、精益求精的责任感,然而,由于儿童对教师的公正抱有强烈信任,这些感觉被抵消。

这是一个重要的事实,它指导着儿童的行为,并决定着一个群体对成人形象及其角色的接纳程度。

法福(Fau)说:"在一个群体中,教师与学生的区别不仅在于他的知识程度,而且还在于他的社会适应程度,在于他的个人和社会成熟度。"儿童最首先要求的是,教师的个人和社会成熟体现在一种公正的态度上。儿童可以用迅速而简单的直觉内化他们教师人格的这一方面,并且,为了接受和承认教师是一个典范,是一个群体的真正领导者,他们需要教师有这些品质:公正,以及以公正的态度行事和做判断。

因此,教师是学校群体团结的一个首要的因素。非常真实的一点是,即使教师不具备有效教育行动所需的素质,他们的存在还是会倾向于使整个群体团结起来。但是这种团结会对他们不利。

因此,对群体动态的研究揭示了教师角色的首要重要性。对个体心理动态和群体动态的研究致使一个根本需要的出现,即需要在班级学生的眼中不断调整和批判性地修正教师角色。在班级个体和群体的眼中,教师这种专注、快速、不断更新的批判性修正是一个关键。

慢慢地,随着儿童[对经验]的吸收和沉淀,随着逻辑与情感的融合,小学一、二年级儿童神奇的顺从被一种客观性所取代,这种客观性创造了事物的秩序,越来越多地将事物置于空间和时间的角度,并引发了新的相互依存和相互作用。在九岁和十岁时,这个群体已经开始根据教师的个性(现在已经失去了它的魔法特性)、人际关系、儿童的判断和推理能力,最重要的是,根据真正的社会情感的表现来进行组织。教师不再依赖儿童天然的、近乎神话般的顺从才能归属于学校群体。现在[群体的组织]基于的是儿童对合作、友谊和共同生活的需求和愿望;而教师,不管他们知道与否,都必须考虑到儿童的批判性反思。

一个教师如果不深刻地笃信这些真理,或者不具备一个足够灵活和良好平衡的人格,来始终对班级中儿童不断成熟的需求作出反应,那么这个教师就有可能被排除在班级之外,并切断对话的质量,而对话正是教育关系的本质和实质。那么,他们只能通过阶层体系、专制主义和官僚主义的行为从外部进行工作,其形式上的结果只会掩盖已经造成的深重创伤和扭曲。要么他们就遵循一种懒惰的、没有历史根基的教育学的节奏来工作,他们将创造出一些*中性*的儿童组成的班级,这些儿童既不反对他们,也没有跟他们建立起情感纽带,在那里,教育学被简化为仅仅是报告事实,而形成性的价值观(formative values)也必然被推迟到校外去处理。

要使师生关系上升到教育幸福的高度,就必须立即明确,不管是什么方法,如果它不能让儿童主动、快乐地参与,不能营造安全感、信任感和成功感,那么它就不会真正富有成效。持选择性的学校,对于有天赋的孩子来说是一位母亲,对弱小的、更需要帮助的孩子来说则是后妈,这种学校把教师变成了法官,但它肯定没有把教师变成教育者。如果学校不能满足儿童对经验的需求,不能满足他们对*真正的科学*[概念]以及*历史*[概念]的需求,不能赋予他们的逻辑和批判能力以尊严,那么学校可能仅仅是教条灌输的地方,而不是知识产生的地方。

最后,我们要坚持不懈地再次强调,最重要的一点是,如果学校和教师没有认识到教育的社会维度,那么他们就没有完成自身的任务。学校和教师所做的一切都要契合儿童的个性,儿童的天性使得他们渴望在日益社会化和组织化的环境中与"他们的同类和他们的同辈"相遇。

17)我们都知道我们学校当前的现状。在我们的第一次圆桌会议上,或者说第一次工作组会议上,不同的立场和趋同的观点汇聚在一起,共同编织了对我国教育问题的分析。我们对此感到惊讶吗?

当然不会。在群体中工作的前提是，参与者要有差异化的动力、思想的比较、接纳以及对话的习惯，最终的结果可能并不总是一致的，这也会让问题保持开放。

在我们上一次的谈话中，除了讨论我们公共当局的责任之外，我们还指出，教学层面的文化缺陷是我们学校的主要不足之一。我们的意图是，表达我们大家在采取真正成熟的情感行为方面遇到的困难，以及基于对问题的不断研究和审视来作出调整时遇到的困难——这些问题的出现当然不是因为懒惰，而是因为专业和心理学训练的不足，以及"师徒共建式"（apprenticeships）的社会化和社会性学习的缺失。这首先需要存在理念上的酝酿和碰撞，并对其加以利用。

不可否认，1955年的小学项目[74]的核心包含了有趣的思想酝酿和碰撞。然而，我们当然不能对现实中的状况感到满意。有几个因素阻碍了它们的进步和实现，我们将尝试找出其中的一些因素。思想的酝酿和碰撞与创新的指导方针已经落地（教师的专业培训），但是，这片土地还没有能力充分接受它们，并使其结出果实。

即使在理论层面上，也没有确定和发展出相应的新方法和新内容，这种缺失阻碍了将它们转化为现实。仅仅是理论层面上的新方法和新内容就能有助于教师在实践中注入新的价值观。

在我国，创新者的哲学观念仍然遭受着不可思议而又充满苦痛的命运（五十年或一百年前产生的许多斗争和话语证实了这一点，时隔这么久之后，这些斗争和话语依然在我们中间回荡，但无人听闻，无人理会）。在具体实践中，这些哲学观念被吞并、被伪装、被孤立，它们充其量只能作为孤立的、孱弱的方法指南，在其所对抗的旧制度中残喘苟延，给人留下一种正在建立中的印象。

［……］

结论：我们的谈话到此结束了。这是一次切切实实的工作总结，启发我们把一系列的迹象、态度和问题汇集在一起，致力于呼吁更坚定的反思，以更大程度和更自觉的意愿来审视、批判和惊叹，对我们的工作和工作反思采取本质上开放和科学的态度。

与克拉帕雷德［见注释65］一起，我们说过："我们需要的是这样：一种科学态度的持续存在，也就是说，当教师面对日常职业生活中的事实时，他们持有好奇的态度，他们想要'审问'这些事实，并试图通过对它们进行系统的观察和实验来获得答案。"

让我们记住以下几点［以下清单中没有 e、j、k］。

a. 儿童天生是社会性的动物，在知识刺激的过程中，社会性和情感性的考量总是会介入其中。

b. 儿童的天性要求学校[满足]他们对社会化和群体融入的需求：这种需求引发了社会和心理秩序上的反应。

c. 这种需求是根本性的,它的满足是儿童进一步成熟不可或缺的前提。

d. 儿童可以通过放弃或攻击等方式来抵制教育行动,在面对这些抵抗时,教师的任务是采取唯一真正的教育态度。这种态度不在于被动接受或道德判断,而在于对现象的根源进行研究,并明确原因:"为什么在技术学院里,我们研究物质的阻力,而在[培养未来教师的]教师培训学校里,我们则不研究儿童对教育行动进行的或可能进行的抵抗呢？"(Makarenko)[75]。

f. 教师的任务是努力消除他们在儿童面前上帝般的秉性,应该鼓励儿童以类似的方式逐步消除带有整体化的和魔幻性质的情感和智力行为。

g. 儿童与日俱增的理性,以及他们情感冲动的逐渐沉淀,为情感的萌发开辟了道路,这需要教师迅速、智慧和热情的支持和调整。

h. 当教师的权威是合作性的权威时,教师能够进入群体,成为群体成熟中不可替代的因素,只有这样,权威才会是富有成效的。

i. 只有当秩序需要让位于建议时,当劝诫需要让位于推理时,当教师的行动必须开始支持儿童的批判性思考时,这种态度才能在适当的时候被感知到。

l. 如果努力没有受到兴趣的自然刺激的激发,而仅仅是依靠奖惩的人为刺激的驱使,那么它就是徒劳的。只有在儿童成熟过程中自发获得的兴趣的基础上,并沿着兴趣的延伸方向所产生的努力才是健康的、正常的。

m. 如果教师没有充分考虑到他们的行为通过影响家庭环境而不断引发出的问题,以及可能导致的不稳定关系,就可能导致[与家庭的]不同步,这种不同步性会使他们的行动陷入瘫痪,其后果可以在儿童、班级和家庭中明显地表现出来。

n. 为了使儿童成为有效观察和教育过程的对象以及推动者,他们不能是匿名的,我们必须了解他们不断演变着的存在的历史。

o. 教师和学校的基本态度不应该是判断,而应该是观察。这样能使儿童摆脱令人挫败的、强制性的压力。

p. 过快的步伐,尤其是在入学之初（这种现象在当前的学校实践中清晰可见,它表现为各种形式的障碍和适应不良,这种障碍和适应不良也可能在很久以后才会出现）,以及致力于帮助儿童导入和适应的关键阶段的缺乏(情绪的、情感的、智力的、社会的、运动的、知觉运动的方面），违背了儿童的天性和需求。

　　q. 过量的幻想和童话游戏、持续的幻想世界（并非贬低想象力的独特价值）会阻挡儿童，导致他们停滞在幼稚的状态，产生退化现象，并使他们倾向于拒绝现实和失去观察能力。

　　r. 认为儿童天生向往充分的、完全的自由是错误的。要想使得儿童对自由的向往付诸实践，其基础是，与儿童个体和社会性发展密切相关的不断进展，以及满足儿童对保护和安全不断发展的需求。教师的任务是辅助儿童在安全的氛围中获得自由和自主。

　　s. 教师教学的稳定性和连续性是保障教育方法的连续性和连贯性的必要条件，也是保障学生群体拥有连续经验的必要条件，这种连续经验不能被打断，否则会造成潜在的痛苦后果。

* * *

22. 63 致家长的公开信，1963 年 6 月

> 编者按：意大利有一个传统，就是把孩子送到海边或山里的夏令营，尤其是过去那些贫困家庭的孩子，他们的健康和成长被认为是得益于海边和山里的空气。这个传统始于 19 世纪，并被法西斯主义所接受，在意大利各地的海边，仍然可以看到法西斯主义的建筑。在瑞吉欧·艾米利亚和意大利其他地区，从 8 岁左右开始，儿童在炎热的夏季前往这些夏令营仍是一件很常见的事情，市政府仍然大量参与提供这些服务。除了健康环境的好处外，人们还强调这些夏令营能给儿童提供社交机会。马拉古奇提议将"夏令营"改名为"暑期之家"，这是他全面革新这些服务的一部分。

在伊贾码头（Igea Marina）的"暑期之家"进行的实验[76]

亲爱的家长：

　　我们相信，如果您在您的孩子出发前往伊贾码头的"暑期之家"的前夕阅读这封简短的信，将会对您有所帮助。望您接受这种方式，这将帮助您和我们一起为您的孩子营造一个无忧无虑的假期。

衷心感谢

"暑期之家"提供的服务

　　请记住，"暑期之家"不仅为您的孩子提供一个有利于身体发育的假期，还会提供一个情感关怀的氛围。它为您的孩子提供宝贵的新体验、丰富多样的情感和社会交流、在有序而快乐的社区生活中的参与和合作、个人自主性的教育、新的知识视野、原

创游戏和实验,以实现道德和公民美德的完善。

因此,"暑期之家"应被视为一个具有特殊的和原创的丰富教育内容的场所,它涉及儿童的整个身体、智力、情感和道德人格。这种意识和观点需要机构的指导[管理]进行规划,并转化为实践。然而,这也需要您方具体、细致和明确的合作。

激发您孩子的热情

因此,要用真挚和智慧的关怀来组织好孩子的离别过程。与家人分离是一个非常重要的时刻,需要及时做好准备。

帮助您的孩子理解等待着他的美丽、快乐、有益的假期,在离开前,让他从周围的亲情氛围中感受到安慰。

通过谈论等待他们的新世界,让孩子们充满热情;大海、沙滩、船帆、贝壳、运动器材、户外游戏、玩具、可以让他们发挥创造性的实验室、与其他孩子一起生活的快乐、自己动手的自豪感、晚上看电影、看木偶戏、看哑剧、玩纸牌游戏、观光、竞赛、潜入水中的无忧无虑的感觉、制作城堡和风筝。

检查您孩子的装备

彻底检查您孩子的装备包,检查确保任何我们推荐的东西都没有缺失。确保所有需要的东西都有序地被打包在包里,这样您的孩子就可以轻松找到并选择他们需要的东西。

帮助他们在明信片上写下地址。

不要给他们提供过多的甜食、过多的玩具、过多的建议。

在出发的那一刻,表现出您对他的自信,不要让他看到您的担心。

经常给您孩子写信

对于孩子们来说,信件的到达和分发(您可以很容易想象到这一点)是"暑期之家"最美好和最值得期待的时刻之一,这是一个与家人情感联系的时刻,满足了他们被挂念和被珍视的需求,并以一种新的、更成熟的方式邀请他们重温情感关系。

经常给他们写信。离开后几个小时,立即写信。第二天,您的孩子收到信后会很高兴,他们的满足感有助于我们让他们适应这种新的体验。

不要告诉他们会让他们伤心的消息。相反,要对他们的新生活、新关系、他们学到的新东西、他们的冒险、他们的活动、他们的小组伙伴和分配给他们小组的教育者提出问题,并作出评论。

[……]

与家长的会面

您是不是想来"暑期之家"看望您的孩子？请您注意。为了避免诸多不便但同时又满足儿童和家长的权利和合法需求，"暑期之家"指导委员会决定推动与家长的会面，每次活动有一次会面，日期待定。这将完全是用于孩子和父母之间的会面。

> 编者按：有一页额外的纸提供给了家长，告知家长他们的孩子需要带什么。

2 条短裤（男生）

1 条短裤（女生）

3 条棉质连衣裙（女生）

2 件棉质 T 恤（男生）

1 双橡胶底凉鞋

3 条内裤（男生和女生）

2 件睡衣（男生和女生）

1 套泳衣（男生和女生）

2 条毛巾

2 条餐巾

1 顶白色棉帽，四周有帽檐

2 套床单

1 个枕套

4 块手帕

3 双白袜子（男女和女生）

1 双皮鞋

1 双橡胶底帆布鞋

这些材料必须有序地放在孩子的个人背包里。

1 块肥皂

1 支牙膏

1 支牙刷

1 把梳子

2 小袋爽身粉

1支圆珠笔

6张写有地址的明信片

这些材料必须放在透明的袋子中。

孩子的头发必须是新剪好的。

注释

  1 阿普尔鲍姆(Applebaum)指出,这个术语最早是由墨索里尼的一位批评家发明的,但墨索里尼采用了这个术语,并在他的一次演讲中给出了一个很好的定义:"一切都在国家内部,没有任何东西在国家之外,没有任何东西与国家相悖。"(2013,p.xxiii)

  2 金斯伯格(Ginsborg)指出,在战后,"国家驻地方行政长官——中央政府在地方的代理人——在历史上所拥有的控制权和否决权并没有因为共和国的存在而削弱。市政当局的所有行为必须在八天内通知国家驻地方行政长官,然后他有二十八天的决定时间,如果国家驻地方行政长官认为恰当的话,就可以取消市政当局的这些行动"(1990,p.153)。

  3 这里所用的语言很重要。教会以及后来服务于3—6岁儿童的国立学校采用了"托管学校"(scuola materna)这个名称,强调其"母性"的特质和母亲替代物的角色。相比之下,市立学校则采用了"幼儿园"(scuola dell'infanzia)这个名称,强调其为幼儿的教育提供独特环境的目的。

  4 萨罗共和国(Republic of Salò),或称意大利社会共和国(Italian Social Republic),是第二次世界大战后期(从1943年至1945年)纳粹德国的一个傀儡政权,由贝尼托·墨索里尼和他的共和国法西斯党领导,总部设在加尔达湖畔(Lake Garda)的小镇萨罗(Salò)。

  5 档案馆的网站——http://www.resistance-archive.org/——记录了对瑞吉欧·艾米利亚抵抗军战士的采访。

  6 在取得小学教师资格后,马拉古奇于1939年进入乌尔比诺大学学习,他同时还在索洛尼奥从事第一份教学工作。

  7 这里指的是哲学家乔瓦尼·詹蒂莱(Giovanni Gentile,1875—1944),他自称是"法西斯主义哲学家",并为贝尼托·墨索里尼代写了《法西斯主义信条》(A Doctrine of Fascism)(1932年)。在1923年,他担任教育部长,推行了"詹蒂莱改革"(Riforma Gentile),这是一项对意大利教育产生了持久影响的中学制度改革。

  8 雷焦洛(Reggiolo)是瑞吉欧·艾米利亚省波河山谷的一个小镇,位于瑞吉欧·艾米利亚市东北约30公里处。

  9 索洛尼奥(Sologno)是亚平宁山脉中的一个小村庄,位于瑞吉欧·艾米利亚西南约40公里处,距托斯卡纳大区(Tuscany)边境10公里。

  10 依法设立的一项基金,为贫困背景的儿童提供教育支持。

  11 卡斯特尔诺沃蒙蒂(Castelnuovomonti)——又称为"山中的新城堡"(Castelnovone'Monti)——是一个山城,在瑞吉欧·艾米利亚南部44公里处,被认为是瑞吉欧·艾米利亚·亚平宁(Reggio Emilia Appenines)的首府。它距离索洛尼奥7公里。

  12 第二次世界大战期间,意大利军队在这三个国家都曾驻扎。

  13 马拉古奇似乎指的是某种形式的征兵,要求非战斗人员在当局指示的地方工作。

  14 "共和国卫队"是萨罗共和国国家共和国卫队的成员,萨罗共和国是1943年在意大利北部的德国战线后方建立起来的法西斯国家残余。反对德国占领和法西斯政权的游击队抵抗运动在 1943 年萌芽,并在 1944 年迅速发展,到 1944 年春,成员已达两到三万人(Ginsborg,1990)。

15　法西斯政权用于拘留、审讯、施加酷刑和处决的场所。

16　没有第四部分,文件从第三部分直接到了第五部分。

17　塞拉村(Villa Cella)是瑞吉欧·艾米利亚以西 8 公里处的一个村庄,也是归属于瑞吉欧·艾米利亚市政府管理的一部分。该学校由该社区建造,在意大利妇女联盟的支持下运行,它是战后不久在瑞吉欧·艾米利亚及其周边地区开办的第一所面向 3—6 岁儿童的自治学校。

18　瓜斯塔拉(Guastalla)是瑞吉欧·艾米利亚城以北 30 公里处坐落在波河边上的一个小镇。当时的中学是为 11 岁至 13 岁的儿童开设的,并不是强制的义务教育。

19　安东·朱利奥·布拉加利亚(Anton Giulio Bragaglia,1890—1960)是意大利未来主义摄影和未来主义电影的先驱。他是一位多才多艺的知识分子艺术家,兴趣广泛,他的写作涉及电影、戏剧和舞蹈。

20　罗莫洛·瓦利(Romolo Valli,1925—1980)是意大利著名演员,瑞吉欧·艾米利亚的市立剧院以他的名字重新命名。

21　在瑞吉欧·艾米利亚举办的一个节日,设有奖项,以玛丽亚·梅拉托(Maria Melato,1885—1950)的名字命名,她是出生在瑞吉欧·艾米利亚的意大利女演员;她被葬在瑞吉欧·艾米利亚,紧挨着罗莫洛·瓦利的墓。

22　范塔西奥·皮克利大篷车(Carrozzone di Fantasio Piccoli)是一个由年轻演员组成的巡回剧团,1947 年由范塔西奥·皮克利(1917—1981)创立,其中包括瓦利。

23　这部电影是由苏联先锋派电影人塞尔吉·艾森斯坦(Sergie Eisenstein)(1898—1948)于 1933 年拍摄的,是一个以墨西哥为背景的电影项目的一部分。

24　埃齐奥·坎帕罗尼(Ezio Comparoni,1920—1952),笔名为 Silvio D'Arzo(西尔维奥·达尔索),是瑞吉欧·艾米利亚的一名作家。

25　意大利剧院组织(Ente Teatrale Italiano,ETI)是一个推广和传播戏剧、音乐和舞蹈的公共组织,成立于 1942 年,2010 年被解散。

26　瑞吉欧艺术之家(Famiglia Artistica Reggiana)成立于 1946 年,是一个由市政府支持的基金会,瑞吉欧艺术之家组织文化活动,如音乐会和讲座,以及参加意大利国内外的艺术展览、音乐会、戏剧以及艺术和文化名胜的旅行,并培养年轻的艺术人才。

27　儿童剧院(Teatro per Ragazzi)是一个用来描述专门面向儿童、学校和家庭的剧院和剧院公司的术语。

28　阿奇利·佩里(Achille Peri,1812—1880)是出生于瑞吉欧·艾米利亚的作曲家和指挥家,也是市立剧院的一名导演。

29　保罗·格拉斯(Paolo Grassi,1919—1981)是意大利戏剧家,乔治·施特莱(Giorgio Strehler,1921—1997)是意大利歌剧和戏剧导演。在 1947 年,他们创办了意大利第一家民间剧院——米兰皮克乐剧院(Piccolo Teatro di Milano)。

30　科拉多·科斯塔(Corrado Costa,1929—1991)是诗人和律师,居住在瑞吉欧·艾米利亚,是第 63 组(Gruppo 63)的成员。在 1953—1956 年间,他在儿童剧院组织了一个儿童戏剧节。

31　弗拉基米尔·雅科夫列维奇·普罗普(Vladimir Yakovlevich Propp)(1895—1970)是一位苏联学者,他分析了俄罗斯民间故事的基本情节构成,以鉴别出其最简单的、无法再被进一步简化的叙事要素。在他的公式中,他认为通常有一个初始情境,之后故事会遵循三十一个功能。

32　比比亚诺(Bibbiano)是瑞吉欧·艾米利亚省的一个城市,在瑞吉欧·艾米利亚市西南 14 公里处。

33　《真相》(La Verità)是瑞吉欧共产主义联合会(Reggio Communist Federation)的周刊。文章来自市立帕尼兹图书馆(Panizzi Library)档案馆。

34　乔瓦尼·卡梅罗·韦尔加(Giovanni Carmelo Verga,1840—1922)是一位意大利现实主

义作家,以对西西里岛生活的描写而闻名,其短篇小说(以及后来的戏剧)《乡村骑士》(*Cavalleria Rusticana*)以及小说《马拉沃利亚一家》(又名《枸杞树旁的房子》)(*I Malavoglia*)和《唐·格苏尔多师傅》(*Mastro Don Gesualdo*)更是闻名遐迩。他是文学界现实主义运动的一部分,该运动强调对社会和人类现实的呈现。

35　加布里埃尔·达农齐奥(Gabriele D'Annunzio,1863—1938)是第一次世界大战期间的意大利作家、诗人、记者、剧作家和军人。1889年至1910年间,他在意大利文学界占有突出的地位,此后1914年至1924年间,他在政治生活中占有突出的地位。他的一些思想和美学影响了意大利法西斯主义和贝尼托·墨索里尼的风格。

36　1946年成立于博洛尼亚的《意大利进步报》(*Progresso d'Italia*)属于政治左派,它挑战了更为中间派的报纸的主导地位。文章来自市立帕尼兹图书馆档案馆。

37　切萨雷·帕维塞(Cesare Pavese,1908—1950)是意大利诗人、小说家、文学评论家和翻译家。他把《匙河集》(*Spoon River Anthology*)介绍给费尔南达·皮瓦诺(Fernanda Pivano),后来皮瓦诺把它翻译成意大利语。

38　乔治·布罗克·齐索姆(George Brock Chisholm,1896—1971)是一位专门研究精神病学和儿童心理健康的医生,也是世界卫生组织的第一任总干事。他认为,儿童应该在尽可能"智力自由的环境"中成长,不受他们父母在政治、道德和宗教方面的成见和偏见的影响。

39　夏洛特·布勒尔(Charlotte Bühler,1893—1974)是德国发展心理学家。她帮助发展了人本主义心理学,人本主义心理学强调人类具有自我实现的强烈驱动力,自我实现是通过发展的过程来实现的,在这一过程中,只有个体的基本需求得到满足后,个体才会自我实现。

40　妇女儿童联合会(Opera Nazionale Maternità e Infanzia, ONMI)是法西斯政权于1925年成立的一个全国性组织,旨在为幼儿及其母亲提供援助,目的是从"身体和道德上捍卫种族"。它于1975年关闭。该组织提供的服务包括母婴保健诊所、家访和服务3岁以下儿童的托育机构。从1932年起,妇女儿童联合会开始开设"母婴之家"(Houses for the Mother and Child),提供一系列服务。

41　塞莱斯坦·弗里奈(Célestin Freinet,1896—1966)是法国教育学家和教育改革家,他强调积极的、基于小组的、合作式的学习,以及民主和民主自治。在20世纪50年代早期,他的著作被译成意大利语,并激发了教育合作运动(Movimento di Cooperazione Educativa)[见第二章,注释2];在1952年,弗里奈本人出席了在里米尼(Rimini)举办的该运动的第一次会议。在瑞吉欧·艾米利亚建立幼儿教育的时期,他的作品在该市被大量阅读。

42　"佩内洛普的织物"指的是永远在做的事情——但从未完成。在希腊神话中,佩内洛普是尤利西斯(Ulysses)的妻子,尤利西斯去参加特洛伊战争,被认为已经死亡。佩内洛普遭受了求婚者的纠缠,为了拖延时间,她借故要忙于为丈夫的父亲莱尔提斯(Laertes)编织葬礼寿衣,她发誓,将在寿衣完成之后再在求婚者中做出选择。但是,她一边在白天编织寿衣,一边又在晚上解开她织好的部分。

43　"意大利青年刀斧手"(La Gioventù italiana del littorio, GIL)是一个由法西斯政权创建和控制的组织,它将所有以前的青年组织聚集在一起,口号是"相信-服从-战斗"(Credere-obbedire-combattere)。"学校赞助基金"(Patronati Scolastici)是在每个市设立的基金,通过建立学校食堂、服装和鞋类补助、分发文具和教学材料等方式向小学生提供援助。马拉古奇这里指的是找到更好地利用这些资源的方法。

44　"家长学校"是阿达·戈贝蒂(Ada Gobetti,1902—1966)提出并推广的一个概念,包括为家长提供一系列关于儿童发展和儿童障碍识别的课程。戈贝蒂是一位教师、翻译家和儿童读物作家,同时也是一位积极的抵抗运动成员。她编辑了《民主教育》(*Democratic Education*)杂志,并创办了一本为家长提供建议的杂志《父母报》(*Giornale dei genitori*),还向意大利读者介绍了本杰明·斯波克(Benjamin Spock)的作品。她还于1953年在里米尼地区建立了第一个心理-教育-医学中心,并从20世纪60年代初开始担任里米尼市政府开办的第一批幼儿学校的教育顾问。

45　拉迪亚德·吉卜林（Rudyard Kipling，1865—1936）是一位英国短篇小说家、诗人，主要以其关于英国士兵在印度的故事和诗歌以及他的儿童故事而闻名。马拉古奇指的是他在1897年出版的小说《勇敢的上尉》（Captains Courageous）。

46　在这里以及在马拉古奇用到该词的其他地方，"教育"（educating）都是广义的，包括个体的整体发展以及他们的社会融入。这样理解的教育发生在许多场合，包括学校和家庭，也包括更广泛的社会，以及通过诸如市政厅等机构所开展的行动。

47　"图式"（schema）在这里和其他地方都是指"对经验的心理编码，包括对复杂情境或一系列刺激进行认知感知和反应的特定方式（https://www.merriam-webster.com/dictionary/schema）。

48　亨利·瓦隆（Henri Wallon，1879—1962）是法国哲学家、心理学家（在社会心理学领域）、神经精神学家、教师和共产主义政治家。他在法国大学界拥有最高的地位，在那里他推动了研究活动。他把儿童人格的发展看作是一系列阶段的更迭，有些阶段的特点是情感性胜过智力占据上风，有些阶段则相反，这是智力和情感性之间不连续的竞争交替。这一辩证模型意味着倒退是可能的，这与皮亚杰的模型相反。

49　"书商"（Bouquiniste）指的是在户外卖旧书、期刊等的卖家，他们带着900个"绿箱子"（green boxes），在巴黎塞纳河上排起了超过三公里的长龙。

50　奥诺雷·道米尔（Honoré Daumier，1808—1879）是法国版画家、漫画家、画家和雕塑家，他的许多作品提供了对19世纪法国社会和政治生活的评论。

51　法西斯统治时期，许多知识分子和其他人士被囚禁在罗马海岸线外的文托特内（Ventotene）岛。这就是呼吁欧洲统一的《文托特内宣言》写就的地方。意大利人认为该宣言是欧盟的创始文件。

52　普兰迪书店（Libreria Prandi）的原址现在是剧院书店（Theatre Bookshop）的所在地。普兰迪书店已经搬到了瑞吉欧·艾米利亚周围的环形公路，仍然是家族经营。

53　泰迪男孩（Teddy boys）起源于20世纪50年代初，是一种英国的亚文化，其典型特征是年轻人穿的衣服部分受到爱德华时代纨绔子弟风格的启发，很快它就与美国摇滚乐产生了强烈的关联。

54　罗伯托·罗西里尼（Roberto Rossellini，1906—1977）是意大利电影导演和编剧，他是意大利新现实主义电影的领军人物。爱德华多·德·菲利波（Eduardo De Filippo）（1900—1984）是意大利演员、剧作家、编剧、作家和诗人。

55　《例外与规则》（"The Exception and the Rule"）是布莱希特（Brecht）在1929/30年前后创作的教育剧（Lehrstücke）之一，这些剧的目的是巡回演出，在学校或工厂里对大众开展社会主义政治教育。

56　利奥奈尔德·奥蒂（Leonilde Iotti），俗称奈尔德·奥蒂（Nilde Iotti，1920—1999），是出生于瑞吉欧·艾米利亚的意大利共产党政治家，也是第一位连续三次担任意大利众议院议长的女性（1979年至1992年间）。

57　意大利术语"蒙昧主义"（Oscurantismo）在18世纪被用来描述启蒙运动的对立面。它指的是拥有更高权利的人反对向大众传播知识，以及导致人们反对一切创新与传播新科学和哲学思想的盲目传统主义。

58　一场捍卫天主教、反对法国大革命思想的大众反共和运动，它动员了教皇统治国家的农民反对拿破仑于1799年在原那不勒斯王国建立的帕尔瑟佩诺共和国（Parthenopaean Republic）。

59　普西内拉（Pulcinella），在英语常称为"Punch"或"Punchinello"，在法语中常称为"Polichinelle"，是一个经典角色，起源于17世纪的艺术喜剧（commedia dell'arte），成为那不勒斯木偶戏中的一个常见角色。

60　路伊吉·皮兰德罗（Luigi Pirandello，1867—1936）是意大利剧作家、小说家、诗人和短篇小说家。他因"对戏剧和舞台进行的大胆而辉煌的革新"而被授予 1934 年诺贝尔文学奖。

61　大卫·埃米尔·涂尔干(David Émile Durkheim, 1858—1917)是法国社会学家,他正式创立了社会学这门学科,与卡尔·马克思(Karl Marx)和马克斯·韦伯(Max Weber)一起被公认为是现代社会科学的主要奠基者。他的大部分作品关注的是,当传统的社会和宗教之间的纽带不再被假定,新的社会制度已经形成时,社会如何在现代性中保持其完整性和一致性。

62　涂尔干的这段话引自 1911 年发表在《教育与社会学》(*Éducation et Sociologie*)期刊上的一篇文章《教育,它的性质和作用》("Education, its Nature and Role")。

63　约翰·杜威(John Dewey, 1859—1952)是美国哲学家、心理学家和教育改革家,他的思想在教育和社会改革中具有重要影响。作为一名著名的公共知识分子,他也是进步教育的主要代言人和教育民主的倡导者。

64　这四位都是 19 世纪从事实验心理学发展的德国科学家。

65　爱德华·克拉帕雷德(Édouard Claparède, 1873—1940)是瑞士神经学家和儿童心理学家。

66　勒内·扎佐(René Zazzo, 1910—1995)是一位法国心理学家和教育学家,他的研究方向是儿童心理学领域,他是最早研究与阅读障碍和残疾有关的一系列问题的人之一。

67　恒常性(invariants)是让·皮亚杰(Jean Piaget)提出的一个概念,指的是在一个物体经历物理变化后,儿童能够看到一些属性是守恒的,或者说是不变的,比如一团球形的粘土被卷成一根管子之后。

68　马拉古奇在这里可能指的是瑞士精神分析学家卡尔·荣格(Carl Jung, 1875—1961)对"感受"和"情绪"的区分。"情绪"是本能的——由情境线索和生理反应引发。感受是有组织的感觉,它是高度社会化的,是通过深层思想从其单纯的本能状态中发展出来的;它是我们的自主反应、行为以及文化或社会意义的结合。(http://www.differencebetween.com/difference-between-emotion-and-vs-sentiment/)

69　拉斐尔·拉波尔塔(Raffaele Laporta, 1916—2000)是一位教育改革家,后来成为 1945 年在佛罗伦萨创办的实验性国立公立学校"裴斯泰洛齐城市学校"(Scuola-Città Pestalozzi)的校长,同时也是意大利多所大学的教育学教授。

70　埃米尔·奥古斯特·沙特尔(Émile-Auguste Chartier, 1868—1951),俗称阿兰(Alain),法国哲学家、记者、和平主义者。

71　路易斯·佩尔高德(Louis Pergaud, 1882—1915)是法国作家和军人,他最著名的作品是小说《纽扣战争》(*La Guerre des boutons*, 1912)。该书已再版三十余次,并五次被拍成电影。

72　约翰·海因里希·裴斯泰洛齐(Johann Heinrich Pestalozzi, 1746—1827)是瑞士的一位教育学家和教育改革家,他创办了几所教育机构,并写了许多著作,阐释他革命性的现代教育原则。他开设的其中一个机构坐落在斯坦斯(Stans),为孤儿和受战争影响的儿童提供教育,斯坦斯是在拿破仑战争中被摧毁的一个村庄。

73　雅各布·列维·莫雷诺(Jacob Levy Moreno, 1889—1974)是在罗马尼亚出生的奥地利裔美国精神病学家和心理社会学家、思想家和教育家,他是心理剧的创始人,也是团体心理治疗的最主要先驱。

74　这是指 1955 年意大利小学课程改革。

75　安东·萨默诺维奇·马卡连科(Anton Semenovych Makarenko, 1888—1939)是俄国和苏联的教育家和作家,他在教育理论和实践中提倡民主思想和原则。

76　伊贾码头(Igea Marina)是艾米利亚·罗马涅大区的里米尼附近的一个海滨小镇。

第二章①
迈出第一步：1964—1969 年

图 2.1　与劳瑞兹·马拉古奇一起开展数学工作坊，瑞吉欧·艾米利亚，1966 年

---

① 在本章所涵盖的年份期间，意大利的幼儿教育领域经历的一个重大变化是用什么术语来称呼致力于服务 3—6 岁儿童的机构，在这期间，早年间使用的"庇护所"（asilo）一词基本不被使用了，但是"托管学校"（scuola materna）一词依然被广泛使用，而"幼儿园"（scuola dell'infanzia）这一新术语还未被广泛和一致地使用。因此，在本章中呈现的许多原始文档中，"托管学校"和"幼儿园"一词都有被使用，有时两者出现在同一个文档中，而没有做过多区分。我们推测，在这些文档中，作者／演讲者选择使用哪个术语可能跟文档／讲话发表的场合、面向的群体等都有关联。——中译者注

图2.2 劳瑞兹·马拉古奇在安娜·弗兰克市立幼儿园（Scuola Comunale dell'Infanzia Anna Frank）的开幕式上，瑞吉欧·艾米利亚，1964年

图2.3 从左至右：劳瑞兹·马拉古奇、杰曼·杜帕奇（Germaine Duparc）（"幼儿之家—教育科学研究所"（La Maison des Petits — Institut des Sciences de l'Education）所长）、玛尔塔·卢苏阿迪（Marta Lusuardi）（婴幼园和市立幼儿园主管办公室组织负责人），日内瓦（瑞士），1965年

图2.4 劳瑞兹·马拉古奇、伦佐·博纳齐（1962—1976年瑞吉欧·艾米利亚市市长），罗蕾塔·贾罗尼（Loretta Giaroni, 1967—1975年瑞吉欧·艾米利亚市学校和社会服务评审负责人），市立剧院的镜厅（Sala degli Specchi），瑞吉欧·艾米利亚，1969年

介绍(彼得·莫斯)

历史背景

20世纪60年代中后期见证了瑞吉欧·艾米利亚市幼儿教育项目的建立,它的第一所市立学校成立于1963年的11月,即鲁滨逊·克鲁索幼儿园,紧接着在1964年它开办了以安娜·弗兰克(Anna Frank)命名的第二所学校,然后在1968年开办了名为普里马韦拉(Primavera)的第三所学校。之后,经过与中央政府的国家驻地方行政长官[1]的长期斗争,两所原本由家长自治的学校改制为市立学校,其中包括了第二次世界大战结束后在塞拉村由当地人建造的一所学校,这所学校曾经深深地启发并激励着马拉古奇。改制为市立学校之后,该校被改名为"4月25日"(XXV Aprile),即解放日。随之而来的是20世纪70年代的快速扩张时期,但70年代的扩张是建立在60年代这一时期所奠定的基础之上的。

这些第一批市立学校是在一个非常特殊的背景下出现的。这一时期在意大利被广泛称为"非凡的"60年代。在这一时期,瑞吉欧·艾米利亚市及其他地方的政治、文化和社会活动都十分活跃。这些学校本身也在进行试验和讨论,这些努力都是全国范围内正在开展的有关教育和公立学校的讨论和倡议的一部分,合作教育运动(Movimento di Cooperazione Educativa, MCE)[2]等组织以及马拉古奇的一些好友为推动这些讨论和倡议作出了贡献,如阿达·戈贝蒂、马里奥·洛迪(Mario Lodi)、贾尼·罗大里、布鲁诺·齐阿里、唐·米拉尼(Don Milani)等人。

幼儿学校只是"非凡的"60年代的一部分。在当时,作为广泛开展的复兴项目的一部分,瑞吉欧·艾米利亚和许多其他的市政府都致力于发展各种公共服务,以及促进文化活动的开展。博纳齐描述道:

> 在迅速和大规模工业化的阶段,地方政府的职能和政策必须根据国家的要求和优先事项来进行重建。[瑞吉欧]市政当局希望推动那些能够引导并带来经济发展的服务和倡议,使得发展契合社区及其成员的需求、要求和愿望,而不是背道而驰。正如后来一个成功的口号中所总结的那样,致力于建造一座"为人民量身定做的城市"。
>
> (Various Authors, 2012, p.88)

这些"雄心壮志"推进了城市规划、社会服务和卫生方面的重大发展,特别是在"新兴"的精神卫生服务以及文化领域。就文化领域而言,市政府承担了对剧院的直接管理,赞助了一系列文学活动和音乐会,创建了市立图书馆,并支持了诸如国家独立电影新闻中心以及安东尼奥·班菲哲学研究所(Antonio Banfi Institue of Studies in Philosophy)在内的创新机构。

幼儿教育的发展并没有只局限在瑞吉欧·艾米利亚。这一时期被恩佐·卡塔西称为"市立学校革命"时期,在当时,艾米利亚·罗马涅大区的许多市政府"通过开办自己的幼儿服务机构,预先抢占了原本由国家运营的服务领域"(Catarsi,2004,p.8)。瑞吉欧·艾米利亚、里米尼、摩德纳、帕尔马和博洛尼亚这几个城市带头决定成立市立幼儿教育机构,其他城市也紧随其后。尽管每个城市都有自己的故事,以及自身独特的背景,但这次"革命"是大家共同的经历。

最终,国家政府也被动员起来采取行动。国立托管学校①的想法遭到了强烈反对,特别是来自天主教会的反对,它认为自己在这一领域的统治地位受到了威胁。即使是在20世纪60年代末的瑞吉欧·艾米利亚,也有80%的服务于3—6岁儿童的学校是由教会开办的。在国家政府因1966年的事件而垮台后,在1968年通过了第444号法律,这一法律正式认可了3—6岁儿童学校的存在,并且明确了国家是这些学校(国立托管学校)的提供者,并且它还声明意大利儿童有权接受这样的教育。此外,从那时开始,国家可以为非国立学校提供资金,包括那些由市政府创设的学校,前提条件是这些学校要接收弱势儿童。中央政府先前曾偏袒由教会经营的托管学校,并阻碍市政府发展它们自己的服务,但这些都将不再是瑞吉欧·艾米利亚教育项目发展的障碍。

这项法律不仅为扩张幼儿教育提供了物质支持,并且使"幼儿教育"这一概念本身更具合法性。在第444号法律颁布之前,托管学校一直扮演着福利机构的角色——帮助贫困家庭,辅助在职家长,以及进行私人慈善。虽然立法保留了托管学校的这一社会角色,但立法也肯定了这些学校的教育目的和教育价值,以及它们在国家教育系统中的地位。比较有问题的是,法律规定这些幼儿学校只能够雇佣女性,这项规定一直到1977年才被废除。

虽然这项重要的法律是由意大利天主教民主党领导的政府通过的,自战争②结束以来,国家政治便是由天主教民主党掌权,但是在20世纪60年代的这几年间,确实能

---

① 国立托管学校(state-run scuole materne)指的是由国家层面运营的托管学校。——中译者注
② 这里指的是第二次世界大战。——中译者注

看到新的政治和社会运动的迹象。在1967年,由于大学系统功能失调,无法应对与日俱增的学生,一场学生运动爆发了。该运动不仅仅是对恶劣条件的抗议,它还采取了反威权主义的路线,成为"一种道德反抗,一次试图扭转时代主流价值观的著名尝试"(Ginsborg, 1990, p.301)。

虽然学生运动在1968年的春天达到了高潮,但是骚动却一直持续到20世纪70年代。学生运动也与始于1968年的工业动乱的新高涨有关,这一动乱一直持续到20世纪70年代早期都未减弱,这继而催生了一个新左派,其象征便是"数量众多的革命团体"(同上,p.312)和"永无止境的骚动和冲突气氛"(p.312)。除此之外,一系列其他的社会活动也在进行着,在许多领域都探索着激进的替代方案。总而言之,正如保罗·金斯伯格所言:

> 在这些年里[1968—1973],旨在改变现有的社会和经济关系的集体行动几乎蔓延到了意大利生活的每一个角落。在任何地方,特别是在中部和北部地区,对于权力的行使、资源的分配、社会阶层的划分方式,活跃分子团体提出了挑战……[正是在公民社会①中,]激进的替代方案传播得最为迅速:"红色"市场、幼儿园、餐馆、社交俱乐部等相继开业(并且经常被关闭)。它们的目标是沿着颇为不同的路线来组织社会生活,这不仅挑战了现代城市社会中的个人主义和彼此割裂,而且取代了传统左派之下的亚文化。
>
> (同上,pp.322, 323)

20世纪60年代末的社会骚动和工业动荡,以及由此带来的政治压力,最终迫使推进了人们期待已久的制度变革。尽管1946年的宪法中就已经写入了关于地方政府的条款,并承诺将其作为"绝对优先事项",但是却一直没有得以实施,部分原因可能是"地方权力下放意味着给予意大利红区的共产党更多权力"(同上,p.271)。此时,在1968年5月的选举之后,面对越来越多的抗议,一个新的国家政府(尽管跟以前一样,还是由意大利天主教民主党领导)终于采取了行动,通过了一项地区议会选举的法律,随后在1970年举行了第一次选举,并通过了一项预算法律,授权政府将职能转移到地区,正如最初在宪法中所规定的那样。在接下来的数年中,艾米利亚·罗马涅大区将与瑞吉欧·艾米利亚建立起富有成效的合作关系,以促进幼儿教育在城市以及更广阔的地

---

① 公民社会(civil society)是指围绕共同的利益、目的和价值的非强制性的行为集体。——中译者注

区得到发展。

瑞吉欧·艾米利亚兴起的教育项目以及马拉古奇的参与,事实上,整个"市立学校革命",都应该被放置在这一充满活力和希望的背景下来审视。

本章所述时期的引人注目之处不仅在于这一政治、社会和文化背景,还在于像瑞吉欧·艾米利亚这样的城市在引领服务发展方面所表现出的魄力和自信,它们致力于创建契合当代环境并以改善生活为目的的服务。城市行动的动力来源于对公共部门管理这些服务的能力和责任抱有信任,特别是对市政府的信任,"因为它是民主在当地的体现"(Various Authors, 2012, p.99)。罗蕾塔·贾罗尼于1967年至1975年间担任了瑞吉欧·艾米利亚市学校和社会服务的评审负责人①,她在1969年强调了市政府与民主的联系,她指出:"市政当局被日益当作是一种融合直接民主(direct democracy)②与代议民主(representative democracy)③的工具。[市立]托管学校的抗议运动正是市政当局扮演这一角色的体现"(同上)。从1968年在瑞吉欧·艾米利亚的城市社区成立倡议委员会(Comitati d'Iniziativa)的举措中,就可以看出这一强有力的民主主题,以及代议民主和参与式民主之间的连接,该委员会要求开放市立的幼儿服务,1970年成立的学校与城市委员会(Comitati di Scuola e Città)继承和发展了该委员会的价值观和经验。

马拉古奇的生平

在1964年,马拉古奇已经积极投身于城市儿童服务,他领导了市立心理-教育-医学中心,改革了城市的夏令营:他在"儿童工作方面有着丰富的经验,就儿童的潜力和能力、他们的学习方式以及学校和教育的作用等方面,他有着极具创新的想法"(同上,p.83)。他也是瑞吉欧·艾米利亚文化生活中的重要人物。因此,市政府让他同时领衔新学校的工作也就不足为奇了。直到1970年,他都同时兼任市立心理-教育-医学中心和市立学校的工作。

对于马拉古奇来说,市立学校的幼儿教育显然是一个事关女性的问题,这一点也

---

① 市长下属的管理公立教育的市政官员,通常负责某一部门。——中译者注
② 直接民主(direct democracy),指的是全体公民遵循多数统治的原则直接参与政权工作或直接行使政治决策权的民主制度。——中译者注
③ 代议民主(representative democracy),指的是公民通过自己所选举出来的代表来负责制定法律和管理公共事务。——中译者注

没错。但是,在瑞吉欧·艾米利亚以至于整个意大利,关于女性在家庭和社会中的角色分工存在着强烈的分歧。天主教的观点强调女性的家庭角色,并主张女性的带薪工作应该只限定在兼职工作的范畴内。然而,借助于像意大利妇女联盟这样的组织团体的工作,左派主张女性有权就业,有权成为社会的正式成员,并主张应提供相关的服务以促成这一目标。如前一章所述,在1962年决定开办第一所市立学校之前,瑞吉欧·艾米利亚议会就这些问题进行过一场辩论。

但女性不仅仅是争论的对象。女性、妇女运动(如意大利妇女联盟)以及地方政府的女性行政人员在要求和争取服务方面发挥了积极作用,这些服务不仅仅关注她们自身的需要,也着眼于儿童的需要。自1944年成立以来,意大利妇女联盟的核心价值观就是社会公平、就业、和平以及妇女和儿童的权利(同上,p.67)。女性积极投身政治,并"广泛领衔"满足自身和儿童需要的服务,这创造了一个特定的背景,基于该背景,"一种'新型'学校的理论得以诞生,这一理论融汇了代际团结、地方社区参与以及自主社会管理的概念"(同上,p.100)。

正如那些争取改变的女性一样,马拉古奇也明确表示,市立学校也是为了实现儿童的一项重要权利:接受早期教育的权利。正如他早已指出的那样,从出生伊始,教育就是必要的,因为儿童(正如他后来所言)"出生时就拥有许多资源和非凡的潜力"。因此,从一开始,他就抵制如下观点,即促进幼儿服务意味着需要在儿童和女性之间做出选择,马拉古奇和其他倡导者都清楚地认识到,这些服务对儿童和女性都具有价值,为二者都提供了解放的可能性。

马拉古奇不仅从许多方面参与了家乡的发展,他还深入参与了全国性的事务,积极投身于意大利20世纪60年代充满活力的教育事业。他担任了邻近城市摩德纳的市立学校的领导工作,摩德纳的第一所市立学校于1964年开办。一直到1974年,马拉古奇都同时在摩德纳和瑞吉欧·艾米利亚兼任这一领导职务。他们还与更遥远的地方进行了许多交流。在之后的写作中,马拉古奇描述了他和来自瑞吉欧·艾米利亚的同事是如何"前往意大利的其他城市,从它们的经验中汲取建议:佛罗伦萨、博洛尼亚、米兰、热那亚和罗马"(同上,p.91)。在20世纪60年代末,马拉古奇和其他教育工作者在意大利的各个城市组织了幼儿教育全国会议。

他与各个学派的领军教育家保持着密切联系,从不拘泥于任何一个组织或运动,他将关系建立在相互尊重和对话的基础上。他与合作教育运动的领袖布鲁诺·齐阿里(1923—1970)之间的关系是最为密切的关系之一,齐阿里在1966年被任命为主管博洛尼亚教育和课外服务的负责人。他尊重科学和批判性思维,他深信以下这几点都很重要：教育整个儿童(the whole child)、与家庭建立牢固关系、采用集体和民主的工作方式、物质环境。由于上述原因,齐阿里成为马拉古奇极其重要的灵感来源,马拉古奇后来形容这个朋友是"儿童教育领域中最清醒、最热情和最具敏锐智慧的人"(Malaguzzi, 2012, p.22)。

然而,马拉古奇的兴趣和联系是国际性的。除了弗里奈在法国的工作之外,马拉古奇还被瑞士的心理学和教育学的发展所吸引,他参与了位于里米尼的意大利-瑞士教育中心(Centro Educativo Italo-Svizzero)的工作。他后来回忆道,在当时,"瑞士是欧洲无与伦比的心理学和教育学思想的实验室,有爱德华·克拉帕雷德(Éduard Claparède)、皮埃尔·博威特(Pierre Bovet)、阿道夫·费里埃(Adolphe Ferrière)、卢梭研究所(Rousseau Institute)、皮亚杰日内瓦学派(Geneva School of Piaget)和让·雅克·卢梭(Jean Jacques Rousseau)的无尽追随者"(Various Authors, 2012, p.78)。这种来自瑞士和其他国家的新思想从一开始就对马拉古奇和瑞吉欧·艾米利亚的学校产生了影响,他试图将这座城市与国内和国际上致力于培养好奇心、实验和研究精神的新思想和新工作方式联系起来。在1993年,马拉古奇回首往事,写道：

> 在20世纪60年代,[瑞吉欧·艾米利亚的]学校的文化发展被当作是一项持续性的研究。……对列夫·S.维果茨基(Lev S. Vygotsky)、埃里克·埃里克森(Erik Erikson)、布鲁诺·贝特尔海姆(Bruno Bettelheim)、阿道夫·费里埃、塞莱斯坦·弗里奈、鲁道夫·阿恩海姆(Rudolph Arnheim)的作品[进行了]大量的阅读和反思。……与意大利教育界最坚定的代表一起,我们组织了面向家庭开放的研讨会。因此,在1965年,每年固定时间的专业发展活动初具雏形,如"教育11月"(Pedagogical November)。……我们开始与日内瓦学派进行交流,该学派致力于积极教育学并与让·皮亚杰合作,我们也开始与法国教育学和同行进行对话,与塞莱斯坦·弗里奈的思想和新技术建立了联系。
>
> (同上,p.91)

在法西斯主义统治下与世隔绝了二十年之后,意大利和马拉古奇与欧洲其他国家以及更遥远的地方重新建立起了真正的联系。

摘选的文档(瑞吉欧·艾米利亚工作组)

就像所有的人文科学一样,教育学需要根据时代的新状况进行改造、重建和革新,否则它就会失去其本质、功能和与所处时代相适应的恰当能力,尤其是为未来做出预见、预测和准备的能力。

(劳瑞兹·马拉古奇,1969年,"幼儿园管理委员会的意义与干预"[37.69])

在本章所述的第二阶段,我们决定从1963年11月5日瑞吉欧·艾米利亚的第一所市立幼儿园的开幕式开始讲述马拉古奇的工作。这是一个艰难且充满冲突的开始,它影响了马拉古奇在这段时期所做的许多选择,读者可以在摘选的文档中找到蛛丝马迹。从那天起,马拉古奇就与市立幼儿学校捆绑在了一起,这在瑞吉欧·艾米利亚乃至整个意大利都是一个全新的现实。

在1993年的一次采访中,马拉古奇说道:

在我们的头脑中,我们所肩负的责任是清晰的;许多双眼睛正盯着我们,并非所有的目光都是友善的。我们必须尽可能少地犯错误;我们必须迅速找到自身的文化定位,让我们自己为人所知,并赢得信任和尊重。……那是一个狂热的时期,一个适应的时期,一个不断调整想法的时期,一个筛选项目和进行尝试的时期。那些项目和尝试需要能够回应儿童和家庭的共同期望,并反映出我们仍在发展之中的能力。

(Malaguzzi, 2012, p.31)

我们相信,他的上述声明传达了当时的全身心投入,在那一时期,到处都是马拉古奇推动和参与合作的倡议活动,遍布了整个地区。这些活动涉及了各个领域,涵盖了不同主题:从关于数字的工作坊到附有一组儿童绘画的玩具展览,以及在公开会议和专业发展会议上触及的其他主题。这些广泛的兴趣将多元的文化层次和背景汇集在一起,推动认真的、连贯的、有质量的交流,我们认为,这在教育领域是令人叹为观止的。这些努力都致力于使家长和市民更加了解3—6岁的儿童及其学校,以便使市政府的投入合理化。马拉古奇认为,这是一个关乎教育和伦理的事业,它对于一个新社会是重要且必要的。

"让儿童不再匿名"(removing children from anonymity)这一主题尤为重要,它已经出现在了马拉古奇以往的写作中,我们将发现,这一主题贯穿始终。在暑期之家项目中,就明确定义了这一主题,它安排每个孩子都有一份由教师撰写的"生平记录",其中还包括"心理和行为概况"[23.64]。再后来,我们看到马拉古奇向瑞吉欧·艾米利亚市呈现了儿童在托管学校的经历,他保证上过托管学校的孩子进入小学时不会是"匿名和未知之人",他们会带着材料和档案进入小学[33.68]。

我们应当记住的一点是,马拉古奇是一位出色的组织者。在暑期之家项目中,他定义"组织"的独特方式在那个时代是革命性的:成人与儿童的比例随儿童年龄的不同而不同,群体被视为一个社会道德实体,教育学的基本结构要优先考虑"恢复[儿童的]平衡和心理适应"、教育工作者的专业发展、以书面参考资料为依据的计划以及家长的参与。在一项针对6岁以下儿童的特定项目中,马拉古奇还提议利用通常在4月和5月份闲置的夏令营建筑,并将参加活动的年幼儿童的人数减半①。

在我们前一章的介绍中,我们将"组织"(organisation)定义为"条件"(conditions),"组织"是马拉古奇的教育理念中反复出现的主题之一。在1966年里米尼的一次会议上的演讲中,他说:"组织始终是一个重要的教育学因素。"[31.67]会议的地点并非偶然,因为正是在里米尼,马格里塔·佐贝利(Margherita Zoebeli)³创立并领导了意大利-瑞士教育中心,这里成为创新和激进的教育工作者——马拉古奇就是其中一员——能够接触到专业发展、会议和交流的地方,是一个志同道合者可以辩论思想的熔炉。意大利-瑞士教育中心与合作教育运动有着密切的联系,合作教育运动主要参考的就是弗里奈和积极教育学的思想,它们都强调教师作为经验指导者的作用。在这样的背景下,马拉古奇和布鲁诺·齐阿里之间建立了深厚、紧密的联系。

劳瑞兹·马拉古奇的写作给我们留下深刻印象的是,他对变革的不懈追求,当时丰富多彩、充满活力的历史时期或许恰好为变革起到了"推波助澜"的作用。马拉古奇不仅进行抽象地理论创造,他还总是将自己的思想(新的、革命性的、借鉴但从不"顺从和屈服"于时下的理论)与新经验和现实的建构牢牢地融合在一起。这些新经验找寻(并找到了)新的术语来定义:以前主要是从健康、干预和娱乐的角度来进行定义的"夏令营"被改名为"暑期之家";服务3—6岁儿童的机构也经历了同样的更名过程,从"托管学校"(scuola materna)改名为"婴儿庇护所"(asilo infantile),再到后来采纳了"幼儿园"(scuola dell'infanzia)这个术语。

也出现了一些新名称来定义与以往截然不同的项目和经验。在这一时期,还有一

---

① 以往参加夏令营的儿童通常是学龄儿童,在针对6岁以下儿童的这个项目中,马拉古奇提议人数较学龄组减半。——中译者注

项倡议活动,即1965年的"教育11月",其中包括了五次家长会议和四次教师专业发展会议[25.65]。我们不知道这种形式的专业发展在当时是否为新事物,然而,对于我们来说,这种形式的专业发展显然具有重大意义,它被赋予了极高的地位,并在一份宣传单上向家长和市民宣布了此事:"11月份推动的一系列活动,其目的是赋予托管学校的工作和现存的问题以价值,并在家庭和公众舆论中激发出更深刻的知识,以及对托管学校工作的尊重。"[25.65]之所以突出强调教师的专业发展,其意图是赋予幼儿教师这个职业以更多的尊严(在当时,所有教师都是女性,在20世纪70年代中期以前,国家法律都将男性排除在这一职业之外),因为该职业在当时社会地位低下,并与福利、照顾和看管幼儿等概念捆绑在一起。

在新的幼儿园项目中,家长是不可或缺的一部分,他们是如此之重要,以至于马拉古奇毫不犹豫地谴责他们没有出席第一次的"教育11月"会议[26.65],马拉古奇还建议他们参加随后的关于3—6岁儿童心理学的会议[29.66]。这些会议有助于家长与专家一起进行更深入的探究,它们也与马拉古奇在1959年定义民主时提出的"基于准确、具体的信息有意识地进行讨论"的观点不谋而合[17.59]。他提到的缺席家长错过的第一次会议上的热烈精彩的辩论正是证明了这一观点。

马拉古奇合法化了教师和家长的新角色,随之出现的还有关于儿童和儿童可能性的新理念。他还为家庭赋予了平等的角色,寻找迫切需要的文化认同,以推动有关童年的新政策,这些新政策随着市立学校的诞生而开创。

马拉古奇是一个富有好奇心的读者,他孜孜不倦地阅读来自不同国家、具有不同专业背景的作家的作品。回顾他在这一时期的作品(出版的和未出版的),可以发现他参阅了以下学者的著作:来自法国的让·马克·加斯帕德·伊塔德(Jean Marc Gaspard Itard)(医生、教育学家和教育者)、爱德华·塞金(Edouard Seguin)(医生)、亨利·瓦隆(Henri Wallon)(心理学家、教育学家和哲学家)、勒内·扎佐(René Zazzo)(心理学家、教育学家);来自意大利的玛丽亚·蒙台梭利(Maria Montessori);来自瑞士的让·皮亚杰和爱德华·克拉帕雷德(心理学家和教育学家);来自美国的阿诺德·格塞尔(Arnold Gessel)(心理学家和儿科医生)和杰罗姆·布鲁纳(Jerome Bruner)(心理学家);来自德国的库尔特·勒温(Kurt Lewin)(心理学家);来自乌克兰的安东·萨默诺维奇·马卡连科(Anton Somenovyc Makarenko)(教育学家和教育者);还有许多其他人。这展现了马拉古奇充满激情和孜孜不倦的研究,有时他踏上的是人迹罕至的道路。

在这一时期,马拉古奇似乎主要致力于探究如何界定和使市立幼儿园的文化身份合法化。他对皮亚杰的研究中提出的思维结构和智力操作理论有着极其浓厚的兴趣。皮亚杰使用创新和独创的方法来研究儿童,并揭示其认知过程,马拉古奇借鉴让·皮亚杰这样如此有深度的科学研究者的成果,无疑是在有目的地为幼儿学校赋予合法性。

马拉古奇对皮亚杰感兴趣的一个例子来自于1966年。1966年四、五月份,在里米尼举行了一系列以"3—6岁儿童的教育"(L'educazione del bambino dai 3 ai 6 anni)为题的公开讲座,这些讲座是为了配合一个地区性的"表达性活动"(expressive activities)展览,该展览包含了绘画等形式。马拉古奇开展了一场以"基于让·皮亚杰的视角来看逻辑-数学思维的开端"为主题的演讲,这篇演讲的部分内容就摘录在了本章中[31.67]。马拉古奇觉得,有必要阐释自己为何会聚焦一位非意大利籍的研究者来讨论3—6岁儿童在学校中的数学学习这一问题,他的演讲引申到了对"我们当代文化的普遍性、普适性"的追求——在当今这个文化认同相互冲突、支离破碎的时代,这一警示仍然适用。

在这一时期有几份关于数学学习的档案,包括从专业发展到会议和公开讲座。在这些年间,马拉古奇致力于这样一个观点,即数学可以成为3—6岁儿童的一个学习领域,因为"数学概念的基本结构与思维的基本结构是相同的"[31.67]。但是,他立即将这个观点放置在了一个更广泛、更普遍的背景之中,声称:"就像数学学习一样,逻辑思维也一样地可以通过科学、口头和书面语言、绘画、艺术、音乐等的学习来构建和完善。"这种思路也预示了一种跨学科话语的萌生,随着复杂性理论(complexity theories)的出现,这一话语在20世纪70年代中期而出现;这一思路也为他的"一百种语言"理论提供了一个根源,该理论认为,儿童(人类)拥有许多文化可能性,但是这些可能性很容易被学校和社会文化系统地否定和剥夺,这一理论随着时间的推移成为瑞吉欧·艾米利亚教育的象征。

从前一章里马拉古奇关于心理教育学的论述中,也可以看出他对皮亚杰的浓厚兴趣,马拉古奇阐述道,心理教育学作为一个理论参考框架,能够为当时正在建立的儿童服务的相关研究和行动开辟新的场景。心理学家如何与教育学合作?在心理学和教育学之间亘古不变的争论中,马拉古奇一如既往地把明显对立的元素汇集在一起,进行选择,重新诠释,并寻找具体的应用。

他欣赏并吸取了心理学中观察的方法。他认为,这些方法能够将儿童从匿名的身份中解脱出来,由于采用成人的标准来看待和评价儿童,这些儿童的身份遭受贬低,被认为是不完整的、匮乏的;这些方法还能够发掘并展现儿童成长的动态过程。但是,他始终对"发展阶段"这样的核心概念采取批判的态度,他所看到的教师的工作中出现的情况支持了他的这一立场。

马拉古奇渴望从更偏向实验的科学过渡到学校实验中,这一过程为教育学赋予了新的生命,但同时也挣扎如何实现向学校现实的过渡。毫无疑问,他的性格是多元的,他持之以恒地努力使想法和愿望变成现实。理所当然地,建造美丽的、具有重要文化意义的学校是其中的愿望之一,这也是为何他会如此密切地关注这些项目,包括它们的建设施工。在戴安娜幼儿园(scuola dell'infanzia Diana)的建设过程中,有一系列文件被送到市长、评审负责人和市政技术人员手中,其中就包括建议在学校花园中创造一个艺术工作室环境(并且其中强调了他认为它的存在有多么的重要)[36.69],以及提醒人们遵守截止期限来执行计划[32.67]。

在1968年3月的一份文档中[33.68],受到了"以皮亚杰的发现为基本依据的现代人本主义"的启发,马拉古奇有效地整合了对这种新型的托管学校——"许多人倾向于认为,称之为'幼儿园'比较合理"——的文化定位的研究。在某种程度上,这份出版物是马拉古奇用自己所知的简单直接的语言写就的宣言,尽管很多时候他所用的语言是复杂的、充满隐喻的并引人深思的。在随后的几年里,从瑞吉欧·艾米利亚市立学校的经验中发展起来的所有主题都起源于此。它有点像是一个列表,马拉古奇用来简要描述一个好学校所应具备的条件:家庭的参与、人员的专业发展、环境的价值、丰富多样的刺激、面向家长的教育会议、教育展览、教师笔记本里的观察笔记、教育材料的直接创造、与来自不同城市的人共同参与的学习会议、与当代社会和文化之间的联系。再一次地,他毫不畏惧地给出了明确指示:对墨守成规说不,对观察(observing)、刺激(stimulating)、阐释(annotating)、重新提出(re-proposing)、仔细考察(examining)的重要性说是。从教师有质量的日常工作中,他看到了一所不断发展的"大学"(在他看来,瑞吉欧·艾米利亚学校的教育工作是一所"真正的大学",也就是说,它是一个真实的、民主的学习场所),并呼吁其与小学建立联系。

很明显,通过发表关于融合创新与传统的声明,以及通过他对3—6岁儿童能力所抱持的谨慎而明确的态度,在这篇文章中,他所关切的问题是打消这座城市的疑虑,在那时这个城市还不习惯为幼儿提供学校。1966年和1969年在里米尼的演讲中,他就已经表达了对这一问题的关切[31.67, 38.69],在这里,他再次提及此话题,他强调了提供不同的空间和活动的重要性,特别是为了保护最年幼的儿童,他们被分配了垫子作为玩耍和活动用的空间和单元。虽然马拉古奇有很高超的谈判技巧,但他并不是一个容易妥协的人,相反,他十分坚决地表明了自己明确的立场。因此,他小心翼翼地不去明确反对传统的根深蒂固的观点,而是将它们整合到一个新的价值体系和正在定义的组织体系中,这可能是保持对话渠道畅通的必要条件,通过这种渠道,经验可以得到延续和拓展。

另外一个马拉古奇提出的直至今天还引起人们极大兴趣的主题是,托管学校与小学之间的自然衔接:"托管学校在理念上和实践上与随后的小学相连接……在托管学校和小学之间的这种恰当和必要的有机统一中,[有效地寻找到]托管学校的教育身份,而不以任何方式削弱它深刻而真实的独创性的特征"[33.68]。早在1968年,马拉古奇就已经设想过这个项目,但不幸的是,尽管有几份关于这个主题的行政通告,但这个项目在意大利却一直没有完成。"有机性"、整体性和统一性是贯穿以下几方面的交叉主题:有关儿童的新概念、有关家庭参与的理念、学校与社会之间的关系。

1969年在里米尼,当马拉古奇考察教师的文化和专业背景并分析他们真实工作的教育场景时,上述的所有问题以一种更清晰、更广泛的方式被再次提出[38.69]。这种反思始于这样一种信念,即儿童的健康和福祉与教师的健康和福祉紧紧相扣。他准确而有力的分析是对教师这一职业的辩护,不是以公司化的愿景来维持现状,而是谴责现存的状况,提出结构和组织上的变革:降低儿童与成人的比例;放弃看管的概念,并为儿童和成人提供新的学习目标;以及最重要的是,教师以小组的形式工作,带领教师走出孤立。

马拉古奇坚定地拥护以下观点,即相较于其他学校,幼儿园更应着眼于未来,它可以成为未来学校改革和质量提升的杠杆。他还谴责了家庭在学校中往往只发挥次要角色的事实;在他看来,有必要重新考虑把家庭看作是民主的对话者、重要经验和能力的持有者、作出宝贵文化贡献的人。我们已经可以清楚地看到马拉古奇在去世前不久所写下的文化宣言——《三权宪章》[4](*Una carta per tre diritti*)——的框架和土壤,他在其中提出,在学校中,在渴望自称为教育的教育中,儿童、教师和家庭的权利不可分割地交织在一起。

在1969年的一份文档[35.69]中,可以找到语言的混合使用和它们的同时存在,它们已经被理论化和区分开来了,在其中,"若无经验,思维便无法得到滋养"[31.67]这一观点成为了现实。这是一个特别重要的文档,首先是因为,在报告3—6岁儿童的教育经历时,这可能是首份明确说明了参考理论和教育选择的文本。马拉古奇提醒道,它带给我们的不是唯一的旅行路线,而是以"并肩前进,共同成长"为导向的许多旅行路线中的一条。在这份文本中,我们还可以看到对项目主线的反复探索,旨在激发儿童的动力,并为他们提供成为主人公的可能性,不只是在单一的情况和经历中这么做,而且贯穿于整个的工作发展之中。在我们看来,学校是"珍贵教学纪录的永久展览,它随着故事的发展而发展,它要求在课堂内外都要进行有条不紊的规划",这是一个将在未来几年不断发展的理念的萌芽。这里所指的教学纪录的动机不仅仅是为了使幼儿园合法化,以及让家长和市民能够看到与儿童一起的经历,而且也是为了给"儿童的记忆和反思提供持续的刺激"。

"组织"①这一主题再次被提起,我们读到:"组织并不意味着体系化,也不意味着简单地添加。"相反,它是一种全面革新的途径,能够为儿童和成人提供新的条件,从而不给"偶然的、分散的和自发的"经验留太多的空间。最后,这一文本是对评价的整合,它推动了在1969年城市中日益增多的市立学校中继续进行教育方法的实验和差异化。

就学校与社会之间的关系,马拉古奇坚定地断言:"论文——尤其是教育论文——的命运,是脱离现实,提出往往只会停留在文字层面的建议"[38.69]。相反地,幼儿园必须植根于它们所处时代的社会和文化。

幼儿园需要结盟,马拉古奇是一个伟大的关系搭建者。从摘选的涉及诸多不同主题的信件中,读者可以寻找到证据:给市政府调研员的信、给市长的信、给奥利维蒂公司(Olivetti Company)的信、给来自不同国度的知识分子的信。所有这些通信的目的都是建立宝贵的联盟,这些联盟有助于塑造和合法化这种由市政府管理的幼儿园的新经验。

这种联盟建设中的一块内容是家长参与,家长的参与对于加强幼儿园的力量至关重要,它所来源的理念是:儿童经验的统一,以及民主的理念。这两个理念都深深植根于马拉古奇、瑞吉欧·艾米利亚这座城市和艾米利亚·罗马涅大区。1969年在里米尼,马拉古奇指出,学校若把家庭置于次要和边缘地位,将导致儿童所生活的真实外部世界被排斥在外,这一做法是危险的。马拉古奇的这一想法也得益于他与《父母

---

① 这个"组织"指的是对幼儿园的日常的全面综合的组织,包括管理、环境、教师发展、教学等方方面面。——中译者注

报》(*Giornale dei genitori*)的创始人和主编阿达·马切西尼·戈贝蒂(Ada Marchesini Gobetti)(见第一章,注释44)的关系,在当时,许多父母试图在学校和社会中寻找新的角色定位,这份出版物对他们来说是一个重要的参考。1969年,学校与城市委员会在摩德纳成立,马拉古奇在其中担任教育顾问,这一委员会的使命和架构与当时存在于国立学校的委员会截然不同,马拉古奇谴责这些国立学校委员会的合作和对话方式是居高临下的、被动的,并带有伪装的消极态度。他解释说,之所以在这一新的管理机构①的名称中纳入"城市"一词,是为了将对童年的展望拓展到学校之外,并牢记儿童身份和经验的统一性和复杂性[27.69]。

我们已经可以看到一个事业的成熟发展,这一事业至今仍在持续,它提出幼儿园(以及后来的婴幼园)应该成为催生文化和民主的地方,它也试图融合儿童所生活的不同场域。

时间线 1964—1969 年

关键人物:马拉古奇
瑞吉欧·艾米利亚
意大利

1964	市政府开办了第二所服务3—6岁儿童的学校,安娜·弗兰克幼儿园。
	战后新生人口高峰:103万人
1965	在市立学校的工作中首次尝试驻校艺术教师(atelierista)这一新概念;专业发展活动的开端。
1966	瑞吉欧·艾米利亚市政厅受理上诉(首次提交于1963年),即将允许塞拉村的"人民庇护所"学校改制为市立。
	在未能通过准许国立托管学校的立法后,阿尔多·莫罗(Aldo Moro)政府下台;布鲁诺·齐阿里前往博洛尼亚,担任主管小学教育和课外服务的负责人。
1967	市政当局接管了在塞拉村的"人民庇护所"学校,该学校以前由意大利妇女联盟管理;后来改名为"4月25日"。

---

① 即"学校与城市委员会"。——中译者注

巴比亚纳学校(Scuola di Barbiana)的唐·米拉尼和学生们发表了"致教师的信"。

1968　担任摩德纳市立学校的顾问。

市政府开办了第三所学校,名为普里马韦拉。

城市社区成立倡议委员会,敦促政府提供新服务。

第444号法律批准了允许设立国立和市立托管学校;关于地区议会选举的法律开始引入地区政府。

1969　**市政府接管了以前由全国解放委员会管理的圣毛里齐奥学校(San Maurizio);后来更名为格列佛(Gulliver)。**

出版了面向国立学校的教育指南(Orientamenti Pedagogici);在米兰的方塔纳广场(Piazza Fontana)的炸弹事件成为"铅色年代"(Anni di Piombo)的开端,这是新法西斯和极端左翼恐怖主义时期。

摘选的文档 1964—1969 年

1964 年

23. 64 以"作为社会服务的'暑期之家'"(La Casa di Vacanza come Servizio Sociale)为题的研究会议上的讲话,瑞吉欧·艾米利亚,1964年5月

> 编者按:这次会议和马拉古奇的演讲都与夏令营有关,夏令营传统的名字是"colonia",取而代之的是一个新名词"casa di vacanza"(暑期之家)。这次会议上的其他发言者所讲的内容涵盖了:工作人员的培训、健康和卫生、现代"暑期之家"中的3—6岁儿童、运动和游戏活动以及组织和管理。

重新组织暑期之家社会服务的新指南

我们需要把坐落在海边和山区的夏令营从传统的慈善观念的标签中解脱出来,从主要作为医疗场所的传统中解脱出来。

这种类型的夏令营主要用于提供一般的医疗护理,以及贡献大自然临时的治愈能力。归根结底,它们的组织建立在部分不完整的教育和治疗理论的基础之上,拒绝承认儿童的大部分问题和重要需求。

基于主观的社会学评价,有人提出理论,认为夏令营势必会逐渐但不可避免地衰

落，其社会功能将会终结，但我们认为这种论证是武断的、不合逻辑的。相反，基于对当前社会学数据更为恰当的评估，我们得出的结论是，需要对夏令营进行必要的革新，革新是必要条件，用来培养充分而恰当的能力，以应对当今新出现的社会需求——未来这些需求将继续出现。

由于下述因素的影响，迫切要求社会认识到儿童面临的问题，以及迅速而广泛地更新和发展教育结构、方法、技术和理念。其中包括：有机医学、心理卫生和心理教育学的新原则；意大利家庭生活水平的提高和转变，以及由此产生的社会心理和道德症状；当今儿童的新需求，毋庸置疑，当今儿童处在更好的物理环境中，但是由于诸多因素的影响，使得传统的家庭和学校教育变得困难，这导致儿童在成长的过程中更容易被暴露在风险之中；缺乏能够帮助家庭和学校克服当前这一不平衡阶段的社会服务。很自然地，上述的这些需求也影响到夏令营。

现代对于健康的定义不仅仅是指没有疾病，而是指一种完全的身心健康状态，一种在全面蓬勃发展的社会和个体人格中的平衡心理。夏令营的新概念必须从当下对于健康的这一定义中汲取启发。夏令营必须提升其组织教育的方式，并将组织教育的方式聚焦在"历史上已经明确的"需求之上，并聚焦在集体经验之上，需要在每个责任层级上对集体经验进行不断地审视。最重要的是，在客观评价意大利的福利和教育状况的框架之下开展行动，尽管［儿童参加的］时间有限，但是在付诸行动时需要意识到，由于夏令营所固有的独特特点，它提供了一个非常有利于发展原创教育经验的机会，以至于其中的某些关键因素可能会成为革新我国一般教育哲学和实践的典范。

基于这些考虑，我们建议用"暑期之家"来取代"夏令营"这一传统名称，夏令营不足以充分表达出社会教育和技术组织的现实中所蕴含的新价值观。这并不意味着只是继续学校和家庭中的教育行为，或与之保持一致。经过仔细和深思熟虑的考察之后，"暑期之家"不仅能够完成纯粹辅助性的工作，而且有助于儿童重获平衡和心理适应。

在操作层面上，这些有关夏令营教育和组织的设计可能会受到一系列问题的阻碍而偏离方向：

a. 旧的社区生活模式限定了夏令营的建筑结构和功能；

b. 教育工作人员准备不足；

c. 预算安排的方式不合理，使得夏令营在新的教学和治疗方面的功能得不到充分保障。

因此，显然有必要采用果断和积极的方式来解决这三个问题。如果倡议者和管理者认可有必要革新暑期之家，那么他们必须找到解决问题一和问题三的办法。考虑到教育人员的流动，我们建议每年开设并更新专门的教育课程，以解决问题二。

在必须增加暑期之家工作人员人数的情况下，我们还建议促进主管团队（主管、心理教育学家、医生、秘书人员、行政管理人员、部门领导或主管助理）的专业发展，以建立稳定的工作团队，并确保他们的经验能够持续数年。

另一类需要解决的问题涉及的是在必要的时候筛选儿童的标准，这一问题源于新的教育和治疗理念。到目前为止，这些筛选标准几乎完全指向生理和医学指标，它们排除或低估了心理和教育方面的标准。

对于有性格和行为困扰的儿童，在海边或山区的暑期之家也有很好的治疗效果（情感和情绪不成熟的儿童；害羞、迟钝、不活跃和被动的儿童；被过度保护，或缺乏社会关系和个体自主性的儿童；智力发展稍微落后，或者患有生殖腺发育不全、内分泌功能障碍、身心症状、反应性人格障碍、遗弃综合征等的儿童）。

关于这个问题，建议最好不要单纯依赖市立心理-教育-医学中心的转诊介绍和干预，而是要考虑是否有可能建立履历记录，其中将包括每年由教师填写的心理和行为档案，以及医疗记录和目标。当儿童去海边和山上的暑期之家时，这种类型的记录将跟随他们，由暑期之家的主管完成记录。

关于暑期之家的另一点考虑是它所惠及儿童的年龄范围，目前这一范围是6—12岁。如果公共职能部门提供的社会和医疗行动的主要目的是预防，事实上，它的确主要是预防性的，那么我们就无法理解为什么这种有益的福利只有在儿童达到6岁时才会予以提供，这与早期诊断和鉴定的需要是背道而驰的。

我们建议，公共职能部门在管理暑期之家的工作时，也能让更年幼的儿童享受到山区和海边度假在治疗上的帮助。我们倡议，这些季节性的机构也能在4月和5月份向3—6岁的儿童开放。必须更加深入地研究和澄清这项工作的组织方式，以及健康和教育各个方面的考量。

在操作层面上，革新暑期之家需要解决三类问题：

1. 改善日常生活和所有基本设施的质量（食宿、卫生、组织、整体舒适度），以满足更高的需求；

2. 重新组织和增加各个职能部门的主管和员工团队的数目；

3. 更具体的教育指南。

暑期之家中的教育主线关注的首要问题是儿童的成熟（maturation），这一术语指的是，个体人格在生理、心理、情感、伦理和道德方面的整体发展，同时，还要考虑当今儿童所处环境的一些普遍和独特特征。要记住，在当今社会，年轻人更容易出现迷失方向和失衡的情况，这可能是由于缺乏社会情感和人际关系，或者社会情感和人际关系较弱，从而导致了孤独和边缘化。更大程度的情绪不稳定也可能激发这种方向迷失和失衡感，情绪的不稳定性连同其他的影响因素（广播、电视、电影、动画、新闻杂志等）共同促使个体变得逃避、被动、消极，或者采纳英雄或虚构人物的刻板观念。在本质上来说，儿童的文化知识和文化习得的组织性较为薄弱，这可能会引发智力和情绪上的不安全感，严重阻碍其成熟过程，从而可能会引发方向迷失和失衡感。生理活动和心理动作能力的获得会增强个体的自主性，以及对自我和身体图式（schema）的控制力，在这方面的需求受挫也可能会引发方向迷失和失衡感。

构建暑期之家的教育指南将致力于：

a. 创造关爱的、有安全感的、足够健康和卫生的环境；

b. 满足和增进社会情感；

c. 满足活动、运动、玩耍、放松神经的需要；

d. 满足和增强对知识、行动和创造的需求；

e. 发展个体的组织和自主能力；

f. 鼓励践行礼貌、忠诚、善良、最广义的人类团结、对人类的信任、理性、科学，以及对正义、民主与和平的热爱；

g. 满足精神和宗教崇拜的需要，最大限度地包容各种思想和信仰。

这些结构化教育指南必须整合在一起，并通过以下方式来得以体现：

a. 一项工作方案：儿童在暑期之家期间，以及他们在那里的每一天，给他们明智地安排教育活动；

b. 根据年龄、发展阶段来区分数量和质量：

6岁儿童

7—9岁儿童

10—12岁儿童

暑期之家富有成效地开展工作的一个必要条件是，教育工作人员充分而迅速地了解儿童。如果家庭能够填写特定的调查问卷，提供必要的信息，分享有关儿童及其生活环境的知识,那么这将成为一个巨大的优势。这种合作行为是一个范例,展现了我们如何通过更恰当、更有针对性的方式帮助家庭了解暑期之家的问题。

社区①中的员工组织的基本单位是小组(Groups),对于个体性和社会性的发展来说,小组被认为是一个自然而必要的因素。教育学的基础将是小组教育学(Group Pedagogy)。

小组的心理学和教育学定义

小组被认为是暑期之家的基本单位(它们既是自主的,也是整体的一部分),它明确了教育的概念,即教育是由个体组成的社会构成。

不应该仅仅把小组理解为是一种组织和纪律工具,而应当把它视为一种满足个人受教育和成熟需求的必要条件。

受教育和成熟并不是独自或自发产生的,它们需要成人的出席和参与,成人对儿童需要**既能够提供保护又能够留出自由空间**。

撇开可能过于模糊的社会学内涵不谈,社区和小组可以主要被定义为伦理-社会实体,这些实体是通过共同努力的终极目标而获得的,它通过生活经验来为我们的发展提供信息和指明方向。

在心理学的层面上,小组总是被看作是社区整体视野中的一个自主但又整体的情境;小组促成了成员之间良好的沟通和交流,它是一个决定性因素,影响着个体感知自我与他人、他人与他人之间的关系,以及目前所使用的价值体系。小组是抵御一般组织压力的良好防御。

教育工作者的任务是,促进并确保每个人都有机会创造上述的动态互动,从而保障最大化的自我评价和自我认同。

就暑期之家的这种特殊构成方式而言,这些小组显然属于制度化的一种。我们认为,暑期之家小组和所谓的自由小组之间的差异(实际上,这些差异也受到外部因素的制约)更多的只是表象,而并不是真实存在的。我们想要强调的是,暑期之家的制度化小组在一定时间和场合内是固定的,这种设置为小组创造了积极条件,使得小组的体验有着更强的动态性,此外,由于年龄的同质化——这里考虑的并不是严格的生理年龄,心理上的一些关键而自然的因素为小组创造了积极条件。

---

① 在这里所用的术语是大写的"社区"(Community),猜测这里指的实际上就是暑期之家这个团体所构成的社区,下文中出现的多处"社区"意思相同。——中译者注

在共同模式和终极价值观的框架的统领下，儿童在小组之中，以及通过在小组的生活，他们在协作和包容的层面，以及在共同获得经验的团结性的层面，积极参与到他人的生活和陪伴之中（即使这种参与仅限于内部），从而使他们得以重建和得到滋养。

小组是一个由教育工作者组织和指导的稳定社区，它的构成不应该超过20个处于同一发展阶段的儿童。由于特殊需要，6岁儿童（通常是没有上学经验的儿童，或者以不成熟为特征的儿童）的人数不应超过10人。

教育者是小组不可分割的一部分，他们的根本任务是有效地发挥自身的作用，增强小组内部的活力、凝聚力和价值。

尤为重要的一点是，他们需要促进和加强儿童的适应过程。他们将监测并调整个体和小组与不同活动、其他小组及社区之间建立的关系的动态发展。

满足儿童的情感需求是促进适应过程的一个主要中介因素。因此，除其他事项外，教育者应该重视儿童通过详细的书信交流来保持和增强他们与大家庭之间的情感纽带。在与主管达成一致后，教育者还应该与儿童的家人进行沟通。

家长聚会被认为是暑期之家的教育结构中非常宝贵的时刻，在每个假期期间，家长聚会都应该肯定自然情感纽带的重要性，并打破旧夏令营的孤立和封闭的特征。

暑期之家的主管团队将制定具体的工作方案，在方案中将记录和考察个体小组的形成过程、小组之间的关系以及小组在社区中的凝聚力。

只有得到家庭的认可和参与，才能革新暑期之家的组织、概念和宗旨。家庭必须从单纯的服务消费者的被动地位转变为积极、直接的参与者和协作者。

主管团队应当认真和严谨地工作，根据各小组的不同发展状况制定不同的教育方案。作为引领，我们提出了一些一般性的指导方针：

6岁儿童

加强自我认识（构建自我），通过以下方式促进成熟过程：主要通过游戏、合作活动、易操作的体验和戏剧表演，促进分化与对立、情绪控制以及初级社会情感的形成。

自主性、个体基本生活的管理（穿衣、脱衣、洗衣、吃饭）、对财产的感觉、秩序、清洁、对他人财产的尊重、对同住规则的尊重。

提高观察能力和表达能力。

练习和提高运动技能、运动协调、对自我身体的控制。

回应儿童自发出现的早期宗教性问题。

7—9 岁儿童

重视社会需求和情感，通过以下方式增加小组成员在一起的时间：小组对话，游戏，运动，艺术表达练习，教育，抱负感和[自我]肯定感之间的协调。

首次在引导下讨论以下问题：组织、小组计划的选择和实操工作的问题。

提高观察、研究和整理经验的能力。

对工作、努力和成功的看法的延伸思考。

形成对善的理念的认识+通过学习耶稣的生平。

10—12 岁儿童

通过以下方式进一步提高儿童对于小组、社区以及个人角色的认识：小组对话，在游戏、体育、表达性和艺术性练习方面采用更高要求、更复杂的方法和目标。

拓展责任感、行为模式、对年幼同伴的帮助和保护、与年长者的合作。

在社区规范总体规划的框架内，集体讨论和自主发展工作与学科规划。

在研究经验所具有的文化和科学意义的层面上，开展更为密集的小组工作。

道德和宗教行为的目的。

1965 年

24.65 致贝特霍尔德·波弗德(Berthold Beauverd)的信，1965 年 6 月

> 编者按：马拉古奇写信给《计算之前》(Avant le Calcul)的作者之一，这本书于 1965 年作为《实验教育与儿童心理学：新系列》(Cahiers de pédagogie expérimentale et de psychologie de l'enfant: Nouvelle série)中的第 21 卷初版。波弗德的合著者包括让·皮亚杰和他的日内瓦学派的其他成员。波弗德在将皮亚杰的数学思想应用于课堂教学方面发挥了重要作用。1965 年，劳瑞兹·马拉古奇和卡洛·伊安努切利(Carlo Iannuccelli)博士在瑞吉欧·艾米利亚为教师们举办了一个关于数字入门的研讨会，这个研讨会以皮亚杰和波弗德的著作为基础。更多关于马拉古奇对这项数学工作的兴趣，请参阅 27.66, 31.67 和 94.90。

1965 年 6 月 8 日

致杰出的贝特霍尔德·波弗德

克罗切顿 21 号(Clochetons 21)

洛桑(Lausanne)(瑞士)

我依然清晰地记得我们在日内瓦的会面，请接受我们对您的书《计算之前》致以

最诚挚的祝贺,我们正在竭力将这本书的经验转化到瑞吉欧·艾米利亚的托管学校的活动方案中。作为最受欢迎的客人和合作者,我们诚挚邀请您出席我们计划在明年春天举行的托管学校数学学习研讨会。

致以最诚挚的祝愿
(劳瑞兹·马拉古奇教授)

* * *

25.65 来自瑞吉欧·艾米利亚市政厅的通知,1965年11月

> 编者按:这是第一个后来被称为"教育11月"的项目,是面向家庭和教育工作者开放的关于教育问题的系列讲座,该项目的特色是它包含了意大利教育界领军人物的演讲,其中就包括在瑞吉欧·艾米利亚组织这些活动的马拉古奇。瑞吉欧·艾米利亚并不是唯一一个举行此类公开会议的地区,例如,博洛尼亚在1962年便发起了"教育2月"(Pedagogical Februaries)。

托管学校"教育11月"

1965年11月1日

  市政府市立托管学校理事会(Direzione delle Scuole Materne)与市立心理-教育-医学中心合作,在11月的活动中推出了一系列活动,其目的是赋予托管学校的工作和问题以价值,激发家庭和公众对这些工作和问题的全面了解与尊重。

面向家庭

  将组织五场主要针对家庭的会议,越来越多地,我们要求家庭作出切实、有意识的教育承诺,并与托管学校开展宝贵有益的合作。

  知名专家将在会议上演讲,地点是市立心理-教育-医学中心(阿巴德萨路8号(via dell' Abbadessa no.8)),日程安排如下:

11月10日星期三 20:30
罗伯托·马泽蒂(Roberto Mazzetti)[5]
萨勒诺高等教育学院(Higher Institute of Education of Salerno)院长
"托管学校:我们这个时代的传统与现实"

11月16日星期二 20:30
佛朗哥·塔迪尼(Franco Tadini)

全国托管学校中心(School Center for Scuola Materna)主任

"作为家长学校的托管学校"

11月23日星期二 20:30

卡洛·伊安努切利

瑞吉欧·艾米利亚市立心理-教育-医学中心主任

"托管学校及其独特的教育身份：儿童的思想、情感和社会性"

11月26日星期五 20:30

劳瑞兹·马拉古奇

市立心理-教育-医学中心心理学家

"家庭中的教育错误：它们如何反映在托管学校中"

11月30日星期二 20:30

皮尔·马里奥·马西安吉洛(Pier Mario Masciangelo)

精神病学领域的自由职业讲师

"家庭团体中的当前结构和关系模式"

面向托管学校的教师

为了更深入地了解托管学校的文化、教育和教学问题，卡洛·伊安努切利博士和劳瑞兹·马拉古奇博士将举办一次以"托管学校数字和算数知识的启蒙"为主题的研讨会。研讨会面向的是托管学校教师，将根据以下计划举办四场。

12月4日星期六 15:00

卡洛·伊安努切利

"皮亚杰儿童心理发展研究方法与结果"

12月11日星期六 15:00

劳瑞兹·马拉古奇

"皮亚杰与日内瓦学派关于儿童逻辑数学思维形成的研究"

12月18日星期六 15:00

劳瑞兹·马拉古奇

"从心理学研究走向教育学研究"

1月8日星期六 15:00

劳瑞兹·马拉古奇

"教师数学课堂实践案例"

* * *

26.65 致家长的信，1965年11月15日

> 编者按：这封致家长的信似乎是在回应11月10日举行的"教育11月"第一次"会议"的低出席率。

致托管学校在读儿童的家长

亲爱的家长们：

几天前您收到了推动一系列家长会议的日程方案[见前文]，在其中我们首要考虑的是您和您的孩子：在托管学校这一独特但又并不总是顺遂的经历中，您面临的问题、您孩子面临的问题以及我们共同面临的问题。

这些都是这一系列会议提议考察的主题，其目的是帮助我们所有人能够更好地理解我们作为成人和父母的职责：什么是托管学校；它对您和您的孩子意味着什么；您如何以最佳的方式支持这一共同经历；您应该做什么，不应该做什么；在社会学、心理学和教育学研究方面，有哪些最先进的成果帮助我们了解如何让孩子在没有意外和冲突的情况下成长，快乐地发展他们的个性。

我们必须怀着某种失望的心情告诉您，在萨莱诺大学马泽蒂教授举行的开幕会议上（这次会议非常成功，引起了丰富而热烈的辩论），教师和学校工作人员的身影随处可见，但是家长在会议上的存在感太微弱了。

> 编者按：这是第二封信，可能是由马拉古奇起草的，由各个学校的教师与第一封信一起发出。

亲爱的家长们：

我们坚信，我们不仅有义务提出倡议，而且有责任从失望的情绪中走出来，竭尽全力来改善和提升家庭和公众舆论对我们生活中最令人着迷、最重大的议题——教育——的敏感性。我们呼吁你们大量参加下一系列的讲座，第一次讲座将在如下时间地点举行：

11月16日星期二21:00

地点在心理-教育-医学中心,届时全国托管学校中心主任佛朗哥·塔迪尼教授将就以下主题进行讲话:

"作为家长学校的托管学校"

恳请您一定要接受我们的邀请,我们对您表示感谢,并向您致以最诚挚的问候。

教导组长(L'Insegnante Capo Gruppo)

市立托管学校理事会

瑞吉欧·艾米利亚,1965年11月15日

1966年

27.66 为数字研讨会准备的笔记,1966年3月3日

> 编者按:这些研讨会是在瑞吉欧·艾米利亚的几所不同的学校举办的,历时两个月。笔记里的大部分词汇指向的是皮亚杰和数学"运算"领域所使用的语言。这些为研讨会编写的笔记以一系列标题的形式呈现,马拉古奇以注释的形式编写了每一条。前五个标题及其注释内容都已经被翻译完毕;第六个标题是关于思维的可逆性,虽然给出了,但没有附加注释。

数字研讨会

瑞吉欧·艾米利亚,1965年12月至1966年1月

我们对哪些心理运算(mental operations)感兴趣?

我们感兴趣的心理运算(因为它们属于学龄前阶段)是能够引起我们注意的任何可能通过物体来完成的运算,不管它们是以任何方式组织或者分布的。

这些心理运算是什么?

a. 分类(classification)运算:我可以在心理上把具有共同属性的物体(球形、红色等)归类在一起。

b. 序列(seriation)运算[6]:我可以按照对象的程度、强度、属性(宽度、重量、透明度等)进行排序。

c. 数数(numbering)运算:我可以数出一组物体的数量。

这些运算是如何进行的?

所有这些运算都是在具体思维的层面上进行的,它们都是逻辑运算,都到达了一个构建恒定量(invariables)的点:一个类、一个序列、一个数字量,它们本身就是现实,无论

它们的构成元素或者它们所参与的不同组合(加、减)在时间和空间上如何组织安排。

一个类(class)的典型特征是什么？

一个类(白雏菊)由一组共同的特征(都是白雏菊)和一定数量(白雏菊的数量)组成。因此，类的两个基本并相互依存的特征是：**理解**(在这个类别中的每个成员所呈现的特征)和**扩展**(在这个类别中的成员的数量)。

孩子在理解类上存在什么困难？

类的基本的包含-属性关系

序列：另一个具体逻辑运算

什么是一个序列？

生成类时遇到的困难的类型

如何确定类的扩展？

什么时候两个类是等价的？

用数字来表征一个类的构造

等价的运算也是逻辑运算吗？

什么是特征的双射[一对一]对应[……](例：一系列玩偶和一系列不同尺寸的小帽子之间的对应关系)？

从序列的对应到数字的对应

[……]

结论

什么是数字？

基于上述内容，数字是：

- **数字既是顺序，又是等量**
- **每个单元既等同于所有其他单元，但同时又有所不同，因为它在一个序列中占有特定的顺序**

然而，为了使基数运算与序数运算能够完全协调，儿童的思维需要具有**可逆性**。

什么是思维的可逆性？

[……]

* * *

28. 66 致奥利维蒂公司的迪诺·佩雷戈（Dino Perego）的信，1966 年 3 月 22 日

> 编者按：1908 年，意大利著名打字机制造商卡米洛·奥利维蒂（Camillo Olivetti）在伊夫雷亚（Ivrea）创立了奥利维蒂公司，1959 年生产了意大利第一台计算机，1965 年生产了第一台个人计算机。特别是在卡米洛的儿子阿德里亚诺（Adriano）的领导下，该公司赢得了开明雇主的美誉，公司为在伊夫雷亚的员工提供了一系列设施，包括借阅图书馆、学校、四周环绕着运动场和小块园地的现代住宅，以及山顶儿童夏季休养所。1941 年，公司开设了一家托育机构，这在当时是很先进的，此外，还有 9 个月的全薪产假，这在当时也是领先潮流的。下面的信显示了马拉古奇与该公司及其社会资源的联系。

瑞吉欧·艾米利亚，1966 年 3 月 22 日

293／A

迪诺·佩雷戈博士

奥利维蒂社会关系中心（Centro Relazioni Sociali 'Olivetti'）

伊夫雷亚

［……］

我们非常感谢您愿意为我们举办玩具展览。

我们将不再在四月份展出这个展览，而是在五月份展出，准确地说是 5 月的 22 日到 29 日，正如我们已经说过的，展览将与一批儿童绘画收藏一同展出。

我们同意支付相关费用。

［……］

劳瑞兹·马拉古奇

* * *

29. 66 来自瑞吉欧·艾米利亚市政厅的通知，1966 年 5 月 24 日

> 编者按：这份通知可能是由马拉古奇起草的，与通知中所宣传的讲座同时进行的还有该省所有学校共同举办的一场儿童绘画展；有关该计划的摘录，请参阅下一个文件。维多利亚·马尼卡迪（Vittoria Manicardi）是瑞吉欧·艾米利亚的第一批教师之一，她说："全省所有的托管学校都受到了邀请，有许多许多的绘画作品。我们和孩子们一起带着画架去了市立瓦利剧院（Valli Theatre），待在柱廊下。瑞吉欧·艾米利亚的每个人都谈论这件事谈论了好几天。"（Various Authors, 2012, p.93）

致全体家长：

我们想提醒家长们，目前市立剧院大厅正在举行儿童绘画展，迄今为止这场活动

很成功,在此期间,我们的[托管学校]理事会将组织两场文化活动,分别于5月27日星期五和28日星期六在市立剧院举行,两场活动分别由佛罗伦萨大学的埃纳·伯纳迪(Enea Bernardi)教授和劳瑞兹·马拉古奇教授开展。两位发言者将向教师和家长介绍儿童绘画的教育、教学和艺术问题:这两次会议的目的是阐释绘画的教育价值,并为教师和家长提供在教育实践中可以使用的建议和方法。

考虑到这一点,我们建议家长参加上述活动。

诚挚感谢。

托管学校理事会

* * *

30. 66 摘自儿童绘画展的项目手册,1966年5月
封面

首届幼儿作品和绘画展

献给瑞吉欧·艾米利亚托管学校的儿童

市立剧院大厅

1966年5月22日至29日

第二页

  更少的玩具

  更多的画笔,更多的绘画

  为了你的孩子

  更少的玩具

  更多的铅笔,更多的蜡笔,更多的画笔

  对孩子的心理

  和情感发展

  没有什么比画画更有益的了

  S.T.[孩子姓名首字母的缩写]

  10岁——结核性脑膜炎

这幅画是这个孩子在长期住院期间所画。

这孩子太孤独了。在这幅画中,他告诉我们对死亡的恐惧,对生活的渴望,还有折磨着他的噩梦和焦虑。

死亡马车上的十字架上挂着小铃铛,叮咚一声,宣布了葬礼的到来,马车上载着一个小孩的尸体,就像被裹在蚕茧中一样。马车被一只奇怪的动物拉着,上面沾满了血迹。在马车右边的一根杆子上,有几支箭射穿了它:一支箭被射向空中,准备射穿它。这根饱受折磨的杆子增加了这个场景的戏剧性。

1967 年

31. 67《3—6 岁儿童教育》(*L'educazione del bambino dai 3 ai 6 anni*) 一书中的章节,1967 年由里米尼市政府出版

> 编者按:该卷图书是根据 1966 年 4 月 16 日至 5 月 2 日在里米尼的阿伦戈大厅(Sala dell'Arengo)举行的"绘画的表达性活动"地区性展览的一系列介绍而编写的,于次年出版。书中的其他文章涉及意大利的学前教育;托管学校绘画;托管学校和社会情感成熟;婴儿学校(scuola infantile)项目;婴幼儿心理学;以及亲子关系。马拉古奇被称作是"瑞吉欧·艾米利亚托管学校主任(总负责人)"。

逻辑数学思维的开端:基于皮亚杰的研究

一种新的儿童心理学和教育学

1)在议会上提交的"国立托管学校立法项目"[7]大有益处,它重新点燃了人们对该国各级托管学校状况的兴趣和讨论(我们在此不关心其他影响)。批判性地反思和讨论该机构的性质、问题和教育前景的时机已经成熟。这一讨论已经开始,它已经在进行之中了。最后,我们可以看到的是:在这个问题上,我们沉默了太久,放弃了太长时间,面对早期心理学丰富有趣的发现,面对层出不穷的哲学迷思以及方法的原始价值的人为落伍,我们一直保持着被动态度。这些价值观念只有在不断地检验、比较和实验中与时俱进,才能获得尊重和推崇,才能起到启发和教育的作用。

2)这一正式讨论正处于初始阶段。例如,当前我们提议,对于托管学校里从事教育工作的人来说,皮亚杰的名字可以被当作是一个可能的参照点和反思点。有人询问我们选择皮亚杰的原因,他们的这一疑问名正言顺,我们显然欠他们一个解释。然而,

在我们对这位日内瓦心理学家的知识——特别是他的思想和哲学中我们最感兴趣的领域——作出微薄的贡献之前，我们先一起来看一下一系列的主张，这些主张试图澄清一些文化问题和批判，皮亚杰的研究正是起源于这些问题和批判的，我们认为这些观点提供了一个清晰的阐释和必要的介绍。

3）第一个主张围绕的是当代文化的普遍性和普适性，它界定了一个精确的方法论伦理。无论现代思想发生在何处，无论它以何种方式发生，它都指向这个维度。对于"为什么我们选择一种在我们国家和民族文化之外诞生和发展的哲学"这个问题，这是我们对该问题的第一反应。

4）第二个主张认为，是时候对我们的传统信念和现实教育状况进行批判性地道德审视了。当今，时间的流逝和思想学派的更迭都发生得非常迅速：阿波蒂、蒙台梭利和阿加齐[8]（Agazzi）之间的距离要比蒙台梭利、阿加齐和我们这个时代之间的距离短得多。在社会经济发展的压力下，托管学校作为一种社会服务和真正的教育机构，越来越被家庭所熟知和需要。同时，即使在意大利，心理学——特别是童年早期的心理学——对教育学科领域的贡献和作用也有了巨大的提升，如果不把新的发现引入关于托管学校（许多人更倾向于称之为"幼儿园"（scuola dell'infanzia），认为这个称呼更加合适）的最新讨论中，这将是一个严重的错误。从心理学研究的若干贡献中，我们想提取两个非常有趣和相关的趋势和推动力：

a. 研究人员在对单独的心理学内容进行了一段时间富有成效的实验研究之后，越来越迫切地感到，需要开始将这些单独的内容恰当地、合乎逻辑地重组为一个整体。

b. 倾向于给儿童的心理、生活环境问题一个辩证的阐释，这重新肯定了发展的因素和节奏之间的相互依存关系，以及这些现象所发生的具体条件。

这意味着，儿童的心理结构[9]可以根据他们生活的条件和刺激而提前或推迟，而这些过程的启动和实施方式（方法、教育实践）至关重要。

这一点在理论和实践层面上都有许多启示，使我们想起勒温[10]在讨论知识状态和决策行为之间的密切关系以及文化生活和行为选择之间的联系时所展现出的敏锐直觉。

5）这篇导言是为了让我们能够更好地沉浸于我们这个时代的问题之中，将我们从传统情结中解放出来。应当基于新的发现和问题进行反思和思考,通过这样来突出传统,而不是否定传统。折衷主义?如果折衷主义意味着一种成长和审视的状态,意味着接纳全球各地丰硕的思想成果,那么我们就没有必要担心。

我们需要的(我们借鉴克拉帕雷德的说法)是一种无所不在的科学态度,也就是说,在面对日常工作中的实际情况时,我们需要有好奇心,以及通过系统的观察和实验来探究这些实际情况并获取答案的愿望。

6)但是,有些人可能会反对,皮亚杰毕竟是一个心理学家。他也意识到,直至最近,自己都还从未在实验的研究和发展中提出过教育学性质的问题。心理学或心理学家如何介入教育学研究?这是我们国家和文化中一个非常热门的问题,教育学问题往往是过于抽象的哲学层面的问题,人们带着怀疑的眼光看待心理学实验。

我们不打算在原则性的层面上讨论这个问题;关于教育学和心理学之间的新旧批判始终都围绕着这两个学科之间的关系类型、相互依存和融合。

事实:事实使我们相信,早期心理学的成果和进步已经对教育学产生了相当大的帮助。然而,尽管这些贡献种类繁多,所取得的成就却还远远不能令人完全信服。

我们可以看到,在教学中适应儿童发展的不同阶段往往只是一个方案,而不是一个现实,这不仅只是对于一般的教学,对于那些参考了心理学原则的教学方法来说也是如此。要想在儿童心理学方面取得进步,要想在必须给教育学的方法以启示的心理学结论方面取得进步,要想在如何实际运用这些结论方面取得进步,还有许多工作要做。

皮亚杰亲身告诉我们,教育学似乎已经复兴,这一复兴更多是源于心理学研究的整体精神,以及它从纯科学跨入到学校实验领域的观察方法,而不是源于直接利用心理学的发现并将其运用于自己的领域。

以下所述的方面是意大利面临的一个问题领域:心理学和教育学之间的交流和互动过程,这种将心理学的发现过滤并运用到实际工作和组织(组织一直是教育学的一个重要因素)中的过程;这一过程意味着,更好地客观看待现实和儿童的真实个性(不仅是他们的一般需求,还有他们发展的动态过程),并为这一现实创造一种心理学方法,一种适当的教育方法。这个问题仍然受到很大的阻力,这可能是由于理想主义精神传统的影响,也可能是由于幼儿服务的历史演变特别混乱,还可能是由于有限的文化和经济资源使得服务业士气低落,特别是使得教师队伍士气低落。

[……]

让儿童不再匿名

我们必须要求我们的幼儿园将儿童从匿名中解脱出来,将儿童从他们被赋予的不自然的模糊属性中解脱出来,幼儿园还需要更好地区分 3 岁、4 岁和 5 岁(班级一、二、三)年龄组,区分不同的组织、活动、兴趣、刺激以及社会和文化交流的模块①。

我们对幼儿园的构想已经激发了新的建筑解决方案、新的室内外教学空间、具有一般功能的新型家具和陈设,它们都可能会变得复杂起来。

当然,学校必须尊重原本就是其工作构成的福利角色,但福利必须被作为是教育的一部分:通过几个因素的共同努力,最重要的是,通过在学校的日常工作中创造一个强大的教育理想和远大的目标,这一点是可能实现的。

学校必须提供更多的文化酝酿,牢牢地扎根于实践,扎根于创建**经验**以及**构建思维和人格的方式**之中。

8) 皮亚杰告诉我们,若无经验,思维便无法得到滋养。儿童的逻辑是操作和个体经验的逻辑。智力是一个运算系统(a system of operations),只有当儿童有机会进行操作、有成人热情而自由的陪伴、有能够使他们通过具体的方式来体验个体经历的材料时,运算才能够被内化。材料必须被看作是经验的生产者和激发者,它们必须尽可能少地结构化,它们必须能够提供逐渐有序的经验,最重要的是,它们必须成为文化发展的一部分,促进自身与生活和教育的所有其他元素之间的完美融合。

基于皮亚杰的发现,我们可以宣称,数学教育及其教育学有权利进入我们的幼儿园。这是今天演讲的主要目的,因为我们相信,这是我们可以开始阐述创新教育想法的地方,这些想法不仅能够凸显儿童的智慧,而且能够充分体现关于儿童的价值观。这项权利的主要依据是儿童思维的自然紧迫性,以及受现代人文主义启发的教育的紧迫性:该人文主义的起源的根基是皮亚杰关于逻辑思维结构中组织的起源以及智力的运算理论的发现,这意味着,如果我们把最初的数学抽象概念牢牢地扎根于实际可操作的活动中,它们可能会发展得更早。

艾萨克斯[11](Isaacs)建议有必要"发掘幼儿思维中的科学精神和科学方法的起源,以确保最大限度的发展",从她的这一提议中我们也可以看出,赋予数学教育及其教育

---

① 原文中使用的是"模块"(module)一词,在现代的语境下,模块给人以僵硬的感觉,作者在这里似乎指的是比较具体的教学计划。——中译者注

学进入幼儿园的权利是有据可循的。布鲁纳和伯特（Burt）的观点也支持这一权利，他们声称，他们确信所有的逻辑可能早已存在于幼儿的经验中，他们甚至说——正如马祖科-科斯塔（Mazzucco-Costa）所强调的那样，如果我们能适应幼儿的认知和情感机制，我们就能教给他们任何东西。这项权利还得到了几个研究项目的支持，尽管这些项目的确仍有待皮亚杰的合作者马塔隆（Matalon）和英赫尔德（Inhelder）的分析，以及班（Bang）、纳赛弗（Nassefor）、古特曼（Gutman）、迪恩斯（Dienes）、我们的坎佩德利（Campedelli）、卡斯泰尔诺沃（Castelnuovo）、皮特（Petter）[1]和莫里诺·阿贝勒（Morino Abbele）[2]的分析。此外，在皮亚杰的指导和直觉之下，来自法国和瑞士的托管学校获得了一些具体经验，这一权利也得到了这些具体经验的支持。最后，波弗德[3]忠实地翻译了皮亚杰的实操方法，并将这些实操方法组织成了一系列难度分级的试验和练习，基于此，在日内瓦和洛桑的托管学校，最近正在尝试一个纵向研究，用以评估和测试逻辑是通过哪些不同和渐进的方式整合入儿童的思维之中，这一更加有机的数字启蒙经验也为上述的权利提供了支持。

《计算导论：4—7岁的儿童》(*Initiation au Calcul: enfants de 4 a 7 ans*)一书的萨德勒（Bourrelier）版本于1950年在巴黎印刷出版，在1956年由"新意大利"公司（Nuova Italia）翻译成意大利文（但几乎没有人注意到）。这本书刊载了皮亚杰、博谢尔（Boscher）和查特莱（Chatelet）在1949年里昂会议上发表的演讲。通过阅读这本书，就足以理解意大利的托管学校在多大程度上被陈旧和错误的儿童观包围（撇开蒙台梭利学校不谈），在心理学和心理教育学方面的科学成就面前，它们不惜一切代价地捍卫"幼稚病"。通过读这本书，也足以了解在教育儿童数学学习方面可以做出的卓有成效的工作，从而从内部产生一种文化演变，通过其持续性和催化性的存在，这种文化演变可以而且必须影响整个教育和文化价值领域，并最终寻找到——正如卢西奥·隆巴多·拉迪切（Lucio Lombardo Radice）[12]所希望的——"数学在儿童文化中的恰当地位"。

9）我们今天的目的并不是举例说明可以逐步地、尝试性地运用在我们服务4岁，尤其是5岁和6岁儿童的托管学校中的数学启蒙的工作方法。（但是，在我们旁边的桌子上有一些受皮亚杰启发而制作出来的材料，我们认为这些材料足以使这个演讲具体化。）我们今天也不打算在这里提出任何批判性的反思，比如反思受蒙台梭利理念启发的托管学校的实践，毫无疑问地在那些托管学校里肯定有一些数学**操作**（manipulation），但是它们的过程和目的与我们所提议的相去甚远，并且相互矛盾。今天，我们感兴趣的是，勾勒出用来主导革新过程的一般性的价值观,并初步尝试将这些价值观整合成一套哲学。

一个不可否认的事实是,这个国家进行的实验很少,完全缺乏或者几乎完全缺乏实验[……]这恰恰说明了我们工作的紧迫性,并表明了它必须采取的实际方向。

对我们来说,在最后对科学心理学发现的终极意义进行总结是很重要的。在明确了数学概念的基本结构与思维的基本结构是相同的之后,我们必须得出由此产生的启示。就像通过数学学习一样,逻辑思维也一样地可以通过科学、口头和书面语言、绘画、艺术、音乐等的学习来构建和完善。

数字既不是直觉,也不是纯粹的逻辑,它依赖于长期、循序渐进和日益完善地构建逻辑运算的新综合。也就是说,它是日积月累不断习得的结果,当成年人还是小孩子的时候,这一习得的过程就开始了,因为儿童有能力通过生活经验一天一天地为自身构建这些东西。利用他们年龄段特有的逻辑,也就是操作的逻辑、他们手指的逻辑、对事物的操作以及随后对事物的表征,他们会逐渐发现事物之间、事物和动作之间、做和说之间的关联,并逐步深入关于数字的科学,而这在本质上就是关于关系的科学。

最后,我想回到语言的价值这一主题,这是幼儿教育学中最重要和最有趣的领域之一。我们知道语言的习得和成熟对智力的发展有多么重要。那么,数学语言必须被认为是心智和逻辑语言发展中最有力和最丰富的因素之一。数学语言是有利于过滤掉与儿童个人经历密切相关或过度充满情感元素的语言,它有着自身宝贵的客观性和表达的严谨性,并通过以下途径提高思维的灵活性:排序和丰富结构要素;在早期阶段启动[思维]来习得符号能力;刺激思维,来获得做假设的能力和思维的可逆性。

正如马祖科-科斯塔正确地提醒我们的那样,儿童早期掌握良好的语言不仅影响他们的社会交流水平,而且最重要的是,它还是安全感、自尊和自我调节的一个重要因素,因此在塑造快乐、充实、创造性和批判性的人格方面具有不可替代的价值。

劳瑞兹·马拉古奇

---

[1] 通过《皮亚杰研究中的心理发展》(*Lo Sviluppo mentale nelle ricerche di Jean Piaget*)一书(该书由大学出版社(Editirice Universitaria)出版),吉多·皮特[13](Guido Petter)非常清晰地概述了日内瓦心理学家的理论,最终使得它在意大利为人所知,该书也是我们的一个参考资源。由于他的实验性贡献,吉多·皮特无疑是幼儿心理学领域最具洞察力的意大利学者之一。

［2］莫里诺·阿贝勒(Marino Abbele)是最早从理论和实验层面研究思维中最初的逻辑数学过程问题的意大利学者之一。［……］她受皮亚杰的启发，特别是在迪恩斯的启发下，对7—8岁的儿童进行了研究。［……］

［3］贝特霍尔德·波弗德(B.Beauverd)的《计算之前》(*Avant le calcul*)(1965)一书由德拉乔-涅斯特出版社(Delachoux Niestlè)出版。1965年，以皮亚杰和贝特霍尔德·波弗德的教学理论为基础，马拉古奇与卡洛·伊安努切利博士一起，代表瑞吉欧·艾米利亚市政府举办了一个关于数字入门的研讨会。艾米利亚·罗马涅大区大约有六十名托管学校的教师参加了这次研讨会。

今年将在瑞吉欧·艾米利亚的市立托管学校举办一系列实验性教学研讨会。

在《计算之前》的前言中，皮亚杰写道："我们必须高度承认，波弗德先生以最全面、最有力、最独创的方式，基于心理分析的结果阐述了一种系统的数学启蒙经验。波弗德先生找出了逻辑-数学运算的基本原理，并将其转化为具体的、千变万化的练习，他的聪明才智令人钦佩……"

通过与波弗德先生以及瑞士托管学校里使用《计算之前》中的方法的教师进行通信交流，我们得以更好地理解和评估这些初步的、正在进行中的经验的结果。

波弗德给我们写信说："这些结果非常令人满意。最重要的是，我们十分高兴地看到，面对方法和教学被禁锢在结构化材料之中的现状，我们呈现了一种完全不刻板、不局限的教学形式，这种教学把单位(unit)和集合(set)作为起点，这完全遵循了现代数学的建议。"

更具体地说，这些经验向我们表明，《计算之前》中的练习对5—6岁的儿童非常有效，而且还可以在儿童年龄更小的时候，基于同样的原始概念进行一系列的练习。为此，我们可以在法国和瑞士的文献中学习到许多东西，还要关注在不同国家的托管学校里不断开展的研究和创造性的贡献。

我们的研究结果再次表明，《计算之前》中的材料可以而且必须被进一步多样化，以拓展对儿童进行刺激和干预的方式，为他们提供机会来更好地意识到自己的能力。

教师克莱尔·加布丽埃勒(Clerc Gabrielle)和梅尔·玛丽特(Maire Mariette)曾写信给我们："这些材料营造的环境引导着孩子们自己向自己提出问题：这意味着，让孩子们在面对每一种情况时都要反思，意味着应避免采用口头和机械的方式，因为这种方式经常在儿童获得数学概念的有效能力方面误导我们。"

＊＊＊

32. 67 致瑞吉欧·艾米利亚市长伦佐·博纳齐的信，1967年3月

> 编者按：戴安娜学校在1991年被美国《新闻周刊》(*Newsweek*)(1991年12月2日)评为"世界十佳学校"，这所学校从提议走向开办花了很长时间。原本的计划是在原址上翻新一家电影院，即马拉古奇在下面提到的"老建筑"。经过长时间的争论和拖延，决定拆除电影院，建造一座新的学校。

瑞吉欧·艾米利亚，1967年3月3日

瑞吉欧·艾米利亚市
托管学校理事会
阿巴德萨路8号
电话：42875

亲爱的伦佐：

如果您能与博阿迪[学校评审负责人]交涉，敦促市议会(Giunta)推动最近一次会议上围绕戴安娜托管学校问题达成的协议，我将不胜感激，戴安娜学校的问题已经让人苦恼太久了。

相信您还记得，会议上决定了将克服最后一个障碍：

在旧建筑上加建的[新]建筑是否能为儿童的户外活动提供令人满意且充足的区域？能否请博阿迪和他的办公室尽快确定这一点？该事确凿之后，我们就可以正式开始这个项目的工作了。

20天已经过去了。

我认为现在是时候行动了。

感谢您

市立托管学校办公室(L'ufficio Scuole Materne Comunali)

劳瑞兹·马拉古奇

1968年

33. 68 简报《市政府》(*Il Comune*)增刊中的文章，No.82，1968年

> 编者按：在这份关于学校和教育的增刊中，除了下面关于托管学校的文章之外，还包括了涉及以下主题的文章：中小学；体育教育；学校的健康、文化和娱乐；未来前景；以及学校和民主。

市立托管学校：一种配得上我们这个时代的儿童的教育

我们相信，相较于其他所有的倡议，市政府在市立托管学校方面的打算和努力是受挫最久的。在克服了阻力之后，经过十年的努力，市政府终于在 1963 年 11 月 5 日开办了它的第一所托管学校：这所学校位于帕斯特伦戈路（via Pastrengo），后来改名为"鲁滨逊·克鲁索"[sic][14]。1964 年 11 月 9 日，安娜·弗兰克托管学校在罗斯塔新区（Rosta Nuova）开办。1967 年 10 月 1 日，历经了自 1962 年开始的一场长时间争论之后，市政府得以接管在塞拉村的"4 月 25 日托管学校"。今年年初，市政府在最近刚建成的同名社区中建立了它的第四所托管学校，名为"普里马韦拉"。今年，市政府应该开始建设它的第五所极其现代化的托管学校，它将坐落于戴安娜电影院旧址的公共花园绿地之中（市议会一致投票通过了这项决议，目前正在等待省行政议会[15]的批准）。今年进一步的计划还包括，在旧维拉吉奥·福斯卡托区（Villaggio Foscato）建立另一所学校，以及将迄今为止由私人运营的其他学校改制为市立。

大约有 400 名儿童在市立托管学校上学，共有 18 名教师。每年的运行成本为 6 000 万[里拉，意大利采用欧元之前所使用的货币]。每个儿童每天花费 600—650 [里拉]。两辆巴士负责接送儿童。在夏季，大约有三分之一的儿童前往海边的暑期之家，这是市政府在切塞纳蒂科[16]（Cesenatico）的地产。

尽管市政府有自己的教育主管，但是机构的生活则是由议会提名的专家组成的监事会[comitato di vigilanza]进行监督[17]，这对他们是非常有利的。

市立的托管学校在组织和教育效率方面达到了模范水平，以至于它们不止一次成为专业杂志社发表的文章和研究的对象，并成为全国会议的反思主题。

与家庭的会议、与教师的定期会议和学习日、面向家庭的教育会议、教育展览、教育材料的直接创造、实验教学研究会议、有来自其他城市的教师参加的学习会议，所有这些都构成了生活、革新和研究的丰富时刻，而这也正是我们市立托管学校里的工作所呈现出的特点。

为幼儿创建现代学校的先决条件是清晰和有意识的定位：首先最重要的是对于机构的价值观的定位，该机构被认为是一个有组织的公共教育的范例，它是基于儿童——我们这个时代的活生生的儿童——的权利、需要以及心理和社会需求而建立的。因此，也就是说，该机构所基于的教育学是面向当今世界和社会的，但同时它也与我们传统的情感和智慧相融合。

瑞吉欧·艾米利亚市政府所成就的儿童学校教育工作散发着一种创始精神，这种精神源于做出的如下选择：建筑环境能够尽可能地容纳积极教育学；生活环境能够安排丰富多彩的刺激，以推动儿童全身心地去体验和发现；社区能够乐于与家庭、大自然和人类社会进行文化交流；绝不能容忍把学校机构看作是提供保护、边缘教育或次级教育的场所，或者把它看作是为等待智力到来和小学来临的儿童提供的一个**美好温暖**的假期。

文化和教学——从某种意义上说，与机械灌输或墨守成规[传统方法]毫无相关——在幼儿园中也有它们的一席之地。

这是在意识到巨大困难的情况下，尝试对理想进行的一种操作，其中所遇到的困难至少与伴随这种原始实验的乐观主义旗鼓相当。

对于不同年龄的儿童，我们试图创造不同的教育环境和条件：调整家具陈设、游戏空间、使用材料促进发展、谈话主题和成人干预。因此，童话故事是给3岁的儿童听和读的，匹诺曹的故事是给4岁的儿童听的，而更具结构性的鲁滨逊漂流记的冒险故事[sic]是给5岁的儿童听的。

垫子是供3岁儿童玩耍和工作的一个空间和模块；对于4岁和5岁儿童来说，可以自由组合和重新组合的小组活动角是一个很好的激励。用画笔和腾普拉（tempera）①颜料在画架上作画，立即给儿童，甚至是3岁的儿童，带来了一种真正的表达性的快乐，越来越多其他的表征性和激励性的语言②也得到了运用，为儿童带来了源源不断的快乐。

3岁和4岁儿童将水倒入瓶子和其他容器就会很开心，在这样做时，正如他们操作其他经过精心设计的教育材料时一样，他们都会从中逐渐发现规律和关系，当他们5岁时用一升、半升、四分之一升等常规计量单位的容器倒[液体]时，这些规律和关系会变得愈加清晰。

儿童玩"集合"（set）时（这是我们正在进行的实验中最令人着迷的一个，它将最新的数学发现引入了儿童的世界），他们会逐步发现分类、一一对应、等量和差异的原则，从而从这趟旅程中获得数字的相关知识。

教师观察、刺激、做笔记、重新提议、检验：这是我们试图让他们养成的态度。

市立托管学校的儿童背上他们自己的书包去"学校"：通过入学前的面谈和一年中举行的会议，家长意识到了我们希望与他们一起开展的教育旅程和教育选择，这样

---

① 腾普拉（tempera）颜料是一种幼儿园常用的、以水为基质、无害、不过敏、价廉并能用水和肥皂清洁的颜料。——中译者注
② "语言"在这里指的是儿童用以表征思维的不同方式。——中译者注

他们可以本着一种全新的精神欣赏和合作,这种精神可以立刻提升我们在儿童问题上共同完成的工作的水平。

教师没有登记簿,他们有的是观察笔记本,带着批判性反思和好奇的精神,在里面记录下他们工作中的重要事件、他们的经历和孩子们的不同行为。

当儿童结束这三年的生活经历,进入到一所6岁儿童的学校时,他们不会匿名和默默无闻地进入那里,会有一份内含评价和评语的个人档案先他们一步进入学校,这样,对于小学的教师来说,就能更容易地继续这项从其他地方就已开始的工作。

从这个意义上来说,托管学校与后续的学校在精神上和事实上是连接的,它的教育特征实际上正是有效地扎根于这种公正和必要的有机统一,而又不以任何方式削弱其真正的原创性。

劳瑞兹·马拉古奇

[瑞吉欧·艾米利亚]市立心理-教育-医学中心心理学家

1969年

34. 69 致市长、公共事业评审负责人和学校评审负责人的信,1969年1月9日

1969年1月9日

致市长
致公共事业评审负责人
致学校评审负责人

这封信旨在传达我们心酸而又痛苦的诧异之情,以及我们对无情砍伐树木——所有树木——的抗议,这些树木包围了戴安娜托管学校现已完工的区域。

在我们没有得到任何预警的情况下,在昨天的几个小时之内,破坏就已造成。事实上,从我们自身的具体利益出发,这将在组织和教育层面上导致严重的问题和后果,这将迫使我们在城市绿地的中心地带反而不得不使用大型的沙滩阳伞,以保护儿童在明年夏天免遭阳光的伤害。

发生的这一事件很严重:严重到我们难以置信这项举措是市政府办公室驱动或决定的。

无论情况到底是怎样的,我们认为这一事实本身至少需要进一步的反思:在这进一步的反思中,我们认为有必要迫切审视如下问题,即[市政府中]相关联的或者不可

避免地相互依赖的部门中的工作人员之间——尽管他们的能力不同——建立起有效关系的益处。

劳瑞兹·马拉古奇博士

* * *

35. 69 来自鲁滨逊·克鲁索和安娜·弗兰克这两所市立学校的工作计划，1969年2月

> 编者按：1966年，在鲁滨逊·克鲁索和安娜·弗兰克这两所市立学校，开始了基于阅读两本经典著作的实验性工作：《鲁滨逊漂流记》和《木偶奇遇记》。工作计划由市政厅印制，以确保整个系统中的学校都可以获取到该资源。

4岁和5岁儿童的教育体验，1969年

为什么是鲁滨逊和匹诺曹？[18]

在两所不同的学校开展了三年的工作之后，我们可以肯定地说，我们最初的选择不是一个错误。

如今令我们倍感鼓舞的成果在经历的过程中已经得到了认可，在与教师的研讨会议和与家长的会晤中也得到了认可。这些成果让我们相信，可以在其他市立学校再尝试这一项目，值此之际，我们觉得是时候让同行们关注和反思这些成果了，从而作为能够促进讨论和具体交流的许多可能的参考点之一。我们感到，这种讨论和交流变得更加开放和紧迫，可能是因为人们已经日益觉察到了在幼儿园开展的激发性和创新性的教学工作，这可能得益于这方面的工作在近年来得到了更多的宣传，也可能是源于学校意识到[针对国立托管学校]的新指南中发出的邀请，该指南旨在鼓励实验和方法上的差异，其目的是"有意识地完善教学程序"。[19]

我们希望人们能够理解我们在学校中引入阅读的目的，正是这些目的引领着我们在其间做出的选择和提供的经验。我们这么做是为了向儿童和教师提供一个工作的"路线"——构成"教育工作"的许多可能的"路线"之一。一条能够让我们**并肩前行、共同成长**的路线，这是教育的核心要素，这样的教育让人既感觉可靠，又感觉自由，它试图沿着可能的、进步的方向对知识进行初步的组织和整合。组织并不意味着体系化，也不意味着简单地添加，这种现象时常发生，这源于一些"不屈不挠"的理论的持续影响，这些理论不仅剥夺了儿童的部分潜力和愿望，还扭曲了学习和成长的真正过

程,这一现象导致的结果是给偶然的、分散的和自发的经验留下了太多的空间。

如果我们反思一下对两部"经典作品"[《鲁滨逊漂流记》和《木偶奇遇记》]的选择,讨论就会变得清晰起来。这两部作品是我们的儿童和家长长期以来一直在阅读的作品,[这些书中的]英雄是我们文化的一部分,我们认为这个原因很重要。

有些人可能对选择《鲁滨逊漂流记》持怀疑态度,但是,当他们和我们一起发现儿童重温鲁滨逊故事时**浓烈**的快乐时(他们可以从我们对这一经历的介绍笔记中获得恰当和必要的工具),以及发现这些故事如何构成无与伦比的**戏剧化**场景时(它们刺激并支持认同和投射,并可以通过融合不同的经历来重新诠释),还有发现它是一个认知和文化刺激的奇妙来源时,他们会改变想法的。

工作计划中的各种活动可能会掩盖书中的"文学"价值和思想,这是一个真正的危险。但是意识到这一点就意味着,我们已经想好了有效的防御措施:一如既往,这在很大程度上取决于教师的敏感性和技能。

我们确信,我们的经历蕴含的价值之一是:有意识地拒绝被动的阅读,拒绝让自己臣服于阅读的召唤。这个年龄段的儿童用他们的手指、双手、身体动作、行动和思维来阅读,他们的思维内化在了动作和行动之中,并努力在成人的帮助下寻找参考和联系。

帮助儿童理解事件的历史和地理意义,为儿童提供机会去接触和对比当下的主题和知识,并通过游戏、操作、建构、实践、绘画和泥塑活动让儿童享受故事中逐步产生的各种情感、文化习得和想象力,这一切都揭示着我们**阅读**的意义,这种形式的阅读被认为是重新实现、更新、重新发掘和批判性地重新走进我们所处时代的体验。

不要说这是对只适用于大孩子而不适用于小孩子的方法的任意调换。如果一种方法是好的,那么它始终是好的,并且是被完全一致地受到尊重,即使这种方法只是部分地与主人公的有效手段相称。最后,如果说方法就是风格,如果说方法首先是一种态度,那么我们相信,这种风格和态度理所当然地属于是一种现代的、丰富的教育概念。

我们的经验依然存在,我们把它送给那些想要阅读它的人。让我们回到早先的讨论,我们相信,这一经历对我们市立托管学校的教师以及儿童的家长都将是有益的,这篇文章正是为二者所写,邀请他们加入到共同的教育工作中来。

劳瑞兹·马拉古奇
瑞吉欧·艾米利亚,1969年2月

虽然这项工作的规模不大,但这并不妨碍我们表达适当的感谢:感谢鲁滨逊·克鲁索和安娜·弗兰克学校的所有教职员工,在这项蕴含双重目的的实验中,他们展现出了智慧、奉献和牺牲精神,特别要感谢索菲亚·甘多尔菲(Sofia Gandolfi)和乔万娜·格拉西(Giovanna Grassi),她们承担了总结工作计划的任务。

我们很抱歉,在这个第一份出版物中没有提及在普里马韦拉和4月25日[学校]正在进行的另外两个研究[项目],前者关注的是冬季的主题,后者关注的是儿童的诗歌、韵律和游戏的主题。等到时机成熟时,这两个研究[项目]也将会被发表出来。

最后,我们要感谢我们的摄影资料的作者弗兰科·西加里尼(Franco Cigarini),我们的工作再也离不开他的技能了,还要感谢玛尔塔·卢苏阿尔迪(Marta Lusuardi),她协调了所有的印刷工作。

丹尼尔·笛福(Daniel Defoe)的《鲁滨逊漂流记》

工作计划

这项工作计划是教师和[班级]三(5岁)的儿童共同经历的结晶。

来自鲁滨逊·克鲁索托管学校(瑞吉欧·艾米利亚帕斯特伦戈路)的:

索菲亚·甘多尔菲

艾斯特·奥利里(Oleari Ester)

安东尼塔·波托尼(Pontoni Antonietta)

卡门·卡索利(Casoli Carmen)

格雷齐拉·布里根蒂(Brighenti Graziella)

该经历和工作计划是在劳瑞兹·马拉古奇教授的指导下制定和实现的。

选择书籍

没有哪个故事能像《鲁滨逊漂流记》这样堪称典范,不仅因为它为想象力、反思以及更为重要的表达性活动和儿童繁忙的实践活动提供了丰富的主题,还因为它为教师和儿童提供了广泛的启示和文化主题。

除了这些宽泛的特征之外,我们还想要强调一些其他的特征,它们有助于人们更准确地欣赏这项工作:

- 故事的简洁性和直线性;
- 鲁滨逊这个角色的呈现既清晰又引人入胜;
- 把鲁滨逊看作是人类生活的防御、建设和创造的这一想法;

- 鲁滨逊的**所作所为**是对人类几千年历史**所作所为**的完美而又具体的回溯；
- 儿童可以自在而又感同身受地重温鲁滨逊的建造经历；
- 鲁滨逊的胜利和冒险的关键是其思想和行动之间的强烈联系；
- 鲁滨逊表达和象征着"人是创造者"[20]（homo faber）的价值观（对人类的身体、智力、道德和最为重要的创造能力的信念），表达和象征着探索和尝试以前未经考验的天赋和能力，表达和象征着对生活和文化的重塑，表达和象征着行动前后的批判性反思，表达和象征着所有人类资源的延伸和蓬勃发展，表达和象征着为战胜自然和现实而斗争的能力，表达和象征着社会价值观的凸显（鲁滨逊和星期五等）。

我们的工作经历

我们和文本

我们没有遵循故事的完整版本，而是回避了那些我们认为不适合儿童智力、兴趣和情感水平的章节和故事，我们简化和修改了鲁滨逊故事的最后一部分，我们也并不总是遵循事件发生的顺序。然而，工作计划空白处的总结清楚地呈现了我们所做的选择。

讲故事还是阅读？

总结的问题

主题和动力

我们强调，必须缓慢前行，并经常以儿童的兴趣和期待为向导引领我们的行动。我们建议避免刻板的知识传授，尤其是在"谈话主题"［见下文］和其他综合性活动中。对谈话主题有很好的了解是必要的，我们需要迅速地把谈话主题与儿童的内在动机联系在一起，并且在必要时能够推迟、缩短和充实它们。

家庭中的鲁滨逊

鲁滨逊在家庭和学校之间

在家长会上，我们得以与家长共同开展和反思了鲁滨逊项目的一些相关工作，这一可能为我们大家提供了一个具体的例子，展现了学校和家庭如何能够而且必须交流教育经验。由此产生的"方法"鼓励双方进一步对话，并开启了一场探寻其他共同主题和问题的旅程。

实践性和表达性活动

鲁滨逊的冒险故事深深地"抓住"了儿童。这种情绪上、感性上和理智上的"抓手"对额外的谈话主题以及表达性和实践性活动构成了有效支持。其中，绘画成为一种意想不到的张力和表达性语言。泥塑和木工激发了很多热情,鲁滨逊的一些经历,比如在烤肉架上烤肉、操纵船帆、搭建栅栏和帐篷、制作黄油、建造捕捉动物的陷阱等,这些都需要敏锐的组织意识、恰当的工具、儿童之间的工作角色定位和合作,鲁滨逊的这些经历都成为儿童"合唱式"参与的时刻。

花园作为天然剧场

利用花园作为一个天然的剧院来容纳"大型戏剧游戏",这是一个非常宝贵和幸运的情况。波河上的水手送给我们了一艘旧船,我们把它恰当地安装好,并在长杆上装饰上旗帜,这使得我们能够操纵船帆,完美地体验了假装沉船以及其他令人振奋的经历。同样地,我们搭起一间小屋,并在周围用树枝和帆布条搭起栅栏,这大部分是儿童自己做的,它点燃了儿童热情的冒险。

一个永久的展览

我们有大量机会见证了鲁滨逊·克鲁索的故事是如何激发儿童和教师创作各式各样的绘画和大小不一的器皿、物品的。这一珍贵的教学纪录随着故事的发展而不断增加,它需要课堂内外的周密计划,以令教学纪录的创作者满意,它被作为是对儿童记忆和思考的持续刺激,以及对儿童所做工作的证明,家庭可以清楚地阅读和欣赏它。

与家长合作

在许多情况下,通过家长的帮助和直接合作,不仅可以获得工具和材料,甚至还可以实现一些"项目",这一点被证明是非常有趣和有价值的。家长们表示,他们非常乐于合作,儿童喜欢成人在场,由于这些原始的体验和真实的社区关系的时刻,学校变得丰富起来。

编者按:该文章后续还有鲁滨逊和安娜·弗兰克学校的工作计划;在这里只呈现了前者的。

阅读:讲故事	谈话主题	评论对象	表达性活动	戏剧化和实践生活练习
第一章 鲁滨逊1632年出生于英格兰的约克(York)。他违背了父亲想让他成为一名地方法官的意愿,他被海上生活吸引着,他逃离家乡,登上了前往伦敦的一艘船。这艘船失事了,但鲁滨逊被救了。他登上另一艘船,但却遭到了海盗的袭击。鲁滨逊得以逃脱,并被一艘前往巴西的葡萄牙船的船长带走。	世界地图;英格兰岛;大海;海上生活;指南针;寻找方向的其他方式	地球仪和世界地图;英国和意大利国旗;鲁滨逊的帆船;指南针	绘画(英国和意大利国旗;鲁滨逊与他的父母争执;鲁滨逊出海);制作两个国旗;建造一个帆船;制作一个基本的指南针	将一艘带有桅杆和帆的旧船放在花园里;戏剧;在花园里的基本定位练习

续 表

阅读：讲故事	谈话主题	评论对象	表达性活动	戏剧化和实践生活练习
第二章 葡萄牙船停靠在巴西的诸圣湾（All Saints Bay），鲁滨逊成为一名甘蔗种植者。然后，他成为象牙和砂金商人，最后，他被派往航行前往几内亚，为种植园寻找非洲奴隶劳工。	各种种族； 糖	鲁滨逊在世界地图上的旅行； 插图：甘蔗种植园，人的工作，精炼厂； 金钱（金钱的价值和用途）	绘画（鲁滨逊在甘蔗种植园工作）	写信给古巴驻意大利大使，获取有关甘蔗工作的文件； 玩商店游戏； 使用常规货币
第三章 鲁滨逊再次出海，但他的船被困在沙洲上。鲁滨逊试图乘救生艇到达陆地，但海浪将其击沉。作为唯一的幸存者，鲁滨逊设法自救，在半意识中到了荒岛。第一个晚上，他睡在树上。醒来时，他看到了他褐红色的船离海岸不远。	游泳的用处； 使用救生艇； 涨潮； 退潮		绘画（鲁滨逊的沉船事故）； 绘画（鲁滨逊睡在树上）	参观公共游泳池； 放映游泳的纪录片
第四章 鲁滨逊在等待退潮后游到船上。他建造了一个木筏，并装载上了所有可能有助于他生存的东西：船上的饼干、干肉、酒、木工工具、枪支、手枪、火药、一片片的船帆、绳索。他将所有东西带到了岛上，然后又乘木筏往返了几次，以获取其他物品：指南针、墨水、剪刀、望远镜、木头，甚至还包括两只猫和狗，最后是三本圣经。	木筏	望远镜（放大镜）； 木工工具（锤子、螺丝刀、钳子、锯子、木工刨等）	建造小木筏和一个巨型木筏； 绘画（鲁滨逊通过木筏运送食物和物品）	使用望远镜和放大镜； 木筏是如何漂浮的

* * *

36. 69给市长、学校评审负责人和市总工程师的信，1969年3月

34/B

伦佐·博纳齐律师

瑞吉欧·艾米利亚市长

城市评审负责人

学校和社会服务

首席工程师

瑞吉欧·艾米利亚市政厅

在原先戴安娜电影院的地盘上建设的市立托管学校即将开工，有一些对这个项目的批评，我认为这是让你们知悉的好时机。如果这些意见被接纳，就需要做出一些小的调整，我认为这对主管当局和出资机构来说不会太复杂。

以下是我建议的调整：

[......]

d) 该项目没有包括供儿童在小组中工作的艺术工作室。考虑到艺术工作室代表了我们经验中最具原创性的成就，深受儿童和家庭的赞赏，我强烈建议考察一下是否有可能在花园中安装一个小建筑（6 米×4 米）（或许可以用从帕斯特伦戈路的托管学校抢救回来的材料搭建），这将能够容纳这种类型的活动。

相信你们能迅速及时地考察所提出的问题，向你们致以最诚挚的问候。

劳瑞兹·马拉古奇教授

* * *

37. 69 "幼儿园学校-城市委员会的经验"（"Esperienze nelle scuole dell'infanzia Consigli di scuola-città"），第 1 号文件（Documento），摩德纳市政府，1969 年 10 月至 11 月

> 编者按：这篇文章基于在摩德纳的一场演讲，是一系列拟出版的文章中的第一篇，马拉古奇还为这份出版物写了一个简短的介绍。当时，马拉古奇负责摩德纳和瑞吉欧·艾米利亚的市立学校。
>
> "参与"是贯穿马拉古奇思想和工作的一个重要主题，参与促成了"社会管理"（gestione sociale）这一概念的贯彻，"社会管理"指的是一个当地社区不同部门代表构成的治理体系，它是瑞吉欧·艾米利亚和摩德纳市立幼儿系统的一个组成部分。最初的参与形式是 20 世纪 60 年代为促进市立幼儿园的开办而设立的倡议委员会（Comitati d'Iniziativa）；随后是 20 世纪 70 年代的学校与城市委员会，该委员会在整个 70 年代非常活跃。这份文档介绍的是这些学校与城市委员会的起源、依据和目的，它们在 1970 年 7 月被正式纳入了瑞吉欧·艾米利亚的市立婴幼园和幼儿园组织架构中。这些委员会在学校管理方面发挥了重要作用，它们由各类被认为有权对教育问题进行干预的社会代表组成：家长；社区委员会（Consigli di quartiere）的代表；以及"出于特定的文化利益而认同倡议的价值观"的市民。

引言

劳瑞兹·马拉古奇博士,摩德纳市立幼儿园教育顾问

该文章是一系列出版物中的第一篇,灵感来自于我们最近参与的一个事件,即第一批学校与城市委员会的成立,它们是儿童学校的组织、社会和教学管理的原创性选择。与学校理事会所做的旧工作相比,这是一个转折点,同时也具有丰富的价值和意义。

这份文件展现了它的真实面目:一份证言、一段旅程中的一步、一个检验的时刻、一个想法的组织工具,并且它面向所有将要基于这些想法开展工作的人。

其他文件将在短时间间隔内发布,将会从我们与儿童、教师、家庭、行政人员以及城市[摩德纳]的合作中收集灵感和经验。

幼儿园中的学校管理委员会的意义与干预

演讲者:劳瑞兹·马拉古奇,摩德纳市立幼儿园教育顾问

[在文件中,]我们的朋友法米伊[21](Famigli)已经介绍了我们即将推广的这种新经验的意义,这一经验起源于(在旧的家长委员会中)家长和教师之间的合作,(在正在创建中的新学校委员会中,)这种经验应该拓展成为一种更先进的合作管理形式。我们都确信这一倡议的极端重要性,以及它所要求的任务的复杂性。

我的贡献将是使问题进一步复杂化——更深入地研究——推动这一选择的价值观,以及实践和功能方面的相关问题。

或许这种反思在两个方面是必要的。它可以帮助我们避免在纯粹激进的、偶然的和松散的行动中封闭和削弱倡议的危险。然而,除此之外,这种反思还能给予我们必要的清晰条理、意识、想象力和创造力,以帮助我们明确具体工作的方式、工具和关系。第一个反思的点就是:教育学在这个问题上的立场是什么?

只有当我们的教育理念是动态的,而不是僵化的,我们才有可能找到答案。就像所有的人文科学一样,教育学需要根据时代的新状况进行改造、重建和更新,否则它就会失去其本质、功能和与所处时代相适应的恰当能力,尤其是为未来做出预见、预测和准备的能力。(实际上,这就是我们的学校正在经历的戏剧和危机。)

在这种特定的情况下,有一种具有真实功能和价值的鲜活的教育学,这是一种我们希望和期盼的教育学,它试图将幼儿园从新旧福利模式中尽可能地解脱出来,从新旧伪装教育的方式中尽可能地解脱出来。有些东西没有人想要,但是,正如詹姆斯

(James)[22]所说,当环境、时间表、需求、关系和其他一切都扭曲了学校的文化框架时,这种"坚硬而顽固的现实"就会强加在学校身上,使得**学校不得不忍受成人社会中存在的成人负担和矛盾、拖延、混乱、不公正**,而无法专注于儿童及其权利。

把幼儿园从这种模糊性中解放出来,不仅意味着创建儿童真正需要的教育机构,还意味着认可儿童在教育和学习方面享有平等的权利,并且这是重建小学的第一块基石,绝对不能推迟,它有可能创新面向各年龄段儿童的教育(在这个问题上已经有了强烈的共识)。

在摩德纳的幼儿园中正在进行的尝试、艰苦工作和经历,以及今天举行的讲座,都在朝着这个方向发展。

[……]

如果儿童的教育学不是社会以及社会存在和自我建构方式的产物,那么它又是什么呢?

这座城市,它是如何设置的,它的象征性现实,是一个可参考和争论的点,这一点我们已经谈到过。城市是由成年人建造的,在年龄问题上来说,它是基于成年人来进行的。城市只是为了到达工作年龄的人而建造的,并且它是在最物质层面的意义上建成的,房屋、街道、广场、作坊、电影院、剧院、汽车、高速公路都是为这些人而建造的。

真正被排除在外的是儿童。在这种人类学模式中,儿童是完全不正常的,他们忍受着它的非理性和暴力,他们遭受着它的束缚、禁律和压制;儿童最基本的需求遭受挫折。

他们别无选择,只能往往不可逆转地忍受它的异常运作,或者天真地希望自己能像彼得·潘(Peter Pan)那样拒绝长大,永远做个小孩子,又或者希望自己像巨人卡冈都亚(Gargantua)和格列佛(Gulliver)那样,采用不自然的方式迅速长大,以此来拯救自己。他们绝望地在一个童话世界中寻找救赎,这个世界注定要在现实之风袭来时分崩离析。

[……]

寻求与家长的新关系只能在两个具有决定性价值的前提下进行:一个为了解放和更新方法与目标而对所有假设**保持有意识开放的学校**;以及一个同样开放的**有组织的社会环境**,这一环境不仅认可同时还激发新的概念——围绕公民权利、存在和贡献的新概念,以及民主讨论和解决共同事务的方式和时机的新概念。

家长委员会过去和现在的经验已经证明了这些事情,但是我们需要用更多的信念、更多的精力、更深入的阐述来推动这些事情。这次会议已经表明,我们具有这种可能性和成熟性。

[……]

我们知道某些重要的事情;我们在困难的环境下工作,但在许多方面我们是幸运的。

我们幸运是因为我们参与了与学校、教师、市政府等的对话,他们已经倾向于这种教育体验。我们幸运是因为我们可以依赖已经存在的真正的组织结构。最重要的是因为,幼儿园提供了一个开放、灵活的领土,它未受到官僚主义、集权化、组织僵化、信息迂回、登记册、有着分数的公告栏这些巨大"病毒"的影响。此外,幸运的是,我们的家长还未受到投机主义和功利主义的影响,虽然之后在其他学校他们会受此影响。

我们的交流可以在这片更加开放、更加肥沃的土地上进行,首先需要立即做的是,将围绕**对话**(dialogue)的某些观念去神秘化,在理论化过程中,虽不吝辞藻,但是这些观念的内涵没有改变,关注的只是形式。幸运的是,因为没有行得通,它们都自行消失了。我们指的是学校-家庭委员会和各种各样的学校家长会(Ecoles des Parents),它们首先维护了旧学校的不可触及、傲慢和居高临下的态度,并且它们所要求的合作只朝着一个方向:纠正学生,以使他们变得被动,并让他们被动服从地合作。

这些委员会把学校看作是一个禁忌,只有博学的、微妙的手可以触碰,而它们从来就不属于家长。因此,让我们记住,家长作为**服务的接受者、赞助者和资助者**,他们没有权利,甚至连表达期望以及平等参与讨论、辩论和会议的权利都没有。

[……]

在这种框架下,目前许多家庭都在大力推动的全日制学校[23]可能会带来许多的模糊性,它们试图在学校中找到解决方案,但照旧不变的是:教育与城市、城市的教育和文化组织、公共议题和问题之间的关系和联系。因此,鉴于我们不能在学校的传统内涵以外建立教育和成长环境,全日制学校似乎是一个最不坏的选择,是一个听天由命接受的选择。因此,我们想在一个禁止儿童的城市里建立一个羞辱而虚假的儿童城堡。这是另一种暴行,是对城市的犬儒主义和压迫的"纸老虎"式防御。

[……]

这就是为什么学校与城市委员会——我们将称呼它们为"学校与城市委员会"(Comitati di Scuola e Città),而不是用更加局限的"学校委员会"(School Council)这个名字——可以在学校事务和城市事务上更加一针见血;必须重新定义城市,并为成人和儿童量身打造城市。

* * *

38. 69 在市镇群（Circondario）会议上关于婴幼园和幼儿园的演讲，里米尼，1969 年 11 月

> **编者按**：市镇群是由一群市政厅组成的一个行政实体。促成这次幼儿教育会议的委员会包括来自（组成市镇群的）七个市政厅、三个工会联盟、三个左翼政党、一个天主教协会和意大利妇女联盟的代表。在 1968 年通过了一项法律，规定国家为 3—6 岁儿童提供学校，在 1969 年，颁布了《国立托管学校教育活动指南》(*Orientamenti dell'attività educativa nella Scuola Materna Statale*)，该指南就是下文提到的"新指南"，该会议紧随其后。

幼儿园新指南

劳瑞兹·马拉古奇教授

［瑞吉欧·艾米利亚市立心理-教育-医学中心主任、瑞吉欧·艾米利亚市立幼儿园主任（总负责人）］

［……］

论文——尤其是教育论文——的命运是脱离现实，提出往往只会停留在文字层面的建议，要么就是由于机构的拖延和结构性缺陷，它们与事物和事件相比老化得更快。

时间紧迫，因此，为了激发最大程度的反思，在议会斗争以及伴随国立托管学校的诞生而争议涌动的背景下，我们将不去重新审视指南，而是就少数几个方面的一系列问题，尝试进行革新和组织，仅此而已，因为这些问题影响到指南，而且作为早期教育工作者，它们也直接涉及我们今天的工作。第一个问题与国家最近颁发给我们的指南有关，涉及到学校的类型。有人曾经写道，实际上，国家交到我们手上的是一所至少有百年历史的陈旧学校（仿佛就是 1859 年的议会和卡萨蒂[24]（Casati）部长批准的学校）。

［……］

现在，如果说有那么一所学校，它的经历是典型的，它必须向前看，必须要求家庭积极和负责地参与，必须响应生活环境和习俗的特殊性，必须不断地向社区阐释其行动背后的原因，必须尽可能地开放和灵活，必须代表一种通过直接、真实和民主的经验来进行民主教育的方式，那么这所学校就是托管学校。

［……］

与家庭的关系朝着——或者说它们可以朝着——口头上的合作前进,在口头上,把托管学校变成面向家长的学校,但是实际上,却依旧推崇从属和边缘的家庭概念,使家庭成为被动的服务使用者,而不是被教育理想和理念激励着参与其中。不管其他方面怎样,这所学校的教育倾向仍然是一个虚假的、传统的现实,朝着——或者说可以朝着——封锁世界和外部现实的方向发展,儿童与世界和外部现实之间的联系被通过暴力行为而人为地切断。不管一个教师多么专业,如果她的工作变成了在教室和学校墙壁包围的狭窄空间里进行的一个孤独过程,那么她的人性和文化层面的东西就会——或者可能会——迅速地、逐步地萎缩。这只是当我们把指南与实际情况进行比较时所引发的一部分批判性思考。

我们希望解决的另一个问题与指南中关于教师人格的章节有关。

[……]

这一问题涉及到两种反思,一种与教师的文化和专业背景有关,另一种与教育者被给予的实际的教育环境有关。这两个方面不仅往往与我们指南的实际情况相去甚远,与我们的日常经验也大相径庭。这是一个老问题了;每个人都同意必须果断地解决托管学校教师的初始职业教育问题。事实上,情况正变得越来越糟糕。现有的教师培训学校[……]不再是唯一培养教育人员的学校。在我们所有的城市,为"庇护所"学校教师(顾名思义)开设的速成课程正如雨后春笋般涌现[25],推动这些课程的是一些神秘的组织,它们是宗教性质的组织,这点再明显不过了。[……]通过六个月的时间——这比孕育一个孩子所需的时间还要短,准备不足的年轻女孩就被颁发了文凭,而那些教授她们的人甚至更加欠缺准备。

但这不是我们所担心的问题,或者说并不是我们唯一担心的问题。我们的批判性反思想要触及的问题是:指南中所界定的教师的人性和专业特质。指南中定义了教师需要具备的文化属性、教育学知识、心理学知识、社会学知识、持续专业发展的需要、建立积极人际关系的能力、必要的情绪平衡,甚至乐观和幽默的天赋。这些是构成教师角色基础的所有品质,如果缺失的话,教师与儿童的关系可能会受到损害、妥协,甚至变得消极。然而,要想使这种情况成为现实,要想使教师的基本能力不被耗竭和恶化,必须具备的一个实质性的、非纯理论的前提是,保护她的真实工作环境和捍卫她的禀赋,不仅如此,还要不断地强化、刺激和完善她的禀赋。其中涉及到几个问题,我们恳请讨论两个。第一个是教师的存在现实的背景(the context for the teacher's existential reality),它仍然牢牢扎根于学校传统,面对着三十、四十、五十、六十个儿童,教师在完全孤独的环境中工作,独自面对她的问题,独自面对儿童所呈现的问题,以及每个儿童都会呈现的问题。

这是指南所忽略的方面,但是它至关重要。如果我们想要在保护儿童健康的同等基础上捍卫教师的身心健康,那么教师的最佳工作状态就需要打破这种可怜的孤立局面。在团队中工作,作为一个共同体一起工作,让教师的工作对外界的刺激和问题开放,这些都是核心的参考点。如果我们想要保护教师的形象免受自我的真正摧残,我们就必须寻找其他方式来对学校进行概念化。矛盾的是,我们不得不说,这一问题的解决方案往往会遭到教师自身的抵制,这是由于他们受到了长期而又根深蒂固的文化制约。当然,这个问题的另一方面与我们期待教师和儿童存在的生活环境有关,包括行政的、建筑的、功能的和其他方面的。

[……]

我们确信,教育哲学不会随便与哪个人共处。我们的许多学校,太多太多的学校,对教育哲学只是口头上说说而已,甚至对最简单的教育哲学也置若罔闻。尽管这些学校做出了打算、牺牲和努力,但是它们造成了损害和蔑视,对儿童无益。如果师生比例失调,不尊重师生比的可能阈值,更不用说遵照最佳师生比了,那么上述状况不可避免地会发生。假设一个女人必须同时在五到十台织布机上工作,被弄得筋疲力尽,那么这无异于是一种令人恐惧的非人道主义模式,但是一名教师面对三十个、四十个或五十个儿童,这也不亚于上述的"奇观"。

我们还要说的是:这些儿童每天在学校待上十到十二个小时。他们的工作应该会是持续终生的,教师队伍的耗竭,以及儿童的耗竭,都是不可避免的:精力和张力被消耗殆尽,儿童被摧毁。通常这两种情况的发生都是不可逆转的。我们必须努力尝试,把幼儿学校从新旧福利模式中尽可能地解脱出来:正如詹姆斯所说,有些东西没有人想要,但它们是坚硬而顽固的现实,当环境、时间、关系和其他所有因素压倒任何严肃的心理、文化和教学框架时,这种现实就会强加在学校身上。学校无法专注于儿童及其权利,而是忍受成人的负担和矛盾,或者更确切地说,成人社会中存在的拖延、混乱和不公正。将幼儿园从这种矛盾中解脱出来——我们的公共行政人员也往往会陷入这种矛盾中,玩弄起一种制度游戏,只要它降低教育水准,不造成任何影响,不改变任何事情,就能让早期教育得到扩张。将幼儿园从中解放出来意味着,创建儿童需要的教育机构,并认可儿童在教育和学习方面享有平等的权利。这也意味着,释放出一股强大的能量,以革新接踵而来的学校,为教育哲学的腾飞提供根基扎实的规划,对于针对大龄儿童和青少年的学校,重新思考教育的目的、内容和方法,通过这种方式激发对价值观的重新探索,这一探索将远远超出学校的边界。

注释

1　国家驻地方行政长官拒绝了瑞吉欧·艾米利亚市提出的将塞拉村的家长自治学校改制为市立学校的请求,尽管这一请求得到了广泛的支持。在1963年瑞吉欧·艾米利亚市对这一决定提出了上诉,但直到1966年才予以审理。中央政府还通过实施预算控制来阻碍地方发展,特别是对"可选"这一项的开支进行控制,而"可选"项恰恰涵盖了幼儿教育在内。

2　合作教育运动(Movimento di Cooperazione Educativa)成立于1951年,最初的名称是"学校印刷合作社"(Cooperativa della Tipografia a Scuola),旨在革新教育和引进塞莱斯坦·弗里奈(Célestin Freinet)的教学法。

3　马格里塔·佐贝利(Margherita Zoebeli,1912—1996)在苏黎世大学获得了义务教育教师资质,并于1953年在意大利-瑞士教育中心为里米尼地区成立了第一个心理-教育中心(Centro Psico-Pedagogico)。从20世纪60年代早期开始,她就建议里米尼市政府开办第一所市立幼儿园。

4　意大利语版参见该网站:http://www.scuolenidi.re.it/allgati/cartaper3diritt.pdf。

5　罗伯托·马泽蒂(Roberto Mazzetti,1908—1981)是萨勒诺大学(University of Salerno)教育学和教育史的教授、博洛尼亚托管学校顾问(1961—1968)、公立教育的积极改革者。

6　在皮亚杰的认知发展理论中,第三阶段被称为"具体运算阶段"。这个阶段发生在7—12岁,在这个阶段,儿童表现出越来越多地使用逻辑和推理。其中发展的一个重要的过程是"序列化"(seriation),它指的是根据任何特征对物体或情况进行分类的能力,如大小、颜色、形状或类型。

7　1966年,在未能通过允许国家提供托管学校的立法后,阿尔多·莫罗(Aldo Moro)政府下台。第444号法律终于在1968年得以通过。

8　费兰特·阿波蒂(Ferrante Aporti,1791—1858)、罗莎·阿加齐(Rosa Agazzi,1866—1951)和她的妹妹卡罗琳娜(Carolina,1870—1945)以及玛丽亚·蒙台梭利(Maria Montessori,1870—1952)都是意大利幼儿教育的先驱。

9　皮亚杰的理论基于这样一个观点,即发展中的儿童构建认知结构——换句话说,心理"地图"、图式或概念网络——来理解和回应他或她所处环境中的物理经验。每一个新的发展阶段都是通过从旧的结构中进一步分化、合并和整合而创造出来的,因此认知阶段的顺序在逻辑上是必要的。

10　库尔特·扎德克·勒温(Kurt Zadek Lewin,1890—1947)是德裔美国心理学家,被誉为社会、组织和应用心理学的现代先驱之一。

11　苏珊·萨瑟兰·艾萨克斯(Susan Sutherland Isaacs,1885—1948)是一位教育心理学家和精神分析学家,她推动了英国托育学校的发展。

12　卢西奥·隆巴多·拉迪切(Lucio Lombardo Radice,1916—1982)是一位数学家、教育家和政治家(意大利共产党成员)。

13　吉多·皮特(Guido Petter, 1927—2011)是一位意大利心理学家,也是帕多瓦大学(University of Padua)的发展心理学教授。他在1960年出版了《让·皮亚杰研究中的心理发展》(*Lo Sviluppo mentale nelle ricerche di Jean Piaget*)一书。

14　说到这所学校的名字时,这种口音会被发音出来,尽管在英文原著的标题中并没有标注。

15　省行政议会(Giunta Provinciale Amministrativa, GPA),是位于各省的一个国家机构,有权批准或否决市政厅的决定。

16　亚得里亚海(Adriatic Sea)边的一个海滨小镇,位于拉文那(Ravenna)以南约30公里。

17　在这篇文章发表的时候,市政府监事会有5名成员,包括市长伦佐·博纳齐。除其他任务外,它还促成了关于开办新的市立学校的决定。

18　《鲁滨逊漂流记》的作者是英国作家丹尼尔·笛福(Daniel Defoe, 1660—1731),这部著作于1719年首次出版,讲述了一个荒岛上的同名漂流者的故事。匹诺曹是希望成为一个真正的男孩的木偶人,是意大利作家卡罗·科洛迪(Carlo Collodi, 1826—1890)的著作《木偶奇遇记》一书的主人公,该书在1883年首次出版。

19　马拉古奇在这里指的是1969年针对国立托管学校颁布的教育指南(《国立托管学校教育活动指南》(Orientamenti dell'attività educativa nelle Scuole Materne Statali)),其中非常强调游戏、宗教教育以及与家庭的合作。

20　"Homo faber"(拉丁语"人是创造者")是汉娜·阿伦特(Hannah Arendt)和马克斯·谢勒(Max Scheler)提出的一个哲学概念,指的是人类通过工具控制环境。

21　利利亚诺·法米伊(Liliano Famigli)当时是摩德纳的教育评审负责人,他是一位政客,其职责包括幼儿教育。

22　可能指的是美国作家亨利·詹姆斯(Henry James, 1843—1916)。

23　马拉古奇所说的"全日制学校"指的是星期一至星期五上午8时至下午4时上课的学校,而不是当时的主流模式,即星期一至星期六上午8时至下午1时上课的学校。

24　1859年的《卡萨蒂法》(Casati Law)是意大利新政府的第一部教育法,一直到1923年该法律都管控着意大利的教育。

25　教师培训学校为14—18岁的学生提供中等教育,并提供在托管学校和小学工作的资质。当时只有三所这样由国家提供的学校,这为许多私立机构开辟了道路,马拉古奇批判的主题包括他们使用的术语"庇护所"教师,他批评道,"庇护所"这一概念是非常过时的,它与"幼儿园"这一术语对教育的强调相去甚远。

第三章
成长的岁月:1970—1979 年

图 3.1 "儿童教育问题会议"(Incontri sui problemi dell'educazione infantile):贾尼·罗大里(Gianni Rodari)(作家和诗人)的演讲:"为何我把最新的一本书献给了瑞吉欧·艾米利亚",与劳瑞兹·马拉古奇一起,阿里奥斯托剧院(Ariosto Theatre)威尔第大厅(Sala Verdi),瑞吉欧·艾米利亚,1974 年

图 3.2 在学生宿舍大厅(Casa dello Studente)举行的专业发展会议,瑞吉欧·艾米利亚,20 世纪 70 年代初

图 3.3 "有关捍卫和增加儿童的交流语言的文件、证词和假设"(Documenti, testimonianze ipotesi sulla difesa e sugli incrementi dei linguaggi di comunicazione del bambino),学校工作人员之间的公开讨论,学校与城市委员会(Comitati di Scuola e Città)和市民,体育馆(Palazzetto dello Sport),瑞吉欧·艾米利亚,1974 年

图 3.4 宗教教育公开会议,瑞吉欧·艾米利亚,1976 年

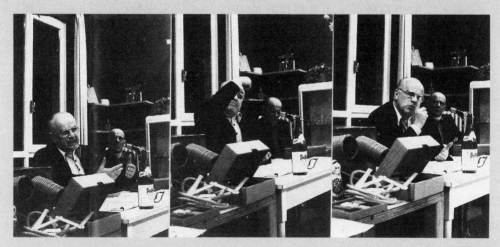

图 3.5 劳瑞兹·马拉古奇和戈弗雷多·吉迪尼(Goffredo Ghidini)(戴安娜市立幼儿园管理委员会主席),在戴安娜学校的会议,瑞吉欧·艾米利亚,20 世纪 70 年代末

介绍(彼得·莫斯)

历史背景

20世纪70年代是瑞吉欧·艾米利亚发展的年代,当时市政府扩大了幼儿园的供给,在这十年间开办了15所学校。此外,在1971年开办了第一所婴幼园(asilo nido;为3岁以下儿童开设的机构),以热那亚·塞维(Genoeffa Cervi)命名,热那亚·塞维是在1943年被法西斯分子处决的七兄弟的母亲。[1]随后,截至1979年又增设了额外10所婴幼园。截至1970年代末,瑞吉欧·艾米利亚市总共提供了20所市立幼儿园和11所市立婴幼园,而由其他机构提供的托管学校只有30所,其中大多数由教会组织(19个)和国家政府举办。

市政府现在提供服务的对象既涵盖了3岁以下的儿童,也包括了3岁以上的儿童,尤为强调在统一的0—6岁教育事业的框架下教育的连续性。此外,值得注意的是,所有这些服务都由学校和社会服务评审负责人来负责,正如我们接下来将看到的,与国家政府不同,虽然国家政府在20世纪70年代也参与了为3岁以下儿童提供的服务,但是它将这一新的责任交给了卫生部负责。因此,从最一开始,新的市立婴幼园的目的就被看作是教育性质的,尽管在组织婴幼园时也考虑到了在职家长的需要。

新兴的0—6服务的一个重要构成是1972年正式采用的《市立幼儿园章程》(Regolamento delle scuole comunali dell'infanzia),这是对"瑞吉欧·艾米利亚教育的性质和特点的整合"(Various Authors, 2012, p.105)。正如卡拉·里纳尔迪(Carla Rinaldi)[①]在近三十年后评论的那样,章程"阐明了学校和教育的概念,即它是公共的和参与式的,它是[一个]永久性的过程,它是儿童文化和人类文化传播和创造的场所"。该章程的创建是一个高度参与的过程,历经了为期8个月的工作和24份草稿,其最终版本为婴幼园和幼儿园提出了共同的原则和指导方针,包括:

- 婴幼园和幼儿园作为儿童、教师、家长和当地地区的教育场所。
- 婴幼园(为3岁以下儿童开设)和幼儿园(为3—6岁儿童开设)之间的教育连续性和教学协调。
- 教学协调员(pedagogista)[拥有心理学或教育学学位,负责支持一小组婴幼园和幼儿园(最多5个)]和心理学家的教学协调。

---

① 在本书中,卡拉·里纳尔迪和卡丽娜·里纳尔迪指代的是同一个人,卡丽娜是卡拉的昵称。——中译者注

- 家长和当地的参与者，他们被组织成为学校与城市委员会（Comitati di Scuola e Città），该委员会定期选举。
- 享有特殊权利的儿童（瑞吉欧·艾米利亚采用了该术语来指代残障儿童）优先入学。
- 提供艺术工作室（atelier）和驻校艺术教师（atelierista）。
- 每个班级中的两名教师每天一起在班上。
- 面向所有教育工作者（教师、驻校艺术教师、厨师、辅助人员）的长期的同事间平等的工作氛围和专业发展。
- 男教师和非教学人员。
- 所有的室内外环境都被视为有价值的学习空间，包括厨房、洗手间和花园。

正如章程中明确指出的那样，瑞吉欧·艾米利亚并不满足于仅仅提供更多的服务。在这些机构内部开展的教育工作至关重要，这也是1972年成立的"教育教学团队"（Équipe Pedagogico-Didattica）所表达的优先事项，该小组是一个教学协调员和心理学家团队。1970年任命了第一位教学协调员之后，该小组就组建成立了。艺术工作室和驻校艺术教师也在市立学校得到了发展，驻校艺术教师是一种有艺术背景的新型教育工作者，他们与教师肩并肩工作。

章程中大力强调，儿童、教师、家长和整个当地社区都需要参与服务的运作。1968年，在城市居民社区设立了倡议委员会（Comitati d'Iniziativa），以敦促开办市立幼儿园和婴幼园。1970年，基于早期公民运动的事迹和倡议的启发和经验借鉴，学校与城市委员会在幼儿园和婴幼园成立。这些委员会在20世纪80年代变成了管理委员会（Consigli di Gestione），它们成为所有市立学校组织的一部分，以一种"社会管理"（social management）的形式将家长、教育工作者和其他市民团聚在一起。章程还强调了非等级式的、协作的工作方式，认可了所有员工（包括如辅助人员和厨房员工）的平等权利和重要性。

但是这项教育工作并不是孤立完成的。除了密切参与地区政府的新兴工作外，还与其他参与"市立学校革命"的城市和乡镇进行了持续的对话和交流，如摩德纳、博洛尼亚、皮斯托亚（Pistoia）、佛罗伦萨和米兰，搭建了一个相互学习和团结一致的网络，促进了整个意大利服务的发展。章程最初是为瑞吉欧·艾米利亚的市立学校制定的，但后来成为"许多意大利城市的参考"（同上，p.118）。（与此同时，一些市政府决定将学校移交给国家管理，以节省资金，自1968年起，国家成为服务的直接提供者。）20世纪70年代末，第一批来自古巴、西班牙、瑞典和德国的外国访客来到瑞吉欧·艾米利亚及其学校参观,这预示着瑞吉欧·艾米利亚随后建立起了广泛的国际关系。

就全国而言,这是意大利"历史性妥协"(Compromesso storico)的十年,这一倡议是由意大利共产党新领导人恩里科·贝林格(Enrico Berlinguer)提出的,旨在与意大利的主要执政党——天主教民主党和社会主义党——寻求理解,以及加强劳工和雇主之间的关系。推出该倡议的一部分原因是出于避免1973年的智利军事政变在意大利重演的考虑。随之而来的是欧洲共产主义的兴起,法国、西班牙和意大利的政党走得更近了,它们重申了致力于走民主的社会主义道路并从苏联独立出来的承诺。然而,由于被排除在国家政府之外,并且面临的政治对手娴熟老练,这些发展并没有给意大利共产党带来多少实际收益,它的主要影响力仍然是在地区和地方政府,尤其是在以艾米利亚·罗马涅大区为中心的"红色地带"(Red Belt)。

然而,也有其他的反对政治力量。尽管学生运动在1968年达到了顶峰,但它仍在继续激化,而工人骚乱一直持续到1973年,之后才逐渐平息。由于1973年石油危机之后的通货膨胀和经济衰退的不利影响,以及自1970年以来不断增多的女权主义团体的推动,妇女运动势头大增,并在全国占有一席之地。在迅速变革的社会中,这些力量促成了对新权利的需求的增长,并促使20世纪70年代成为改革的十年。

立法准许了离婚和堕胎,这在历史上是首次,立法还认可了妇女同工同酬的原则,产假开始推行,同时,国家政府开始支持婴幼园,并为婴幼园的开办提供公共资金。全日制小学得到发展,在组织和教育学方面的转变引发了学校教育的创新。国家卫生服务被建立起来,其目的是将现有的形形色色的、冗余的系统转化为一个协调的整体;与此同时,还制定了关于精神卫生服务的新立法,旨在用社区护理来取代大型医院。

在战后1948年的宪法中,首次设想了地区政府(regional governments)的概念,时隔多年之后,民主选举产生的地区政府最终成立,并且一系列职能被移交给了它们。这种权力下放的做法用更加地方化和民主化的监督制度取代了长期以来由国家任命国家驻地方行政长官的制度,并在幼儿教育领域(以及其他教育和福利领域)引入了一个新的参与者,地区政府的首要职责之一就是向市政府分配国家资金,用于创建婴幼园。(不过,应该强调的是,地区政府并不能解决意大利政府更广泛的弊病;正如罗伯特·普特南(Robert Putnam)在1993年关于意大利地区政府的著作《让民主运转起来》(Making Democracy Work)中所强调的那样,各地区的表现差异很大,过去如此,现在依旧如此,艾米利亚·罗马涅大区被评价为是表现最好的地区政府之一。)

瑞吉欧·艾米利亚成为艾米利亚·罗马涅大区的一部分,该大区的行政中心设在博洛尼亚。除其他职责外,大区还负责为该地区发展新获国家批准的婴幼园事业进行规划和制定标准,就建筑、管理和监管等事项立法,以及向市政府提供各种形式的支持,例如培训教育工作者。艾米利亚·罗马涅大区认真地对待这一职责,于1972年推出了有关婴幼园的地区立法,并为这些新服务制定了资金和建设方面的计划。甚至在1971年国家议会通过有关婴幼园的立法之前,艾米利亚·罗马涅大区就已经开始进行讨论和规划。1975年,举办了主题为"儿童作为家庭和社会中的主体和权利来源:创造更多的婴幼园和幼儿园以促进个体和社会教育"的地区会议。随后,在1979年,举行了主题为"婴幼园的教育和社会价值:经验、反思和提议"的会议。这两个会议主题都突出了对婴幼园的重要教育角色的清晰认识。

1971年通过了一项法律,准许公共资金用来资助婴幼园服务,在这项法律通过之前,瑞吉欧·艾米利亚就利用了一个法律漏洞开办了它的第一个婴幼园,这为瑞吉欧·艾米利亚创造了良好的条件,使它在地区政策的发展中发挥了积极的作用:

> 1970年,艾米利亚·罗马涅大区开始制定管理提议,并讨论新的0—3服务的作用和意义,从而为新的法律做准备。面向未来教师的专业发展课程得到了开发和资助:劳瑞兹·马拉古奇是这项工作的委员会成员。由建筑师、城市规划师、教学协调员、厨师和卫生官员组成了一个不同的跨学科小组,致力于为新的婴幼园明确建筑和家具的特征:卡拉·里纳尔迪与这个小组一起合作。
>
> 一年后,当国家立法出台时,艾米利亚·罗马涅大区已准备好将其付诸实践。1972年,关于婴幼园的地区立法与相应的筹资和建设计划一起出台。
>
> (Various Authors, 2012, p.114)

但是,如果艾米利亚·罗马涅大区要成为一个好的地区政府能够做到的榜样,那么这一改革也并不都是成功的。其他一些地区效率低下、浪费巨大,并且只是再现了战后意大利政府普遍存在的权力滥用。一般而言,改革常常因执行不力而遭到破坏。正如保罗·金斯伯格所观察到的:

> 这些法律中有许多是对矫正改革的认真尝试;几乎所有的法律都执行不力,有些甚至根本就没有得到执行。到了20世纪70年代末,意大利成为一个福利国家,但它非常"意大利式"。这些服务……通常数量众多、令人赞叹……但时常执行不到位,并且总是成为追逐党派政治利益的工具。
>
> (1990, pp.394-95)

必须在全国变革普遍失败的大背景之下来看待像瑞吉欧·艾米利亚这样的市政府以

及像艾米利亚·罗马涅大区这样的地区在当地取得的成功。

如果说 1970 年代是改革的十年——尽管该国许多地区的改革实施存在缺陷——那么这也是政治暴力和恐怖主义的十年。在所谓的"铅色年代",1969 年至 1981 年间发生了近 2 000 起谋杀案,牵涉到了左翼和右翼极端组织,其中包括 1978 年的"红色旅"(Red Brigade)劫持并谋杀了阿尔多·莫罗,他是意大利天主教民主党的秘书并五次担任总理。在瑞吉欧·艾米利亚附近,1980 年博洛尼亚火车站的恐怖爆炸事件造成了 85 人死亡以及更多人受伤。在这背后潜伏着令人不安的猜疑,即国家安全机构的成员与右翼暴力有牵连,随后采取了"紧张战略"(strategy of tension),而这可能会为专制政权创造条件:

> 在一些优秀的调查性报道的引导下,意大利的公众舆论变得更加确信,一个阴谋正在酝酿……希腊的上校在希腊成功地使用了[这个战略为 1967 年的政变辩护],现在看来,似乎新法西斯主义者和一些情报部门正试图在意大利重复这一模式。
>
> (同上,p.334)

马拉古奇的生平

在 1970 年,劳瑞兹·马拉古奇离开了市立心理-教育-医学中心的职位,正式成为市立幼儿教育服务的教学主任(总负责人),此时,他在瑞吉欧·艾米利亚幼儿园中的角色正式形成。不久之后,他被指派负责新一代服务的人员配备和协调工作,即婴幼园。他在章程的制定中发挥了核心作用,同时,他也忙于制定有关幼儿服务的地区政策。此外,通过设立艺术工作室和驻校艺术教师,他还积极推动了将造型①和视觉艺术作为重要的"语言"引入市立学校,另外,他也促进了与戏剧和音乐的合作,并提议任命马里亚诺·杜尔奇(Mariano Dolci)为第一个被市政府雇佣的木偶剧演员。

1974 年,他结束了与摩德纳幼儿教育的工作关系,此前,他曾同时承担在摩德纳市政府的工作以及在瑞吉欧·艾米利亚的工作。该关系断裂的原因在于,他们对未来教育策略的看法不同,即在质量和数量问题上持有不同看法。马拉古奇想集中精力发展市立学校的教育工作,而摩德纳市政府则优先考虑扩大服务的覆盖面积。

---

① 造型艺术(plastic arts)指的是涉及建模或造型的艺术形式,或涉及具有三维效果的实体表现艺术,如泥塑、雕塑、陶瓷等。——中译者注

在摆脱这一关系的同时,通过与新的地区政府的合作,马拉古奇把自己的参与拓展到了其他地方。

他也出现在了国家舞台上,进一步发展了与其他教育领军人物的关系,如作家和诗人贾尼·罗大里,他在构思、创办和指导意大利一个新的幼儿杂志《零六》(*Zerosei*)方面也发挥了主导作用。卡拉·里纳尔迪追忆了她和马拉古奇以及其他人如何曾经[从20世纪70年代初开始]在意大利各地旅行、参加会议,以及基于瑞吉欧·艾米利亚的经验建立联系……与一些城市[建立了]友谊,这些关系至今仍然保持着快速发展(Rinaldi, 2006, p.159)。1971年,马拉古奇与瑞吉欧·艾米利亚的学校一起组织了一个名为"一个新幼儿园的经历"(Esperienze per una nuova scuola dell'infanzia)的会议,这是第一次此类的全国性和非宗教性活动。他们预期会有小几百人参加,最终却有970人出席,为期三天的会议之后,很快出版了一本出版物,马拉古奇后来将其称为"意大利最早的关于儿童教育主题的非宗教出版物之一"(Malaguzzi, 2004, p.12)。

与此同时,马拉古奇继续如饥似渴地阅读他称之为"第二波学者"的著作,这些学者来自许多学科,包括心理学家大卫·谢弗(David Schaffer)、杰罗姆·卡根(Jerome Kagan)和霍华德·加德纳(Howard Gardner),哲学家大卫·霍金斯(David Hawkins),计算机网络学家和人类学家格雷戈里·贝特森,物理学家和哲学家海因茨·冯·弗尔斯特(Heinz von Foerster)以及生物学家和哲学家弗朗西斯科·瓦雷拉(Francisco Varela)。基于如此多样的参考来源,马拉古奇后来反思道:"我们从中获得了想法,有些持久,有些没么持久——讨论的主题、寻找联系的原因、与文化变迁的不一致、辩论的场合,以及巩固、拓展实践和价值观的刺激因素"(Malaguzzi, 2012, p.39)。

这十年来,外界观察者除了目睹城市的活力、信心、热情以及它的管理和教育者团队的不断壮大之外,他们还见证了那些定义瑞吉欧·艾米利亚教育事业的价值观的产生和实践。在发展新的婴幼园时,瑞吉欧·艾米利亚非常彻底地贯彻了一个研究的路径。在学校管理以及政策制定方面,非常强调民主和参与,这一点在章程的起草和内容中也得到了彰显。还有一个与儿童形象(image of the child)相匹配的清晰的学校形象(image of the school),学校被作为一个公共的、参与性的机构,是一个不仅与当地家庭,而且与整个当地社区都关系密切的地方。与此紧密相关的是,他们坚持婴幼园不仅仅是"儿童看护"中心、"临时托管"或"照看"儿童的场所、最狭义上的福利服务机构,而是教育的场所,如同幼儿园一样,婴幼园是当地文化和教育事业的一部分。最后还有重要的一点是,不仅地方上围绕市立学校展开了大力行动,还与更广阔的外部世界建立了热切的联系,马拉古奇相信,更广义地说,瑞吉欧·艾米利亚的人们相信,可以打造这样一个教育事业,它能将强大的地方根基与跟整个世界对话想法、观点和经验的渴望结合在一起。

摘选的文档(瑞吉欧·艾米利亚工作组)

> 我们都能感觉到新的事物正在诞生,我们的过往经历需要与新的事物相适应,基于开放的交流和更加团结的合作,我们需要采用更具激发性的方式来体验和表达过往的经历。
>
> (Loris Malaguzzi,1970,"融合家庭和城市的新型幼儿园"[39.70])

20世纪70年代是一个动荡不安的时期,骚乱和重大事件扰乱了既定的秩序。越南战争拖延多年,扰乱了人心,它也揭示了结束一场漫长而无用的冲突是多么困难;女权主义者用标语、木屐和花裙占领了广场;炸弹和恐怖袭击扰乱了意大利人民的日常生活;"红色旅"制造了多起恐怖事件,其中最重大的是绑架和杀害意大利天主教民主党主席阿尔多·莫罗。

在摘选的文档出自的档案著作中,虽然我们并没有看到这些事件的踪迹,但是我们知道,这些事件在很大程度上影响了学校生活,并且通常是在马拉古奇本人的推动下直接产生的影响。这些作品标志着另一个特别的70年代现象:在上一个十年中规划的变革正在转变为健康、社会和教育领域新的现实,它们在地方层级运作,并正式受到了法律、规则和指南的规范。

在20世纪70年代年间,以鲁滨逊·克鲁索幼儿园为开端的经验不断发展,市政府0—6教育服务网络得到建设。1963年至1969年阶段结束时,我们共有5所幼儿园,而到了1970年代末,我们具有了一个强大的幼儿园和婴幼园网络。这是一个备受市政府大力支持的政治目标:

1971年,"新型市立托管学校建设计划"(Programma per l'istituzione di nuove scuole materne comunali)正式启动。毋庸置疑,该计划展现出的雄心壮志是当下时代的标志:它意味着要做很多,要迅速地做,来改变世界……由于第444号法律[关于提供公立托管学校的第444/68号法律]已经被宣布失败,部分归因于它没有得到资金支持,因此,市政府成为该领域最活跃的政策实施者——[不得不承担]服务提供者和[国家]替代者的双重角色,其目标是,到 1971 年开办 15 所新学校。

(Lorenzi, Borghi and Canovi, 2001)

这是一个有组织的计划,得到了公民运动的支持,并提出了实施战略:修复废弃的建筑,根据私立学校的请求将其改制为市立。马拉古奇以审慎的态度监管着这个项目。1971 年,他给学校和社会服务评审负责人罗蕾塔·贾罗尼(Loretta Giaroni)写了一封信,信中他对曼卡萨勒(Mancasale)学校校舍的不妥表达了异常强烈的看法,这是一所教会学校,它当时已经响应了政府的邀请,请求改制为市立。他说,这所学校的校舍"无法达到最低水平的卫生、心理或教育标准"[42.71]。学校用以实现其教育目的所需要的空间始终是马拉古奇思想和工作的一个主题。他的演讲——"学校、建筑、家具:平行的生活,不可能的生活?"(La scuola, l'edilizia, l'arredo: vite parallele, vite impossibili?)[60.75]——分析了建筑、家具和过往教育思想之间的关系,这仍然是当前问题的根源,该演讲是一份声明和谴责,它指向的是始终独立的科学领域无法以统一的方式来重新组织知识。

与此同时,这一学年致力于更深入地考察学校的空间和环境以及儿童和成人是如何生活其中的。这项研究由驻校艺术教师、教师、教学协调员和图利奥·齐尼(Tullio Zini)(一名建筑师,曾在瑞吉欧·艾米利亚的市立学校工作多年,参与项目并提供建议和咨询)共同开展,该研究促使了对几个空间的重新概念化(大厅变成了"广场",入口变成了"学校名片",洗手间变成了"有趣的地方",等等)。其他重要的变化还包括教室里的新增空间(迷你艺术工作室)、新的家具以及总体上新的室内设计。最重要的是,环境文化的扩散和传播被认为是教育不可或缺的一部分,这在教育学中相当罕见。

高质量环境的问题,以及更广泛意义上的幼儿园(和婴幼园)问题,是 1970 年代的一个重要主题,而且直到今天它仍然存在。用来创建儿童政策的资源很贫乏,这一问题是每个时期都面临的问题,也是每个意大利政府(不仅仅是意大利政府)都需要做出的选择,该问题总是会引发一种看似明显合理的推理:有很多低质量的机构总要好过于只有很少的高质量的机构。马拉古奇一直都反对这种逻辑,因为这种逻辑似乎坚信没有其他的选择。我们看到,他推动了一场示威游行,请愿"为所有儿童开放幼儿园"[43.72]。还有一次,他发放了在学校墙上张贴的标语,上面写着"这所学校价格合理"[74.ND],这一信息面向的是家长、市民和教师,他们都是通过社会管理机制来共同参与这一经历的人。

他还尽其所能为当地行政部门创造高质量的条件。1972年市议会一致通过的章程既是他的教育奉献的证明,也是一个整合。在1975年意大利共产党联合会议上发表讲话时,他提议制定一项新的关于幼儿园的国家法律,"以有效保障这一年龄段[3—6岁]的每个儿童都有权利和条件进入幼儿园,即进入由市政府管理、国家资助、地区规划的幼儿园"[59.75]。

20世纪70年代伊始,开展了一些特别重大的公共活动,历史上首次将"幼儿园"这一称呼纳入了这些活动的标题当中,幼儿园既是这些活动的主题又是主角。这些活动是全国性的会议,由瑞吉欧·艾米利亚和摩德纳共同发起,马拉古奇在1974年之前一直都在摩德纳担任教育顾问,会议摘要由联合出版社(Editori Riuniti)出版在一个文化上享有盛誉的系列出版物中,该出版物价格合理,并拥有广泛的读者群。[2]1971年3月,在瑞吉欧·艾米利亚举行了一个为期三天的活动,马拉古奇后来在20世纪90年代的一次采访中回忆道:"我们大胆地组织了一次全国教师大会。我们预计会有200名参会者,但是却有900人到场。"(Malaguzzi, 2012, p.33)正是由于这一事件,才使得出版关于早期教育主题的第一部非宗教著作《一个新幼儿园的经历》成为可能[另见92.89]。

事实上,直到那个时候,意大利的幼儿园一直是天主教会的领地,这也正是1963年市政府开办第一所幼儿园鲁滨逊·克鲁索时举步维艰的原因。显而易见的是,在这十年中,与天主教世界进行了艰难而广泛的辩论,其痕迹可以从马拉古奇对天主教教育家卢西亚诺·科拉迪尼(Luciano Corradini)提出的问题的答复[61.75]以及关于"宗教教育和儿童教育"的文档[65.77]中看出。尽管对话困难,但马拉古奇总是以明确的立场应对,这促使了在接下来的十年中首次尝试建立一个综合性的公共系统,使不同的服务提供者都具有合法性,该系统被作为市政府公共教育政策管理的一部分。

1970年代初的两次会议证实了当时围绕幼儿学校开展的大规模革新运动,以及它如何是一场自下而上的运动,促进并推动了变革。这些会议都不同寻常,除了评审负责人和教学协调员之外,来自瑞吉欧·艾米利亚和摩德纳的教师大约开展了20次讲座,家长也分享了自己的见证。这是一种特定的选择:与研究相融合———一种与研究紧密结合的、塑造新的教育工作的策略,参与和社会管理是1970年代的标志性特征。马拉古奇亲自督导了这些汇报的撰写:这是为共同"消化"经验而进行的宝贵交流。

坚定不移地追求革新的理念,把学校与社会联系起来,把教育"从奥林匹克精英主义中解放出来,从总是居高临下、流于表面以及无知和虚伪的中立中"解放出来。这句话出自马拉古奇在1971年5月于摩德纳举行的"幼儿园中的社会管理"(La gestione sociale nelle scuole dell'infanzia)会议上所做的介绍。他在会上还使用了热气球做比喻,以警示把教育学与现实脱节的风险:

> 这个游戏很简单。简单地来说,我们乘热气球从地面上升起……直到地球是完全平坦的[一切看起来都一样]。[……]我们对儿童和不一样的事物使用同样的一套话语体系。[……]这个过程在伽利略之前就开始了。我们提出一个一般性概念,不允许对其提出异议;如有必要,我们会淡化和更改存在异议的术语。
>
> [41.71]

马拉古奇致力于构建一种新的有关教育和幼儿园的概念,它直观而系统,其出发点是一种新的政治愿景,这一愿景将走向成熟,在具体的经验中寻找自我检验、自我纠正和自我评价的可能性。在前几年的教育、文化和政治经验中,形成了一种有关学校的全新展望,它能够将以前被认为是割裂的东西结合在一起:学校和家庭、教育场所和社会、教师和家长、教师和其他教师、教育和政治。在讲述已经在进行中的经验时,马拉古奇在摩德纳会议上说道:

> 我们的儿童尽可能多地走出学校。[……]在班级的集会上,儿童的问题、家长的问题、成人的问题都被提出来讨论。儿童事务和成人事务之间、儿童的现在和未来之间、学校的故事和外界的故事之间没有隔阂。

对立的事物重新结合,这一点我们在劳瑞兹·马拉古奇50年代的思想中就已经看到;在这个十年中,这一思想在瑞吉欧·艾米利亚的市立幼儿园中找到了肥沃的土壤,得以转变为积极的经验,能够创建真正的运动和具体的事实。这是劳瑞兹·马拉古奇职业生涯的一个特征。

教育与城市之间建立的关系和联系为寻求变革提供了强有力的杠杆。为了加强这种联系,幼儿园每年都在自己的校园中举办对公众开放的展览。在摩德纳会议的介绍中,马拉古奇也论述了为何社会管理与学校的方法和内容的革新之间是相互依存的。教师对社区体验的积极归属感日益增强,这改变了教师的身份,使得她从匿名状态中走出来,使得她摆脱了"畸形孤独"的状态,使得她从自身角色的专制结构中解脱出来。在一所没有脱离社会环境的学校里,共治(collegiality)被认为是儿童社会化的一种鲜活的模式,这种社会化没有被压缩为简化的模式,也没有被师生关系的动态所限制。在该教育项目中,这就是我们找到"三位主人公"——家长、教师、儿童——这一主题的地方,这是一个由相互依存的关系捆绑在一起的三位一体,在权利调和的理念下,他们只能共同寻找一种新的方式来重新定义自己的身份,权利调和的理念在20

世纪 90 年代将在《三权宪章》中得到更精确的阐述。

在 1973 年的一封信中，邀请了家长参加会议，来讨论有关新时间表的提议，它是为了协调家长的工作时间和儿童的权利，这是社会管理和学校革新之间相互依存的一个例子，这个例子也表明了充分讨论和更深入地研究"重要和紧迫的议题"以达到"希望迅速解决这些问题"的意图[50.73]。提议的讨论涉及一个至今仍在争论的主题：婴幼园和幼儿园的组织是取决于职场强加给家长的不断变化的需求，还是应该以教育质量为出发点，确保儿童受教育的权利，而不仅仅是得到看管而已？在这些会议上进行的大量激烈辩论导致了开放时间的延长，但仅限于那些证明有需要的人：这是在两种始终被视为截然相反的观点之间做出的折中选择。这证明了参与——也就是说，让社会参与教育问题，以及建立共识——如何是一种塑造共同文化立场的基本手段。

这就是为什么出席会议很重要。在 1973 年，我们看到马拉古奇指责没有出席咨询委员会（Consulta）会议的学校与城市委员会成员，因为"鉴于咨询委员会的重要性以及当下讨论的主题的重要性，我们强烈强调本团体所有成员都必须出席会议"[52.73，这也解释了咨询委员会的组成和宗旨]。

需要新的场所来进行商议和构想，因为"事实不是被描述或记载，而是被讨论、考察和相互关联；这恰恰正是我们试图提供给儿童的一种态度和心理习惯"[41.71]。这种心态是在婴幼园和幼儿园内人们共同会聚在一起时所呈现的一个特征，直至今天，这种心态依然在促使我们以不同的方式思考"参与"，以及思考在一个社交网络已使我们习惯消费新闻并提供即时反应/评价的时代，我们在儿童的学校中该以怎样的方式作为成年专业人员和公民来存在。但是，马拉古奇并没有把社会管理理想化，他清醒地提醒人们警惕可能犯的错误："期望直截了当地看清楚一切；满足于对问题的纯粹形式上的、行政方面的探讨；陷入夸夸其谈的、居高临下的态度；委员会被腐蚀成为纯粹的激进主义或恶劣实用主义的阴谋；在社会化和粗浅合作的空洞实践中使它变得一文不值。"[39.70]

在 1973 年，马拉古奇给朋友以及文化界和学术界的公众人物寄去了戴安娜学校的出版物《我即我们》（I Who We Are）。该出版物汇编了 28 个儿童的自传体故事，它们证明了个体主观差异所具有的质量，这种差异象征着对希望所有儿童都顺从成人的"循规蹈矩和封闭压抑模式的反抗"。"我即我们"这个题目被认为最合适不过了，它是一个反抗宣言，反对"学校和社会教育'我'，然后迫使个体生活在怀疑和与他人的竞争之中"[49.73]。在随后的 1980 年代期间，这一价值观在关系教育学中得到了发展，它赋予群体以价值，无论这个群体是大的、中等的还是小的。

教育经验进展得很顺利。但这并不是暂停休息的借口,因为它还没有释放出"内在的活力,[……]它更关心当下,而不是展望未来,预测明天的日子,而未来的日子正是属于我们当代儿童的"[39.70]。我们已经目睹了的着眼于未来的目光在这里与一种持续不断的自我批评、不满足的态度相遇,它曾经是,现在仍然是,瑞吉欧·艾米利亚的婴幼园和幼儿园中经验的发动机。

在1976年,学校与城市委员会发表了一份题为"残障儿童"(Bambini handicappati)的文件。这份文件整合了截至当时所实现的经验,它融汇了"政治、文化和实践的性质"。该文件支持这样一种观点,即由社会管理的婴幼园和幼儿园可以在教育工作和社会文化的层面推动创新进程,这要归功于它们的内部组织,以及归功于它们与卫生服务属于同一个网络。事实上,在参与式的学校中,问题被社会化,这使得家庭摆脱了孤独,此外,残障儿童的入学权也成为了推动团结的辩论主题:这证明了社会参与的确是变革的工具,是整合以及使得新进展得以具体化的地方。

马拉古奇谈到了"教师、辅助人员、家庭、市民和社区(Quartiere)共同实现将教育研究作为一种永久方法的公然愿望"[61.75],这不是一种天真或浪漫的立场,而是在肯定一种努力重新组织儿童的学习领域的方法,而儿童有权被视为一个完整的个体。正如我们所说,这是一个该类成熟思想得以具体实施的时期。在1972年,市议会批准了《市立幼儿园章程》,该文件是广泛协商的结果,它反映了组织价值观和条件,正是需要这种价值观和条件来维持并加强已经被启动、评估和分享的许多实验中所取得的成就。除其他事项外,《市立幼儿园章程》还为所有教职员工——包括教师和辅助人员——安排了每周两小时的常规专业发展活动(aggiornamento)时间,并且还推行一个班级中的两名教师之间的合作,这是两个根本条件。《市立幼儿园章程》还定义了其他重要的新要素,包括经过热烈讨论后决定的让男教师和辅助人员加入。

紧随《市立幼儿园章程》的采纳,在1972/1973学年伊始,马拉古奇举行了两次会议,一次是教师会议,另一次是辅助人员[3]会议。他在两次会上的演讲的第一部分是相同的,演讲的第二部分更加针对每个群体。教师会议上的演讲提到了实现"内容上的新选择,更民主的工作,在学校、儿童、家庭、委员会和社区之间搭建新关系"的紧迫性,同时提议"更充分地发展我们的文化水平和专业能力"[44.72]。在辅助人员会议的演讲中,他提出了对于辅助人员这一角色的新理念,这意味着要摒弃"理所当然的低人一等的态度以及无能或畏缩的感觉,并认识到他们代表着一种教育模式,他们是成人集体中的一员,该集体必须共同努力,为儿童创造不断提升的生活体验"。他呼吁辅助人员不仅要成为一个工作集体的一部分,还要成为学校与城市委员会的一部分[45.72]。

在以前,幼儿教师和辅助人员的职业被认为具有很少的社会价值,对这些职业赋予的新理念很有趣。直到那时,它们一直都是专属于女性的职业,在那一时期,女权主义斗争尤为激烈,这些斗争关注的是夺回女性对自己身体的支配权。意大利妇女联盟关注妇女的社会角色已有20年,在20年后的今天,这些职业在幼儿学校中寻找到了自由和解放的具体可能性。在全国范围内(不仅仅是全国范围内),这些职业至今仍普遍被贬低,这并非巧合,在瑞吉欧·艾米利亚它们应该受到高度尊重。

正如我们在马拉古奇对卢西亚诺·科拉迪尼——戴安娜学校的学校与城市委员会前主席、大学讲师、天主教事务的积极参与者——的答复中看到的,在新型的、非宗教的、系统化的学校中,女性解放的主题延伸到了儿童身上。在这篇发表于1975年的通信中,马拉古奇评论道:

> 我们的工作方式的特点是,我们拒绝社会角色模型,包括那些与性别相关的社会角色模型,社会扭曲了这些模型,教育不加批判地采纳了这些模型。这些都是错误的、不纯粹的角色。如果我们以这样一种方式在幼儿园工作,即我们的孩子不会发现自己身处十字路口,或者前往不同的旅程,进行着不同的活动和行为;如果我们让所谓的女性气质和所谓的男性气质自由而循序渐进地萌生,避免偏执的摩尼教①态度,那么我认为这才是健康和正确的。

在同一篇文章中,马拉古奇回应了对市立学校从事意识形态教育的指责:"是的,从解放儿童(正常和残障儿童)、学校和家庭的意义上来说"[61.75]。

在1976年,意大利广播电台(Radiotelevisione Italiana)新闻总监古斯塔沃·塞尔瓦(Gustavo Selva)对瑞吉欧·艾米利亚市政府的早期儿童相关的政治事务发起了长达七天的媒体攻击,指责幼儿园是无神论和共产主义宣传的始作俑者。下述的几点都将是面对这个困难时期的成功策略:讨论的习惯、"学校对参与保持开放"这一概念、教育学和儿童生活的真实背景之间的联系。由此产生的文档(在这里没有被摘录)是家长、教师、市民、政治团体和教区议会(consigli pastorali)⁴之间数月辩论的结晶,这些辩论开展的场合是由幼儿园推动并在幼儿园中举行的不计其数的会议。这次攻击成为了一个契机,有助于重新发掘并拓展与更广泛的参与者进行交流的价值观,因为"多

---

① 摩尼教主张善与恶的二元论,认为宇宙间充满善与恶、光明与黑暗的斗争,并且有严密的教团组织和宗教制度。马拉古奇在这里指的是"非黑即白"的二元态度。——中译者注

元主义、多样性、矛盾性都存在于世界的现实之中"。儿童身上的意义一定不能被剥夺;宗教因素是现实的一部分;然而,在这个领域,还必须警惕教条主义和教条灌输,因为教条主义和教条灌输"可能出现在任何学科和任何内容中"。总而言之,"如果公共的、非宗教性质的幼儿园成为这些人类价值观的推动者,通过事实而非言语向它们作出证明,那么幼儿园就已经彻底完成了它的教育任务,包括在宗教领域"。

但是,如何巩固新价值观,如何将新价值观转化为一种积极的结构,并将其转化为教师、家长、辅助人员的实践行动呢?马拉古奇不惧怕制定具体的行动计划,并且他向学校提出了建议。例如,在 1973 年,他写信给他们,谈论到了工作笔记本(quaderno di lavoro),教师、辅助人员、家长和学校与城市委员会的成员以及教育教学团队都必须参与撰写,而且必须尽可能具体[48.73]。第二年,他要求新近组建的教师搭档一起编写工作计划,及时整理迄今为止已经完成的工作,并制定未来的工作路线[53.74]。马拉古奇认为,若想与此前对学校的构想分道扬镳,共治(collegiality)是一个条件;但他也明白,这引起了人们的怀疑和反对,包括对教师自由和"过度紧张的工作、意识形态压力、政治宣传"的怀疑与反对[61.75]。

新学校并非唾手可得。它们需要学习、直觉、研究、尝试和检验:这是 1970 年至 1979 年这十年的特点。与前十年一样,让人们了解正在进行的工作是至关重要和必要的。对于前几年尝试过的交流形式——公共会议、市政府出版物和展览,运用不同的、更现代的形式进行了加强。一个生动的例子就是所有幼儿园前往圣保罗(San Polo)的庆祝出游,他们乘坐一列特殊的、车身涂上绘画的火车一起旅行。马拉古奇认真地在报纸上全方位地宣传这一活动,这是这个十年中的又一种交流方式[46.73]。

在 1977 年,婴幼园成为马拉古奇著作和活动的主要对象[例如,参见 68.77,69.78,71.78]。幼儿园已经开辟了道路,但是有必要构建一种特定的教育学,将婴幼园合法化为教育的场所,而不仅仅是提供看管的地方。同样地,对于共同建设、听取疑问和提出问题来说,参与是首要的,它能够引领文化和观察形成的方向。观察是必要的,它可以让人们了解非常年幼的儿童及其特殊性,让社会了解儿童在生命的最初几年的情况,打破他们一直被赋予的脆弱形象。

在此期间,马拉古奇保持着与政治界的交流,他在一些会议上发言,提出瑞吉欧·艾米利亚市政府颁布的儿童政策可以为意大利共产党的教育政策提供参考借鉴[55.74,59.75]。

总而言之,我们可以说,1970 年代是充满重要议题的十年。这些年是建立"教育

和社会关系的新概念和新现实"的关键时期,以及:

> 学校不懈努力地与现实建立联系,学校在对话的艰辛和成果中汲取生命力,最终将儿童的整体纳入其中,而不仅仅只是儿童身上生活在学校中的那一部分,它从不预设,而是提供交流、讨论和检验的机会。学校与家长和市民探讨不确定性、问题、困难和失败,并最终与他们一起成长。

[39.70]

这是一项繁重的任务,这也引发了马拉古奇感慨道,"我觉得我到处都有遗漏。但说的就是我这种人,总是被匆忙和奔跑拉扯着"[61.75]。

时间线 1970—1979 年

关键人物:马拉古奇
瑞吉欧·艾米利亚
意大利

1970 年　瑞吉欧·艾米利亚市立幼儿园主任(总负责人);辞去市立心理-教育-医学中心的职务。

建立了学校与城市委员会;第一位教学协调员上岗;创办了戏剧实验室,它是市立剧院、学校以及木偶和提线木偶实验剧院(Experimental Theatre of Puppets and Marionettes)之间的合作。

设立了包括艾米利亚·罗马涅大区在内的二十个地区,负责管理和资助婴幼园,即3岁以下儿童的托育中心;市政当局作为地区获得新的自治权,取代了国家驻地方行政长官;法律首次允许离婚;"红色旅"成立。

1971 年　瑞吉欧·艾米利亚市立婴幼园和幼儿园主任(总负责人)。

市政府开办了第一所面向 3 岁以下儿童的婴幼园热那亚·塞维;第一次全国幼儿教育非宗教会议,"一个新幼儿园的经历";第一次出版关于幼儿教育的出版物。

第 820 号法律引入了全日制小学;第 1044 号法律认可了婴幼园是为了"公共利益的社会服务",由国家政府提供资金,由地区政府监管并由市政府运营新服务;有关带薪产假的立法出台。

1972 年	市政府采用了《市立幼儿园章程》;建立了教育教学团队;与诗人和作家贾尼·罗大里举行了名为"与奇幻邂逅"(Encounters with the Fantastic)的会议。
	艾米利亚·罗马涅大区通过有关婴幼园的立法,并计划拨款和兴建。
1973 年	出现第一位受雇于意大利市政当局的木偶剧演员。
	石油危机导致国内和国际经济严重衰退;实施带薪产假,国家政府为婴幼园提供资金;在 1973 年 7 月至 1974 年 5 月期间,批准了在公立学校施行宪法原则的法律《委托法令》(Decreti Delegati)。
1974 年	马拉古奇结束了他在摩德纳市立学校的工作。
	全民投票支持准许离婚的新法律。
1975 年	《家庭法》涵盖了家庭权利、夫妻平等权利、儿童新权利;在博洛尼亚举行了全国会议"儿童作为家庭和社会中的主体和权利来源"。
1976 年	马拉古奇担任新杂志《零六》的主编。
	《零六》幼儿杂志的第一期出版;妇女儿童联合会关闭,其职责归属地区,服务改制为市立。
1977 年	第 517 号法律规定公立学校必须接纳有特殊权利的儿童;第 903 号法律规定了女性同工同酬的原则。
1978 年	第 194 号法律将堕胎合法化;第 833 号法律确立了国家卫生服务(Servizio Sanitario Nazionale);天主教民主党主席阿尔多·莫罗遇害。
1979 年	市政府有 20 所幼儿园(15 所在 1970 年代开办)和 11 所婴幼园。
	在博洛尼亚举行全国会议:"婴幼园的教育和社会价值:经验、反思和提议";普选,自 1953 年以来意大利共产党的选票首次下降。

摘选的文档 1970—1979 年

1970 年

39. 70 学校与城市委员会在第一次市民集会上的演讲,镜厅,瑞吉欧·艾米利亚,1970 年 7 月

编者按:学校与城市委员会于 1970 年 7 月在瑞吉欧·艾米利亚首次成立,当时演讲的文字转录如下,但在此之前,1968 年在城市社区中成立了倡议委员会,以推动市立学校的开办。

一所融合了家庭和城市的新型幼儿园

我想我们每个人都能感觉到，这是我们初步会议的真实情况，这项工作的意义将于今晚正式开启，学校与城市委员会将正式成立。我们都能感觉到新的事物正在诞生，我们的过往经历正在被要求接纳新的事物，以更加有活力的方式生活和表达，与之相随的是开放的交流和更广泛的团结。因此，我们也清楚地意识到学校与城市委员会将带来的复杂性，这一复杂性更多涉及的是它们功能方面的相关问题，而不是它们的诞生方面的问题。

让我们暂且先不去试着概述和澄清这一新机构的意义、目的和背景，让我们先考虑一下我们的工作。掂量一下我们作为教师、家长和管理者的共同经历，我们在几个方面感到满意。学校发展得不错，它们尝试并实现了许多备受外界羡慕的成功创新；学校一起工作和开展实验；两所大学最近申请就学校进行的具体活动开展学位论文研究；儿童得到了很好的照料，他们玩耍，他们学习，他们看起来很快乐；家长经常被召集参与讨论教育核心问题；我们教师对教育的热忱承诺也让他们获得了广泛尊重。

然而，我们必须认识到，现在我们正处于这个转折点，尽管它并不是突然到来的，因为我们已经思考了一段时间（在监事会上［见第二章，注释17］，在与家长和教师的会议上）。我们必须承认，我们的经验并没有进驻到每一个空间，还存在着犹豫不决和故步自封的坏习惯，我们的经验还没有释放出它的内在活力，它更关心当下，而不是展望未来、预测明天的日子，而未来的日子正是属于我们当代儿童的。

我们认为，这种对未来的预测是一个活的教育学的必要维度，而我们的学校在一定程度上是缺失这一点的，而这正是我们今晚试图共同开启的工作。

我们共同做出的努力——将幼儿园从新旧福利模式中尽可能地解脱出来，从新旧伪装教育的方式中尽可能地解脱出来。有些东西没有人想要，但是，詹姆斯委婉地称为"坚硬而顽固的现实"却太经常强加在实践之中——让我们能够调动更大的能量。

这意味着，继续对伪学校说不，那些学校没有把焦点放在儿童和他们的权利上，而是任由浪费自己和儿童的时间，它们被动地忍受成人社会中存在的负担和矛盾、拖延、混乱和不公正。

把幼儿园从这种模糊性中解放出来，不仅意味着创建儿童真正需要的教育机构，还意味着，认可儿童在教育和学习方面享有平等的权利。［这意味着，］与筛选、歧视和机械训练作斗争，这是一场神圣而不可侵犯的战斗，而筛选、歧视和机械训练又共同塑造了我们学校和文化的本质。这意味着，为重建小学奠定第一块基石，这是绝对不能推迟的事情,它有可能创新面向各年龄段儿童的教育——幼儿、年龄较大的儿童以及青少年。

如果幼儿园(与其他每个学校一样)能够将其选择和价值观融合到家庭和公众舆论更广泛的参与中,如果幼儿园能够为儿童权利——在社会建设的不断进程中新一代的权利——营造更大的空间,那么就能够做得更多、更好。

我们相信,这为共同反思直接提供了另一个重要参考:抱着实事求是的态度,审视儿童以及整个童年世界是如何被有组织的社会牵连其中或者蒙骗的。

在"城市"一词的象征性意义上来说,城市继续朝着为成人专设的方向发展着。城市是为了到达工作年龄的人而建造的,房屋、街道、广场、作坊、电影院、剧院、汽车、高速公路都是为这些人而建造的,与此同时,他们又以某种壮观而自我毁灭的愚蠢方式破坏、玷污、污染和妄加揣测着。

事实是,儿童被排除在外。在这种人类学模式中,他们是完全异常的存在。他们忍受着这种城市模式的非理性和暴力,忍受着它的束缚、禁律、压制以及自身最基本的需求遭受挫折。

然而事实是,如果城市和房屋不是为儿童建造的,那么它们也不是为人类建造的。

[……]

私人生活与社会生活之间的暴力断裂给那些最无力保护自己的人(儿童以及处于另一端的老人)造成了无奈而沉痛的压力,这一系统迫切需要矫正。在这一困境下,无论学校是否知晓,它们也遭受着同样的矛盾,当它们有能力时,它们必须在承担教育角色的同时承担起社会角色,成为某种哲学和实践的推动者。毕竟,这是最智慧的教育哲学所发出的古老而无人理会的召唤,它今天的回响比昨天更加强烈。

这就是我们今晚在这里所要寻的。我们的幼儿园呈现了另一种选择,它无所不在,从方方面面替代了思考和开展教育的老路子;它不仅仅是家庭环境的延续和补充。

面对这些问题,我们的幼儿园也不得不迅速改变其内部组织,尤其是其方法论。首先要做的是,呼吁重构教师和辅助人员的职责。原本割裂的生活片段以及在独立的不同空间中进行的自主行动必须无缝衔接,将教师从旧教育学导致(并继续导致)的变态孤独中解脱出来,并将他们置身于共同的建构之中,这种工作需要交流、冲突和更新,它不断地发挥着个体和私人经验的作用;通过这种相互对话式的发展和充实,将教师这一群体推至人文和专业意识范畴。

[……]

因此,正在创建的学校与城市委员会成为社区存在的一个全新的、原创的工具。它们预设了一种新型的与家长和市民之间的关系,它们建立在具有决定性价值的两个前提之上:一所为了解放和革新其方法与目标而**充分意识到所有可能性的学校**;以及**一个与此相吻合的社会背景**,它不仅能够辨别,而且能够激发有关民主工作的力量、贡献、方式和时机的新概念。

这两个前提是存在的。学校已经宣布了它们的意愿,并且家长以其共识和热情欢迎着委员会的创建。在繁忙的工作之余,一些委员会已经自发地开展起了工作,此外,全体同意市政府作为我们城市社区的管理当局和代表,这些都是我们的目标达成的保障。

我们必须补充说明,我们在不止一个方面处于有利局面。局面之所以有利不仅仅是因为我们有了已经提及的合作伙伴。最重要的是因为,幼儿园提供了一个开放、灵活的领土,它还未受到官僚主义、集权化、组织僵化、信息迂回、登记册、有着分数的公告栏这些巨大"病毒"的影响。此外,幸运的是,我们的家长还未受到投机主义和功利主义的影响,虽然之后在其他学校他们会受此影响。

我们的交流可以在这片更加开放、更加肥沃的土地上进行,首先需要立即做的是,去神秘化围绕**对话**(dialogue)的某些观念。它们在理论上不吝啬辞藻,但是它的实践却流于形式,经过失败和自然规律的大浪淘沙,它们已经自行消失了,我们指的是学校-家庭委员会和各种各样的学校家长会,它们首先维护了旧学校的不可触及、傲慢和居高临下的态度,并且它们所要求的合作只朝着一个方向:使学生习得被动和失败主义者态度的合作。这些委员会把学校看作是一个禁忌[话题],只有博学的、微妙的手可以触碰,而它们从来就不属于家长。因此,让我们牢记,家长作为服务的接受者、赞助者和资助者,他们甚至没有权利表达他们的期望,或者获得在对话、讨论和会议中平等参与的角色。

[……]

扩张由市政府管理的幼儿园是一项必要的初步举措。实际上,国家交到我们手上的是一所[由国家管理的]至少有百年历史的陈旧学校,仿佛就是1859年的议会和卡萨蒂部长①批准的学校。

---

① 见第二章的注释24。——中译者注

[……]

我们提出的教育替代方法不仅仅只是在会议上说说而已,它根植于家长、教师、儿童、市民和社区之间的真正融合,根植于一种全新的、更丰富的社会愿景之中。

这还不是全部。我们认为,即使出现这种局面,学校和社区中的其他地理和社会限制也可能会抵消其他可能性和对自由的其他渴望。

在这种框架下,此时对全日制学校[不是上午8点至中午12点的传统意大利半日制小学]提出的强烈需求可能会带来许多矛盾。它试图在学校中找到一个内部解决方案,但依旧不变的是:教育与城市、城市的教育和文化组织、公共议题和问题之间的关系和联系。

[……]

在讨论细节之前还有最后一个考虑因素。学校与城市委员会如何架构是一个非常重要的抉择。在所有提议的组织方案中,承认委员会的充分自由和独立性是十分重要的。我们的观点是,我们建立的委员会可以不仅仅是从正在上学的孩子的家长中挑选成员。有些家长的孩子之前上这所学校,并且对新的经验继续感兴趣;有些社区委员会的代表参与到了广泛和多样化的关系中,并且他们是接触这些关系的途径;有些市民由于其特定的文化利益而认同委员会的价值观。这些人都可以进入并成为委员会的一部分,这种选择已经可以在我们教育项目最先进的例子中找得到。

[……]

我们都会犯错误,但我们可以做的是,接受这些错误是可能出现的,并且留意这些错误。也许我们会在旅途中发现其他的错误,并尽己所能摆脱它们。

一些显然的错误可能是:期望直截了当地看清楚一切;满足于对问题的纯粹形式上的、行政方面的探讨;陷入夸夸其谈的、居高临下的态度;委员会被腐蚀成为纯粹的激进主义或恶劣实用主义的阴谋;在社会化和粗浅合作的空洞实践中使它变得一文不值,而恰恰相反,共同管理的核心和决定性原则——其终极和本质的价值观——是交流并相互充实我们对问题的认识。

在反思这些潜在危险的同时,让我们最后也反思一下所提出的经验:一个空间和高质量干预,我们可以在其间建立一个新的有关教育和社会关系的概念和现实,学校不懈努力地与现实建立联系,学校在对话的艰辛和成果中汲取生命力,最终将儿童的整体纳入其中,而不仅仅只是儿童身上生活在学校中的那一部分,它从不预设,而是提供交流、讨论和检验的机会。学校与家长和市民探讨不确定性、问题、困难和失败，并最终与他们一起成长。

学校和社会服务部

市立托管学校理事会（Direzione Scuole Materne Comunali）

瑞吉欧·艾米利亚市

1971 年

40. 71 给在瑞吉欧·艾米利亚和摩德纳的市立幼儿园上学的儿童家长的信，1971 年 1 月

瑞吉欧·艾米利亚与摩德纳研讨会：市立幼儿园的组织与学习经验

1971 年 3 月 18 日、19 日和 20 日，将在瑞吉欧·艾米利亚市立剧院的镜厅举办一场关于市立幼儿园已有组织和教育学方面经验的研讨会，该研讨会由瑞吉欧·艾米利亚和摩德纳市政府的学校和文化服务评审办公室主办。

研讨会包括由瑞吉欧·艾米利亚和摩德纳的教师通过小组合作呈现的约 20 场讲座，以及由行政人员和社会管理委员会代表所作的一系列讲话。纪录片以及学校活动和材料展览将会使研讨会内容更加精彩纷呈。

研讨会尚未有一个精确完整的日程安排：主办组织正致力于此。

日程安排一经敲定，我们将会很高兴向您发出正式邀请，并附上详细信息。

诚挚敬上

1971 年 1 月

组织委员会

劳瑞兹·马拉古奇教授

瑞吉欧·艾米利亚和摩德纳

幼儿园教育顾问

利利亚诺·法米伊（Liliano Famigli）

摩德纳市政府

文化服务评审负责人

罗蕾塔·贾罗尼

瑞吉欧·艾米利亚市政府
学校和社会服务评审负责人

* * *

41. 71 在"幼儿园的社会管理"(La gestione sociale nella scuola dell'infanzia) 会议上的讲话,摩德纳,1971 年 5 月

从幼儿园社会管理经验看儿童和教师的新社会化

劳瑞兹·马拉古奇教授:摩德纳和瑞吉欧·艾米利亚市立幼儿园教育顾问

1. 本次会议旨在反思和研究 3—6 岁儿童学校的公共和社会管理问题。明确界定 3—6 岁的年龄显然缩小了这个领域,但实际上,该会议囊括了学校普遍面临的所有问题,以及在阐释和开展教育方面的错误方式。这次会议紧紧追随最近在瑞吉欧·艾米利亚召开的关于在瑞吉欧·艾米利亚和摩德纳已经完成或正在进行的工作的会议,并试图对什么是幼儿园做出新的教育学定义。如今,这些会议可以交换看法,[看看]它们是如何趋向于重新审视和探索"研究"这一主题的,将其作为一个更广泛和复杂的话语体系的一部分,并把它放置在往往被错误地、故意地忽略的事实和价值观之下来思考。

这个场合证实了我们的幼儿园不仅能够在思想层面而且能够在直接的实验中直面这些重要的问题,这是幼儿园拥有的特权和力量,它也证实了幼儿园承担着承诺和工作的责任。幼儿园有责任直面革新和转变的挣扎,而不屈从于不成熟的抗议的诱惑;有责任保护我们自己免受一切形式的贬低;有责任保持高水平的教育和文化发展,推动学校力量及其新的社会和教育用途的发展和增强。

这样**一项工程**基于一种新型的、必要的教育观念,这一观念跳出了它的庙宇、区隔和选择、碎片化以及虚假文化。对教育进行重新规划和重新建设,以囊括所有时间和所有空间。学习和教育的过程从一个人出生伊始,一直延续到死亡,这一过程是我们每一个人的工作,它超越了既定角色、教育机构的割裂和分类以及个体命运,而这些正是学校和教育的扭曲本质和失败最显而易见的方面。

永久教育(permanent education)的概念可以代表所有这些,只要它不沦为教育学取之不尽用之不竭的想象力所创造的众多口号之一;只要它被赋予具体的意义,并被视为一种假设,它需要立即定义具体的政治、社会和教育策略。

如果我们想要与永久教育保持一致,想要试图通过教育和学校与社会之间的认同来实现永久教育的目标,想要使社会成为干预人类教育和解放的一系列持续举措,那

么我们就必须对当下的社会关系和结构进行决定性的大规模扭转,同时还必须研究人类生活和文化的新哲学。我们的主题清晰明确且不可逆转,那就是工作与斗争,我们竭力同步建设一个与我们当下不同的社会和学校。

通过这些联系,我们可以终结教育与社会政治二者的概念和存在之间的对立(对于保守主义者和激进革命者来说,这种对立状态方便于他们达到自身的政治目的)。我们可以同时推动意识提升和我们目标实现的进程,从而用更加统一的方式来重新界定它们。

有几个节点必须处理好,尽管它们的起源一样,但是如果没有更强烈的共识,这些问题就无法得到解决。在学校所构成的独立实体的内部和外部,使学校与教师、家庭、社会团体和社会机构一同成为改革的主角。

我们辩论的中心点是社会管理问题,对于该问题,我们希望的不仅仅是恢复平衡,或者是对学校组织和职能进行正式的调整。我们想要的是发起并推动一场运动,把学校、教育和社会的主题结合在一起,审视和探究它们之间的相互联系与矛盾。我们想要揭示教育哲学的工具性及次要角色,同时,还想揭示社会中的斗争的意义,以及它们与儿童、青少年文化和职业教育问题之间的联系。

像这样一个雄心勃勃的任务离不开尽可能多的人的大规模参与、动员和团结。首先是家庭,然后是进步的政治和文化组织,最重要的是(所有倾向和类型的)工会,[也许]最终能够吸纳和团结它们的斗争,解决工作场所的生活条件问题、如何教育和利用劳动力的问题以及一般性的教育问题。

回顾摩德纳和瑞吉欧·艾米利亚的经验,我认为必须承认这一点的重要性。市民、工人党派和民主机构参与了大规模的动员和斗争,我们大多数学校的工作人员也参与其中,这使得服务迅速扩张,同时,他们也维护和探究了自身的文化和政治身份。

我觉得人们会一致认同,如果要使这种幼儿园的社会管理经验可信并具有决定性,就必须在学校内部和外部继续发展,社会的其他部门需要更多地参与进来,比如工作场所、工人组织和市民组织。这些经验必须被看作是一个需要有组织的过程的起点。最重要的是,必须将这种积极负责的参与模式推广到政治和行政权力下放的各个层级,使其成为市政府行政当局、城市和地区更广泛的经验的一部分。

因此,教师、学校与城市委员会以及社区委员会扩大干预范围的能力十分重要。他们必须超越涉及学校以及在校儿童和家庭的公认的重要问题,他们要去影响更广泛意义上的学校的状况、家庭的状况以及生活在社区、城市和社会当中的儿童的状况。这是我们崇高的、令人鼓舞的目标,在新学年伊始,我们将努力把精力集中在已经成立的管理机构上。一些委员会已经开始了自发地凭借直觉工作：我们在行动目标上必须更加一致、更加广泛、更加明确。

2. 在这种对早期教育积极教育学的尝试中，我们可以选择哪些主题来触及问题的核心？

让我们从"社会化"（socialisation）这一主题入手。这是一个话题，或者更确切地说是一种"价值观"，传统的官方教育学喜欢把社会化当作是幼儿园的价值体现，并认为社会化是儿童的基本需求。阿尔都塞（Althusser）[5]告诉我们，社会化经常最终沦为许多"自我和与他人关系的想象性表征"的一种，这是当今教育理论的一个具有误导性的游戏。

这个游戏很简单。简单地说，我们乘坐热气球从地面上升起（官方的教育工作者通常没有宇航员的装备①），直到地球变得完全平坦，山脉、峡谷和沙漠都无法辨认。火炉的烟囱、矿塔、奥纳西斯（Onassis）②的游艇、比夫拉和越南的孩子[6]——那些工人、农场工人和移民的孩子——也都无法辨认。然后，我们可以把相同的话语体系用于儿童和不相同的事物，前面提及的"想象性表征"比比皆是。

从"科学的"角度来讲，这一过程在伽利略之前就开始了。我们提出一个一般性概念，不允许对其质疑；如果有必要，我们会淡化和更改有争议的内容。因此，社会化和社区意识**"不再是来源于特定社会的具体生活，而是来源于我们存在的亲密性，一个人的内在意愿和奉献"**。如果孩子不善于社交，"当然——他们说——**这是因为这个孩子在婴儿时期缺乏关爱或有情感依恋的问题**"。[7]

在这两种情况中的第一种，社会化表现为一个抽象的、个体化的、内在心理主义的历史事实。[8]在第二种情况下，潜在的消极方面被解释为是由于某种不确定的匮乏或状态，但是却没有探索现象背后的社会原因，因此它们变得难以解释。这是对保守心理学简单便捷而又"情投意合"的支持。

同样地，《新指南》[9]选择了这一假设，我们说，儿童缺乏社会化可归咎于教师没有充分具备**"乐观、幽默和轻松的品质"**，对于那些在非人道环境下工作的教师来说，他

---

① 我们推测，马拉古奇是在幽默地解释为什么他用热气球来做比喻，而不是用火箭来做比喻。——中译者注
② 奥纳西斯（Onassis）指的是亚里士多德·奥纳西斯（Aristotle Onassis），他曾是希腊的一名亿万富翁，著名的游艇克里斯蒂娜·欧（Christina O）的拥有者。——中译者注

们与儿童之间的关系也是非人道的,这些品质对于他们来说简直是天方夜谭。

同样地,"……社会性发展可以被理解为两层意思:一是日益意识到,在活动过程中,我们必须考虑到他人,避免伤害他们(不整洁、[制造]噪音、独占物品和玩具);二是日益有能力与他人建立合作关系(集体游戏,需要协调每个儿童的贡献的活动、合唱、朗诵等)。"在这里,社会化的前提被局限在简化的、原始的、模糊不清的框架中,被限定在一种永远不会超脱出儿童或教师形象(不可避免地总是女性)的动态之中。这些前提不自然地始终围绕着与整洁性及生活必要性概念相关的伦理道德基础。

3. 在不合格的专业发展中,教师的参与和社会化遭到禁止,如此一来,儿童能从这些教师那里学到什么社会化?("在学校,他们教会我们服从",一位老师坦诚道,"服从,畏惧一些事情,害怕校长,害怕讲话,认识不到学校和它的职责。")[10] 又或者,从那些生活在孤立状态中、因自己的工作环境和令人沮丧的意识形态而深感悲伤的教师那里,儿童能学到什么社会化?从贫乏、压抑、拥挤、无法调动儿童双手的学校环境中,从传统标准而不是内在需求所激发的经验中(总是被教授经验,但却从未有真正的学习),儿童能学到什么社会化?回避现实的教学将儿童自身的经验和情况拒之门外,然后在儿童之间制造竞争,在这种教育学中,儿童能学到什么社会化?家长被拒之门外,被敬畏和恐惧之心所绑架,在这种学校中,儿童能学到什么社会化?

幼稚的行为、威权主义和空洞的经历很快扼杀了儿童正在建构的自我意识,扼杀了他们交流的欲望,扼杀了他们共同生活和合作的乐趣,在这样的地方,儿童能发展出什么样的社会化呢?在只允许女性工作人员的环境中,3至6岁的儿童之间可以发展出什么样的社会化?

4. 社会性发展的方式、节奏和目的,我们通常认为它们有利于儿童的成长、心理的去自我中心化以及儿童间的**共同生活**,但它们并不是固定不变的东西,不具备在任意时空普遍重复的动态性和目的性。相当长一段时间以来,人类学家一直在向我们展示不同文化中教育过程的结果。

如今存在一些理论解释和实践支撑,[可以帮助]构建社会化和社会性教育的主题。不是通过乘坐热气球逃跑,而是通过调查这个世界、个体之间的关系、学校和科学的社会用途以及我们赋予不同年龄(童年、青春期、青年、成年、老年)的角色和价值。

我们想说的是,如果个人主义、竞争、筛选、威权主义、社会阶层分化是成年人经历和遭受的一切(伯恩斯坦(Bernstein)[11]提醒我们,在学校、学校组织、学校产出的"教育"以及如何定义"可教育性"的概念中,不复制外部权力关系是不可能的),那么当与儿童交往时(从赋予他们以个体和社会伦理的意义上来说),我们必须认真反思,如何让儿童逃脱我们认为无法接受或不正当的命运(他们也注定要成为成年人)。

例如,认为儿童社会化可以在**独立的**学校里发生是荒谬的(当前学校的所有负面含义都可以包括在"独立的"(separate)一词中),如果能发生什么的话,那就是**独立的社会化**(separate socialisation),由此产生的动态将会构建出上述那些不可接受的模式。

我们必须改变学校的整个秩序,从深刻的、批判性的分析开始,为全新的、迥然不同的生活和社会化经历做准备。这就是我们下定决心并尝试去做的。

为了让儿童获得社会化的真正价值,他们首先必须是完整的个体,栖息在自己的身体、思想以及过往经验之中,[并且]通过真实的行动,而不是布道式的说教,来内化**世界给予他们的所有团结与自由**。

劳工和工人的孩子,来自山区和南部的移民孩子,那些被迫承受着压垮成人的重担和挫折的孩子,那些身上显现出文化剥夺、困苦、疾病和其他各种伤害迹象的孩子,来到学校时日益受到伤害和迷失方向的孩子,他们往往个性扭曲、分裂,我们的系统给人们的生活、人们与自己孩子的关系施加伤害,孩子就是其中的受害者。所有这些孩子都在发出呼吁,呼吁教育和教师能够辨别他们身上所呈现的问题。

我们千万不要误解。这并不是因为他们想保持现状,也不是因为他们在要求特权、满足、特殊教育或者安慰人心的故事,而是**因为他们想要问题能够揭示教育的整体内涵,把它从奥林匹克精英主义中解放出来,从总是居高临下、流于表面以及无知和虚伪的中立中解放出来。他们希望给教育工作者一种新的使命感和权力感,并引导他们最终找到一个立场**——一言以蔽之,引导他们批判性地、政治性地来从事他们的职业。如果儿童的问题和矛盾——它们几乎总是成人不当行为和不公正世界的反映——进入到学校和教师的经验之中,如果它们能够被以这种方式来看待,具有这种潜力,[……]那么,这会立即把我们的注意力集中在教师的态度上。这要求教师放弃匿名,放弃错误的伪文化的妄自尊大,捍卫自己的职业,捍卫学校,捍卫愿意保护和解放儿童的教育,捍卫将内部问题和影响与外部原因紧密联系起来的行动。

如果教师接受这种意识,不把自己局限于貌似明智但实则空洞的理论推理的态度中,那么他们就会情不自禁地在儿童生活和社区生活(以及他们自己的生活)中寻找补救措施。在关注他们工作和行为的同时,激发和培养儿童观察、讨论、反思、批判的真正能力，了解他们所处的环境中什么是合理的，什么是不合理的，以及这可能如何影响儿童当下和未来的福祉（逐步扩展工作，并考虑到儿童在社交和智力方面的潜能）。

教师将开始为儿童提供活生生的社会化的模式，这只能通过与其他人一起来实现，嘲笑他们过去的个人主义态度，和那些与儿童共事的同事及其他成年人一起创造群体意识，深入地触及文化和教育内容，以这种方式共同生活和思考。他们会发现，即使他们通过工作场所积极的社会化为学校作出贡献并提供支持（"社区"这个词仍然遥远），但如果他们不在学校之外寻求更广泛的联系和交流，与家长和人们就他们的问题进行交流，那么他们的工作也是虚伪和微不足道的。

教师尝试对自己的工作进行探究，其他参与者的现身就是对这一尝试的信任和肯定。以前为教师所专有的角色以新颖的方式出现在教育和社会实践中，并具有多种可能性。它们取代了孤独和顺从，取代了**迟钝而宿命论的**文化观念，这种文化观念注定会始终阻碍对思想发现、科学发展、关系、公民社会人际关系的变化进行批判性的反思。

我们要求教师们付出巨大的努力，勇敢地对自己诚实，自愿舍弃他们真诚相信的东西，这样他们才能与儿童、年轻人、家长和市民一起参与学校的建设。学校是开放和民主文化的生活中心，社会交往使学校变得丰富充实，并为学校提供信息，社会交往使学校能够超越模棱两可、虚假的自主性和数世纪以来的孤立，社会交往使学校能够摒弃意识形态印记和专制灌输的偏见。

我们学校在方法和内容方面的研究和经验是在人类承诺和发展的错综复杂的现实中进行的。多年来，我们一直致力于艰难地共同建构这一现实，力求使儿童的社会性发展比忧郁的矫饰主义[12]模式更进一步，即在官方文件中，教育学的学科应用仍来自僵化的想象力。

儿童"感受"到了这种新的生活状态。他们从成人、教师、辅助人员、家长、街坊邻居如何"一起"工作中学习了最初的**共同生活**的模式：他们感知到他们的问题以及他们家庭和环境的问题如何成为成人关注和关心的问题；他们感到周围充满激励人心的团结。当儿童理解这种新的关系教育学（pedagogy of relations）的更广泛的结构时，他们就能感受到更真实的整体空间，这种关系教育学激发了成人与儿童世界、学校与外界、教育与工作世界之间的交流和关系。（当儿童意识到，许多能激发交流和社会化的日常话题和兴趣不仅源于个人的家庭经历和学校活动，还源于校外的经历、事件和偶遇时，这种观念就变得更加强烈，在校外生活中，儿童是积极的观众和主角，然后这些经历由家长、同伴和扮演朋友角色的其他成人——"其他教师"形象——带进学校。）

儿童从这些事情以及教师的行为中感受到一种非常重要的感觉：儿童在当下是有价值的，在将来也是有价值的，未来将发生在他们身上的事情是**成人非常感兴趣和关心**的事情。

5. 我们的孩子们尽可能多地走出学校。他们步行，乘坐公共汽车、火车和小型巴士，他们与来自学校的成人（没有区分①）、与家长、与附近社区的人一起走出学校。他们去探索，去创造他们自己的主题，并在学校里继续发展这些主题。他们去发现城市里有什么、没有什么，在成人的帮助下对以下问题进行反思，或者可能获得想法：什么东西应该存在，什么东西即使存在但是儿童不能享用（游戏场地、被管理的绿地、城市规划解决方案、污染区、游泳池、健身房、图书馆、卫生政策、视听中心、剧院和电影院节目等方面出现的问题）。他们去探索他们的爸爸和妈妈在何处工作、如何工作（一次尤其令人兴奋和美好的经历），去探索他们的眼睛和头脑所错过的东西，去探索**官方教育和出版物争相隐藏和扭曲的东西**，[包括]各种各样的职业场所（建筑工地、工厂、机场、办公室、市场、火车站、农场）。他们去与文化和体育组织建立关系，参观动物园和博物馆，在田野里或河边奔跑，与家中的老人交朋友，或者与山区或低地地区的其他学校的孩子交朋友。他们邀请中学的孩子，或者邀请音乐学校的孩子带着他们的乐器前来参观。他们为小学里年纪稍大的孩子们表演木偶戏，邀请农民、工人、邮递员、市政府的警察、木匠、编织工人讲述他们的故事和他们的问题，他们对这些人的工作和工作环境意味着什么获得了一些理解。

在这种丰富多样的材料[13]中，孕育着思想、知识和情感，它们奇妙而非凡地萌芽并开花结果，它们能够颠覆旧式学校的内容，并为自我肯定、自我表达和儿童社会创造力的旅程提供新的方向，**从理论上来讲，这种社会创造力完全源于美学和游戏活动**。

在班级会议和集会上，儿童的问题、家长的问题、成人的问题都被提出来讨论。儿童事务和成人事务之间、儿童的现在和未来之间、学校的故事和外界的故事之间没有隔阂。最初由家长要求开展的私人谈话（理所当然并合理地）逐渐融入更复杂、更广泛的讨论之中，从而产生了集体意识。

儿童的行为及其原因得到了讨论和分析。一些儿童在课堂上出现的干扰、违规、

---

① 这里的"没有区分"指的是学校中的所有成人（如教师、驻校艺术教师、厨师等后勤人员等）都是平等的，他们之间并没有地位高低之分。——中译者注

迟钝行为不仅仅得到了描述,而且得到了调查,在调查中,生物学和心理学的元素与社会因素被结合起来考量,每个儿童都被视为一个关系系统中活生生的一部分,而不是中立的实体。在我们的学校中,来自意大利南部的儿童的问题日益凸显,我们没有从常识或团结的角度来讨论这个问题,而是将它作为历史和社会思想的出发点来加以讨论,这一思想将南部问题视为剥削的传统的来源①。

当父亲罢工或被解雇时,对孩子的影响是显而易见的。我们能做些什么?在教师经验允许的范围内,他们是否应该补偿和分散儿童的注意力?还是应该把这个问题作为谈话的主题?显然,他们应该走第二条道路,与此同时,该问题将在学校与城市委员会的会议上得到解决。

有一项决定是接收残障儿童。这是一个广泛而重要的主题,对于这些儿童身处于一个充满歧视和责难的社会中的命运,这是一次进行全面讨论的机会。

当大量儿童[由于学校缺少空间]被排除在学校之外时,有必要重新为创造更多的学习机会而斗争。人们展开讨论,他们理解境况,他们动员起来。

三岁孩子阅读?在与教师和专家的讨论中,我们调查了这在多大程度上是合理的,以及在多大程度上我们可能已经危险地习惯于自私自利和纯粹早熟表现的诱惑。

简而言之,我们没有只是描述或记载这些事实,而是对其加以讨论、考察和相互关联;这恰恰正是我们试图给予儿童的一种态度和心理习惯,我们也试图抱持这样的态度和心理习惯与儿童共同生活。

儿童对社区体验的积极归属感与日俱增,与此同时,在学校与城市委员会中的成人(家长、教师、市民)的这种归属感也与日俱增,很快这种归属感就演变成了一种充满活力和自信的感觉,每个人,不管他是年幼还是年长,都觉得自己是一个激励人心的圈子的一部分,是一个认同和交流的结合体的一部分。正是这决定了教师和成人的非专制角色(而不是由部级文件,甚至不是个体意愿的诚挚声明所决定),为儿童积极建构个体身份以及共同建构社会身份提供了宝贵的参考。

显而易见,我们并不像贝特尔海姆(Bettelheim)[14]所说的那样,提议在*仙境*中建立一所学校,而是要建立一所充满问题和张力的学校;因为我们的学校不是从内部汲取灵感和内容,而是从它们所处的社会辩证中汲取,不断地与儿童探讨给予他们的生活环境。

---

① 在过去的几十年里,对于意大利北方地区来说,南方地区一直被认为是一个劳动力来源的基地,即南方的人口作为劳动力向更富裕和更工业化的北方大规模流动。——中译者注

6. 简单地说,我们的教育-政治的假设同时在两个相互关联的层面上得到发展,我们期望从该假设中获得社会性教育和相应的道德价值的新定义。[首先]我们正努力使儿童利用他们的直觉和认知态度,以及他们的感受、呼吸和空间——能够保护和解放他们充足的、活跃的和具体的空间,在他们的经历中找寻到一种新的对自我和他人的感知;并且恢复儿童与成人世界之间的连续性的价值,以及让儿童初步接纳正义感(sentiments of justice)的价值(幼儿教育学——不仅是它——从未将正义感囊括在它的诸多形式之中)。

[第二]同时,我们的教育学也在发挥作用,使得家长、教师、人们共同评价和分析教育问题,使他们能够理解儿童的过去和未来以及学校的过去和未来是如何与社会各方面的事件和斗争密切相关的;他们的任务是,日复一日地致力于更好地理解有可能打破这个不公正世界保持现状的原因和力量。为了一个新的世界而工作,这反映在学校身上,反映在儿童身上,他们在更充分地活在当下的同时,有权选择和创造自己未来的命运。

也许从这个角度来看,社会管理、学校内容和方法更新的问题、教师角色以及儿童的社会性教育之间的联系和相互依存关系将显得更加清晰和明了。我们相信,这将帮助我们更好地处理这些问题,并以更有效的方式聚焦我们的行动。

* * *

42. 71 致瑞吉欧·艾米利亚政客的信,内容是有关市政府接管了一所教区学校,1971年8月

> 编者按:市政府已经接管了一些最初由意大利妇女联盟开办和管理的学校。现在市政府被要求负责另一所学校,这次是附属于一个天主教教区的学校。尽管马拉古奇持保留态度,曼卡萨勒学校仍然在1971年由市政府管辖,之后又有一所教区学校在1972年被接管,并以布鲁诺·齐阿里的名字重新命名。

1971年8月10日

瑞吉欧·艾米利亚市立托管学校理事会
阿巴德萨路8号
瑞吉欧·艾米利亚,42100

致市长
致学校和社会服务评审负责人——罗蕾塔·贾罗尼女士

致雇员评审负责人

奥塔罗·蒙塔纳里（Otello Montanari）先生阁下

市政府打算从明年开始接管曼卡萨勒教区的托管学校，任何可能的解决方案，即使是对这个托管学校的空间和功能进行部分改善，也无法达到卫生、心理和教育方面的最低水准。不难想象，凭借着家庭不幸且单纯的天真，孩子们和老师们都将不得不在这里浪费大量时间。我们确信，这次行动将使市政府在幼儿园方面的工作水平急剧下降，而这些幼儿园是通过艰苦努力才建立起来的。

我们之所以介入这个问题，只要我们还有能力这样做的话，是因为我们害怕由于各种限制和需求而出现其他类似情况。

我们认为，沿用19世纪的方式接管[一所学校]是危险的，这样做的话，这所学校将仅仅是一个"停车场"和[家庭的]替代品，它将与市政府开办的其他学校有着巨大不同，特别是如果这所学校主要面向的是穷人和工人阶级的孩子，就像曼卡萨勒的情况那样。

如果市政府打算在曼卡萨勒自动建立吸纳现有教职员工的原则，那么整个问题就会更加严重，我们对他们的培训和经验一无所知，我们有理由质疑他们的培训和经验，此外，我们有理由怀疑，这样做将造成与其他教职员工之间就业机会不平等的影响。

随时听候您的吩咐。

劳瑞兹·马拉古奇教授

1972年

43. 72学校与城市委员会号召人们为"为所有儿童开放幼儿园"进行示威游行，1972年6月

编者按：马拉古奇起草了这份为争取开办更多市立学校而进行示威游行的"邀请函"，这是他发起运动的一个例子。这次示威游行后不久就一致通过了章程，这可能并不是个偶然；也许马拉古奇把这次示威游行看作是将幼儿教育置于公共议程重要位置的战略的一部分，为章程的通过创造了条件。

为所有儿童开放幼儿园

随着需求的增长，以及家庭和人们对于幼儿园作为儿童社会生活最初组织形式的认识的提高，还有试图抗衡儿童之间的差异和不平等的境况，政府提供的法律和对策

愈加显得局限和过时。

居住在瑞吉欧·艾米利亚的儿童有百分之四十不能进入幼儿园。

市立学校今年已收到866份申请,但只有363份申请将得到满足。

这些情况在我们的城市和省份是突出的,但在其他地方则更加悲惨,鉴于此,幼儿园的学校与城市委员会以及社区委员会

邀请您来示威游行

→ 1972年6月28日星期三 21:00 ←

在市立剧院

讨论和探寻如何动员公众舆论,以立即增加幼儿园的数量,以及满足家庭和城市的需求。

* * *

44.72 马拉古奇在市立学校教学人员会议上的讲话摘要,瑞吉欧·艾米利亚,1972年8月

> 编者按:马拉古奇从一开始就确立了这样的做法,并一直延续到今天,即在学年伊始,召集所有市立学校的教职员工(教师和其他人员),提出本年度的方向——"开幕报告",其中包括教育工作和专业发展计划,以及预期到的政治和其他发展。这份文件总结了他1972年与教师开会时提出的要点;下一份文档涵盖了一周后与非教学人员的会议。

这个新学年的特点是,将按照新的幼儿园章程中提出的方针进行组织结构调整。

这一结构调整以及组织的其他变化引发出一系列新的教育和社会问题。如果它们标志着我们经历中的一个重要转折点,那么这就表明,我们迫切需要反思过去的经验,在内容上做出新的选择,运用更民主的工作方式,在学校、儿童、家庭、委员会和社区之间创建新的关系。

由于上述所有原因,今年将是困难的一年,这将极大地考验我们所有的能力。

新的章程是一个合作发展的结果,它确立了一些非常重要的东西:

- 教师与辅助人员的角色平等;
- 教师两人一组工作;
- 引进男教师;

- 所有员工、教师和辅助人员的每周工作时长相同(36 小时);
- 由三个或四个成员组成的更大的心理-教育团队(Équipe psico-pedagogica);
- 所有临时工作人员合同的确认和续签。

这项工作将于本学年内实施。到 9 月 1 日,我们或许能够实现教职员工和辅助人员之间的平等,并为厨师缴纳国家保险。其他措施将通过公开竞标的方式实施。也许到明年一月或二月,大部分重组工作都将完成。

虽然我们已经规划的一些事情仍需等待,方能成为现实,但是新章程的意义和精神必须进驻并成为我们工作的一部分。

我们认为,为了回应这一必要性,我们可以加强员工的集体专业发展,还可以通过创造更多的交流、更多有关工作主题的讨论,通过更加重视学校与城市委员会、社区委员会和分权机构的关系,以及通过使我们与家庭的工作更加连续有机,来提升对于幼儿园和学校的教育和政治价值的意识。

我们还认为,有必要更充分地发展我们的文化成就和专业能力。我们必须能够通过组织每周或每两周一次的学习、讨论和检验,来促进整个的专业发展和自我发展。新的章程有利于这一点,因为它包括[每周]两个工作小时专门用于专业发展活动。除了教师,这些专业发展会议必须涉及辅助人员、委员会和市民。

为了创设一个即时的、有机的家长会议的议程,我们提出了这个建议方案:在 9 月前需要基于议程与刚入学儿童的家长举行四次会议,学校分组如下:

- 塞拉村的盖达(Gaida)和塞拉(Cella)
- 圣毛里齐奥的维莱塔·奥兹比齐奥(Villetta Ospizio)和圣毛里齐奥
- 罗斯塔新区的帕宗·布欧莱(Passo Buole)、罗斯塔(Rosta)、福斯卡托(Foscato)和赛宗(Sesso)
- 帕斯特伦戈的戴安娜、帕斯特伦戈、毕波·普里马韦拉(Peep Primavera)和曼卡萨勒

我们将尽快公布这些会议的日期,这些会议应当是了解和讨论市立学校中教育经验走向的一个机会,会议开始将是心理-教育团队成员和学校与城市委员会成员的讲座。

在 10 月份之前,所有学校都需要举行班级会议。

在11月份之前,所有学校都应该举行家长和社区会议。

在12月份,我们将考虑是否能够在每所学校与今年已经进入小学一年级的儿童(和家庭)举行会议。

紧急的实际问题

    a. 把班级分配给老师

    b. 检查儿童的出席情况以及可能的替补

    c. 分发个人标签(3岁儿童的是物品和图案,4岁和5岁儿童的是姓名和姓名首字母)

    d. 在孩子们的着装问题上,给予更多自由

    e. 在午间休息问题上,给四五岁的孩子更多的自由

    f. 重新组织午餐(为所有儿童提供刀具,让儿童更多地参与摆放和清理餐桌的工作,由儿童分发食物等)

    g. 尽可能打破集体常规(上洗手间、外出等)

    h. 进行家庭会谈

    i. 教师编写的"事实与反思"笔记,作为自我反省的工具

    j. 在所有学校创设角色扮演区角和木偶戏游戏

    k. 用汽车和卡车[轮胎里]的气室、大的橡胶管等为3岁儿童制作巨大的木偶、宽松的泡沫塑料袋子

    l. 使用[理查德·(Richard)]斯卡里(Scarry)的系列书籍《给三岁孩子的第一个词》,对于4岁孩子,使用有关工作的书,对于5岁孩子,使用贾尼·罗大里的故事书。使用我们学校办公室编辑的收集来的诗歌和儿歌。

开学

在9月1至5日,为新入学的儿童提供支持,鼓励所有教学人员和辅助人员积极参与,在此期间,减轻他们的日常工作(例如清洁和做饭)。

校车的使用

如果[往返学校]不使用校车的话,那么将有可能更经常地使用它们带儿童外出。外出活动计划应尽快制定出来。

工作安置的问题

[学校与城市委员会]大会决定减少教师培训学校的实习岗位人数,在三个班级的学校中,实习岗位减少到1个,在三个班级以上的学校,实习岗位减少到2个。

目前,女子职业技术学校(Istituto Professionale Femminile)的实习岗位已经暂停。

缺席[15]

有正当理由的缺席者:奥里亚(Oleari)、卡索利(Casoli)、菲耶尼(Fieni)、马拉尼(Marani)、诺塔里(Notari)、拉扎雷托(Lazzaretto)。

无故缺席者:塔巴钦(Tabacchin)。

* * *

45. 72市立学校辅助人员会议上的讲话摘要,瑞吉欧·艾米利亚,1972年8月

我们必须高度致力于改变和提升辅助人员的任务和作用。

辅助人员必须更多地参与教育事务,能够在执行具体任务的同时,安排时间参与学校的教育活动、讨论和决策。

重要的是,工作人员必须摒弃理所当然的低人一等的态度以及无能或畏缩的感觉,并认识到他们代表着一种教育模式,他们是成人集体中的一员,该集体必须共同努力,为儿童创造不断提升的生活体验。能够促成这一局面的条件之一是,员工积极参与学校与城市委员会以及所有影响他们学校的内部和外部事件。

我们相信,成人集体应该反思如何互相帮助,并组织一个计划,把教师和辅助人员的工作联系起来,创造两者在同一教室中共处的局面。

开学的前五天必须是尝试这种体验的时候。辅助人员(包括厨师)必须舍弃他们的工作地点,与教师一起应对新生儿童学校适应的问题,并参与到第一次对这些初始经验的同事研讨之中。

请牢记,当学校所有的空间都能够对儿童开放时,将能最大限度地促进孩子们"征服"环境,包括户外空间。

此外,很重要的是,教职员工需要达成一致意见,对待家长该采取怎样的总体和具体态度,他们不应该忘记的是,家长深受他们孩子经历的影响。

教学人员和辅助人员的工作时间平等,这进一步证明了,市政当局将合作这一新的价值观交托到了成人员工的手里。

我们已经有了启发性的例子(该经验来自于我们的一所学校),可以说明如何创造和体验新的社区实践。这所学校积极努力消除角色差异和等级制度,以便教师

和辅助人员轮流参加不同的学校活动。根据集体决定,加班费在每个学期结束时被均等分配。

[会议的]参与者接着讨论了一系列与学校重新开放有关的内部组织问题,改制为每周 36 小时工作制,记录员工用餐和薪酬,消除员工乱进厨房的不良习惯以及不合理的工作要求。

[……]

1973 年

46. 73 市立学校到圣保罗的一次郊游,瑞吉欧·艾米利亚,1973 年 6 月

> 编者按:下面呈现了两份文档。一封来自市政府的信,由马拉古奇起草,邀请来自市立学校的儿童、教育工作者和家长去圣保罗,这是一个距离瑞吉欧·艾米利亚 16 公里的小镇,乘坐当地的铁路线前往——瑞吉安铁路(Consorzio Ferrovie Reggiane),也就是马拉古奇在战争期间工作过的铁路线(见第 25 页)。这个喜庆的活动标志着学年的结束。第二,市政府对于这一事件的报道。另一份关于那天的报道刊登在了意大利共产党的报纸《团结报》上,报道的标题为"乘坐彩绘列车,他们涌入圣保罗:超过 1500 名儿童、家长和教师参加了在恩扎(Enza)河岸举行的一项令人愉快和兴奋的活动——对所有参与者来说是难忘的一天"。

瑞吉欧·艾米利亚市政府
学校和社会服务部
市立幼儿园办公室

1973 年 6 月 15 日
致参与的家庭
致学校与城市委员会
致市立幼儿园

一列火车将于 20 号星期三驶出,一列与众不同的充满色彩的火车,一列**让人们欢聚一堂的火车**,所有幼儿园的儿童、工作人员、委员会成员和家长们在一起。

我们的目的地是圣保罗,一次伟大的冒险在那里即将开始。孩子们按照年龄分组,在远离交通和噪音的青枝绿叶之中,他们将沿着三条不同的小路步行到里度(Lido)。

在旅途中会有很多惊喜等着他们,朋友与音乐一路伴随,还会有一辆拖拉机,用来

解决小懒虫的问题,并且它还载着一路上为每个人准备的茶点。

在那一天,我们"散步"的终点——圣保罗的里度——将完全属于我们。午饭后,大人和孩子可以一起玩耍、画画和进行装扮游戏,还将会有一个乐队(貌似我们真的需要它似的),来使我们的聚会更加热闹。

这是一个特别的日子,一个多姿多彩的日子,这次机会让人们重新发现共度时光是多么重要和温馨。

瑞吉欧·艾米利亚市政府
托管学校理事会
阿巴德萨路 8 号

1973 年 6 月 25 日

乘坐一列彩绘火车;孩子和大人结伴而行

儿童、教师、家长和市立幼儿园的学校与城市委员会"结伴乘坐火车和徒步",度过了暑假前的最后一天。

这是一次欢乐的集体出行,乘坐一列特殊的火车、客车和几辆汽车,大约 1 500 人前往热情好客的圣保罗。这次活动充分展现了组织的力量,以及教师、家长和委员会数周的辛勤工作和想象力。

大多数人乘坐绘有太阳和彩虹的火车抵达圣保罗的恩扎(这列火车是以前从未见过的东西,它由驻校艺术教师策划和创作,这让孩子们兴奋不已,让大人们叹为观止,尤其是对于那些在瑞吉安铁路工作的人来说)。根据儿童的年龄,在圣保罗准备了三条路线,一条沿着河,一条穿过乡村,还有一条沿着山峦,所有的路线都最终汇集到那个绿荫环绕并且有娱乐和体育设施的奇妙盆地,那就是里度。

乘坐着一列童话般的火车开启旅行,人们从车窗里抛出彩带,火车中传出歌声、吉他声、手风琴声、小提琴声,甚至还有班卓琴声,而这只是持续一整天的奇思妙想节目的第一部分。徒步(3—6 公里长)充满了超现实的惊喜;大鱼从谷仓里出来迎接孩子们;突然飞出几只鸽子;意想不到的美洲印第安人营地和舞蹈;小丑请求加入徒步;还有寻宝活动。

在几个小时的时间里,在里度建起了一个大型的用餐区,用来赶走口渴和饥饿。圣保罗市长帕洛(Palù)赠送给我们 2 000 个帕尼尼三明治,并请来乐队为我们演奏,这让孩子们惊喜不已,并使得孩子和大人跳舞和做游戏的氛围更活跃。这个乐队和法布里科四人组(Fabbrico Four)轮流演奏,法布里科四人组是一个由四位精力充沛的老人组成的节奏乐队,他们的年龄加起来有 280—300 岁,他们演奏不太张扬的吉普赛风格音乐。

在数个小时之内,里度宽阔的舞池和草地成为一个舞台,在其间充满着即兴游戏、巨大的玫瑰花环以及大人和孩子永不停歇的穿梭。

在下午五点,这列长长的、仍在狂欢的队伍出发前往令人惊奇的圣保罗,一组组的音乐家排在队伍的首尾。

[……]

* * *

47. 73 给贾尼·罗大里的信,1973 年 8 月

> 编者按:贾尼·罗大里(1920—1980 年)是一位意大利作家和记者,他最为著名的是他的儿童读物,他因此在 1970 年获得了两年一度的汉斯·克里斯蒂安·安徒生写作奖(Hans Christian Andersen Award for Writing)。他参加了合作教育运动(见第二章,注释 2),并且是瑞吉欧·艾米利亚的常客,积极参加关于教育学思想和实践的讨论。在这封信写就的前一年,罗大里和瑞吉欧·艾米利亚的教育工作者举行了一系列"与奇幻邂逅"主题活动,讨论语言、想象力、教育和创造力,这些话题为罗大里的《幻想的语法》(*La grammatica della fantasia*)一书提供了灵感。有关信中提到的"我即我们"(Io chi siamo)项目的进一步信息,请参阅 49.73。

1973 年 8 月 28 日

瑞吉欧·艾米利亚市政府

托管学校理事会

阿巴德萨路 8 号

瑞吉欧·艾米利亚,42100

致贾尼·罗大里
帕姆菲利别墅大道(Viale di Villa Pamphili),103 号
罗马

亲爱的罗大里:

我们寄给你一本《我即我们》["我即我们",这一表述混合了"我是"和"我们是"],这是一本由戴安娜的儿童[戴安娜市立幼儿园的儿童]编写的书。

我相信你会和我们收获同样的乐趣。

最诚挚的祝愿，

劳瑞兹·马拉古奇

* * *

48.73 致所有学校与城市委员会以及学校工作人员的有关工作笔记本的信，1973年10月

瑞吉欧·艾米利亚市政府

学校和社会服务部

市立幼儿园和婴幼园办公室

阿巴德萨路8号

电话：42875

1973年10月2日

致市立幼儿园全体学校与城市委员会主席

致市立幼儿园全体学校工作人员

　　对于所有与儿童有接触的学校工作人员来说，撰写工作笔记本的所有部分是一个非常重要的时刻，是一个反思的时刻，是一个丰富文化和专业的时刻。这就是为什么它必须精确，并努力传达学校关系及活动的相关经验或者经验的整合。

　　这种写作并不是一种学术或正式的练习，重要的是你说了什么，而不是怎么说的。

　　必须努力使写作成为每个人都参与的事情：教师、辅助人员、家长、学校与城市委员会的成员、教育教学团队的成员。

　　这样这个笔记本就被构建成了一个共享的经历，并且同样地，可以在特定的专业发展会议或家长会议上再次集体地把它转化为进一步的反思。

　　每所学校都可以考虑如何组织这种经历，以及如何分配各种工作。

　　我们迫切地传递这项工作的精髓和实质，它具有重要的个体和集体价值。

劳瑞兹·马拉古奇博士

致教育教学团队

* * *

49. 73 "'我即我们':五岁儿童的自画像"("Io chi siamo". Autoritratti di bambini di 5 anni)的介绍,戴安娜市立幼儿园,瑞吉欧·艾米利亚,1973年6月;该文也发表在了《父母报》,第11/12号,1973年11月至12月,第十五年

你是谁?你是什么样的人?

在这样的游戏中感到快乐,谈论和画自己(直接用手写笔进行蚀刻),也就是说,运用说话和绘画这两种互补的语言进行内省,这并不是一件容易的事。

这是一种**优雅和幸福的状态**,而我们当前的教育学通常无法认识到这一点;一种能够运用最自然的双语的**优雅状态**;一种**幸福的状态**,能够随心所欲地描述自己是什么样的人(而不是遵循主流的、受人崇尚的教育学来描述我们应该是什么样的人),没有伪装。

毋庸置疑,这些孩子身上具有一个根深蒂固而又令人快乐的习惯,那就是表达自己的习惯,审视自己、审视别人、思考、叙述的习惯,以及运用所有可能的语言——文字、图像、手势、哑剧——的习惯,尤其是与同龄人和作为朋友的成人一起成长的快乐和惊喜。

在三年的时间里(这些孩子现在即将进入小学,他们小学前的经历已经持续了这么长时间),那些几乎无法将**自我**从世界其他部分中分离出来的孩子们学会了分离、建构和描述自己。

这个漫长、微妙、从未完结的过程从来不是在孤独中进行的(孤独感,包括家庭和学校的孤独感,如今已危险地笼罩着童年),从根本上说,在教师方面,它需要尊重和信任,在儿童方面,需要有自由,儿童能够独自地以及与他人一起尝试各种事情、考验自我。

在实践层面上,获得**"我"的概念**(对于埃里克森来说,它指的是"我们感觉坚定的那个点",对于奥尔波特[16](Allport)来说,它指的是"我们存在的温暖区域",对于塞夫(Sève)来说,它指的是"生物学与社会关系的交汇点")需要一种个体和群体经验之间的强烈、多样而平稳的交织。以下做法可以帮助儿童自我概念的获得:帮助儿童对自己身体的各个部分产生兴趣并加以掌控;加强他们所有的交流语言(文字、绘画、哑剧);在思考和关联事物方面,完善他们的分析和批判性区分;在游戏中,平等地运用真实和想象的事物;让儿童成为研究者和发现者,他们探索的可以是真实存在的现实,也可以是可能存在的现实;让儿童同时感知客观性和相对性;使他们自己的观点与他人

的观点产生面对面的碰撞;仔细察觉他们周围所有人说的(或宣称的)和做的事情之间的一致性。

理解这些指征的含义,并将其转化为教育和方法上的工作和内容,是幼儿园儿童工作者的职责所在。

《我即我们》包含二十八张身份卡片和二十八个自传体故事,儿童运用了语言和绘画符号,他们通过惊人的能力使得这些符号表征出个体身份的本质化特征[17],阅读《我即我们》是一件极其愉快、有趣的事情。

我们不能试图去分析其背后明显的和隐藏的含义,也不能试图去分析儿童运用了怎样的现实和象征意义来搭建起了这个独特的文集以及人物个性的画廊。教师、家长以及感兴趣或不感兴趣的读者都会以自己的方式去尝试分析。

但是,我们可以发表一些评论。

其中第一个评论涉及的是,那些使儿童世界充满活力的物理特征、动态、关系和问题的维度——数量、质量、复杂性和异质性。我们仍然喜欢把儿童的世界简化为简单、天真、纯洁和彼此独立(为了不用严肃地面对问题)。

第二条评论是对一件极其重要的事情的注释:每个儿童都以不同的方式构建自己,每个儿童都有不同的方式来使用自己的思维、语言和双手,他们自由地讲述他们头脑中的东西,正如弗里奈所说,他们可以真正成为"印刷书页的作者"。简而言之,他们可以成为一种反模式(counter-model),与仍然现存的某些教条式教育哲学的墨守成规和压制模式相对立。

第三个也是最后一个评论涉及到儿童的态度。你可以清楚地感觉到,尽管儿童为了识别和表达自我而接受分离,但他们对要求他们做的事情非常怀疑;你可以感觉到他们多么希望能尽快与其他同伴团聚。他们的"我"是孤立的、被隔离的、被放逐的,这是一种暴力,它不仅仅是一个愚蠢的抽象概念,而且也是残酷的。

儿童运用他们自己的语言创造出来的《我即我们》是一种真正的升华,是开明的和有警示作用的智慧的升华。

对于那些在学校和社会中假装失聪的人来说,这是一种呼吁,在那样的环境中被教化出来的是与他人隔绝的"我",这样的"我"被迫生活在怀疑、竞争和与他人的对抗之中。

* * *

50.73 致瑞吉欧·艾米利亚市立幼儿园的学生家长的邀请函，1973年（没有更精确的日期）

瑞吉欧·艾米利亚市政府

市立幼儿园[的名字]

致所有上幼儿园的孩子的家长：

市立幼儿园始终拒绝[接受]从属形式——[被视为家庭的]替代和福利[服务]——并坚决捍卫他们教育儿童的特权。

我们认为，我们应该继续坚定不移、始终如一地朝着这个方向前进。尽管我们有这样的意图，但是存在的一个危险是，幼儿园被当作是儿童的看护机构以及临时安置儿童的场所，在这些地方，家庭、学校和儿童的时间、用途和目的受到工作组织、生产和利润的制约，这是一个事实，也是一个迫在眉睫的威胁。

市立幼儿园在7:45—16:00之间开放。因此，儿童要在学校里待上八个小时或者更长时间，这是一段很长的时间，并且往往超过了儿童的体能和智力耐力以及他们所需要的社交量。

由于实际的工作投入和需求，一些家长要求学校的开放时间延长至18:15。这些问题及其所引发的矛盾都是真实的，我们无法摆脱它们。

其他家长表示，对于周六上午幼儿园是否需要开放，[18]他们愿意进行协商，在大多数学校中，周六上午出席的儿童人数已大幅下降。

是否有可能并有机会迅速调整我们的工作周和学校开放时间，例如将我们照顾儿童的时间从16:00延长到18:15，但仅限于那些无法确保[在更早的时间]可以返回家中的儿童？

我们只在星期六上午为那些真正有需要的儿童和家庭开放一部分学校，这是否是合适并可能的？

我们如何利用学校工作人员节省下来的额外时间来造福儿童和学校呢？

为了充分讨论和探讨这些重要和紧迫的议题，并希望能尽快解决，邀请所有儿童的家长参加一个于_____20:30准时在学校举行的公开讨论。

由于这些问题的重要性，有必要建议家庭出席并守时。

学校与城市委员会

* * *

51. 73 米开朗基罗幼儿园向家长、学校工作人员和社区居民发出邀请函，邀请他们参加一个关于这些群体之间关系的一个会议，1973年10月

瑞吉欧·艾米利亚市政府

拉戈·米开朗基罗市立幼儿园

拉戈·米开朗基罗·布纳罗蒂（Largo Michelangelo Buonarroti）-电话40779

1973年4月10日

致全体家长

致学校全体工作人员

致社区顾问

- 家庭和儿童有什么样的教育问题？
- 幼儿园运用什么样的回应、工具和内容来面对这些问题？
- 我们如何共事，并为学校、家庭和整个社会之间的有机合作寻找契机？
- 学校工作者、家长和市民如何实现一种新的教育方式，以及一种新的体验学校的方式？

在会议期间，将呈现和辩论这些主题

大会

1973年10月16日20：30在本校举行。邀请教师、家长、市民和社区顾问。

在会议期间，我们将公开选举1973—1974学年的学校与城市委员会委员。

我们无须再次强调这些主题的重要性了。建议每个人都出席并守时。

市立幼儿园教育教学团队的协调人劳瑞兹·马拉古奇教授将为当晚开幕。

* * *

52. 73 就出席咨询委员会会议一事致市立学校的信件，1973年10月

编者按：1972年，婴幼园和市立幼儿园咨询委员会（The Consulta degli Asili Nido e delle Scuole Comunali dell'Infanzia）被引入章程，以使学校与城市委员会、社区委员会——学校和社区——以及其他团体联合起来。它的总体目标是，为制定市政府的幼儿教育政策作出贡献，包括：新学校的方案；学校工作人员专业发展计划；宣传学校的作用和目标。咨询委员会的成员包括来自市政府、工会、妇女运动、学校与城市委员会、社区委员会和教育教学团队的代表，至少每三个月举行一次会议。

瑞吉欧·艾米利亚市政府

学校和社会服务部

市立幼儿园办公室

致学校与城市委员会主席

致学校工作人员

在婴幼园和市立幼儿园咨询委员会的最后一次会议上，来自维莱塔（Villetta）、马森扎提科（Massenzatico）和曼卡萨勒学校的学校与城市委员会的代表没有出席。

鉴于咨询委员会的重要性以及当下讨论的主题的重要性，我们强烈强调本团体所有成员都必须出席会议。

请所有学校与城市委员会保证有一个代表准时出席咨询委员会会议。

致以最诚挚的问候

教育教学指导团队

劳瑞兹·马拉古奇

瑞吉欧·艾米利亚，1973年10月31日

1974年

53.74 致教师的事关工作计划的信件，1974年2月12日

> 编者按：对"每对教师搭档"的强调反映了1972年章程中所涵盖的原则，即市立学校的每个班级或每组儿童中都应该始终有两名教师，他们应该紧密合作。

瑞吉欧·艾米利亚市政府

学校和社会服务部

市立幼儿园和婴幼园办公室

阿巴德萨路8号 — 电话：42875

1974年2月12日

致教师：_____

幼儿园：_____

要求每对教师搭档简要总结截至目前他们已经完成的构思、目标和活动的精髓，

并整理出简要的工作计划,再次强调,要整理出这些工作计划的精髓,这将作为三月至学年结束期间的教育过程的具体参照点。

为了更具体地说明这项工作的价值,我们是否可以建议教师怀着强烈的承诺感来执行这项要求,如果可能的话,在此之前,教师需要和学校同事、学校与城市委员会讨论和交流观点。

这些工作计划应一式三份(一份留给教师,一份留给学校,第三份很显然要送到这些办公室),必须在 1974 年 3 月 15 日之前提交,不得延迟。

每对教师搭档应完全自由和完全自主地(在大页纸张上)撰写这些计划,它们将成为宝贵而具体的材料,用于研究和反思,并为更广泛、更严谨地考察市立幼儿园工作的内容和方法提供最初的依据。将在日后讨论和商定这些工作开展的方式。

致以最诚挚的问候

教育教学团队

(劳瑞兹·马拉古奇教授)

* * *

54. 74 来自瑞吉欧·艾米利亚市长的信,其中宣布将有一场与各种组织联合举办的会议,以及马拉古奇在会上讲话的摘录,1974 年 4 月

瑞吉欧·艾米利亚市政府

学校和社会服务评审负责人

1974 年 4 月 19 日

聚焦幼儿教育问题的一系列会议即将闭幕,宣布将与政治、工会和社会力量共同举办如下会议:

  4 月 29 日[即,不远的将来],星期一,21:00 时,体育馆

  "幼儿园扩张的现状与展望"

  下列主题将是会议的焦点:

所有 3—6 岁儿童都有权入读公立的、合格的、免费的、由社会管理的幼儿园。

(意大利共有 2 727 000 名处于这一年龄段的儿童,其中 1 154 000 名被排除在幼儿园之外。在我们的瑞吉欧·艾米利亚市中,这一年龄段的儿童总数为 4 864 人,其中 1 382 人被排除在幼儿园外。)

这场运动的目标是：

- 一项关于在意大利全国扩张公立幼儿学校的新法律，这些学校免费向所有3—6岁的儿童开放。
- 解冻专用于国立幼儿园基建的240亿[里拉]。
- 遵守1973年5月工会与政府达成的有关增加国立幼儿园资金投入的约定。
- 瑞吉欧·艾米利亚工会组织提议将1%的增长[在集体谈判中赢得，见214页]用于扩大婴幼园和市立幼儿园的服务和交通。
- 市政府加大投资以创办更多的市立幼儿园和婴幼园。
- 该提案要求该市的公共组织[储蓄银行（Cassa di Risparmio）、市政援助机构（Ente Comunale Assistenza）、公众住宅自治机构（Istituto Autonomo Case Popolari）、慈善机构（Opere pie）][19]拨出资金，用于扩张市立幼儿园和婴幼园。

这场运动的运作工具

社区委员会、学校与城市委员会、政治力量和工会力量的作用。

在此倡议之际，正好也有数百个家庭向市政当局提出申请，请求他们的子女下学年能够入读市立幼儿园和婴幼园，鉴于此次倡议的重要性，

欢迎您来参加

学校和社会服务评审负责人罗蕾塔·贾罗尼女士将为这次会议开幕，出席会议的还有市长[律师]伦佐·博纳齐、艾米利亚·罗马涅大区行政长官吉多·范蒂（Guido Fanti）。

市长

[摘自4月29日会议上的讲话] 马拉古奇

[……]

十年来，我们一直向家庭和家长敞开大门。

如果我们成功地赋予了家庭以价值，那么这是通过我们共同创造的这种直接的、活生生的、参与式的体验来实现的。我们能够在这里创造出这样一种经历，不能够归功于一个开明的人，或者一小群人，让我们都不要有这样的想法。这段经历始于少数人的脚步，一点一点，一滴一滴，一路上汇聚了参与者和共识者。今天我要说的是，这一事实让我们与众不同，因为我们的学校正在开展一种至关重要的经验，这毋庸置疑是一种高度参与的经验。

今天，如果我们觉得我们可以同意相互交换观点[20]，这一点很必要（如果交换的是

事物而不是语言,如果交换是发生在人与人之间,而不是发生在一张张小小的复印纸之间,这将是一件好事);然而,在我看来,有必要最终使用文件和证据来比较事实,而不是用情绪状态,尽管我完全理解,即使我们不是有意为之,这些情绪也总是会出现。

如果我们不这样做,那么我们就不能理解我们创造的这种经历对我们的城市意味着什么,我们就不能理解,也许这是我们国家有史以来第一次给了教师一丝尊严,使他们摆脱了令人屈辱的物质环境,赋予了他们一种与他们所承担的任务的重要性相吻合的法律地位。与此同时,我们试图仔细觉察我们可以从以往其他经验的成果和教训中汲取什么。然后,我们与教师、家长、家庭一起,尤其是与那些有效地使真正的事情成为可能的管理者一起,试图创造一个真实的、具有特定历史意义的实验。因为假设的那一刻和尝试的那一刻——直接经验——只有在实践层面上建立一个对应关系时,假设才能被释放,才能成为科学。

这一切带来了一个重要的文化现实。不仅仅是在我们的城市。此时此刻,当我们即将开始交换意见时,我不希望任何人认为,作为这种交换的一部分,我们将放弃我们已经取得的任何成就。我们不准备放弃任何一项成就。当《委托法令》[21]带着它们微小的进步来到我们的城市时,我们不准备放弃任何一项成就,或许《委托法令》的进步不是很小,但与我们在我们的"经验"中取得的进步相比是小的,我们的这些进步是我们学校内部结构民主化的结果。你认为我们的市立学校会愿意倒退,并接受法令中所包含的那些贫瘠、狭隘、有限和难以捉摸的东西吗?不!因为很明显,在那个时候,我们将在那里博弈,然后我们将用我们所有的手段和力量进行博弈。

这并不是因为我们想设法否定私立天主教学校对于我们国家来说所象征的意义。但是,有些事情我们想要更加精确,历史层面的精确和文化层面的精确,如果我不这样做,我会觉得我是在欺骗自己。当天主教界指出,[在提供幼儿教育方面,]他们正在为一个缺席的国家做掩护时,我们说这是事实的一部分。但事实的另一部分是,天主教徒不惜一切代价维护天主教教育在早期教育中的垄断地位,维护宗教教育在早期教育中的垄断地位,目前看来,这种不惜一切代价的维护正在非常危险地露出头角,至少在某些领域是这样的。

只需简单地提及某些重要的教皇演讲的内容就足够了,就足以记住贡内拉(Gonella)[22]的讲话,足以记住塞格尼(Segni)[23]的讲话,足以让我们记住几个重要的文件,幸运的是,这些文件没有被封藏在无人可以触及的档案中,相反,当我们想要重新获取事件的完整记录,以便能够以更好的方式来传播我们的行动和态度时,这些文件都可以被拿出来。

[……]

* * *

55. 74 在省级共产党联邦委员会的一次会议上,就议程项目"共产党人承诺在改革斗争的框架内选举学校管理机构"(L'impegno dei comunisti per le elezioni degli organi di governo della scuola nel quadro delle lotte per la riforma)进行干预,节选自会议记录,1974 年 10 月

> 编者按:马拉古奇是记录在案的对这个项目作出贡献的十五名参与者之一。他正在讲述的是新的国家法律的问题,该法律旨在将包括托管学校在内的学校的管理权下放给所有成人,包括教师和家长。这些"授权法令"——《委托法令》——包括设立由所有教师组成的机构(教师学院(collegio dei docenti)),以及所有工作人员团体和家长的当选代表组成的机构(咨询理事会(consiglio di circolo))。

[……]

我想说的是,南尼(Nanni)同志讨论的几个问题似乎是结论性的、决定性的或充分界定好的,实际上它有着很大的空间和回旋余地。

我认为,这场辩论可能比他所暗示或试图表明得更为公开。尤其是在我们瑞吉欧·艾米利亚和艾米利亚·罗马涅大区的情况下,这种情况牢牢植根于反法西斯斗争的政治和历史背景及其继续为我们的政治历史提供支撑的价值观之中:世俗和世俗主义(secularism)①的价值;我们对自由和宽容等价值观的深刻认识。简而言之,我认为,瑞吉欧·艾米利亚和艾米利亚·罗马涅大区的政治局势客观上为我们提供了空间和机会,可以进行比迄今为止更为广泛的讨论。

当我们开始衡量学校这个非常重要的主题时——自解放以来,意大利天主教民主党利用天主教会的能力和力量开展了广泛的政治和文化行动,并且实际上把它的大部分政治财富都用在了学校结构之上,从而一直牢牢把控学校这一主题——由于我已提及的原因(自解放以来,该区域就存在的与此类政治较量和行动相关的广泛价值观;在城市、省和地区层面,我们已经得以建立起来的政府模式;多年来标志着我们政治行动的各项倡议的政治和文化性质),我相信,所有这一切意味着,我们可以抱有比今天更大的信心来面对《委托法令》这一主题。

尽管这是一个艰难的考验,尽管《委托法令》是一片雷区(今天在这里已经清楚明确地讨论了所有的陷阱),但我仍然认为,在我们的城市和省份,存在着行动、主

---

① "世俗主义"指的是寻求基于世俗、自然主义考虑处理人类事务的原则。在政治方面,世俗主义指的是将宗教与政府进行分离。——中译者注

动性和创造性的机会,我们可以利用这些机会,这些机会也蕴含着取得重大成果的可能性。

［……］

此外,尽管我们试图把学校作为一个整体来讨论,从而来统一我们对《委托法令》的讨论,但我认为最好还是将一种类型的学校的具体特征从另一种类型的学校中剥离出来,同时避免忽视学校作为一个机构的连续性和有机整体性。我认为,当考虑在义务小学开展何种战斗,在初中、高中和大学又开展怎样的战斗时,我们城市和意大利的天主教民主党的态度会有所不同。

［……］

我认为,天主教民主党和神职人员会更倾向于在他们自己的学校和文化机构中使用策略,并试图限制讨论及辩论的广度和多样性,以便大幅减少这个大的讨论主题中的条目,使之成为一个公司式的、局部的讨论。我认为,我们的问题将是尽可能地把事情公开化,使之与天主教民主党领导人的声音、天主教民主党和教会内部的政治声音进行对抗。然后,主动举办一系列活动,不必担心选择公众和演讲者,而是着眼于对他们周边社区的市民、家长和教师产生的全面影响。

我认为,我们真的需要反思"家长"这个话题,重新找回这个主题。家长是一种政治声音,我认为,他们因为政治和理论上的原因而一直处于从属地位。

我相信,一个马克思主义政党不能接受对个人和人类采取僵硬的简化方式,将他们分解成小碎块。［……］什么是家长？我认为,身为家长是个体的几个特征之一,他们不能容忍内部的分裂。因此,所有关于家长个体的争论和论战,都不能脱离对周围的社会、文化和政治世界的同步审视,都不能脱离这个人作为一个公民、家长和工人的体验。我们必须尝试把家长从这种分裂、这种情境化中解脱出来,这种分裂和情境化依据情境以及他们所参与的任务,把"个体-家长"分割为不同部分。这是一种危险的操作,因为如果我们接受这个想法,那么我们就回到了个体理论和实践的可能性上来了,这个个体必然会被分割,依据他们所处的情境而呈现出不同的模样［……］。我们需要重拾,工会需要重拾一个关于"工人是谁"的更加统一的观念,其中包括工人能力的所有方面,以及如何以不同的方式来表达这些能力。

［……］

所以我不想说："好吧,那么我们就按照《委托法令》去做,我们接受它所描述的家长形象,我们会赋予家长《委托法令》所希望的角色。"相反,问题在于如何在个人、政治刺激和政治投入方面创造一个广泛全面的政治共同体,这样我们就可以要求他们采取统一的行动和统一的行为,这将意味着绝对牢不可破的整体性。

家长将代表自己?还是代表政治力量?还是代表工会力量?不能通过投票来决定支持他们的这个或那个角色。[……]问题在于家长、市民、工厂工人或办公室职员如何代表和体验《委托法令》中所包含的问题。这意味着,在这些斗争和讨论的局势中,我们[共产党]党派、工会、资源和文化机构都要紧紧地站在他们身旁。最重要的是,我们必须能够体现思想和模式,能够体现教育和文化问题上的进步,能够在与学校有关的所有问题上实现飞跃。

* * *

56. 74 马拉古奇出席的学校与城市委员会会议记录,1974 年 10 月

瑞吉欧·艾米利亚市政府

学校和社会服务部

1974 年 10 月 17 日的瑞吉欧·艾米利亚市立幼儿园学校与城市委员会会议

大约 100 人出席了会议。

在评审负责人罗蕾塔·贾罗尼的介绍之后,以下人士做出了评论:费拉里·蒂齐亚诺(Ferrari Tiziano)(鲁滨逊学校)、渥太华·巴多迪(Ottavio Badodi)(帕宗·布欧莱学校)、埃姆斯·卡拉菲(Ermes Caraffi)(赛宗的学校)、卢西亚诺·吉多蒂(Luciano Guidotti)(普里马韦拉学校)、加纳西(Ganassi)(戴安娜学校)、博纳西尼(Bonacini)(马森扎提科学校)以及劳瑞兹·马拉古奇教授。

做出了下列**行动决议**:

- 批准鲁滨逊学校和福斯卡托-隆齐纳(Foscato-Roncina)学校委员会为市政咨询委员会(Consulta Comunale)提出的建议,即在 11 月初推动该省所有市立学校委员会举行一次会议,讨论地方供资问题和[政府强制的]信贷封锁对幼儿社会服务的影响;届时将评估进行省级示威游行的可能性。

[……]

- 向社区委员会提出建议,就与各学段教育相关的教育问题展开长期讨论。具体来说,学校委员会可以组织这种公开的教学考察,让所有市民参与分析和交流如何在婴幼园、托管学校、小学和中学中开展学校教育。在组织层面而言,这将

意味着邀请当地地区（territorio）①[见第三章，注释24]和社区（quartiere）[24]中的各级学校（公立和私立）在学年开始时公开介绍他们的工作设想和计划（当然只是一个总体纲要），以及他们计划使用的方法论和教学方法。这将成为参与和集体管理教育生活的一个重要实例，并将成为学校委员会工作的一个刺激因素，使市民和市民组织能够更好地掌握必要的教学标准，以便能够批判性地阐释不同的学校模式，理解其相似和不同之处，将专制、孤立、教条、私有化性质的学校与民主、开放、反教条、社会化的学校区别开来。

市立学校管理委员会的革新将从这个角度着手。

- 与当地地区有关的另一项社会教育干预措施可以是组织永久性的社区研讨会，其中包括各种项目，开放给幼儿园和小学工作人员参加；或者开放给所有教育、卫生和福利服务机构的工作人员，以及社区中任何从事儿童相关工作的人员参加。
- 我们还可以评估（托管学校和小学之间）就一些教育项目开展联合实验的设想。这种观点认为，两所不同学段的学校可以通过以具体的方式共同规划、实施和检验某些方法上的探索，来开启共同实践（例如，在幼儿园的5岁儿童和小学的第一个周期之间开展）。

* * *

57. 74 邀请教师和辅助人员参加逻辑-数学课程的邀请函，1974年10月

瑞吉欧·艾米利亚市政府
学校和社会服务部
市立幼儿园和婴幼园办公室
阿巴德萨路8号

1974年10月22日

逻辑数学的启蒙课程

1974年11月11—13日

1974年11月18—20日

在计划于1974—1975年进行的常规专业发展活动（aggiornamento）[25]的框架内，将

---

① 在前面章节中"territorio"被译为"当地土壤"，为了阅读和理解的流畅性，在本章中的多处采用了"当地地区"的译法。——中译者注

于11月11日、12日和13日为我们服务系统的工作人员举办有关逻辑数学启蒙的课程,并于11月18日、19日和20日从8:30至12:30再次举办一场:以便4至5岁儿童班级的每对教师搭档、辅助人员和驻校艺术教师可以轮流参加。

在大致介绍之后,本课程将聚焦**关联游戏**(工作表和有关它们如何使用的说明性传单正在印刷中)和**迪恩斯(Dienes)逻辑方块游戏**[26]。

这两个主题可以立刻在5岁儿童身上运用和进行实验,但是我们认为,对于4岁儿童的教师来说也是有用的。[27]

在课程期间,将会讨论有关使用工作表和逻辑方块进行游戏的实验结果;这些结果将由与不同学校的儿童小组一起工作的教育教学团队进行收集。

教育教学团队

(劳瑞兹·马拉古奇教授)

1975年

58.75 1975年6月

> 编者按:目前尚不清楚这是一份什么类型的文件,但可能是一篇报纸文章——署名是"lm",这通常是马拉古奇在报纸文章上的署名——或者是一份发给学校的报告。

市民在六月份庆祝活动[28]中的积极参与,有关委员会革新的数据和考量

虽然我们小学及以上年级的姐妹学校已经关闭了它们的百叶窗,或者正在应对期末考试,但是市立幼儿园(定于7月中旬关闭)正在组织两个大型活动,正如它们每年都做的那样:我们6月的庆祝活动和来年儿童的招生。

有947名儿童申请入学(人数每年都在增加),现有名额约为600个,不过,如果学校与城市委员会和市议会(Giunta Comunale)都同意稍微增加每个班级的名额的话,名额可能会达到700个。这些委员会已经开始着手这方面的工作,与此同时,教师和家长正忙于组织庆祝活动,这些活动是学校、家庭和社区中的老少团结一致(每年一度)的盛事。

当我们完成时,将有10 000—15 000人/主角参加[6月的]庆祝活动,参观学校和教育工作展览,参与各种倡议,玩各地发明的上千种游戏。在巴尔扎克路(Via Balzac)婴幼园、贝尔韦代雷(Belvedere)学校和安娜·弗兰克学校,这些活动证实了这些学校和当地市民之间的深厚联系。这些关系是我们幼儿园的经验中最原始、最鲜明的特征之一；我们工作的核心特征以及对我们工作的文化和政治检验正是在这里产生，并回归到这里的。那些认为学校神圣不可侵犯或者认为学校是孤立运作的人，或者那些不愿意学校与这么多人有联系的人，会对此嗤之以鼻。但是，所有那些带着没有偏见的灵魂走近我们学校的人都能够理解和欣赏它们。其中包括卢西奥·瓜斯蒂（Lucio Guasti）和卢西亚诺·科拉迪尼［他在最近由马西莫（Massimo）出版的新书中，专门用一整章讲述了瑞吉欧·艾米利亚的经验］，他们都是天主教大学的教师。几天之后，在为期一天的有关托管学校社会管理的学习中，米兰的天主教大学（Università Cattolica）将把我们的学校作为学习和讨论的主题。

对于最近结束的学校与城市委员会换届［选举］的最终数据，社会管理问题提供了一个可以对此做一些简短评论的机会。换届在21次会议上举行（在幼儿园的有19次，在婴幼园的有2次），有超过3 000人参加，这也正是投票的数目。［……］这一行动替换掉了40%—65%的前委员会成员，共选出923名成员，我们必须强调一下，在家长和公民部门中当选的男性人数特别多（497名男性，324名女性）。这打破了陈旧的、失之偏颇的文献资料，在教育任务和社会管理组织中，这些文献把几乎全部的兴趣和角色都赋予了女性身上。

一些有趣的反思［……］来自于对新委员会成员的职业和社会-政治-文化背景的了解。［工厂］工人214人，小工匠57人，护士9人，办公室工作人员242人，技术人员13人，教师59人，小商人30人，代表11人，农民7人，独立职业人士9人，家庭主妇61人，学生55人，宗教团体成员3人。社会-政治-文化因素的代表性分为以下几类：意大利妇女中心[29]（4人），意大利妇女联盟（9人），意大利共产党（23人），意大利社会主义党（15人），天主教民主党（19人），共融与解放（Comunione e Liberazione）[30]（2人），天主教社会主义党（1人），教区理事会（22人），教区牧师（3人），学校理事会（17人），工厂理事会[31]（19人），社区理事会（16人）。

除了可以证明教育机构在我们市政府的强大影响力之外，对这些数据的分析和整合也促进了一些具体的反思：

1. 人们在教育机构的社会管理中的开放性和存在感似乎与下列因素有关：（a）问题的可信度；（b）确信他们很重要；（c）所有这些对于比较观点以及改变和改进事物都是有益、有用的。

2. 这反驳了以下［观点］，即为了维护社会管理，我们不需要制定规章制度，而需要将技术行政相关的责任与教育教学相关的责任进行切割和划分；参与应该是小剂量的(大幅度减少出席)或者是(在永久集会主义的意义上)[32]虚伪地欢欣鼓舞;或者最后,这项工作应该只由女性代表来完成,根据性别歧视的传统和安排,专门委托给女性全权负责的学校可能会建议这么做。

3. 还有一些事情被证明是错误的:参与管理是中产阶级的特权;工人阶级家庭和工人倾向于把这一责任委托给其他人;我们无法让如此多样化的代表参与,至少无法涵盖具有以下资质的代表——工厂理事会、学校理事会、教区理事会、社区理事会、妇女组织和我们宪法政党范围内的政党。

4. 这些结果具有明显的政治性质,它们与政治和社会承诺的**先验理论**相矛盾,该先验理论反对在教育问题上开展合作式的、社区式的、多元化的教育经验。

这些只是我们市政当局管理的婴幼园和幼儿园工作中典型经验的一部分。正如我们所看到的那样,这是一种极其微妙的经历,在某些方面,这预兆着在不远的将来,可能会产生更大规模的**政治和文化发展**。[33]这是一种必须克服许多客观及主观考验和困难的经历,它依赖于连续性,依赖于日益增长的共识和自信,依赖于民主连贯性,依赖于对教育学和教育的自由探索(因为它是公开的,是可供检验的),依赖于对儿童教育相关的所有主题(毫无例外)的公开对话(包括宗教教育的作用和价值观念);最后,它依赖于即将到来的支持——我们希望事实如此——这一支持源于在公民社会更广泛的层面上解决这些共同问题的愿望。

* * *

59.75 在瑞吉欧·艾米利亚的意大利共产党联合会上的演讲,1975年(没有更精确的日期)

共产党人致力于使幼儿园变得更加普及

[……]

应当指出的是,大部分的民主反法西斯文化始于战争结束时遵循葛兰西[34](Gramsci)的真知灼见,瑞吉欧·艾米利亚和艾米利亚·罗马涅大区的托管学校的经验是斗争过程在教育中的第一次重要运用。

值得注意的是,这种经历在"传统"教育的危机最为严重的时候已经成为现实,这一危机首先在于,先前用于形成教育价值观的潜在文化逐渐干涸;其次在于,坚持使用的方法、内容和结构维系了阶级分化,并将幼儿排除在入学机会之外。

[……]

市立托管学校的经验影响了社区大多领域和许多层面的公民和文化意识,并对我们的社会现实和政治关系产生了强烈影响。它促使对学校需求的增加,并使部分怀有不同动机和理想的人参与教育的运作和实践。

[……]

概括而言,意大利天主教民主党表达的中心观点如下:

- 他们拒绝对教育方法和内容进行大规模监督或民主监督的可能性,报告了据称混乱的集会主义[见第三章,注释32];
- 他们批评所选择的教育方法,认为该方法未能认识到宗教价值观,而宗教价值观应主导教育,并成为教育合乎逻辑的目标。这无异于是在批评公共教育的世俗性质,并再次声称天主教是教育不可分割的一部分;
- 他们认为,家庭和其他社会力量在社会管理上存在着不可调和的对立,把家庭置于绝对优先地位;
- 他们认为,教育教学团队与个别学校的教师之间存在对立,这是对教师自主性的一种简化的、极度消极的看法的一部分。

[……]

相比之下,共产党人明确了他们致力于实施以儿童解放和表达需求为中心的社会服务理念的公民和政治理由;不是将儿童作为一个抽象概念,而是将儿童作为具体的存在,并将儿童与其环境的矛盾关系具体联系在一起。

这个前提的逻辑结果是,民主管理是幼儿园的先决条件和愿望。它们已经开始脱离学校和社会之间的分离,允许家庭"走进"学校,介入和参与所有与管理教育有关的问题。在以前,这些家庭要么被有效地排除在外,要么扮演着从属角色。

不应忘记,各级学校的教师都存在着深刻的"身份危机";更具体地说,存在着幼儿园教师不足、受剥削和价值不被重视的情况。通过与[社会]管理部门的其他成员不断交流,市立幼儿园为其工作人员开创了新的经济和社会条件,并为重新评估和重视他们的贡献创造了条件。

我们必须强调界定这一经验的政治意义的另一个关键方面,即通过选择在教育领域采取行动,市政当局拥有了新的权力,这种权力是通过与中央政府的艰苦斗争取得的。

[……]

这种教育经历所涉及的社会、意识形态和政治社会力量的范围加强了其多元性,这是贯穿我们为政治、艺术、文化和科学领域工作而建立的所有进程的一条主线。具体来说,这意味着,学校始终努力实现更高水平的严谨性和严肃性,对实验持开放态度,对比较框架和价值观持开放态度。

[……]

在我们经验的最初阶段,教育教学团队扮演了"指导"角色,这对于发展方法与内容以及有效应对"教育野蛮"和传播我们正在建立的工作经验是必不可少的。然而,在赋予个体学校的教师更多的责任——包括实验领域——的背景下,现在必须重新定位"团队"这一角色。

为创新而进行的斗争已经吸引了社区中很大一部分人参与其中,重要的新价值观已经成为我们工作人员在许多层面上的具体实践。这意味着已经为团队创造了条件,让他们有更多时间花在更上位的工作上面,进行提案,建立联系和统一,激励工作者承担关键责任,进行更深入的研究,以及科学地整合从我们各种经历中产生的数据。所有这些都应有助于提高新型教师的素质,增强他们与同事协同开展工作的能力。

[……]

教师的自由是一项成就,它是教师抗争中央部门和詹蒂莱式[见第一章,注释7]教学组织形式的结果,这一成就在历史上有着确切而正当的地位,教师的自由不是恢复教师作为教育情境唯一管理者的角色的借口,教师自由必须被赋予积极的意义。由于革新的需求,我们需要的教师是一种新型的知识分子,是一种与有组织的社会需求相联系的知识生产者。[35]让我们能够解决有关教师的某些概念中的所有模糊之处的是,我们必须为教师提供一个参照点,让他们了解社会对新教育方法和内容的有组织的需求,以及我们具备能力使之成为我们管理委员会生活的一部分。

因此,将教师与外界的关系仅仅局限于家庭的要求是不可接受的(一段时间以来,共产党一直都认为家庭的存在至关重要)。如果学校和家庭要具有一种与社会**整体**相联系的新功能,那么就必须发挥社会、政治和选举需求的全部复杂性。

我们坚定地重申我们的选择,我们推崇家长用具体的方式对学校生活作出贡献,这与我们对"学校是什么"的理解有关(对此的证明和证实是大规模的家庭积极参与市立幼儿园的生活,我们的选择当然不是对其他人所提出的建议的让步)。

[……]

我们的选择绝不是建议排除家庭的作用,而是首先旨在推动家庭向社会开放,在面临不可否认的亲子关系危机的情况下,这似乎是真正重申和重新评价家庭在教育中的作用的唯一可能的基础。

在我们的集体经验中,家长开始意识到他们日常经历的问题和矛盾所指向的社会层面,而不是私人层面,并且意识到在面对和解决这些问题和矛盾时,必须要做出承诺并为之斗争。

我们的学校管理机构蕴含了融合社会不同元素的工作所需的一切可能性。它们的组成正式确立了家长的重要地位,并引入了新的主角:教师、社区委员会以及社会和政治团体。

[……]

在扩大[幼儿]服务的同时,如果给市政府添加超出必要的预算负担,那将是一个错误。[……]在这个问题上,工会组织将社会服务作为其需求平台的一部分,从而以一种成熟的政治方式表达了自己对这一问题的意见;在省内的许多公司中,工会要求**增加1%的工资[支付费用]用于社会服务**,这是人们意识日益增强的一个具体标志,也是一种需求已经成为良知、组织和斗争的标志。

[……]

工厂理事会和工会领导人还参加了瑞吉欧·艾米利亚市政府托管学校的学校与城市委员会的换新筹备会议,并表示愿意就所有主题(教学结构、方法、内容)与市政府交换意见。

[……]

将这场斗争提升到国家层面的必要性和可能性是存在的,我们必须确定与此相一致的目标。这并不意味着地方当局不应再将自己的资金用于托管学校领域(相反,这一投入必须继续,并解决一些市政府的拖延和缺乏投入的问题),但这意味着,不应再把市政府视为该服务的唯一资助者。

我们必须争取的目标无非是实现一项有关幼儿园的国家法律,有效保障这一年龄段的每个儿童的入学权利和入学条件,即由市政府运营、由国家资助、由地区规划的幼儿园,这是几周前意大利共产党提出的立法提案。

[……]

虽然我们必须致力于逐步扩张托管学校,发展我们的运动,明确地方当局的选择,但这也应有助于提高各个地区的质量水平。我们必须扩张一种有效的服务和一种新的办学方式,但要避免造成在不同学校之间产生质量水平参差不齐的做法。

此时,根据我们的经验,我们必须认识到,需要超越以下这种局面:没有有机的途径来协调组织教育学和管理方面的交流、指导或教育学和管理经验的统一。这项工作最多只能归功于瑞吉欧·艾米利亚教育教学团队的努力和奉献,但我们的人数已经太少,无法满足瑞吉欧·艾米利亚市政府日益增长的需求。

现在很明显,市政府再也不能推迟为自己提供特定工具的决定,而是必须在当地卫生和社会服务机构的工作人员中引入教育教学团队,其任务是对早期教育机构的整个系统进行干预。对于这个团队,我们坚持的一点是,人员需要具备教育学方面的资质,而不是卫生领域的资质,因为一些市政府和地区倾向于让卫生专业(而不是教育专业)的人去管理和协调婴幼园和托管学校的教育经验,在我们看来,这是一个错误。

在地方卫生和社会服务中建立这种团队,将有助于实现更大的发展,以及更加丰富教育学层面的实验和研究,这也将有助于对城市的具体需求作出回应。

[……]

关于托管学校的开放时间,我们的感觉是,开放时间应该基于这样的原则,即学校既是为家庭提供的社会服务,也是儿童教育的途径。因此,必须根据实际家庭情况来评估儿童在学校所度过的时间。一般来说,长时间、无差别的上课时间确实与儿童对其他情境和经历的需求相冲突(在家庭中、社区中等)。然而,工作家庭的现实情况取决于父母的工作时间,以及在学校时间之外无法保证真正的家庭关系这一现实,这也同样是事实。

基于这些考虑,我们不得不说,学校必须适应工厂的工作时间,逐步向工人子女开放,更好地满足家庭需求,同时尽可能保留父母可以在不同时间接孩子的机会。

当然,在扩张由国家资助、由市政府运营的幼儿园的斗争中,最复杂的问题之一就是我们应该与私立托管学校建立怎样的关系。由于私立学校的规模和影响力,民主工人运动被迫形成一个能够对教育的组织和结构发表意见的政治倡议。

我们必须重拾共同了解私立托管学校现实情况的可能性。市民必须了解成本、教学方法、教学内容对家庭的实际影响,以及流入私立学校的资金是如何使用的。

天主教民主党和教会正在假借多元主义的名义,要求明确承认私立机构的角色,并要求市政府和国家做出提供财政支持的承诺。我们希望明确我们多年来所采取行动的基础,即,为发展幼儿公立学校而斗争,为获得国家在这方面做出更强有力的承诺而斗争,以便保障所有幼儿进入公立机构的权利。

这是一个奇怪的多元主义的概念,导致国家放弃它在教育领域的责任。只有发展公立学校教育才能认可和保证思想的多元化,以及对所有信仰和所有信念的尊重。

与此同时,我们不得不面对的是,国家已经被证实无力扩张公立学校,以及国家对个体家庭的需求缺乏关注所造成的后果,还有国家允许私营领域采取无组织、不受控的举措,至少私营领域在部分应对日益紧迫的需求方面发挥了社会功能。

所有这些都导致需要制定倡议,以便能够就私立学校问题——特别是那些要求财政支持的学校——与天主教民主党和教会进行对话。不能仅仅基于对私营领域职能不加批判的承认就提供财政支持,[否则]这将使市政府仅仅沦为一个资金的提供者,而忽视了指导瑞吉欧·艾米利亚的市政府在教育领域做出行动的基本前提,即通过对教育和专业发展的性质的定义来统一组织和架构。

基于这一评估,在确定市政府应做出何种承诺的同时,我们认为,交流和对话的先决条件是,私营领域有意愿讨论关于私立托管学校如何组织的相关要点。这些要点包括:**管理**(除其他考虑因素外,家庭的存在微不足道);**招聘**、**专业发展**以及支付教学和非教学人员的**费用**;儿童的**入学标准**;**师生比例**;资产负债表的**公开透明**;以及建筑的**适宜性**。

总结而言,我们重申,我们希望解决私立学校的问题,目的是启动一个能够引导它们提高质量和转型的进程。这一行动从根本上取决于教师、家长和市政府的成熟度;这意味着,社会和政治力量必须有意愿和能力来组织管理对托管学校的需求,并将其提升到一个斗争的高度,为普及由国家资助、由市政府运营的公立幼儿园而斗争。

* * *

60.75 关于《学校家具 1975——为了学校的变革》(*Arredo Scuola '75 - per la scuola che cambia*)一书的文章,1975 年

> 编者按:这篇文章也被收录在一本由 ANIC S.p.A.编辑、由路易·马索尼(Luigi Massoni)出版社出版的非卖书中(Cermenate, Como, 1975);这本书被描述为"对解决国家主要问题"作出了贡献。它包含十一个章节,其中包括来自荷兰、法国、苏联、瑞典和英国的章节。第一章——它类似于引言——的作者是劳瑞兹·马拉古奇。

学校、建筑、家具:平行的生活,不可能的生活?

劳瑞兹·马拉古奇,教育顾问,瑞吉欧·艾米利亚市政府

[……]

学校家具的生命,和其他一切生命一样,是一种关系的生命:它的生物学伙伴是学校以及教育开展的每一个地方。

[……]

为了连贯起见,在试图描述家具的作用、比例和最重要的文化意义时[……],我们提议进行一种反思,这种反思将试图把反思、事实和参照(涉及经济、意识形态、科学、政策和实践)汇集在一起,并结合我们的学校及其问题和目的,从批判和历史的角度重新组织它们。

一个可能有助于我们着手的基本反思是,聚焦考察和重建人类几代人的发展方式,以及哪些跨越代际的方式对人类命运有所帮助。

当然,一些重要的考虑因素会接踵而来:人类为了丰富和增加他们最初的"文化"工具而进行的漫长的学徒制;他们的学徒制是在社会经验的背景下进行的;人类有意识地创建特定的教育场所(和工具),同时开始与其他社会机构建立关系;这些现象的不断变动,使得学校及其与社会的联系不可避免地成为一种短暂的、不断调整的现实。

在对历史事件进行的适当研究中我们发现,学校从来不是自己的仲裁者,也没有自主地做出重大选择;它们忍受并履行了其他权力中心赋予它们或建议赋予它们的职能,这意味着,在很长一段时间内,我们上面提到的学校与社会之间的流动和动态,可以说是发生在一个非常受限的、由外界决定的波动区间。

然而,有必要记住,在很长一段时间里,学校和教育如果不是——怎么说呢——处于社会生活方式的对立面,尤其是处于工作和生产方式的对立面,那么它们就什么也不是,这种**分离**甚至受到推崇和赞美。

工厂的诞生——在伽利略的发现之后——开启了一个新时代:实际上,这要求在教学场所、工作场所和社会组织之间的关系中实现更迅速、更具体的平衡和协调。

工业社会的诞生还意味着其他事情:学校的巩固和扩张;在教会垄断了几个世纪之后,公众开始对教学领域进行干预;向资本投资的过渡;南北之间加剧的差距总是会带来严重的后果;我们辉煌的手工作坊的消亡,以及随之而来的家庭重组;理解了专业和文化可以在工业领域有实际用途。这些都是新的、令人兴奋的、有风险的事情。

学校建筑严肃、专制、古板[36]的特征与我们在新城市发展规划和管理中发现的一样,它使得教堂、政府大楼、法院、军营、邮局大楼、火车站等成为焦点。再加上对学校扩张的担忧和谴责,学校扩张被认为是对旧价值观和旧秩序的颠覆("以牺牲真正的教学为代价的过分的、浮夸的火葬柴堆",M. Macchi in Il Politecnico, Milano 1860),这些[变化]证明这是一个剧烈变化的时代。

学校充斥着法令、限制、权威、监视和未经选举的权力(nomine regie)[37]。对于一个完全文盲的人群来说,学校充满了恐惧和贫穷,教师缺乏准备、情绪低落——"**我们只是被租赁出去的人**"(G. Sacchi in Patria e Famiglia, 1861)[38]——教学只是依靠高高在上的讲台传来的话语、黑板上的计算以及竹条和柳条,这些都是前工业时代糟糕的工具,但却有效地提醒着人们纪律和服从。

家具,如果有的话,是这样的:一张教师用的桌子、一个讲台、五张或十张摆放的桌子、一块黑板和一个橱柜。从幼儿园到大学,这些普遍的物品无处不在,并确保了功能的绝对连续性,此外,它们与具有同样相似性和重复性的建筑形成"共谋":对不同年龄段、心理水平和学习方式的需求持有同质化和无差别的看法。

一切都被简化和压缩,手段很少,也没有什么科学性,没有什么愿望。学校以外的问题既困难又复杂。正在发生着必要但是痛苦的领导层变动,教会和国家之间以及保守派和进步派之间存在冲突。在经济上,正在进行从土地到工厂的异常艰难的转变;失业和饥饿问题正在分别导致相应的政治运动。

根本没有必要对学校建筑物之间的关系、它们的空间和用途如何分布以及教学和教育目标进行过多的分析,尤其是在已经发现了本质问题的情况下——**也就是说,强调秩序和权威的教育学是最方便、最便宜的**。它的成本较低,因为建筑物只需将教室的基本模块进行复制,把教室作为一个容器,一条直直的走廊,以便进行监督,并且窗户很高,只能看到天空。它的成本较低,因为使用的家具是低标准的工具,没有任何优点可言,它们限制了移动,捆绑了注意力,只是充当了一个来放置东西的表面。最后,这种教育学成本较低,有三个非常简单的原因:毫无例外地,它被作为是所有地方和所有年龄段的通用模式(但是,天呐,有多少使用者被排除在外!);它可以以任何方式存在于任何地方——古老的军营、古老的修道院、古老的农场——**最富有想象力**的地方,而且租金低廉;最重要的是,它成本较低,因为它规避了时代可以改变和教育观念可以改变的想法。

与此同时,新生产业——客观地说,该产业的诞生之所以困难,部分原因是原材料的缺乏——对学校的要求很低,不管是在委托潜在业务方面,还是在限定劳动力的资格方面。目前,手工作坊仍然是最好的、最经济的来源。

[……]

当我们提到一所阅读和写作的学校时,我们指的是一所充斥着识字和19世纪的学习的学校,这所学校是前科学时代的、官僚主义的、等级森严的、集权化的,[……]

这种教育项目使儿童和年轻人成为不可言传的知识和学科的持有者,压制他们的批判和研究精神,塑造他们被动的服从性,以及对权威、纪律、性压抑、竞争的顺从,还有对积极负责的社会关系缺乏自信;这种教育项目无法留下与传统和记忆相关的文化痕迹,也无法利用研究和实验作为工具来获取知识和发现,来促进教育、文化和社会发展。

> 编者按:接下来对多年来资金如何使用、资金浪费丑闻以及由此产生的诸多困难进行了长篇讨论。

[……]

在这些启示之后,很难界定建筑物、建筑、家具和教室设备在教育动态和组织中的作用——如果可能的话,教育应与时代同步,或者以同样的速度发展。

在法国,建筑工作与学校扩张的步伐更加协调一致,已经建造了 74 000 个学前和小学班级、3 500 所初中以及 600 万平方米的高中;从部长到教学协调员,再到建筑师,每个人似乎都同意公开宣布新的教育,并谴责旧的教育方式的错误和落后;令人惊讶的事实是,即使在法国这样的地方,这些新建筑似乎也是在对过去的忠实而谄媚的尊重的基础上而建造的。

诚然,世界各地都有建筑的范例,在那里一切都是连贯的,精彩的体验正在进行,利用空间和学习方式来开展建设项目和教育项目,对未来可能发生的变化持开放态度(教学协调员、建筑师、人体工程学家和设计师一起观察它们)。但是这些冒险通常并不广泛,并且除非学校摆脱其历史和政治上的从属地位,否则它们不会变得广泛。

建筑和学校一样,首先是一个政治对象,然后才是一个文化对象。毋庸置疑,学校建筑及其家具和设备的功能和意义与它的教育内容、教育方法和教育目标存在密切联系。这是毫无疑问的。还需毋庸置疑的是,地球上几乎没有任何地方承认这一状况,并且它代表的是一种罕见的优雅状态,这种状况在逻辑上如此显然和基本。

学校建筑可以说是双重从属,首先是作为建筑,然后是作为学校建筑。在我们国家,学校不是文化的生产者,甚至都不是文化的共同生产者,而是消费者,是拿破仑法典的一部分,是官僚主义节奏的一部分,需求的积压阻止我们提升或向前飞跃。因为持有这样一种学校概念,我们国家为此付出了额外的代价。我们可以补充说,我们国家持有这样一种教育学理论,即认为政治、科学、技术、商业、工业与其他人文科学和活动一样令人厌恶,由此也认为研究、实验、怀疑和规划令人厌恶;即,构成我们生活真实节奏和我们所处时代结构的所有**变化**。

而且必须认识到,除了极少数例外[……],即使在瑞吉欧·艾米利亚,原本应该对这些问题表现出最大兴趣的教师阶层似乎也仍然听天由命,心甘情愿地充当一个谦卑的沉默执行者。

为了找到一个公开的官方谴责和抗议的标志,我们必须回到1963年的调查委员会:"到目前为止,我们可以说,从未评估过学校建筑应该履行的功能。"这是一个极其严肃的声明。

基于前面所说的来看,很明显,建筑的命运就是学校的命运。如果学校不决心离开它们的陵墓,找到革新的策略,调查它们自己的故障和浪费,获取和计划必要的手段以实现有目的的总体发展目标框架,那么建筑物(被视为一种需求)和建筑(被视为赋予需求以品质)将成为,说得好听点,**纯粹的说教艺术(artes sermonicales)**,而不是它们与生俱来的**现实艺术(artes reales)**。

[……]

教育开始自身变革的真正能力不能仅仅依靠教育。失去的时间、新旧错误和问题,尤其是学校与公民社会和工作之间的关系,是年轻人、家庭、政治力量、工会和企业现在所了解的事实,通过公开辩论和参与**合议机构**的初步经验,知识已经在"内部"得到了扩展和深化。

对教学的需求不再是过去对识字的需求,而是一种对不同知识的需求,这种需求使得越来越广泛的领域具备关键能力并进行干预。在积极参与知识进程的经验中,这是一种必须立即启动的能力。这种需求要求关注更多的东西,要求体验到幸福感、安全感和全部的公民权利。这些事情都是由社会变革引发的,是在发现大规模学校教育无能、不公正和不合时宜的集体经验中萌生出来的:所有事物都随着整体政治进步,尤其是因为我们的年轻一代而大大增加。

提出柏拉图和詹蒂莱式实践所推崇的**"天生的造鞋匠"**(shoemakers by nature)和**"天生的和教育的哲学家"**(philosophers by nature and education)这两个概念已经没有意义了[参见第一章,注释7][……]。换句话说,正如1974年经合组织(OECD)关于"教育创新、研究和发展政策"(Les politiques en faveur de l'innovation, de la recherché et du développement dans l'enseignement)报告的结束语中所述:"最基本的问题是知道如何——通过学校改革——在个人权利和整个社会的权利之间实现公正的平衡,以及如何将所有这一切融入创造变革和改革的民主进程。"

福雷(Faure)说:"我们需要做的是,与发达国家政治体系中普遍存在的矛盾作斗争：在教学方面处于前技术时代，在社会招聘方面推崇精英主义"。

泰克斯（Tecce）说："我们需要决定[我们想要的]社会类型：这个社会充分利用科学的成就，但又不想停止培育无知的种子。"

在这段漫长的历史中，学校的陈设和教育、它们所扮演的角色和意义以及它们可能具有的角色和意义都是被遗忘的主角；它们谨慎而警惕，总是饶有兴趣地倾听。

我们针对建筑物和建筑所做的论述也同样适用于家具：如果没有渴望变革的学校和教育，如果没有一个不仅能够欣赏而且能够积极配合变革进程的社会，家具也将继续成为一个虽然必要但却卑躬屈膝的物品，就像往常一样：被排除在教育学书籍和研究之外，被低估，甚至被那些每天使用它的人误解。

[……]

意大利的家具工厂，其中一些不仅因为年代久远而赫赫有名，而且还继续"编织"着受市场制约的"织物"，市场不希望也不能容忍大量的变化，因此，它们冻结（和浪费）了技术和创新的潜力。如果这种潜力被释放，将在技术、教学和文化方面激发活力，为学习以及学习的场所和方法发展出新的技术、理论和实践理念。

许多学校的家具仍然表现出所有古老的标志，尤其是在乡下：这些标志象征着这样一种态度，即强调不需要其他东西的纯粹的教育学，强调19世纪的剥夺及其所有类似形式，以及强调我们自身时代的原子化、前科学文化。

有些家具是跨代际的，尽管它们服务了一代又一代人，但仍然保持安稳和不变。有些家具发展得太快，它们的形式和用途演变得很厉害，以至于打破了几个世纪以来的姿态，看起来既不方便，也难以理解；它们最终要么成为"纪念碑"，要么被扔到楼梯下面。学校家具的来临和分配通常遵循麦哲伦式[39]的官僚主义和技术规范路线。老式设计的家具进入新的学校，现代设计的家具进入旧的学校。有时家具被直接送到市政府仓库，因为学校没有空间来容纳它们。

包括来自其他国家在内的所有观点都在讲述同样的东西。家具之所以落后于时代，是因为这是我们所要求的，是方便的：使用者很少说话，很少刺激；行政部门热衷于习惯；教育学继续缺席；建筑学很少或根本不提出建议，当它提出建议时，它必须应对公共行政和法律的约束。学生们，没有一所他们可以热爱的学校，无法理解家具的意义。从长远来看，决定因素是成本，这一点比功能和美观更具优势。显而易见，一个变化如此之少的商业部门意味着技术发展缓慢、研究怠惰、发明很少。

想想看，如果我们能够以更加同步、更具参与性和协作性的方式推动事情向前发展,与此同时,教育学研究的进展与科学、经济、艺术和技术研究的进展同步,大家共同考察结果,以共同合作的方式制定投资和发展计划,教育场所的主题和目标之间相辅相成,生产和工作场所的需求之间相辅相成,事情会变成什么样子?

然后,我们将会看到家具的伟大时代。最后,家具可以表达一些迄今为止未能表达的东西,而这正是它几千年来的使命。它将完全成为一种有生命的东西,能够担当丰富的主角角色,能够有自己的生命。它将打破自身作为被动的、非必要的物品的贫瘠形象,取而代之的是奇妙的、有生命力的物品的形象,这些形象不仅使教育成为可能,实际上它们创造了教育。

事实是,整合教育学、建筑和家具的一般和基本原则——协调它们的问题;它们引发的动态和关系;确定需求;监测、引导和应对活动的方式;针对不同的兴趣、活动和用途,为不同使用者提供灵活多样的家具选择的可能性;与学生的节奏和工作方式保持一致;激活他们的社交和娱乐能力:总之,教育学、建筑和家具这三个方面在现代化与引入新的教育内容和方法方面可能采取的综合行动具有巨大的**颠覆性潜力**——[这个原则]不仅是我们不习惯的事物,还是一种我们不熟悉的文化反思,它揭示了我们的教育过程和实践是多么抽象和落后。

事实上,教学协调员、建筑师、设计师和人体工程学家以及他们所代表的学科之间彼此知之甚少,甚至根本不了解,尽管他们就像英国城堡中的幽灵那样已经不知不觉地在一起生活了几个世纪。他们也不了解社会学家、医生、人类学家、经济学家、科学家或政治家:每个人都骑着自己的马旅行。

如果以统一的方式将所有这些知识整合在一起意味着对贡献、专业、兴趣、研究、实验、项目和文化进行重新组织,那么这就是在该反思结束之际我们可以提供的一把钥匙,用于尝试——而不是象征性地——通过许多共同建设者的创造性标志来建造一所新学校,这些共同建设者是卢梭的《爱弥尔》[40]中所嘲笑的那些**无用的发明者**(sottement ingènieuse),因为他们忙于热爱和创造新事物。

* * *

61. 75 由瑞吉欧·艾米利亚市政府的学校和社会服务部出版的《经验》(*Esperienza*)杂志第 2 期的文章,1975 年 2 月

> 编者按:这期《经验》的标题是"市立幼儿园和婴幼园中的思想和事实"(Idee, fatti delle scuole comunali dell'infanzia e dei nidi)。这篇文章采取的形式是马拉古奇回答卢西亚诺·科拉迪尼的一些问题。科拉迪尼 1935 年出生于瑞吉欧·艾米利亚,非常热衷于教育事业,他于

> 1980年开始在米兰大学担任通识教育教授,后来又在罗马第三大学(Rome Tre University)担任教授。他也是天主教会的坚定拥护者,在下文中被马拉古奇描述为"天主教世界和学校教育中最开放、最热情的声音之一"。不幸的是,科拉迪尼最初的问题已不复存在,尽管它们隐含在了马拉古奇的回答中。在这个版本中,原本马拉古奇文章的尾注被移到了开头,因为它为读者提供了一些有用的上下文和背景信息。

文章尾注

我们的朋友卢西亚诺·科拉迪尼是天主教世界和学校教育中最开放、最热情的声音之一,他已经离开了我们的城市,前往大学和意大利天主教中学教师联盟[Unione Cattolica Italiana Insegnanti Medi]工作。作为家长和学校与城市委员会主席[41],他有着直接经验,非常了解我们的幼儿园[他在《托管学校》中详尽、清晰、热切地描述了这一点]。一年前,他请求我们以一种完全坦率的方式就天主教世界某些地区对艾米利亚·罗马涅大区市立幼儿园的质疑和疑虑发表评论,这种方式一直是我们公共和私人关系的显著特征。这是一个合理的请求,这反过来又使他可以公开评论这些问题。

这些问题是什么?文化和政治归属感;意识形态的影响;社会管理、教学实践和教师自由的危险组合;性教育和宗教教育。

这里发表的信件[见下文]是对他的请求的回应,尽管显然我们只是站在自己的立场上发言。据我们所知,该回应还没有发挥作用。

那为什么还要发表它呢?因为我们确信,这样做不是非道德的,而且尽管时间已经过去,尽管语言充满争议,但它仍然是相关的。它为辩论提供了知识素材,这一辩论最好公开进行,以鼓励他人的关注和贡献。因为这将使我们的朋友科拉迪尼和我们一样高兴。

关于我们的经历

回答一个朋友提出的问题

瑞吉欧·艾米利亚,1974年3月

亲爱的卢西亚诺:

在我们这样一个禁止教育学研究和实验的国家,心理学家、社会学家、教育学家和出版商被迫依赖进口材料,对使用的方法和结果产生了大量不可避免的误解。

事实上,对教师的培训几乎是不可接受的,因为对于如何对待准备充分的教师,意大利学校知之甚少,一般而言,教育问题的风险没有成为持续不断的交流和理性反思的主题,而是成为公开和简单粗暴地倾向于捍卫文化机构和权力的恶意主题。

当话题转向托管学校和早期教育时,就有可能变得脾气暴躁,让原本就不容易的讨论变得更加困难,这些讨论涉及到那些通常是悲伤、平庸和屈辱的学校,它们陷入了无法挽救的境地,即便是慷慨而英勇的志愿工作和承诺也无法挽救这种局面。

毫无疑问,艾米利亚·罗马涅大区的托管学校——由市政府管理的幼儿园——有效地构成了一种有意识地尝试真正研究和实验的经验,并且,它们决定与工人、家庭和人民一起讨论和检验已经做出的或可能做出的选择。简而言之,它已经着手建设**别样的幼儿园**,这些幼儿园关注儿童的教育和学习需求,儿童已经远远脱离了当前教育学和社会学所认定的形象和角色。当然,我们要说的是,客观地说,艾米利亚·罗马涅大区的学校已经成为一种可供参考的经验,因此,除了学校已经向自己提出的问题之外,提出问题是合理的。不要让任何人认为一切都是鲜花和玫瑰,一切都已经被创造和实现了。

事实是,艾米利亚·罗马涅大区的经验,尤其是对于那些生活在其中的人来说,是一种动荡和牺牲:在学校内外面对一个漠然、注意分散、功利主义、虚伪和蛮横的现实,这是一种困难而又压力重重的体验。

如果认为艾米利亚·罗马涅地区的经验是雷同的,那么这种想法是不对的。它因城市而异,取决于环境、传统和可能性,如城市管理或政治和文化选择、具体现实的影响等。然而,有些事情超越了这些差异,是共同的:所有这些都是由于伟大的公民运动而活跃起来的。

然后我们来到瑞吉欧·艾米利亚,这座你和我最为熟悉的城市。在 1972 年之前,我们的教育经验经历了一个漫长、坚定、循序渐进但清晰的十年旅程。正是在今年,其机构的特征和目标在一个庞大的**人民立宪集会**中以统一和结构化的方式得到了界定,历时 8 个月,历经 24 份"宪法"草案(实际上是市政府法律所要求的**章程**)。市议会一致投票通过,但实际上辩论是事先就已经进行的。[42]

我们的教育经验的核心特征是什么?

教师、辅助人员、家庭、市民和社区共同实现将教育学的研究作为一种永久方法的公然愿望(即将到来的整个 1974—1975 学年将致力于逐一讨论和检验所作出和实施的选择)。这超越了最近意大利主教会议(Conferenza Episcoplate Italiana)[43]文件中讨论的简化的、**三方**的概念(这是第一个分析性地研究托管学校问题的文件),它仍然把关系简化为"儿童、学校和家庭"间的关系。它还介绍了《委托法令》[见第三章,注释

21]将在明年(可能)开始实施的一些事项,时间要早得多。

侮辱性的、反教育的男教师"禁令"被废除,该结果极其令人鼓舞。教师的角色得到了重新调整,有了适当的工资和每周36小时的工作时间:正式认可36小时中有2小时用于小组会议、学校会议、学习、常规专业发展活动、考试等。辅助人员的角色得到了解放,这样她就可以在与老师平等的条件下学习、开会和讨论,工作时间和义务与她的"同事"[老师]完全一样,这在意大利还是史无前例的。

所有残余的等级观念都被抛弃了。没有"高级管理人员"(dirigenti)[经理],也没有"教育主任":有6名协调人员[教学协调员](每10个班级一名),他们的措施必然和700多名学校与城市委员会成员以及当地其他非中央行政、文化和政治机构的措施交织在一起,这保护他们免受任何无意识的错误或不恰当的诱惑。

每30名儿童中就有两名教师**一起**工作,这永久地打破了当教师独自面对问题时所处于的毫无道理、毫无人道的关系,以及由此产生的个人主义的孤独模式。对于那些[在下午]得不到充分家庭照料保障的儿童,可以选择延长在园时间,最晚至18:30。

每所学校都有自己的艺术工作室,有一名特地不限定[班级]的教师①。艺术工作室在我们的教育经验中扮演的角色由来已久。可以说,通过它的性质、活动和联系,我们希望形成一种**保障**,保障我们的教育经验保持新鲜并富有想象力,帮助该经验不会陷入常规和习惯,或变得过于模式化。

管理委员会——在没有人或极少数人相信它们的情况下诞生并遭到抵制——你们已经亲身经历过它们的问题,它们证明了学校可以做出民主、人文和文化贡献的潜力和现实,它们也证明了在抵制和贡献具体和原创[44]内容方面遭遇的困难。

"异议"是什么?

这不是一所意识形态学校,也不是一个党派[政治]学校,或者任何类似的学校,更不是一个自然主义学校[45],这个术语在我们的词汇和思维中是不为人知的,就像它在天主教经验以及"自发主义者"和"乌托邦主义者"的教育学理论中是常见的一样。[46]

成年人在教育中具有永久的历史作用,因此不存在*自由放任*或任其发展的教育学,也不存在为了快乐原则而取消现实原则的教育学;不存在以儿童的言辞开始和结束的教育学;不存在为了得到它所需的手段、空间和工具而无须抗争的教育学;如果一种教育学能够让儿童在自己所做的事情中认识自己,让他们尽可能地成为自身知识的

---

① 这里所指的是驻校艺术教师这一角色。——中译者注

作者和建构者,让他们成为社会对其需求的反应方式、他们自身和其他儿童家庭的观察者,那么这种教育学必然可以激发儿童的喜悦;没有教育学不需要通过抗争来摆脱不合时宜的、不公正的形式和内容。

总而言之,通过小心翼翼地保护儿童免受先入为主和带有偏见的模式的伤害,并让他们从一开始就有权利选择自己的身份,我们对学校的假设首先是捍卫和解放了儿童作为主人公的角色,这必然不可避免地导致抗争和革新的一面。

自然主义的性教育?这是什么意思?

是指最自然的性教育吗?如果是这样的话,那么是的,只要这个主题没有变得如此具体,它就脱离了教育的统一概念。

我必须极其坦率地说,一般来说,那些提出了使你一段时间以来所报道的那种问题和担忧的人,他们已经有了一个关于性教育的幻象模型,使之成为一种事物,并且发明了一种既抽象又脆弱和公式化的性道德。再次重申,我们的工作方式的特点是,我们拒绝社会角色模型,包括那些与性别相关的社会角色模型,社会扭曲了这些模型,教育不加批判地采纳了这些模型。这些都是错误的、不纯粹的角色。如果我们以这样一种方式在幼儿园工作,即我们的孩子不会发现自己身处十字路口,或者前往不同的旅程,进行着不同的活动和行为;如果我们让所谓的女性气质和所谓的男性气质自由而循序渐进地萌生,避免偏执的摩尼教态度,那么我认为这才是健康和正确的。

其他反对意见有:教师歧视、过度紧张的工作、意识形态压力、政治宣传等。

人们很容易以布雷西亚(Brescia)的年轻教师为例来回应,他们因参加纪念凉廊广场(Piazza della Loggia)大屠杀[47]三周年的哀悼活动而丢掉了工作。他们已经被正式登记为售货员[而不是教师],并且像意大利各地(显然包括瑞吉欧·艾米利亚)成千上万的其他年轻人一样疲惫不堪。

我们积累了与意大利中央政府的教师打交道的经验:这些教师不是来自7所国立教师培训学校[48],而是来自160所私立的宗教教师培训学校以及近年来意大利天主教教师协会(Associazione Italiana Maestri Cattolici)运营的倡议机构[49]。这些学校遍地开花,宣传速成课程,私立教师培训学校收入不菲(假设每个教师候选人10万里拉)。通过有组织地预先定义,候选人快速完成在这些学校的学习。

亲爱的卢西亚诺,你知道吗?如果一位高级督察部长告诉我的是真的的话,在阿卡西莫(Alcamo)[西西里的一个城市]有一所私立的教师培训学校,只在6月份考试的时候开放,每年收取3 000万至4 000万里拉。

我们的工作从这些年轻人开始。要么我们与他们一起做,与他们一起经历,欣赏我们共同努力创造的承诺带来的满足感以及社会和伦理方面的收获——有目的的、利他的和社会性的——要么游戏就此结束。

事实上,游戏还在继续。这不是一个简单的游戏,它的进程不是线性的,紧张局势加剧,思想变得更加清晰,态度形成,问题需要答案和不断的比较,热情必须得到衡量。以这种方式创建的学校,如此有意地嫁接到当地和当地人民的事务中,是一所具有高度敏感性的学校,能够关注并感受到每一种外部情况的影响,无论是私人的还是公共的情况。事实上,这种敏感性是一个微妙的问题,但它是我们经验的核心和基石,它越是摆脱教育学理论和纯粹意识形态的形式化和冷漠机制,它就会变得越人性化。

在我们的经验中——当然我们的经验也不能免受限制和批判——凡事都有发展的余地。政治越广泛,差异性越大,对我们的工作就越有鼓舞作用。

意识形态教育?

是的,从解放儿童(正常和残障儿童)、学校和家庭的意义上来说:在这样的设计中,对话找到了它所需要的空间。也许在意大利,"安静,不要动"是学校和教育的首要,可能有人更希望我们淡化宣传[我们的工作]?

我们相信,我们已经帮助了成百上千的教师;我们已经试图说服一些公共和私人管理者相信学校和学校的革新。我们不会对他们说,现在你坐在那里,我们会为你讲述这个故事。我们说,你们来亲眼看看,深入其中,了解真实的情况。就在即将结束的这一年,已经有179个团体参观了我们的学校。没有什么是有组织的,人们写信或打电话询问;我们一起决定,我们听从他们的安排,我们在之前、其间和之后公开讨论事情。这些团体有许多不同的类型:50%的人由教师、管理人员、行政人员和建筑师组成,他们都是天主教徒或类似人士。会议、讨论和交流总是在高度的文化兴趣中开展,这正是我们现在需要加强的,因为在这个时候,多元化的教育理念似乎正在从各个方面开始出现。

社会管理、自主实践和教育者的自由?

从明年开始,第477号法律[50]将在意大利举国上下提出这些想法,这些想法已经成为我们十年来的经验中活生生的一部分。

从你提出的问题-异议来看,如果我们把这三个想法看作是截然不同的、分开的、生活在截然对立的世界中的,那么我们的历史将结束:这是一个简单而徒劳的愿景。

如果第 477 号法律朝着这个方向发展,那么甚至在它[遇到]真实的事物和事实之前,它就将不再具有文化上的可信性。

尽管人们害怕这种考验,并看到它所带来的客观困难和风险,但学校和教育永远不会理解它们努力工作的意义和对于革新的愿望,除非它们拒绝容忍——或者防止——障碍或参与的缺乏,接受这三种情况[社会管理、自主实践、教育者的自由]的统一价值:没有人会牺牲或失去任何东西,但是在具体和普遍层面都会出现提高。

这是我们多年来一直在尝试的——艰难的——经历。我们从未将致命的或不可避免的对立面进行理论化,相反,有时候——在比较幸运的情况下,多亏了探索和完善之间的相互促进——我们取得了令人鼓舞的重要成果。

剩下的就是宗教教育了。

在一个被认为是多元化的社会中,我们想要宗教教育吗?还是不要?多元化是什么意思?我们的菜地要用篱笆围起来还是敞开?我们想要独白还是对话?在社会参与和社会管理的学校中,我们希望开展宗教教育,还是不开展?

我们是否希望如《协约》(Concordato)[51]所设想的那样进行宗教教育?我们想要旧的宗教训示还是新的?为什么?为了谁?怎么做?

即使是《指南》(Orientamenti)[52],它在这个问题上肯定是先进和开放的,但是它对我们来说似乎也不够清楚。多年来,我们所有人——有着不同的背景和思想——都是基督教和天主教世界这场巨大危机的一部分。再一次地,我们所有人都深信,我们国家社会中存在的一些思维、行为方式和政治问题,它们都直接或间接地与占据教会大部分注意力和我们大部分文化的事务联系在一起。

与此同时,我们需要天主教徒的帮助和澄清:宽容的精神、对辩论的热爱、对分析问题的渴望、对专横的"布道"的拒绝。这些都不是容易的事情,但是如果我们想要做到这些,我们就需要加强和革新我们的共同努力。

到目前为止,我们一直在公开会议上直接与家庭应对这些问题(牧师通常参加这些会议)。由此而来的正是我们在努力创造的东西。这些会议的结果是:

- 儿童不是需要被灌满的瓶子,他们是积极的对话者;
- 宗教经验是由生活经验组成的,而不是由我们强加和复制的公式组成的;
- 就像教育领域的所有事情一样,家庭不能把宗教经验委托给任何人;
- 宗教经验必须融入文化,融入我们时代的期望、希望和问题。正如你自己所说的那样,它必须是一种"存在的、生活的快乐,一种人类的可能性",而不是像别人所说的那样,宗教经验是一种"我们捉摸不定的感觉,是死亡的命运,来到这个世界,不是为了生存而是为了死亡"。

我们对我们幼儿园的宗教教育做出回应,并基于这些结果赋予其以实质内容,与我们的工作人员达成一致,他们必须不断地比较他们的"私人"和"公共"良知。

这些回答是否让每个人都满意?

当家庭把自己托付给一个非私人的、没有偏见的地方,而这正是他们所做的,那么他们就不构成一个问题。

每一次宗教盛宴都是我们做出具体承诺的时机,用以强调存在的价值、教育的价值、支持和解放人性的价值,这些都是基督教义所传达的基本信息的一部分。这是我们认为属于我们的选择和共同立场。如果我们帮助儿童在越南[53]生存下来,或者我们给养老院的老人送去温暖,或者给贫穷和受辱的市民送去温暖,有些人就会对我们嗤之以鼻。

是不是搞错了?我们认为不是。

这就是问题所在。如果事情仍然不能完全令人满意,那么我想说,错误不全在于我们,正如当事情完成时,功劳也不全在于我们一样。

我觉得我到处都有遗漏。但这说的就是我这种人,总是被匆忙和奔跑拉扯着。

向您、您的妻子、孩子和工作致以我的问候。

劳瑞兹·马拉古奇

* * *

62. 75 研究委员会报告附录,主题为"艾米利亚·罗马涅大区的幼儿园——经验、假设、现实"(La Scuola dell'Infanzia in Emilia-Romagna — esperienze ipotesi realizzazioni),由艾米利亚·罗马涅大区博洛尼亚的国土规划、运输、建筑部门编辑,1975 年 3 月

> 编者按:这个研究委员会主要聚焦的是幼儿园,由 25 名教育和建筑专家组成。委员会报告中的章节包括:当地土壤;户外空间;室内空间;以及家具。所有这些都被放置在这些学校心理-教育方向的介绍部分的背景之下来介绍。

附录二:瑞吉欧·艾米利亚的建筑——为设计和使用一个新的幼儿园所作的贡献

这一部分由劳瑞兹·马拉古奇教授撰写,是瑞吉欧·艾米利亚取向的思想综合。

对于学校的假设:在这里,幼儿园不再被视为一个单独的机构,而是一个具体的

社会化机构，以及对儿童负责的教育、文化和政治进程的机构，这些机构不可避免地需要主动参与建设一个教育社会，在其中，教育的内容和目的可以得到辩证的辩论和综合。

建筑的类型离不开寻求连贯的构想和回应：一所3—6岁儿童能够发现和构建生活节奏的学校是一个由行动、关系、融合和内容共同组成的结构，它在学校内外的生理-心理-社会-政治-文化空间中得到检验。

儿童当然是主要的参照点，但必须有意识地避免理想化的、不合时宜的儿童中心形式：儿童是历史决定的开放关系的一部分，他们所处的环境必须反映这一点。

这意味着许多事情：首先，它意味着，教育是通过成人和儿童的主体性在历史文化背景下的融合过程实现的，必须始终对其进行批判性的解释、检验和体验（按照我们最初所述的路线），我们强调，这是我们教育实践所基于的必要条件以及内容的"发动机"。

这类学校必须将形式和功能的选择与当地土壤紧密地交织在一起，在教育活动和倡议中，当地土壤应该像学校内部空间一样容易接近并能参与其中：这将确保教学内容和意义不会像传统那样，成为在封闭空间中基于僵化的事物、语言和实践进行的孤立教学的一部分。

[目前]少数几个人主导了大部分人。只有大部分人在学校、工作和生活中成为主人公，我们的教育理念才会变得可信和可能实现（这不是一项容易的工作，也不是短期能完成的工作）。这种想法不是一种投机主义策略，而是一种明确的选择，它对应的是一种不带意识形态色彩和不带偏见的学校模式（这就是为什么它们是*解放*的学校），在这种模式之下，对话、辩论与讨论思想和文化使得学校成为它们自己，捍卫它们并强化它们，同时让它们愿意始终走得更远。

学校是*存在和干预的集合体*（ensembles of presences and interventions）：儿童、教师（女性和男性）、辅助人员、家长、市民以及公民文化、政治和工会组织。因此，学校空间不仅必须容纳，实际上还要必须支持不同群体的这种复杂性的存在，并鼓励他们有意识地参与儿童问题以及围绕童年、学校和教育的一般性问题。

这就引发了关于我们需要创建何种建筑类型的思考：如何实现儿童、工人、家长、参观者和市民共同存在、参与、使用和管理学校这一想法，以及创建这种共享生活的过程如何让各方都尽可能多地进行社会交往？

这些评论已经隐含地界定了若干重要的价值观，这些价值观需要技术人员和规划者提出想法和做出回应。学校(及其它们所在地区)应寻找与当地土壤建立关系的机会,以此作为灵感、教学和教育内容的来源。广场、街道、建筑物、民宅、文化娱乐和体育机构、纪念碑、商店、办公室、河流和树林、工厂以及男女工作的场所都构成了一本可以指导教育活动的巨篇读物;它们就在那里,等待着被探索和完成,在那里,儿童、教师、家长和市民可以重新发现一个新的层面,即他们的关系与行为的起源和历史,他们的状况的原因以及文化的双重性。这样一来,我们的学校将不再是以不大的院子为外墙的一幢幢独立的建筑物。

定义[学校]的一些特征:

- 它们应该是不间断的透明隧道[蜿蜒、连续的结构]。
- 它们应该是每天可以容纳儿童几个小时的地方,也是探索性出游的起点,同时也是一个文化和科学容器,里面充满了儿童研究和项目中收集到的发现、证据和问题,由此构成了主要路线图,引导儿童开始更深入的探索,获取更多的知识,并进一步深化受到外部世界启发的项目。
- 能够容纳与参与和管理相关的组织和工作的场所。
- 强调并维持参与和管理的场所,通过它们的倾向和能力进行沟通,并告知家庭和人们它们的所作所为、它们的计划和它们的所思所想,以及通过儿童、教师、学校与城市委员会以及会议的工作(将入口大厅、墙壁、较大空间和行动自由的区域用作家长、儿童和员工等人之间进行接触的特殊场所和长期展览的场地),从而强调并维持参与和管理。
- 能够最终在空间、功能和价值观之间创建平等的场所,摒弃歧视,向儿童传达强有力的教育形象,并邀请成年人——无论他们从事什么工作——具有一种超越固定的个人教育角色的意识(改造通常不在视线范围内或位于隐蔽处的厨房、洗衣房、熨衣房和储藏室)。
- 内部构造易于"阅读"的地方,可以被视为一个相互联系的统一结构,人们可以轻松地穿越这些地方,最重要的是,儿童可以自己进行创设和记忆的场所,对空间的整体和部分都熟悉。
- 使人感觉到内部和外部是一个统一的整体,在使用时内部和外部空间也是作为一个统一的整体,其中外部指的是花园和当地土壤。
- 在日常活动和情境中,在有计划的跨班级情境和活动中,在通过偶遇自发产生的无计划的游戏和活动中,以及在儿童和工作人员渴望和寻求的会面中,为儿童和学校工作人员(教学的和非教学的)提供一个场所,使他们有充分的机会彼此见面、交谈和行动。

- 拒绝向家庭式或幼稚的空间让步的场所,而是表现出深思熟虑的功能性建筑(内部和外部),本质上是朝着大型艺术工作室的模式发展(更强调做而不是说),这一场所被认为是一个部分有组织并且部分可进行组织的区域,在这里,游戏和工作、学习和教学、个人卫生、吃饭和睡觉、共同生活(以我们已经讨论过的方式)可以共存,它们的价值是同等的,相互形成一个统一的经验架构。

- 满足儿童一系列基本权利需求的场所,这些需求在实践中通常被低估和忽视:与同伴和成人建立令人安心的积极关系的权利。这表明,儿童有必要享有与其需求相适应的高质量和高强度的交流和体验;这些需求是生物-心理的需求,它们是历史界定的需求,并与学校的社会和文化促进的目的息息相关(因此,空间组织与功能的一致性、儿童与工作人员的良好比例、职业素质与内容的界定、教育设备、社会化的工作[①]等)。

- *有足够的活动空间的权利*,强调"足够"不仅仅指通常以不成熟、不熟练的方式进行活动、玩耍、学习、社交所必需的空间的数量;它还意味着空间和行动的数量和质量,对于儿童来说,我们希望他们成为经验的创造者和积极的构建者。

- *搞得脏乱的权利*,这最终解放了儿童的经验,使他们不那么拘束,让他们尝到操作的滋味,认可他们犯错误的权利,并认识到他们在操作和活动方面不断完善的力量,尤其是在活动过程中。

- *喧闹和沉默的权利,与他人在一起的权利,独处的权利,与少数人在一起的权利*,这些都是对需求、选择和交替的生理和心理行为的正当反应,这些选择是完全正当的。

- 最后是*吃饭的权利和睡眠的权利*,这是两项具有心理、情感、情绪和智力影响的基本权利,特别是因为儿童在机构中度过了漫长而紧张的一段生活(8—10—12小时);因此,我们要求建筑规划中包含厨房、儿童和成人专用用餐区、便于取放

[①] "社会化的工作"的原文是"socialised work"。据推测,这里的"社会化工作"所指的应该是"孤立的工作"(isolated work)的对立面。社会化的工作的具体表现为,两位教师同时在班,同事之间进行对教学的集体反思和讨论等。——中译者注

床铺的教室储物柜,以及任何其他可能有助于儿童在这两段时光①中体验到愉悦、安全感和满足感的元素,并且尽可能地让儿童进行积极和自主的组织;

- 具体来说,我们设想教室(有自己的卫生间)可以被分隔成不同的空间,用于不同的用途和目的,在这里,大批儿童(不超过 25 或 30 人)和成对搭档工作的教师(两种性别)可以一致发展他们自己共同生活的节奏,构建具有必要连续性的相关教育过程;方便进出并便于外出的教室,以便开展不同而又综合的活动(计划的或没有计划的,这些总是与他人的生活交织在一起);教室需要为我们高度社会化和负责任的教育理念提供保障,这是一个公正、可信和替代性学校项目的鲜明特征。

* * *

63. 75 在地区会议上的讲话"儿童作为家庭和社会中的主体和权利来源,将婴幼园和幼儿园扩大为促进个体和社会教育的中心"(Il bambino soggetto e fonte di diritto nella famiglia e nella società. Generalizzare l'asilo nido e la scuola dell'infanzia come centri di formazione e promozione individuale e sociale),博洛尼亚,1975 年 4 月

> 编者按:这次会议由艾米利亚·罗马涅大区组织,恰逢法西斯政权于 1925 年创立的全国性组织妇女儿童联合会被解散,妇女儿童联合会的职责、资产和工作人员被转移至各地区,妇女儿童联合会的婴幼园也被归为市政当局管辖。共有 1000 人参会,包括教育工作者、公共行政人员、学者、政治和工会代表。会议旨在借鉴现有的地方经验,促进幼儿服务的扩张;为此,会议进行了认真筹备,三个委员会在立法、建筑和教育内容方面开展了为期数周的工作,最后一个委员会由劳瑞兹·马拉古奇主持。但除此之外,会议还背负了一个政治目的,即市政府作出新的民主承诺,以应对市民对服务日益增长的需求。
>
> 马拉古奇在这次会议上发表了三次讲话,其中两次发言如下。第一次发言是他作为委员会召集人向大会提交的关于"婴幼园和幼儿园的内容、方案和目标"的报告。第二次发言是关于婴幼园的一些总结性建议。

委员会关于"婴幼园和幼儿园的内容、方案和目标"的报告

[……]

在我们国家,理想主义和新理想主义的观点在误导和隐藏事物方面仍然有着很大影

---

① "两段时光"指的是前面提到的"吃饭"和"睡眠"两项活动的时间。——中译者注

响，它们试图使内容成为一个独立的问题，仅有精英群体可以把持，而脱离了真正诱发其内容和决定其命运的事件。道德的印章在事物上留下印记，并充当严格的哨兵，阻止政治进入学校内部。在这些神秘的学校里，它们的年幼"用户"扮演的角色就是相信它们，而家长的角色就是把他们的权力和权利交付给它们，而家长只拥有虚假的、从属的权利。

相反，内容问题全面重申了这样一个问题，即学校是实实在在的机构，专业和文化"形成"的过程在其中发生，并且其中还反映着外部世界的道德、文化和经济概念，特别是这些概念对我们如何组织知识的影响。

这意味着某些根本性的东西：
- **内容**总是反映出一种兴趣；
- 内容与历史现实以及正在发生的文化冲突和斗争**总是联系**在一起；
- **由于这个原因，内容不是**——也不可能是——独立于教育学的自主选择。

这个视角帮助我们阅读和阐释一个有关内容的**工程**。也就是说，这是一个全面的学校和教育工程，其目标是满足当代儿童的需要和要求，这些儿童身上体现了社会的总体状况，其经济基础及其基本理想和思想存在着剧烈而又极其危险的不稳定迹象，或者说是一系列完全不明确的反应。该工程肩负的责任是，使人们相信教育和学校问题只是当代社会危机中的一个节点，在这场危机中，儿童、人类及其关系、历史传统、理想、政治方向以及经济和社会选择等不同概念之间存在着决定性的正面冲突。

该设计将继续经受事实的考验，并逐渐开放以进行交流和改进，这种设计只能由对学校和社会的变化和转型感兴趣的政治和文化力量催生、发起和传播。这些力量能够为知识和社会改革这一重要而紧迫的工作注入生命力——避免痴心妄想和非理性态度——在这里，学校能够**立即并切实地**积极参与研究，并主张新的价值观。

这种同步的**政治和文化**行动拒绝拖延，并接受事物的考验，因为这正是进程得以推动的方式，正是意识和良知得以增强的方式，在艾米利亚·罗马涅大区通过民选机构进行管理的许多经验中，都可以很容易地看出这一点。毫无疑问，这种新兴的、特殊的特征已经定义了艾米利亚·罗马涅大区的市政府在学校和教育问题上的干预，尤其是在幼儿服务领域的干预。

[……]

要想构建教育内容，尤其是实践教育内容，就必须不断反思和批判教育内容在塑造个体和社会中的真正作用和价值，社会欢迎这些教育内容进入当下世界。

[……]

然而，为了避免产生误解，当我们谈到内容时，我们必须明确我们的基本选择。如果我们希望内容成为真实环境的一部分，成为正在展开的历史事件的一部分，希望阐释这些内容并在其中充当主角，那么它们就不可能是绝对的、不容置疑的和强制性的。它们必须包含一系列更加复杂和连贯的假设，通过阐释儿童、家庭和社会的需求（密不可分地交织在一起），以及通过创造尽可能大型的运动、最大程度的参与、共同的责任和决心，这些假设不断得到更新和加强。**这些核心问题为内容成为可能提供着支持，在不断的民主再生中检验和保障着这些内容。**

[……]

我们关于教育的理念显然意味着特定的机构化的时间，用以儿童的社会化，以及用以承担对儿童的文化和政治责任。它意味着这样一种明确而一致的愿望：人们参与建设一个教育社会，在那里我们可以辩证地看待和整合我们的观点。

这意味着为**感兴趣的学校**提供一个明确的设计，但也意味着让学校摆脱意识形态和政治偏见，因为它们对自身的建设**感兴趣**，它们通过对话、交流、辩论，以及通过研究，用来表达其对立和解放文化概念的伦理和理想，来进行自身的建设。此类内容可以使经验具有可信度，并促成共识，该内容应该以各种有组织的公民共存的形式在校外得到复制。

这是一个决定性的问题，它凸显了在充分重视自治权的框架下**将管理权委托给分权的国家结构**的重要性，超越了贝托里尼（Bertolini）所说的"旧的垂直逻辑（不可避免地是自上而下的），这种逻辑滋长了我们学校机构与日俱增的不一致，并与我们系统的官僚主义、很大程度上专制的模式遥相呼应"。

这是一个必要的条件，不仅是对于形成一种能够在当地组织学校的选择和过程中直接的、非官僚主义的学校管理经验，而且是对于切实主张参与和民主的理念，以及**在一个社会框架内构建内容**。

对于明确超越以学校为中心的教育模式，自我放逐或放逐社会的其他教育来源，**这是一个必要条件**。

最后，这是加强公立学校文化领导权的**一个必要条件**，它使得家长指导和教育子女的权利和义务（宪法第 30 条）进驻到了一场大规模的群众运动中，消除教育管理的分裂、削减和剥削（这在今天还无法被限制），同时赋予它具体的权力。它还使学校的内容和目标更加具体，并对政治、文化和宗教信仰之间的多元交流保持开放；它标志着反自由的、教条主义的诱惑的结束，它还尊重选择的自由，民主地成为一员和主人公。

这是年轻一代所要求的一项权利，他们有正当理由提出这一要求，并且无论是在家庭、学校还是社会,这项权利都必须成为教育的支柱。

［……］

参与和社会管理开启了一个更有可能抵制同化的改革和解放的进程。在这些条件之下：

a. 我们理解工人阶级和工人组织在改革学校的斗争中的作用。因为就目前的情况而言,它们代表的力量对变革最感兴趣,并且因为它们具有真正的能力,将为新文化的到来作出贡献。

b. 学校过程的内部和外部主角——教师、辅助人员、家长、社会和政治代表、市民——希望平等参与,并有条件在没有任何特权的情况下使这一切成为可能。这使得构建一种社会化、合作筛选、教育参与的体验成为可能,在这种体验中,每个人都感到他们可以管理自己的变化,并能够将个人意识与群体意识融合在一起,这是质量上的重大飞跃。

c. 平等参与意味着同等地表达意愿和服务的态度,既包括个人的也包括集体的,不会使得个体身份丧失或淡化。这种态度是通过自主的价值和构建新意义的自由来实现的,首先是对教师而言,他们被要求抛弃匿名化,并发挥以前从未被要求发挥过的决定性作用；然后是家庭,家庭教育的本质通过融入不同的社会背景而得到增强,家庭在更高层次上恢复了其自然历史维度,具有自我意识以及互惠、共享和团结的意识：显然,教育能力更加丰富和更加开放。

d. 这个过程始于这样一种认识,即它获得的共识和贡献越多,它就能够提供更多的成就。循序渐进的成就能够推进研究、意识和辩论的相关主题,将特定的文化状况与学校内外的组织和实践状况结合起来。例如,让儿童摆脱语言和行为的束缚的斗争,它必须得到教师和人们的理解,它与扩大学校服务,改善我们为儿童提供的空间和环境的标准以及我们为学校工作人员的专业能力和发展提供时间、节奏、关系和工具的斗争齐头并进；同样,直觉告诉我们,真正的参与式体验(基本上只有在晚上才可行)的理念需要彻底颠覆传统的参照框架,这些主人公是这项新冒险的撰写者。这就是该问题的微妙和复杂之处。

e. 在自由调查和定期复审的基础上,参与和管理的双重运作应遵守一些重要的组织和方法规则,以避免浪费,并保障其民主的及政治的产出和宗旨,本着总方向的精神,能够激励**尽可能多的人怀着最大程度的责任感**参与其中；促进项目并制定目标,以切实可行的方式实现这些目标；提升避免等级化的行为的能力,但涵盖教育经验的所有领域；将它们与一般问题联系起来；与当地的文化和学校机构、社区委员会、区议会（consiglio di zona）、市政府、大区和国家建立稳定而广泛的联系。

同样，在这种情况下，尽管艾米利亚·罗马涅大区的经验都是从一个共同选择的方向开始的，但它们并不都适用于同一种模式。

关于婴幼园的总结性建议

我们无须强调被视为权利主体和来源的儿童与家庭为何成为本次会议的核心。在我们的谈话和讨论中，经常提到儿童历史化的概念[儿童如何成为历史发展的产物]，还经常涉及对儿童在机构内外的成长、健康、教育和幸福需求的阐释。这是一个巨大的主题，具有广泛的公共责任，在会议期间以及在工作委员会提出的最终建议中，这一主题都作出了一些贡献。

有关建议如下：

婴幼园的身份和角色

婴幼园的社会和文化身份是在与当地其他机构的互动和关系网络中构建起来的，这些机构有权以任何方式捍卫儿童和成人的健康，或增强他们的教育和文化，或者提供促进和保障家庭的工具。

[……]

工作组织

执行婴幼园的任务和目标的一个基本条件是，具有良好和有效的解决方案，在建筑特征、空间和功能的分布、开放时间、工作组织、员工承诺和专业精神以及入园的儿童人数之间建立联系。

环境。环境经过改善，每天为非常年幼的儿童提供几个小时的服务，考虑到环境的多重功能性和心理性特质的全部范畴，环境被定义为教育经验总体项目的一个组成部分，并且它在回应**儿童和员工的生存和发展需求方面**起着决定性作用。这说明了我们在会议的筹备工作和后期工作中对这个问题的高度认识，以及对建筑、材料和家具研究委员会的贡献的兴趣和期望。

儿童和员工要求创造最佳条件，以建立密切和互相交流的关系，无论是从情绪情感的角度而言，还是从自主、认知和社会化的角度而言，这种关系是产生有效经验以及鼓励参与和社会管理的先决条件。

人们普遍认识到,为儿童创设的最佳条件是提供稳定的参照者(reference persons)①,儿童可以与参照者建立亲密的关系,并开启完善知识的过程,这样有助于他们的安全,有助于他们更好地熟悉空间,有助于他们与同龄人和事物建立关系。

落实这一切——这正是我们向该地区及其管理当局提出的明确要求,也是他们的职责所在——对于建立积极的职业氛围和为员工构建更坚实的文化身份起着决定性作用。具体要求已转交给了他们所负责领域的地区和管理机构。

观察和研究

在我们地区,婴幼园数目众多,这是观察、学习和研究具有文化和科学重要性的主题和方法的有利场所。当然,在此之前,必须在有限的环境甚至是实验室中对它们进行测试。

理论工作者、研究人员、该领域的工作者和政客都感觉到,在社会和文化环境中,许多方面都发生了变化,并且许多方面都是新出现的,因此,需要开展更深入的研究来考察婴儿与母亲、家庭和机构建立关系时,他们的行为。

实际上,观察、调查和发现已经在进行中,并且在讲座和讨论中已经提及了这些有趣的内容。我们需要为研究提供更多的资源、更多的工具和更多的机会,以及更好的组织、协调和科学严谨性。高校、科研机构、地区和市政府的干预起着重要而决定性的作用。

但是,该地区也为不同的、广泛的和多样的实际运用开放:直接**观察**的练习,这对于婴幼园教育工作者来说是一种文化和实践层面的概念化。在这次会议上已经说过,这种形式的观察成为一种工具,可以积累和检验经验,并且可以改进、发展和重新评定我们的专业行为。这种对**态度和材料**的推动可以为本次会议所强调的有计划、有组织的更深入的调查和交流的政策赋予必要的、具体的实质。

* * *

64. 75 在瑞吉欧·艾米利亚选举学校与城市委员会新成员时发言的草稿,1975年(没有更精确的日期)

编者按:这可能是在新学年开始的时候起草的,当时即将开始学校与城市委员会的选举。

---

① 参照者(reference persons)在此可理解为儿童的"照护者",然而,前者是站在儿童的立场,而后者是成人的立场。不知马拉古奇选用此词是否有此用心。——中译者注

[委员会]换届场合上的讲话草稿

1. 选举对于更新学校与城市委员会的意义

    - 承诺、一致性,这是民主的真实体现,它多年来伴随并支持着我们的经验。
    - 一种延续性和活力的象征。
    - 一种对参与、集体行动、服务的民主管理的信任行为。
    - 它们凸显文化价值观(交换观点、拒绝授权等)和教育价值观(社会化、共同责任)。

2. 额外的意义

    - 反对共和制国家与其机构之间的分裂。
    - 反对将暴力作为一种政治体系[54]。
    - 通过参与和民主来进行**变革**。

3. 我们市政府的社会服务情况

    - 参见(统计数据)。
    - **抵制**经济形势的影响以及危险且不负责任的理论,例如:(a)无用的服务这一主题;(b)解散公共机构和服务,并将其交付给志愿或私人管理;重申社区有责任保障儿童得到令人满意的照料,通过社会服务来充分满足他们的需要和权利;帮助组织家庭的任务和时间;以及将大量公共资源投入于集体服务。

4. 市政府的行为

    调整每月收费——根据家庭收入调整收费;市长和员工正在审查1978/79年学校改造项目——开办2个婴幼园(普契尼街(Via Puccini)和克罗齐街(Via B. Croce))和1个幼儿园(萨摩贾街(Via Samoggia))。

5. 机构[学校]

    将机构与当地土壤进行融合,以形成一个具有社会凝聚力和文化促进的体系。

6. 参与和管理的原则和意义,这是教育事业不可或缺的条件

7. 社会管理的干预领域

    (组织管理委员会、组织工作环境、文化和教育选择、推动倡议、经济和政治行动、集体监督等)

1977年

65. 77 在为幼儿园工作人员开展的一次常规专业发展活动中产生的主要观点的综述，瑞吉欧·艾米利亚，1977年春

> 编者按：这是一份较长文档——《宗教教育与儿童教育》——的简要总结，该文档是在为期四个月的宗教和精神教育审查过程结束时编写的，牧师、家长以及教育工作者都参与了这一过程。

1976年11月23日——1977年3月29日

学校的文化功能受到了高度重视。有人说，如果学校的基本任务是帮助儿童理解人类现实，介入其中并满足他们了解真相的权利，那么我们就不能忘记，宗教因素无疑是这一现实不可分割的重要组成部分。

因此，学校有义务为儿童提供理解宗教事实和宗教问题的钥匙，注意及时并正确地满足他们对知识的渴求，例如他们的问题、比较和反思；从来不会诉诸学校来消除儿童正在寻找的真正的个人意义；而是帮助儿童去超越优先选择的假设，去超越简单的错误分类，去了解和欣赏不同的态度，以及当不同态度之间有所交流时所带来的好处。

面对[人们的]选择的多元化，学校必须采取同等利益的态度，强调每个选择中共同的、更加具体的价值观，或许还要设法考察这些价值观与个体和集体行动的一致性。

* * *

66. 77 即将在瑞吉欧·艾米利亚举行的摄影展的宣传简介，1977年4月

> 编者按：马拉古奇为一个名为"儿童的经验和研究：发现自我与世界"的摄影展写了介绍，该展览于1977年6月举行，是为了纪念屠宰合作公司（Azienda Cooperativa Macellazione）成立30周年。邀请所有在瑞吉欧·艾米利亚及周边地区就读市立、国立或私立婴幼园和幼儿园的儿童的家长以及这些机构的所有工作人员和从事"文化和摄影"工作的人提供照片。

儿童的经验和研究：发现自我与世界

我们所有人都乐于欣赏儿童认识世界的强烈渴望。事实上，我们都乐于把这教给他们：使用手册、书籍、教具、练习册、视听设备和无所不能的机器。

然而，我们很少有人理解，儿童希望尽可能地自己发现**世界**：用他们自己的感官、他们自己的好奇心、他们自己的智慧、他们自己的双手、他们自己的身体、他们自身蕴藏的情感和活力。他们想要自己研究、尝试、犯错误、再次尝试、惊叹、理解，他们想要

现在就模仿,以免以后模仿。他们想要发现事物和事实之间的原因和关系。他们想通过游戏来测试自己,并学习如何在各种情况下取得成功;通过假装游戏去创造否则不可能的世界和事物。他们想通过说话、书写和音乐来学习如何与自己和他人交流。

他们想象以便创造,他们探索以便检验,他们设计和计划以便建造,他们社交以便寻求帮助和继续前进。

每一步的前进,每一个好奇心的满足,每一次考验的克服,每一个问题的接近真相,每一次的发现,都是儿童巨大幸福、巨大满足和巨大信心的源泉。儿童知道如何获取认知,儿童能够获取认知。

通过对世界的了解,儿童对自我有了认识(尽管看起来这像是绕了远路,但其实这是最短的路径)。儿童对这个世界了解得越多,就越了解自己,就能更有信心和信任地面对这个世界。

这个主题让那些希望参加这个展览的人有所感触,希望在我们的介绍中强调其意义和价值。我们提议的任务是,利用分析、教学纪录和照片故事来捕捉**儿童在体验和研究过程中的形象**,这些形象通常是紧张的工作、罕见的快乐、奇妙的成长和充实的过程(这些通常是安静、谨慎、不引人注目的形象,但有时充满活力和喧闹)。

* * *

67. 77 1977 至 1978 学年的开学报告,瑞吉欧·艾米利亚,1977 年 8 月(原始录音带的文字转录)

> 编者按:这一内容广泛的演讲是马拉古奇在 1977—1978 学年开始时所作的"开学报告",当时意大利正处于剧烈动荡时期。

[……]我们认为,妇女组织有必要在这些问题上更加积极(尽管这有待商榷)。这并不是说这些问题只与妇女的利益有关,而是因为妇女组织的存在,她们是一股政治力量,我们希望听到她们对这些问题的看法。

显然,直到几年前,民主运动总体上已经失去了在这些问题上能够与之相伴的地位。

我们不认为有的时候可以去讨论咨询中心(consultorio)、幼儿园和社会服务,而其他时候则需要保持沉默。在我们看来,这个想法对应着一个绝对基本的逻辑。我们不能接受在有的时候女性的工作被认为是重要的,而其他时候女性则不得不靠边站。

也许我们需要的是一个更深入的分析,[……]这个问题引起了我们的兴趣。为什么?因为我们感到在社会服务、女性、家庭中的女性、家庭中的父母、[学校]机构中和家庭中的儿童之间正在发生着深刻的重新布局;我们感到,这些危机和国家正在经历的经济困难迫使我们以极大的勇气重新审视社会服务的基本问题,同时不忘其本质内涵。

[……]

有些事情已经开始发生了,我们不能无动于衷地袖手旁观,因为意大利家庭使用这些服务来帮助他们的日常生活,并帮助他们在经济和财政方面渡过难关。我们必须认识到,在政治层面上面对社会服务问题可能会涉及到审视一系列尚未解决的问题领域:我国的一般福利改革、医疗卫生服务改革、地方财政改革。我认为"服务"这一主题是加速意大利若干进程的手段和工具。

我们需要认真分析该地区提交的文件。

我们的观点是什么?我们的观点就是这些服务部门内部的工作人员的观点。我们认为,如果已经就这些问题及时征求了各机构——尤其是在这些机构工作的人——的意见,这份文件可能看起来不会有什么不同,但它将会涵盖现在生活其间的成千上万的工作人员和年轻人的所有知识和诠释。

在这里,还没有进行初步的咨询,似乎也不会很快在基层进行任何重新审查或讨论,因此,关于这些问题[的讨论]——我们认为讨论极其重要——遗漏了一些事实和现象,这些事实和现象应该立即被重新纳入其中。

我们需要审查我们学校的费用,这一点毋庸置疑。我们已经这样做了,并且已经采取了一些措施。工会和市政当局提交的文件就是对这些措施的证实。现在的问题是,需要审视社会服务的存在或缺失对这个国家意味着什么,社会服务的作用是什么,服务中的工作人员的角色是什么,服务在社区中的作用是什么,服务对于集体社区而言的角色是什么,还有最重要的是,就国家面临的巨大政治困难而言,服务意味着什么。

有一系列的项目是为了改革托管学校或幼儿园,我们不妨从这些项目入手,尝试(以一种非常草率的方式)了解不同政党在儿童教育问题、幼儿园问题上的规定和立场。

共和党人[Partito Repubblicano Italiano,意大利共和党]如何概念化这些问题和这些事实?他们认为幼儿园是一所预备学校(scuola preparatoria),这一术语并不完全是基于偶然而使用的,因为它有自己的确切含义。预备学校是指处在前面的学校,因此它承载了为后面的学校生活做准备的任务。他们认为,从5岁开始就应该强制上学。

事情朝着那个方向发展并非不可能,因此,我们需要批判性地回顾我们近年来提出的一系列概念和主张。那么风险是什么呢?风险在于,我们解决了5岁儿童的问题,但是丢弃了之前出现的问题(4岁、3岁、2岁和1岁儿童),并宣称我们对一项广泛但是仅为儿童提供一年经验(进入小学前的一年)的服务感到满意。这一概念完全违背了我们的某些信念:儿童的教育始于出生时,儿童在出生时便存在差异;克服这些差异是一个漫长而艰难的过程的一部分,我们必须在国家学前机构中培育这一过程;我们必须为学校创造条件,使其能够为所有儿童创造平等的教育和成长机会。因此,显而易见,共和党的这项提案中存在一些问题,这是我们在简要解读该项目的基础上提出的。

> **编者按**:马拉古奇然后考虑了意大利天主教民主党和意大利社会主义党的提议。他特别批评前者的人员配置计划,包括对教学人员和辅助人员的区分,以及所设想的角色的等级性质。他对后者的批评包括开设六到十个班级的更大规模学校的提议。

然后是意大利共产党的项目。意大利共产党的项目也是最后一个。我认为它甚至还没有被汇报过(特别是在议会两院(Camere)中)[55]。然而这里确实存在一个项目,它已经成为我们和其他人反思和关注的主题。

这项提案并没有过多地谈论公立学校、国立学校和地方当局学校,而是谈论了公共学校教育。[……]"公共"(public)一词意味着朝着如下方向发展,或者考虑朝着如下方向发展,即不是自动地将学校指定为是国家当局或者地方当局的,而是把它看作是在进行公共管理时,国家、地区尤其是地方当局或者市政府都共同出现。我们认为这是最好的模式,因为它允许最高程度的组织化、非集权的组织化,国家、地区和地方当局在不同方面都是积极的参与者。

在意大利共产党的这项提案中,讨论了残障儿童有权利不被安置在被边缘化同时又会边缘化儿童的教室(marginalised-maginalising classrooms),还讨论了取消特殊、差异化班级。这项法律提案明确写着"支持性活动的教师",这意味着它设想了通过市政府的当地卫生和福利服务系统来保障的支持性活动。这意味着,以某种方式界定了残障儿童在学校的存在,以某种方式看待和考虑了干预的方式,并在必要时提供特定的措施和工具以提供支持。[56]

这项提案还包括消除僵化的班级群体,以及向灵活的工作小组倾斜(这不是一个我们漠不关心的主题)。你知道的,我们就这个重要的主题已经讨论很多年了。这是一个复杂的、非常重要的问题。

然而，我们的观点是，[意大利共产党提案中的]这个想法仅仅是对前卫概念的回应，而且确实是自相矛盾的，因为如果我们阅读意大利共产党关于改革小学的提案，我们就会意识到，尽管他们关于幼儿园的建议包括逐步取消班级和组建灵活的工作小组，但是当儿童到了6岁上小学时，他们在头两年又再次被注册在班级中。因此，他们失去了灵活性的机会，并且由于只能回到一个教师身边，他们失去了以前的体验（如果他们曾经有过这种体验的话）；而不是我们会有的多重教学角色，假若灵活工作小组的项目被接受的话。因此，这是一个我们必须非常认真对待的问题，只有建立在长期连续性这一概念的基础上，并且纳入在灵活工作小组中长期开展的教育中共同生活这一概念，这个问题才可能是连贯和真实的。

然而，对于小孩子（1岁、2岁、3岁、4岁、5岁和6岁的孩子）来说，在几个成年人之间随意穿梭是绝对不可想象的（这些成年人可能会由于我们体制存在的一些负面原因而被调动来调动去）。这些孩子将无法找到自己的身份，或者将无法拥有预测的能力或具备足够稳定的身份。只有当儿童能够建立起足够的内部个人稳定性时，灵活性才是一个能够解决的问题；显然，在这之后，他们能够接受多重性质的、更开放的体验。

根据意大利共产党的提案，所有工作人员都将由国家雇用。所有的工作人员，包括你们自己，都将归属国家所管。时间安排是每周工作35小时，其中32小时用于教学，3小时用于学习、会议和社会管理。学校的标准是90名儿童与5位教师。学校将每天开放7到10个小时。所有的国立学校都将管理权移交给当地市政府，当地市政府也将拥有其资产和内容。那么，地方当局——市政府——在拥有教育经验的同时，还将成为教育经验的直接管理者。这种所有权的转移不仅仅是一种转移，它还承认了地方当局介入权利下放事务的能力和合法性。

当然，根据我们的经验，我会说这个项目[意大利共产党的提案]是最可接受的，或者至少与我们迄今为止已实现的经验类型更加相关。

对于我们试图讨论的一些问题，我们有些疑虑。我们对5位教师和90名儿童的设置有所疑虑，这不能保证不同的教室以及一天中不同的时间都能平等运作。如果学校运转11个小时，我们看不到两名教师如何能在一起共同工作，哪怕是在一天中短暂的片刻。他们只会在门口互相问候，一个人走出去，另一个人走进来。

有一些此类性质的问题，其中没有说明每班的学生人数。因此，我们不得不提到意大利共产党向议会提交的小学改革方案。在他们的提案中我们发现：儿童的数目是 25 名;每个学生被分配到一个班级中;前两个班只有一位教师;接下来的班级(要非常注意)立即涉及到多个数字,并打破了单个教师这一数字。[57]这些教师不仅包括文科教师(意大利语、语言等)和理科教师(数学等),还包括表达性活动①教师(这是一个我们感兴趣的问题)、音乐和歌唱教师以及体育教师。因此,该提案设想了多种专业素质的共同存在,我们希望这些专业素质能够形成一个有凝聚力的集合,而这并不容易[……]

最后一个问题是关于残障儿童的。在这几天的时间中,我们必须一起尝试并反思残障儿童的问题。我们与市政当局和工会之间的争论还没有结束。

对于你们之中那些了解与理论(政治-文化理论)和实践相关的历史和事件的人来说,杰维斯(Jervis)有一本非常有趣的书刚刚出版。[58]在我们的城市中,杰维斯给人留下了非常深刻的印象,至今仍然能感受到这种印象的存在。他是一个拥有非凡文化的人,他的影响力已经超出了这个省的范围,影响了一系列国际性的文化领域和议题。重要的是理解[……]他试图讲述的故事,这个故事在来到戈里齐亚(Gorizia)之前就开始了,它涉及到了小学和大学。这本书中有一些非常有趣的资料,它们可以帮助我们理解[……]精神病学的一个核心问题:我们是要完全否定精神病学,还是要批判性地使用精神病学?这仍然是今天的核心议题。对于精神病学,我们应该抱持一种完全否认它的态度,还是一种批判性地使用它的态度?

杰维斯承认,有几个大问题仍然没有得到解决,这些问题与卫生服务工作者的主体性以及受影响的儿童和家庭的主体性有关;他最终跨越了一些普遍性问题[和情况],在其中政治问题总是排在首位,他以意识形态式的宣言而告终,却从未真正深入到这些极其困难、痛苦和挣扎的情况的复杂性(正如我们生存面临的所有困难情况一样)。

[……]

我们的想法是什么?我将尝试总结我们在经验中进行的讨论的实质,这绝对是一些临时性的尝试,但是,这些尝试正是我认为我们能够识别出定义层面问题的地方,因此,也是我们能够识别出执行和实践层面问题的地方。

(在我们看来,)残障儿童是由于不同原因(从社会和政治-文化定义的那一刻起,这些原因的起源就从来不是独立的)在发展、学习和社会化方面表现出困难的儿童。这意味着,我们做出的区分比某些地方通常所做出的区分更为复杂,我们正朝着这一

---

① "表达性活动"指的是个体通过各种媒介来表达自己的感受或思想的活动,在教育或课程领域,通常指各种形式的艺术活动。——中译者注

方向前进。并非所有地方都是如此。

这意味着什么？这意味着，残障儿童呈现出各种各样的困难，因此，这些困难也处于不同的层次，具有不同的性质，这些困难的复杂局面与社会问题有着密切的联系，但不仅限于社会问题。然而，这是一个非常复杂而又困难的过程的一部分。他们有困难，这是由事实决定的，这些困难与身体活动有关，这意味着与儿童的肢体以及儿童的身体状态有关；或者与他们的发展（即生物个体发展的梯度和节奏）有关；或者与学习（即知识获得和社会化的过程）有关。我们想要强调的是，这一特定方面与其他方面不是脱节的，而是与所有其他方面都相互关联，尽管它可能以相当实际的方式表明了困难，这些困难可能已经对儿童造成了客观和主观影响，或者在儿童与其他人的关系问题上造成了影响，其他人可能有不同的发展节奏、不同的身体能力、不同的学习能力以及不同的社会化能力。这种问题不会消失，我们不能用完全不相称的术语来简化和分解它。我们必须直面问题所有的复杂性和所有的客观困难。

那么，我们每个人都有什么责任呢？我们需要更加深入地了解残障儿童生活的特殊情况。当儿童遭受到同样的疾病的挑战、同样的残疾的挑战，或者在临床层面上遭受同样的困难时，没有人有权认为他们可以被同等地对待。每个儿童的生活故事——他们的滞后发展或他们的困难的生活故事——是在独特过程中被定义、呈现和构建的，每个儿童都在经历这些作为他们自身生活经历一部分的独特过程（在家中、在家庭中、在小区花园中、在他们的具体情况中）。这意味着，我们必须不断地去分析和了解与儿童困难的本质有关的问题。

我们需要达成统一的干预措施（这是另一个核心问题），干预措施不应仅仅是只针对影响儿童身上表现出的最明显的困难的一部分或者碎片（貌似可以通过某些方式把儿童拆解或者割裂似的）。它必须是整合的服务。实现这种整合服务的最主要、最有利的契机之一是在学校，学校是儿童生活中的组织化场所，在那里（如果行动开展得当的话）我们可以取得最好的结果——至少在理论上是这样的。

如果我们坚持认为有必要将儿童作为一个整体来重新构建，即使他们身处困难或者在某种程度上或在某些方面遭受困苦；如果我们认同涉及整个儿童的整合干预这一想法，那么以非整合的方式介入不同资质专业人员的工作将不再可行（这里是技术人员，这里是医生，这里是教师，这里是骨科医生，这里是语言治疗师等）。如果我们不以整合的方式与各种学科和这些学科的实践相合作，我们就绝对无法设计出整合的干预。这意味着，在鉴定残障儿童时，不存在只能选定一个学科或者与儿童工作相关的某一学科来进行鉴定的这种情况。我们质疑最近在一份卫生和社会服务文件中的说法,该文件讨论了对某些部分负有专门责任的专门情况(诊断时间属于这些技术人员,干预时间属于其他技术人员),从概念上重建了杰维斯和新精神病学近年来一直试图对抗的结节。

这一切将我们引向何方?

它让我们得出这样的理论:在我们为残障儿童或一般儿童所做的工作中,没有哪个时刻是能够容忍支离破碎的干预的。

我们必须一起了解儿童,把我们所有的学科和实践这些学科的人聚集在一起;实现一个共享的干预项目,彼此分享这些干预措施的设计;我们必须把学校的环境激活为一个动态的环境,一个围绕儿童事务的特殊环境;我们必须在学校中寻找所有必要的设备,这意味着,把所有的工具作为学校的一部分,作为教育的一个方面,这是我们必须助推的巨大转变;从学校以外的治疗——因此是在区分化的、边缘化的条件下开展的——转变为在学校常态的丰富性中得到激活的治疗,转变为在与其他儿童社会交往的丰富性中得到激活的治疗。

[......]

你知道,我们必须一起决定如何管理延时看管(tempo lungo)[59]。我们已经与工会和市政当局达成共识,在9月底之前我们将会有所有问题的答案;并且远在此之前,我们会就学校如何组织延时看管提出提案。

在我看来,这意味着,每所学校都应该开始反思在来年它打算如何组织延时看管。对于那些希望或选择让自己的孩子参加延时看管的家长来说,组织的方式并不是中立的。我知道在9月7日所有学校将和学校与城市委员会举行一个关于该问题的会议。这意味着,在7号之前,就如何组织延时看管这一问题,每个学校必须已经做出了经过充分考虑的决定。你知道有两种[可能性]:连续时间(tempo continuato)模式的延时看管以及分段模式(tempo spezzato)的延时看管。[60]

我们相信,学校会严肃认真地评估两种选择的质量,并能够理解儿童才是需求的中心,同时铭记,我们不能否认自己或忘却自己:我们也是一种存在。但是,我们必须努力,以最恰当的方式调和这两个明显矛盾的要求。

[......]

我想谈一谈这三四天意味着什么。在这期间,我们将共同努力,设法了解一系列重要问题。它们之所以重要,是因为它们代表了我们在工作项目中发现的主题,但最关键的是,如果我们都能将它们作为持续的参考(这是我们每个人都必须做的努力),那么它们会变得重要。因此,我们将继续以严肃认真的方式处理这些不同的主题,更深入地探索它们,但我们也将设法不断地把它们联系在一起,即使它们看起来似乎是独立的。我们将把它们与彼此重新联系起来,但最重要的是,我们将(在我们能力范围内)把它们与更广泛的政治事务重新联系在一起,这是我们的主题、我们的问题所身处的背景。

这一讨论包括尝试为反思构建材料,这些反思涉及政治、文化和教育性质以及一般性质和地方性质的事务。我们首先要试着理解幼儿教育机构(婴幼园、托管学校、幼儿园)的含义,以及家庭、儿童、男人、女人和社会作为一个整体的含义;学校解决了什么问题,没有解决什么问题,以及我们迫切需要采取行动的问题。

这是一次尝试,试着更深入地了解我们自身以及我们的教育经验所身处的基本环境。我们的特定性质是历史的结果,这一历史还没有人创造,并且这一性质在一定程度上取决于某个特定的历史、文化和政治局面。在普遍政治的框架下共同探究一个新的、不同的立场,这会对更大的、还有政治性质的问题产生影响,深刻地触及个体教育特别是儿童教育的议题。

我们还试图对与儿童思维教育有关的主题进行更深入的考察。这也就是说,就今天儿童教育的整体而言,在一个非常特殊的局面下,我们需要以更大的决心和更严肃的态度来分析当今儿童的实际需求是什么,我们对儿童做出了怎样的回应,儿童期望我们做出什么样的回应,以及就此类棘手而又重要的问题,我们可能进行怎样的负责任的反思。

我们已经明晰了另一个需要考察和反思的重要主题,该主题与三个相互关联的亘古不变的因素有关:儿童、家庭和社会。因为我们都觉得——在某种程度上或多或少感到困惑——这种局面当然不利于一个人头脑中产生许多清晰的想法。无论如何,我们今天认为,影响整体社会的若干问题领域都强烈地影响着对儿童、社会和家庭产生影响的文化的所有方面;它们是如何相互联系的,以及它们彼此之间的联系方式是怎样的。

我们将试图理解的另一个主题是,在需要进一步反思具体经验的这一情境下,教育者当今所扮演的角色的意义。关于儿童、关于家长、关于期望,以及关于我们的贡献可以帮助解决的一系列问题领域,我们在机构[学校和婴幼园]内部的任务是什么?我们不认为自己是附属物,可以与政治隔绝,或者与经济隔绝,或者与大大小小的通常被委婉地定义为我们学校"之外"的活动隔绝。我们知道,现在是时候我们应该重新对与这个职业的角色有关的问题进行更恰当的评价;这一角色的物理现实、心理现实和文化现实,还有当今教育者所能具备的文化和政治水平。

另一个方面是,在一个非常微妙的时刻,对与工作组织有关的问题进行更多的尝试和理解,相较于以往开展更深入的挖掘,尤其是在这方面(在这段时间内也许我们会再回到这一点上来)。解决工作组织的问题意味着努力使它与我们将要共同解决的所有其他问题相协调,试图彻底讨论我们工作的组织要求,以便这成为我们所坚信的工作(这不是一个小问题),在这项工作中,我们能够设法找到自己的身份,儿童也能够设法找到他们自己的身份。这样我们就会成为一种经验,在其中,家人感到他们的需求、请求和要求得到了尊重。当然,这意味着要仔细梳理一系列极其微妙的问题。在我们即将共同度过的这些日子里,我们将回到微妙性这一主题和这些方面。

[……]

> 编者按:马拉古奇接着讨论了意大利的福利状况,他批评意大利在理论上保证人人享有福利,但并没有消除"可耻的根源和差异",批评它在理论上是完美的,但在实践上却效率低下。一系列重要的事实正在改变着社会和家庭,家庭的实际存在方式、旧的父权制家庭模式和"被社会学家所钟爱的"简化的核心家庭模式相去甚远。他指出,大量资金从一个地方转移到另一个地方:通过直接的方式,或者间接地通过服务的方式,如学校、卫生和社会服务。不同类型的家庭收入,无论是直接的还是间接的,都已改变和颠覆了男女、夫妻、家庭与儿童、家庭与亲属之间的关系。不纳税的"黑色"工作和大量的加班都对家庭生活产生了影响。他发问,这一切都引发了什么。私人消费的大幅增长,极端的流动性,以及在需求、习惯和品味方面快速变化的现实。

在我们国家,尽可能地建立一个福利国家的教训是,它以往需要(并且仍然需要)更多的资源部署,这意味着更多的浪费。因此,批评家们(尤其是其他国家的批评家们提到意大利时)很容易提到这样一个国家:福利模式在理论层面上可能是最完美的,而在具体层面上是最浪费的,事实上是最昂贵的,而且是所有国家中效率最低的。

[……]

[在社会中]有一种对外部因素的强调,这不是一个小问题,我们需要评估它好的方面和坏的方面,然而它是新的事物。当然,这种外化也带来了一系列深刻影响所有个体的方面和问题,这些方面和问题也因它们自身涉及儿童的维度和尺度而不可避免地影响着儿童。

竞赛和竞争一直在加剧。那些试图用一种能够替代竞赛、个人主义和单打独斗的方式来解决教育相关问题的人,以及那些推行我们教育经验的人,不会对这类问题感到漠不关心。

有一类哲学试图推动个体首先活在当下,并逐步摧毁任何从长期政治和历史角度出发的哲学,此类哲学得到了强调。年轻哲学家和法国哲学家的出现,以及他们最近所获得的成功,就是对此的回应。这是对长期哲学的彻底否定,对长期政治的彻底否定,对项目进展的彻底否定,以及对突然而荒谬地使世界天翻地覆的革新的渴望。我们正处在一个极其复杂、极其困难的局面,在这种情况下,我认为必须不断检验我们的工作方式。

婴幼园和幼儿园的重要方面就身处于这个现实之中。我们每个人都觉得自己正面临着一个转折点,我们在几个客观条件的例子中感受到了这一点:我们之间的争端,与工会的问题,与[市]行政部门的问题,我们工作场所的问题,我们之间的关系以及我们与工作、儿童和家庭之间的关系。一段时间以来,我们已经感受到了所有这些东西,我们感觉到它们是内在的东西,对此我们再也找不到几年前那种自主的、比较令人满意的回应和承诺。

这种感受非常非常普遍,在我们的城市没有其他城市那么普遍(我们也会谈到这一点),但即使在像我们这样的地区,我们也看到该地区幼儿服务机构的年轻工作者放弃、中途退出、逃向其他工作岗位和其他类型的承诺的现象;这一现象的程度仍然很难被觉察(但它确实存在)。

这是新生现象,我们只是刚刚感觉到了最初迹象。事实上,像我们这样的一个地区——幼儿教育的问题被视为一种政治和道德性质的承诺,被视为一种伦理性质的、巨大的承诺——现在开始看到这些从服务中分裂和逃离的迹象,这意味着,我们缺乏在概念和教育层面上充分认同我们工作的能力或者可能性。因此,我们对这些方面和现象的关注度必须非常高。

[……]

> 编者按:马拉古奇现在讨论意大利婴幼园的近期历史。他提到 1971 年通过的第 1044 号法律,其中规定,经过十年的运动,特别是妇女组织和政治党派的运动,国家接受了为 3 岁以下儿童提供服务的责任。他提醒他的听众,这项法律的颁布使一个开设 3 800 个婴幼园的五年计划开始实行,但是在计划结束一年后,只有 221 个婴幼园建立和运行,有 431 个在建,有 289 个签订了招标合同;还有一些地区,大部分是在意大利南部,尽管有资金,却没有建造婴幼园(如阿布鲁佐(Abruzzo)、莫里斯(Molise)、普利亚(Puglia)、卡拉布里亚(Calabria)、西西里(Sicily)、坎帕尼亚(Campania)、撒丁岛(Sardinia))。相比之下,艾米利亚·罗马涅大区已经有 174 个婴幼园。他认为,这指向了地区之间的社会、政治和文化差异,是对承诺和新法律做出反应的"无能的怪诞表现"。他补充说,要在其他问题已经解决之后再建立婴幼园,而不能在此之前建立,如果不解决社会基础的基本问题,那么谈论"教育"、谈论"儿童"是毫无意义的。

在这一点上,我们认为,还有一个同样重要的主张,就是如下这个。此时,当我们被要求批判性地重新评估我们的整个教育经验时(我相信这是正确的),没有人(甚至我们,尤其是我们)有权将主题彼此分开,将学校服务的主题作为一个独立的主题,作为一个部门;绝对不可能通过将社会服务与经济、民事和行政秩序的所有其他方面分割开来处理我国社会服务的重要主题。这是对我们能力的一个考验,我们是否能够在相互关联的层面始终牢牢把握这一话语,不让任何人通过部门途径或单独的通道进驻其中。

我们可以公正地做出的另一个评论是,过去几年的历史教会了我们一些东西(当然,我们开始的时候比其他国家拥有更多优越的背景条件)。我认为,我们必须承认,一直以来,正是城市和市政府理解并感受到了它们自身在服务、婴幼园和幼儿园、儿童教育和家庭需求方面的文化和政治作用。市政府和城市不断地考验自己、承担自身责任——当然不仅是经济责任,还有巨大的政治和文化责任——的这种能力,使市政府能够逐步认识到文化和教育问题,甚至是教育学性质的问题,这使市政府能够提高公众对教育问题、学校问题和儿童教育问题的敏感性。我的意思是,这种实地的直接实践,比其他任何东西都更能为我们提供促进、巩固、丰富我们工作的可能性和能力。

*　*　*

68. 77 邀请家长、工作人员和市民参加一个关于儿童和婴幼园的公开会议,1977 年 12 月

[封面]

1977 年 12 月 14 日,星期三,20:30

市政大厅(sala del tricolore)

让我们讨论儿童和婴幼园

邀请对象是家长、工作人员、市民

[内页]

- 婴幼园的儿童:他们的问题、家长的问题、婴幼园工作人员的问题。

- 家庭中的教育和机构中的教育。
- 儿童**自发性**(spontaneity)的伪命题。
- 对儿童的偏见。
- 儿童的满足感和挫折感。
- 儿童何时以及如何通过非语言的形式来交流和表达自己。
- 成人如何改变儿童以及儿童如何改变成人。
- 儿童的社会化。
- 儿童什么时候开始有智力,智力是如何表现的,以及它怎样才能发展?

演讲者

伦佐·维亚内洛(Renzo Vianello)

(帕多瓦大学(Padua University)心理学讲师)

弗朗西斯科·托努奇(Francesco Tonucci)

(罗马国家研究委员会(Consiglio Nazionale delle Ricerche)研究员)

劳瑞兹·马拉古奇

(心理-教育学家,《零六》杂志主编)

1978 年

69. 78 来自《地方当局和卫生与社会服务》(*L'ente locale e i servizi sociali e sanitari*)杂志的文章,第四年,第1—2号,ESI,1978年1—2月

> 编者按:马拉古奇写这篇文章时,正值3岁以下儿童上婴幼园这一现象遭到广泛批判之际,他后来写道,这一批判的推动因素是"重见天日的约翰·鲍尔比①(John Bowlby)和勒内·斯皮茨②(Rene Spitz)的著作③……[以及]天主教世界的抵制,他们害怕家庭的分裂带来的风险和病态"(Malaguzzi, 2012, p.39)。

---

① 约翰·鲍尔比(1907—1990)是英国心理学家,从事精神疾病研究及精神分析的工作,他在1950年代提出了依恋理论。——中译者注
② 勒内·斯皮茨(1887—1974)出生于奥地利,后移居美国,是一名著名的精神分析学家,对自我心理学作出了重要贡献,他最著名的是针对与父母分离的住院儿童开展的研究。同时,他也是鲍尔比所提出的依恋理论的拥护者。——中译者注
③ 鲍尔比和斯皮茨都非常强调母亲对于婴幼儿发展的重要性,他们指出,婴儿与母亲的分离有可能会导致后期的精神问题。因此,基于二者的理论,将年幼的婴幼儿"托管"在婴幼园有可能会破坏婴幼儿和母亲之间关系的建立,并可能对婴幼儿的精神健康带来风险。——中译者注

有必要克服服务的内容与服务的组织之间的分离

劳瑞兹·马拉古奇

我国尚未就幼儿学校(scuola per l'infanzia)问题交流过经验或进行过深入探索,这对我们工作中固有的困难产生了负面影响,特别是考虑到我们的参照点——儿童和家庭层面——的微妙性和重要性。

在文化和教育学的层面,这也是困难重重的时期。毫无疑问,整个欧洲都在尝试一系列的保守举措,尤其是在婴幼园和托管学校方面。

现在是时候在民主工作者的圈子里,以讨论甚至是可能会出现分歧的方式,对一系列问题、主题和"提醒"予以正视和反思。

家庭、母亲和女性认为他们需要婴幼园,这可能是当今意大利最敏感的问题;政治力量在这个问题上似乎已经采取了立场,但是真正应对这一主题的能力,以及持续提高参与程度的能力,却是缺失的。我们在这些机构工作的人已经感受到热情、关注和兴趣的突然下降,而且在处理我们面临的问题时——这些问题绝不是简单的问题——经常发现自己是单枪匹马的。

这个问题也影响到我们的管理当局、地区和市政府,特别是较小的地区,在没有有效指导方针——连文化方面的指导方针也没有——的情况下,它们被要求做出严肃的选择。即使是在北欧国家,那里的教育学文献已经催生了示范性和象征性的环境,但在一段时间之前还是开始出现了政治环境的变化,导致了一场反对幼儿机构的猛烈运动。

这个问题关系到我们,因为在理论和哲学层面交换观点的想法是一种既定义了右派也定义了左派的东西。我们需要提出一些主题和问题,可以用[不同观点的]矛盾和悖论来讨论这些主题和问题,并且不管你的出发点是右派还是左派,最终的结果在某种程度上是一致的。这意味着,我们必须应对一系列问题和经历,它们将迅速在我国引起人们的兴趣。我们有很多例子;只要去一些地区走一走就足以发现对婴幼园的顽固抵抗,家庭和母亲们在挣扎中寻找着送孩子去婴幼园的勇气。

因此,我们必须采取攻势,开展一场大规模的运动,而不是坐等被迫采取防御措施,这就是为什么我们需要在文化上做好准备,并要求能够催生文化建构[61]的婴幼园作出贡献,我们需要从大学层面的研究和调查的角度来界定这一问题,并明确在我国也能引起激烈讨论的具体情况。

在婴幼园存在的地方,我们需要能够呈现发生在其中的经历,因为参考资料严重缺乏。我们还受到心理教育文化的阻碍，这种文化顽固地持续聚焦在成人身上，特别是母亲身上，因此阻碍了我们认真考察我们需要在我们的机构中培养怎样的态度——在关系、人际关系、心理学和教育学的问题上，如果我们想让它们经得起犀利的对比，而不是简单化的对比或者导致粗浅的简化，我们就必须这样做。

我们不能像经常发生的那样，总是把对婴幼园的思考简化为仅仅是行政问题。在机构内部，我们必须建设一种就所有问题不断交流的能力，包括经济和政治在内的问题，特别是当这些问题暗示或企图降低我们教育经验的质量时，相反，应该通过更广泛的公开交流来捍卫我们经验的质量。

这是成本的问题，我觉得我们可以坚持认为，到现在为止，不可能按照我们一直遵循的路线继续走下去。这就提出了重新界定支出和内容的问题，这些支出和内容具有显著的社会性质，而不仅仅是针对直接用户。我们必须摒弃将学习的组织方式与服务的组织方式不断区分开来的逻辑。

这是一场政治斗争，必须以具体的方式加以阐述，但我们必须认识到分开干预的风险。

如果我们能够更好地围绕学前机构之间的概念一致性进行资源调动，或许今天我们就不会把托管学校和婴幼园建立在不同的结构中了，这种做法重演了在一个地方建立心理健康咨询[诊所]，而在另一个地方建立儿科医生咨询诊所的相同逻辑。

再也不可能把婴幼园想象成是一座容纳儿童并把他们从早到晚放置其中的建筑。我们知道，儿童在机构中度过的时光对我们的工作以及我们所承担的责任和共同责任具有非常重要的意义。

这意味着，能够表达我们在工作中遇到的矛盾，并且要求社会以及政治力量和工会运动作出贡献，以解决这些矛盾。

随之而来的另一个问题是开放时间，这暗含了几个问题：机构与家庭之间的关系，以及与我国的工作和生产的时间、节奏和条件安排之间的关系。这一主题需要非常棘手但又必要的教育学本质的反思，但这一反思不能被排除在我们的整体反思之外。

* * *

70. 78 关于面向婴幼园工作人员的一个专业发展活动的新闻公告，1978年2月

瑞吉欧·艾米利亚市政府

学校和社会服务部

市立幼儿园与婴幼园

阿巴德萨路8号

1978年2月17日

致城市新闻报

致本地电台及电视台服务部门

常规专业发展活动会议

面向婴幼园工作人员

从今天上午8时30分(2月18日星期六)开始,将在阿巴德萨路的学生宿舍大厅为市立婴幼园工作人员举行*常规专业发展活动*会议。

会议的主题为:

"对儿童自我中心主义概念的一些批判"

"婴幼园女性工作人员的心理和文化问题"

"非常年幼的儿童的感知的一些方面"

"母亲如何与孩子交谈"

这些主题的报告者分别是:

卡拉·里纳尔迪博士

皮娜·特罗梅里尼博士(Pina Tromellini)

玛丽亚·皮亚·德斯特法尼博士(Maria Pia Destefani)

劳瑞兹·马拉古奇博士

* * *

71. 78 面向婴幼园工作人员举办的为期两天的研讨会日程,1978年7月

[封面]

瑞吉欧·艾米利亚市政府

学校和社会服务评审部

市立剧院镜厅

1978 年 7 月 10 日至 11 日

婴幼园中的观察

学习研讨会

8:30—12:30/15:00—18:00

[内页]

婴幼园教育工作中观察的重要性

劳瑞兹·马拉古奇记录的介绍笔记

演讲和讨论有关：

1. 在家庭和婴幼园中儿童姓名的诞生和历险：阐释它们的意义

儿童和镜子（收集的情况）。

发言者：安吉拉·多迪（Angela Dodi）、蒂亚娜·吉迪蒂（Tiziana Guidetti）汇报瓜斯科路、普拉达莱纳（Pradarena）和毕加索（Picasso）婴幼园收集的材料

2. 16—36 个月儿童通过识别、逻辑配对和触觉识别游戏获得的感知和认知体验

发言者：玛丽亚·马拉尼（Marzia Marani）、安吉拉·布莱格莱菲（Angela Pregreffi）汇报阿连德（Allende）和太阳（Sole）婴幼园收集的材料

3. 对婴幼园的阅读、理解与视觉形象记忆的多方面观察

发言者：埃尔古西亚·福尔吉里（Eluccia Forghieri）、罗伦萨·拉比蒂（Lorenza Rabitti）汇报彩虹（Arcobaleno）和热那亚·塞维婴幼园收集的材料

4. 与成人行为变化有关的儿童行为变化

发言者：阿尔法·斯特罗兹（Alfa Strozzi）、卡罗琳娜·坎塔雷利（Carolina Cantarelli）汇报爱丽丝（Alice）和皮耶里诺·里维埃里（Pierino Rivieri）婴幼园收集的材料

交流

安吉拉·皮诺蒂（Angela Pinotti）和**伊万娜·罗西（Ivana Rossi）**，"吃奶年龄的婴儿[到九月时年龄满三到九个月的孩子]的自主性"和"改善吃奶年龄的婴儿的空间"。

帕特里齐亚·潘基罗利(Patrizia Panciroli)和玛丽亚·皮亚·德斯特法尼,"摄影中儿童的自身形象以及他们自己的创造"。

通过录像进行观察

观察的方法。0—3岁儿童的交流(在巴黎的特殊教育和学校适应研究中心(CRESAS)[62]拍摄的录像资料)。

劳拉·博尼卡(Laura Bonica)的评论

结构化情境中的语言和非语言交流——吃饭和玩耍——以及成人行为中可能存在的错误(在卡尔皮(Carpi)[63]的佩扎纳(Pezzana)、甜瓜(Meloni)和阿尔贝塔里奥(Albertario)婴幼园拍摄的录像资料)。

纳迪亚·布加雷利(Nadia Bulgarelli)的评论

1979年

72. 79市立学校工作人员研讨会日程,1979年7月

[封面]

瑞吉欧·艾米利亚市政府

学校和社会服务评审部

市立剧院镜厅

1979年7月7日、12日、13日

观察

"儿童在市立婴幼园和幼儿园中的体验"研讨会

8:30—12:30

[内页]
日程

- 观察方法和目的:劳瑞兹·马拉古奇博士

婴幼园

- 吃奶年龄的婴儿[到九月时年龄满三到九个月的孩子]的互动(卡罗琳娜·坎

塔雷利、帕特里齐亚·潘基罗利）

- 关于［儿童］第一次痕迹制作（mark-making）（蒂亚娜·里弗莱迪（Tiziana Rifreddi）、卡拉·索契尼（Carla Soncini））
- 干扰、介入或互动，以及在婴幼园中成人行为的可能模式（阿尔法·斯特罗兹、保拉·丰塔尼西（Paola Fontanesi））
- 2—3岁儿童在吃午饭时的行为和言语互动（马可·菲波罗西（Marco Fibrosi）、切尔门蒂娜·吉佐尼（Celmentina Ghizzoni），安东妮拉·科奇（Antonella Cocchi））
- 家庭和儿童在婴幼园入口处的不同行为（蒂亚娜·吉迪蒂、露西亚·加蒂（Lucia Gatti）、朱莉安娜·坎帕尼（Giuliana Campani））
- 20—36个月儿童对形状和颜色的感知（丽塔·蒙蒂奇（Rita Montecchi））

幼儿园

- 儿童对颜色的操作（玛拉·达沃利（Mara Davoli））
- 在儿童家庭中、在特定的现实中的学校形象（蒂娜·贝塔尼（Tina Bertani））
- 关于水的经验（玛拉·巴比里（Mara Barbieri））
- 来自暗室的想法（米莱拉·卢沃兹（Mirella Ruozzi）），有幻灯片投影
- 班级作品中的机会（维·维奇），有幻灯片投影
- 关于阅读和书写的记录（保拉·卡萨利（Paola Casali），莱拉·马拉尼（Laila Marani）），有幻灯片投影

* * *

73. 79 在《团结报》中的访谈节选，1979年12月8日

> 编者按：《团结报》是一份意大利左翼报纸，由安东尼奥·葛兰西于1924年创办，当时墨索里尼刚刚上台一年；它是意大利共产党的官方报纸，最近支持民主党派。由于财政问题，该报纸在2014年暂时停发。

在瑞吉欧·艾米利亚市政府的幼儿中心［引言标题］

民主承诺的大规模经验［主标题］

对市政府学前教育服务的教学协调负责人劳瑞兹·马拉古奇的一次采访——大约5 000人参与了学校与城市委员会的换届。

[……]

在学前教育机构中更新学校与城市委员会有什么意义？

[……]

在这些首批儿童机构[学校]中，伴随着"参与"(participation)这一主题的价值观是什么？

当一个政治统治阶层不想要"参与"，不容纳它，也不在社会组织层面或者习俗和文化层面复制它时，参与(这是合议实体的价值所在)便如同以往一样，是对社会的一种挑战(也是一种直接的、真正的、渐进的改变)。

这个政治事件[委员会的更新]的意义就在于这个矛盾，它提示了我们"参与"和"社会管理"(两个相辅相成的术语)会遇到什么样的困难。

人们认为，"参与"这一主题将是未来几年政治的重要主题之一。把孩子送到婴幼园和学校的家庭提出了几个愿望和要求。他们希望得到保证，这些服务的质量是好的。他们想要了解更多；似乎他们是在寻求帮助，以解决家庭中日益难以处理的问题。

同样的要求也来自于教师，但是是反过来的。他们想更多地了解发生了什么，为什么会发生(发生在他们和儿童身上)，家庭内部以及家庭外部发生了什么。人们发现了相互之间的不完整性，似乎教职(the profession of teacher)和亲职(the profession of family)需要重新审视和重新构建自己，不是通过一种正式的和象征性的相互延续，而是通过更密集的会议、观点交换和承诺。在婴幼园和幼儿园层面上，这是我们需要处理和诠释的新的事实。

我们没有多少时间，并且时间越来越少，学校和家庭必须依赖这些会议的高质量来实现这个新想法。

没有给出日期

74. ND 分发到市立学校的标语，没有日期

> 编者按：虽然没有签名，但是这个标语是由马拉古奇在竞选活动中起草的。

这所学校价格合理

在一个经常丢弃资源

提倡或容忍浪费的国家

拒绝 以牺牲儿童的利益为代价的节省

拒绝 背叛儿童和家庭的权利和需求

拒绝 剥削学校工作人员

拒绝 降低幼儿园质量或将就接受低质量幼儿园

＊ ＊ ＊

75. ND 劳瑞兹·马拉古奇写的诗，没有日期

> 编者按：这是《其实有一百》(*No way. The hundred is there*) 这首诗更短篇的一个早期版本，这首诗后来变得很有名。在原文中，这首诗是用大写字母写就的。

儿童有一百种语言：他们偷走了九十九种

学校和文化

把他们的身心分离

让他们不动手而思考

不动脑而行动

在玩耍与学习

现实与幻想

科学与想象

内部与外部之间

制造冲突

＊

自画像游戏

我寻找自我以发现自我

以握住自己的手

＊

绘画游戏

我开口

我讲述故事

它们是我创造的

为了我，为了你

为了我们,为了你们所有人而创造

*

木工游戏

头脑在思考

然后

双手在讲话

一个创造性想法点燃了另一个

*

音乐游戏

声音也一样

通过富有想象力地

运用理性

它们可以被生成

*

雕塑游戏

重塑事物

以创造他物

*

书写游戏

为了诉说

我喜欢的人

我喜欢的事物

*

装扮游戏

我是

我曾经是

我不再是了

我不再是了

我曾经是

我是

*

木偶游戏

木偶

使得我会说的

我不会说的

我会做的

我不会做的

成为可能

使得不是的

以及不可能的

成为可能

　　　　　　　　* * *

76. ND 管理委员会（Comitati di Gestione）的新职责，没有日期

> 编者按：这份文档上没有日期，但它是马拉古奇在1977年以后写的，可能是在1978年。而且也不清楚这份文档是为谁或为什么缘由而写。

委托婴幼园和市立幼儿园管理委员会直接管理餐饮的提案旨在实现一系列目标和结果。

a. 将这一重要职责纳入委员会的任务范畴突出了参与、干预和自主的功能。凭借自身的经验、真诚意愿和能力，委员会保证它们有能力完成这项任务。

b. 拉近家庭与学校中的经历之间的距离，这将有利于更好和更大程度地控制饮食成分的质量及其制备方式，最重要的是，每周的菜单将富含更多肉类。

c. 由于我们设法从农业市场干预公司（Azienda interventi mercato agricolo）[64]那里获取肉、油和黄油的配额，这大大节省了采购食品的成本（其他市政府已经获得了这些配额）。

d. 由于预期节省的开支，家庭的每月缴款将尽可能低（在该项目上的节省将使管理委员会能够支付购买教育材料和学校使用的材料的费用，或支付其中的大部分费用）。

在可能的情况下所做的详细分析似乎表明，节省了30%的开支，尤其是在农业市

场干预公司的协议的情况下。根据1977年购买食品的总支出1.9亿里拉计算,每年可节省约5 700万里拉。

[……]

* * *

77. ND 一个讲座的演讲草稿,没有日期

> 编者按:本文档没有附上地点或日期。然而,马拉古奇引用了霍华德·格鲁伯(Howard Gruber)的一本书,这本书直到1974年才以英文出版,这一事实表明,这份文档可以追溯到20世纪70年代下半叶。马拉古奇可能是为了一个市立学校教师专业发展会议而准备的此次讲座。原稿完全没有标点符号。

逻辑与思维教育

[……]我们将尝试给出我们对某些问题的看法,但这只是我们能给出的一个可能版本,"结束"一词还未被书写。

[……]

[我们]需要试着理解不同文明的表面之下隐藏着什么,不同文明表达其哲学和不同文化的方式,以及它们不同的文化和政治状况,理解学校问题——及其随之而来的教育和儿童成长的问题——和教育思想的问题是否沿着完全相似的方式发展。[也就是说,]如果我们承认这样一个事实,即世界上存在不止一种哲学,而是存在几种意识形态,包括几种哲学、意识形态、文化和政治组织,并且这些文化组织中的每一个实际上都有子组织在其中发挥作用,因为没有一个组织会如此单一,以至于严格禁止不同的思潮并存的可能性(这不是一个已经消亡的问题,它今天仍然还存在着)。当我们在一般层面上讨论和处理这些问题时,我们意识到一个必要的先决条件,为了使得思维能够以尽可能自由的方式取得自身的进步、自身的发展和自身的演变:必须让思维能够自由地探索。我认为我们无法逃脱这样的局面。

格鲁伯最近做了一项非常有趣的研究。[65]这是一个对思维发展节奏延迟的历史考察,非常令人兴奋。这个话题很契合,因为[今天]在这里我们有皮亚杰的整个哲学和框架。当然,皮亚杰是一个必要的参照点,但是我们需要对它进行一系列的批判,我们将试图这样去做,例如,通过试着理解布鲁纳[66]的思想来达成这一目的,布鲁纳来自美国文明,来自一种特定模式下的美国文化,该文化具有特定历史渊源和某些特质,这些

特质与社会结构有关,并跟社会结构与生产、财产和自由概念的关系有关。那么来自欧洲的思想呢,或者鲁利亚(Luria)、维果茨基、列昂捷夫(Leontiev)[67]的思想呢,我认为他们以对我们最为重要的方式阐释了苏联目前存在的问题。所以我们有不同的领域,彼此之间完全隔绝,我们必须在那里挖掘。在这里,我们将不可避免地发现文化层面上的根本差异,因此,在组织学校的层面上,尤其是在组织思想的层面上,也会存在这样的差异。

我想回到皮亚杰的发展阶段的问题,正如塞尔吉奥(Sergio)所说的,从感觉运动阶段开始,然后到表征或前运算阶段、具体运算阶段和形式运算阶段。首先,我们在个体发展中有这样的一个顺序,如果我们接受这个观点,我们就必须理解为什么我们接受它。从各种各样的调查研究来看,皮亚杰的假设的某些方面可以被认为是普遍存在的,那么根本的区别在哪里呢?它们在于这些阶段的发展速度,以及相应的这些阶段发展的方式。我们有时候会发现加速吗?加速是可能的吗?外部行动能够刺激个体并加速其成长进程吗?如果这些都是可能的,那么教育行动又该如何实施呢?加速推动属于儿童和个体的某些认知结构是正确的吗?这也符合健康的概念吗?从健康的角度来看,加速推动是不是客观上对儿童有益的东西?因为这可能正是风险;可能加速推动是成人特别感兴趣的事情。你明白吗?可能首先还是成人,这很容易找到例子:我们看到多少母亲和多少父亲身上有一个弱点,那就是立即夸耀他们的孩子是多么早熟,无论是在身体发育方面……

> 编者按:这句话的其余部分是缺失的。

这就是婴儿食品、维生素和同质化了的婴儿食品之间的联系。这就是市场力量和大型公司大举进驻并建立的地方。因此,我们可以看到,谈论[儿童的发展]过程是一件好事,但显然,我们永远不能忘记发展过程与其他过程之间的密切关联,而我们一直被教导将这些过程看作是无关联的和分离的。事实上,它们是紧密联系在一起的。因此,我们现在必须努力恢复整体,而不是接受分离和割裂。关于这个问题,还需要进行大量的讨论。

有一些非常重要的问题。例如,如果我们简单地看一下美国,[……]美国的心理学和教育学在1958年苏联发射人造卫星"伴侣号"(Sputnik)[68]进入太空后取得了巨大飞跃。这是十分令人震惊的!苏联发射了一颗人造卫星进入太空,而美国自认为是一个高科技发达的国家(我认为这也是有道理的),对这次伟大的太空探索感到惊讶、惊恐和羞辱,于是他们调动所有可能的资源,并试着把这些资源整合到一起,试图借此来立即改变这种局面。他们想看看,美国的教育和教育学在教育层面、专业发展层面和教育年轻一代的层面上都做了些什么。显然,如果他们没能让其他地方取得的技术实力在本国成为可能的话,那他们的表现是相当糟糕的。

因此,当时美国的教育学发生了一场巨大的变革。所有的美国教育学家、心理学家、社会学家、科学家与数学家都被召集在一起。这是美国有史以来举行的汇集了最优秀头脑的最伟大会议之一,他们所有人都必须调查和研究的具体问题是,如何批判性地修正在此之前一直沿用的教育方法。找出正在犯的错误,理解它们的原因,并试着理解和感知教育个体所必需的创新。我应该首先用引号把"特权人士"括起来;这些人被号召起来,应对和解决最高层次的问题,技术上的重大问题,美国文化中领导者的重大问题。

那好,那么这带来了什么?这带来了布鲁纳,如果把布鲁纳和杜威这个伟大的人物立即联系在一起,这可能会很有趣,因为这就是布鲁纳的起点。多年来,美国教育学和美国哲学——至少美国最好的部分——都认同杜威的思想。我记得——也许你并不记得——在1950年之后,大约在1956年和1957年间,意大利的期刊都在以某种方式讨论杜威,要么是辩证的,要么是极具争议性的。马克思主义杂志上对这位伟大非凡人物的思想充满了争论,也许我们今天需要再次重新发现他。

那么布鲁纳坚持的是什么呢?他坚持认为,有必要与"概念主义"(nozionismo)[69]作斗争。首先,请允许我这样说,我认为这是一个神圣不可侵犯的问题,我们对此表示认同。也就是说,我们需要反抗把简单的信息作为对事实、数据和事件的总结这一想法;例如,尝试超越数学和数学学习的传统阶段。我们需要从对数字的图形形式的感知开始,我们如何绘制它(不仅仅是图形的形式),然后,慢慢地进入到数字的意义,进入到拓扑的意义,然后进入到初始的数字运算,然后是分类和序列,等等。并且,正如布鲁纳所说,尝试将存在于每一个具体[学科]中的思想和原始结构诱导出来。

这就引发了一个悬而未决的大问题。教育必须是一个整体,它必须能够将各个学科紧密地结合在一起,并朝着一个彼此能够汇集为一个整体的方向前进,这是一件好事。然而,如果每个学科都有自己的精神和特性,那么风险就是这些学科的质量会降低。对于我个人而言,今天最大的问题不是如何从相反的角度重新阐释过去的情况,而是如何走向某种革新,尝试将单个学科交织在一起,并使它们在学习领域用前所未有的方式互动;与此同时,允许每个学科有它自己特定的路线和进程,以便它能够携带着自己所发现的东西返回我们的身旁。我们正在以非常不确定的措辞提出了一些建议,这并不意味着要放弃具体的学科,但同时也不意味着要提升它们;而是希望学科相互渗透,相互丰富彼此。然后,随着这种不断地融合和相互影响,再加上一个特定区域和另一个特定区域之间的对话,文化将具有一个更加整体和统一的自身形象。在我看来,这是一个重大问题,而且这个问题并不是没有政治、经济和社会影响的。当然会有这些!

作为比较,让我们以布鲁纳的立场为例,这是典型的美国立场。我之所以重新回到这个立场,是因为我之前跑题了。好吧,事情并不总是线性发展的。

布鲁纳说的是,教授事实性知识(teaching facts)已经足够多了,我们必须朝着教授结构性知识(teaching structures)的方向发展,从那里我们获得了结构主义。我们所说的"结构"一词是什么意思呢?我们指的是由不同元素组成的实体,这些元素能够相互共存,能够在一起,并且它们是某一学科的特征。这不是一个简单的概念;但是,我们认为一门语言[比如数学]以及一种语言的学习都有自身内在的、特定的移动和行动方式。在一个被其他语言以多种方式影响的领域中,数学来回移动,但它肯定具有其自身的某些典型方面。我们能够理解,不同的表现形式,如通过绘画、艺术等方式的表达,并不是完全不相关的,但我们也理解它们是特定的,并且每一个都有其自身的文化基质和文化内涵。

那么布鲁纳的缺陷在哪里呢?在他发现了所有这些东西之后,他仍然相信结构存在于各个学科之中,就好像它们被冻结在了学科内部之中一样。尽管他说我们必须放弃"概念主义",并走向结构,但他所说的结构指的是每个学科内部的一种独特标志,就好像是学科本身产生了结构一样——这是不正确的。布鲁纳这样做是为了把事物分开,因为一个在文化和政治层面上引入社会学、政治学和进化问题的宽泛定义[……]将会太冒险和太过危险。因此,如果我们遵循布鲁纳的思想,我们将直接进入那些不同的学科①的复杂轮廓。在社会层面上,这意味着有钱的人有钱,而没有钱的人没有钱。你明白吗?我的意思是,经济层面上的权力不是用来探索或分析的,而是人们必须接受现状,因为每个人类的处境都有其自我产生的母体环境,它催生了自身和这一处境。

现在你明白了,学科的结构不可能是由学科本身以一种未受影响的方式产生的,

---

① 原文中所采用的表述是"separate individual matrices"("那些单独的矩阵"),根据译者的解读认为,这里指的应该是"那些不同单独的学科",故文中采用了意译。——中译者注

因为它是由多重影响生成的。人类文化当然都是这样的。在面对爱因斯坦的新假说时,牛顿所构想的所有科学便在喧嚣中爆炸了,然后一切都崩塌了。这不仅仅是物质的、科学的或者一门学科的结构主义,而是[整个世界的]概念彻底崩塌了。

然后我们还有皮亚杰,他给了我们个体和儿童身上的这些元素,或者说阶段,或者说是发展的步骤。再一次地,他避免了考察外部社会和文化影响,不管我们是否接受这些阶段,皮亚杰自己也承认,我们无法单独剥离出个体、儿童的学校生活或家庭生活中影响发展速度的因素。[……]我们必须始终将所有能够刺激或者反向刺激的因素(刺激不是沿着单个方向的,而是沿着多个方向的)纳入皮亚杰的结构及其发展速度中。显然,我们还必须考虑到个体的发展历史,但是怎么做呢?

让我们想象我们处于一个实验室之中;让我们假设,一个孩子仍然是处于前运算思维阶段,而且这是一个逻辑非常低水平、非常幼稚的孩子,当然我们绝对不能责怪孩子。这就是这个孩子的情况,我们希望加快孩子的学习进程,让他进入到下一个阶段。在教育方面,我们尽力做到最好:我们让这个孩子拥有必要的机会;我们用文字和图像来刺激这个孩子,通过我们提供的机会,我们努力让这个孩子尽快达到第二个阶段。这就是我们有意识或无意识在做的事情,不管我们是否清楚地看到了这一点。我认为很明显,在我们的学校和工作中,我们倾向于遵循这种期望和这种目的行事。问题在于,当我们基于教育和教育学的完善技术前进时,存在着两个世界,一个在儿童体内,另一个在我们体内,这两个世界显然不是我们关系的一部分;然而,它们对我们和儿童、我们和儿童之间的关系以及儿童和他们的家庭之间的关系有着深刻的影响。

格鲁伯是第一个[……]探讨时间问题以及实现积极发展需要多长时间的问题的人。在一篇堪称典范和令人生畏的文献中,他分析了某些历史事实。例如,他阅读了伽利略的全部故事:他发现了伽利略所做的所有笔记,还有伽利略的信件,他在阅读的书本的空白处所做的笔记,以及他保存在小笔记本中的私人日记。最重要的是,他聚焦达尔文,认真追踪达尔文20岁及以后的足迹。他试图梳理所有的笔记和信件,他发现,伽利略,尤其是达尔文(他对达尔文有着个人偏爱和好感),都有意识地推迟了公开自己的发现的时间。他发现,他们被一系列恐惧和威胁所阻碍,被将会与自身发现相冲突的模型所阻碍。[……]同样的事情在儿童教育中不断重复。如果达尔文把他的反思和发现的创新内核在自己内心封藏了十五年,那么也许我们可以在我们的学校和幼儿教育中发现类似的东西。

因此,在现实中,一个孩子的发展可以是缓慢进行的,或者是不发展,或者是发展困难,或者不是沿着一条长长的直线,而是一条扭曲的线,它本身会突然停止和突然做出反应。我们需要小心,因为很容易存在压抑的力量阻碍儿童潜能的发展,我们也要不断地考虑儿童内心可能感受到的隐藏事件、影响、紧张、胁迫性恐惧、压力和焦虑。也许,我们的教学以及家庭采用我们所提供的模式来开展的教学,或者儿童从外界接受的模式,都教条式或类教条式地强加在了他们身上,并且不鼓励他们有勇气,而这一勇气对儿童来说至关重要,能够让他们朝着多个方向翱翔,尝试许多不同的模式和行为,而不必担心这些模式和行为的结果。如果儿童害怕他们即将经历的事情的结果,那么一切就都结束了。

面对成年人提出事物的方式,儿童可能会感到拘束;因此,这些方式对于解放儿童来说是至关重要的。儿童本身内在的历史不仅仅是当下的故事,而且是过去的故事,也是未来的故事。如果在儿童教育中存在意识形态压力,并且意识形态的压力以其权威性、排他性和唯一性恫吓儿童,那么显然教育没有得到开展,当然自由教育也没有得到开展。这是一种不具有包容性的教育,在这种教育中我们没有解放儿童,如果大自然允许儿童在没有刹车、没有停止的情况下能够自由行动的话,那么这种教育也没有尊重自然的节奏。

因此,在这个阶段性的问题上,在这个从一个阶段进入到另一个阶段的问题上,个体外部的行动影响很大,它们会加速或拖延情况或导致情况倒退,这些都很重要。一如既往,教育工作者必须感知整个世界,而不仅仅是世界的一部分。我不认为容忍是个人态度中需要首要考虑的问题,因为容忍是基于一种非常虚伪的权威形式。相反,重要的问题是欣赏多样性,欣赏多样性中存在的民主概念,并尽最大努力促进不同事物在我们的生活方式(modus vivendi)中共同存在并彼此交流。

[……]

也许,与其试图理解我们的问题和工作中的一个又一个方面,我们不如转向德国格式塔思想[70],试图共同拓宽视野,以获得对该领域关系的整体性理解。这意味着,对于我们来说(至少对于我来说),教育学并不完全是文化性的,政治扮演着它所必须扮演的角色,因此,不管我们知道与否,我们的话语不可避免地总是一种政治话语。这是有关文化选择的工作,但它显然也意味着与政治选择有关。因此,我们必须理解哪些事物可以作为一个积极的参考,以及哪些事物应该让我们暂时感到困惑。

维果茨基、鲁利亚和列昂捷夫把个体发展的概念看作是随着习俗和文化(以及所有的文化和政治内涵)的进步而不断地、紧密地与历史、公民和政治发展交织在一起;

他们已经重申了环境在塑造个体方面的价值,以及教育者和教育在其中的价值,但他们还是得出结论说,儿童的教育必然是心理之间的(inter-psychic)教育,只有在后来才会成为心理内部的(intra-psychic)教育。这是一个让我非常怀疑的问题,我将试着解释其中的原因。当一个理论阐述一个个体身上的两种不同情况时,我总是对此高度怀疑。我们不能以任何方式或出于任何理由将一个个体切成碎片;我们也不能说,到达了某个点时,教育必须按照某种价值观念来开展,然后从某个年龄开始,再必须在不同的层次和不同的维度上开展教育。

我们所说的心理之间的教育是什么意思?我们指的是通过多元的相互关系来实现的教育,多元相互关系指的是许多人之间的关系,儿童是其中的主体之一。一方面,我们有着基于虚构的个体性的个人主义式的教育,但是创造一种虚构和尊重个体是截然不同的。另一方面,我们的教育是那种将社会化和教育美化为社会性的教育。当然,教育是心理之间的。但是,把这种教育理论化为"初级"教育,作为儿童和个体最初的"情感"部分,并说心理内部的教育只有后来才会出现,因此儿童只是在后来才成为他们自身成就和经历的能动者,儿童只是在以后才获得这种能力,因此他们显然在出生时不具有这种能力——所有这些对我来说都是非常可疑的。首先,没有人能够保证这种心理内部的能力是在某个特定的年龄萌发出来的(它可能在任何年龄都永远无法出现)。这会损害个体自主和创造性自我组织的能力,我们不仅应该将其与[正式]教育的开端联系起来,还应该把它与个体生命伊始时的教育联系起来。

我认为,一个可接受的文化摇篮只能在心理之间和心理内部的教育之间的辩证关系中找到,而不能通过试图调和两者来实现。需要在这样一种教育中寻找:在其中,我们能够在一个永恒辩证的环境中,作为自己命运和我们自己教育的参与者进行自我生产、自我组织和自我创造;而且这种教育避免了在教育产生的情境中,一方面神话般地鼓吹个人,另一方面又夸大集体主义的所有风险。

问题正是如此。如果我们从这类概念入手,我们如何才能使它们在儿童教育、我们的工作以及我们与儿童的关系中得到具体地反映和共鸣——从上婴幼园的年幼的孩子开始?

注释

1 第二年热那亚·塞维(Genoeffa Cervi)去世了,据说在她的家第二次被烧毁时,她的心都碎了。

2 《一个新幼儿园的经历》(*Esperienze per una nuova scuola dell'infanzia*)与《幼儿园中的社会管理》(*La gestione sociale nella scuola dell'infanzia*)均在1971年由罗马联合出版社(Editori Riuniti)出版。

3 辅助人员或非教学人员,包括厨房和清洁人员,都是学校工作组(collettivo di lavoro)的一部分。

4 教区议会(consigli pastorali)是天主教徒帮助各教区牧师促进牧师活动的机构。

5 路易斯·皮埃尔·阿尔都塞(Louis Pierre Althusser,1918—1990)是法国的一位马克思主义哲学家。

6 亚里士多德·苏格拉底·奥纳西斯(Aristotle Socrates Onassis,1906—1975)是一位富有的希腊船主。比夫拉和越南指的是造成了包括儿童在内的许多受害者的战争:比夫拉战争(1967—1970)终止了比夫拉从尼日利亚脱离出去的企图;而越南战争(1955—1975)则是北越在中国和其他共产主义盟友的支持下,与在美国和其他反共产主义国家的支持下的南越政府进行的战争。

7 这两段引文来自奥雷里奥·瓦莱里亚尼(Aurelio Valeriani)——"儿童的情绪、情感和道德教育"(L'educazione emotiva, affettiva, morale e sociale)——1969年在萨勒诺(Salerno)由国家托管学校教育中心(Centro Didattico nazionale della Scuola Materna)举办的第十八届全国大会上发表的演讲。

8 "心理主义"(psychologism)认为,心理学在解释其他非心理类型的事实或规律方面具有核心作用。

9 《新指南》指的是1969年由国家政府出版的《国立托管学校教育活动指南》(Orientamenti dell'attività educativa nella Scuola Materna Statale)。

10 出自《孩子们举起手来》(*Bambini mani in alto*),这是1971年由米兰集体出版社(Collettivo C.R.)出版的一组托管学校教师的证词。

11 巴兹尔·伯恩斯坦(Basil Bernstein,1924—2000)是英国的一位社会学家,因其在教育社会学的工作而闻名。

12 矫饰主义是欧洲艺术的一个时期,起源于1520年到1580年的意大利文艺复兴全盛期后期,因其智慧复杂性和人造(与自然主义相反)特征而闻名。

13 在一个脚注中,马拉古奇补充道:"有趣的是,要记住并注意到意大利学校有意识地背叛小学课程中的某些选择,这提醒教师'从儿童的具体世界出发''使环境及其多个方面成为观察、研究、反思和表达的每一项其他活动的参照点''向儿童传达学习和为自己做事的乐趣和味道,以便他们在学业完成后的余生中保持这一习惯'。"

14 布鲁诺·贝特尔海姆(Bruno Bettelheim,1903—1990)是奥地利裔的美国儿童心理学家和作家。他因弗洛伊德、精神分析和情绪障碍儿童方面的著作而赢得了国际声誉。

15 马拉古奇一直努力争取让教师有时间参加此类会议,显然他很想确保高水平的出席率,任何缺席都需要有充分理由。

16 埃里克·霍姆伯格·埃里克森(Erik Homburger Erikson,1902—1994)是一位出生于德国的美国发展心理学家和精神分析学家,因其关于人类社会心理发展的理论而闻名。戈登·威拉德·奥尔波特(Gordon Willard Allport,1897—1967)是美国最早关注人格研究的心理学家之一,也是人格心理学的奠基人之一。

17 这里使用的"本质化"(essentialised)指的是构成身份的属性,它与"定义"的概念密切相关。

18 刚开始,所有的婴幼园和幼儿园都是在星期六上午开放的。后来它们被重新安排,有些在星期六仍然开放;再后来所有的都关闭了。

19 储蓄银行(Cassa di Risparmio)是当地的一家储蓄银行;市政援助机构(Ente Comunale

Assistenza)是 1937 年成立的一个机构,负责管理被法西斯政府镇压的各种宗教慈善机构的资金;公众住宅自治机构(Istituto Autonomo Case Popolari)是一个公共住房计划的当地管理机构;Opere pie 是指慈善组织。

20　马拉古奇提到的交换似乎指的是与其他幼儿教育的参与者之间的交流,包括国家和天主教会。

21　《委托法令》(Decreti Delegati)(或《学校委托的法令》(Provvedimenti delegati sulla scuola))是 1973 年 7 月至 1974 年 5 月期间批准的六项法律的汇编,是以有效、有序和连贯的方式将《宪法》原则应用于公立学校的首次尝试。这些法律包括建立学校管理机构、学区和新的机构来检查和评估学校。

22　吉多·贡内拉(Guido Gonella, 1905—1982)是一位天主教思想家、记者和政治家,是意大利天主教民主党的秘书。他创办了意大利天主教民主党的官方报纸《人民》(Il Popolo)。

23　安东尼奥·塞格尼(Antonio Segni, 1892—1971)是意大利天主教民主党的创始人之一,并成为共和国总理和总统。

24　"quartiere"这个词是用来表示"社区"的;学校与城市委员会(Comitati di Scuola e Città)似乎把社区委员会(Consigli di quartiere)设想作为学校和当地社区之间的一个可能桥梁。不久之后,"territorio"一词被用来表示"当地土壤",在意大利语中,这个词对于表示当地身份和根源有着深刻的意义,包括当地传统、土地、食物和酒,也许还有方言、当地社会制度和当地历史——所有这些都因地区而异。在教育方面使用这个词时,它可以是一种有价值的方式,能够激活当地支持和资源,并能够在建设本土项目——而不是使用标准化的教育模式——方面激发自豪感。

25　常规专业发展活动(aggiornamento)一词在瑞吉欧·艾米利亚经常用于专业发展的背景之下。

26　佐尔坦·保罗·迪恩斯(Zoltán Pál Dienes, 1916—2014)是一位出生于匈牙利的数学家,他的职业生涯致力于改善世界各地的数学教育。他是一位举世闻名的理论家,提出了用游戏和舞蹈等有趣的方式学习复杂数学概念的革命性思想。

27　在幼儿园的三年时间里,教师和儿童一直待在一起。所以 4 岁孩子的老师会在下一学年当这些孩子 5 岁时继续教他们。

28　"庆祝活动"是指每所学校在学年结束时为儿童和家长组织的聚会。

29　意大利妇女中心(Centro Italiano Femminile)是一个与天主教会有关系的妇女团体。

30　共融与解放(Comunione e Liberazione)是始创于 1954 年的天主教会内部的一场民间运动。

31　20 世纪 70 年代早期,工厂理事会在意大利迅速传播。理事会成员由全体员工以无记名投票的方式选举产生,所有人都可以参加它们的会议。它们的作用包括在每个工作场所开展工会活动,采取举措来解决工人的问题,并为工会战略的制定作出贡献。20 世纪 70 年代中期,随着已建立的工会行使越来越多的控制权,理事会的重要性开始下降(Ginsborg, 1990)。

32　集会主义(assembly-ism)指的是把平等的朋辈聚集在一起,作为辩论、讨论、组织和政治决策的基础,例如,与之相反的是选举代表,并将决策的责任下放给代表们。

33　马拉古奇在这里可能指的是瑞吉欧·艾米利亚的经验,它预示着由意大利共产党领导人恩里科·贝林格尔(Enrico Berlingeur)提出的"历史性妥协",该方案设想与包括意大利天主教民主党在内的其他政党结盟。

34　安东尼奥·葛兰西(Antonio Gramsci, 1891—1937)是意大利马克思主义理论家和政治家,意大利共产党的创始成员和领导人。他被法西斯政权关进监狱,并死在狱中。

35　在这里,马拉古奇回到了一个永恒的主题:需要把教师纳入到能够广泛参与和讨论社会需求的组织中,例如学校与城市委员会。

36　"古板"(curial)指的是天主教会的行政机构。

37　实际上,"nomine regie"的字面意思是皇室任命,但在这里用来指未经选举产生的权力。

38　马拉古奇在这里引用了朱塞佩·萨奇(Giuseppe Sacchi)在新杂志《家与家庭:大众教育期刊》(Home and Family: Journal of Popular Education)第一期上发表的一篇文章。

39　斐迪南·麦哲伦(Ferdinand Magellan,1480—1521)是一名葡萄牙水手,他率领了第一次环球航行探险,于1521年离开里斯本(Lisbon)。

40　《爱弥儿》(Émile)或《论教育》(Treatise on Education)是一部关于教育本质和人的本质的专著,作者是让-雅克·卢梭(Jean-Jacques Rousseau,1712—1778),出版于1762年。

41　卢西亚诺·科拉迪尼(Luciano Corradini)曾在1970年至1971年间担任戴安娜学校的学校与城市委员会主席,他后来写道:"与家长、教师、一位杰出的领导人(劳瑞兹·马拉古奇)和代表社会的当地市民一起,我将大量的日日夜夜奉献给对他[我儿子]的学校进行社会管理,[这对我]受益良多"(Various authors,2012,p.129)。

42　马拉古奇在这里指的是市立学校的章程(Regolamento)或规则手册,该文件在经过几个月的讨论后,于1972年由市政府通过。有关这方面的更多信息,请参阅本章和文档的导言44.72。

43　意大利主教会议(Conferenza Episcopale Italiana)于1952年创立,是意大利天主教主教的正式集会。其任务之一是监督天主教会和公共当局之间的关系。

44　所指的"管理委员会"是章程(Regolamento)在每所市立学校设立的由教师、家长和当地市民选出的代表组成的委员会。

45　无视上帝和精神诠释的"自然主义学校"与宗教学校形成了鲜明对比。

46　马拉古奇在这里指的是不同的群体,他们相信在没有任何干涉或调停的情况下,被压迫的群众会产生激进的意识。

47　1974年5月28日早晨,在反法西斯抗议活动中,在伦巴第大区(Lombardy)的布雷西亚(Brescia)发生了凉廊广场(Piazza della Loggia)爆炸事件。这次恐怖袭击造成8人死亡,100多人受伤。

48　教师培训学校(Magistrali)是为托管学校和小学培训教师的学院,14岁入学,提供四年制的高中教育资质。1998年,以大学为基础的研究生教育取代了这种培训。

49　意大利天主教教师协会(Associazione Italiana Maestri Cattolici)成立于1945年,成员包括幼儿教育和小学教育的教师、管理人员和巡视员。

50　第477/1973号法律是构成《委托法令》(Decreti Delegati)的若干法律之一,它授权所有成人主角(adult protagonists)①来管理包括托管学校在内的学校。更多关于这些法律的信息,请参阅55.74。

51　《协约》(Concordato)是1929年天主教会与意大利国家签订的《拉特兰条约》(Lateran Pacts)的一部分,它使教会对公共教育产生了相当大的影响。

52　《国立托管学校教育活动指南》(Orientamenti dell'attività educativa nella Scuola Materna Statale)是1969年由国家政府出版的关于国立托管学校教育活动的指导方针。

53　从1956年持续到1975年的越南战争给越南、邻国老挝和柬埔寨带来了巨大的破坏和沉重的苦难。瑞吉欧·艾米利亚的学校为越南的儿童提供了援助,包括该大区②倡议为越南儿童提供一所幼儿园,瑞吉欧·艾米利亚的学校在其中作出了贡献。

54　马拉古奇在铅色年代(Anni di Piombo)时期起草了这些笔记,那是一个社会冲突和恐怖主义广泛存在的时期。

55　意大利议会分为两院(Camere),意大利众议院(Chamber of Deputies)和参议院(Senate

---

①　"成人主角"在这里指的是所有参与学校管理的成年人,可能包括市政府行政人员、教师、家长、社区委员会成员等所有利益相关的成年人。——中译者注
②　指的是艾米利亚·罗马涅大区。——中译者注

of the Republic)。

56　1977 年通过了一项法律（517/77），该法律确立了以下原则，即所有 6—14 岁的残障儿童应被纳入普通学校，班级教师应制定教育计划，这些计划应得到提供"教学支持"的专门教师的支持。这一关于残障儿童教育的讨论是在这一背景下进行的。自 20 世纪 60 年代以来，这些儿童——在瑞吉欧·艾米利亚被称为"拥有特殊权利的儿童"——一直在该市的市立幼儿园上学。

57　在这里，马拉古奇将意大利共产党的提案与瑞吉欧·艾米利亚的市立学校的做法进行了对比，根据该提案，儿童每年在升入高年级时都会有一名新教师，而瑞吉欧·艾米利亚的市立学校则实行如下做法，随着儿童年级的变动，教师与他们的班级一直待在一起。

58　马拉古奇指的是乔瓦尼·杰维斯（Giovanni Jervis，1933—2009），他是 20 世纪 70 年代瑞吉欧·艾米利亚精神卫生服务中心的主任。在此期间，他写了一本《重症精神病学手册》（*A Manual of Critical Psychiatry*）。鉴于 1978 年《巴萨利亚法》（"Basaglia" Law）的官方批准，作为运动的一部分，精神病患者大型机构被关闭，并将所有精神卫生服务转移至社区，杰维斯后来对这些关闭的实施方式提出了批评。

59　延时看管（tempo lungo）（长时间或延长时间）指的是，在一些市立学校中，为家长有工作的儿童安排延长的开放时间，直至下午 6 点。

60　这是安排教师时间的两个选择。连续时间（tempo continuato）指教育工作者的工作日是连续的，例如从上午 9 点到下午 3 点；而分段模式（tempo spezzato）指交替轮班模式，例如从上午 9 点到中午 12 点，然后从下午 2 点到 5 点。经过长时间的辩论，采用了连续时间模式。

61　马拉古奇经常使用"文化建构"（cultural elaboration）这个词，指的是公众可以接触文化的地方，以及文化被拼合、被创造、被建构的地方。在瑞吉欧·艾米利亚，这些地方被认为包括幼儿园和婴幼园，因为儿童在这些机构中构建了文化。在这篇文章中，马拉古奇指的是图书馆、辩论场所、剧院、政治圈和其他协会；可能也会包括意大利妇女联盟和学校与城市委员会这样的组织。

62　特殊教育和学校适应研究中心（Centre de recherche de l'éducation spécialisée et de l'adaptation scolaire，CRESAS）它于 1969 年作为国家教育研究所（Institut national de recherche pédagogique）的一部分成立。

63　卡尔皮（Carpi）是一个位于摩德纳和瑞吉欧·艾米利亚之间的小镇。

64　农业市场干预公司（Azienda interventi mercato agricolo）是农林部于 1966 年设立的一个政府机构。

65　霍华德·欧内斯特·格鲁伯（Howard Ernest Gruber，1922—2005）是美国心理学家和创造力心理学研究的先驱，他的研究促成了有关创造性过程和创造力发展心理学的几个重要发现。他的一个主要兴趣是科学史，特别是有关查尔斯·达尔文的工作，1974 年他出版了《达尔文论人类：科学创造力的心理学研究》（*Darwin on Man: A Psychological Study of Scientific Creativity*）。这本书被《美国科学家》（*American Scientist*）杂志称为 20 世纪最重要的科学书籍之一，这本书既是对创造力本质的个案研究，也是对科学史的贡献，它展示了创造性思维缓慢而整合的过程，这种思维是许多问题的解决之道，而不是"灵光一现"的时刻。

66　杰罗姆·西摩·布鲁纳（Jerome Seymour Bruner，1915—2016）是美国心理学家，他对人类认知心理学和教育心理学中的认知学习理论以及对历史和教育的普遍哲学都作出了重要贡献。从 20 世纪 80 年代起，他成为瑞吉欧·艾米利亚的常客，并于 1996 年成为该市的荣誉市民。

67　亚历山大·罗曼诺维奇·鲁利亚（Alexander Romanovich Luria，1902—1977）、列夫·塞米诺诺维奇·维果茨基（Lev Semyonovich Vygotsky，1896—1934）和阿列克谢·尼古拉耶维奇·列昂捷夫（Alexei Nikolaevich Leontiev，1903—1979）是苏联发展心理学家。鲁利亚和维果茨基推动发展了人类文化和生物-社会发展的理论，通常被称为文化-历史心理学。

68　苏联在 1957 年发射的人造卫星"伴侣号"（Sputnik）是第一颗绕地球轨道运行的人造卫

星;它对美国来说是一次冲击,它证明了苏联的科学能力。

69　马拉古奇所说的"概念主义"(nozionismo)是指在没有任何有机的或系统的理解的情况下,获得与一门学科相关的事实性知识;它带有肤浅和贫瘠的意味。

70　格式塔心理学是一种关于心理的理论,起源于19世纪后期的德国,其核心原则是,心理组成一个整体,具有自我组织的倾向,在感知事物的个体部分之前或同时,考虑事物的整体;这表明,整体并不是各个部分的总和。

第四章

向世界开放：1980—1989 年

图 4.1　劳瑞兹·马拉古奇,尼尔德·罗迪（Nilde Lotti, 1979—1992 年间任众议院议长),乌各·本纳希(Ugo Benassi, 1976—1987 年间任瑞吉欧·艾米利亚市长)在展览"假如眼睛跳过围墙"（L'occhio se salta il muro）开幕式上,瑞吉欧·艾米利亚,1981 年

图 4.2　劳瑞兹·马拉古奇,1980 年代

图 4.3　一个国际学习小组在戴安娜市立幼儿园参观,瑞吉欧·艾米利亚, 1980 年代

图 4.4　围绕"多元智力理论",为瑞吉欧·艾米利亚的市立婴幼园和幼儿园的老师召开与霍华德·加德纳的研讨会。左起:翻译安瑞卡·博达瓦利(Enrica Bondavalli),霍华德·加德纳(心理学家,哈佛大学教授),埃托瑞·博尔吉(Ettore Borghi, 1982—1987 年间任瑞吉欧·艾米利亚副市长和学校评审负责人),劳瑞兹·马拉古奇,瑞吉欧·艾米利亚,1985 年

图 4.5　劳瑞兹·马拉古奇,戴安娜市立幼儿园,瑞吉欧·艾米利亚,1988 年

介绍(彼得·莫斯)

历史背景

1970年代是世界各地的人们开始来访和参观瑞吉欧·艾米利亚市立幼儿园的十年。1980年代则是瑞吉欧·艾米利亚走出国门向世界分享自己经验的十年,而在此过程中它也积聚了大批的国际追随者。随着这十年中越来越多的人来到瑞吉欧·艾米利亚,幼儿园开始把他们的参观组织成为期一周的"学习小组"的形式。瑞吉欧·艾米利亚通过它的巡回展与世界上更多的人产生了连接。这个巡回展开始时叫作"假如眼睛跳过围墙"(L'occhio se salta il muro),后来改名为"儿童的一百种语言"。展览收集了各个学校最有意义的项目的工作内容,用马拉古奇的话,这是"一个关于可能性的展览"(引自Vecchi, 2010, p.27)。展览首先于1981年春季在瑞吉欧·艾米利亚展出,继而于同年秋季巡回到瑞典。它吸引了成千上万的人来到斯德哥尔摩的现代艺术博物馆(Moderna Museet),并且在许多瑞吉欧·艾米利亚和瑞典的教育工作者之间建立了持续至今的亲密关系。

瑞典仅仅是第一站。展览开始在西欧各国巡展,而在1987年,一个更新版开始了它在北美的巡展。实际上,展览被持续地更新和翻译成多种语言,更多学校的项目被添加进来。截至1995年,即马拉古奇去世后不久,展览已经在11个国家的44个展点展出。仅仅在几年的时间里,"儿童的一百种语言"就引起了众多新的观众对瑞吉欧·艾米利亚的教学工作的关注,并且与"学习小组"一起,这促使所有被这个城市及其幼儿学校所吸引的人们建立起了一个全球的网络。

展览体现了这样一个重要的价值:需要把瑞吉欧·艾米利亚的教育工作变为可视的和公开透明的,以及需要和每一个市民民主地分享在市立学校里所发生的事情。我们已经看到,这种价值在早期通过当地的展览或在该市举办的其他的活动中得到运用:为教育事业创造面向公众的机会,让它向更广阔的社会开放,尝试使民众和正在成长的学校携手变得更有能力。而如今,新的展览把这项工作在全球的尺度上推向了更广阔的世界,如维·维奇所说,它成为"一个在交流、专业发展和对公众的可视性[方面]超越我们最高期望的地方"(Various Authors, 2012, p.151)。

在1980年代,这个城市发生了更多重要的变化。有些变化是由日益加剧的财政困难所引发的,而这些困难的产生一部分是因为中央政府对市立学校经费的削减,限制地方的自主权,包括停止增加公共事业部门中的工作岗位。

瑞吉欧·艾米利亚的市政府曾受到很大的压力要重新考虑婴幼园和幼儿园的组织结构以及削减它的经费。在学校管理委员会中,对于坚决不能牺牲质量的观点一直存在着争论,教师和家长的高度参与在捍卫市立公共教育中扮演了重要的角色。当时人们感知到,在不止一个领域内,社会的需求变得更加多样和更加复杂。人们面对困难寻求新的方法,在城市间举行会议,比较彼此的经验,并建构可行和有效的对策。(同上,p.143)

所采用的新的做事方式之一引发了一个重要的组织架构上的进展。1986年,在市立幼儿园和"合作托幼"("cooperatives")①之间诞生了第一个协议,旨在由后者根据已有的市立婴幼园的教育原则和工作方式提供对婴幼儿的保育。两个"合作婴幼园"在那一年开办。这在意大利是首创,为后来如何拓展本地的服务提供了先例(尽管有两所直属市立的学校也在1987和1988年相继开办)。

天主教会及其开办的幼儿学校也开始松动。市政府和教会之间的关系并不总是很好。教会早前抵制对幼儿的世俗教育,反对由国家政府提供此类服务,并对市政府提供此类服务表示怀疑。比如在1976年的电台广播中,那些市立学校,尤其是瑞吉欧·艾米利亚市的市立学校,曾被指责运用"不道德的和腐败的"唯物主义的教育哲学,并且将其与独立的教会学校的"高等的"道德做不恰当的比较。当意大利政府和梵蒂冈[1]有了一个新的协约,以及随之而来的意大利教育部与意大利主教会议(意大利主教们的官方集会)之间的协议之后,这一情形在1986年又激化起来。这个协议要求学校提供宗教教育,对幼儿园的建议是每周两小时,不过,如果家长不想他们的孩子接受此教育,也可以选择不参加。为了回应,瑞吉欧·艾米利亚又一次展开了有家长、教师和教会当局参加的对话。对话的结果是达成了一个协议,即为天主教会的学校提供一些经费来支持它们的教师专业发展。

瑞吉欧·艾米利亚并不是唯一一个维护本地教育事业的地方。尽管把学校交予国家管理有其财政方面的优势,进步的市政府保持了它对幼儿的承诺,并继续着在自己学校里的创新发展。全国婴幼园组织(Groupo Nazionale Nidi)于1980年在瑞吉欧·艾米利亚的一个会议中成立了,这个组织旨在促进有关三岁以下儿童相关服务的对话,它支持了不同经验之间的对话和团结。在1980年代期间,这个组织在整个意大利组织了会议来交流和讨论不同的经验。

---

① 非公立。——中译者注

然而，婴幼园的分布在全国范围内极不平衡。尽管所有地区在1971年之后都得到了经费，但是到1980年为止，这些服务的60%只分布在意大利二十个大区中的三个大区，它们都集中在北方，其中包括艾米利亚·罗马涅大区。在这个地区，每338名儿童就有一所婴幼园，相较而言，南意大利每6248名儿童才有一所婴幼园。在1971年，法律曾预测在5年内会增加3800所市立婴幼园——然而，在10年之后却只有1510所。再一次，国家的提案未能实现其对全国幼儿的承诺，而在意大利的某些地区，公共的财政支持似乎消失在了稀薄的空气中。

全国婴幼园组织证明，它为全国讨论幼儿教育提供了一个新的平台，而另一个平台则来自一份新的杂志。《零六》于1984年突然关闭之后，在瑞吉欧·艾米利亚召开的一次会议促使了一份后续杂志的创办：《孩子》(Bambini)。这份杂志一直延续至今。因此，尽管在经济困难的背景下，全国婴幼园组织和《孩子》杂志依然提供了产生集体能量的机会，为团结和对话的价值提供了范例。

从国家层面来说，在经历了一个停滞不前的十年以及下一个十年的缓慢开端之后，经济开始复苏；从1984年起，增长的势头强劲，带来了新一轮的物质繁荣。尽管1980年发生了可怕的博洛尼亚火车站爆炸事件，恐怖主义却有所收敛。在社会主义领袖贝提诺·克拉西(Bettino Craxi)领导下的四年联合政府(1983—1987)带来了政治上的稳定。确实，整个1980年代由意大利社会主义党和天主教民主党两党联盟所主导，没有任何这两党在下一个十年会瓦解或消失的迹象。在经历了二十年剧烈的危机之后，"意大利似乎终于在资本主义的条件下实现了安定"(Ginsborg，1990，p.407)。不过，这一政治上的安定并未给国家的改革提供一个基础。相反，就像在1968年之前的十年，"经济在上升，改革的物质基础明显是存在的，但是中间-左派的政客让机会溜走了"(同上，p.419)。这十年中意大利共产党的衰退更是对事态于事无补，也就是说，没有任何可靠的替代方案可以取代天主教民主党主导的政府似乎经久不衰的统治。

但是，有些事情在变。1981年的公投为1978年的堕胎合法化的法律给予了支持，这证实了社会态度的转变，尽管当时这个国家距离取得性别平等仍然遥远。在1980年代早期，意大利已经不再是劳力出口国，而是正成为一个移民接收国家，但没有任何关于接收新公民的社会政策，因此种族平等的问题也被提出。金斯伯格强调了另一个1980年代的社会趋势：在物质繁荣增长的带动下，集体的价值观在消失，"一个家庭主义(familism)的新时代：家庭更关注他们自身的福利，而不是社会作为一个整体中的集体问题(同上,p.413)。但是,他承认,1980年代意大利的社会图景还不是十分清晰,因为在家庭主义上升的同时,伴随着"意大利社会中明显的社团主义(associationism):志愿者工作、休闲俱乐部、合作社等出现了前所未有的蓬勃发展(同上)。据估计,五分之一的意大利人参与在此类活动中。运用"社会资本"这个概念,罗伯特·普特南表明了这种公民参与的水平是如何与有效的政府相连的——艾米利亚·罗马涅大区有着最高水平的地区政府表现和协作式的生活(Putnam,1993)。

马拉古奇的生平

劳瑞兹·马拉古奇积极地参与了瑞吉欧·艾米利亚市幼儿教育发展的所有方面,并持续地分享来自多种学科的新思想。驻校艺术教师维·维奇的这段记忆准确地呈现了他的这一角色。她记得在1980年代:

> 除了通过每天的工作使得教师和驻校艺术教师一起成长和发展,马拉古奇还组织了许多持续的教育举措。有一些,比如焙烧黏土,是专门为了驻校艺术教师而发起的,同时我们也总是被要求参加其他的举措,比如数学和科学方面的。我们听到了神经生物学领域最新的发现,然后我们之间相互讨论,试着理解这些发现对我们的工作可能产生的作用。在意大利的教育界,我想我们是最早讨论埃德加·莫林(Edgar Morin)的复杂性理论、伊利亚·普里戈津(Ilya Prigogine)的熵和时间流理论、弗朗西斯科·瓦雷拉的学习理论、格雷戈里·贝特森的思维和生态理论、曼德尔布罗(Mandelbrot)的分形和其他经验[理论]的人之一。工作环境是一个强有力的文化成长的地方。

(Vecchi,2010,p.124)

他也深入地参与到瑞吉欧·艾米利亚向世界的开放,并在展览的创作中起到关键作用:

> 每一个[被挑选出的]学校准备了不止一套的展览方案,通过和劳瑞兹·马拉古奇的讨论和修改使之发展和成熟。要把我们工作中的那种兴趣和兴奋的氛围用文字传递出来是不容易的。[……]我们都感到劳瑞兹·马拉古奇是一个杰出的教育和文化方面的参考对象。我们都了解他不断更新的阅读的深度,他消化这些新知的能力和他对新事物的好奇。[……]这些是那种

富有生气的会议。马拉古奇对待评价非常严格,但同时,他对认可别人的能力也同样地关注和慷慨;他喜欢并且知道如何不根据先入为主的权威高低去比较和评价观点和思想。我觉得我们所有的人,包括马拉古奇,都从这些会议中获得了那种知识和人性得到成长的美好体验。

(Various Authers,2012,pp.150-51)

但在1980年代,马拉古奇的角色在一个重要的方面有所变化。1985年,65岁的他正式从瑞吉欧·艾米利亚市立学校主任(总负责人)的位置退休。然而,他并没有从他对幼儿教育的参与中退休:不管是在本地的、地区的、国家的,乃至这时在国际的幼儿教育领域,他的工作都在继续。他在评审负责人的隔壁保留了一间小小的办公室,并且他频繁地造访学校。从1980年组建全国婴幼园组织的想法开始直至逝世,他一直担任该组织的主席;他是《孩子》杂志的发起人之一和主编,并在此经常贡献他的写作;他还是地区政府的顾问。同时,他还从许多其他方面继续支持瑞吉欧·艾米利亚市立学校,会见参加"学习小组"的来访者们,陪伴瑞吉欧·艾米利亚展览的几次出国之旅。

摘选的文档(瑞吉欧·艾米利亚工作组)

为某些,而不是另一些,关于大脑的理论喝彩(是的,用体育的术语来说),这是不是可能,以及是不是合理?我知道很多都还没有定论。但与此同时,我们必须考虑到研究的进展非常清晰[……],科学的、技术的、生态的研究,并且新的学科已经催生(并且将要催生)一个自然认知论框架的浮现,它包含了涉及认知的、生物的、进化科学的整个跨度的当代知识。推动新的文化范式、新的思考世界的模式、对人文科学和自然科学之间关系的概念化,以及关于人类连接的局限、范围和创造性的多种可能性。

(Loris Malaguzzi,1988,[2] 未包含在被选文档中)

在寻找1980年代有哪些突出的主题时,有些在当年经历了瑞吉欧·艾米利亚的婴幼园和幼儿园的人们仍然有着鲜活的记忆。有一个主题是毫无疑问的,那就是1981年在斯德哥尔摩现代艺术博物馆开幕的展览"假如眼睛跳过围墙"。那次展览是一次巨大的成功,以至于在若干年之后,更名为"儿童的一百种语言"的更新版展览在那里再次举办。斯德哥尔摩是该展览开启环球旅行的起点,它成为建构了今天巨大国际网络的大使。展览彻底改变了人们用以思考儿童的滤镜(lens)①,并使人们开始思考一种可能的新的教育方法。

在瑞吉欧·艾米利亚的学校中,展览标志着发展旅程中的一个点,是一次从教育的角度整理和交流过去十年中新的工作方式的机会,并且使得我们的经验可以随着进一步的研究和发现而进步。最重要、最具决定性的是对观察的关注和儿童学习过程的记录,它彻底变革了教师、驻校艺术教师、教学协调员的工作方式,同时,在国际层面激起兴趣,这是一个*设计上的过渡*,自此不可能再回到过去那种说教式的教学中去了。

这一阶段另一个富有特点的要素是,马拉古奇对科学通过跨学科的形式取得的进展感到迷恋,几乎是欣喜若狂:复杂性理论、神经科学、人类发展的生态模式、对基因组和DNA的研究。这些构成了一个理论框架,它使得教育赖以建立的那种确定和绝对的科学范式陷入了危机。科学的理论和证据现在肯定了瑞吉欧·艾米利亚之前基于道德和价值观所做出的选择。

然而,在我们心目中,使那个年代与众不同的另一个要素是对家长和市民参与不曾停息的坚持和推动。在之前的时期,曾经有许多关于社会管理的讨论,并做了很多工作来以新的方式建构社会管理,在学校生活中赋予了它意义重大的角色。我们的印象是,在1980年代,我们发现在马拉古奇的讲话中,他更为强调的是进行强有力的和有活力的社会管理所需获得的能力。

因此,总而言之,在我们看来,识别这十年有三个要素:国际上对瑞吉欧·艾米利亚教育哲学的传播和交流,该教育哲学的特点是通过对儿童过程的观察和记录来提升教育;一个新的文化和科学的参考框架,它加强了在教育机构中已经实施的选择和基于直觉的实践,并为教育设计[3]注入了新的动力;以及对社会参与的强烈呼吁。

1980年代伊始,在每一个新的学年开始的例会上,在婴幼园和幼儿园工作的人们都会签署一份文件,来表达对诺贝尔和平奖获得者安德烈·萨哈罗夫(Andrei Sakharov)的声援,他在自己的国家苏联遭受到压制[79.80]。这是一份重要的文件,因为它表明了教育不是中立的,至少在瑞吉欧·艾米利亚是如此;这清楚地表明

---

① 英文"滤镜"(lens)的这种用法常指人们习以为常地形成的观点并用它下意识地看待事物。对"滤镜"的意识是一种反思。——中译者注

它在那个时代的重要事件中所站的立场在哪一边,而且最重要的是,它表明,教育不能接受任何极权主义和原教旨主义①,因为教育所依赖的养料是在不同的观点之间基于辩证交流的自由和批判性思维。这个行动不仅是邀请大家在日常中对教育方法进行批判性思考,同时它肯定了*集体的专业发展和更新*的价值观。集体的专业发展和更新不仅是对讨论主题进行选择和确定时间的重要时机,它还是对共同获得的综合理解进行活跃交流的重要时机。马拉古奇在学校管理委员会会议上对正在发生的社会和政治的分析也鲜明地传达了同样的态度;例如1982年他对小学改革提案的讨论,这在当时引发了辩论,并导致了瑞吉欧·艾米利亚教育哲学力辩为什么它反对降低义务教育开始的年龄[80.82]。

正如之前一样,儿童形象(image of the child)②主导了选择。教育所追求的不是早熟,而是身心健康、完整性和全面的成熟。1984年在题为"儿童和科学"(Il bambino e la scienza)会议上的发言中,马拉古奇从讨论经济领域有关增长的观点转向讨论教育学领域有关成长的观点,邀请我们不要专注于成长的速度,而是成长的本质、质量和结构[84.84]。马拉古奇说,这个两难困境很是关键:"童年是一个我们一旦离开就再也回不去的世界,还是一个当我们长大后离开但是随时都可以回去的地方?"在这里,他对通过有挑选的、分类的方式来强化儿童的产出以加速他们的成长理直气壮地说"不",他强调,教育需要通过更加缓慢和更加宽广的过程来激活儿童所蕴含的所有一切。

在这篇讲话中,他再次强调,尽管成人和儿童看起来距离颇远,但他们在很大程度上同时处于一个相互交织的生命过程。因此,童年的"正常化"(normalisation)只能通过"把它从孤立中解放出来"来实现。对于"正常化"这个术语,马拉古奇指的是那些引导童年走出被强加的刻板形象(童年作为一个神奇的时期 vs.被亵渎了的童年)的必要的文化过程。这类刻板形象阻止我们把童年的生物和文化身份当作个体和社会存在的旅程中一个有机的组成部分。只有对童年正常化,才能够带来一个充分承认童年的权利和潜力的政治。

马拉古奇正视与科学的关系,令他惋惜的是,在日常生活中缺乏对于科学足够的

---

① 原教旨主义通常指对宗教的经文和教条的严格遵守和坚持。这个概念也会应用到其他领域中。——中译者注
② "儿童形象"成为瑞吉欧教育最重要的教育理念之一。它的提出和在教育中的实践也是马拉古奇对创建童年文化,以及颠覆传统文化对儿童的观念的贡献和留给世界的遗产。——中译者注

传播和应用，而因此未能产生有效的变革。他谴责对幼儿谈论科学教育太困难的说法，同时强调，实际上儿童向来就在从事科学研究，因为他们本身具备科学研究者所需的品质：好奇、惊异、专注、因理解而来的乐趣、发现事物之间关系的能力、对于不同观点的接纳。基于那些知名物理学家的表述，马拉古奇提出了儿童与科学之间关系的新论断，并引用皮亚杰的话："我个人试图实现的理想就是终身做一个孩子，直到死亡。"［84.84］他参与对两种文化（人文和科学）之间的辩论，这一点在这些篇章中显而易见，这几页中的文字强有力地把我们带回到马拉古奇曾经多次与多位学者讨论的问题，从这里我们可以看到他采用的整体的、跨学科的和学科内部（intra-disciplinary）的方式，而这构成了"一百种语言"的理论。

马拉古奇与哲学家和科学家大卫·霍金斯开启了一次真正深刻而富有成效的对话［见第四章，注释14］。他俩都确信，儿童对世界抱有与科学家同样的态度：提出问题、向自己提问、推动和尝试假设、形成和修正理论。他们研究的旅程和语言不会受到学科的限制，而是建构于日常的行动和体验之中，以及他人、儿童和成人的参与之中。

马拉古奇在写作中从不把教育和教学置于抽象的背景之中，而是把它们与社会和政治的现实联系起来，这是他的写作中一条贯穿始终的线索。他对教育的具体建议总是从对当时情况的分析出发。因此，在之前提到的与管理委员会的一次谈话中他对妇女的角色的议题，一个在多年间数次提起的议题——他认为，妇女忍受着双重的工作量，这种情况与社会上陈旧的观念有关，而这种观念又部分地传递给了儿童和学校［80.82］。他争辩道，这也是儿童的福利服务（比如"儿童托育"）只被认为是对家庭和工作之间的经济关系有利的观点的原因之一，并且这种观点被普遍接受，而未经过充分的批判性评估；另一方面，例如瑞吉欧·艾米利亚的婴幼园和幼儿园这样具有广泛教育目的的学校却不被认为对市场有利，因而不假思索地使学校承受经费不足和负面政治决策的影响——当面临经济衰退时，对幼儿和学校的服务就成为最大预算削减的对象之一，现在和过去都是如此。

对于家庭角色和家庭在社会中的身份的重要性的消失，马拉古奇也进行了力辩，在多年后的今天，这种消失仍然在引发许多人的信心危机，这使得寻求新的身份和不同的角色成为必要。他提到有必要给予"个体足够的深层的自我倾听、自我感知和自我意识"，如果没有这些，"所有其他事物都注定要走下坡"。如果家庭对当前的体验是痛苦的，那么要他们对未来做出预测是非常困难的；同样地，如果儿童有着有趣的体验，他们建构自己的身份就比较容易，但是如果记忆是痛苦的，那么对当前的感觉意识就会被削弱,而对未来的精心计划就会变得更加困难。

很可能是因为上面提到的"家庭在社会中被削弱的身份"的现象,马拉古奇指出,[学校]有必要将家庭渴望聚集在一起的愿望与加强更有能力的参与联系起来,因为只有这样,民主才能得以发展。一种包含文化以及强有力的人性和政治敏感度的能力是必要的,"持续变迁的充满能力的参与",这一能力通过吸纳家庭和工作人员的过程获得,同时,通过明确地邀请教师将社会管理纳入他们的专业发展来获得,因为只有这种纳入才能在教育中带来更全面的质量。

我们读到一份1982年关于成人/儿童关系的文档,里面记录了一次戴安娜学校的家长和马拉古奇关于管理委员会的交流。其中说到,家庭和工作人员的能力产生于交流和对话。这份文档后来转变为一篇文章并得以出版,它被发放给了所有家长。这类反思通过班级会议得到传播,因为"我们总是在努力建构一个可以传播到每只耳朵的网络"。这些交流都和具体的情形相关,以把儿童的权利和成人的权利团结起来为目的,并且针对那些有关家庭和学校之间相互理解的问题。马拉古奇以务实的立场面对现实。儿童的经验将必然是万花筒式的,与许多观点和多种多样的情境相遇。经验的多样性是积极的:重要的是,当家长们和孩子们重聚时,所有的经验——甚至那些相去甚远的经验——都会再次连接起来,因为这会支持儿童阐述他们自己的哲学[81.82]。

马拉古奇在他认为正确的教育理念——让儿童良好成长的教育理念——与在瑞吉欧·艾米利亚学校中实践的、源自这个理念的选择之间创造持续的联系。他说:"所有问题的核心问题是,能够使儿童有不同的经验,但是在经验之间保持紧密的联系。"这表达了马拉古奇思想中最激进的信念之一。社会中越来越明显的特征是,向儿童提供的教育机会和刺激(在体育馆里的课程、游泳、音乐、舞蹈等)碎片化,以致身处其中的儿童发现自己一天内不止一次地改变活动和教育的风格(学校教师、家庭、教练、音乐家等)。在这样的一种社会背景下,马拉古奇提出,学校也许可以成为那个产生整合和交流的地方,帮助儿童找到更深层的统一,可以超越这种从一个地方跑去另一地方、从一个成人到另一成人的经验。学校可以而且必须是学习对行动和身处的世界进行重新加工和建构意义的地方。

这首先是为了儿童,但是同等重要的是,为家长和教师提供使得自身行动变得更加统一的可能性,甚至在不连贯和差异中寻求一致。这里是关于连续性(continuity)的主题出现的地方。我们将会发现,在他这个时期的写作中这个主题反复出现。1982年,家长在戴安娜学校的讨论中看到,学校和家庭之间的连贯性不仅是可取的,也是必要的。但是,马拉古奇提议把这个概念替换为"对话能力"(dialogic capacity)的概念,即自我质疑、向自我提问、双向地交换信息的能力。在1983年给家长的一封公开信中,他提出,学校和家庭之间对儿童成长的主题需要达成一致,以"推动在选择内容和教育方法上更为齐心协力的共同责任"[83.83]。

马拉古奇把他许多的时间和思考贡献给了管理委员会,以不同的方式对此发表看法。很难把瑞吉欧·艾米利亚学校的管理委员会的角色与更传统的机构中通常赋予此类机构的角色进行比较。正如我们在上个十年看到的那样,在围绕《委托法令》——由国家政府提出的对学校管理机构的提案——的辩论中,马拉古奇几次表明了与其不同的立场,该提案背叛了人们给予的许多希望和可能性,而且一直未能完全实行。事实上,这些提案在学校的实施中阻碍了任何真正意义上的参与:1977年的一个修正案非但没有重新激活关于法令的辩论,反而使法令进一步沦为徒有形式,将其限制在一个仅仅进行检查的官僚管理性质的角色。对于马拉古奇来说,所有这些实在是从根本上就错了,因为他认为,参与(以及社会管理)是学习和作为一所学校的根本品质。

在瑞吉欧·艾米利亚的教育事业中,赋予管理委员会的重要性是显而易见的,"实质上,我们幼儿园的教育假设是一个参与式教育的假设",是实践和理想相结合的一部分。在这个思考中,马拉古奇还受到尤里·布朗芬布伦纳(Urie Bronfenbrenner)[见第四章,注释18]理论的触动,他不仅对此产生了特别的兴趣,也发出了一些批评,他在1986年安科纳(Ancona)会议期间和布朗芬布伦纳进行的公开辩论中表达了这些批评。一个组织总是自有其理论,对于管理委员会,马拉古奇提议了一个由工作组组成的结构,每个小组专注于一个主题:环境、外部关系、教育方法问题以及对学校所做工作的分析和研究。他对每个小组提出了一个时间安排,因为时间也是参与过程的内容之一[93.ND]。

因此,在这十年的档案中,劳瑞兹·马拉古奇的战略性的教育、文化和政治的愿景也许可以使人有更清晰的理解,在这一愿景中,家庭和市民的共同管理/参与是对教育项目最具决定性的条件之一。然而同时,他坚定不移地致力于一种不背叛儿童的教育方式,这种教育方式基于对儿童形象的明确表述之上。马拉古奇带着批评的精神面对这个承诺,即总是以不同的形式,书面或口头,在不同的地方,与不同的对话者,总是寻求有许多人的参与,并跨越不同的领域——科学、艺术、建筑、经济、工会政治。

在1985年,为了复兴婴幼园和幼儿园文化的中心地位,也为了回应和反对要降低义务教育入学年龄的议案,瑞吉欧·艾米利亚组织了一次全国会议。在会议上,市立学校介绍了它们最新和最有趣的教育经验。这次会议题为"经验和问题:理论-实践模型及儿童教育的猜想"(Esperienze e problemi: Modelli e congetture teorico-pratiche nell'educazione dei bambini),会议标题反映了会议内容。对那些出席了这个会议的人来说,这是一个重要的事件[85.85]。在这次会议之前,婴幼园和幼儿园开展了一整学年的特定工作,在那期间,针对广泛的主题散发了相关的材料,并进行了研究,包括从比较传统的,比如绘画、痕迹制作、数学,到比较新的,比如计算机,都被以有趣且经常是创新的方式提出。教育经验被全景式地在会议上介绍;许多教师、教学协调员和驻校艺术教师对自己的工作做了阐释。最具建设意义的是同行之间深层的交流,尤其是与马拉古奇本人的对话,他密切关注项目自始至终的整个过程。

马拉古奇批评了在国立幼儿园中使用的1969年部级颁布的教学指南,以对此批评的发言结束了这次会议。他的话语又一次地传递了儿童形象:他们是聪明的,有能力用一系列不同的语言表达自己,在他们所有的做事方式中都具有创造性,甚至是在使用像计算机这样的新兴工具时,而在当时,许多教育工作者对计算机有着很多争议和怀疑。在讨论信息技术的时候,马拉古奇还反思了另一个古老的主题,即绘画和痕迹制作[grafica,见第五章,注释14],马拉古奇将之定义为"[我们]生物编码的一部分",并在生活的经验中得到精确调整和多样化。在绘画的多重可能性中,马拉古奇强调"愉悦"是绘画行动中蕴含的一种动力形式,同时他识别了绘画的不同形式,把对于绘画的解读看作是一种负责任和有能力的行为。

所介绍的学习项目之一,即"面向未来的方法:儿童的智能,计算机智能"(Approcci per il futuro. L'intelligenza dei bambini, l'intelligenza del computer),是以一种真正的实验方式进行的。在讨论这个主题时,马拉古奇立即拉开了与对新的数码工具或是带有偏见或是迷恋的立场之间的距离,而是假设了儿童和计算机科学之间的友好关系,把儿童看作是设计者,而不仅仅是使用者,是儿童的智能遇到并面对另一种智能,即计算机的智能。

在咨询了米兰大学控制论研究所(Istituto di Cibernetica dell'Università di Milano)后,马拉古奇选择了麻省理工学院西摩·帕珀特(Seymore Papert)创造的LOGO计算机程序语言作为最适合他所认为的教育方式,因为该程序语言有着清晰的逻辑结构和简洁的语言。他只选取了图像的部分,即使用一个机械的乌龟——"一只小小的三维技术的动物"，它由儿童来操控，并同时可以在屏幕上可视化，当儿童在屏幕上用一支小小的"笔"在一个大的区域移动时，可以留下视觉痕迹，这可以促进儿童和乌龟之间的识别。

儿童边交谈边行动，他们认为计算机具有能量，但也有它的局限。"计算机会思考，假如它体型大，那么它就想得更多些；它并不聪明，他们把它变得聪明。"在最初的经验的指引下，一个深度的研究在随后的几年中继续进行。在1988年，针对这个主题的进展，马拉古奇主持了一个和教师的会议。在此会议上，他建议对4岁儿童的对话进行分析，一系列关于计算机的不同形象从中跃然而出，有些比较令人快乐（一个具有轻松愉快的能力的工具，比如跳舞或娱乐），另一些则更为严肃（比如书写、数数、具有百科全书能力，"假如我有什么不知道的事儿，计算机会知道"）。然而，所有这些都提供了有用的能力，并且在一个游戏中呈现出来，这个游戏再现了一个有着学校教师和警察这样人物居住的有组织的社会，不过在那里也有着孩子们与他们热爱的人物——如UFO机器人金刚战神以及其他人物——之间的交流和关系。儿童很快就明白，要与计算机建立关系，他们必须找到一种不同的语言："计算机服从我们，但是如果我不按照它想要的方式写东西，它就不会给你答案。"马拉古奇用这个分析来批判皮亚杰在儿童思维发展的理论中提出的僵化的阶段。

这样一些有助于形成思考的会议的目的是，为教师提供一个能够欢迎新理论的、复杂而又明确阐述的概念框架；在此，教师可以把自己关于项目和教育方法发展的工作置于其中；但这并不是向他们提供方法模式和技术。几年之后，西摩·帕珀特访问了瑞吉欧·艾米利亚，并对在幼儿园和婴幼园中产生的经验，特别是计算机领域，表现出很大的兴趣。这些年也是马拉古奇与后皮亚杰时代的日内瓦学派开始有密切交流的时代，特别是多娜塔·法布里（Donata Fabbri）和阿尔贝托·穆纳里（Alberto Munari），他们二位也在不同的场合寻求与马拉古奇就瑞吉欧·艾米利亚经验进行交流。

马拉古奇也与埃德加·莫林的著作相遇，并与他的思想产生了极大的共鸣：在思考时不把一个概念封闭起来，在看似不相干的事物之间重新建立连接，努力理解事件的多维性质，比如人文科学和自然科学之间的交织。根据当代认识论对学习基于互补性（complementarities）理论的知识，连续性（continuity）和非连续性（discontinuity）被看作是非对立的元素。还有一些其他富有成效的接触。丽塔·列维·蒙塔尔奇尼（Rita Levi Montalcini）对神经生长因子的发现证实了如下看法，即大脑是一个由神经元和神经突触组成的有机和动态结构，并有着丰富的合作和协同效应：这是一个对教育巨大的挑战和机遇。"一个不被基因所'囚禁'的大脑冲破原有的、绝对的确定性。其结构和功能来自一个拥有大自然所特赋的资源的物种,通过经验、教育和人生的冒险,它的资源是可以改变的。"[88.87]

我们很清晰地记得那些马拉古奇和教师进行的专业发展会议,在会议期间,由科学哲学家提出的问题得到了分析,会议还探索了它们如何与我们和儿童的工作具体地联系。马拉古奇提醒我们,儿童不仅知道怎样学习,他们还知道怎样学会学习,这向教师们提出了进一步的邀请,邀请他们优先对待那些通过行动产生变革的知识。方法(教学法)在思想和教育对策层面上持续地推进:这就是当时瑞吉欧·艾米利亚婴幼园和幼儿园的教师对这些年的记忆。

在1980年,马拉古奇与教师进行了一系列的对话/会议来分析"程序设计化"(programmazione)或"计划"(planning)①。马拉古奇认为,这个来自工业界和英语世界的概念被教育学太过仓促地丢弃了:"这是用以反驳把教育工作者的非职业性进行理论化所必需的一个任务。[……]我们所建议的是'开放式的'(open-eyed)的计划,但是这些结论是我们应该在这些天的过程中必须得出的。"(所引用的内容没有包括在本书中)这是一个广泛的文化框架,马拉古奇在其中肯定了要远离宏观教育学并接近微观教育学的重要性,以更好地了解儿童,并采用一种"工匠式的"教育概念:因为教育学不允许对情境进行完全和绝对的控制,它不是一门精确的学科。但是在1982年,在管理委员会中,他提出了"程序设计化"的危险,取而代之的是教育设计(educational design),即"我们认为教育设计是永久性的,因此是持续开放的……我们一直拒绝设计一个方案(programme),因为一个被'困囿于笼中'的方案的危险在于,在某种程度上,它会产生'困囿于笼中'的经验"。回到之前的主题,他提出需要"把整个教育经验建立在对话和参与的基础之上,这涵盖所有的部分:专业的、项目的、技术的、关系的"[80.82]。

马拉古奇一直是一位了不起的阅读者。在1985年退休以后,他的阅读和发现似乎成倍地增长。他对阅读做笔记,进行解读,把阅读内容进行重新阐释,并与支持教学的包括教学协调员在内的教育教学团队分享他深层的研究和反思。在我们所选的写作中,格雷戈里·贝特森和埃德加·莫林的哲学是被引用得最多的,这显示了马拉古

---

① 这里的"计划"英文用的是planning,作者想要强调的是计划是一个动态的、不断变化的过程。——中译者注

奇革命性的思考和获取知识的方式，在这里，互相连接(inter-connection)被定义为"当下和未来的伟大动词"［92.89］。对于神经科学的学习不在教师专业发展范畴之内，马拉古奇很失望，而生物学和知识之间的联系恰恰构成了对于自然存在本质探索的未来基石。

马拉古奇回忆起美国生物学家巴里·康门那(Barry Commoner)，他宣称："生态学将是未来的字母表。我们是生态系统的一部分……我们在地球上的旅行是和环境、自然、宇宙一起的旅行……［这是］我们生命的伟大网络之所在。"［90.88］他把儿童叫作设计者，他们渴望实现项目。在幼儿园开展的关于持续性的项目设计式学习(progettazione)的工作坊中，马拉古奇在同一个发言中宣称，教育工作是一个具有不确定性的职业，并说我们必须恢复这种"我们能够以实际方式与之共存和运用的不确定性［……］当我们开始测试不确定性，并将其视为一种发酵剂、一种知识的发动机时，它就可以被转化为某种积极的东西"。联系这个概念，马拉古奇建议的"研究-行动式探索"(research-action probe)是"在有限的合适数量的儿童中……围绕一种有边界的、确定的经验，把对事物的猜测导向对儿童的行为、过程、解读和活动相关的收集……"；并且要求教师练习"富有远见而又经过细致调试的观察方法"。他继续说，探索是"对观察的观察，本质上是关于知识的知识，这仍然是个体知识过程和个体之间关系的领域里最为丰富、最常被人追寻的现象"。对于教学协调员、教师和驻校艺术教师来说，这种探索的经验是深刻改变与儿童的相处方式，使他们的观点浮现出来并变得可见的情形之一。这就好比在一条河流中涉水而过，再也不能回头①。［89.88］

在1980年代后期的写作和谈话中，马拉古奇对存在状态的反思是很明显的，比如失衡(disequilibrium)②(被认为是能量的来源之一)和平衡、连续性和非连续性。这些元素中的矛盾和不确定性被认为是永存的状态，接受冒险是一种常态。这种状态的后果是，跌跌撞撞地前进成为方法论中的一个重要工具，因为它打断了常态的轨迹，并允许火花被点燃，而且因为在现状中制造了危机，它有助于重构和更新的过程。对于儿童来说，打乱计划的状况是必要的，这样有助于使之成为常态。

经过之前几年中反复进行的富有成效的审视分析后，在1989年3月和4月的教育系列活动中(Marzo-Aprile Pedagogico)，马拉古奇在当时最新研究的背景下对一直以

---

① 古希腊哲学家赫拉克利特说过：人不能两次踏进同一条河流。马拉古奇这里的意思大约与此有关，即，如不在事情发生的时候对儿童加以观察和记录，那么就不可能再重复。——中译者注
② 失衡是皮亚杰认知发展理论的核心概念之一。——中译者注

来最为重要的决定做了评估,这些决定包括教师在工作中合作、对空间系统式的利用、出行①、社会管理以及对驻校艺术教师这个作为"希望能在学校中掀起风浪"的角色的高调引入[92.89]。早在1988年,他就强调,"所有我们意识到的联系,所有我们能够建立的联系已经在我们的组织中通过某种方式实现了"[90.88],并补充说,"在儿童的成长中,我们从不接受分裂、分离或分级"。

在1986年一个由意大利全国劳动联合会(Confederazione Generale Italiana del Lavoro)行业工会组织的会议中,他公开表示了对行业工会政治的痛心与不容忍,即这种政治没有能力将公立学校的宏大主题作为历史演变的一部分,它也没能成为一个主动和可靠的参与者。他以这种方式谴责了工会和政治上的沉默和缺席[86.86]。

在1970年代,瑞吉欧·艾米利亚已经建立了有着12所市立婴幼园的网络,而在1977年之后,正如前一章所记载的,它们成为马拉古奇写作的主要对象。1980年,他创建了全国婴幼园组织,并担任主席直至1994年;该组织的目的是,协调产生于意大利不同地方的经验之间的交流,并推动这些经验的发展。本书收录的一些篇章是1980年代马拉古奇在此组织推动的会议开幕式或闭幕式上的发言(La Spezia, 1981; Pistoia, 1982; Orvieto, 1983; Venice, 1984; Ancona和Turin, 1986; Riccione, 1988)。这些会议吸引了(至今仍在吸引)大量的婴幼园工作者,他们从中寻求文化、社会、政治、教学的深层分析,以加强他们的日常教育工作,并防止婴幼园变成一种以福利为主的服务。

在1986年都灵会议期间,马拉古奇强调,"关于儿童的观念永远是一种关于社会和文化本质的观念"。他引用布朗芬布伦纳所提议的生态发展理论中所说的儿童和环境之间的交互关联。他强调对建构主义和互动式教育(interactional education)的选择,"因为这可以克服一种……在经验主义和理性主义之间、在与生俱来的资源和后天习得的资源之间所造成的张力"。马拉古奇主张,质量是对婴幼园生存最好的防御;他建议把婴幼园作为一个"微系统……在这个微系统中,有着最大可能的内部沟通,有着儿童与儿童之间、儿童与成人之间最大化的对话交流"。通过这种方式,它在社会中承担了重大角色,"是如今在公共层面接纳私人层面价值观以及在私人层面接纳公共层面价值观的唯一场所。"[87.86]

在1989年3月至4月的教学系列活动中发言时,马拉古奇受到《爱丽丝梦游仙

---

① 出行(outings)指儿童为学习而进行的校外参访活动。——中译者注

境》中一段话的启发,在那段必须被认为是"极度触动"的独白中,爱丽丝问道:"首先告诉我,我是谁?如果我是我想要成为的那个人,那么我会上来,否则我将待在下面,等待别人来找我。我非常希望有人把头伸进来说点什么,因为我已经厌倦了孤独一人。"[4] 1990 年 3 月在瑞吉欧·艾米利亚召开的一次重要会议以爱丽丝的话命名,这些话是有关文化和教育学的价值观的宣言,再次呼吁对童年身份的承认,以及承认"童年的权利,它有权去证明一个被儿童所接受和共享的身份。儿童要求被爱,不仅仅是为了被爱,而且是为了去爱;要求被理解,不仅仅是为了被理解,而且是为了去理解"。

浏览马拉古奇的许多写作会使读者产生一种忧愁的感觉,因为即使在今天,我们仍然面临着从未完全解决的问题,例如,在 0—6 岁的教育事业中"连续性"的概念仍然需要被解释、力争和辩护。然而,与此同时,至少在瑞吉欧·艾米利亚,人们同时也感到乐观,因为我们已经设法把高质量的教育经验向前推进,并且通过那些有时不太容易的选择使之发展。在一如既往的坚持不懈之下,会议继续得以召开。我们努力地把教育工作者、管理者、政客和家庭聚集在一起,意识到只有通过广泛的和有效的参与,教育服务的现状才能得到维持和提高。

时间线 1980—1989 年

关键人物:马拉古奇
瑞吉欧·艾米利亚
意大利

1980　**全国婴幼园组织主席。**
　　　博洛尼亚火车站爆炸致死 85 人;全国婴幼园组织成立。
1981　**展览"假如眼睛跳过围墙"在瑞吉欧·艾米利亚开幕,然后至斯德哥尔摩巡展。**
　　　公民投票支持新的允许堕胎的法律。
1984　国家和罗马天主教会间的协约,包括在学校中进行宗教教学;《零六》杂志停止出版。
1985　从市立学校主任(总负责人)职位退休;继续与瑞吉欧·艾米利亚市关于展

览的活动合作，在一所幼儿园进行关于儿童和计算机的研究，以及教学纪录中心的创建；继续与艾米利亚·罗马涅大区合作，以使展览能前往美国展出；《零六》杂志成为《孩子》杂志，马拉古奇作为主编。

会议：经验和问题：理论-实践模型及儿童教育的猜想

新杂志《孩子》第一期。

1986　市政府与合作托幼有了第一个协议，管理2个婴幼园，这在意大利是首创；市政府和天主教托管学校（FISM）签订协议；塞尔吉奥·斯帕吉奥瑞（Sergio Spaggiari）成为市立学校的主任（总负责人）。

1987　教学纪录和教育研究中心（Documentation and Educational Research Centre）落成；展览改名为"儿童的一百种语言"，继续在欧洲巡展，并且第一次在美国（旧金山）展出；第一次以"学习小组"的形式组织对于瑞吉欧·艾米利亚的参访。

552 000新生儿出生：1964年高峰的一半。

摘选的文档 1980—1989年

1980年

78.80 市立幼儿园和婴幼园工作人员对于和平和自由的呼吁，1980年1月

关于著名苏联科学家和诺贝尔和平奖获得者萨哈罗夫[5]被他的国家当局严厉镇压的消息，理所应当地在全世界引起了愤怒的反应。

在这个呼吁中，我们首先想要表达的是，我们与所有因他们的思想而遭到非难、边缘化和刑事定罪的男男女女保持完全的团结一致；其次，对于任何试图通过极权主义与原教旨主义性质的方法和概念来扼杀思想自由、表达自由以及对文化、政治、宗教的异议的行径，我们表示彻底的谴责。

[……]

我们比过去任何时候都清醒地意识到，不能把儿童在学校和家庭中的教育与威胁到全人类的最重要的问题割裂开来。我们对未来感到焦虑，但是对**人类**的**理性**抱有希望和信任。在这一呼吁中，我们希望表达我们坚定的信念，也就是渴望生活在一个和平、自由、民主世界中的男人、女人和儿童的共同决心，一个充分发挥每一个个体和每

一个民族最佳和最积极的表达的世界,可以构成一个无坚不摧的工具,来推动所有人的觉悟和行动,去寻求人类的拯救和进步。

通过我们作为教育工作者每天在市立幼儿园和婴幼园的日常工作,我们学到了人们团结和合作所代表的那些崇高而本质的价值观,学到了对不同意见的尊重和重视所代表的那些崇高而本质的价值观,学到了为不同文化、政治和宗教理想的充分和自由的表达创造条件所代表的那些崇高而本质的价值观。

因此,我们希望热爱进步和文明的每一个人、每一个民族和每一个国家都会想要带领人类事务回到对话、合作、裁军与和平的道路上来,每一方都带着他们自己原创的贡献。

参与星期六常规专业发展活动的市立幼儿园和婴幼园的教育工作者

1980年1月26日

* * *

79. 80 1980—1981学年对所有工作人员的开幕报告,瑞吉欧·艾米利亚,1980年8月

> 编者按:这个文档是马拉古奇在新学年伊始为面向市立学校的所有工作人员的例行报告而准备的。该报告开始就列出"集体的任务"(指所有在学校中工作的成人),包括社会管理、常规专业发展活动、文化倡议、视觉/声音和教育材料、户外区域和设备、行政管理和对外关系。报告还讨论了"教学纪录和交流的空间和工具"以及"和家庭的会议"。

教育环境的组织与规划的指示性数据

[……]

集体的自我专业发展

(会议的主题)

幼儿园和婴幼园工作人员经常开展集体的自我专业发展会议,共同对不同层面的问题进行严格的反思,这些问题是他们共同经历的一部分,目的是改善那些经历本身所发生的条件(环境的、心理的、职业的),以及他们所期望的教育和文化结果,特别是那些对儿童有利的结果。

为了使这些会议富有成效,每一个工作会议都需要在恰当的时间选择其主题,以最具体的方式在会议中与这些主题进行互动,并检验它们是否公正和有效。

主题的数量,以及在恰当的时间里通过密切和富有建设性的辩论和交流深入这些主题的需要,也许会唤起不同于传统模块的组织形式,在传统的模块中,会议的议程由参会的全体一起提出。更加灵活的、不同的方法可以与之并行,例如,通过仔细确定和妥善分配主题,全体可分成几个小组同时进行不同的主题,然后再集合进行分享和综合。

这种假设强化了如下的必要性,即每个教师集体小组都需要提升其对自身经验进行批判性地自我审视的能力,这也正是被认为最有助于成长和生产力的能力之一。

没有人可以完全列出或定义所有这些会议的主题。在某种程度上,它们来自于每所学校机构鲜活的经历中。

[……]

我们已尝试列出可以被包含在第一季度的项目活动中的相关主题[……]:

- 室内和户外的空间与教育项目、儿童的年龄、需要和经验之间的一致性(仔细考察儿童的空间和活动中的要素)。
- 仔细考察教育材料和工具、大型物件、区域和儿童活动的功效。

[……]

1982 年

80. 82 在学校管理委员会[6]一次会议上的发言,瑞吉欧・艾米利亚,1982 年 9 月

在文化变革和小学[scuola di base][7]改革方案进行时期,家庭和机构之间的儿童教育

公共教育部(Ministry for Public Instruction)提出了以下不同的建议:儿童 5 岁上小学一年级,所有的儿童都能够上幼儿园的最后一年,并且幼儿园最后这年(即幼儿园第三年)是义务教育[5—6 岁的儿童]。

[……]

我们为什么反对把儿童[开始上小学]的年龄提前?

因为我们确信,今天的问题与其说是使儿童早熟[在更小的年龄做某些事],不如说是为了他们的身心健康,为了一个充实的人生,为了他们丰富和全面的成熟创造条件,而且我们必须与父母和家庭合作,使他们理解这一点。这个重要的主题应该始终是我们关注的中心。相反,今天发生的却是一个奇怪的现象,即速度更快的孩子,早熟的孩子和拥有多种学习、应用和表演资源的孩子(在学校的儿童,进行骑马、柔道和舞

蹈等活动)是一种地位的象征;一种家庭越来越渴望的新的地位形式。

[……]

我们可以说,今天的女性承受着家庭内外的双重付出。然而,这种家庭外部的规划从未完全允许她们把自己的工作放在中心,因为这只是包括家务活和抚育孩子的所有工作总量的一部分。

这还不是全部。最为微妙的问题是,由于她们所遭受的待遇,女性利用可能的手段和可能性,对她们的孩子作出所需的付出。然而,当她们在做着这些时,我们个人相信,她们有一种功能,这一功能的一半被淹没在了祖宗传下的关于女性和女性角色与条件的思维方式之中,另一半又完全陷入我们今天的时代环境中。我们可以从以下事实中证明这一点:今天的职场中,只有一些行业对女性开放,而另一些对她们则是关闭的。那些开放的部分是服务和护理行业,仅仅只有这些,因为我们的体系所抱持的理念是,只有当女性离开家门去从事那些能够让她们仍和自己在家庭里的角色保持紧密和亲密关系的服务工作时,她们方可被允许出去工作。

[……]

第二个问题是,当一项服务中聘用的是女性时,这意味着这个服务也许是相当弱的。

第三个[问题]是,因为一般而言,服务不被认为是必须的,或是具有生产性的,而仅仅只是有用而已,所以它不时地受到波动的政治主张的影响:"我们将开启一项服务;我们将关闭一项服务;我们的服务总是比需求少;我们把服务行业当'替罪羊'"。全世界的所有国家都面临着经济萧条,服务行业和学校一起付出了最高昂的代价。

[……]

脆弱,更加模糊且不那么丰富,不怎么坚强,态度经常转换,高度不稳定和焦躁不安:我相信这是当今儿童的特性,而且最重要的是,这是当今家庭的本质特性。

正如儿童在一定程度上通过和我们的接触寻找他们的身份一样,家庭也在寻找他们的身份,但却无法在集体社区中找到。因此我相信,社会上存在着家庭身份的削弱这个现象,而这恰恰与儿童在家庭关系中身份的丢失相呼应。现在你明白了吧,除非我们给个人足够深入的自我倾听、自我感知和自我意识,否则其他一切都注定会走下坡路,失去形状,被改变,并遭受儿童最初的形成性经验中因缺乏组织而导致的后果。一个缺乏安全感的儿童只能从缺乏安全感的视角看待事物、事件和事实。只有有限经历的儿童（并且在我看来，今天的儿童正是身处这种境况之中）是那些无法让记忆或稳定的记忆能够充分呈现的儿童。如果记忆都没有得以建构，那么儿童也就无法做到为自身建构人格，因为人格是建立在对过去的持续不断的重读和记忆并且同时将它与现在和未来进行比较的基础之上的。最重要的是，今天的儿童缺少过去，当过去明显缺失时，当下就变得非常脆弱，规划未来的可能性就几乎完全被消除。

我认为家庭正在经历同样的戏码。有的家庭当下的生活承载着太多的痛苦，而过去又乏善足陈，他们没有能力或只有很少的能力来规划他们的存在，规划他们的未来和一个较为长远的命运。我们必须开启对生活质量的讨论。

[……]

今天，我们需要带有广泛兴趣的参与。当人们想要聚集在一起、参与和分享问题的愿望最为显著时，对发展能力感兴趣，这种形式的参与尤其重要。我们需要从更为真实的主人翁式的参与来着手思考，这些形式的参与更强大、更有能力，实质上更民主，因为只有当能力的模式尽可能同质时，民主才会生效，这样，讨论、对话和交流都会处于最高水平。

[……]

我们很清楚，要想把人们聚集起来是不可能奇迹般地一下就实现的，而是意味着，接受聚集在一起是一个问题、一个过程和一个希望；这是一个在漫长、微妙和困难的过程中被决定、巩固、具体化和实质化的项目。

[……]

我们对教师的要求是，把社会管理作为一个要素嵌入他们的专业中，嵌入他们的文化中，因此也嵌入在他们的行动中。

[……]

编者按：在这里，马拉古奇讨论了在统一的方式中做工作计划和把儿童作为一个完整的整体来考虑的必要性，而不是如文化惯用的那样，用割裂的方式来看待和消费儿童。

你们有些人经历了孩子上小学和中学，并且明白了一个致力于统一不同语言的项目与一个致力于区别不同语言的项目之间的距离。这不是一个简单的讨论，而我也不希望使它看起来如此。

各科目和学科以及文化中的各部分的问题是存在的，肯定是存在的。然而，我认为,在很大的程度上,当教育的过程是对儿童的思维和行为形式的一种渐进和持久的组织时,教育才是一个真正重新组织的工程。

现在很清楚的一点是,所有这些都是一个项目形成的持久过程(progettualità)[8]的一部分,这意味着,我们没有一个完美的和完成了的项目。我们有目的地面对着一个持续形成和持续开放的项目过程。[……]**持续形成、持续演化的项目是我们所有内容的基本价值观**。如果有人问我们要一个方案,我们会说:从未有过。请注意,这不是偶然的:尽管我们从来都有工作计划和项目计划,但在这二十年中,我们从未做过一个方案。我们一直拒绝制定一个方案,因为一个被"困囿于笼中"的方案的危险在于,在某种程度上,它会产生"困囿于笼中"的经验。但这种原创性[在我们的工作中]是通过一个非常漫长的过程形成的,这是一个研究的过程,一个课程项目和规划的过程,一个有控制的执行过程,一个对结果进行评估分析的过程,以及一个决策的过程。这个过程也影响着我们进行的每一个行动。当我们思考时,当我们对我们知道的事情进行研究时,当我们将我们想做的事情做成项目时,就会出现这种情况。然后,我们继续对结果进行评估性分析,紧接着,我们继续我们的选择。我不认为还有除此以外的其他工作方式。

[……]

我们必须认同这样一个事实:如果我们没有一种特定的能力,而这种能力既不是书本上的能力,也不是启蒙能力[即僵化的理性],教育就无法管理,教育就无法进行,儿童就无法培养;它必须是同时由人性和文化构成的一种能力,因此具有很强的人文和政治敏感性。

我们如何才能获得这种能力?

对我们来说,这是一个事实和过程,所以在这个问题上,我们把自己放在相当于我们所有文化、我们的情感、我们的思想,以及我们的人文、政治和理想背景的东西上;所有这些文化,构成了我们存在的历史,在过程中被呈现,又成为过程的一部分,我们认同并希望接受这个过程,它驱使我们与它一起,吸纳教育工作者、家庭和主题,朝向参与的定义前进。因此,参与变得更有能力了;不是说我们创造的参与能力如此之强,以至于在更多或更大的能力方面已经没有什么可以实现的了,而是说有能力的参与是不断变化的:我们可以这么说,参与是"有能力的和持久的"。我们所说的"持久"是指在主题和问题方面,逐渐获得新的和逐步提高的能力条件。

[……]

所有这些都导向了一个重要的定义,即围绕有能力的参与的教育学和教学法定义。

* * *

81. 82 和戴安娜幼儿园的管理委员会成员的谈话,1982 年 11 月

> 编者按:参与这次谈话的戴安娜幼儿园管理委员会的三位家长代表是佛朗卡·卡泰拉尼(Franca Catellani, FC)、瓦莱丽亚·卡泰拉尼(Valeria Catellani, VC)、吉利亚诺·洛瓦基(Giuliano Rovacchi, GR)。马拉古奇(LM)具有双重身份,即瑞吉欧·艾米利亚婴幼园和幼儿园教育教学团队协调员与法布里(Fabbri)出版的《零六》杂志主编。

成人-儿童关系

GR:马拉古奇博士,在上一次班级会议上,一些家长提出有必要开始更深入地研究一个重要的主题:成人和儿童之间的关系。我们在一次工作委员会(commissione di lavoro)的会议上对这个问题做了研究,试图去明确这里有哪些主题,并想着在戴安娜幼儿园下次的家长班级会议时提出讨论。通过与您的谈话,我们希望能够丰富我们在下次家长会议时带给大家一些新的议题。[……]

VC:到目前为止,我们讨论了儿童的权利,但是现在我想说,家长也有权利,夫妻,还有男人和女人作为个体,也有权利:他们有权利拥有属于自己的空间。那么,我们如何才能协调这两件事呢?

LM:儿童必须懂得如何同时与成人共处和与同伴共处,而且我不认为对于儿童来说,与成人接近就一定比他们与朋友和同伴一起的经历更重要。

　　对儿童而言,在不同层面上的生活经验,面对不同的情境,面对不同的困难和不同的回应,这都是很重要的,因为世界是一个非常多样化的地方,而不应该使儿童认为世界是一成不变的。世界是极其多样化的,儿童对他们所沉浸其中的每一种情形的体验都应该使他们更丰富,这样他们就能把这个经验建构到某种儿童哲学中去。

　　重要的是,当他们暂时互相分离了,甚至互相离得很远,而当他们重新又在一起时,父母和孩子可以再次经历以前在夫妻生活中的情景和儿童生活中的情景。我的意思是:当记忆把儿童和父母联系一起时,尽管距离把我们分开了一阵子,离得很远,但仍然感到很亲近,这是可能的。

实际上,有可能我们分开时却很亲近,很靠近时却又离得很远。

GR:当然,但是在这些不同的情况之间也必须有一些连续性的问题,否则在儿童的生活和成人与儿童的关系中会有断裂。

LM:这是一个非常重要的议题,一个教学协调员之间讨论的中心议题,也就是说,在家庭和[学校]机构间应该有什么样的关系。有些人谈论连续性。我是那些说连续性是不可能的人之一,我们不可能去追逐连续性,因为客观地说,这两种经验是不同的。重要的是,打开一个对话的空间,让它持续进行下去,一个质询自己的空间、一个询问自己的空间、一个交流信息的空间、一个共同做出决定的空间、一个共同做出选择的空间;并试图一起更深入地讨论与理解家庭经验和在[学校]机构中发生的经验的具体性质,在那里,儿童与三十、六十乃至九十个年龄相仿的儿童一起生活,生活在与家庭环境完全不同的环境中,生活在不同的时间节奏中。

所以,大的议题是,如何尽可能地产生最富有成效的对话,把各种性质非常不同的经验连接起来。

因此,问题不仅仅是学校和家庭之间的关系,因为这将使问题简单化了:也就是说,家长必须在内心问问自己如何能对自己的孩子形成一种有凝聚性的态度。有很多儿童虽然很多时间生活在家里,却实际上和他们的家庭距离甚远。

[……]

这意味着,让我们每个人都有可能属于一个社群,感觉到我们在某种程度上与一个群体联系在一起,这也包含情感上的,而且当距离把我们分开的时候,我们不会失去情感的温暖和情感的价值。

这对成人是如此,对儿童也同样如此。我们学校的组织同样提供了清晰的参照点。**班级是一个稳定的参照点**,基于此儿童可以自信地在不同的空间活动。**和儿童相处的成人的连续性**[①]是另一个饱含重要责任的组织特点,它同时也是最能回应儿童需求的组织形式。也就是说,儿童必须有能力以及有可能拥有参照点,而当有了参照点时,他们才能够与之分离。

VC:但是当有一个以上的参照点时,这可能会给儿童带来矛盾。这在多大的程度上影响家庭中成人与儿童之间的关系、父母与儿童之间的关系?

---

① 即在教师的人事安排上不经常变换。——中译者注

LM：我认为这是一个我们绝对不能忽视的情况。也就是说，自然的情况是生活在一个矛盾是永久既定事实的世界里，这给我们带来了一个艰难的旅程。地球不是由无止境的轻松坦途所组成。我们的生活经常是由那些不顺利的，或不容易的，或高要求的情形所组成的。问题是如何使我们和儿童对一个不平稳的人生有所准备，具有足够的自我决定和自我控制的能力。

因此，在教育中，我们必须把儿童的处境视为失衡（disequilibrim）的处境，教育必须有能力让儿童度过这种时刻。

VC：我们不能严格地称之为矛盾，但是我们可以说，这是儿童在为了获得他们对于事物的关键能力时所必须有的经验。

LM：正是。因此，所有问题的问题就是能够**有不同的经验**，但又能在经验之间保持密切的联系。这意味着在**经验和经验**之间进行对话的能力，对于儿童来说，这是一种关键的能力，知道在这种情况下采取某种行为，但在不同的情况下必须采取另一种行为，以及在另一种不同的情况下采取另一种行为。也就是说，当成人的行为具有同等的灵活性时，我们就可以获得儿童行为中的这种灵活性。

［……］

1983年

82. 83 在全国婴幼园协会全国大会上的发言，奥尔维耶托，1983年3月

> 编者按：以下的段落是从一个长得多的讲话中截取的。马拉古奇的发言所处的背景是长期的经济衰退和公共经费削减。

在一个危机四伏和必须改变的社会中，对全国婴幼园和幼儿机构的新概念

就像吉卜林［见第一章，注释45］的故事中所叙述的旧的海上路线一样，有时问题和困难的长期积累似乎变得情有可原，并将理性的力量带到了危机点，随之而来的是再次控制事情的可能性。我们很可能就处在这样的时刻之一。而大家聚集［在这次会议上］，我们所有人在一个地方（这儿几乎挤不下我们所有的人），这当然显示出普遍焦虑的迹象，但这同时也是我们想要一起来理解当前形势的意义的愿望，以及如何寻找可能出路的决心。

我认为用不着感到惊讶（也许有人会），在关于婴幼园这样一个年轻的、非常非常年轻的机构的会议上竟会汇集范围如此广泛的问题；并且，即使我们把它的许多社会

和文化价值放在一起,与威胁我们日常生活和未来的巨大冲突以及政治、经济、传统和文明中的问题相比,它似乎也有相对的价值。

事实上,除去它特定的性质(我们在以后几天会仔细探究以对此获得更好的理解),婴幼园协会**在这里代表了很多其他的事物**。我们的主题看似不重要,但是透过这一表面现象,我们每一个人都能感受到很多社会的重要问题正处在危急关头:政府如何尊重权利和支持需求,它如何分配和保护资源;对家庭、女性、儿童、教育的主题和工作组织采取什么立场;它想要如何应对经济危机和不断下降的士气;它对降低浪费和公共债务会作何选择;它是否有必要的决心来结束逃税和不公正;以及它将如何分布这些(不可避免的)必要牺牲的负担。它能够放弃过去对弱势群体的无情选择,即把儿童、女性、年轻人、老年人和处于劣势的人们总是当作瞄准的重要目标吗?

简而言之,国家是否有能力渡过这场危机,同时维护我们近年来实现的**生活质量**?这些质量构成了一份宝贵的遗产,它们标志着一个文明、民主和公正的社会能够应对它为自己创造的新需求。

所有这些东西都携带着蕴含其中的全部现实和希望,穿过婴幼园脆弱的围墙进来,其中包括童年、母亲、女性、家庭等所有的需求和权利;到了[婴幼园]触及经济、政治和文化等基本问题的更为普遍的哲学的地步了,这些问题如今**都处于这场平衡之中**,以至于[这种哲学的]模型和基本指导方针面临着被推翻的威胁(我们必须意识到这一点)。

因此,开启对婴幼园的讨论就意味着开启了范围广泛的、充满影响的复杂问题。

[……]明确和定义最相关的参考文献[供我们讨论]引导我们从三个方向组织婴幼园问题的相关材料。

> 编者按:马拉古奇随后讨论了(1)政治-管理问题;(2)社会-历史问题;(3)文化问题。

* * *

83. 83 致家长的关于管理委员会的信,1983年9月

瑞吉欧·艾米利亚市政府
幼儿园和婴幼园评审部
阿巴德萨路8号

关于管理委员会换届的主题
致家长的公开信
1983 年 9 月—12 月

我们认为,告知你们在 12 月(很可能是上旬)已经执政两年的**管理委员会**将会换届是正确和合理的。这将在所有市立幼儿园生效。

这首先是所有家庭和学校工作者的一项重要活动,他们被要求组织起来,以便为各种形式的合作、研究和交流带来更多的力量、民主和能力,促进在选择内容和教育方法方面**更加协调一致的共同责任**;并保证每一个机构都拥有必要的工具和运作效率,以应对其任务和目标。

我们相信,家庭会很容易地看到这个倡议的意义和价值。

这个提案的主要目标旨在:

- 通过更加严格的参与和社会支持策略,加强机构中的教育质量和专业标准;
- 尽量系统地强化家庭环境和机构之间双向的了解和教育经验的交流;增进对儿童成长和发展的共同主题的反思和交融;
- 在充满着忽视个人的从众模式以及对儿童早熟的追逐、暴力和割裂的形象**持续存在**的时代,那些对儿童有着不同形式的兴趣和合作互动的成人形成了丰富的、保护性的社会关系,我们要巩固儿童心中关于这一社会关系的、令其安心的形象;
- 为家长提供一个具体的机会,在与他们的具体角色相关的领域增强知识和能力,并以知识和能力为导向;
- 让工作人员和教师——他们被委以抚养和教育儿童这一精细而又总是困难的任务——感受到具体而又激励人心的社会团结,并抓住学习和评估的机会,这对提高他们的专业水平和文化至关重要;
- 最后,赋予每个婴幼园或幼儿园以社会授权的**公共目的身份**和**公共责任**,对此作出贡献。

自从婴幼园和幼儿园诞生之日起,它就选择把家庭和市民的**参与和共同管理**作为**它教育事业最具决定性的品质之一**,其原因将会清晰地呈现。

从现在至 12 月份的这段时间里,所有机构将开展一系列的倡议和会议,旨在加深理解和传播与管理委员会换届有关的主题。

我们要求家庭尽最大努力地参与,我们确信,他们对和管委会换届有关的活动的巨大重要性抱有敏感性和支持。

婴幼园和幼儿园的教育教学协调员
(劳瑞兹·马拉古奇教授)

1984 年

84. 84 在"儿童与科学"会议上的发言,斯堪蒂奇(Scandicci)(托斯卡纳大区(Tuscany)),1984 年 11 月

童年与在偏见、现实和科学之间的儿童

[……]

3. 打破这种[官方]对[儿童政策]的不作为,以及对不良治理自相矛盾的**公开合法化**,在这种不良治理中,"偏见"转化为**政治和文化事实,社会事件也在推波助澜**。打破这种局面意味着,在理论和实践层面上取得进展,使儿童以及与家庭和社会环境相关的问题进行更公正和真实的**客观化**(objectivisation)⁹。这是一个使童年**正常化**的问题,并且不难理解有多少历史批判、研究和知识、文化和政治的过程将是必要的。在颠覆性的意义上使其正常化[……],就是尽量清除那些具有高度**干扰性的意象**(imagery),尤其是通过沉默和隐喻的方式,它模糊和改变着童年的生物和文化身份。这样,我们才可以把童年看作是一个人生的特定阶段,并把它作为一个特定阶段来**实践**,把它作为一个蕴含在更为久远的存在之旅中的有机的、历史性的组成部分来看待和实践,在这个旅程中,我们**因长大而离开但**又可以**回归其中**——当然每次的回归都是带着问题,只是以不同形式的离开和回归。

[……]

使童年**正常化**并不意味着使其简单化或抹杀它的复杂性。尽管我们目前的知识仍然有限和不确定,但就我们所关注的,这首先意味着,使它从所有人为的孤立中解脱出来,而不是从它特殊的瞬息的演化中解脱出来,同时,如果我所相信的是事实,即对童年的**客观化**总是不可避免地和成年的**客观化**相连,那么这也意味着将它从历史的杂糅中解脱出来。儿童和成人在文化和社会领域总是同步地转变,即使他们看起来颇有距离甚至矛盾,而他们之间的关系(他们的存在和他们的形成)是一个交织在一起的过程的一部分。

换种说法，我愿意认为，假如成年的女人和男人们能得到更加和平和安全的生存保障，使他们能摆脱如今（特别是如今）引起他们巨大焦虑和恐惧的威胁，具有更高的知识和文化，有着对感性和理性充分的创造性的自由表达，以及对团结有着更高的觉悟，那么他们将带着更强大的记忆，能更自由地去回顾他们全部的人生（包括童年），在他们的历史和觉悟中加上那些记忆、想象、经历、愿望和幻想，对于自己和儿童的关系抱有一种完全不同的理念。这也许反过来预示着一种新的人文和儿童文化，有利于生活质量的变化，无人能否认，这是人类意志和行动所能做得到的。

正是在这些主张的基本结构中，通过抛开新旧形式的极端意象，我们为儿童和成人共同的理论和实践找到了最具希望的想法，它打消了传统的不对称所不允许的一切：虚弱的儿童，仅仅是存活着的儿童，无知的儿童，而相对应的是强壮的、开明的、有知识的成人；或者把这一切颠倒过来，生活在一个黄金、神圣时代的儿童和生活在一个腐败的、可疑的时代的成人。这种疏远排除了在交换和关系中存在的任何真正的共享的主体性。

假如一个事关儿童的事业不是存在于童话和传说中，而是在人类历史中，那么它就挖掘了从儿童到成人以及从成人到儿童之间辩证地流动着的生物的、存在的、文化的连续性。

［……］

6. 我想把我之前提出的、于我而言非常关键的一个论点/问题更好地组织一下：它假定儿童的"正常化"是继续谈论儿童，以及和儿童对话，并把它们看作是一个统一整体的一个必要过程。"童年是否是一个我们离开了就再也不会回去的世界，或者是一个我们长大些就离开但是可以自由返回的世界？"我理解这是一个困难、复杂甚至痛苦的问题，因为每当我们想要回到过去，费力地找回我们的童年，并且通常是通过童年找回我们自身的［成人］维度时，我们都需要剥去人类一直发掘出来的外壳和属性——符号的、寓言的、神话的和宗教的。历史、艺术和文学都充满了这样的例子。

如果不是这样，对下面我最近经历的一件事就无法解释了。我最近请求一些著名的友人——诗人、文学评论家、艺术家和科学家——来贡献他们对于童年的想法时，我遭遇了拒绝，碰撞了畏难和胆怯的高墙，他们宣称自己无能为力、没有意愿或感到不情愿："可以问我任何事情，但不要谈论儿童。"

卡罗·贝尔纳迪尼（Carlo Bernardini）[10]后来给了我一个可爱的贡献，他写道："我在很多事情上都受惠于［托斯卡纳］斯堪蒂奇市立幼儿园的儿童，但是我不谈论这些，因为我觉得我看起来很可笑：**这人迷路了**——人们说。"接近童年，无论是从物质的还是非物质的意义上来说，仍然非常困难。

在反思这一事实时，我最近碰到了一个富有启发的论点。我不是在一本教育学的书中找到的，而是在一篇关于经济政策的文章中找到的。"凯恩斯（Kenyes）的统制政策和弗里德曼（Friedman）的自由政策现在失败在哪里？将来又会在哪里？"[11]他们都全神贯注于增长**速度**，而真正的问题则在于增长的**性质**和**结构**。

如果我们将此转移到教育学的情境中，我们可以在这个论点的深刻含义中找到意义和联结，帮助我们在当今的反思中解决最为关键和炽热的主题，即儿童、儿童的教育和我们成人的行动。

好。那么让我们问自己一个问题。"让我们担心的，或者应该让我们担心的，是儿童的成长速度吗？或者其实应该是他们成长的性质、质量和结构？"这两个论点是相对立的，而我赞同的是后者。我对前者感到不满，因为我认为，明眼人对后者一看就能明白，这是一个让我们尝试实现童年的正常化的方法，而这一点迄今为止仍未实现。

正常化的目标不是通过［收益率］定律和［施加于儿童的］选择性强化生产工具来实现儿童的泰勒式（Taylor-type）[12]成长，而是着眼于更缓慢、更广泛的过程。它们能够激活儿童智力内部和周围的一切，包括被遗忘的部分和那些被认为是短暂的或低级的部分，以及他们过去常说的**低级知识**［cognition inferior］，这也有助于获得性质和结构方面截然不同的益处。

这问题非常复杂，因为客观地说，**增长速度**及其严苛的利润准则是**资本主义消费主义的一个规律**；因为它已经从**经济范畴**变为**风俗、文化和价值的范畴**；因为在这个版本中，已经存在许多低、中、高文化层次的人们的性格中活生生的东西；因为有一些迹象表明，某些教育学思潮正在大量借鉴经济学的方法论来构建一般理论。

我要强调的是，这种［**增长的**］**速度**标准已经成为有组织的工作的一部分，如果不加以引导和控制，就会有很严重的后果。它已经明显地渗透到人类历史中，压缩并提前了人们的年龄和经历——矛盾的是，此时人们的预期寿命已经变得更长了。

［……］

7. 如果科学和科学教育能够帮助我们摆脱隐喻的和简化的模式，摆脱对童年（和成年）的传统事实——这些传统事实抵制了流行文化和学术文化中的变革，抵制了共同的理解和当前教育实践，尤其是抵制了变革我们消费社会的支柱——那么科学和科学教育就能在这一有争议的儿童图景中发挥重要作用。矛盾的是,我们的社会是一个在其他领域由科学和技术所主导的社会,这意味着,科学和技术在所谓人类生产的"关键"领域(但不是扩散、传播或成为我们日常知识过程的一部分)的大规模和广泛存在(到目前为止)却还不足以在教育文化和过程中产生任何转变,也不足以构成我们现在和未来存在的一个令人安心的要素。

这里我们有一个关键点。我们都感到自己面临着知识(包括科学)的巨大变化,儿童也感觉到了这一点。知识越来越兼容并蓄和实用,它们同技术、经济、人口统计学、伦理学交叉,但又向不同方向延伸。但是,作为成人的我们与这些知识之间的关系是怎样的呢?我们在哪里以及如何建构自己的能力,并且在哪里确认这些能力呢?不论如何,我们多年来的目标和理想仍然固守着其内在的目的,但我们所做的努力和所面临的挑战正朝着哪些不同的方向呢?也许我们的最高目标之一就是控制古老的人文文化和技术文化最重要部分之间的相遇和碰撞。

不管是何种情况,我们成人的回应也会**包含**儿童的回应,但我们对儿童为了理解世界而采纳和组织自己的想法、思维和感受的方式知之甚少。

我的意思是,为了科学和对科学思维的教育进行的斗争和挑战,无论理应多么令人兴奋,只能从一些困难的观察开始。因为科学自身和科学的哲学实践以及源于它们的所有分支,都正处于转型危机之中。

危险之一[我们这次会议期间就会遇到]是,把儿童从任何历史和社会情境中移出,把他们置于科学之外,我们把他们简化成一个认知的对象(或客体)。这就是为什么我们对提供一些背景和数据如此关注。

我认为,在我们开始前先聚焦一些问题是恰当的和正确的。首先是清晰地表明我们讨论的儿童的年龄。就我而言,我指的是3—6岁的儿童。其次是试图根据科学如今具备的不同属性赋予科学以更新的概念。第三,当我们对科学进行定义时,要确定它作为教育和教学项目的一部分是否可行,以及如何可行,并且从而要确定它的目的是什么。剩下的就是程序、节奏、教学法和价值观的问题:这是一个至关重要的主题,它与落后的、不熟悉的文化和能力相冲突,并且仍在等待大量基于知识和经验的材料。

在我们等待帮助以便更好地理解第二点和第三点的时候,我必须说,我很难谈论任何面向儿童的科学和科学教育。我看得出别人和我有同样的困难。贝尔纳迪尼提到了儿童的"非特定科学性"(non-specific scientificness)。吉多尼(Guidoni)想知道这个问题是否更多的是有关"儿童与知识"而不是"儿童与科学"。贝尔纳迪尼和吉多尼都是和儿童工作过的科学家。我看到另一位科学家托拉朵·迪·法兰洽(Toraldo di Francia)[13]提出了一个非常重要的需要反思的问题,一个太经常被完全跳过的问题。他问道,所有关于儿童是整体的、自我中心的、泛神论的种种看法是否与科学并不矛盾,而且它们是否真的是应该丢弃的旧东西。

我还听到了一些没有被猜测到、完全没有被预料到的事情。像让·皮亚杰这样的科学家在他漫长的工作接近尾声时坦白道:"我个人试图实现的理想就是终身做一个孩子,直到死亡。"这虽然不是一种软弱的行为,但是这种令人惊讶的修辞表达正在消失,我们需要对此进行反思。

以上所引的参考文献中的每一个都充满着极具争议的议题和问题。我只能就许多可能的论点中的一些表明立场,而且这都算不上是明确阐述的立场:

- 对科学与幼儿、科学与儿童教育学的关系进行反思,这不仅是正当的,而且是迫切的。正当性来源于这样一个简单的事实,即儿童已经沉浸于并体验了科学的物理性、形象性和语言,尤其是其技术应用的语言。紧迫性源于我们意识到对产生干预措施方面的延迟。
- 一般来说,家长和学校文化不能够看到或欣赏这些过程,也无法参与其中。要是他们能理解霍金斯所谓的"随意探索"(messing about)[14]就好了!
- 在存在机会和协助的情况下,儿童已经体验过科学实践和研究,也就是说,他们具备必要的好奇和专注的先决条件、对理解的需求和愉悦、发现存在于事物之间关系的能力、当这些和他们的所想不符时感到惊奇的能力(噶甘尼(Gargani)提醒我们,**这种惊奇**使科学家从椅子上跳起来)、能接受看起来比他们自身观点更好的观点的能力,以及能把简单的因果关系过渡到逐渐扩展的定律的初始公式的能力。
- 在儿童的品质和行动与[心理学家]阿达·丰兹(Ada Fonzi)关于科学的定义之间存在着真正实用的相似之处,而非巧合的相似:

一种渐进的结构,在这种结构中,获得的每一项知识都在原始设计上打上一个问号,并改变工作的目的。不成功的经历被重新吸收,成为研究新关系和形成新定律的源泉和动力。检验(testing)是科学的终极真理,但由于我们追求的不是目的论①真相,它总是受到反证和验证。矛盾的是,最短暂的知

---

① 目的论(Teleology)是一种唯心主义哲学。这种哲学关注的是,解释现象的目的为何,而不是引起现象的原因。这种立场与科学对引起现象的原因的追求是不同的。——中译者注

识恰恰是科学知识,是唯一一种会承认自我否定的可能性的知识。

这个定义包含了许多儿童进行研究的过程。在我看来,过程和方法是我们可以赋予儿童的科学价值,他们是我们可以称之为对意义进行探究的**认识论**好奇心(epistemological curiosity)的天生载体,对此,他们的生活体验有着明确和一致的需求。

- 根据我的经验,在小组中工作可以产生合作和冲突的交流,尤其是认知语言性质的交流,并且也有利于儿童以循环的方式吸收成人的帮助(成人从发生的事情中抓住**亮点**)。因此,小组工作的可能性为儿童提供了最有利于做"科学"的条件。
- 对于希望学习对话艺术的成人来说,儿童"**做科学**"构成了最有利的情形之一,这实质上意味着把他们自己的思维过程静音,并感知儿童为了学习和理解所选择的截然不同的过程。

[……]

1985 年

85.85 在"经验和问题:理论-实践模型及儿童教育的猜想"会议上的两次发言,瑞吉欧·艾米利亚,1985 年 5—6 月

> 编者按:这次为期四天的会议是瑞吉欧·艾米利亚"为那些在意大利和国外的朋友组织的,我们与他们就早期教育的主题已经交流了一段时间的反思";有 400 人出席,包括从瑞典、丹麦、瑞士、卢森堡、德国和西班牙来的团队,还有从意大利各地前来的与会者。会议的演讲是由瑞吉欧·艾米利亚学校的教育工作者从多个项目和其他日常工作内容中选取的。在会议中"直面"的问题包括当今儿童的状况:儿童如何表现、表达和创造形象;他们寻求什么以及他们如何建构智力,包括当他们面对计算机的人工智能时;以及新的童年教育学和机构框架的改革。会议包括了一个关于题为"儿童的智能和计算机的智能"的项目的讲座。该项目是由瑞吉欧·艾米利亚的几所国立小学和市立幼儿园所开展的,开展该项目的动力源于意识到"信息技术条件的存在给文明打上了强烈的印记,而[这些]将从儿童生命的最初几年开始影响他们的成长"。马拉古奇有两次发言。

会议第二天的介绍

> 编者按:马拉古奇开场先介绍了历史上对儿童绘画持有的不同的科学态度和教育态度,他提到阿恩海姆、吕舍尔(Luscher)、皮亚杰、斯特恩(Stern)、劳本菲尔德(Laubenfeld)的理论,但是也包括卢梭、裴斯泰洛齐、斯本塞(Spencer)、福禄贝尔如何没有看到它的可能性。他通过

> 蒙台梭利对复制几何图形的兴趣讨论了她的态度,以及隆巴多·拉迪切和利用绘画来揭示心理障碍的做法。

[……]

对我们来说,绘画的语言是什么?这是儿童具有的众多语言之一,一种天然的属于儿童的语言,它不停地、持续地和所有其他语言相混合。这可能是我们在评估和思考儿童绘画中的操作时需要非常谨慎的原因,因为以这种方式产生和定义的语言绝对不能容忍单一的方法。对绘画的解读(这首先是成人的责任),一定不能是为了去挖掘儿童假设的或真实的形象,而是要为了共同学习儿童在哪里发挥他们的能力,他们的节奏是什么,他们的选择和动机是什么(无论是口头的还是非口头的),最重要的是,学习我们的工作是什么。这需要既要倾听,又要介入,以此产生情境的循环性,如果教育学(最困难也是最有成效的教育学)想要履行其职责的话,这种循环性是必须付诸现实的。

[……]

绘画是儿童所具有的诸多语言之一,它也是他们生物"编程"的一部分(正如所有其他的语言),并且它通过儿童的生活经历变得完善和多样化。正如所有的语言那样,它是高度复杂的,所以我们可以把它定义为多要素的、动态的和不断发展的统一行为,因此这一行为是多方面的,是有着多种含义的,其中几个不同的、互异的因素聚集在一起,它们表面上看起来互不相干,但又总是一起呈现,在统一性逐渐增加并包含不同动态方面的统一过程中展开。在绘画的过程中(通过绘画,这个不停地伴随着儿童的发展而发展的语言),儿童对自身与世界的关系、自身与事物的关系、自身和情境之间的关系、自身和情感之间的关系等产生了不同的、有时不一致的态度。

[……]

请允许我用"愉悦"(pleasure)这个词汇,而不是其他的词汇。我不希望以精神分析的意义来使用它。"愉悦"是一个有代表性的词,把它从精神分析的含义中剥离出来,我指的是把"愉悦"看作一种能量。从这个意义来思考它,当我试图列出来一个孩子寻求的这些"愉悦"可能是什么时,有的时候能找到,有的时候找不到,有的时候是有目的的,有的时候不是,因为儿童的生活非常复杂,而儿童与事物的相遇从来都不是按时间表在某个特定的日子发生的。

那么在绘画行为中"愉悦"是什么呢?我们今天的工作,特别是今天上午的工作,我们希望集中精力看看3至4岁的儿童,在这个年龄段,最初的且直接和明晰的形象转换

（transposition）的萌芽被激活。

玩耍的愉悦，这是我们在仔细观看儿童产生的行为和我们自己关于儿童产生的行为时不能忽略的一点，因为这肯定是构成儿童生活中愉悦清单的一部分。

还有讲故事的愉悦，这在儿童最初的生活方式中是非同寻常的，并且我认为，儿童在人生的过程中丢失了这种艺术是一种遗憾。但是，这个话题会把我们带到很远的地方［然而，我们现在并没有时间细致阐述］。

对儿童来说，还有运动的愉悦。要记住，肌肉和神经活动会立即使愉悦状态成为可能。精神分析学家也谈到愉悦是享乐主义的，是肌肉工作和运动活动中的愉悦。

还有视觉的愉悦，没有哪种愉悦是无关眼睛和视觉的愉悦。

节奏-时间的愉悦：当一个孩子连画了几次，并以不可预测的顺序朝几个方向前进的时候。这常常不是我们所想象的那样，因为儿童满足于节奏的愉悦，那种笔的节奏，或笔尖触动纸张的流畅感，它如何打破空间，以及它如何成为时间和空间的一个组成元素。

空间愉悦：这是当儿童能够组织和掌控空间时所获得的愉悦。毋庸置疑，这种愉悦是儿童与生俱来的。它就在儿童的骨子里，而且当孩子出生时所有的一切都已存在（所以不要想象我们可以在孩子的发展历程中指定一个日期）。这是那些可以把我们的讨论带到远方的问题之一［然而，我们现在没有时间细致阐述］。

有一种自我认同的愉悦，这是给他们正在做的事情赋予身份的愉悦，因为不仅是成人，而且儿童也通过语言寻求对物体、语言、事物、感觉等的定义、身份和认同。

还有儿童从漫长的重复中追求的重复的愉悦，这是一个儿童习得的能力，并且只有在晚些当他们开始意识到自己正在获得更多的能力时，他们才会放弃它。重复对儿童来说是一个带来愉悦的游戏。只要想一下，有多少次儿童会要求你讲同一个童话、同一个故事，以及用同样的字眼和重复同样的情景。这个需要是儿童的一部分。

认知的愉悦，毫无疑问，在绘画行为中有着学习的愉悦，从知识的角度来看，这种行为中有着学习、了解和处理好事件、发生的事或对象的愉悦。

另一种愉悦是关系的愉悦，是能够通过使用这种语言进行交流的愉悦。这里有指向内部的交流，也有指向外部的交流。交流可以向着无数的方向进行，而我们并不总是能理解儿童交流的具体方向。这种交流包括所有可能的交流形式，那些进驻并停留在内心的交流，那些说出来和表达出来的交流，以及那些因为他们亲密地并坐于某种私密空间而没有说出来的交流；儿童的想法、情况、话语。

最后一种是美学的愉悦。在这里，我们再次需要从古老的哲学性质的旧理论中找回美学,并给予它肯定,因为很明显,一个好的形式(借用形式理论的语言)、一个有组织的形式、一个平衡的形式会使得儿童说"我努力地画了一幅很好的画",而且当这是真的时,儿童是知道的。我知道研究儿童此类话语的深层次内涵是多么困难;但是,儿童肯定是有着美学的愉悦的,这很可能是与符号(symbol)的诸方面以及符号的愉悦紧密交织在一起的,这又是在美学家族中的另一种愉悦,到此为止可以结束我们关于愉悦的清单了。

如果所有这些因素都可以在创作绘画中发挥作用,那么在任何特定的时刻,儿童都在给我们提供什么样的产品呢?如果所有这一切都是一个影子,所有这一切构成了能够渗透的物质,一种在儿童内心循环的混合和变化,引导他们找到一种完成的表达形式,那么这就是儿童给予和提供给我们的东西。

我相信,自我调节在儿童身上起着作用,部分是有目的的,部分不是。若要尝试追踪儿童绘画的某一个点在多大程度上真正给了我们一个完成的作品①,这是很困难的。最后一个要完成的操作是,我们必须解读完成的作品,而且很有可能我们前面讨论的几个方面中的一个会比其他方面出现得更多。有的时候,很清楚我们得到的是一幅因玩耍的愉悦而产生的绘画,其他时候,一幅绘画也许是集玩耍和叙述于一体,或者一幅绘画可能是含有节奏的,或以此类推。这好比一个有着多面的骰子:儿童投掷骰子,他们经常知道哪一面会朝上,但是他们经常不知道哪一面是自己想要的或希望的。儿童会尝试任何事情,成人是难以解读他们的取向的。当一个骰子停下来时,也许是所有愉悦混合在一起的时刻,其中浮现了一种[特定的]愉悦。

所以,解读儿童的绘画是很严肃、很需要投入、很困难、很有责任的一件事。要解读一幅绘画,我们需要具备能力、热情,并能够进入儿童的处境及他们正在进行的作品,同时请记住,也许儿童提供的每一种形式都有一个完整的方面,但在某种程度上又是过渡性的,从这个意义上说,它是过渡的一种表征。所以,我们的解读也许应该是对于一种背景和一种情境的解读,并且我们不可能不将昨天操作时的背景纳入考量,或许甚至需要纳入他们将在第二天进行的操作来解读儿童的作品。

儿童提供的每一个形式、每一个行动、每一个领域和每一个层面,对我们来说总是有一个很大的风险。这个风险就是,我们受制于人文文化从科学文化中所吸纳的各种形式的提议,因此它迅速地对事物进行分门别类。我们面临的风险是,没有充分地思

---

① 这里原文是 operation。它既包含了"作品"的意思,也包含了"操作""动作"的意思。虽然译成中文选用了"作品"这个词,但它也包括儿童产生作品的操作过程。下段同。——中译者注

考,等待得不够长,不知道如何等待,以及不知道如何解读儿童的行动,就对它们太快地进行了分类和整理。

这样一来,今天主题的主观性,或者说今天主题的客观性就消失了,变得混乱了,但这就是我的意图:回到有关儿童,有关儿童的思想、行为和态度的重要、困难和复杂的循环(circularity)中来。通过这种方式,我认为我已经把一种语言带回到了我们的语言的总体中,直到现在,这种语言还一直可怜地被以一种非常愚蠢的方式边缘化和剥离。

[……]

对儿童小心和合理的观察可以为实践和教育学提供非常有用和丰富的信息。换句话说,我们开始了一趟指向儿童思维源头的旅程,我们知道当儿童面对问题时首先产生的就是思维,正如成人的思维一样,在寻求对问题的解决时,他们的思维得到发展;我们知道,儿童的思维密不可分地由认知的元素和非认知的元素组成,[在这次会议期间]我们曾几次尝试对此加以强调。

> 编者按:接着,马拉古奇介绍了当天后续的讲座。

总之,重要的是我们要强调,从已经汇报的研究来看,以下观点已经浮现,即儿童的思维是丰富、强烈和复杂的,这与通常认为的儿童的思维是静态、简化和单维的那些形象相去甚远,这些形象继续存在于许多幼儿园和学校出版的广泛流传的关于前阅读(pre-reading)和前计算(pre-numeracy)的小书中。我们迫切需要强调我们的观点,最近几天经常说到它,即儿童的智力不应该受到羞辱,儿童的智力要求成人的智力与儿童的期望和潜力处于同样高的水平上。

童年的问题,以及教育和机构的问题

我认为,为了向科学教育致敬,意大利简直是到了沉在水盆底下来测量物体沉浮能力的地步。我认为,就儿童问题而言,这是我们在教育研究中所处的阶段。或者,我们就[肤浅地]对贝壳进行分类和弹弹乒乓球来开展科学教育,并为了记录而强行做些观察。

我们正处于像分类学、课程等这样的新术语盛行的时代,这些名字来自别的地方(尽管这并不说明它们不好);但是,这些干枯和僵硬的术语在淹没我们的学校,而相对于我们的教学行业,却有着不同的需求。

在这里[在这个会议上],我们看到了儿童所遵循的过程。在我看来,对我们所处的时代来说这是一件非常重要的事情,因为在成人和儿童之间的艰难关系中,仍然存

在关于权威和非权威的争论,关于成人是否可以压制或实际上确实压制了儿童的自由,以及儿童是否会因成人的合作性的存在而感到伤害或羞辱。

这些是继续贯穿着哲学和教育学伟大辩论的重要主题。如果我们想要,如果我们愿意,如果我们有能力,最重要的是,如果我们有意志去实现这样一个教育学的构建:在这里,我们可以清晰地看到对情境的进步性的界定,它来自于逐步的深思熟虑和与朋友、同伴一起进行明确的比较和反思,我相信,我们是有可能将问题扭转的,并使其引领我们参与到这样一个构建的工程中去。从本质上来说,图像的呈现提供了一个连续的、顺序的组织,包括儿童的行动、话语、思考、反思和批评,以及由教师收集的循环(circularity),它同样是有顺序的。

这个循环包含着传递知识和与儿童相处的巨大秘密,以及教育儿童的巨大秘密。在现实中,儿童采取的轨迹,儿童展现给我们他们已经采用的符号、痕迹、路径(我们今天已经看到儿童真是这样的)教我们如何成为教育工作者和教师。我们的任务是,非常仔细地看,非常仔细地听,审视我们自己的内心,试图找到困难、节奏、可能性、可变因素和矛盾,其中一部分必须保持原样,以便它们可以成为儿童发现的规律,因为没有人要求我们把绝对的、终极的、精确的、科学上准确的规律强加给儿童。

人生是漫长的,经历是绵延的,儿童的节奏是必须要尊重的节奏,正如我们必须绝对地尊重规律那样。

早先我们在看一些计算机幻灯片时,我们谈到算法。如果你们现在反思一下,把整个[我们在汇报中看到的]咖啡和茶的故事连起来,如果你们通过解构单个的行动和单个的过程来重构图片中的故事,那么你会立即得到一个可识别的、非常准确的形式:儿童正在完全自然的条件下体验算法,作为一种行动、一个术语、一个单词和一个过程的一部分,而直到今天,这是只能在字典中或陌生的科学语言中找到的。

我们所看到的,我们正在讨论的,是一个极其重要的问题,因为我认为,它可以回答我们在会议上提出的许多问题,我们可能会继续在我们自己内部和外部世界提出这些问题。

我不是很喜欢作比较,但是我想我们必须在此作一下比较。让那些有和儿童相处经验的人,和儿童交谈过的人,最重要的是,那些理解儿童有声和无声的话语的人思考可以如何处理这样的问题(测量的问题)。市场上充斥着各种工具,而且有着精确的方法:奎山那(Cuisenaire)数字棒①、加特尼奥(Gattegno)数字棒[15]、蒙台梭利数字棒

---

① 数字棒是一种教具,由长度不一的小棒子组成,用于教孩子数数、运算等数学知识。——中译者注

(抱歉在这里提蒙台梭利的名字,但是她的数字棒并不会特别引起愉快的感想)。当我们去市场或询问教育学研究者发明的东西或工具时,我们开始意识到它们的局限和僵化,意识到它们缺乏交流和说话的能力;当我们拿来整盒的东西放在桌上,邀请儿童来把棒棒摆成一排,或把不同的度量摆成一排,认识到其中的危险是非常重要的。

我们和皮亚杰的争论也在于此。因为确实[我们今天所看到的]临床的态度是必要的,但不是他的那种。他的临床研究是在儿童不知情的情况下做的,把没有准备的儿童突然放在那儿,放在事物的面前:这种临床访谈(clinical interview)是一个误导性的事物,是一种极度而严重的误导。

在我看来,最大的问题是,对儿童的真正临床访谈是通过一段历史,通过旅程的一个维度、通过长时间的间隔以及通过儿童在游戏中激活的能力来进行的,在这种情况下,不再可能严格地将游戏与工作分开。

儿童的反思、推理、要当主人公(protagonist)的欲望、要玩耍的欲望、要参与的欲望、事前思考和预期的能力,这是我们应该用以取代皮亚杰式的临床话语的真正的临床话语。

在我看来,所有这些都重要,我觉得我应该强调这些东西的价值,因为它们可以立即使用,并且具有立即将我们[今天]在汇报中看到的那种操作迅速综合起来的能力,正如我们看到的所有其他的操作一样,已经耗费了长期的力量、精力和耐心,尤其是耗费了从质量上来提高成人对待儿童的行为。

我们在这项工作中可以找到解决大问题和小问题的许多"钥匙",这些问题不停地出现以提醒我们,困难正是我们所从事的工作的一部分。

1986 年

86. 86 在 CGIL‑FLEL 学校全国大会上的发言,瑞吉欧·艾米利亚,1986 年 1 月

> 编者按:这是马拉古奇在意大利全国劳工联合会(Confederazione Generale Italiana del Lavoro, CGIL)——一个全国行业工会的学校分会——上的发言。意大利全国劳工联合会是 1944 年 6 月成立于社会主义者、共产主义者和天主教民主主义者的协议基础上的。但是,在 1950 年,社会主义者和天主教民主主义者分离出去,成立了他们各自自己的组织,即 UIL 和 CISL。自那以后,意大利全国劳工联合会受意大利共产党的影响。它仍然是意大利最大的行业工会。

[……]

这不是一个仅仅影响婴幼园和幼儿园的问题,而是会影响整个学校体系的问题,是伴随着对很小的儿童、大些的儿童和所有年纪的年轻人的教育的文化观念。

我相信到目前为止,意大利全国劳工联合会所汇集的观念是那些极度负面的观念,并且它仍然严重影响着我们今天的观点。

[……]

我想说的是,任何不考虑历史和形势演变的工会政治或一般政治话语,都将发现很难积极参与对话,很难就我们今天面临的核心和最重要的问题听取我们的意见。

[……]

问题是,国立托管学校遭受了莫名的源于政治和行业工会的忽略和忽视,这影响了地方当局的功能,并直接影响了全国劳工联合会的学校[分会]。在每个星期的工作中,对发生的事情不给予反思的时间是很难有成效的,而这原本是在行业工会的合同中作为一个权利明确了的。但是[在实际中],没有人在用这样的时间[用于反思]。大家在这个问题上像同谋似的都保持沉默,可是这影响着所有的人。实际上,可以公开谴责公共教育部未能履行这个公共责任,因为没人检查也没人使用合同规定的六个小时①。因此,它们成为一个摆设,我们要么有勇气扔掉它;要么,如果我们包括了这些时间,那么它们必须用作常规专业发展活动和反思等的目的。

在专业发展的问题上,假如我们接受了一个具有连贯性的0—6岁项目,那么我们同样需要在专业发展层面上也是连贯的,所以对于两者[对3岁以下和以上儿童的服务]的发展必须尽可能地统一和相似。

[……]

那么,问题就变成了理解生活在一个被削弱和被抛弃的职业中意味着什么,这个问题像一个遗迹一样被留在那里,成为了一个人们与其保持距离的问题。

* * *

87. 86 在"婴幼园的未来是什么"(Quale futuro per l'asilo nido)会议上的发言,都灵,1986年12月

> 编者按:这个节选来自马拉古奇在一个为期三天的全国婴幼园组织大会上的发言。除了发言之外,有一天的时间专门留给了以下专题的工作组:家庭之间的关系、婴幼园及婴幼园中的整合经验;婴幼园教育活动的计划;婴幼园和托管学校之间的关系和教育连续性的问题。

---

① 按规定,有六小时的工作时间(推测为每月六小时)是专门用于教师专业发展的。——中译者注

> 会议以参议员艾琳娜·玛丽诺奇（Elena Marinucci）——推动男女平等权利全国委员会（National Commission for Promoting Equal Rights between Men and Women）主席——的发言结束，发言题为"今天这样的公立婴幼园是唯一公正和可能的答案吗？"

关于儿童在婴幼园的生态：环境的质量、工作组织的质量、与家庭的关系的质量以及工作人员专业文化的质量

[……]

近些年来，关于什么样的教育学能够赋予婴幼园以身份的讨论有了很大的进展；在讨论过程中出现了不同的立场，今天仍然如此，而且将来还会继续。我的看法是，今天所需要的是要给予婴幼园一个哲学性质的身份，如果你同意的话，可以说是一个意识形态的身份，一个教育学的和文化性质的身份，建立在这些之上的机构，它的形象不是福利的、替代家庭看顾性质的，或仅此而已；而是一个自觉地承担了参与或共同参与儿童的教育的机构，并具有所有必要的责任感。

[……]

因为质量是婴幼园拥有的最好的武器，只有有了质量，婴幼园才能被确认是有能力拥有这样一个精良的机构所需具有的尊严、信誉、能力和责任感。

对儿童的看法从来都是具有社会和文化性质的。我认为，今日在皮埃蒙特（Piemonte）[16]、艾米利亚·罗马涅和其他地区婴幼园所采用的形式，所反映的看法一直与集体社区对儿童、对童年、对家庭、对学校、对教育、对女性所持有的形象相同。

对儿童的看法——至少是在我们艾米利亚经验中，在我的城市中正在尝试采用的——试图包含三方面的影响[17]，显然人们对此可能同意也可能不同意。不管怎样，[我们的经验]是试图把它们归在一起，因为今天没有一个模式能够构成一个充分的参考点，同时考虑在社会中、在文化和各形象（images）中发生的变化，以及一个接一个早期教育中问题的变化，我们需要寻找一系列的参考点。

[……]

那么，在幼儿的教育中为什么要有建构主义的、互相作用的、皮亚杰式的观点？

首先，因为它克服了两极之间的张力，不过要小心，我所说的张力还存在，还没有结束，这两极包括经验主义和理性主义，以及与生俱来的资源和获得的或可获得的资源；同时，也强调儿童的发展是如何受儿童-机体能力的制约，这包含了儿童与生俱来的内在的生物编码，以及皮亚杰所记录的环境的影响这个观点。

[……]

我想把布朗芬布伦纳[18]关于生态发展的观点附加到最初由皮亚杰启发的那部分。这发生在一个活跃的或非常活跃的有机体——非常积极的儿童——与他/她的环境之间，但这个儿童-环境之间的互动是受相互联系所制约的——布朗芬布伦纳如是说，并且正如在某个特定的情况下的特定教育事件有着决定性的影响那样，这些相互的联系是非常重要和有决定意义的。这些相互联系总是很活跃，因此一直不断地、持续地在不同的环境情境中处于变化和波动状态：有些是直接的，有些不太直接，有些相距更远。

在我看来，布朗芬布伦纳著作提供的巨大的广度是他寻求对儿童本质的新的理解。儿童不仅沉浸在他们直接的环境中——这可能是家庭，或婴幼园，或任何其他的机构，同时，儿童也在某种方式下受到媒体的影响和制约，甚至通过家长的输入和来自更远环境的家庭文化受到影响和制约。在我看来，这是一幅足够综合、足够宽泛和足够完整的图景，在那些我们寻求激活与儿童直接相关的以及指向儿童的过程的情境中，它始终发挥着影响。这些相互联系与儿童有关，但它们也与所有成人有关，这些成人在任何方面都是儿童的参考。因此，我必须非常谨慎地对待儿童的历史和儿童的现在，但是，我同时也对和儿童相处的成人的历史，或者那些因为职业或非职业的原因而和儿童相处生活的成人的历史非常谨慎。

关于环境的概念扩展了，问题也变得更复杂了，而且这一复杂性发出呼声，满载着含义和意义。但很可能的是，只有与环境相合谋，儿童教育的美妙才能以最大的尊严进行下去。

我提到的第三个问题是愉悦的概念，它在某种程度上取自弗洛伊德的哲学，但也可以看作是一种情感和一种本我智力，因此是一种能量动力，是一种儿童所追求的探索和最终满足；即使儿童被要求克服由现实原则的适当提醒所造成的困难，这股力量也能对这一现实要求加以抵抗。

在我们成人和儿童应该具有的关系中，愉悦的感觉或愉悦的情感可能是极其重要和决定性的参考，要记住，我们在说的是一种拥抱整个儿童的情感，这解释了他们的固执，那种我们也许应该更多地唤起的固执。这是儿童在一个极其复杂的包括人、包括事、包括儿童的想象的世界中追求他们的目的、方向、希望、研究和理解的需要时的倔强，这种为了满足愉悦的动力总是持续存在的；而且在我看来这是合理的，如果它是人的属性的一部分，那么它就是合理的。

因此，儿童是热爱成长的儿童，他们需要的不仅仅是保护，更是那些既令人安心又能生发问题的情境，他们是爱动手、探究和爱理解的儿童，他们渴求理解所带来的愉悦，渴求穿透到事物、事件和关系等的意义中所带来的愉悦，这种对愉悦的渴求必须在当下满足，而从来不会等待到将来某天再开始。这种渴望不仅是体现在抽象意义上，而且也具体体现在环境如何构造上，体现在婴幼园内部的工作是如何组织上，以及体现在婴幼园工作的成人必须关注的开放性和文化方面。

我要说的是，我准备进入一个更加开放的争论，因为这是一个理论框架，它超越了偶然性教育学(pedagogy of contingency)和必然性教育学(pedagogy of necessity)：这两个概念一方面说教育具有完全的不可管理性，也就是说是偶然的教育学；另一方面说是绝对的，具有完全的可管理性，也就是说必然的教育学。在我的思考中，这两个概念站在了所有生活哲学和教育哲学之外，因为在现实中，它们与任何客观的参考点都不对应，而且因为它们双方——偶然教育学和必然教育学——一个不可管理，一个可管理，却碰巧都把儿童只放了在背景中。在一端，儿童长期处于等待和被支配的状态；而在另一端，成人通过一系列的方案、预先安排、日期、时间营造了非常高的忙碌程度，在这种忙碌中，儿童的发展和成熟按照一个预先的设计进行。然而，我试图定义的这个框架可以帮助我们定义家庭环境中和机构环境中的教育。

[……]

用更具体的术语来说，就是婴幼园被表明、被定义或者如布朗芬布伦纳所说被确定为一个微观系统[19]，在这个系统里有着最大可能的内部交流，有着在儿童和儿童之间以及儿童和成人之间最大程度的对话交流；而当我说成人时，我指的不仅仅是每天在那儿工作的成人，还有在外面的成人，那些构成了用户①的人。我们必须把这个"儿童-教师-家庭"的枢纽放在中心，并且通过组织、时间、方式方法、反思的方式、同事间的讨论、选择等表达出一种文化上的一致，同时家庭有着共同的参与，使婴幼园被标记为一个机构，这一机构在某种程度上是自然的，并且可以立即开放对话，不仅在内部开放对话，对外部亦是如此。

[……]

因为婴幼园是一个欢迎儿童和家庭、欢迎物质的和非物质问题的地方，所以仅此一个事实——不管我们是否想要它，不管我们是否意识到它——就赋予了婴幼园

---

① 此指婴幼园的用户，即家长们。——中译者注。

以权威和在社会中的一个重要角色。事实上，婴幼园今天向我们提供了一个唯一的地方，我不知道将来会怎样，但是现在它是一个我们可以尝试和练习交换观点、共享参与以及在家庭用户、儿童和教师之间开展讨论的地方，是所有的一切能够立即得到梳理的地方。作为一个开放的领域、一个具体的场所，进行反思和讨论，在私人和公共之间有着一个相称的关系，公共世界从私人世界接纳价值观，同样地，私人世界接纳来自公共世界的价值观，我们的意大利文化今天只能通过婴幼园来提供这样一种可能的场所。

1987 年

88. 87 手稿，可能是为一本未完成的书所写，1987 年 12 月

> 编者按：我们不清楚当马拉古奇写这个稿子时他在构思的是怎样的一本书。马拉古奇很清晰地表示，应该有一本关于瑞吉欧·艾米利亚教育经验的书，然而最终他也没有时间完成这个项目。手稿原件的边角处有很多笔记，尽管并不是来自马拉古奇。它们很可能是莱拉·马拉尼（Laila Marani）撰写的，莱拉·马拉尼曾和劳拉·阿蒂奥莉一起在 1988 年策划了一个关于瑞吉欧·艾米利亚的历史展览——"城市、人们、儿童"（Città, gente, bambini），展览举办的时间是这篇手稿撰写后不久。

为一本书所作

1. 任何人，尤其是那些致力于教育年轻人和最年轻一代的人，都不能回避反思社会行为和科技创新所带来的文化和生活中的变化和问题。

有几篇参考文献。我之所以选中这几篇在这里进行评论，是因为它们更直接地涉及与知识主题相关的理论和实践性质的问题，因此也和教育主题有关。其中有两篇都涉及理性和思想世界、思想是如何产生和构建的以及关于人类和世界的思想。

第一个参考文献邀请人们反思知识和学习的起源和形成，它是基于一个强大的研究潮流的论题，在我看来，这个论题是最有趣和最丰富的，它呈现了 1940 年以来的不同科学（物理、生物、进化、认识论）的最新发展。那是标志着控制论思维（cybernetic thinking）的诞生的最重要的几年，而控制论思维是第一个明确地具有**跨学科**特点的科学探险[20]。

第二个[参考文献]讨论了神经科学对大脑和神经系统的性质和功能以及人类行为相关的最新干预。这些对第一个论题的观点提供了连接点。

这两个主题，虽然程序和时间不同，但显然**摆脱**了科学的范式传统，提出了创新的论点和假设，使知识过程和问题以及理性的用途和目的变得更加复杂，并且在某些方面变得更加**民主**。

我们整个讨论的重要性需要一些额外的评论。由于三种日益增长的信念，这一问题迫在眉睫。今天，科学和技术对知识过程和人类关系产生了前所未有的巨大影响。科学和知识是文化、经济和政治实体，它们的影响力从未如此整合和强大，也从未如此有力地改变世界。现在越来越清楚和可以确定的是，科学历史上的不同发展阶段及其指导原则已经（并且仍然）影响着人类（和儿童）的形象及其认知、伦理和社会战略的重新形成。

2. 针对第一个参考文献，即对知识过程和认知方式的重新解读，这是通过当代对实证主义和后实证主义的研究和批评而产生的。整个19世纪以及20世纪的一部分似乎就是专注于众多学科的分类、排序、划分和概括；颂扬那些具有完全性、绝对性、永恒性、预测性的**法则**（阿基米德的支点）[21]，这些法则还具有人们重视的品质，即不仅能够保障研究方法和结果，同时也能解释和概括现象。在研究者毛罗·切鲁逊（Mauro Ceruti）[22]看来，这种文化和科学的体系可以看作是之前由**神话推理**（reasoning of myth）解释的东西的**极端世俗化**。自然和物理学科的专家们声称客观性，并喜欢自称是精确的科学，因为这些是建立在明确和肯定的原则基础之上的，他们也正是今天在第一线宣称不可改变的模式已经不复存在的专家。想想分子生物学和基因工程，以及它们正在如何定义修改进化本身的"自然"代码的可能性。

事实上，生物学、进化理论和物理学，像控制论和宇宙学一样（科学的宇宙学是一门新的学科，因为整个宇宙在几个世纪以来一直是属于宗教的特权，直到现在才成为科学的对象），正如心理学、认知学、人类学一样，控制论和神经科学也正在重新发现**它们的本性和对关系的需求**，这就要求有重新连接的策略，以及将概念和元素混合在一起的策略，在此之前，这些概念和元素都被认为是没必要的和不兼容的。

在一般科学的层面上，我们正从**规范性认识论**（normative epistemology），也就是试图解开现象的复杂性以得出规律和某些简化了的秩序，转向生态认识论（ecological epistemology），即通过拒绝那些对真实事物进行选择并将其封闭在稳定和全知的结构中的诱惑，接受多样性和复杂性，接受科学和文化事件的共存和相互渗透。莫林[23]说，这种认识论要求我们思考时不要局限于概念，打破封闭的圈子，在脱节（或似乎脱节）

的事物之间重新建立连接,并且努力去理解事实中的多维性、它们的独特性和它们的整合性。他正致力于打破传统的认知论的规则,用问题性的术语重新定义理性。他建议我们扩展**人文科学之间以及人文科学和自然科学之间**的科学和认知意义的交织,这是对有机体和环境之间**良性**和生态的生产性结构耦合进行设计的基础。

在伦理和价值观的层面上,我们人类之旅的方式的可能性已被勾勒出来。它不再像自笛卡尔(Descartes)以来定义西方文化的那种古老的、分裂的主张那样,是分割的或分裂的。这是对人类形象的重构,不再与自然对立,或逃离自然,而是为自己和自己的文化构建一种自主的王国,唯科学主义和人本主义的共谋被囚禁在错误的和道德化的矛盾中。

人文主义文化和科学文化之间的旧划分让位于团结、共同的观察点、互补和有益的方法及经验交流,帮助我们把学习的领域不再视为单一体(monads)[24],而是视为有影响力的实体。同时,我们必须意识到,就我们当前的历史条件而言,我们有一个紧迫的机会,正如格雷戈里·贝特森提醒我们的那样,"把我们的系统[人类的和自然的]带回到一个恰当的同步或和谐状态,即**严谨性和想象力**之间的同步或和谐,以及**兼容性和变化**——两者都是至关重要的——的必要性之间的同步或和谐。"[25]

3. 这些已经清楚地对科学、知识和伦理的很多基础和目的,以及我们迄今为止在这些领域探求、继承和传播的方式提出了疑问。我们将只会从这幅巨图中提取部分的组成要素来指引我们更直接的反思能力。

我们将从旧的关联等价(association-equivalence)开始——**发展和连续性**(evolution and continuity)的概念之间以及心理遗传过程的**累积和线性**(accumulation and linearity)之间的关联等价,这是19世纪及以后最强劲的研究范式之一,也很快被心理学和教育学的潮流所吸收。我们提出的命题——在相互依存和联系的动态中,从生物学、心理学和社会学的角度使用事实和概念——指出了思维中更复杂的、多重含义的旅程,这些旅程以不容易被识别或分类的形式和节奏展开,不一定是线性的或总是累积的,具有意想不到的反馈和回归,以及具有将意想不到的和刻意为之的事物编织在一起的组合和创造;在这里,在经常被控制但也经常不被控制的模块和循环中,思维和知识的发生、发展与变化的方式、节奏在主观和客观之间交替,并且以可能是显而易见的、隐藏的,甚至是无意识的方式,受到文化和行为的影响。认知和学科的社会起源(socio-genesis)的存在得到了强调。

在对自身逻辑进行回应时,**连续性**和**不连续性**不是对立的;有时它们会趋同,有时不会,然而它们肯定是互补的。

同样,**秩序**(order)和**无序**(disorder)的概念,它们被视为彼此的正负极,弯曲以达到交流的地步,甚至生成彼此。简而言之,面对对立的概念,当代认识论用一个建立在互补动力基础上的概念对相关的旧观点加以驳斥,这就仿佛对立者在证明它们属于同一个概念生态,属于互惠共生的历史,属于对统一观点的渴望。

失衡状态不仅在迫使打破和重建逻辑、情感、交流和关系模式方面具有积极的有益于变化的作用,而且——类似于普里戈津[26]在其他领域的发现——可以发挥建设性的作用,开启经典研究没有包括的动态不稳定性和复杂性,并重建可逆和不可逆的结构的共存。

有些人在考虑"**调节性平衡**"(regulatory equilibrium)这个概念时看到了新意,而这正是皮亚杰的发生认识论一直追寻和重视的:发生认识论要求重新定义组成思想和行为的过程的起源,以及在更广泛的意义上,**适应**(adaptation)概念本身。从适应环境和与环境同步的意义上来说,调节性平衡不再被视为平衡的调节器,而是被重新提出来,作为人类生物掌握能力和创造力,以维持与环境自身的开放的**生存能力**。[27]

在进化科学领域,环境不再被视为一种**原因**(cause),而是一种有机体与之交流的**关系**的流动结构,其适应性解决方案的强度、多样性和程序及其交互作用的建设性性质成倍增加。

换句话说,主体和客体之间的关系可以被认为是相互产生和重建关系的历史时刻。从这个意义上说,**真实的**(real)和**可能的**(possible)的事物脱离了毫无关联的固定位置,而被认为是不稳定的结构,在它们的关系中不断移动,并且从未被排除在我们的行为或选择之外。

这还不是全部。假如知识是主体和客体之间的信息关系,是临时的和持续变化的表述关系,那么显然,认识论的问题存在于每一个层面,非常强烈地改变着儿童心理学的边界和程序,而时至今日,这些基于阶段(stage-based)的分类学规范所定义的边界和程序仍然在起作用。因此,起始时间和终结时间不复存在,我们有了**流动形式**(forma fluens)的时间,它不断地重新组织意义,这些意义总是互相联系和开放式的。因此,**生存能力**的心理遗传发展与环境、知识和文化有着深远的根系和枝叶,并且随着生命的诞生而诞生。这是一个即刻的和非常激烈的适应、认知与情感交流的时期,这些交流使它们自身变得至关重要和必要,与其说是为了生存,不如说是为了遵循研究原则和采用属于人类物种的意义。这些不一定在数量和质量上与成熟的水平和过程相对应,因为根据布朗芬布伦纳的假设,发展无非是个人感知和参与其个人和历史环境的方式的不断改变。

(我意识到这些只是一些快速的笔记)我想我会结束阐述我在开始时所提出的第一篇参考文献。它侧重于结构、知识和思想的起源,并且引入了关于**复杂性的理论和认识论**,其中汇集了我们时代的几位科学家和哲学家的跨学科研究。

小结一下,我们面对着三个互补的故事。

其中之一给基于科学和认识论传统的知识的确定性和理想化带来了危机。

之二接受对知识新的冒险的挑战,通过其复杂性,更深入地探索新的学习形式与个人、自然和文化之间的新关系的方向。

之三打破旧的区分——科学(特别是"精确"科学,无论是技术科学还是人文科学)的分离,并在跨学科框架内重新确立它们的不可分离性、交流性和整合性,这应该会越来越多地给研究和教学带来动力,打破单一学科的发展和分类,以及与之相对应的社会层面。

无论我从个人偏好的阅读材料中获取的这些元素有多么片面,它们都不能像科学结果中的线索一样被总结出来,除非它表达了一种更普遍的范式,正如詹如卡·博奇(Gianluca Bocchi)[28]所建议的那样,试图从根本上打破我们这个世纪的固有秩序:知识哲学和知识人类学之间的分离。

反思教育(在简单化和不现实的分离中,教育已经被隔绝了太长时间)和展望未来的哲学、伦理和美学知识传播的迹象,一部分显而易见,一部分需要被确定,一部分必须被仔细和负责任地讨论,一部分必须被创造。如果这些影响到人们——这将不可避免——它们会影响到儿童以及他们的经历和文化之旅。

我在开始时所提出的第二个参考文献与基于神经科学最新贡献的大脑和神经系统研究有关。

这个话题暗示了许多方向。对我自己来说,我的期望指向最近的研究,这与目前几乎完全致力于解决科学问题和探索无生命或有生命的物质的趋势相反,这种研究赋予大脑结构和功能研究以特权,同时有意识地越来越靠拢人文学科。实现诺贝尔生物学奖得主丽塔·列维·蒙塔尔奇尼[29]明确指出的目标的方法只有一个:"了解人类的本性,提高生活质量,不仅是为了人类物种的一部分,而是为了全人类。关于大脑的知识不仅是理解宇宙的关键,也是人类理解自己的唯一希望"。

近来在神经科学中的成就已经产生了一系列极其重要的命题。首先,大脑不再被认为是由基因编码的、处于偶然性和环境变量之外的结构。大脑也不被看作是其功能确切地依赖于特定中心的结构,或者由独立的、互不交流的神经元组成的。

通过它的数十万亿个神经元,大脑物质具有壮观的内部共振,参与人类的行为,人类的智力(无论你如何定义它)是大脑各部分之间协同合作的结果。突触是神经元的可塑的连接器,可以被调节和修改,这证明了大脑中发生的相互作用和回路。

神经元的演变和参与(像突触一样)依赖于环境事件和因素,而在今天,这些事件和因素才刚开始被知晓和区分。

最重要的是,在病理情况下,大脑中的特定中心会进行干预,提供功能支持。

丽塔·列维·蒙塔尔奇尼发现了由身体和环境影响产生的**生长分子**[神经生长因子],这带来了新的希望:这种分子似乎是一种药物,可以激活和修复受疾病和退化影响的神经元。这是一个轰动的发现,等待着被证实和更深入地理解,代表了神经科学中科学选择的一个顶点时刻。

来自在美国进行的研究的最新新闻也提供了类似的解读,这次是针对幼儿。运用高水平的技术设备,已经证实了2岁儿童大脑能量的新陈代谢(这一重要的运行活动)已经和成人一样,而在4岁儿童中,该新陈代谢的速度是成人的两倍,因为神经突触的最快增殖(我们已经讨论过它有决定意义的重要性)发生于童年期的第一个和第二个时期[出生到3岁和3至6岁]。这个娇嫩的时期伴随着突触选择的过程,这些过程产生了回路的结构和脑细胞之间的相互作用。

根据圣路易斯大学的马克斯·科万(Max Cowan)[30]的研究,这一时期的突触增殖可能决定了神经元连接的数量,尤其是质量以及它们潜在的替代功能路径。

是很好地使用大量神经**路径**还是以不令人满意的方式使用少量路径,这取决于我们的环境和教育状况所带来的质量和生成能力。这意味着,我们生命的第一阶段在许多方面对学习过程起着决定性的作用。

这些结果,以及前面提到的与神经科学研究相关的结果,都是建立在一种科学哲学的框架下的,这种哲学重新建立了对人类本性和进化非常有趣的观点。不受基因束缚的大脑逃脱了旧的确定性的绝对法则。它的结构和功能是一个物种的结构和功能,自然赋予了该物种通过经验、教育和生活的冒险来进行改变的资源。

1988 年

89. 88 一篇关于一个研究行动探索发言的草稿,瑞吉欧·艾米利亚,1988 年 4 月

> 编者按:这篇文稿来自维·维奇的个人档案库。她是瑞吉欧·艾米利亚第一批驻校艺术老师之一。一个"探索"("probe",或意大利语 sonda)是一个教师安排的行动。它旨在在一个特定的领域中加深成人对儿童认识过程的知识,并且增强成人预测、记录和解读的能力。其中一个例子是《鞋子和米》(Shoe and Meter)(Castagnetti and Vecchi,1997)。"探索"这个术语最后一次使用是在 2002 年的《书写和符号之间》(Tra scrittura e segni)里,有关儿童的书写符号的建构,尽管并没有什么特别原因,这个术语停止了使用。

- 儿童拥有自我建构的能力。
- 儿童不仅仅知道如何学习,而且知道如何学会学习。
- 儿童通过变革性的行动(transformative action)赋予知识以特权。
- 儿童通过转变来学习和认知。
- 在转变过程中,儿童通过图像和由协调意义产生的表征进行预测、推测、尝试和检查,这些图像和表征是由行动及其与记忆的协调逐步产生的。
- 儿童边前进边建构,边建构边前进。
- **程序**①(procedure)和结构是截然不同的一对互补,它们产生了生产性的循环。
- 结构是认知的"**高原**"②[31](plateau),是**关键图式**(key-schema),它通过抽象,把意义统一到一个更普遍的、包罗万象的意义中。
- 利用或发明结构意味着对程序的使用。然而,程序需要结构的知识(有时仅仅是结构的痕迹),这些知识已经存在,或在活动和达到目的的过程中逐渐获得。
- 一旦结构被发现了,它们就脱离了那些激发和产生它们的功能、语用学和程序,通过成为解释其他程序和其他认知途径的钥匙和工具,它们就变成了一种永久的和跨功能的事物。它们等待着其他的永久性和跨功能性。
- 通过环境的作用,儿童是自我组织(self-organising)和共同组织(co-organising)的有机体。他们在个人能力和社会能力之间转换,以及在个人和生物的限制以及环境的限制之间转换。他们在社会领域和知识领域中都发挥着积极的作用。

直到二十年前,心理学对发展行为的探索(通过测验、问卷、访谈等)都把儿童设

---

① "程序"在这里指的并不是呆板的操作步骤,而是一个系统的过程。——中译者注
② "高原"可以理解为"稳定阶段"的意思。——中译者注

想为是一块白板(tabula rasa)。随后的研究在天真的自然主义(参考行为主义视角下的儿童)观点或天真的非时间、非历史主义(被简化为线性阶段式发展)观点之间交替,即使是在赋予儿童以具有建设性的生成能力(参考皮亚杰视角下的儿童)时也是如此。它们总是偏向于儿童和成人之间的不对称情况,并且出于历史、政治和文化的原因,而非内在的原因,它们总是比较家庭环境和家庭外环境中关系的现实和质量。

在这个框架中,由于那些没有表述的原因,针对童年世界、相似年龄的儿童之间以及同伴之间的互动和他们所受到的影响这个领域的研究如此缺乏和薄弱,对此我们不应感到意外。

这是一个充满了简化的、模仿的、分散注意力的和不确定的偏见的世界,尤其是它充满了成人从未坦白的对失去控制能力的恐惧。然而,这个世界是一个独一无二的地方,它是儿童热情寻求经验的疆域,并且它倾向于以独创的方式来面对社交、交流、交换和讨论的需求;倾向于对话和合作的需求,这些需求滋养着智力、思维、学习方式、语言、和谐的行为,滋养着一个人的身份和他人的身份的形成。最后,对于成年人来说,这是一个观察、反思、了解策略以及评估儿童产生和构建他们的认知行为与认知评价方式的优越地带;它为成人[提供了]一些可能性,让他们能够自我评估,能够自我调整他们的期望、假设、预测,以及能够反思他们与儿童一起实现的行为和选择的能力的可能性。因此,这个疆域通过互惠式的发展,强化着儿童和成人的知识,产生着专业发展,并改善着他们的关系和互动的质量。

什么是研究-行动探索?

研究探索(research probe)是一种围绕有边界的、确定的经验,把对事物的猜测导向对儿童的行为、过程、解读和活动相关的收集的情形;它努力了解儿童对于儿童所产生的影响的质量和多样性。

这项工作是在有限的、合适数量的儿童中展开的,以保障对事实以及对儿童所采取的形式做最佳的记录和理解。出于这个原因,它要求对观察方法进行有远见的和细致的调试。

在过程前和过程中,探索可以有不同的形式、过程和时间(预料到的和没有预料的)。有了这种灵活性,那么紧接着的情形和成年人的行为就必须具有同样的灵活性。调整策略以避免任何形式的处方(prescription)①。

---

① "处方"指成人不根据实际情形的发展应变,而是遵循现成的、固定的计划。——中译者注

一个探索的过程可能完全由儿童自主进行,成人的态度是不干预,而只是支持。或者,根据每种情况,成人可能会适时地加入其中,进行补充性的干预并提出明确的目标,以便使探索恢复其最初的力量。然后,探索有目的地成为一个项目,在其中,研究和行动的交叉路径在儿童的自主活动和成人循环性的、合作式的介入之间交替。

所有的探索在它们的过程中转化成有着不同节奏和目的的序列,它们有可能暂时迷路并重新找到自己的方向。但是,这也是有意义的。最重要的是,它[探索]让我们明白解读(interpretation)是重要的,但是理解(comprehension)更为重要。(如果可能的话,参考我们关于作为主角的儿童(protagonist children)的情况和经历所具有的其他知识要素)。

有的时候,一个探索的结构是互相交织的,就好像一件手工制品,它为了愈加有目的地改变和建构而重新利用它自身的材料:就像一棵树,可以从中生成其他部分。

每一个探索在它的旅程中都会发现其他可能的探索,这些探索可以被立即参与其中,也可以被移动并推迟到另一个时间。

探索的主题和目标可以有着不同的起源:它们可以来自在正常情形下的观察,在其中浮现了重要的、值得探索和深入考察的事件,但是,它们也可以是来自成人的反思和能力,当成人感到研究一个特定的主题时机恰当的时候。

由于观察和现象之间不存在明确和有计划的方法,因此有必要认识到,所取得的每一个结果只提供指示性的数据,需要谨慎评估和归纳。我们也怀疑,(与观察同时进行的)任何记录将只是片面的;录音在某种程度上已经是一种主观的诠释;由于观察者的期望和想要知晓的压力,事实遭到"污染";无论发生什么,结果首先都与特定的情境有关。

对所有这些事情的意识降低了成人可能面临的风险,并可以帮助他们离开主观的印象式的评估,转向更加明确、更加可能、更加可迁移和可以更好迁移的指示。最重要的是,这可以帮助他们改善他们的能力和教育行为的风格。

总结而言:探索是一个机会和一个工具,组织它是为了获得**对观察的观察**,尤其是**对知识的知识**,而这仍然是个体知识过程和个体之间关系的领域里最为丰富、最常被追寻的现象之一。

* * *

90. 88 在幼儿园的一次工作坊就持续性的项目设计式学习(progettazione)的讲话,1988年(没有具体的日期)

坦率地说,我不知道今天的会议究竟会出现什么情况。我想马上说的就是,今天要讨论的主题显然只能[……]放在一个狭窄的容器里[……]。所以，我们今天不如试试对着大海敞开，试着打开容器，宣告我们自己；在一系列的反思、假设、猜想、来源，以及来自新的研究形式、文化、科学哲学和生命哲学的支持性陈述中，这些也许可以帮助我们理解近年来我们周围发生的变化，主要是宇宙中的这些年。

我意识到，今天在我们的婴幼园和幼儿园里的儿童的生活将沉浸于 2000 年时代的人文、科学和文化的综合体中，而这将与我们今天的生活大相径庭。

我认为，我们的谈话应该从这个几乎还没有得到过任何[讨论]的时刻开始。理解一下历史、政治、文化和科学层面的原因将是很有意思的，这些原因矛盾地支配着一系列现象和思考，掌握着权力和支配地位。这些原因不允许采用最简单、最基本和实质上最重要的方法：这种方法可以让我们认识到自己与环境、与自然和与宇宙的关系和联系。

回到这个现象的源头会很有意义，因为我想我们会在自身内部发现自己没有充分认识到的一个阻力。[事实上，]我们确实发现了它们，我在自己身上发现了它们，我认为你们也会发现的。它们是对我们如何改变传统观念的活生生的客观抵制，也是对其他可供选择的观念的抵制，这些观念能够极大地改变我们对自身、环境和文化的概念。最重要的是，它改变了我们对知识的概念，改变了我们的知识——以及儿童、青年、成人和老年人的知识——在我们的一生中演变的方式和过程。

[……]

我们生命的每一秒都包裹在和自然、环境、宇宙接壤的问题中，我想说的是，尽管我们每天都被包裹在这些问题中，但我们仍然感到它们似乎是无关紧要的，而我们的文化对此现象高度认可，并使我们与这些问题之间保持着最大程度的疏离。

[……]

诚如康门那——他是一个美国的老牌开拓者[32]——常说的那样，生态肯定是未来的基础。我们是这个生态系统的一部分，并且我们必须确信这点：我们在地球上的旅途是和环境、自然、宇宙一起走过的；我们的有机体、我们的道德、我们的文化、我们的认知、我们的情绪，所有这些都和环境、天地、世界、宇宙相连。就如康门那说的，这就是我们生活的巨大网络存在的地方，在这个宏大的维度中，我们发现很难衡量这个维度，但这就是一个网络所需要的维度；无论发生什么，它都构成了我们生活的地形。

也许这意味着，我们试图说服自己，世界上存在的联系（connections）（或相互联系

(interconnections),如果你这样认为)比我们想象得更强大,我们生活的许多方面,甚至我们最内在的生活,都与自然有着相同的节奏和意义。我们感觉到,随着季节而来的时间和天气的变化是属于我们自己的变化,这不仅是因为我们是其中的一部分,而且是因为我们是作为主角的其中的一部分,有着我们的情感、我们的期望、我们的处境。正如昼夜交替是我们节奏的一部分,是我们生物节奏的一部分,正如昼夜交替是世界生命节奏的一部分,是属于世界的生命周期。

也许我们可以从耦合(coupling)①——一个结构的耦合——的角度来思考,也许我们应该在这上面多花些时间。你看,我们在谈论非常宏大的事情,心智和自然之间结构的耦合。《心智和自然》是一部了不起的书,[33]我邀请你也读读,因为它赋予了我们的[人类]维度一个位置,使之成为我们自身、我们的有机体以及我们之外的有机体之间的结构耦合的一部分。

[……]

有一种循环性(circularity)和一种非常明智的回路(circuitry),它一直存在,并将继续存在,今天,我们感到一种强有力的需要,即要使它成为我们反思的对象。

[……]

在我看来,生物学和知识之间的关系确实是每一次对存在的本质的探究的关键和支点;我们存在的本质和更广泛意义上的存在的本质。这是一种关系,它定义并可能帮助我们更好地理解我们可用的潜力,我们试图通过它来增加我们的文化,巩固我们的学习的知识过程,以及我们的生命和我们的生活的通道。蒙塔尔奇尼已经邀请我们思考如下内容:大脑知识不仅是解释宇宙的关键,也是人类理解自己的唯一真正希望。

[……]

还是美国生态学的老牌斗士[巴里·康门那]说过的话,同时他也是一位大师(maestro),一位全世界的大师,他说:看,我们今天需要推动文化的前进,首先,通过另一种思考方式重新开始。因此,行星思维(planetary thinking),也就是说,只有通过有意识地和整个行星联系起来,才能找到理解我们的思考中的平衡(equilibrium)、视角和进步,是时候要这么做了。他还说:要小心,因为第二种方法是开始进行预言式的

---

① 耦合(coupling)表示两个子系统(或类)之间的关联程度。它应用在物理、化学、编程的领域。——中译者注

思考,也就是说,要处理有关连接我们的生命和宇宙的生命的探险的重要概念中所蕴含的种种可能性。

[……]

实质上,我们被邀请去乘坐一列与我们迄今为止一直乘坐着的列车所不同的车辆,去尝试和创造一个内容、学习和学科的统一,这是一直被所谓的教育学科学和教育科学排斥在外的。

这些连接是重要的,但是我们今天带来的连接打开的并不是全新的疆域。当然,很大一部分的疆域是新的。但是,如果我们对这些年间的经验反思一下,在我看来,我们可以说,所有我们意识到了的连接,所有我们有能力做到的连接,我们在组织的某些方面已经以某种方式实现了这些连接。我的意思是,想一想教师结对搭档[老师结对工作]①的数量,以及我们使传统上没有连接的事物间产生连接的尝试;我们对环境[空间]之间连接的关注,这包含了对系统化空间的连接的愿景,这正是一个婴幼园、一个学校可以做的。

我们经常[从学校]走出去的尝试是一种方式——一种相当天真且不被重视的方式,但这是多年来我们试图将直觉变成具体事物的几种方式之一。社会管理的问题,我认为这是一个伟大主题的一部分,即赋予通常被分割和分离的部分一个社会化的、参与性的形象。我们试图提出的关于儿童的想法是高度相互关联的想法;我们从来不接受儿童成长过程中的分裂、分离或分级。

我们一直从理论上认为,关于儿童的各部分是必须连接的,因为它们是自然地互相连接在一起的,而分裂它们、分离它们并把它们拆分成碎片将是一种暴力。

我们多年以来所建议的活动一直是使我们互相连接的活动,旨在试图抵制对早期学习过程和内容的[不同的成分之间]的歧视。

[……]

霍华德·加德纳的谈话、加德纳对智力的定义,听起来非常像我要告诉你们的,这不是一个巧合。[34]智力是解决问题的能力,而且我不认为任何古老的甚至非常古老的对智力的看法会拒绝从这种争论来开始对它的讨论。智力是解决问题的能力,加德纳补充说,或者是"做出被一个或多个文化背景所重视的产物(products)"的能力。

---

① 瑞吉欧·艾米利亚的幼儿园和婴幼园的每个班级都要求两位教师同时带班在当时是一个创举。马拉古奇在其他地方对此举措背后教育教学的考量有过专门的叙述。——中译者注

要非常小心,因为美国文明的强大实力、悠久历史和伟大力量都贯穿了这一点。它其中含有一个非常具体、详细的想法,尤其是在今天。智力是生产产物的能力。但是,也许并非所有由人类想象力、人类思维和人类反思产生的东西都是产物的同义词——除非我们现在要囊括人类已经做和继续做的几件事,这些事我们已经试图从这个类别中剔除,而且从未将它们纳入在一个或多个文化背景中的生产和产物这样一个狭隘的、偶然的想法中。

我们只需在此反思一下,就能理解这是一个基于类别的想法,它是一种美国式的想法,并且是一种历史的、政治的和经济的想法。

[……]

[加德纳]间接地推断[他所描述的]七种智力已经刻写在个体内部,而不是在个体发展的某个点才出现,这意味着,我们的工作的目标将会是旅行和进步,但是每一次都是在追寻这七种智力之一。

他说这七种智力是一种生物基因的特性,因此已经是我们遗传的一部分;而且他还带着一种典型的美国式的轻松说,任何教师都可以很好地在一个月的时间里在一个孩子身上识别出(如果她还没有识别出来的话)七种智力,以及每种智力在孩子身上的表现方式和它们的强度及能力。我想这肯定必然是一个与美国所熟悉的"测试学"(testology)相关的过程,在那里,只要对一个个体做些测试,就足以立即以某种方式对这个个体进行定义和测量。

[……]

如果你阅读了近年来在实验和研究层面上的一系列的成果——它们涉及寻求解释为何儿童不都是一样的,为什么儿童如此迥异,你就会看到它们借助"风格"(style)这个词。也就是说,据称 2—3 岁的儿童建立了某种风格,一种有异于他人的交流方式。然而,这并没有考虑到生命的过程要长得多,并且不管我们有多少智力,构建的过程都是非常漫长的;因此,变量是不断存在的,在儿童花时间去构建区别、差异或等级之前,不管是客观上还是逻辑上,我认为我们不应该让这些变量预先建立,或预先定义这些区别、差异或等级。

这并不排除儿童都是不一样的这个事实,每个儿童对我们来说都是永无止境的发现。但是,如果我们把自己放在一个试图发现儿童甚至是才刚展露的性格这样一个位置上,那么我们的职业将总是每天面对"流浪的[暂时的]影像",这些影像不那么强烈,已经褪色,绝对无足轻重。所以我们觉得,虽然我们意识到了儿童的显著特征,但没有任何工具能说服我们[在教育上]应该要力推哪些东西和摆脱哪些东西。

[……]

如果我们说儿童不都是一样的,那么当我们对着每个孩子说话时,或对着一班的孩子说话时,我们是否真的坚信了这一点?正如我们让儿童学习,我们是否真的坚信我们在进行的操作是有区分性的,或者我们是否意识到,也许我们的工作方式并没有考虑儿童之间的差异?甚至当儿童在某个情境中比在另一情境中有着更强烈的需求时,我们是否因没有提供给儿童他们更强烈地需求的东西而冒着增加差异性的风险?

那么儿童的成熟过程是怎样的呢?我想说成熟是基于基因遗传的驱动而发生的。如果大脑器官的这种成熟迫使儿童的发展保持在一定的节奏和规则内,那么我们可能会认为这种成熟通常是在儿童的能力有效成熟之前或之后达到的。这是我们可以问自己的一系列大问题,也是我们一直问自己的问题:提出这些问题有很大的困难,因为它们涉及到管理困难的疆域。该问题可能是这样一个问题:认识到我们的研究是我们唯一被允许的巨大的自由,是一个巨大的可能性和资源,是一个巨大的机会,是试图解决旅程中的困难。

无论如何,有些事我们是可以做的。我们可以认为,如果儿童是不一样的,精确地说,正是因为他们彼此不同,那么我们需要使用比那些不考虑这些事实的策略更恰当和一致的对策,或者我们可以认为,所有儿童和所有人类都是一样的,没有差异,或者我们的任务就是消除差异——相反,我们的问题恰恰是要通过倾听差异的多样性而去加以区分。

现在的问题是如何在教育的层面上把这些结合起来。我想我们中没有一个人清楚或知道会是什么样的历程和路线。在我们上次的会议中,我谈到这些是一个有机体的全面成熟和所有复杂性的一部分,它有着一个坚硬的核心和一个柔软的核心。在坚硬的核心里,我们的自由和出入的空间是有限的;但是,当我说到柔软的核心时,除了生物性的限制之外,我们可干预的可能性是无限的。这就是说,所有的儿童都会说话,所有的儿童都会走路(排除异常和事故的情况),而且我想说的是,有些历程确实是遵循属于全体儿童的成熟和方向的。

[……]

我们所能做的是,尽可能多地发展我们的想象力,让儿童有机会接触现实,并邀请他们从一系列可能的反应中进行选择,邀请他们选择他们认为最合适的道路。

然而,这里又有另一个风险,我想你们立即可以看到。儿童总是[遵循着]某些道路，这也许是真的，但是没有人可以说儿童没有能力——可能在一些帮助之下——重新导向另一些道路：我的意思是，我们的工作是"**不确定性的职业**"（profession of uncertainty），但是人生就是一个不确定性的职业。

那么，如果这个弹性首先存在于生命的最开始，在4—6岁的时候；如果这个灵活性存在，如果环境刺激的可能性真的能铭刻在连接的数量和质量中——在大脑层面的突触中，即最为重要的部分，这会在我们将来的行为上起到主要的作用——如果这一切都是真的，那我们必须加紧工作，而不是等到儿童达到某个阶段再开始。我认为，这是一种仍然只是被部分感受到的认识，在心理和文化意识层面上仍然没有得到准备或被充分了解。

[……]

认为我们的智力自动地建构世界是危险的；另一方面，认为世界建构我们也是同样地危险的。问题在于这个无法解决的矛盾，以及在于找到一个允许合作的能力、产生联接的能力、将专业发展转化为参与性的工作的能力的交叉空间，有时以对立的方式，有时以互补的方式。所以我想说的是，很可能知识过程必须作为循环的一部分、一个永久循环流的一部分被重新审视——在这个循环流中，有几个名字和术语必须被丢弃。

[……]

我现在急于让我们面对一个问题。这个问题以非常具体的方式进入到我们日常的工作中，进到我们与自身、与儿童的文化，尤其是与儿童学习的关系中。它取决于那些尝试能否详尽地定义计划和策略的相关问题，以澄清它们之间存在的确切差异。

[……]

这意味着，我们将看到（但我们今天肯定做不到）我们在定义计划方面能走多远，这意味着，不仅要为最终目标提前计划，还要为实现目标的过程提前计划。相反，我们感到了必要性和紧迫性——不仅是专业方面的，而且是人的方面的——以不受程序化的限制的方式面对问题、事件和情况，并相信某种战略能力和干预策略。这不应该被视为一个完整而明确的字母表，而是应该被作为一种可能性，为了实现这种可能性，需要经验的过程，需要能力，最重要的是，需要理解我们能够推动猜想的方式。当然，这意味着，在某种意义上仁者见仁，智者见智，这是自然的，但是提出的观点要在最大程度上得到佐证文档的支持。

任何其观点形成于近几年的人都熟悉这两个术语；一个是归纳的过程，另一个是演绎的过程。我想哲学和教育学总是牢记归纳和演绎过程。我却希望加上另一个通常没有被考虑但是却被现代符号学所重新发现的术语：溯源推理（abduction）[35]。这个术语在使用中不如上述两个术语那样熟悉。

在此提供一个参考性的例子，我会说归纳指的是一个事物会是这样，就是这样，并且将来也会是这样。演绎指的是一个事物必然如此，由于基于它的要素和平台的一般性质，它必然是如此。演绎是从一个一般的事物推断出具体的事物，归纳是从一个事物上升到另一个事物。溯源推理却仍然是一种形式，在可能性的意义上将我们引向一个事物的可能情况。

[……]

我想说，溯源推理是侦探的艺术，这个"侦探"不从某个立场出发，但是他沿着某些选择性的流向、路径、线索或痕迹进行追踪，这些可能引导他发现暗杀者或罪犯，但是他总是愿意*先验性地*不断调整自己的对策和思考。

现在在我看来，这个第三种思考形式——溯源推理——是儿童从一开始就有的。

因为儿童有着可以自己支配的自由，这让拥有自由的人感觉自己是自由的囚徒。我如此说是什么意思呢？我的意思是，我们这些成人不太会去追寻可能性，而是追寻确定性，我们有目标，我们进行选择。但是，他们[儿童]还不具备阿基米德的支点那样的知识的力量和杠杆［见第四章，注释21］。我们发现更难考虑的是，除了构成一种递归对策，溯源推理还可能导向结论和目标。正是因为它不断地回到自身，不包含确定性，而是通过一系列线索去追寻可能性，我认为，这是一个我们应该从一开始就归功于儿童的属性。

[……]

什么样的对策？在这个层面上的溯源推理对策显然有着较大的回旋空间。

[……]

对策既是一个生物必需品，也是一个文化必需品，因为对策符合与不确定性共生在一起的意愿。[……]因此，我认为，应该让不确定性摆脱其小小的负面性和对它的良性本质的任何否认；它必须作为我们生活以及我们与自己、他人、自然的关系的一个组成部得到回归。请记住，如果我们希望能够恢复不确定性，使它成为我们可以接受的东西，并以切实可行的方式作为我们成长的组成要素，我们就必须用某种积极的内容来填补不确定性。

那么不确定性就变成了一个不变的、永久的现实，可以作为较为确定的概念的替代物；它变成了一种力量，一种我们总能在内心找到的能量，在我们提出问题并给出回应的能力中——有时与希望有关,有时与精确的目的和目标有关,有时与精确和相关的知识有关。当我们开始测试不确定性,并将其视为一种发酵剂、一种知识的发动机时,它就可以被转化为某种积极的东西。

[……]

方案(programme)和对策(strategy)之间有什么不同?

简而言之,我想说方案是一个已经包含了确定性的处方,以及一个预测实施情况的想法。因此,过程性的时间安排已经刻写在这种事先的思考之中,这种有预谋的思考之中,并且通过这些程序和一系列连贯的可能发生的事件,方案达成了它的目标:这是一种预测能力,它给予人类一种方案编制的能力。

我们不是在玩弄这种方案编制的能力;我们要看看我们如何弥补它,并将其与对策结合起来。对策也有能力试图预见事物,并且具有尝试一系列目标的预先设想的意识;它意识到它的冒险部分是意料之中的,部分是意料之外的,部分是完全出乎意料的。因此,对策需要一种灵活性的能力,一种关注、反思和改变态度的能力,一种把我们自身与行为拉开距离的能力:一种具有巨大弹性的品质,它既从属于逻辑(从最真实的意义上来说),也从属于逻辑与感觉的结合,一种对现实的感知,在这种感知的存在下,一种辩证的统一就诞生了。

儿童的学习和我们的学习,它们曾经是什么,它们原本可以是什么,它们可能是什么,如果说它们不是对策性质的程序,不是根据现实中的发展不断用不同的方式把事物放在一起的话?这是智力,是产生对策的能力,而对策引导学习。这意味着,在儿童学习的基础上(也是我们学习的基础上),我们可以同意这样一种观点,即一种对策状态——这是一种通过放弃我们所采用的把事物放置在一起的旧方式来处理情况和问题的能力,并且我们对这些旧方式没有怀旧之情——确实是一种伟大和快乐的智力状态。通过反思和探索,这种能力可以引导我们在遥远的地域取得成就。

[……]

问题是,这样我们就不能接受方案和对策之间的对立。也许问题在于,在学校的每一个层面,要看方案能够多大程度上涵盖不同的细节;要看对策可以呈现在我们[成人]的方面,并可以呈现在我们如何与儿童互动的方面;因为这两个问题[方案和对策]并不是互相排斥的。我会说对策比较调皮,调皮的点在于它会脱离自身等,它更符合儿童的心理,而且这不仅仅是我个人的看法。也许它也符合成人的心理:如果我们内心里能少些刹车、少些障碍、少些压抑,那么我们也许会更喜欢它。

对我而言,追求这种可能性已经成为一种神话般的探险。对于我们的行动、我们的行为和我们的思想,这种拥有着更大的对策的自由的能力。

[……]

方案还是对策:两者之间哪个更丰富和更富饶?我毫不怀疑:对策当然是两者间更丰富和更富饶的。当然,方案对于以某种方式构建和假设一个事件和未来是必要的,但是它建立在一个不属于我们的确定性的理论之上。问题是如何以极大的智慧以及对特性和内容的调整等来管理这个方案和对策的混合体。我认为,对方案的每一个尝试,至少在儿童人生的第一个阶段,都是一个违反自然的尝试,是一个违反基因遗传中不确定和未确定部分的尝试,是一个违反有机体、大脑、儿童的人类属性等的对策部分和设计部分的尝试。

[……]

莫林[见第四章,注释23]也总结说,当然问题在于虽然对策可以生发出方案,方案却不能生发出对策。因此,对策的重要品质(于我看来是一种艺术)也同样可以在我们出于机会主义等原因而给方案留出空间的地方被寻找到。

[……]

儿童形象是一个宝贵的形象,一个随着历史变化来回摆动的形象。今天的形象是一个我们必须而且可以讨论的形象。[……]然而,根本的问题是要理解我们想要赋予儿童的信任。我们想要信任儿童的事物一部分是与选择有关,一部分与我们的选择中的假设有关,一部分与文化信息有关,还有一部分是因为我们使自己受到机会主义或者必要事件的影响,在这种情况下,我们产生了应对儿童各方面的方式。我想说的是,这是极度困难的——这里我们需要加以详细说明。

[……]我们必须更清楚地意识到,描述者置身于情境之外——或者说是外部观察者——这一想法正处于一个衰落期,处于一个极具争议的阶段;因此,今天似乎不可避免的是,一旦我们接受了自身与世界之间的不断循环,很明显,我们中没有人是外部观察者。我们是一个内部观察者(inside observer),一个内在的观察者(internal observer)。因此,将观察作为信息来源的能力、可能性和胜任力的所有问题现在都陷入了危机;这是一个我们带着太多自信和虚张声势走过的局面。仿佛我们有能力脱离,不仅与儿童,而且与我们自己产生距离;我们的很大一部分就在儿童的内部……所以,这个问题更为关键。

我们必须对儿童下定决心,要对我们想赋予儿童的品质和能力做出决定。

我们必须记住我们谈话的开始部分;儿童总是有一部分是先天决定的,有一部分不是先天决定的;我认为,可以把这看作是赋予儿童特征性的品质的两个制约,并且这两个制约总能找到出现的方式,同时它们也是儿童的生存所必需的。如果我们对制约抱有这样的观点,即它一面是与基因方面的决定论相连的,但同时接纳这同一个词—— 制约 —— 之中蕴含的流动的和可用的部分,即在一个成人——儿童环境中自由的那部分,那么也许我们会对这两个自主的部分得出更相关和更精确的想法:两个自主体总是需要保持它们自己的身份,同时它们又总是交叉,并具有改变的可能性。因此,关于知识和适应的问题就不再是皮亚杰所认为的那样,即适应是对一个环境最优化的适应形式——就好像"优化"适应的能力存在着一个无限的尺度。

[……]

我们今天想要强调的是——用一个世俗的概念来强调(因为我们讨论的是一个世俗的概念,并且我以非常明确的措辞来说:思考和信仰等仍然是自由和公认的偏好,是我们每一个人选择的合法偏好)。所以我希望强调的是,对于和创造、进化、世界、我们的事件相关的问题,我们不能总是参考我们之外的一种完美。在意识到每个人的局限性和力量的意义上,我正在建构一个世俗的概念。也许通过这个双重的概念,我们可以比以前更自由地表达自己。

[……]

最近的这些书说,每一个行动本身就是知识,以及必然地,每一个行动不是一种描述,而是一种解读。

[……]

我们需要明白,不是所有的行动(正如我们前几天所说的那样)都为儿童带来丰富性。也许有些行动停留在它表面形式的意义上,而不是其深层含义的意义上。我们也许需要吸取一些对策,即有益于儿童的能力所进行的干预,以及有益于那些不仅仅停留在操作性的行动(仅仅是操作性的变化和改变)的对策,让儿童有充分的时间、可能性和有利条件去尝试从材料、机械或智力的操作中产生抽象化的对策……而不是让儿童立即对它们进行分类(解释)。这种抽象化能让儿童建构临时的规律,或者临时的图式,这些帮助儿童进行定向和破解,使他们在那个时刻有可能通得过,然后他们可以运用那个智力的图式,让自己继续忙碌起来。

[……]

我想说几乎可以确定,惊奇感是人类本质的一部分,如果不是的话,那么我们就有麻烦了。这是儿童共享的一个共同参与且具有诱惑力的行动,这可以与正在发生的事情有关,他们可能是作者或主角,但也不一定是。想一想惊奇和对策之间的亲缘关系,因为我们在对策中比在方案中更有可能拥有惊奇,尽管我们不能排除它也会出现在方案中。

也许,使我们感兴趣的是弄明白惊奇如何是儿童天生的一个工具,但是,我们还可以用它在儿童不断开展的探索和研究的所有停顿中保持他们高水平的思维"发酵"能力;我们也可以使它成为过程的复杂性中的工具和支柱,一个被儿童对惊奇的期待所推动的细腻过程中的工具和支柱,或者我们可以把它重新作为一个[在过程中]儿童天生就有的惊奇的元素。

我不知道你们和儿童在持续的日记(diario di continuità)中记录了多少惊奇的游戏。惊奇(wonder)和惊叹(marvelling)是不同的。[36]惊奇比较微妙,比较轻松,我们追求它是因为它值得付出努力:你也可以追求惊叹,但是这会遇到很多疑虑和问题;你永远不会知道这个惊叹是个奇观,还是戏剧式的奇迹。但是,当某些态度产生了惊奇,或者当儿童在某个惊奇中意识到他们可以看到一个超越自身的矛盾、分歧或迷惑时,惊奇就有着一种光芒感、充实感、生命感(eros,生命能量)[37]和节日感。

[……]

有的时候,比起一大堆丰富的设备,我们的手势就足以对儿童的惊奇感加以肯定或否定。我们的手势或我们的表情就足以增强或减弱儿童的惊奇感。我想说,这些都是非常微妙的对话,但是正是微妙的对话能够带来更大可能的意义。

* * *

91. 88《字母'88'》(ALFABETIERE '88')中的一篇文章,它是由戴安娜幼儿园制作的一本小册子,1988年12月

我们必须重新发现的一种倾听

我们必须承认,尽管我们有长处,但作为成人,我们谈论儿童很多,但和他们交谈却很少,并且对他们的倾听甚至更少。

以上这三个命题(对此我们当然是不喜欢的)并不是绝对真实的。但是不可否认,它们指向了许多在家庭中的经历,并更多地指向了在学校中的经历。

这证实了一个我们成人文化和童年文化的特点——一个相当明确的特点。所有

这些在儿童头两年的人生中不会发生（或几乎不会发生）。那时，在成人和儿童之间有着极其有益和呼应性的互动，他们互相呼唤、互相轻触、互相等待，你来我往，形成一种极好的、富有成效的循环式交流。

为什么这种共享的游戏，这种正确而至关重要的、极其富有成效的乒乓式互动竟然消退和变弱，这是一个令人不安的事实。

然而，我们非常明白，这样做我们是在打破规律，是在剥夺对儿童（和我们自己）有着生死攸关重要性的游戏。我们是在打断一种极为珍贵的理解、适应、发现和创造、相互尊重和相互有利的流通。

那怎么办？

这个问题首先在于要拆解那三个命题，并且接受一系列的价值观。第一个命题可以先放在等待区。第二个很重要。但是第三个——关于**倾听**的命题——是决定性的：它既对建立交流的感觉和愉悦至关重要，也对语言能力至关重要——不仅是对儿童如此，对成人亦是如此（可能这是让我们感到惊异的一个事实）。

这里的论点是这样的：如果我们不能学着去**倾听**儿童，那么我们将会很难学会如何与他们共处和与他们交谈的艺术（在这个词的物理的、形式的、伦理的和符号的意义上）。不仅如此：我们将会发现，理解他们怎样说话，为什么说话，他们在做什么、问什么、猜测什么、有什么愿望和生成什么理论，他们独有的信息是什么，他们正在探究和选择什么过程来获得情感和知识都会是非常困难的，也许根本就不可能。

那么对儿童来说呢？

皮亚杰和其他儿童心理学专家将平行语言（parallel language）（因为每个孩子都是在说给自己听，所以这种语言不具有交流性）界定为儿童语言、社会和认知发展过程中的一个必要阶段，实际上，可以把它假定为在成人环境中对话的丧失和结束，此时交流失去了联系的力量，最终在平行的溪流中消失。我们没有忘记这对教育学意味着什么，今天的教育学比以往任何时候都更倾向于奖励单向的交流和成人话语强大的规范性力量。从一开始起，这就是我们市立幼儿园的教育经验和老师们努力的一个中心议题。

还有最后一个我感到紧迫的问题。对于儿童的行动和他们的提问，以及他们建构的逻辑**不予以倾听，不愿意去倾听、看到、观察和解读**，这对成人来说意味着什么？我们会说，这是失去了当我们有着愿望和时间（是的，时间！）进入儿童的游戏和日常工作中时，儿童的行动和话语所能传播的惊奇、惊异、反思和快乐。这些是我们不可或缺的感受，因为这是推动我们每日的思考、持续的项目式教学设计、想象力以及关于我们与儿童、与我们后代的关系的反思和向前发展的动力。

这些简短而费力的笔记并不是偶然出现在这里的。它们好比是一个幸运的机会的前奏：在学校中各种经验的情境中，倾听和解读儿童与自身及他人的谈话的机会。

这类似于拉开百叶窗或[拨开]雾霭。

有的时候语言看起来清晰和明了，有的时候又是隐藏和蒙着面的，有时像伊特鲁利亚的金板（Etruscan tablets）①那样需要被破译，需要在看起来不可能的组合和关系中去寻找意义或者一种魔幻的、超现实的逻辑；有时又需把声音、视觉、记忆、成人说过的或媒体中的话语的碎片缝合在一起。

或者，也可能上述这些都不是，一切都简单得多：话语是用来宣告感情和友谊，或是用来对成人存在的严重问题进行完全漠不关心的干预（这给我们提供了一个评估，表明了儿童在倾听方面经常比我们好太多），或者所说的话语明显地来自于科学论证和完全未被猜想到的社会议题。

简而言之，我们的邀请是去倾听那些我们有时没有时间或没有耐心倾听的东西，而这无异于就是生活在我们身边的非凡的"实验室"（儿童）。

这个不同寻常的提议、这种理解的特权、这种令人高度愉悦的兴趣和这个不小的惊喜，在这圣诞节的日子里到来，这并非偶然。

圣诞节的日子——没有了喧闹——是倾听可以带给我们特别感受和特别价值的日子，让我们重新发现并深刻反思儿童思考的方式以及相信他们在成长。

1989 年

92. 89 劳瑞兹·马拉古奇的发言，瑞吉欧·艾米利亚，1989 年 4 月（由"档案和教育研究中心"中收录的原始录音转写）

> 编者按：此演讲据说是在"教育三月-四月"（Marzo-Aprile Pedagogico）活动上发表，这可能是在一个面向所有教育工作者、家长和其他市民开放的关于教育话题的活动期间所作。

我们的孩子：美丽的头脑而不是被塞满的头脑[38]

首先向艾蕾塔（Eletta）[39]和所有长期以来对[瑞吉欧·艾米利亚市立学校的历史]

---

① 伊特鲁利亚的金板又被称为皮尔吉碑或皮尔吉金板（Pyrgi tablets）。1964 年，在意大利第勒尼安（Tyrrhenian）海岸的皮尔吉遗址的一个墓葬中发掘出来三块金板，此地曾是古代城市皮尔吉之所在，三块金板也因此得名。金板上刻有腓尼基语和伊特鲁里亚语的献祭文。——中译者注

这个曲折的过程有所贡献的朋友们致以谢意。这个曲折的过程随着时间已经成长和改变,它是历史上一个漫长的过程,曾经走过弯路,但是,它总是有能力始终保持沿着轨迹和视线。

这是个很长的故事,而代际在更替,我不知道有多少记忆是不同代际之间可以共享的。现在入行的年轻教师很可能没有同样的经历,并持有和我们一样的记忆。在很多方面而言,这些是不同寻常的记忆,我们当然应该用记载的方式来回顾它们,我是说更为书面的方式,把这些记忆的阶段、时刻和起源写下来。我想最初的标志是我们现在仍然拥有的标志,我认为它多年来一直在被分享,记忆从未失去从不值得的事物中挑选出有价值的事物的能力。

我们的故事诞生于解放后①的一段时间。这是一个很久以前的时代,但它是我们内心仍然可以感受到的一个时代。这个故事诞生于人们的直觉,是来自一些我会称为对当下文化不是很热衷的人们。它的诞生基于直觉,基于具体性,基于一个希望和一个乌托邦,也就是说,这不是别人向这些人建议的,他们在塞拉村开始建一所学校。这不是他们的学校——从某种意义上它是的,但是更为重要的是,这是他们想要给予他们孩子的一所学校:这是一种纠正、一种拯救、一种强大的创造,因强大的希望而能够承载得动这样的一种倡议。人们在周六和周日为建校而工作——他们是劳工、农田工人、工厂工人,妇女们也都是劳工;因此在几个月的时间里,只在周六和周日干活,他们建成了学校。这个学校完全就是靠这样诞生的,就像蘑菇一样能够令人意外地长出来,没有任何人给出任何建议,也没有来自任何地方的任何指南。

我仍然记得当时的对话:一方面是他们说口音非常重的方言,另一方面是在我和那些妇女清理砖头时发生的这些对话是多么难以置信。就是在那里。于我,这些大概就是给我巨大的生成力量以引领儿童教育驶向不同彼岸的源泉。这些人们的感觉是那么敏锐,参与是如此巨大,这在当时的官方文化里刚刚显露端倪。于我,这些砖块——从炸塌的房屋中被捡出,一块一块地被清理,再被砌成学校的房屋——正是象征了我们走过的历程,以跬步至千里。

这是一个百花齐放的时代,甚至学校都可以被自发地建立起来:它们都在城市的外围,尤其是最贫穷的地方。说到贫穷,我指的是在很广泛的程度上的极度贫困,深度的贫困。塞宗、马森扎提科、福斯卡托、马松(Masone)和圣克罗齐的学校就是这样诞生

---

① 第二次世界大战后从墨索里尼的独裁统治中解放出来。——中译者注

的。它们是通过直接的自我管理创造出来的,而它们巨大的困难是生存。有着很多希望,但是希望只能够与经济和财务性质的问题交织在一起。问题是确保学校的生存和希望的生存:尤为重要的是儿童的生存。

我知道,恰当的饮食在如今一直被讨论着。那个时候没有任何特别的饮食,饮食循环往复地跟着季节而变化。我们总是吃着农民提供的鸡蛋,当季有栗子时就吃栗子。食谱是大自然慷慨的标志和符号。于我而言,重述这些在今天看来是绝对不可思议的经历是想把记忆的某个点抓住,因为我知道,当记忆重现时,它们在某种程度上会再创造,而我不希望重新创造任何东西。

所以呢,有关我们国家[幼儿]学校的故事是一个交织着许多事件和变迁的故事,我不会在此做过多的讨论。然而,从历史的和政治的意义上,这是一个非常强大的事物。你们都知道是否建立托管学校的问题进展缓慢[……]。这个斗争持续了8年,实际上它在那之前两年就开始了,所以从1958年到1968年有一场议会斗争,其在本质上是关于国家建立自己的托管学校的权利。[40]

在1966年,莫罗领导的政府在这个问题上失败了,这意味着托管学校,即为小不点儿们而设的学校,是一个有着重大意义的十字路口,是非常难应付的一个十字路口。也许我们不应该对历史上那些十字路口过多感到惊奇,但在彼时这是一个历史性的分水岭。之前的经验导致了[天主教]教会对幼儿教育绝对的垄断,当时的状况我们今天无法批评。我们必须对教会所作的工作给予相应的考虑,正如承认在城市里最差的区域里的学校中大量的志愿工作是很重要的。今天,当我们在考虑事情发展的方式、事情如何向前推进、如何进展时,这[志愿工作]看起来在消失。然而,这种工作对于文化来说依然是一个巨大的机会,不仅仅是对于存在的探索之旅和人类的探索之旅。

国家那时正在重建中,在重建中许多意义被移植到了幼儿学校的这个问题上,并且被移植到了当时正在浮现而且在1960—1970年代和1970—1975年间发展到势不可挡的家庭组织变化上——我认为这是运动的伟大时刻,尽管之后改变很可能仍在发生,所以很难确定它的轨迹。然而,最重要的是,这个问题与教育意义的变化是相连的,而这个问题的性质是社会性的和管理性的:这是一个政治和文化性质的问题。这是一个巨大的议题。考虑一下,当我们[市立学校]在1963年正式诞生时,所有在它之前发明的学校,那些从人们的发明中萌生的学校都落在了后面,或在行动上落后了。有些勉强坚持到1967年。[41]市政府最终得以在1967年将它们纳入市立学校,结束了这场极其艰难的生存之旅,这也是这些非常规的奇异事物诞生的标志。

在1963年，我们[市立学校]诞生了。我不会告诉你是怎样诞生的，但是不言自明的是，我们是在幸运地克服了漫长、强大和顽固的反对之后诞生的，因为市政府不被允许直接管理教育事务。这是一个我一直坚定地和身体力行地为之斗争的重要问题。这对历史上的左派是一个巨大的机会。历史上的左派在理解教育的问题上，特别是在理解童年这个问题上，一直很落后。因此，在漫长的斗争和政治的传统上，这是一个绝对激进的转折点。在我看来，这似乎是必要的，具有生死攸关的重要性，除了[市政府的]管理问题外，在教育的事实中、在理解和管理的这部分事实中、在提高对幼儿教育中非常精细的和非常重要的问题的理解能力中，也需要[有左派]的在场。

鲁滨逊学校[开办的第一所市立学校]诞生了，我只想提一下，这个名字不是从天而降的。这个名字用心良苦，它赋予了一个人的冒险、一个机构诞生的冒险以中心的位置，这是第一次在有足够生存保障的情况下发生的。[42][……]然而，我想告诉你们的是，课程的设计立即就从教师们这儿开始了——在我看来，这是最重要的事情之一——那时的课程设计今天可能会使我们置之一笑，我想这是合理的。但在那时，这是完全新颖的一件事，尤其是在幼儿教育中和在幼儿学校中，人们可以设计[教育]是一个全新的事情，人们可以试图把每日的即兴创作——一分钟一分钟的即兴创作——丢在一边，并试图重建更受监控的或更可监控的事物，或者有着更多的交叉点、更多的组合的一些事物。最重要的是，它让老师们——那些第一批的老师们——从无到有。这是因为世俗学校①的办学经验和[学校]的服务是一个绝对未开垦的处女地。因此，我从一开始就记得，与诞生交织在一起的是第一个尽可能严格运用这种意识的萌芽，这个我将之称为教育设计(educational design)。

学校在1963年诞生，是在议会[关于提供幼儿学校公共服务]的斗争最为激烈的时候，这场斗争持续了5年。然而，我这里想记住的并不是鲁滨逊，今年是它的周年纪念：我们送上最美好的祝愿和祝贺；我想记住的是，瑞吉欧·艾米利亚这座城市不断地与策划研究和文化事件交集的方式。在1963年，在鲁滨逊学校诞生的同时，我们在瑞吉欧·艾米利亚组织了一场非凡的会议，因为它关注的主题至今仍然还在进行着，对这个主题的研究和辩论仍然在进行着。那次会议是关于精神病学——那时仍然叫作精神病学——和心理学及教育学之间的关系，并且这仍然是当今的主题。这次会议多年以来一直期待着出现对相关议题的反思。这些议题仍然要求对有关学科的互相

---

① 这是相对之前都是天主教会办的学校。——中译者注

交织,而当这种交织缺失的时候,我们这样第一线工作的人是能感觉得到,并因此而痛苦。

在1966年,我们举行了一次国际会议,第一次意大利-捷克斯洛伐克国际会议。这是一次相当成功的会议,几乎所有意大利教育学方面的著名人物都出席了,从德·巴托洛梅思(De Bartolomeis)到维萨尔伯吉到博尔吉。这个事件标志着瑞吉欧·艾米利亚已经具有了文化的以及文化层面研究的使命。

在1968年,不同寻常的事情发生了。来自全意大利各地的世俗市政府第一次到博洛尼亚来对早期教育(educazione dei bambini)的问题进行反思。我记得那是一个不可思议的时刻,人们认为世俗领域能够为一个从未超越理论陈述层面的主题集结起来,使这些主题能[抵达]一个将根基扎在具体的反思之中的地方。

在1970年,第一个3岁以下的婴幼园在瑞吉欧·艾米利亚诞生了,比[国家的]1044法律早了一年。这又是一次不同寻常的事件,它展示了把一件事情从[之前]原本可能只是停留在想法和思考层面的东西转化为行动的一种能力。

在1971年,我们举行了一次有关[幼儿服务]的社会管理的会议,"社会管理"这个字眼在今天已成为陈词滥调。然而,说到社会管理和家庭参与——真正具体的参与,而不是说教式的或字面上的参与——在那时从体验上来说是非常重大和新鲜的。它强调了——我要说是重新强调了——第一批[面向幼儿的]学校中家长的印记,我刚才和你们讨论过了。

在1971年,我们第一次有勇气在我们的城市来组织全国性的会议;第一个全国研究会议。当时的主题非常雄心勃勃:"一个新的3—6岁幼儿园的经验"。这是第一次世俗的意大利能够组织这样重要和富有活力的会议。要记住交通和通信在那时是怎样的。我们以为最多会有200到250人来参加,那样的话我们就会欣喜若狂了。在那天中午时,我们发现从意大利各地来了750人,有些甚至是来自国外。我记得我们不得不急忙把报告厅改换到市立剧院的镜厅。我们连夜把在市立剧院举行的展览移走,然后在剧院里举行了会议。

这是又一次不寻常的经历。起初我们试图从各处把一些经验收集起来——并不存在很多——这些足以直接为新生的[市立幼儿园]经验的价值做出一个公开的声明了。一本书被出版,现在已经不可能找到这本书了,只能在图书馆里找到。不过,我相信,这代表了我们国家第一次自发的有机尝试,试着为早期教育发出足够具体、足够本土的声音。

在 1974 年,我们甚至举行了一次关于图像[绘画和痕迹制作,见第五章,注释 14]的会议,而且这又是一次了不起的会议。我现在想起它了,因为这个记忆曾经有点模糊。这是一次了不起的会议,因为我们不仅邀请了心理学家和教育学家来讨论绘画(图像),我们还第一次邀请了符号学[43]的专家,还没有人知道这些是什么。我们还邀请了生物学家,也没有人知道这是什么或者这对大会的主题可以做些什么。在某种意义上讲,我们预料到了很多在领域中还没有定论的问题,我们晚些时候会再回到这些问题上。在专业发展层面上的生物学问题还没有出现:它那时还没有被意识到,而现在也仍然只是半个问题①。

在 1975 年,在博洛尼亚有一个大型会议。[44]在 1975 年,天主教的势力在广播电台上发起了猛烈攻击,不过我们今天不会谈论此事[实际上是 1976 年;见 170,279]。这又一次在我们的历史中成为一个插曲,一个可以从理性上解释的插曲,并且我认为,他们有理由来制造这种攻击,特别是集中于我们的城市[瑞吉欧·艾米利亚],因为它被视为是和上述由当地政府发动的与[教育]活动相关的不断增多的现象的震中。

在 1963 年,[在幼儿园]我们有两个班[的儿童]。在 1960 年代末,我们有 12 个班。在 1970—1975 年间,我们发展到了 54 个班。想一想这个轨迹是多么不同寻常。这真是[……]在很多方面都最容易的一个时期,而且是最为令人激动的一个时期,因为真正存在着一种让话语变为事实、让话语变成砖头②的能力。在这里,我们必须记住我们的那些市长,他们都朝着这个倡议的价值观所锚定的方向继续,这是我们努力记住的那种倡议。

然后发生了另一个极其非同寻常的插曲。托管学校不能雇用男士这件事在我们看来不可思议。我们的这种想法不仅仅是明智的,我会说这是一种意识、一种感觉,这样一个职业不可以拒绝男教师。

那时这是禁止的,[国家的法律]**禁止雇用男教师**。我们[在 1972 年的市政府章程中]打破了这堵禁锢的围墙,20 天之后,在意大利每一个执政者的桌上都有一份来自教育部的基于我们的倡议的函件,提醒他们任何国家级的管理部门或国家代表[比如国立的托管学校]绝对禁止向男教师开放这一状况③。这个问题仍然没有得到解

---

① "仍然只是半个问题"的意思是,专业发展层面上的生物学问题还没有被充分意识到。——中译者注
② 砖头比喻的是有分量的实物。——中译者注
③ 瑞吉欧·艾米利亚是市政管理的学校,因此打破了禁锢。——中译者注

决,教学的问题永远交给了女性。教学只是女性的工作这一问题不仅是一个选择自由的问题,这是一个非常复杂的问题,它代表着对每一个想要在我们学校教学的男性的严重阻碍。

这又是一个非常复杂、微妙的议题。因此我想说,男性确实和我们一起跨过了门槛。我记得第一批受雇于婴幼园和幼儿园的男教师。那对我们来说是一个了不起的事件,我认为我们认识到了这一点,它对儿童以及家庭来说也是一个了不起的事件。今天回想起来——我们今天的男教师比那时要少——这是一个轰动的发现,教育学的文献还没能够充分记住,也没有充分强调这对儿童来说是一个必需品和一个机会,从心理学和人类学[人类]的角度出发,显而易见的是,儿童要求和两种性别建立关系,这种关系不只是部分的、减半的或被禁止的。

这个历史我可以一直谈下去,但是我想现在是时候停下来了,除了说要记住那些在我们心中仍然活跃的某些事物,那些事物之所以还活跃是因为我们还在追寻它们、实现它们。

尽管存在合议机构内的危机,但是社会管理的问题被一直保持了下去。并且尽管社会管理以不同的形式出现并存在新的困难,它仍然是我们的经验中的一个基石,这个重要和丰富的联系必不可丢失。

教师"同在"[每班有两位教师]的问题。如果我要告诉你,我们为了争取这样的措施所经历的冒险。我们今天仍然完全地意识到,如果这个原则没有包含在一个项目或一系列计划中,我们是无法做教育的,甚至无法想象做教育。[这个原则]是更加原生的、更加拓展了的、更加系统性的,并且它包含了能够让教育理念和实践遵循自己的发展过程的组织形式。

艺术工作室的加入。前几天,一个从国外来的女性朋友对我说:"当你说到艺术工作室是故意地想在学校里激起的一种波澜时,我们感到惊讶。"实际上,艺术工作室是几个能够扫除传统、扫除传统组织的措施之一。我们自己当时并不是非常了解[会发生什么],但是我们确实知道,激发起突破、激发出一些不那么便捷的方向是重要的,它们能够打破我们想要去除的专业和文化常规。

在我们的工作合同中包含**常规专业发展活动**这部分的问题。如果你思考下为争取这个而战意味着什么,不仅是在这儿[瑞吉欧·艾米利亚],而且特别是在其他地方。[……]这个在我们的工作周里包括的常规专业发展活动、这种社会管理[的形式]是具有非凡价值的东西。

同样,我们对残疾儿童的敏锐具有非凡的价值。在1970年,我们的幼儿园中有25名[这样的]儿童。我是说把差异引入到学校之中的这种敏锐性,完完全全意识到我们在做什么,以及这在教育的动态中会产生什么。

然而,我相信,这个螺旋型的持续之所以存在首先依赖于一个理论层面,依赖于一个研究事业,它在旅途之中得到了阐明,但是从某些方面而言,它已经存在[在那里],在我们内心已经有着足够的清晰和意识。

我并不愿意纠缠在这些问题上。今晚我希望讨论的是另一个问题,就是看如何进一步完成和推进我们的理论和研究,同时考虑到所有的可变性,所有已经发生或正在发生的变化。首先,不断地把我们今天拥有的儿童是2000年的儿童这个事实摆在我们面前。在我看来,这是具有文化和政治性质的东西,并应该使我们保有敏锐性和高度的意识。

我们在困难的时代中工作,时代如此易变,对儿童来说如此变化多端,超出了我们的预测能力,因为我们今天的未来对我们来说难以掌握。今天的儿童的问题是一个很大的问题,需要很大的能力来做选择,来产生选择,来产生与最近的和遥远的过去决裂的选择,并且至少在这些选择中保持一种可能性的条件,一种可能的轨道的条件,以及通过保持今天给予我们的一切来看到未来的条件。当下有着很多事情,很多复杂的事情,很多交叉的事情,很多好的事情,很多并不好的事情,很多坏的事情。存在着许多机会,许多可能性,许多积极因素和冒险。我们的时代是一个极其丰富的元素,其中混杂着极其复杂的命运的可能性。

因此,我想我们可以从[在梦游仙境中的]爱丽丝的祈祷开始。这个祈祷在我看起来不仅具有象征意义,而且是一个我们不能漠视的提醒。在某一个时刻,爱丽丝这个不同寻常的、不仅有着成人哲学而且也热爱极其丰富和激人深省的年轻哲学的女孩,在独白中追问:

> 我是谁?首先告诉我这。如果我是我想要成为的那个人,那么我会上来,否则我将待在下面,等待别人来找我。我非常希望有人把头伸进来说点什么,因为我已经厌倦了孤独一人。[45]

这里回响着具有伟大意义的形象。直至今日,儿童仍在追问他们是谁,你是否会告诉我我是谁。如果我喜欢这个"我",那么我会上来和你待在一起。但是如果你不把我拉上来,你不能帮助我找到我的身份,那么我将待在这儿,但是我厌倦了独自一人。

这是一份重要的文件,一份我认为不仅在今天有意义,在明天也将具有意义的文件,因为儿童教育的问题、关系的问题、儿童身份的问题,这些都构成了一本非常难的选集。最重要的问题是,我们绝对不要阻止童年为自己做证。这些都不是简单的断言,因为这里显然有一个矛盾。我们需要做的是给予他们能力;但是,如果你不承认他们的权利,你又如何给予他们这个能力呢?[儿童]能够证明自己的权利,能够成为主角的权利,以及以自己喜欢的身份被认同的权利。[46]

从这儿开始,我们可以尝试把那些我们与儿童在一起的日常经验中的相关问题与那些宏大的设计、宏大的理论和宏大的问题重新联系起来。这正是意大利的教育学所缺乏的,因为它被封闭在书本中,被封闭在教科书中,被封闭在阁楼和地窖中,并一直痴迷于重读陈旧的书本中陈旧的问题,更重要的是,它处在一个完全拥挤和无法生存的空间里。

我们可以做些什么尝试?我不知道。我所能做的是,做出一系列公开的声明,从中你可以得到一系列的邀请和建议,在行动的层面上加以检验和重新检验。这就是说,在我们有义务进行的工作中对行动做出选择。

在我看来,第一个问题是如下危机,或者说是如下情况的终结——是的,我认为是它的终结——科学作为目的论的参考点,作为僵化的、知道一切和预见一切的来源。如果教育学是以科学的形式呈现的,你可以自己来尝试和研究我们使用的这种教育学。好的,你至少应该已经提出了一些疑问。接下来会有几个启示,我想你们每个人都已经可以把它们推断出来了。

任何领域的学习再也不能预测每一件可能发生的事情。今天,不可预测是科学的一个范畴。这种说法与前一种说法有关,但它赋予了我们每个人可能做出的解释以更大的力量。对我们来说,现在是时候了,我们需要分析意义,最重要的是,理解科学发展、技术发展、信息发展、经济发展、消费发展对重塑我们的儿童形象和人类以及认知、伦理和社会战略的重要意义。

实际上,无论我们是否知道,无论他们是否告诉我们,无论它是否有保证,无论它是否是被想象的,我们都必须基于一个儿童形象来开展工作,一个来源已久的根本的儿童形象。稍后我们将看到,这个儿童形象是如何从遥远的生物学水平上产生的。在这个时刻,重要的是要知道,儿童形象和人类形象的形成——每次我说儿童,我就是在说人类,尽管我从未真正说过,我们所面临的儿童和人类形象的形成,他们的认知、伦理和社会策略[……][与]支配我们的、我们每天都必须应对的一系列事实和大的现象有着极其密切的联系。在这里,我们又如何能够挑选出一条线索,引导我们对我们在教育中所做的具有程序性、战术性和战略性的选择进行实践性的思考呢？这是一个问题。

反思这样一个事实——再一次强调这绝对是必要的——生物学、进化理论、人类进化的理论、物种进化的理论、宇宙演变的理论对我们的形成性文化（formative culture）来说完全是次要的，而且这不仅是对教师如此，对年轻人、年轻一代也是如此。物理学、化学、宇宙学、对心理的研究、神经科学和控制论第一次发现了它们[自己]的本质——这是我们无法领会的。它们正在重新发现自己的真正的本质。这意味着物理学、化学和生物学等一直在科学规律的僵化[时期]中冬眠，并付出了高昂的代价，但现在它们正在产生一些非常有价值的东西：学科重组的必要。每一门学科不仅明白自己无法[独自]生存，它还明白了团结和跨文化性的意义。

在教育学的层面上，这些迹象是很清晰的。这种团结，这种互动，这种不同学科形式之间的相互关系，这种知识形式之间的相互关系，应该吸引我们重新审视我们的经验。

想一想我们这个时代关于哲学和围绕哲学发生的巨大挑战，这是第一次人文科学和自然科学的互相交织。这是人类从未经历过的历程。一段伟大的历程，它是沉重的，它承载着责任的重量，特别是当我们考虑到2000年是多么地接近了，以及我们的孩子将成为更为先进的一代。

这是一个宏伟的主题，它不能只是一个宣言、一个地区的或政治的口号。这是一个我们必须尝试的以及在每天结束时能将之汇集在一起的想法，它能够产生新的研究、新的学习、新的敏感性和新的感情、新的想象、逻辑和理性。

最重要的是，正如一位伟大的教育家贝特森所建议的那样，[……]有必要[考虑]我们整个系统与自然系统之间的联系，使它们一方面能够同步严谨性和想象力，另一方面能够同步兼容性和变化能力。

这意味着，我们必须重新考虑一些方面：在我们内心作为信息的那些方面，而不是在我们内心作为思维、情感、感知和意识水平的那些方面。你们都知道，要让这些方面在思想、文化和知识的重构以及知识获取和文化习得方式的重构中得到完整的体现，无疑是一个非常困难的问题。然而，这是我们必须提出的问题。

因此，相较于目前为止我们的思维能够做到的——而且我们今天仍然在以这种方式继续——我们的思维必须更少地脱节。今天没有足够的时间和大家讨论的问题是：由于旧科学的力量和压力，分裂、对立和二元论是如何成为被旧科学大量使用的范畴……

> 编者按：这个句子没有说完。

不要用纯粹的科学术语去思考，还存在经济规则的术语、政治规则的术语、意识形态规则的术语。这是一个非常宏大的问题。

在我们自己身上，还有在儿童身上，我们必须尝试并产生最大的认知弹性，必须感到我们总是愿意收拾起行装［继续前进］。有些价值观很强大，但是其他的价值观比这些价值观的固化发展得更快。我们都知道它们。但是，我认为最大的问题是朝着跨越边界的能力的方向行进，而且把我们或许直到片刻之前还认为那些不会终止的事物的资源储备起来。

第二个问题——首先是对于我们自己，然后是对于儿童、青年、年轻的一代——与其每个人去适应那些传授给你的、让你去运用和复制的专业和科学材料并在其中完善自己，更应该教大家懂得解读（interpretation）、个人的定向和再定向（re-orientation）以及对理论和实践的定向和再定向。这里我们［面对的］不仅是"训练"（formazione）或专业发展，而且是"常规专业发展活动"或专业更新的整个的问题——对此我们很可能需要寻找关键点。

想想"相互联系"（interconnecting）这个词，这个连接现在和未来的伟大动词。这是一个我们必须能够理解其深刻含义并将其结合作为我们艰辛工作的一部分的伟大动词；记住，我们不再是生活在由孤岛组成的世界，而是一个由网络组成的世界中。在这个画面中，有着儿童思维的建构，也有我们自己思维的建构。这是一个不能在分离的岛屿上实现的建构，而是从属于一个伟大的群岛，属于一个伟大的网络，在这个网络中，干扰、互动、跨学科是持续的，甚至当我们看不见时，甚至当我们以为它不存在时，或者它没出现时，相互依存就在那里。

因此，在关于教育的和理论的选择方面，我认为我们有很多工作需要做。

要记住学习和知识中的过时性的另一个重要事实。和儿童在一起，我想我们注意到并记录了某种损失。这不是周期性的损失，而是一种我们无法立即解读其动机和原因的损失。当然，无论如何，我们面对的是一个巨大的现象；文化和专业精神的衰落。从这个意义上来说，这些都必须不断地储备起来和［重新］供应，以便应对为评估现在和我们试图解释未来可能发生的事情时产生的新问题。

要十分关注价值观。我认为价值观是最重要的，与此同时还有挑选与选择，以及能穿透当今宏大主题的丛林的能力。不过，我也认为，有能力遵守人类价值观、伦理价值观、团结和互相依存的价值观、组织价值观是很重要的。这些是我们必须与之合作的伟大价值观,而且我们必须设法使这些伟大的价值观在儿童身上发芽。

再来反思一下,在知识的建构中从他律[受到来自个体以外的力量的影响的行动]的观点向自律的观点的转换。作为我们努力的一部分,我们意识到,我们在操作的方面也许过于立足于他律,过于强烈,并且对于儿童并不都是适宜的,因而我们必须在此做出重大选择。反过来,对于儿童自主成长的能力,我们必须尝试给予更多的信任、更多的认可——不仅仅是体格的成长,还有对儿童同样具有的感觉、知觉、建议、直觉和路径的发现的操控和再操控。

也许还有知识的传递。[47]因为没有人想要阻止传递,没人想禁止它。但是,存在着保守性质的传递和创新性质的传递。创新性质的传递不仅使我们更加接近我们试图在这里阐述的主题,这也是唯一允许我们真正地与儿童产生亲密关系的唯一途径。因为儿童的欲望正是如此:想具有创新性,想要成为他们可感知到的创新的一部分,就好似他们身体内部对运动和动态的感知一样。

第三个问题,我在这里尽量简短说明,是这个理论框架是否有办法受益于神经科学的观点和优势的问题。神经科学在专业发展中绝对是另一个陌生的篇章,而且无法理解(很显然是可能被理解的)这个重要的学科是如何与大脑相关联的……

编者按:这个句子没有说完。

这不仅是最不被知晓的机器(应该是被知晓最少的"工具",而不是"机器"),在整个宇宙中最不被知晓的工具,它显然也是我们借以决定我们是否能够更多地理解我们的人生、我们的可能性、我们的潜能、我们的实质和我们未知的事物的方法、媒介和终端。

不过,我必须简短地说。神经科学从属于和我们的假设相似的一个假设,在某种意义上来说,诚然大脑是基因的设计,但是神经突触——神经元的连接器——是工具,尽管它们在儿童出生时就具有,但实际上在人生的头几年中会被挑选和强化、增加或衰退。这是一件了不起的事情,它可以给[我们]更强的应用提供理论。

另一个问题,在我看来是非同寻常的,就是大脑在群体(groups)中发挥作用:成千上万的神经元之间的团结一致是一个特征。同样,我们大脑中的这种团结不仅可以保留在我们的大脑中,它还必须能够被实现,并能够进入并融入我们的价值观中。这些价值观本质上不一定是生物学性质的。这是一个非常好的价值观。

大脑[不同的]部分很懂得如何互相帮助。现在,这种迅速协助的能力——在某些东西无法运作、某些东西正在退化等情况下,其他部分迅速协助——是又一个大脑智慧[的例子]。你会说,而且我也说,这是大自然的智慧,一个伟大的智慧,它不应该仅仅只是存放在那儿。我们应该把它拉出来:设法用某种方式把它引入到社会秩序的路径中去、政治的路径中去以及哲学规则的路径中去。

我将不会向你们讲述加州大学和芝加哥大学的最新发现。

编者按:从录音带上可以听到听众要求更多信息的呼声。

好吧好吧,在两岁时,儿童已经是个了不起的儿童。儿童是一个比成人消耗更多糖分的实验室,消耗更多的葡萄糖,从这个意义上来说,工作的大脑是一个巨大的葡萄糖的吞噬者。那么,在两岁的时候,儿童设法使他们的大脑工作,简而言之,大脑通过消耗大量的葡萄糖设法使儿童工作。

圣路易斯大学(University of St. Louis)最近的研究显示,选择——不仅是神经元的突触的选择,突触是构成团结一致的桥梁,并且是连接的能力,是相互依存的能力等——是在生命的最初几年构造的。直至11岁,这个构造似乎在量和质的两个方面都是可变的,它首先是建立在这个儿童所在的社会和世界的实际的生活经验之上。

[……]

人生的第一个阶段是每一种学习最丰饶的时期。这又是一个重要的问题,就像火箭有几个阶段,尽管"阶段"是一个我们应该完全丢弃的字眼。在任何情况下,这个画面就是有着几个阶段的火箭的形象,第一个阶段推进的动力是给予后续阶段更大力量的东西。无论如何,我们必须确信,我们必须深信不疑这个表述是非常重要的。这里要做非常重要的反思。但是我不准备做。[他大笑。]我准备一掠而过。我只是想和你们在我认为的中心话题上停顿一下。

不需要我再复述这一路走来直至今天的文化科学和心理科学是怎样解读儿童的。或者复述(不仅仅是)皮亚杰和加西亚(Garcia)在一本遗作[48]中给我们的最新解释,这一解释最终感觉到,我们以前认为是生命最初几年的感觉-运动智能的一切,其实都属于一种意义的逻辑(a logic of meanings):这意味着,通过庆祝和承认儿童在意义层面上表现出的巨大潜力来重新建构[概念]。

儿童出生后的任何行为都不能被认为是无意义的。这绝对是不可能的。你随心所欲地想一想,想想黎明,想想日出,想想夜晚的消失,想想形式的产生,想想微光初现、微风、气味以及那个时刻产生的味道[它们都不是毫无意义的]。我不知道这是否是一个孩子的黎明,但重要的是那种深信这一切都留下了意义的痕迹的感觉:即使这儿没有任何行动,没有任何行为,没有任何儿童是其中的主角或者儿童是行动的接受者,也不含有尤其是对儿童来说的任何意义。但这不可能是没有痕迹的。

作为总结,我特别想要强调的问题是,对历史的理论为什么会受惠于或受制于对今晚讨论的主题进行更贴切的解读,如果可能的话,做出更具分析性的解读。这将会是另一种方式,用以揭示理论的真实性或非真实性如何经常并完全误导了我们。

无论如何,今天重要的是,我们重申了一个强有力的儿童的概念。在我看来,这是我们需要做的。

[……]

在家庭和学校环境中,儿童可能需要制造一些打乱计划的情况,从而降低他们被迫体验的常规的门槛。他们觉得有必要从模糊不清的事物中走出来,他们通过夸张、轻描淡写、极其大胆的想象、对我们[成人]来说完全不可想象的记录来做到这一点。注意到这一点就足以让我们更加习惯于困惑、惊讶、非凡的奇迹,儿童用这些你在主流文献中读不到的证据引领我们。然而,儿童宣告这些证据,以支持那些显然是在他们内心诞生的事实和事件。我们却无法理解他们是如何、为什么或如何有能力做到的。

没有明确的日期
93. ND 面向学校人员的讲话,无日期

> 编者按:这也许是在某个常规专业发展活动上对市立学校工作人员发表的讲话,或者是在新学年开学仪式上当所有的工作人员都在场时的讲话,或在某个所有的学校都有代表出席的会议场合上的讲话。时间可能是 1984 年。

关于参与式和民主式管理的教育假设的提案

幼儿园

公共和参与式的学校

本质上,我们的幼儿园中的教育假设是一个**参与式教育**(participatory education)的假设。从这个意义上说,它承认并规定了儿童、家庭、教师和学校工作者的需求和权利,积极参与以感受到自己是**实践和理想的团结**的一部分。

[……]

> 编者按：马拉古奇接着呼吁一个"教育过程的新文化"，包括教师和家庭的一个"对教育的新的普及的社会觉悟"，其中强调"能力和文化之间的互动"的必要性，强调"各部分的不完整性和互补性"，并强调"对话和研究的伦理和生产价值"。在一个题为"经验的价值，民主的价值"的部分，他主张一个采用"民主和对抗的方法作为永久选择，发展个人和社会参与以及共同责任的过程"的教育事业。

调整学校的方法和教育实践

一所有志于构建自己的经验并认同参与式价值观的学校必须调整其内容、工作方法和实践。

［……］

它必须有能力在人际关系中，在其持续性的项目设计式教学的过程和课程设计中，在对其工作计划的构想和检验中，在组织的更新的操作中，在内部实现参与和民主的过程和问题，同时始终专注于儿童、家长和学校管理委员会。

这一**同步参照**(simultaneous referencing)是非常重要的：本质上，它是由全部的教育经验的每一个要素——专业的、与持续性的项目设计式教学相连的、技术的和关系的——在对话和参与的基础之上组成的。

同样，在操作的层面确定那些决定我们总体计划的主题——目标，我们工作计划的中间点和终点，我们的方法和实践的方向——必须尽量避免两种同等模糊的实践。第一种是，渴望一个完整的教育项目，但是用口号来隐藏其不完整的理念，以作为其模糊的、即兴的实践的借口；第二种是，出于对儿童的尊重，在专业发展的领域里拒绝精确的选择，它假定儿童有着自己的发展规划，必须避免受到来自任何立场的污染。

因此，参与的工具和目标之一是这样的：组织合议式的、对认知方法的深层探究，以了解和评估儿童和成人的具体行为——通过把从多种观察和经验得来的信息汇总在一起——直到那些［可被］用于操作的程序能被定义，依然是通过合议的方式；从偶然的或细节的或单独的或私人的事物中，推断它们背后的理由、原因和假设，推断它们在多大程度上可能是更普遍的现象或类似故事的一部分，以及推断经常解释它们的文化和政治方面，无论如何都要进行更真实、更全面的分析。通过这样的方式使它成为参与式的，我们为教育工作赋予一种真正的团结实践的意义，赋予一种个体间(inter-subjective)的提议和研究的意义，赋予一种有效地检查我们自己的个人行动的意义，以及赋予一个**转向社会目的的事业**的意义。

［……］

作为开放过程的参与和民主

参与和民主不是既定的和完整的自然事实。它们是关系生活、个人和集体组织的具体形式，可以通过立法来维护，并且作为历史和文化发展的一部分，它们源于持续和开放的过程。

参与和民主是可以被加强和加以组织的过程的一部分，同时也是其结果：这个精确的解释给我们提供了关于工作人员以及学校的直接和间接用户相关工作的具体指示和可能性。

参与和民主的水平随着以下的方面成长：组织的能力、工具的适用性、支持我们工作的目标的清晰度和它们进行动员的能力，以及那些虽然开始时的立场和可能性不尽相同但却能认同参与、有着一致的行为和目的的人。

参与得到发展，并且它保障着民主和自由，自由和民主得到发展，并且它们保障着参与。

对变革的需求，以及对变革作为促进个人和集体更大程度、更为公平的福祉的可能性的信念，是证明参与的正当性和使它向前推进的要素。

如果使学校民主化的项目脱离了改变学校的功能和目的的过程，那么该项目将很难实现和分享。

参与和民主具有历史和文化意义，只有当它们承担起改革的任务并刺激变革时，才具有动员的力量。当改革和转型不仅影响到学校，而且影响到这样一种社会——这个社会从根本上依赖于一个作为私人项目的累积模型（a model of accumulation）和对私人消费的有组织的引导，它支持竞争的惯例，支持个人、群体和阶级的边缘化，这客观上为学校社区与市民和社会社区之间的民主凝聚和互动制造了障碍——时，情况就更是如此。

参与和管理委员会（Comitato di Partecipazione e Gestione）的管理团队的组织结构
基于工作主题

一般的协调　　　　　　总协调员秘书

工作的组织　　　　　　• 儿童的录取，费用确定
　　　　　　　　　　　• 与教学和辅助人员的关系

	• 时间,轮班,任务,节假日
	• 与家庭的关系
	• 半学术的倡议(延时看管[见第三章,注释59]),绿色和蓝色星期(settimane verdi e azzurre)①,暑假,远足,出访的行程等
	• 庆祝活动,娱乐
环境的组织	• 对内部和外部环境的维护和调整
	• 常规和非常规的维修
	• 家具,设备,用于教育和学校的材料
	• 功能性的服务(厨房、洗衣、交通等)
对外关系	• 与市政府、邻里委员会、文化机构、休闲机构、体育机构、本地门诊部、社会和健康服务、教育机构、合议团体的关系
教育问题和文化问题	• 学校目标相关的文化和教育组织
	• 学校社区与市民和社会社区之间的互动
	• 总体计划,部门计划
	• 课程目标,目标进展的分析
	• 建立工作组和顾问小组
	• 推动教育工作大型会议
	• 文化倡议,文化和经验交流
	• 计划倡议,与邻里委员会一起参与文化倡议
	• 与教育协调团队(Coordinamento pedagogico didattico)的关系

---

① "绿色和蓝色星期"指的是市政府为幼儿园中5—6岁的儿童提供的夏令营经历,孩子们会在山里面(绿色星期)或者海边(蓝色星期)与班上朋友、老师、部分家长等共度六天的时光。

总体指南

参与和管理委员会会议： 每月1次

管理团队会议： 每月3次

用户大会： 一年2次[49]

注释

1　1984年的协约取代了1929年墨索里尼(Mussolini)和教皇皮乌斯六世(Pius XI)签订的条约。新的协约终止了天主教作为意大利的国教,并且正式允许信仰非天主教的宗教自由。

2　摘自《孩子》(*Bambini*)杂志1988年5月第5期的一篇社论。

3　教育设计(educational design)指的是不断验证学校作为一个复杂系统的各个方面是如何实现联系、关系和美学的潜在价值的工作。

4　刘易斯·卡罗尔(Lewis Carroll)书中的原话是:"那我是谁?先告诉我这个,然后,假如我愿意成为那个人,我就上来;如果不是,我会待在这儿,直到我成为另一个人——可是,哦,天哪!……我真希望他们会把头伸下来!我真是烦透了独自一人在这儿!"马拉古奇引用的版本暗示是"某人"(成人)肩负"找到我"(儿童)的责任的意思。

5　安德烈·萨哈罗夫(Andrei Sakharov,1921—1989)是苏联的一位著名的原子物理学家和诺贝尔和平奖得主。他直言不讳地批评苏联当局,并于1980年1月在美国电视的访谈中提出苏联应从阿富汗撤兵,随后被下令流放。

6　在1980年代初,"学校和城市委员会"(Comitati di Scuola e Città)采用了新的名字"管理委员会"(Consigli di Gestione)。

7　在标题之后,文章说"本文尚未经作者重读或修正",这暗示此文是对马拉古奇演讲所做的笔记。

8　项目形成的持久过程(progettualità)是指一个项目建构或演变的过程,它与名词"持续性的项目设计式学习"(progettazione)有紧密的关系。瑞吉欧·艾米利亚使用"持续性的项目设计式学习"这个概念来针对"方案"(programma)或"程序设计化"(programmazione)的概念,后者隐含了预先设定的课程、方案、阶段等。"持续性的项目设计式学习"的概念因此隐含了一种更加综合和弹性的方式,在这个方式中,对班级中的工作(同理对教师的专业发展以及与家长的关系)做出最初假设,但是随着实际的工作展开,它会经历修改和方向的改变。

9　"客观化"(objectivisation)在这里指的是,相较建立于先入为主的偏见基础上对童年的理解,需要根据可观察到的现象,对童年进行更多的实证理解。

10　卡罗·贝尔纳迪尼(Carlo Bernadini,1930—　)是物理学家和罗马第一大学(La Sapienza University)的教授,他是托斯卡纳大区一些学校的顾问。他确信数学/物理的思维只能产生于严格的数学/物理活动,但马拉古奇坚持认为,它可以从其他语言得到支持,比如绘画、音乐、舞蹈和口头语言。

11　约翰·梅纳德·凯恩斯(John Maynard Keynes,1893—1946)和米尔顿·弗里德曼(Milton Friedman,1912—2006)是著名的经济学家,他们对经济的运作持有非常不同的立场。

12　弗雷德里克·温斯洛·泰勒(Frederick Winslow Taylor,1856—1915)是美国的一位机械工程师,他致力于通过系统的观察、研究和"科学管理"的应用来改善工业效率。

13　朱利亚诺·托拉朵·迪·法兰洽(Giuliano Toraldo di Francia,1916—2011)是意大利的物理学家和哲学家。

14　大卫·霍金斯(David Hawkins, 1913—2002)是一位美国教授,他的兴趣包括了科学哲学、数学、经济、儿童科学教育和伦理学。他曾数次访问瑞吉欧·艾米利亚。在他1974年的著作《探寻知识的愿景：关于学习和人性的文集》(*The Informed Vision*, *Essays on Learning and Human Nature*)中有一章题为"科学中的随意探索"(Messing about in Science),其中他论述了学校中科学的三个阶段;他称其中之一为"随意探索"(messing about),这里时间"应该花在自由和非指导的探索工作"。在这个阶段,"向儿童提供材料和设备——东西——并且允许他们在没有附加的问题和指令的情况下去建构、检验、探测和实验"。

15　奎山那数字棒(Cuisenaire Rods)是探索数学和学习数学的工具,例如数学的四个基本运算、分数的计算和除法。1950年代初期,卡列布·加特尼奥(Caleb Gattegno, 1911—1988),一位以创新的数学、外语和阅读教学方法著称的埃及教育家使这套丹麦小学老师乔治·奎山那(Georges Cuisenaire, 1891—1975)发明的彩色数字棒流行于世。

16　皮埃蒙特(Piemonte)是意大利西北部的一个大区,首都是都灵(Turin)。

17　在随附的笔记中,马拉古奇写道:"[1]受建构主义观点影响的对儿童的看法,它本身就是互动主义的;[2]一个有关发展和儿童的生态观点,如布朗芬布伦纳(Bronfenbrenner)在他最近的写作中为我们描绘的。这里我个人还要加上,把以上都连接起来;[3]共享的参与的愉悦,在我的想法看来[……]这有一个精神分析的衍生。"

18　尤里·布朗芬布伦纳(Urie Bronfenbrenner, 1917—2005)是美国发展心理学家,但是出生于苏联,他以发明儿童发展的生态系统理论著称。这个理论,有时被称作人类生态理论,指出了一个个体身处和互动的五个环境系统：微系统、中系统、外系统、宏系统和时间系统。他的著作《人类发展生态学》(*The Ecology of Human Development*)于1979年首次以英语出版。

19　微观系统是布朗布伦纳的五个环境系统里个体身处其中的系统。它最靠近个体,包括了家庭、朋友和如学校这样的服务。

20　控制论(cybernetics)是一个对所有系统方式跨学科的探索——机械的、物理的、生物的、认知的、社会的。它凸显了连通性、相互作用、反馈、突现和复杂性。它最早作为一个学科出现在1940年代。这个领域的一个重要人物是格雷戈里·贝特森(Gregory Bateson, 1904—1980),他帮助把控制论扩展到社会科学中。马拉古奇经常引用他的著述。

21　阿基米德的支点(Archimedean point)是一个假设的制高点,使观察者可以客观地、完全地感知所探究的对象。它代表了"使自己脱离"被研究对象的理想,这样个体可以在自身与所有其他事物的关系中来看研究对象,但是同时与所有其他事物保持独立。这个说法来自阿基米德。据说他曾宣称,如果给他一个站立的地方、一个坚固的点和一个足够长的杠杆,他就可以把地球从底座上撬动。怀疑和反现实主义的哲学家批评阿基米德的支点的可能性,认为这是一种唯科学主义。

22　毛罗·切鲁逊(Mauro Ceruti, 1953—　)是一位哲学家。他在1980年代把复杂性的认识论的问题介绍到意大利。1986—1993年之间,他在法国的政治学、社会学、人类学跨学科研究中心(Centre d'Etudes Transdisciplinaires, Sociolgie, Anthropologie, Politique)埃德加·莫林(Edgar Morin)的指导下工作。

23　埃德加·莫林(Edgar Morin, 1921—　)是法国哲学家和社会学家。他以其跨学科的工作而闻名。他对复杂性(complexity)特别加以关注和研究。

24　"单一体"(monad)指的是将学习作为一个步骤序列的概念。

25　这个摘引来自贝特森的著作《心智和自然：一个必要的统一体》(*Mind and Nature: A Necessary Unity*),1979年由纽约E.P.都顿(E.P. Duton)出版社出版,第223页。

26　伊利亚·诺曼诺维奇·普里戈津子爵(Viscount Ilya Romanovich Prigogine, 1917—2003)是比利时(俄国出生)的物理化学家和诺贝尔奖获得者。他因耗散结构、复杂系统和不可逆性的研究而闻名。在他1996年出版的《确定性的终结》(*La Fin des certitudes*)一书中——1997年用英语以《确定性的终结：时间、混乱和新的自然规律》(*The End of Certainty: Time, chaos, and* the new laws of nature)为题出版,普里戈津争辩道,决定论不再是可行的科学信念。"我们对宇宙知道得越多,就越难相信决定论。"这与牛顿、爱因斯坦和薛定谔这些通过确定性方程来表达他们理论的方式大相径庭。

27 在意大利语中,马拉古奇使用了"*vie dell'agibilità*"(活力之路),随后立即使用了英文单词"生存能力"(viability);不太清楚的一点是,他用"viability"来作为翻译,还是这是一个他在阅读中遇到的词汇。

28 在撰写此文时,詹如卡·博奇(Gianluca Bocchi,1954 —   )是日内瓦大学(University of Geneva)心理学和教育科学的教师;现在他是贝加莫大学(University of Bergamo)的教授。他在将复杂性研究引入意大利方面起了重要的作用,特别是通过与毛罗·切鲁迨合著的《复杂性的挑战》(*The Challenge of Complexity*,1985)一书,该书讲述了作为当今科学特征的范式和思维方式的转变。

29 丽塔·列维·蒙塔尔奇尼(Rita Levi-Montalcini,1909—2012)是意大利神经学家。她和同事斯坦利·科恩(Stanley Cohen)一起因他们对神经生长因子的发现获得1986年诺贝尔生理和医学奖,神经生长因子是一种对某些目标神经元生长、维护和存活重要的、微量分泌的蛋白质。她在1987年出版了自传《对不完美的赞美》(*Elogio dell'imperfezione*)。

30 马克斯·科万(Max Cowan,1932—2002)是神经生物学家。他最著名的发现是,在大脑的发展过程中,相当数量的神经细胞死亡,并且许多通道被重新组织。他表明,这两个现象在发展中的神经系统中广泛存在,它们在改善大脑最初的连接中共同起到核心的作用。

31 在这里马拉古奇也可能是在引用格雷戈里·贝特森(Gregory Bateson),这同样也影响了主要的后结构主义哲学家,特别是吉尔兹·德勒兹(Gilles Deleuze)和费利克斯·瓜塔里(Félix Guattari)。在《一千个高原》(*A Thousand Plateaus*)中,他们写道:"格雷戈里·贝特森用'高原'这个词来标示一个特别的东西:一个持续的、自我震动的强度区域,它的发展避免了任何指向顶点或外部终点的方向。"

32 巴里·康门那(Barry Commoner,1917—2012)是美国生物学家以及生态学家的代表人物,他是现代环境运动的奠基人之一。

33 格雷戈里·贝特森的《心智和自然:一个必要的统一体》在1979年首次出版。该书归纳了作者对生物之间和生物与环境之间的相连模式这个主题的思考。

34 霍华德·厄尔·加德纳(Howard Earl Gardner,1943—   )是一位美国发展心理学家。他以其多元智力理论而著名,该理论最初发表于他1983年的著作《心智的框架:多元智力理论》(*Frames of Mind: The theory of multiple intelligences*)。他与瑞吉欧·艾米利亚有着悠久的合作,包括共同的研究项目。

35 马拉古奇之后引述了美国哲学家、逻辑学家、数学家和科学家,有时被称为"实用主义之父"的查尔斯·桑德斯·皮尔斯(Charles Sanders Peirce,1839—1914)对溯源推理进行的工作。皮尔斯说,溯源推理是"形成探索假设的一个过程""科学推理的第一个步骤"和"比猜测不多也不少"。

36 马拉古奇对"惊奇"(stupore)(英文译作wonder)和"惊叹"(meraviglia)(英文译作 marvelling)加以区分。这个区别在英文语言中不太好翻译,因为"wonder"和"marvel"的意义相似。

37 伊洛斯(Eros)是古希腊语中可以在英文中赋予"爱"(love)的意思的四个词汇之一。另外三个是storge、philia和agape。Eros指的是"亲密的爱"或浪漫的爱,尽管它也在哲学和心理学中有着更广泛的应用,几乎等同于"生命能量"的意思。

38 这个题目参照了埃德加·莫林(Edgar Morin)的一本书,《制作精良的大脑:改革的再思考,思考的改革》(原著英文名为 *The well-made mind: Rethinking reform, reforming thinking*;原著法文名为 *La Tête bien faite. Repenser la réforme, réformer la pensée*)。

39 艾蕾塔·贝塔尼(Eletta Bertani)是1985—1990年期间瑞吉欧·艾米利亚的教育评审负

责人,以及第一任瑞吉欧儿童(组织)的主席(1994—2000)。

40 马拉古奇指的是提供公立的3—6岁幼儿教育经历的长期斗争,尤其是受到天主教会的反对。这导致了在1968年立法最终同意承认与支持国家和地方政府提供公立的幼儿教育服务之前,以阿尔多·莫洛(Aldo Moro)为首的政府1966年的垮台。

41 从1946至1947年开办的所有八所面向3—6岁儿童的自治学校中,包括塞拉村的,有三所在1953至1962年间关闭;余下的在1967至1973年间被瑞吉欧·艾米利亚的市政府所接管。

42 一个在鲁滨逊学校上学的五岁男孩解释学校名字的意义:"[鲁滨逊·克鲁索]是一个探险家,他非常有勇气,他出海因为他热爱出海。热爱指的是你渴望已久的事情,然后你一直都在做"(Various Authors,2012,P.91)。

43 符号学(semiology)是关于标记、信号和符号的研究或科学,尤其是在语言和交流方面。

44 马拉古奇指的是地区政府组织的一个会议:"儿童作为家庭和社会中的主体和权利来源,将婴幼园和幼儿园扩大为促进个体和社会教育的中心。"

45 《爱丽丝梦游仙境》(*Alice's Adventures in Wonderland*)是英国作家查尔斯·路维奇·道奇森(Charles Lutwidge Dodgson,1832—1898)于1865年以刘易斯·卡罗尔(Lewis Carroll)的笔名创作的小说。故事说的是一个叫爱丽丝的女孩掉进了一个兔子洞,进入了一个拟人化的生物组成的幻想世界。关于刘易斯·卡罗尔的原话,参见上面的注释4。

46 第二年,一个重要的国际会议在瑞吉欧·艾米利亚举行,它的灵感来自于《爱丽丝梦游仙境》,会议题为"'那么我是谁?首先告诉我这'。对话中的知识,以保障儿童和成人作为公民的权利和潜能"。一千多名来自全世界的与会者讨论儿童和成人的学习、权利和潜能[见95.90]。

47 在这个段落,马拉古奇表明他不愿使用是或非的二分法的立场。这不是简单地支持或反对传递,而在于传递发生的情景和方式,特别是传递是否发生在有关儿童、知识和学习的保守或创新的想法中。这也与他关于教师的主角性(protagonism)的观点相一致。

48 皮亚杰和加西亚(R. Garcia,1983)的《心理发生与科学史》(*Psychogenese et Histoire des Sciences*),由巴黎弗拉姆马里恩(Flammarion)出版社出版,1989年以英文出版,名为*Psychogenesis and the History of Science*。

49 这指的是由学校管理委员会的代表组成的理事全体大会(Interconsiglio Cittadino)。

第五章

最后的岁月:1990—1993 年

图 5.1 大会"'那么我是谁?首先告诉我这'(爱丽丝)——对话中的知识,以保障儿童和成人作为公民的权利和潜能"("Chi sono dunque io? Ditemi questo prima di tutto"(Alice)— Saperi a confronto per garantire cittadinanza ai diritti e alle potenzialità dei bambini e degli adulti),瑞吉欧·艾米利亚,市立剧院,1990 年。发言者左起:卢西亚诺·科拉迪尼、大卫·霍金斯、劳瑞兹·马拉古奇、保罗·弗莱雷(Paulo Freire)、安德烈·卡内瓦罗(Andrea Canevaro)、马里奥·洛迪(Mario Lodi)

图 5.2 在大会"'那么我是谁?首先告诉我这'(爱丽丝)——对话中的知识,以保障儿童和成人作为公民的权利和潜能"的会场,瑞吉欧·艾米利亚,市立剧院,1990 年

图 5.3 瑞吉欧·艾米利亚研究所(Reggio Emilia Institutet)开幕式,斯德哥尔摩(瑞典), 1993 年;前排左起:维·维奇(戴安娜市立幼儿园驻校艺术教师),哈罗德·哥德森(Harold Gothson,瑞吉欧·艾米利亚研究所),劳瑞兹·马拉古奇,安娜·巴索逖(Anna Barsotti,瑞吉欧·艾米利亚研究所)

图 5.4　国际学习小组在戴安娜市立幼儿园访问,瑞吉欧·艾米利亚,1990 年代早期

图 5.5　科尔国际教学奖(Kohl International Teaching Award)颁奖典礼手册封面,芝加哥(美国);在封底的是劳瑞兹·马拉古奇为他的发言提纲所做的笔记,1993 年

介绍(彼得·莫斯)

历史背景

令人难过的是,1990 年代对于劳瑞兹·马拉古奇来说是一个短暂的时期,因为他在 1994 年初意外地去世了。然而,这个十年在一个高昂的气氛下开始——瑞吉欧·艾米利亚主持了国际会议"'那么我是谁?首先告诉我这'对话中的知识,以保障儿童和成人作为公民的权利和潜能"(会议主题受刘易斯·卡罗尔小说《爱丽丝梦游仙境》启发)——会议吸引了来自全世界的参会者,包括来自海外的发言者大卫·霍金斯和保罗·弗莱雷(Paulo Freire)。第二年,在美国杂志《新闻周刊》(Newsweek)以"全世界最好的 10 所学校"为标题的封面文章中,作为所有瑞吉欧·艾米利亚的市立婴幼园和幼儿园代表的戴安娜市立幼儿园被评为全世界最为先进的幼儿教育机构。

这一日益增长的来自国际的兴趣和认可,包括日益增长的对提供服务和专业发展支持的请求和呼声,促成了一个新的项目,来帮助他们组织瑞吉欧·艾米利亚与世界之间的关系。艾蕾塔·贝塔妮(Eletta Bertani),瑞吉欧儿童(组织)的第一届主席(1994—2000)曾这样描述所发生的事情:

> 对于全世界所有想和我们的教育经验对话的人们,我们的城市同样必须承担起对他们的新的责任,所以我们配备了合适的手段。因此,在 1993 年 2 月,一群市民拾起劳瑞兹·马拉古奇已经提出了一些时日的建议,在市里发起了请愿,要求建立一个国际中心,来支持并赋予瑞吉欧·艾米利亚的教育经验以价值,这集合了许多令人尊敬的支持者,他们自己组成了瑞吉欧儿童(组织)支持委员会(Reggio Children Support Committee)。
>
> (Various Authors, 2012, p.190)

这个新的组织,即瑞吉欧儿童(组织),作为市政府和其他有意参与管理市立学校和外部世界的关系的团体共同建立的一间兼具公共和私立性质的公司,在 1994 年 3 月正式成立。自那以后,该组织不断发展,承担了一系列的职能,包括安排学习小组、承接咨询工作、组织各种研究和合作、设计和管理展览与出版工作。

与此同时,在 1990 年代期间,瑞吉欧·艾米利亚城市自身继续发展新的服务。其中包括了三所合作托幼的婴幼园和一所家长自己管理的婴幼园,它们都和市政府达成了协议;两所由市政府自己管理的市立幼儿园;一个在下午供儿童和成人一起使用的实验空间(*spazio incontro*,"相遇的空间")。两个新的园址被用来重新安置现有的市立幼儿园,其中一所和婴幼园建在一起。伴随这些新进展的同时,还新开设了三所国立幼儿园,并且两所市立幼儿园转制为国立。

在1990年代,由于出生率的上升和进一步的移民——移民主要来自意大利以外,这所城市的人口经历了快速的增长,从137 000人增加到150 000人。上述幼儿服务的扩展正是回应了这样的需求。

> 这对瑞吉欧·艾米利亚来说不是第一波移民,但却是最为明显和实质性的。在1960年代,移民主要来自意大利南部,特别是卡拉布里亚大区和普利亚大区;在1970年代,移民来自埃及,主要受雇于钢铁厂;1980年代移民来自加纳(Ghana)、突尼斯(Tunisia)和摩洛哥(Morocco)。在1990年代的城市,当地经济以提供多种不同工作机会为特点,成为全球移民潮流的一部分:从东欧到中国,来自100多个不同的国家和省份的人带来了新的文化,但同时也带来了新的恐惧和冲突。为城市定义一个新的身份并不是一个容易的过程。
>
> (同前,p.169)

在国家的层面,政府于1991年颁布了《国立托管学校教育活动指南》。(尽管它的标题没改)这个文件出现了多个变化,其中包括在行文中把国立"托管学校"(scuole materne)的表述改为了"幼儿园"(scuole dell'infanzia),接受了长期以来瑞吉欧·艾米利亚教育工作者们所提倡的术语和幼儿机构的身份。

1990年代的早期见证了意大利滑向危机。经济再次放缓。更多恐怖主义的暴行发生,最为令人震惊的是,1992年几个月内在西西里发生的黑手党刺杀地方法官乔凡尼·法尔科内(Giovanni Falcone)和保罗·波尔塞里诺(Paolo Borsellino)以及他们的保安人员,该犯罪组织就是他们生前指控调查的。更加重大的是战后政治秩序的崩塌。意大利共产党在1991年分裂成两个政党,左翼民主党(Partito Democratico della Sinistra)[采取了更加民主社会主义的立场]和共产主义重建党(Partito della Rifondazione Comunista)[保持共产主义的身份]。随后,一项司法调查——净手运动(Mani Pulite)——揭露了战后时代政府的两个主要政党——天主教民主党和意大利社会主义党——广泛和深度的腐败之后,它们陷入了无望的丑闻中,双双解散了。意大利社会主义党的领袖和1983年至1987年的总理贝蒂诺·克雷西(Bettino Craxi)出逃突尼斯,以逃避牢狱之灾;整个政治阶层同样名誉扫地。

在此出现了新的团体和政党,值得注意的是北方同盟(Lega Nord)——意大利北部的一个地区政党的联盟，对罗马的国家政府以及（正如他们看到的）低效率和腐败的南方的资源浪费表示深深的不满；以及意大利前进党（Forza Italia），一个于1993年由百万富豪西尔维奥·贝鲁西科尼（Silvio Berlusconi）建立的政党。1994年的选举证实了这个政治变化，产生了由意大利前进党领头且北方同盟和保守的国家同盟（Alleanza Nazionale）支持的联盟政府。"队员"可能改变了，但是中右翼在国家层面的主导地位依旧。

在瑞吉欧·艾米利亚，人们同样感受到这些变化。自1995年的地方选举之后，市政府第一次由中左翼的橄榄树（Ulivo）大旗下的联盟所主持，这个联盟由一系列的党派组成，包括新近成立的左翼民主党。在同一次选举中，共产主义重建党仅获得5%的选票而成为反对党。这标志着一个政治时代的结束。

马拉古奇的生平

这时马拉古奇已进入七十岁了，但仍然在瑞吉欧·艾米利亚市和市立幼儿学校保持了他活跃的身影。维·维奇的记忆是这样的："在那些精彩的会议中，马拉古奇这位狂热的阅读者总是带给我们他最近的发现，都是特别即时的最新动态，尤其在1990年代与神经科学和科学哲学相关的发现。"（Vecchi, 2010, p.48）他在国家层面仍然是一个重要的人物，继续担任全国婴幼园组织主席和《孩子》杂志主编。即使他不是给早期教育起草新的国家指南的委员之一，他的影响仍可以通过他对委员们的工作的影响间接地被感受到。

他当时正在从事他最后的重大项目，即创建一个他称为"瑞吉欧儿童"的新的组织。他在国际上也很活跃，并见证了这个城市的教育事业日益提高的国际声望。在1992年，他因对儿童和年轻人的杰出贡献被授予了乐高奖（LEGO Prize）。一年后，他在芝加哥代表市立学校接受了科尔国际教学奖（Kohl International Teaching Awards）。

在1994年1月一个寒冷的冬晨，劳瑞兹·马拉古奇因心脏病发作逝世，这是非常突然和出人意料的，这仅仅是在他结婚55年的妻子尼尔德和他的兄弟逝世数月之后。

瑞吉欧·艾米利亚的幼儿教育事业在他逝世之后得以生存，并继续繁荣发展，这是对他的致敬；他为这个持续发展的事业铺下了坚实的基础，该事业已经有了自己的生命。

摘选的文档(瑞吉欧·艾米利亚工作组)

我想要赋予这个不再是由岛屿、间隔、空间、海洋和山脉组成的而是由网络(network)组成的世界一种强大的形象,一个关于政治的、地理的和经济属性的形象。[……]我认为,这个网络形成的世界与我们的大脑和脑功能的网络形象完美地对应,要明白这一点是非常重要的。在大脑和发展之间、在神经元之间、在世界和儿童的世界之间存在着网络。[……]我认为这个强大的形象可能和学校是相关的,以及学校的组织、学校的后勤、教育、教育学、教学法、学习、认知,这些可以存在于一个网络的形式,并有着相互感染和互动的可能性。

(劳瑞兹·马拉古奇1990年在国际会议"那么我是谁?"上的发言[95.90])

在劳瑞兹·马拉古奇的旅程中不可能找到完整或成熟的东西:他在74岁时突然去世,尽管他仍在全力以赴和不知疲倦地进行研究和分析,但正如他在儿童发展理论中所说的那样,他给了我们悬在平衡和不平衡之间、连续性和不连续性之间的理论。此外,整理的文档大多数来自于对口头发言转录的文稿,这导致了复杂的解读和理解,因为脱稿发言——正如马拉古奇常常做的——我们无法总是确定那些词语和动词的构成就是我们第一遍阅读时的意义。不过,既然马拉古奇除了写作更多的是说和做,整理这个转录的口头著作可以允许我们更好地学习和研究他的思考,更好地理解他极其精致的、编织在多样的维度和深刻的人性修养中的哲学思考。

我们不会去把没有系统的事物系统化。相反,尽管处理的是这个非常短暂的时期(1990—1993),但我们将尝试在不使其变得平庸的情况下,去跟随在他长期的研究工作和他与他所体验的当代世界的对话过程中,马拉古奇似乎编织、拆解和重编的线索。

1990年代以一个国际会议开启。这个灵感来自《爱丽丝梦游仙境》,以"那么我是谁? 首先告诉我这"为题的会议的准备始于1980年代。来自意大利和世界的1 000多名与会者和大约50位演讲者参与了这次活动:其中有埃内斯托·巴尔多奇(Ernesto Balducci)神父、保罗·弗莱雷、大卫·霍金斯、马里奥·洛迪、阿尔贝托·穆纳里和米拉·斯坦巴克(Mira Stambak)。这次会议在柏林墙倒塌仅一年后召开,在他的开幕式发言中,马拉古奇把这个事件作为巨大的政治变化的一部分,同时将会议和科学的新发现联系起来:"这些话题并不在教育的上空徘徊和盘旋①:它们是主题、敏感和躁动的一部

---

① 这句话的意思是,这些话题切实存在于教育之中,而不是徘徊和盘旋于教育的上空。——中译者注

分,它们肯定存在于像我们感到困惑的意大利学校一样的学校里。"[95.90]

实质上,这个介绍性的发言有三个主题。第一个是针对由社会等级和宗派组成的社会,它谴责一种被切割成碎片的文化,这种文化没有能力也没有意愿"开启跨学科性(inter-disciplinarity)或超学科性(trans-disciplinarity)的艰难艺术",这是理解世界和"在很短的时间内为我们尚不了解的锁孔发明钥匙"的关键。科学理论终于为马拉古奇一直在哲学、伦理学和政治学中所抗争并要超越的马尼切式(Manichean)二元论①和支离脱节的立场提供了基础。世界作为一个网络的形象,正如人类大脑的网络那样,是一个有着巨大视觉和文化作用的形象,这似乎是马拉古奇从他在以下文本中广泛引用的生态学观点中改编而来的,塑造了一个对现实前瞻而有远见的——关于互联网和社会网络的——我们今天世界的形象。

第二个主题是主体性(subjectivity)。它经常"被阻止、被控制,而它的丰富的馈赠却不被鼓励",但不要把这与个体主义(individualism)相混淆。马拉古奇提议,把主体性作为自由、民主和有选择的文化的一部分;他将其与由发展的动力组成的生物的和文化的权利相联系,这也是主动地参与生活的权利,被赋予资源、能力、互动能力、关系的互惠、建设性的智力、推测以及与事物、想法和他人的协商的一种权利。他观察到,聪明的大自然给予了儿童较长的学徒期,不过她也给了成人一段较长的去评估、权衡和分析的时期。社会却相反地缩减了成人和儿童可用的时间。时间是个重大的问题:赋予儿童以时间(而且童年期是正确的年龄段)来拥有不同的观点,来突破障碍,来构想出"越界"(transgressionary)的选择,来自由地漫游想象,本质上在完全的自由中建构,并且同时在参与的维度上建构,这是学习如何学习的艺术。

马拉古奇在这个贡献的发言中的第三个主题讨论的是儿童,这是这个时期主要的焦点和占主导地位的主题。通读为这一章所选的文档,它们组成了一个建立在理论和价值观之上的有关儿童观的宣言和立场,马拉古奇说,这是任何教育学理论和项目的一个必要的前提。对于避免那种由日常生活主宰其规则以及不断增长的对于即时成就的渴求的危险,一个共享的价值观的标尺是必不可少的。然而,自相矛盾的是,"我们的儿童缺乏对他们身份的一个公开宣言"来把他们从"保护"这个可怜的词语中拯救出来,"保护"这个词在那些年联合国出版的关于儿童的文件中非常突出;对于这一点,也许时至今日仍然经常普遍存在于关于儿童的思考中。由于儿童身份的公开宣言

---

① 马尼切神学是一种把世界视为美好和邪恶的二元论的世界观。——中译者注

的缺失,马拉古奇谴责他在世的这个历史时期不仅在经济上是困难的,而且在文化上具有侵犯性。不幸的是,甚至在提及当下时,我们也不得不同意他做出的评价:当前的时代不仅在经济层面上仍然脆弱和不确定,在文化层面上——尤其是针对童年的文化层面上——也是暴力的。

"当然,即使我们今天把所有的钥匙都一起放在口袋里,它们仍无法产生正确的儿童形象",马拉古奇承认道。研究儿童的科学家总是在他们身上发现强大和不可预测的品质:但随即,也许是出于害怕,他们赶紧把儿童装进盒子中,将之放进图式(schema)的囚笼中,以启动一种不仅为科学家,也是为家庭和学校而建的防御。要为不可预测的、令人惊奇的、偶然的机会留下空间,没有这个的话,我们这个物种将会极度枯竭,也许不复存在,这对儿童和人类来说生死攸关,而教育学和学校却认为得给他们的玩耍踩上刹车。在1990年于博洛尼亚开幕的"儿童的一百种语言"展览的评论中,马拉古奇首次把这种控制的文化态度叫作"预言式的教育哲学";这个展览是在学校里由那些保持了惊奇和好奇能力的成人,通过第一线的工作和观察,为儿童的能力提供了证词,这种能力可以扫除关于发展阶段的所有那些分类和观点。两年后,在瑞吉欧·艾米利亚的一次新书发布会的发言中,他再次讨论了预言式的教育哲学的概念[98.92]。

在1990年瑞吉欧·艾米利亚国际会议的介绍中,当马拉古奇在声明所有的儿童都是丰富的时候[95.90],他发表了一个强大和含意深远的观点;在紧接着那之后的一次访谈中,他声明,儿童"在出生后立即[将他们自己置身于]沟通和交换的世界中",因此,从出生伊始,他们就成为一个"积极的共同居住者(co-habitant)"[94.90]。那么,贫乏的儿童只是那些没有被认可为具有充分身份的人,以至于不能在他人身上表现出强烈的对话精神、丰富的智力和好奇心。这种贫乏并不是作为一种生物学上的事实印刻在儿童身上,而是作为之前提到的有关身份的公开宣言的缺失的社会印记。儿童是被剥夺了的,被认为是贫乏的,是一块白板,因为这样的看法对政府的政治和经济是有用的,那个"确切地知道将钱、财富和必要的物资转移到哪里去"的政府。

在别的场合,马拉古奇断言,认为或宣称儿童是贫乏的[对成人社会]更为便利,这是因为承认或肯定他们的丰富性会要求颠覆当前的逻辑。因此,要相信儿童有巨大的潜能是极其重要的,同时能够依靠"强大的政治和文化承诺也是必要的[……],能够为颠覆当代的这些使社会成为一个不欢迎儿童的地方的范式作贡献。儿童,不是需求的主体和持有者,而是权利、价值观和能力的持有者"[94.90]。在1990年的一次关于"对童年早期的新观点"的会议的发言中,马拉古奇同时也将自己与精神分析视角下的儿童和皮亚杰视角下的儿童拉开距离,他提供了"有能力的儿童"(competent child)的概念,这一概念比他去世后的几年中经常被使用——过度地被使用——的一个概念复杂得多。

马拉古奇以复杂的方式处理儿童的形象。首先,他告诉我们,有能力的儿童并不意味着自给自足的儿童,并且介绍了"情境"(context)这一主题:从儿童到情境意味着对问题复杂化的接受。引用海德格尔(Heidegger)这位坚称情境可以支撑或打破一个主体(即它可以丰富一个主体的主体性或吞噬其直至消失)的哲学家,马拉古奇提出"能动主体的儿童"(agent-child)的观念,他认为,儿童在"一个情境中,他们一部分是作者,一部分是合作者,一部分是请求[帮助和保护]的人",并提出这作为"一个价值观必须以这样的方式声明,必须以这样的方式尝试"[96.91]。他然后提出"自我调节"(self-regulation)是一个强大的概念,但是必须作为一个更为复杂和生动得多的动态的一部分来理解。儿童的"共存(co-existence)……很显然是一个与以下方面相连接的身份:它是与情境相连接的",一个从生物上扎根于物种和产前生命的形象,一个作为互动的(有能力行动)和建构主义者(具备有限的在情境之外自我调节的能力)的形象。因此,这个生物学的根源并不意味着是基因编程决定主义或本质主义:事实上,大脑有着巨大的可塑性,而环境起着重要的作用。

"怎么办?"马拉古奇问自己——也问我们。第一个回答是:不要太快地对事物分类,"提供一系列的经验,[以及]产生与基因的特定性和潜能的整体范围相遇的[更大的]可能性"[94.90]。此外,用对话的资源,而不是保护者和指导者,将儿童包围,这样儿童就可以学习选择和发明的艺术,而不是模仿和消费模式的艺术。

情境的主题以及身份认同如何在生物学意义上扎根的主题也假定了自然—文化、天生—养育间的对立。马拉古奇采取了这样的立场——事物具有文化的属性,它们不是客观的:"事物是我们必须像阅读书本那样去阅读的东西。"[96.91]儿童通过微观世界(microcosms)①的中介经历成长,微观世界在历史上是特定的,具有各种规律、规则、同理心和冲动。这提醒了我们成人的责任——政客、教师、管理者——每个人都使用他们所拥有的能力、可能性和权力。

马拉古奇对"自我建构的儿童"(self-constructing child)的观点进行了批判性的讨论,并把这个概念放回到情境性(contextuality)的观点中,在这一理念中,获得经验的

---

① 微观世界(microcosmos)在此指儿童生活其中的直接的、微型的情境,比如家庭、幼儿园和游戏场所,而不是宏大的社会、政治情境。——中译者注

过程不断地流动，它们同样包括成人：这个过程流动允许成人倾听儿童和倾听他们自己，在此同时，与施教（teaching）相比，这些策略赋予学习（learning）以优先权。学习不是作为复制或理解，而是"作为建构主义的自我教育（self-education）和共同教育（co-education）的互补过程，通过在他们所有的基因和形式的多重性中，儿童和成人间以及儿童和儿童间的思想和行为的不间断的主体间性（inter-subjectivities）①和互动"［94.90］。

1993年在芝加哥科尔基金会举行的颁奖仪式上，马拉古奇在致谢辞中再次向我们展示了儿童作为文化生产者的形象，他们具有生产更多文化和感染我们文化的能力［99.93］。他重申了他早期的话，从1991年开始，他邀请我们把儿童"从一个没有互动的自我建构者的形象"转变为一个"社会-自我-建构"（hetero-auto-construction）②的形象，这个形象不依赖于阶段（"也许我们今天没有时间讲述'阶段'的弊病"），但欢迎多重的、与情境互动的丰富性［96.91］。

这些篇幅，如此丰富又如此细致，可以帮助读者对儿童形象形成一个更准确的认识，儿童形象是所有教育政治和教育选择最为基本的概念，然而矛盾的是，它经常被心理学和教育学束之高阁。马拉古奇谴责这种短视，是因为这丧失了以智慧的和情境化的方式阅读世界的能力，而这些能力能够凸显"复杂性的感知"。他还谴责压迫儿童的文化，它不是通过明显的暴力形式，而是通过社会言论打开早熟的陷阱，剥夺了他们的权利，使其在公共视野中隐形，以及随之而来导致缺乏对儿童专注的政治。

近年来的问题使得这一阐述强烈地情境化了。对意大利的幼儿服务来说，这是一个艰难的时期。市政府的经济问题，特别是那些婴幼园和幼儿园的经济问题，导致许多人（甚至那些原来左倾的人）考虑把这些服务移交给国家以摆脱困境。这正是发生在如皮亚琴察（Piacenza）那些附近城市的情况。对于马拉古奇来说，这不仅是放弃为市民提供的服务，而且也是放弃文化和政治进程。

当时，瑞吉欧·艾米利亚由于大规模移民而人口大量增加，因此需求也在增加。城市一如既往地选择了非简单化的道路来应对人口和经济状况的不断变化以及需求的增长。一个称为"童年项目"（Progetto Infanzia）的项目展开了，旨在评估已有的服务并提供

---

① 主体间性指和他人分享经验、知识、理解和期望的过程和产物。这通常是社会建构主义、符号互动主义和现象学方法一个主要的特点。Oxfordreference.com。——中译者注
② 马拉古奇提倡一个"自我建构"的儿童形象，即儿童是积极、有能力的个体，可以自主地建构知识。但他同时强调，儿童是在关系中进行这种自我建构的，因此，在这里他提议在"自我建构"（auto-construction）中加入"社会"（hetero）一词来反映这一思想。——中译者注

投资,架构和联合市政、国家与天主教学校的力量,并与教育合作机构一起整合成一个系统。

在那几年中,国家政府出台了国立托管学校新的教育活动指南(在1991年),这是马拉古奇一直在仔细观察和欣赏的一个复杂而先进的文件。马拉古奇经常批评的一个问题是,指南的话语与国家法规的组织选择以及工会制定的教师合同内容之间存在的完全分歧。这种分歧(比如,教师与其他教师一起和儿童接触的时间较少,提供给教师专业发展的时间的缺失,教学协调和支持的缺乏)凸显了政客们对童年时代的政治和文化的思考的缺乏,并使得许多市政府在选择让他们的学校成为国立学校时更加痛苦。在这种情境下,读者将会欣赏马拉古奇在努力宣扬有能力的儿童形象方面以及因此在教育环境中所需要的质量方面所表现出的毅力。

1991年12月2日,美国的《新闻周刊》杂志宣布,代表瑞吉欧·艾米利亚市立学校的戴安娜幼儿园是世界上面向3—6岁儿童提供服务的最先进的学校。这篇文章大大提高了这一教育经验的知名度,吸引了其他报刊和媒体来调查这个故事。在这一年的档案中,我们发现了一个电视采访的文本:在电视采访允许的时间和形式下,马拉古奇高度综合了影响和塑造瑞吉欧·艾米利亚的教育事业的主要思想 [97.91]。

这种认可和大量增加的对专业发展、访问以及国际合作的需求成为开始一个新项目的起点,该项目由马拉古奇亲自推动,直至他逝世,以建立一个可以支持瑞吉欧·艾米利亚婴幼园和幼儿园"捍卫儿童权利"的组织。在这些文章的选编中,读者将会发现马拉古奇提议用于向公众传播这个新项目——后来的瑞吉欧儿童(组织)——的宣言。

在《瑞吉欧·艾米利亚的童年和学校》(*Infanzia e Scuola a Reggio Emilia*)这本书的发布活动上,再次呈现了"国际认可"这一主题。马拉古奇指出,这个奖项在国外和媒体,而非国家教育部和左派势力中,造成了强烈的效应,尽管左派势力没有管理国家,却本可以趁着瑞吉欧·艾米利亚得到的认可为国家教育体系提出建议。直到马拉古奇逝世后一个中左翼的联盟政府的出现,这种沉默才被打破。当时国家教育部长路易吉·柏林盖尔(Luigi Berlinguer)首次访问了瑞吉欧·艾米利亚的学校。

在关于《瑞吉欧·艾米利亚的童年和学校》新书发布会上的讲话中[98.92],马拉古奇重建了学校的历史,指出其根源来自战后由于妇女的强烈希望而建于塞拉村的"人民庇护所"的经验,那里的妇女视儿童为命运的主宰者,希望他们通过教育可以得到解放,而不是重复历史。马拉古奇赞扬这些妇女强大而有力量、有组织,不仅有能力产生理论,而且有能力出入政坛,有能力密切关注人民的需求,并找到正确的对策。分属对立的政治立场组织的妇女可以为了共同的目标而超越她们对立的立场。

马拉古奇形象地比喻说,妇女进入工作场所的必要性用一层薄薄的面纱遮盖了权利的领域:服务得到了保障,世俗学校得到了保障,不仅是政治、历史和文化生产的空间,而且是儿童对教育生产(educational production)享有权利的空间。然而,在这一点上,马拉古奇提出了一种批判性的观点,他指责妇女运动没有通过更深入地为学校构建身份来伴随这个过程,而是将注意力转移到了其他问题上,例如为争取她们对自己身体有自主权的斗争。

马拉古奇同时对政客们对待教育问题的冷漠、对待学校中发生的事情漠不关心提出严厉的批评:"失去的是全球的视野……[这个使我们能够]理解未来公民的状况在发生什么的全球视野。"[98.92]最后,他谴责在家庭问题上缺乏辩论,尤其是在主要被认为是政治主体和工作者的父亲形象这一问题上——而现实中"你不能把一个工人的状况或一个劳动者的状况看作是在工厂里开始和结束的——这是一个人,与家庭环境和家庭核心有着一种人性的、存在的、文化的、情感的连续性"[98.92]。相反,马拉古奇认为,家长必须发挥自身的角色,必须对教育事业作出自己的贡献和分享。家长与儿童和学校一起,组成了构成开展教育的基础所不可分割的三部分:马拉古奇为他们献上《三权宪章》,在教育行动中经过多年不断的思考和连贯的选择后,该宪章于1993年1月开始有了书面形式。

为这最后的一章作出一个结论是困难的,而且我们也不希望作出一个结论:马拉古奇在地球上的生命线突然断裂了,同时他的话语也不可避免地被打断了。我们将在这一章中看到他的遗产是如何保持生机和活力的,是如何继续成为更多经验的发动机的——这些通常是马拉古奇自己构思和准备的,例如1994年3月诞生的瑞吉欧儿童(组织)。然而,我们将最后一次把自己托付给他的声音,这两条信息对从事教育工作的人们来说,与其说是告别,不如说是美好的祝愿:

[我们在瑞吉欧·艾米利亚的经验]通过辩论、观点的交换以及对话这些严峻的考验获得了认同;这是一个有着继续生存下去的毅力的历史,是有着生存的力量的历史,因为我相信我们可以说,这犹如一种高烧、一种内在的反抗,它首先对健康是有益的;而且这也是幸福的无穷的变奏之一。

[95.90]

也许不仅仅是对过去的怀念,我们更需要对未来的念想。孩子们——现在的孩子和未来的孩子——在对未来的念想能够到达的地方等着我们,让我们所有人都希望我们也在那里。

[99.93]

时间线 1990—1994 年

关键人物：马拉古奇
瑞吉欧·艾米利亚
意大利

1990　国际会议"那么我是谁？"在瑞吉欧·艾米利亚组织召开。

1991　《新闻周刊》提名代表瑞吉欧·艾米利亚的市立幼儿园系统的戴安娜幼儿园为世界最先进的幼儿教育。

新的《国立托管学校教育活动指南》，包括把"国立托管学校"改名为"国立幼儿园"；意大利共产党分裂为左翼民主党和共产主义重建党；北方同盟作为政党成立。

1992　获得乐高奖。

净手运动，在全国对政治腐败的法律调查开启；黑手党在西西里刺杀地方法官乔凡尼·法尔科内和保罗·波尔塞里诺。

1993　马拉古奇的妻子，尼尔德于 11 月去世。

科尔国际教学奖（芝加哥）授给瑞吉欧·艾米利亚市立学校。

1994　于 1994 年 1 月 30 日在瑞吉欧·艾米利亚逝世。

瑞吉欧儿童（组织）成立。

在越来越多的丑闻后，天主教民主党和意大利社会主义党两个政党解散；以西尔维奥·贝鲁西科尼为首的意大利前进党成立。

摘选的文档 1990—1993 年

1990 年

94. 90 对劳瑞兹·马拉古奇的访谈（没有关于采访者或采访地点的记录）

> 编者按：这份记录来自维·维奇的个人档案收藏。

[……]

马拉古奇：

[儿童形象的]宣言不仅是关于清晰度和正确性的必要行动,这对任何教育理论和教育事业都是必要的前提。那么,儿童形象是什么？儿童的生物-文化现实是什么？他们的个人和社会自主性和主体性的权利是什么？他们的公民权是什么？

就我和我们而言,首要问题是阐明儿童如何进入生活的历史、生物、心理和文化属性。儿童是生命本身的果实,从刚出生的婴儿开始,他们就与生命一起编织着互动共存和成长的动态过程,从出生起,他们就继续着他们特定的联系方式。他们与成人、文化、环境、事物、影子、颜色、空间、时间、声音、气味和口味的互动,立即把他们置于一个**交流和交换的世界**中,在这里他们获取和接受,并结合和选取瓦兹莱维克（Watzlawick）[1]所说的"不同现实"的痕迹——那些他们逐渐学会区分、组织和处理的意义。当他们穿过世界时,世界也穿过他们。

人们普遍认为,出生时的孩子已经准备好尝试使用我们物种特有的大多数的——即使不是全部的——基本感官。杰罗姆·布鲁纳很好地表达了这个观点：童年是人类进化的遗产,其命运是要发展一种独特的人类文化。从一开始,童年就带来了一种模式,使培养一个善于使用社交、学习、知识、交流、语言、情感、符号、想象等的人成为可能。

[从出生起,]儿童已经是一个**积极的共同居住者**（co-habitant）,并要求被如此对待和认可（而这一点广泛地不被承认,它不仅基于持续的旧偏见,也是基于理论和实践;这些理论和实践一直占据霸权统治地位,并且到目前为止为了方便已经形成了一个模糊的、不可定义的、贫乏的、一块白板似的童年形象）。选择儿童作为倾向于互动和积极自我建构的有机体（贝特森会说这是生物中的生物）,并作为进化和扩张的巨大动力的拥有者以及作为主动性、对话和交流的拥有者的那一方面,证实了**生物的**和**环境的**两个秩序之间新的协同愿景,并把**先天**和**后天**之间的陈旧对立束之高阁。

在心理学和教育领域,这一概念在通常分离的要素之间重新建立了循环:心智与自然、身体与心智、主体与客体、依赖与自主、整合与分化、个体内与个体间、理性与情感、儿童与成人、儿童与儿童、目标与程序、理论与教学法、教学与教育,将它们整合在相互关联、相辅相成的过程中。这是一个概念,标志着预先塑造一个生态儿童和一个生态视角的起点（尽管需要更多的时间）,通过将社会视为一个全局互动的情境,突出了将"相互依存"这一概念作为其功能和选择之一,作为教育领域的功能和选择之一。

这种明确公开的儿童身份的声明是我们开始工作时的理论基础的正确和必要的前提,但荒谬的事情是,在一个通常不清楚也不需要事先参考并以实践(或任何一种实干)为主导的世界中,这却是一种非常不寻常的操作。在这一点上,请允许我说,**隐藏**儿童,让他们处于神秘之中,处于无法解释的状态,或者**拉康**(Lacan)所谓的未被说出的事物中的"**去存在**"(desêtre)[这个词被翻译为不同的译法,如"去存在(dis-being)"和"非存在(un-being)"],在我看来,这是一个历史的和文化的**障碍**,仍然没有以足够的勇气被仔细审视;从苏格拉底(Socrates)到坎帕内拉(Campanella),从艾伦·凯(Ellen Key)[2]到玛丽亚·蒙台梭利,对许多人来说,这是极其痛苦的事情。这是两种文化及其所有合乎逻辑和不合逻辑的政治影响继续相遇和冲突的地方。

简而言之,我再说一遍,被宣布为是**贫乏的**、身份不明的孩子比被识别和被宣布为**丰富的**孩子更使人方便。不具有特征的**贫乏的**、模糊的孩子,你把他们放在哪儿他们就待在哪儿,你可以随心所欲地描述他们,没有性别、角色或历史。他们忍受任何教育学的理论或应用,而你不欠他们任何未来,或者甚至法律也无要求。你可以为他们创建没有质量的机构,给他们训练低劣、薪水低廉、地位低下的教师。基于方案的课程如今很流行,它们着重于效率以及虚构的符号、箭头、标尺和课程包,这是一种误导性的进步主义的反击行动,使儿童和教师被重新物化,用我们前面讨论的方式将他们隐藏。

如果儿童被宣布为丰富的,那么你必须推翻所有这些东西,给他们头脑而不是头颅,给他们法律和道德、保证、投资和权利。你必须为他们建立新的机构、学习和文化,并进行长期的投资,推行长期的社会政策和完全不同的公民身份。在这种背景下,你可以想象教育和知识的永恒控制力所发挥的作用:对家庭的神圣依赖,女性的底层角色,强加给社会服务机构的因循守旧,对于指责和责任的分配——它们必须始终是私下的而永远不能是公开的。

令人震惊的辍学和"死亡"现象,以及教育与就业市场之间的差距,这些在我们国家是非常明显的事实,但从某些角度来看,它们不一定代表灾难和不公正:它们是意大利的公共部门中种族主义的主要(隐蔽的)表现形式,也是漫长的学校教育的终点,这种教育是不应该被允许运作或受到拥护的。[3]

简而言之,用玛丽·安斯沃思(Mary Ainsworth)[4]的话来说(尽管她是在其他地方使用了这一表述),这种**陌生情境**(strange situation)是一种危险的反常现象。这解释了为什么有些人说,在欧洲经济共同体[欧盟前身],对洗衣粉的控制[的关注]比对于儿童的关注更多。或者这就是为什么，根据杰罗姆·卡根[5]的权威说法，美国人（但不仅是美国人）高度尊重独立和个性，最终却漠不关心地认为儿童是未分化的、依赖他人的生物。

这就是为什么对于那些面临这些不可思议的短暂意识丧失（blackouts）[原文如此]与无意义事物（nonsense）[原文如此]的儿童和青少年来说，极度悲伤和逃避现实的反应在他们的心理中很常见，而这与格雷戈尔·萨姆萨（Gregor Samsa）[6]一样，他没有理由在绝望的欢乐中变成甲虫，除了说他渴望摆脱小资产阶级家庭和社会的控制，而小资产阶级家庭和社会不容忍多样性、严谨性或幻想。

这些迅速的断言表明了某些事情：现在是时候了，我们的道德责任是相信儿童——所有儿童——拥有比人们认为的更大、更普遍的资源、可能性和能力；有必要从基于尊重和促进这些定义儿童现实的特征的概念开始，不断研究教育对策；所有这些都不是显而易见的事实，除非它同时有强大的政治和文化承诺，能够有助于推翻当前使社会成为对儿童来说**不友好之地**的诸多范式，**儿童，并不是需求的主体和持有者，而是权利、价值观和能力的持有者**。

对有关儿童——每一个儿童（以及每一个人）——的本质和事业的最后定义是我们的坚定信念和辛勤工作的原因，我们之所以力使我们的组织和方法体系与之相符，也是出于我们的关系的专业性质和我们的价值观的原因，我们今天甚至比昨天更愿意证实这些信念和价值观。

第一个论述引入了第二个道德上必要的宣言：关于支持我们最近工作的文化选择，其中的调整、调解和重新解释一部分是由经验提出的，一部分是由外部事件和教育政策提出的，一部分是由过去十年中的国际贡献和不同学科的贡献促成的更广泛的比较提出的。

有了我们提出的前提，很明显我们的选择是朝着思想潮流的方向，这种思想潮流首先将儿童定义为倾向于并积极通过社会互动和相互依存来构建自我和知识：我们尽可能地试图将生物、政治、文化以及——本着时代的精神——生态的过程结合在一起。我们的灵感之网与建构主义和社会建构主义理论相连；它们是引发创造性的发展和知识概念的理论。更确切地说，我们的参考文献从皮亚杰的发生认识论（但不是从它所衍生出的教育学的解释）到有关复杂性的实验理论：从莫林到瓦雷拉，从贝特森到冯·弗尔斯特和普里戈津，从莫格尼（Mugny）到杜伊斯（Doise）和莫斯科维奇（Moscovici）。并且永远不要忘记杜威、韦特海默（Wertheimer）、瓦隆、克拉帕雷德、维果茨基、布朗芬布伦纳、霍金斯、阿恩海姆、贡布里希(Gombrich)、帕珀特(Papert)、加德纳;对于神经科学领域,埃德尔曼(Edelman)、罗森菲尔德(Rosenfield)、列维·蒙塔尔奇尼、杜尔贝科(Dulbecco)和其他人,我们将在后面提到。

这些贡献中浮现出一些指示符,或者说,如果我们有能力的话,可能会产生指示符,这些指示符可以帮助我们在没有任何义务的情况下尝试教育对策,并尝试对我们时代的社会提出的难题、要求和令人不安的问题,尤其是对这些问题所带来的道德和公民影响作出更有远见和更公正的回应。与施教相比,这些策略赋予学习以优先权。学习不是作为复制或理解,而是作为建构主义的自我教育和共同教育的互补过程,通过在他们所有的基因和形式的多重性中,儿童和成人间以及儿童和儿童间的思想和行为的不间断的主体间性和互动。

显然,本论点对任何关于**天赋的意识形态**(ideology of gift)(儿童出生时他们的天赋已经预先确定了)都抱有怀疑;以及任何试图评估和区分儿童假定的长处和短处的早熟判断,例如声称早期天赋、能力倾向①(aptitude)和风格(styles)的**导向**都是无可争议地受到基因遗传的支配的。这种说法忘记了可塑性是中枢神经系统的特征之一,大脑在生命的最初几年继续生长并组织其神经元和突触,因此表明了它对儿童生活经验的易感性。

但是,如果你同意,我想我们将回到这个至关重要的主题。

访谈者:

同意。原谅我打断您一下。您列出的怀疑是可以理解的。但是今天有很多关于**学习风格和能力倾向**的话题,这被认为是遗传因素的一部分,据说它们形成了每个孩子的多样性,并且可以证明个性化的教育干预是合理的。

马拉古奇:

每个人的原创性和独特性都是无可争议的事实。然而,从一开始就用**配方**式的方式来采用多样性,并宣称它是可诊断和可解读的,这应该让我们真正感到害怕。个体差异需要经历它自己的旅程才能实现。然而如何实现?通过相对于其潜能来说完全一致和充分实现的方式,还是简化了的和不一致的方式?这个复杂的问题不会容忍简单的答案,简单的答案似乎不愿意承认我们知识的局限性。

---

① 能力倾向是心理学中的一个常用概念,它指个体在先前学习的基础上所形成的各种稳定的特质因素。同时,在英文中,这个词同时具有天资和才能的双重意义,因此读者也可据此来理解。——中译者注

我知道,今天有很多关于**风格**和**能力倾向**的谈论。但是,用于识别它们的工具是什么?盎格鲁-撒克逊人的"测试学"(testology)①,这只不过是对知识的荒谬简化,以及对个人的历史意义的剥夺?

我认为,这些关于风格的理论首先是得到了害怕儿童的差异可能不会得到尊重的恐惧的支撑,但是它们也受到了我们"等待时间"[愿意等待]的崩溃的支撑,以及受到了渴望**给事物命名**的强烈愿望的支撑。遗传因素的研究告诉我们很多有关身体特征在遗传上的传递,但很少涉及气质特征,几乎没有关于认知风格和人格的东西。这个领域的生物学很大程度上归因于遗传学。当遗传学说我们是**生命有机体**时,并不是说我们的基因遗传中已经有任何绝对已经编纂好的东西。当它说基因是多态的(以各种形式出现)时,它想强调的是,为了实现它们,必须考虑到环境。当它补充说学习与突触连接的变化相对应时,它就是在宣告学习的数量和质量的力量。这也是霍华德·加德纳的论点,他被认为是一个毋庸置疑的、有能力和公正的判断力的人。

我们应该做什么?首先,抛开任何分类的冲动。其次,使经验多样化、倍增、强化,再发明、再倾听儿童的活动、行为、言语和语言。支持和利用他们的兴趣、学习、选择和交流的形式。简而言之,拓宽我们和儿童用来捕鱼的网。我们把经验的范围扩展得越广,就越有可能与所有遗传特异性和潜能相遇:那些已经准备好并渴望发芽的、那些尚未决定的、那些正在睡觉并需要被摇晃一下的特异性和潜能。

继续我们的论述。怀疑地审视并不意味着忽视儿童的多样性。这意味着不回避另一个问题,即伴随发展的现象的**方式**(hows)和**原因**(whys),无论是正在进行的,还是已经建立的:某些相似和不同的含义,某些突然的停顿和同样突然的加速的含义,等等。真正的问题是,教育学必须用"**扁平足**"走路——这是它与心理学之间的另一个区别。教育学必须耐心而谨慎地前行,带着怀疑和猜想,必须将自己置身于不同的观点,多看多听,问问自己正在发生的是否只是表象,它的工作的节奏和品质是否能够满足儿童的追求、动机、他们的成熟水平、对情感和社交的要求。在成为审判的法庭之前,教育学是初审、询问、反思和未封闭的插入语。

此外——我为坚持这一主题而道歉,从认识论和教育的角度来看,这是至关重要的——我承认,我们这个物种的一个特征一直给我们留下深刻的印象:超长的童年。

---

① 这是一个新造的词,在此应有滥用测试手段的意思。——中译者注

托尔斯泰认为,从出生到 5 岁之间仿佛是一个永恒。我认为,这份大自然的恩赐意义重大,是一种智慧的行为,是一个精彩的预告,仿佛大自然在说:这漫长的时间尊重了儿童的成熟和发展的长期时间,以及允许儿童学习如何学习,去磋商他们在这个世界上取得的巨大和艰辛的成就以及扎根于生活所需要的耐心的时间。这种远见卓识不能浪费,也不应得罪。相反,我们应该记住,在这个疯狂的泰勒主义(Taylorism)[7]时期,浪费和加速的狂热[也在施加]于儿童。

然而,这个漫长的童年也是对我们成人的一种慷慨智慧的举动,好像它认识到与儿童在一起并对他们进行教育的巨大困难和责任,可以有效地使我们沉浸于此,并帮助我们纠正潜在的错误。

我们有理由希望,随着对其意识的迅速扩展和激进的力量,生态意识迫使我们的思维重新审视惯性地考虑社会与自然关系的脱节方式,它将会构成一个非常好的理由来修订几种生产范式(包括社会和文化是如何排序的),并显然修订我们对自己、对自己的形成过程和对儿童的形成过程的规范性(regulatory)观念[8]。

教育设计的一些核心是什么?开始反对支撑人类/环境二元性的傲慢的笛卡尔理性和人类中心主义——它们与事件相矛盾,但对我们所有的行为都有巨大的影响力;谴责一切源于[如下这种思考方式]的东西,这种思考方式看不到现象的系统性的、相互关联的性质,看不到自然界不同领域之间以及生活与知识之间的相互关系;最后是,理解意识形态的危机与令人难以忍受的、概念上绝对宇宙的不合逻辑的狂热之间的联系,它们是新旧原教旨主义的前兆。

在我看来,不仅仅是所谓的生态学练习,教育的任务,尤其是对儿童而言,是从以上讨论的命题中获得价值观,这可以主导新的内容和促进它们的方式。这当然不是一项容易的任务,但这是一项影响广泛的任务,它是[以这种方式]开始的:回顾构成今天组织教师工作的基础的概念,这些概念与家庭和儿童自身的问题之间如此孤立、分裂和疏远;通过加强儿童对一个比家庭和学校更广泛、更多样的世界的归属感;通过欣赏儿童探索性的、好奇性的主体性和主体间性,以及他们在整合能力、信息和情感时自由构建的不同关系和理论体系;通过帮助儿童掌握他们与理性和程序的关系,这可以导致无限扩展的可能性,扩展网络、假设和知识;通过扩大他们的经验范围,强调交流和对话的价值;通过加强他们对环境资源的发现,并谴责任何对这些资源的无理使用,以及通过将建立联系的价值置于对立和等级的价值观之上。这是一种生态和系统的愿景,深刻地渗透到我们获取知识的方式中:它站在现实的旁边,而且正如贝特森所希望的那样，它与"人类改变环境而不是改变自己的习惯"[9]相抗争。

访谈者：

您描述童年的力量和激情，这难道不会引起人们对回归理想主义和以儿童为中心的怀疑吗？

马拉古奇：

对以儿童为中心的指控并没有吓到我们，对理想主义和自然主义的指控也没有吓到我们，这些指控意味着失去对儿童的历史性[历史现实]和真实环境的复杂性、过渡、相互影响以及相互依存关系的感知。赫尔维优斯（Helvetius）和卢梭呢？不，儿童天生既不完美也不平等。然而，他们奇妙的直觉帮助我们做出了广泛的选择，在民主制度不完善的时期，这迫使我们认真思考当前的风险状况，对童年生活、角色、权利和价值观的否定，这些因素与成人生活中面临的风险相关。我们真的需要提及社会暴力、苦难和非人道化地区的增加吗？

问题是，要看目前的民主形式是否首先与它们本身兼容，然后与其他新的发展形式兼容；一方面，他们是否有能力超越他们的个体主义、竞争性、选择性的几个优先事项，另一方面，超越增长、繁荣和普遍公民权利之间的矛盾，以及[如果他们有能力]结束一个原则和价值观没有转化为公共和私人团结的守则的体系。正如编辑卡尔·罗恩（Carl Rowan）在《华盛顿邮报》上以美国式的讽刺写道的那样，"'问题'一词——特别是当涉及个人的时候——在我们的国家是一钱不值的，但如果我们将它与'社会的'一词放在一起时，它就变得可憎"。

显然，在一个受污染的道德规范中，有几件事是没有它们的空间的，更没有一个真正的儿童文化的空间。对儿童的祝福是慷慨的、庄严的承诺，写在了《国际宪章》中，然后却不断地被收回，而不是普遍承认儿童的生物的、历史的和公民的权利，这些权利将会有助于他们（和成人）不觉得自己是被养育的对象，而是需要被视为个人的主体；作为**有知识**和**有能力**的人，他们正在寻找一个对话者/资源，而不是一个保护者和指导者，最好是学习选择和创造的艺术，而不是墨守成规地模仿模型和消费源自这些模型的无穷衍生品的艺术。也许纽约州州长马里奥·科莫（Mario Cuomo）最近的一次反思可以与这种干枯的生活感联系起来："**有一个反复出现的主题。美国缺少了一些东西。人们可以感受到，但无法表达。这是什么？这个美国没有理想。**"

没有理想，没有共同参与一个共享和可分享的价值标尺，日常的琐碎最后变成了主宰它的规则。它限制了想象，使得我们对自我以及对他人的感觉最小化；它侵蚀了那些期待和不可预测的规划；它破坏了持久的关系和思想的感觉；变成了自我主义（egoism）；并增加了我们对即时成就的渴望，扰乱了衡量能力的方式，并迅速消耗了经验提供给我们（或没有提供）给我们的东西。它撇下了那些还不能奔跑的人，以及那些不再能奔跑的人，儿童就在其中。

尼尔·波兹曼（Neil Postman）费尽力气写了关于童年的消逝的论著。[10]他关于在2000年回到中世纪那种童年的理论，其中童年（这是文艺复兴时期最伟大、最人道主义的发明之一）和成年的年龄之间的界限模糊不清，这一理论是一个警告，即使我们不认同他的文化推理，我们也可以反思。

我个人记得《学会看见》（*Learn to See*）的远见给我留下的深刻印象，这本我不厌其烦地提到的大卫·霍金斯的书，又是一个美国萌生的产物：

> **我不知道该如何整理证据或以适当的资格陈述论点，但直言不讳地说，我觉得我们正在忙于建立一个不想要儿童的社会。我在讲的不是出生率，而是在讲童年的状况。许多我们目前对教育改革的热忱与这样一种解释相一致，即我们并不真正喜欢儿童，而且希望让他们尽早地结束童年。我并不认为这些症状是个人选择的结果，而是在面对倾向于将以儿童为中心的机构、家庭或学校排挤出去的压力时，无法做出修正性的选择的结果。**

这是在1970年代写就的，即意大利重建时。美国离得很远，但它的模式是许多影响力的先驱。今天，世界变得越来越小，但是童年状况的严峻性却变得越来越强，结果，青年人的状况也是如此。一段时间以来，像约翰·杜威这样的巨人以绝对的先见之明与这些阴影进行了斗争，接着有霍金斯接手，并由波兹曼、罗恩和库莫以不同的方式谴责阴影，这些阴影也出现在意大利和欧洲，并且已经在更广泛地传播。

我对这些启示如此坚持的原因很简单——它们只是我们归功于美国社会文化的许多参考资料的一个方面，对此我们无疑是很受益的。人类事务今天有许多最紧急的节奏和问题。如果这种对美国正在发生的事情的持续关注似乎令人怀疑，如果它分散了我们对一个我们可以感到越来越接近的时代的注意力，当文化、政治、宗教、种族、语言和传统之间的相遇、冲突和交织将导致前所未有或想象不到的**突变**，那么这是一种完全恰当的批评。

在这个不确定和不可预测的框架中，未来教育的挑战不是消失或减少了，而是扩大了，直到它们唤起不可忽视的征兆。

所有这些促使我们去挑战一些广为散布的定律和习俗的内容，并支持童年时代从

（不仅仅是）偏见的和扭曲的表现形式的巨大发源地中抽离出来，这种现象在不同的文化中广泛存在，并且类似于莫斯科维奇的**共识宇宙**（consensual universes）[11]——总是重复，但从未被证明过。

我们可以肯定，"童年"这个概念在一定程度上是一个文化建构，不过不仅仅是一个文化建构。这种说法本身同时既是不可争辩的，也是可以争辩的。令我们感到惊讶的是，我们不是在隧道的起点寻找儿童，而是在隧道的尽头找到儿童，而这完全是基于成人居住的世界的规则、行为和便利。这种逻辑丝毫不承认那些生活在［今天的］儿童之前的人的批判性经验，而且，它也不理解为什么这种历史和人类秩序如此不可逆转。

真正的风险是让**有关童年的公众言论**流传开来，让道德家和类似的救赎者都投身其中，为所有不愿做出任何改变的人敞开陷阱之门。

访谈者：

我知道您一直是让·皮亚杰的仰慕者。这种对于您的发展如此重要的联系是如何产生的？我记得您在1970年代的一篇文章中希望，对日内瓦的思想家的研究除了在儿童教育方面的方法论和教学法方面的可能创新外，还可以引出新的思考的工具。几年后的现在，我感到有了一些批判性的反思。

马拉古奇：

皮亚杰的先驱式的天分是无人可以夺走的。当你进入他的发生认识论研究事业时，他的魅力就会大大增加。他的研究致力于确定生物学和知识之间的关系，这些关系构成了认知过程的［生成］矩阵。这项工作以前从未被尝试过，在如今越来越广泛的实验认识论以及控制论和复杂性的理论中，它的创造性的影响和根源仍然在发芽。

不言而喻，我们也已经部分地使用了皮亚杰建构主义的"砖块"来**构建**我们自己。这是1960和1970年代。我个人对新学校的激进主义以及博威特、克拉帕雷德、弗里奈和费里埃[12]的工作感到非常兴奋（50年代，我在里昂FICE的一次会议上遇到了费里埃这位很可爱的老人，FICE是一个国际联合会，它负责协调战争结束后迅速兴起的儿童社区，我与埃内斯托·科迪诺拉和玛格丽塔·佐贝利一起参加了此次会议）。皮亚杰是掀起一场真正的心理学革命的人。

我的阅读，我的朋友吉多·皮特[13]，他是日内瓦学派的首批意大利大使之一，以及杜帕奇女士（Madame Duparc），她曾经是著名的法国小学院（Ecole des Petits）的负责人,我在会议上见过她,他们都说服我整理起行装前往日内瓦。皮亚杰的真正伟大之处仍未被我们发现,但是我们已经窥见了他所描述的儿童的伟大之处、他询问儿童的难以置信的方式以及他对儿童组织智力的过程的无尽研究。

[当我去日内瓦时,]皮亚杰没有在。我有比较长的时间参观了著名的小学院,并很高兴见到了波弗德博士,他正在宣讲一本关于思维和数学游戏的书,该书是基于皮亚杰在日内瓦研究所[日内瓦大学的教育科学研究所,皮亚杰于1938年至1951年之间在该所任主任]开展的调查演绎而来。这是一本全新的书。波弗德授权我翻译它。我很天真。我与意大利朋友讨论了此事,一家竞争对手的出版商买走了版权。那时我写了这篇文章,并组织了有关数字思维和儿童思维起源的研讨会。这个主题已进入瑞吉欧·艾米利亚教师的工作计划多年。[见 24.65、25.65、31.67]

较年轻的研究人员(从穆努德(Mounoud)、勒·蒙(Le Moigne)和阿波斯特尔(Apostel)到穆纳里、博奇和切鲁逊)已经就大师的论点辩论了数年。

我们的保留和批评是什么?简而言之,它们在于日内瓦儿童(the Geneva child)①是驻扎在人类历史和社会之外的,是一个单向、累积和线性方式的认知者,他被发展阶段以一种僵化的、可预测的以及不受情感、情绪和幻想影响的方式束缚着,他也被过度的形式主义包裹着;加西亚也承认了这一点,他与皮亚杰一起是最后一本书的合著者,这本书是在大师逝世后问世的[见第四章,注释48]。

访谈者:

您说过要回到生物学的话题上来,这个学科很少或几乎没有得到教育理论家和实践者的倾听。您用什么方式谈论它,以及如何将它与儿童教育问题联系起来?

马拉古奇:

请让我回忆一下。几年前,我们举办了一次关于儿童的认知以及痕迹制作和图像[14]语言的会议。在会议上,我们有五个人做了介绍:两名教学协调员、弗朗切斯科·德·巴托洛梅思(Francesco De Bartolomeis)和我;一位来自帕多瓦大学的心理学家,一位来自帕尔马大学(Parma University)的生物学家和一位热那亚大学(Genoa University)的科学领域的研究者。讨论非常活跃,意见分歧不一,达成一致同意的也很少。我们走在正确的轨道上,但是我们使用的词汇和概念无法同步。我们没有准备好把不同学科的声音编织在一起。另一方面,生物学家和符号学家的出现使某些人有机

---

① 指皮亚杰研究的儿童。——中译者注

会指责我们是唯物主义和技术主义。

那段时间事情就是这样发展的；但我们不能排除现在类似的情况可能会再次出现。事实是，对文化传统存在着一种顽固的和反历史的忠诚，这种传统保持着知识之间的区别性和分离性，这也解释了为什么甚至教育哲学也没有能力抛弃旧的范式，也没有所需要的能力清晰地勾勒出儿童的、教师的及其专业发展的特征。这种现象在意大利仍然很明显，并且在国际上也很常见。只有在说英语的世界中，我们才能看到社会科学中出现的某些方向的变化，这些变化已经开始与生物学、数学、信息技术、生物化学、神经生物学相结合，特别是与大脑的结构和功能的研究相结合。我们可以在布鲁纳、加德纳、卡根和布拉泽尔顿（Brazelton）最近翻译的著作中找到关于这种不同文化视角的记录，以及他们坚持发出心理学界应加入生物学的信息，并且他们在教育学的理论和实践之间创建起新的密切关系。

在我看来，这些联结仍不足以接近在1940年代控制论诞生时的跨学科文化模式和第一个文化联盟（普里戈津如此钟爱[见第四章，注释26]），这些在今天看来，是对困扰我们的人类和地球问题的不可避免的回应，在这种文化联盟中，教育学研究无法被包括在内，或者由于软弱和无知而被排除在外。但是，在这里，选择是必要的，因为生物学理论并非全都用同一种声音说话。我认为，如果我们谈论生物—文化理论，达成一致会更容易。

我们的选择是生物学的动态视野，这来自几个生物学研究流派，其中著名的有杰拉尔德·埃德尔曼（Gerald Edelman）、丽塔·列维·蒙塔尔奇尼、雷纳托·杜尔贝科（Renato Dulbecco，诺贝尔医学和神经科学奖）、伊斯雷尔·罗森菲尔德（Israel Rosenfield）和让·皮埃尔·相舍尔（Jean Pierre Changeux）。最重要的方面是动态生物学的目标，它对大脑的研究与认知、行为和人类命运等主题有关。丽塔·列维·蒙塔尔奇尼说："'目标'是理解人类的本质并改善生活质量，不仅是部分人类，而且是全人类。大脑的知识不仅是理解宇宙的关键，也是人类理解自己的唯一希望。"而且，杰拉尔德·埃德尔曼继续说道："只有我们在解释大脑的工作原理时把自己从决定论的心理图式中解放出来，我们才能够了解人脑、它的可塑性和不可复制性。"[15]

神经科学的动态视野的最大优势是大脑的可塑性，它不再被基因程序所固定，也不再由独立的、未分化的结构和神经细胞组成。[相反，]神经细胞通过连接器（称为突触，它的组织特别重要）连接在一起，这些连接器又融合在一起，形成聚集体或多功能地图，从而为我们提供了一个令人难以置信的建筑工地似的图像，其中不同的功能和结果被组装在一起,没有两个是一样的,都是依据一个共同的共享计划。

访谈者:

如果我们认为大脑有百万亿个神经元,以及有一个用三万六千个零来表示连接数量的网络,那么这个建筑工地就如屹立在神话中。它是宇宙中最复杂的地方,[人类]进化产生的最高级的系统。

马拉古奇:

所言极是。关键的断言是,遗传信息和动力学似乎不足以在数十亿个神经元(神经细胞)之间建立联系,或者决定突触联系的网络以及通过化学和电信号促进认知和智力活动的相互交流的地图。据称,这些复杂的关系网在信息和与外界的相互作用的影响下被整合和分化。

雷纳托·杜尔贝科的思想处于类似的立场,"人的大脑对遗传的决定性的突破可能比人们假设的更多":(著名的神经生物学家、巴黎巴斯德研究所(Pasteur Institute)所长)让·皮埃尔·相舍尔的想法也是如此,他将智力的思维描述为一个总体性事件,其中包括来自身体的贡献,以及描述为"一个思想的旋律,一场心理图像的交响乐,这些心理图像由通过共同振动和不同人类行为激活的神经元组件单独地、聚合式地或全部共同地产生;当这些组件通过共鸣引起其他合奏,这些合奏可用于创造性行为"。[16] 伊斯雷尔·罗森菲尔德坚决主张创造力是大脑功能的前提:"创造力,即无极限创造的能力,似乎是我们大脑的基本特征。令人惊讶的是,神经科学开始对此进行解释。"

这种叙述显然敦促我们,基于大脑固有的可塑性,永远不要将生物学和经验因素视为独立的力量。它们的互补性以及它们共同建构的差异性为更清晰地认识教育过程打开了一扇门。但是,对于那些对儿童和幼儿教育感兴趣的人来说,干预的领域和质量甚至更加紧迫和具有决定性,向再次来自美国人的比喻致敬,即儿童就像一个具有不同阶段的火箭,具有决定性的是第一阶段的推进力。

从科学的角度来看,我们首次使用了先进的断层成像技术,这里是三位研究人员的话语,尽管他们彼此相距遥远,但他们的发现却是一致的。简而言之,洛杉矶的 H. 楚嘎尼(Chugani)、芝加哥的哈特洛赫(Hutternlocher)和圣路易斯的科万发现:两岁儿童(他们的葡萄糖摄入量)的代谢与成人相同;脑细胞突触连接的生长和重新排列在幼儿期集中进行;最后,连接途径的质量在很大程度上取决于生活中的路径。也就是说,一个人某方面的缺失或贫乏会导致另一方面的不活跃和虚弱。毫无疑问,我们生命的第一阶段是所有学习的最肥沃的土壤。

也许这段聊天时间已经有点长了,但在我看来似乎还不算长,因为我有主观兴趣和获益的理由;个人的信念、直觉、恐惧和希望。但是,为什么我只说是主观的和个人的?或许[这也]是集体的?

我非常清楚,我们无法消除怀疑,基于将来的生物学研究,此处选择描述的动态生物学理论可能会改变。这是一个科学方面的问题吗?还是一个意识形态和政治方面的问题?

我要特别强调的是**联系、关系、互动、互补和相互依存**的概念,它们同时出现在大脑成熟变化的形成以及个人和生活事件的形成中。无论我们把它们单独还是放在一起,这些概念或其中表达的哲学都不是预先定义时间、方式、节奏、方向和命运的,它们是可预测的,并可以以任何方式得到保证的。

重要的是,选择一条原则和价值观的轴心,该轴心应能够指示和传递**认识**、**思考**和**决定**有关教育我们自身和儿童(而不仅仅是这些)的问题的连贯方式。

这一纽带和联系的概念是控制论或格雷戈里·贝特森给予我们的心智(mind)[原文如此]或心理系统的定义的基础,在这里我们可以瞥见控制论思想的构成。对于贝特森而言,心智是各部分之间的移动聚合,是多个部分之间的组织和交互序列的过程。这种**联接**的形象也反映了诺伯特·埃利亚斯(Norbert Elias)[17]这位非常现代的思想家对于**生活实质**的特殊本质的见解:因此,**相互依存**是我们生活的基础和目的论的核心。

* * *

95.90 劳瑞兹·马拉古奇在国际会议"'那么我是谁?首先告诉我这。'对话中的知识,以保障儿童和成人作为公民的权利和潜能"的发言,瑞吉欧·艾米利亚,1990年3月(由文献与教育研究中心转录自原始录音带)

> 编者按:这次国际会议吸引了上千的参会者,以及来自意大利和国外的众多的演讲者。

我们所有人都觉得,如果我们停滞不前,如果事情还是停滞不前,那么今天我们在这里谈论的就是我们无法分析的事情。我们感到,我们所说的事物在移动,物体在行走,感觉在变化,语言在变化,世界在变化。这一代人不仅是必须决定世界和宇宙是继续生存还是死亡的第一代人,也许还是第一代人[……]去发现如果他们想要,如果有能力,并且有能量,那么冷战和冲突的艰难时期就已经结束。[18]到目前为止,还没有人知道年轻人以什么方式经历了我们成年后的多年生活。我们不知道。但是,我们确实知道,当今的年轻人面临着我们星球的转变,而且也许最大的转变即将到来。我们面临着极其重要的现象,这种现象第一次使年轻人有可能远离他们可能正在逃离、逃避的现实,而家庭、学校、文化或政治态度并没有帮助他们。他们有史以来第一次可以自主地想象,一个没有某些东西的世界意味着什么,今天还没有自由,或者完全有能力,将共同负责的道德标准提升到某种伟大事物的可信度。这些问题并不会在教育的上空徘徊和盘旋:它们是主题、敏感和躁动的一部分,它们肯定存在于像我们感到困惑的意大利学校一样的学校里,而且也许不仅在意大利的学校,如果人们能够倾听即将发生的严重事情,就不会对儿童和学生内心的不安和问题保持沉默。

在最近几年来,在最近几个月,在最近几天,我经历的最痛苦的事情之一就是意大利大学生的反抗。在我们大多数城市中,意大利学生占领了大学。面对这些年轻人的不成熟——这在他们的话语、口号中得到了体现,我在此现象中经历了极大的悲痛。我不知道他们时至今日究竟生活在哪里,在几个问题(不是所有问题)上的不成熟来自何方。他们肯定是某人的孩子,他们是我们大学的孩子。他们的现实感、分析力和批判力在哪里?他们对事件和现象的理解在哪里?

大学追求自己的道路、自己的学科、自己的科目、自己的考试。有一条线,好似一条高速公路,你必须按照上帝的命令沿路行进,在此学生每天[面对]巨大的屈辱,也许没人知道[有多严重],但服务效率低下,并且简单的问题从来得不到来自官僚机构的回应。年轻人来自其他城市,他们来自遥远的地方,他们数着每分钱,数着每一分钱以便可以吃饭。有的只是麻木不仁。今天,我们国家的社会是由公司、宗派和种姓①组成的社会,它们每一个都有自己的规矩和薪水,以及每一个都自己规定薪水是要增加或减少。

我们的文化已被切成薄片,就像切西瓜一样。每位教授都倾尽自己的学识,但是如果他们不费心(大学不考虑它)自己走出日常的专业,去开启学科间或跨学科的艰难的艺术,开启在学科和知识,甚至是在遥远的学习和学科领域之间开始对话的工作,那么他们的"倾心竭力"尽管看起来不错,但还是远远不够的。只有通过这些钥匙才能了解世界。我们每个人都有一把很小的钥匙,也许是我们汽车或房屋的钥匙。但是,通向世界的钥匙需要多种,因此需要多种形式的习得性和综合性的学习,以及能够

---

① 这里的"种姓"是指不同的社会等级和阶层。——中译者注

找到不同问题的不同答案并为不同用途使用不同钥匙的能力。最重要的是,我们需要在很短的时间内为我们尚不了解的锁孔发明钥匙。这是我们可以停一下和去思考的问题之一。

我想快速地给出一种强烈的形象,即一个关于政治、地理和经济属性的形象。它是将我们带入世界变化的形象。一个不再由岛屿、间隔、空间、海洋和山脉组成的世界,而是由网络组成的世界。

这是一个强大的形象。它不仅使我们进入一个不断缩小的世界(不仅仅是象征性的),而且还描述了一个与过去的世界不同的世界。现在,我们开始看到一个世界,它不是由并存的岛屿、独立的部分、遥远的独特语言组成,而是由网络维系的世界。移民、传统的改变、语言的改变都在这个网络中。我们必须考虑今天发生的一切,以及未来几年将发生的一切,才能明白这是一个需要保持的强大形象。强大是因为我们可以将其迁移到许多其他领域——想象力、科学知识、教育学和文化领域。

网络世界是一个即使不愿意也能交流的世界,是一个即使寻求部分的、不同的命运也有相同命运的世界;一个信仰、旧的原教旨主义和新的原教旨主义可能会再次出现的世界,我们不知道如何或以何种方式,我们不知道历史将如何解开它的结。然而,重要的是,我们知道这个网络形式的世界与我们大脑的网络形象和我们大脑的功能完美地对应,我相信这一点。这是一个有力的形象,一个非同凡响的一致形象。它包含着巨大的意义,远距离和多样的形象的意义,这些形象不仅在形式上而且在生命上都可以相一致。大脑的各个部分相互区别、相互独立、相互联系。如果我们阅读法国伟大的研究者相舍尔的研究[见第五章,注释16],我们会听到他把大脑说成是能够产生非凡交响乐的一系列乐器,它取决于大脑的哪些部位受到刺激、来自大脑外部的刺激以及其他来自内部的冲动。

如果大脑的一部分生病了,其他部分也会做出反应。它们协助弱者,无论发生什么其他事情,都以高度团结的共生关系来工作。在大脑和发展之间、在神经元之间、在世界和儿童的世界之间存在着网络。同样,这是不平凡的事情。大脑有效地关心着我们所有人,但是当然,它也是最细腻、最敏感的器官,肩负着热爱儿童的使命。在[生命的]头两年中,突触是根据儿童的生活经验而创建的细胞连接器。许多连接失败,其他连接的出现取决于儿童的生活经验的质量,并留有改变的余地。在我看来,大脑这样的器官与个体之间的这种相互依存性是非同寻常的,个体经历其最初的生活经验,并运用该器官的一个局部或一部分。

但是，大脑与智力、认知、情感和情绪之间也存在一个互动网络，这也巩固了这一层次上的统一。今天的学习领域、不同的学科、不同的科学（社会科学、人文科学以及任何其他科学领域）都需要一种在文化层面上从未实现过的互连性。（除了控制论所诞生的1940年代，但这项发明［仅仅］触及了少数人的敏感神经，而没有触及许多人的敏感神经。）

学习和知识属于一个网络。甚至研究七种智力的加德纳［见第四章，注释34］都不能回避这些智力是否是基于一种合作能力的问题，他也承认存在着一个合作的基础。我们不太相信这个七（七也不一定是我们一直喜欢的数字）。在有人能反驳我们之前，我们更赞成采用极其复杂形式的智力。请记住，当今的情况是，把智力作为一种生产要素，将其商业化、出售并在学校中传授，这剥夺了人类及其智力与其他人类领域的感性、联系、互动和相互联系的意义。在某些化学实验室中是不可能提取智力的粉末的。智力将在很长一段时间内被反复讨论。这是我们不知道的事情，但是，我们了解很多相关的事情，而且很多时候我们假装不了解它们。

我认为，这种强大的形象可能与学校有关，与学校的运作有关，与学校的组织有关，与学校后勤有关，与教育有关，与教育学有关，与教学法有关，与学习有关。因为我们知道，当学校生活在网络中时，它可以是一种网络形式，具有相互感染和相互作用的可能性，网络将重要的元素聚集成一个整体，使那个地方有可能进行文化革新，这也是心理和精神的革新。这些东西在大学里是不教的。它们是你只能通过在现场工作才能学到的东西。

编者按：因为在录音带中有个空白，下面的句子不完整。

同样，这种形式的网络还包含了我们所遵循并继续遵循的所有割裂的理论的死亡。对立的理论，马尼切式二元论的解释。完全没有容忍，完全没有理解学科与学科、心灵与自然之间的冲突。这些马尼切式二元论或割裂的立场的死亡，不仅在教育方面，而且在文化和专业发展的水平上，都可以在人类社会中产生出异常有效和富有成效的形象的共存，这种互补能力是我们以前所不知道的，以前我们的工作和思考从未被赋予过这种互补能力。它可以面向更多的人类文化——一种比以往任何时候都更加真正人性化和科学的文化——开放。有人可能会在马尼切式二元主义和割裂的死亡之后发现自己失业。许多人在意大利将失业。所有专长于割裂、碎片化、马尼切式二元对立的人都将失业。当别人不同意他们的理论假设时，他们会表现出攻击性（一种发生在高层次、大学层次、高学历层次上的讨厌行为）。有些人会感到失业，因为他们再也没有人可以一起战斗了。这是我不会为之难过的事情。

儿童有一些非同凡响的事情。我不知道我们是否需要几把钥匙；但是可以肯定的是，即使我们今天把所有的钥匙都一起放在口袋里，它们仍无法产生正确的儿童形象。从历史上讲，回过头来，我们[瑞吉欧·艾米利亚]抵制这么多年的力量恰恰来自于这样一个事实，即每隔一周，隔两周，每个月，在一个或几个孩子中就会爆发令人出乎意料的事情、使我们感到惊讶或使我们惊叹的事情、让我们失望的事情、让我们感到羞辱的事情。但正是这给我们带来一个未完成的世界、一个未知的世界、一个我们应该更了解的世界的感觉，一个活生生的为儿童见证的世界。

能够保持这种惊叹和惊奇的天赋，是与儿童一起工作的人的基本素质。否则，我们只能将任务留给真正有能力在面对新发明时即投身其中的科学家。就我们而言，我们对儿童的思维方式、他们的潜能、他们的不确定性和确定性几乎完全不熟悉。[……]直到现在，任何已经接近有关儿童的真正知识的人，都试图将他们的知识尽可能地与儿童的知识相结合，发现了儿童的特质如此丰富、如此强大，他们从未预见到这些——每次发生这种情况的时候，每个人都退缩了。

第二个问题是，很多时候，这些关于儿童身上未被猜测到的品质的伟大发现立刻，或几乎立刻，被封闭在一个盒子里。几乎就好像我们害怕它们的出现会让我们怀疑我们自己的学习水平、我们自己的知识以及我们自己管理与儿童的关系类型的能力。这是今天在家庭中强烈浮现出的一个巨大现象，并且它在所有年龄段的各类学校中都同样强劲。有一种防御机制，它与被封锁的事实、事件和现象一起成长。揭露我们的防御、我们的期望和我们不期望的东西。如今，我们发现，在不确定的情况下很难把它们包括进来，把它们引入进来，这种情况不容易。这个问题值得反思，因为最近我愈加相信家庭中出现的一个变迁，即孩子实际上不是儿童。家庭中有孩子，他们是家庭的一分子，并依然是儿子和女儿，但他们不能同时做儿童。

我国有一位非常著名的语言学家（西蒙·拉斐尔（Simone Raffaele）），我想引用关于他的案例，因为这是一个极端的案例，也是一个令人惊叹的案例。他是一位心理语言学的学者，他有一个女儿，这个小女孩已经长到6岁了。他是一位出色的语言学家，也是一位出色的父亲。令人惊讶的是，一个在科学领域如此著名的人，在包括儿童形式在内的语言形式方面如此著名的人，在理论与实践之间可能的联系方面如此著名的人，并且与自己的孩子如此亲近的父亲，直到孩子6岁时才意识到，例如，儿童能够用言语超越规范,在言语构成形式上超越规范。

一天,小女孩说:"爸爸,我发明了一个单词。你想听吗?"
"当然,你发明了什么词?"
" Maistock。"
"请再说一遍?"
" Maistock。"[19]

对于一个父亲来说,放下自己的身段,询问一个小女孩这个词是什么意思,这是困难的。

"你是什么意思?"
"你绝对不能喝斯达克(Stock)酒!"

这位语言学家父亲目瞪口呆。他开始测量词汇 Stock 和 mai① 之间的距离。他做了他的运算,并打开了工具箱。这说不通,这个词说不通。小女孩从哪里得来的 mai? 她在哪里找到的 mai,又在哪里找到的 Stock？ 也许在电视上,在一个知名的酒的广告中。但她是如何设法将 mai 和 Stock 以及 Stock 和 mai 放在一起的？ 他不知道答案。从那一刻起,他开始更多地关注小女孩。令人惊奇的是,这种关注可以在五岁、六岁时出现。在一个科学家的家中,他非常清楚地知道,即使孩子很小,你也必须是一个科学家父亲。也许,身为一名科学家的事实使他们如此自信,以至于他们无法想象儿童竟会游离出他们熟悉的范畴。

我在海边,在沙滩上。这是一次短暂的度假。
"爸爸,还剩几天(days)了?"
"你说还剩几天是什么意思?"
"到结束的那天还有几天?"
"你说的到结束的那天还有几天是什么意思?"

---

① *mai*(绝不)为意大利语。——中译者注

"到结束的时间(time)还有多长?"

"什么时间?我们待在海边的时间吗?"

"不,不,不。什么时候日子(days)会永远结束,什么时候所有的日子的天(days of days)会结束,而且时间(time)会结束?"

这就是精神冲击所在。当面临着"maistock"或"days"的态度时,即使是一位语言学家或一位科学家也被允许快速地初步调查他们在此处或任何他处应该以某种方式表现或掩饰的担忧、焦虑和不确定性的程度。孩子们吃饱了,大人们只听了他们想听的东西,却不听他们尚未决定的东西。

我们一直在研究影子。我想向你们介绍两三件非同寻常的事情,只有那些与儿童共度时光的人才能以完全反常的、不规则的方式从他们那儿费力地得到这些事情。我们玩影子游戏,我们之所以选择了一个影子游戏,玩了一个月、一个半月,和3岁、4岁和5岁的孩子一起玩,是因为在我们看来,影子的主题在家庭或学校的语言中绝对没有文学或科学的存在。没有家庭讨论影子。很少有母亲会对孩子说起影子。所以,对于孩子们来说,这绝对是初次,我们认为靠近影子可能会带来一些有趣的东西。从中回馈出了非凡的东西、有趣的东西。通过这样的工作,你们会看到我们多年来遵循了多少规则、设定了多少规范、预测了多少阶段。你们会看到儿童必须首先克服多少个陡坡,就好像许多级楼梯。儿童把许多约定俗成的东西一扫而空,这些东西仍然屹立在科学或者伪科学的层面、研究的层面、对研究和文化的描述的层面,以及在教育学和教育的层面。

你们还记得皮亚杰如何让一个小女孩藏手表的例子①。这是经典的例子之一。记忆存在了吗?记忆没有存在吗?知觉存在了吗?知觉没有存在吗?记忆没有呈现,因为女孩搞不清楚手表的去向,并且也没有询问手表是否隐藏在坐垫下。好吧,我们有马里亚诺②,他是我们的同事,在学校里四处走动,他一直在和两岁、两岁半的小孩子们一起玩耍,并且和影子一起玩耍。孩子们玩得很开心。令人难以置信的是,你必须激发孩子们意识到他们的影子,否则他们不会看到它。有一些老年人和成年人,他们

---

① 这里指的是皮亚杰关于客体永存性的研究案例,客体永存性指的是,个体认识到当一个事物不在眼前时它依然存在,而并没有消失。皮亚杰认为,婴儿大概在10—12月大时会意识到事物的客体永存性。——中译者注

② 马里亚诺是第一个为瑞吉欧·艾米利亚市政府雇佣的木偶剧演员。——中译者注

对自己的影子根本不重视,也许他们一生中会看它们一眼,然后就抛弃了它们。对于3岁的孩子,我们认为我们会诱使他们"犯错",他们在这个年龄还无法给我们答案。①

"影子是由阳光制成的。"
"影子与太阳同行。"
"如果下雨怎么办?"这是个狡猾的问题。
"它们进到我们体内,是因为它们不想淋湿。"

你可以进行比较,建立关系的桥梁,寻找连贯性以及连贯性的缺乏;但是,这里已经有各种各样的东西可以让我们思考儿童的可能性。在某些时候,儿童会从暂时的、突然的、即兴的这种感叹转变为更严格的表达方式,就好像他们希望制定一条规则,所以他们尝试。这些都是同样的一些孩子,只是他们有了几个星期或一个月的经验;自由的体验,玩耍的体验,并由成人以非干预的方式提供帮助。

一个孩子说道,并且他认为自己正在提出一个普遍逻辑的命题,"除了蚂蚁,什么东西都有影子"。这就是我们写的书的标题[Sturloni and Vecchi, 2000]。② 但是另一个孩子有点惊讶,他停在那儿,什么都不做。显然,他在考虑如何应对一个不正确的论点,他认为第一个孩子所说的不正确。他考虑了一下,他在选择,他无限成熟,充满无限智慧,因为他可以用一百种方式发动进攻,可以用一百种方式进入冲突。不,他的形态是如此优雅温柔,"即使是小石头也会产生影子,大的石头会更好"。

如果你考虑一下,你可以在这里找到成熟的元素,一种他者的感觉,对外开放,在此自我主义被淘汰,自我中心主义被取消。如果你遵循这些假设,那么这些假设就会向其他事物和其他解释的过程敞开大门。

我们把孩子们带入到了另一种情境。晚上,我们在黑暗中将他们带到公共花园。对于孩子们晚上出门等事情,家长方面有些担心和焦虑,而孩子们这一方则非常高兴。他们四处追逐、玩耍,他们不记得影子了。首先,他们有时间玩耍,互相交谈,讲述白天的故事。然后,影子的主题以非常丰富的方式再次出现,并且非常真实地再次出现。孩子们不仅要应对月光,还要应对路灯。孩子们很难理解路灯的存在,很难理解还有

---

① 这句话暗含的意思似乎是,教师需要创设机会让儿童构建自己对于事物的解释,倾听儿童提出的这些"理论",而不是关注让儿童给出所谓的正确答案。——中译者注
② 该书的中文版也已经出版,标题就是"除了蚂蚁,什么东西都有影子"。——中译者注

另一种光源,不仅一方面有太阳,另一方面还有月亮和星星。最终有人发现了路灯的存在,立即引起了热烈的讨论。因为这些灯在玩很奇怪的把戏。如果附近有两个路灯,物体可能会成双,可能会有两个形状相连在一起,中间有一个更大、更暗的黑色影子。孩子们面临着对他们以前的理论的颠覆、不同的理论的进驻,并且他们感到一点害怕。他们感到自己正在失去已获得的安全地带,而踏上了他们未知的领域。谁来挽救局势?总会有一个孩子来挽救局势。一个孩子在完成自己的盘算后变成了毕达哥拉斯(Pythagoras)①式的人物,并用清楚的表述为其他孩子确立了结论:"在深夜,你会看到五个影子。然后在清晨,我们会看到两个影子,然后在白天一个,下午也是如此,然后在晚上三个,到了午夜有五个。"

我们可以嘲笑这些数字,但是我们不能嘲笑儿童所具有的能力,他们通过一种几乎不可能的解释,将构成一个意义的密度的元素聚集在一起,以及提出带有普遍性价值的命题。非同凡响。

最后的游戏是,邀请那些对影子了解很多,或了解不多但比过去了解多很多的孩子,为他们的妈妈爸爸创造影子的谜语——如果他们愿意的话。我们不知道在这些家庭内发生了什么。这场冒险仍在进行中,但我认为会有一些活跃的碰撞:

"橡皮的影子能和铅笔的影子一样长吗?"

"当一个小影子进入一个大影子时会发生什么?它消失了吗?还是在下面?"

在这个游戏中,孩子们变成小俄狄浦斯(Oedipus)②,[……]从而丰富了在新的情况下与其他孩子们一起积累的经验。通过这种方式,他们再次向我们保证,他们拥有通常不被认为属于儿童的才能。这些孩子可能会在某些方面带来不便,有点麻烦,孩子们会提出问题,提出为什么,提出问题和谜团;孩子们询问。在我的那个时代,我们经常会问很多问题。如今的儿童习惯于问更少的问题,这意味着他们可能失去了交谈的能力,无法在家庭中交流,而这些交流过去可能会更多。如今的成人有着更强的技

---

① 毕达哥拉斯(Pythagoras),古希腊数学家、哲学家,勾股定理正是由他提出,他对数学发展影响很大。——中译者注
② 俄狄浦斯是古希腊神话中的人物,他解开了斯芬克斯的谜语"什么东西早晨用四条腿走路,中午用两条腿走路,晚上用三条腿走路?"斯芬克斯是一个长着狮身躯干、女人头面的有翼怪兽,她坐在底比斯城(Thebes)附近的悬崖上,向过路人抛出以上谜语,如果路人猜错,就会被吃掉。俄狄浦斯猜中了谜底是人,斯芬克斯跳崖而死。——中译者注

能去抛开对话,去消耗它或开它玩笑,直到对话消失。这好似一种刻意删除。我们需要更多地考虑这一点。这些事实是我们的语言学家[西蒙·拉斐尔]不知道该怎么称呼所以称其为"模糊事实"(vague facts)的东西。他写了一本关于它们的合乎时宜的书籍(不是一本伟大的书,但值得一读),叫作《Maistock:一个小女孩对语言的解释》(*Maistock: Language explained by a young girl*)。他从女儿6岁时开始关注这些东西。那以前发生的事情是我们无法了解到的——为什么他在这些事物萌芽时却没有眼睛、听觉和注意力,这些开端才是值得大为惊叹的。

　　这些事情很重要,因为它们使我们懂得,儿童会做我们没有预料到的事情,反之亦然,我们会做儿童没有预料到的事情。如果这种缺乏理解让我们产生了行进和过渡的能力,朝着增强意识的方向发展,意识到我们可以从可能发生的事情中获得什么样的惊叹和惊奇,那么我并不会担心这种缺乏理解。当缺乏理解时,这是儿童会感到男人、女人、成年人和老师很可笑的事情之一。我们绝不能认为儿童没有能力做出判断,他们会做出非常细致和精确的判断。也许我们正在描述的儿童跳脱出了文献中出现的当前的模式和含义。也许他们是挑战科学学习的规律性和不可撼动性的儿童;那种科学学习声称涵盖了每一种可能性、每一种情况、每一种事件,并且它不接受不可预测性和偶然性是自身的范畴。

　　不可预测性和偶然性是科学性质的范畴,尽管如今行为主义者对此深恶痛绝,但它们绝对不应该缺失。它们也不应该在儿童的行为或态度上缺失。我们不应该到达最近新的托管学校方案的地步①,该方案对游戏做了阐述和撰写。[……]它写道,成人和教师(不再称呼为教育者)应该组织好事情,以免发生任何即兴发挥的或偶然的事情。这意味着,我们必须控制游戏的非规则性、游戏的自由性、游戏的丰沃性,以及所有游戏具有的可以从不同角度进行玩耍的巨大能量。甚至没有给儿童一个即兴创作的机会。如果这成为现实,那么人类这个物种将会灭绝,因为如果人类不再继续把玩那些意料之外的事情,把玩偶然性,把玩可能性和不可能性,如果人类不再有即兴发挥,那么将变成非常贫乏、更加贫乏的物种。我不知道我们是否还会继续存在。

　　在这一刻,我想将讨论带回到儿童可以是什么。再次提出强大的形象:有的儿童是丰富的,有的儿童是贫乏的。[在瑞吉欧·艾米利亚]我们会说,所有的儿童都是丰富的,没有贫乏的儿童。所有儿童,无论其文化是什么,无论其生活是否富裕,都比我

---

① 可能是指新近颁布的《国立托管学校教育活动指南》。——中译者注

们想象中的更有能力、更有才华、更强有力和更聪明。另一方面,贫乏的儿童是存在的。到目前为止,他们的贫乏并不是指基于阶级的方式进行定义的贫乏,而是像[梦游仙境的]爱丽丝那样的贫乏:从某种意义上讲,他们很贫乏是因为他们并不觉得自己符合生存所需的那种身份(identity)。这些是贫乏的儿童。丰富的儿童是那些要求他人富有聪明才智,对他人有丰富的好奇心,在幻想、想象力、学习和他人的文化方面具有很高和先进能力的人。我们不可能全体合谋继续默默地容忍人类的智力和个人智力被浪费、消耗、遭遇障碍和不被利用。对于我们而言,不可能以集体的默许去一直掩盖所有的事情。我们也不能认为儿童是我们可以剥夺、抛弃、宣告贫乏、宣告枯竭的对象。贫乏的儿童只能得到成人想给他们的东西。他们可能被放置在门外,可能被放置在门内,可能被放置在随便什么样的学校,有随便哪种老师。

取而代之的是,必须对丰富的儿童予以充分的承认。但是,所有的儿童都是丰富的,这就是问题所在。我知道你会说些什么,但是我们从一个坚定的立场开始,坚定而带着现实和希望,并且我们得到了来自不同领域的佐证,它们证实了来自神经科学和生物学的发现。例如,生物学是一门在教育学层面上不存在的学科,它是缺席的,无人知晓。[然而]我们的生命在那里,我们怎么可以如此忽略它?

如果我们从"所有的儿童都是丰富的儿童"这一概念开始,认为儿童都需要承认,都需要极大的尊重,比我们今天所给予的还要多,那么我们就能将他们的能力、才能和资源归赋予他们了,这些品质必须出现,因为儿童拥有这些品质。如果我们从一个弱小困顿的贫乏的儿童形象开始,就像在欧洲国家那样,以及就像在其他地方那样用更加戏剧性和绝望的术语进行描述,那么马上就会出现一种类似种族主义的等级制度。在意大利旅行,在欧洲旅行,到处旅行,你会发现这些差异。毫无疑问,差异是存在的。

[……]

如果我们朝这个方向前进,我们可以走向一个强大的形象和强有力的教育学。针对贫乏的儿童的弱小的教育学是把教师看作是护理员的教育学。[……]在历史上,我们正处于一个伪科学真的被用于护理文化的时刻,这种文化首要的是拯救贫乏者和弱者。但是,我们通常看到的孩子既不贫乏也不软弱。他们是绝对正常的孩子,绝对天生倾向于快乐和欢乐,天生就倾向于成长、倾向于歌唱;[然而]他们至今受到了限制。我的印象是,经过我们多年来的成就,在经历了历史上的所有事件、所有科学发现之后,儿童白板说的形象仍然占据主导地位。匿名的孩子、沉默的孩子、被迫保持沉默的孩子、不说话的孩子、别人听不见的孩子,是一个任人摆布的孩子。成人,成人的经济,政府的经济和政策,确切知道将钱、财富[……]转移到哪里去。

最后一个问题是主体性,因为在我看来,在儿童的权利中,主体性就是其中之一。如果我们不开放关于主体性的文化过程,是绝对不可能处理这种性质的主题的,这种文化过程在文学和文化层面上是完全不存在的,并且从传统上看,这个主题被看作是异端邪说,因为个体的主体性导致了个体主义(individualism)的不同形式。再一次地,这个问题指向的是以与时俱进的新形式恢复主体性这一主题的新概念。所谓主体性文化,我们指的绝对是当代的自由、民主、选择的文化。因为如果没有主体性,就没有自由选择的可能性,这意味着剥夺了个人和儿童的条件,而这个条件对于赋予个人力量和希望的连续性,对于试图公正地对待被阻碍的潜能,是必要的,是至关重要的,然而迄今为止,这种潜能明确而显然地是由于主体性遭受阻碍、遭受压制而被禁止的,而导致它所馈赠的丰富性得不到鼓励。

在这个领域,主体性文化意味着认真思考儿童。这是与个体性(individuality)文化完全不同的文化。主体性文化是完全不同的。它渗透到儿童的深处。它深刻而批判地渗透到了那些似乎仍在规范行为习惯的概念中。它意味着承认[人类]物种的生物和文化权利及其整体的发展。我们立即将其与一种生物和文化性质的权利联系起来;这意味着相信资源,即我们公认的存在于所有儿童身上的强大的进化的动力。对能力的权利的认可。[……]就主体性和权利而言,对儿童的能力的发现是有史以来最伟大的、最富有成果和最具有生成力的发现之一。认识到儿童会积极地进入生活,因为积极的进入正是他们所做的。肯定儿童的互动能力,肯定他们的关系的互惠性,肯定他们构建智力、构建假设、构建检验这些假设的要素的能力;以及肯定从他们的双手和思想中生发出的事物,当然是经过一定调整的事物和创造物——有些是跨越边界的,与事物、思想、他人进行协商。我们说的是真正属于儿童的东西。但是,如果没有这些东西的功劳,主体性的意义和价值将难以凭借其必要的丰富性,凭借其生存于这些时代的权利,在儿童的时代长久地存在。

这是一个很大的主题。世上没有其他生物有人类这么长的童年。我们必须承认,大自然并不愚蠢,大自然是非常明智的,如果大自然赋予儿童如此长的时间来成长,那一定意味着它认识到儿童有许多事要克服,还有许多的障碍,他们必须学习、理解、比较、丰富;他们必须学习,并需要很长的学徒期和实习期。

大自然的智慧的另一部分是她给予我们的,在某种意义上,对于我们这些成人、父母、老师来说,她给了我们无限的童年,给了我们无限的路程去认识儿童的成长和发展是多么复杂。对于我们来说,去认识到我们犯的错误,认识到儿童正在取得的成就,认识到他们和我们一起取得的成就,以及认识到没有我们一起时所取得的成就。大自然使成人和教育学有很长的时间来评估、权衡、分析和自省;对于儿童来说,真理和时间这个必需品是必不可少的。然而,想想今天时间的消亡、停止,时间在学校和机构中是如何被切割的,儿童的时间由他人所主宰,由生产所主宰,由女性的工作和她们拥有的时间所主宰,由男人的工作和他们拥有的时间所主宰。

时间问题是一个非常有分量的问题。它本身就足以推翻和改变教育学和学校中所缺乏的对时间的尊重。玩耍的权利、无所事事的权利、工作的权利,简而言之是尽可能广泛的权利,即如果一个孩子想成为夏加尔(Chagall)①画中的角色飞过房屋,就让他玩耍;如果一个孩子想成为托勒密的拥趸者(Ptolemaic),那么就让他成为托勒密的拥趸者,他可以站在中间,其他人会围绕他跑来跑去。这也是经验。如果他想成为哥白尼的拥趸者(Copernican),那就让他成为哥白尼的拥趸者,他会看到运动有所不同。[20]如果他想退出去玩计算机游戏,那就让他退出去玩计算机游戏。这是让儿童将不同的观点、不同的生活点、不同的生活选择、生活的变迁、突破边界的行为进行内化的时刻;打破理性的堤坝,通过想象的语言进行深远和广阔的漫游。

要是我们能够为我们的孩子——我们拥有的这些孩子——赋予比迄今为止更多的信任,该有多好。我们的孩子缺乏公开的身份的声明。我们听到有人在谈论法律,但是如果你阅读了《联合国宪章》[《联合国儿童权利公约》],你就会意识到最醒目的词是"保护",我们必须保护儿童,就好像世界真的是一个地狱一样,而我们需要莫里哀(Moliere)笔下的假医生②,才能够帮助他们并拯救他们。

尽管在经济上来看,现在不是一个轻松的时期,[……]而在文化层面上,这也是一个受到多次攻击的时期。不仅仅是因为在本土,我们有意大利的行为主义和新行为主义的理论家,这些理论以严格、冷淡和乏味的方式重生,这也许是对我们没有行为主义的时代的报复、某种仇恨,那时有着其他的理论。如今,意大利的行为主义的关键内容是极为狭隘,极其好辩,充满了完完全全毫无根据的确定性。这种对智力的操作是只能通过量化分析才能有所成效、才能被分析。

我相信一个全国评估委员会(National Council for Evaluation)正在建立。我们有着

---

① 马克·夏加尔的画呈现出梦幻、象征性的手法与色彩。——中译者注
② 这里指的是法国喜剧作家莫里哀的作品《无病呻吟》,故事中的主人公是一名疑病症患者,医生以治病为由肆无忌惮地榨取他的钱财。——中译者注

没有身份的托管学校,小学在三十年后才有了面向十岁儿童的课程,并且没有任何进展的迹象,中学在过去六十年中没有人触碰过,以及大学还是那个样子。在这种到处都是崩溃和毁灭的情况下,讨论增加了另一种效率低下的公共机构——它的功能连带着其内容、手段和目的都不可避免地是模棱两可的——听起来像是在回避,像是在不可接受的情况下进行的讹诈。

[……]

我想说的是,针对像今天上午讨论的那些理论的攻击是经常出现的[……],而在我们的阅读、解释和分析中更加意识到这一点可以帮助我们采取正确的态度和行为。

我们的历史的讨论就在此打住吧。但是我相信,[我们的经验]通过辩论、观点的交换以及对话这些严峻的考验获得了认同;这是一个有着继续生存下去的毅力的历史,是有着生存的力量的历史,因为我相信我们可以说,这犹如一种高烧、一种内在的反抗,它首先对健康是有益的;而且这也是幸福的无穷的变奏之一。

我想就在此结束吧。

1991年

96. 91 劳瑞兹·马拉古奇的发言,瑞吉欧·艾米利亚,1991年2月(由文献与教育研究中心转录自原始录音带)

> 编者按:这个演讲可能是为了纪念一本编辑的出版物的发行——《教育心理学手册:幼儿期》(*Manuale di psicologia educativa.: Prima infanzia*)——由瓦莱里亚·乌加齐奥(Valeria Ugazio)编辑,该书于1990年出版,对当时广泛的关于幼儿的观点提出了挑战,该书认为,幼儿能够建立多种关系,并且在社会建构过程中是积极的能动主体(active agents)。

关于幼儿期的新观点

[……]瓦莱里亚·乌加齐奥[21]对家庭疗法以及如何从家庭疗法走向关于儿童的新观念非常感兴趣。这是我们与她分享的一个问题和阐释。我认为,在她的书中(这是一本由不同人的供稿组成的合集),她充分肯定了对于那些陪伴儿童和陪伴儿童成长的人们来说——这种陪伴不仅指的是在人类、人与人之间、个人之间的层面上,而且也是在成人和教师的专业角色的层面上——互动是一种核心价值观,一种统一的价值观。

我们已经在其他场合强调了互动的价值,但我不知道我们今天是否会谈及互动,尽管看起来很有可能。这是一个中心议题,我们可以在该议题上构建一系列具有教育性质的价值观,同时也可以构建一系列具有人类性质的价值观;这就是为什么这个互动的问题必须放在我们所有反思的中心,并且如果我们有能力的话,这些反思必须转化为行为和事实,这些行为和事实与陪伴我们的生物①紧密相连:那个比较小的、继续成为我们关注的主题和对象的生物。我说的是我们关注的幼小对象,但我不知道这是否与我们表述儿童的方式相一致。儿童虽小,但并不是虚弱或没有长处的:他们是有着优点的儿童,有着巨大力量的儿童,有着巨大活力的儿童,有着强烈饥渴的儿童,对成长有着巨大渴求的儿童,在当今的时代中成长——我相信——最重要的是在儿童中间成长。

我不知道我们是否会有时间,但是如果今天有值得花时间来庆祝的事物,那么这些庆祝的话语应该是用来庆祝儿童与儿童在一起。这个发现尚未得到研究的充分支持;但是从人的角度来看,它确实代表着一种重要的[价值观/洞察力]²²,而不是如下这种儿童形象,即儿童被带到一个替代可能缺席或正在工作的母亲的那种机构中。我认为,今天的家庭首先必须能够珍惜自己所拥有的,并扩大他们的判断力,以便理解这些机构究竟是怎样的:事实上儿童可以和别的儿童一起生活,这在我看来,从历史上来说是最大的资源之一,也许是最能够生态式地帮助家庭的资源;是最实质上能帮助我们抚养孩子的资源。②

[……]

[瓦莱里亚·乌加齐奥的]《教育心理学手册:幼儿期》,着重强调了婴儿期[出生至2岁]这一新领域的研究,该领域正在开启,这是一个直到最近都被低估的学科。从本质上讲,在过去的二十年中,心理学研究发现了第一和第二童年[出生至2岁,以及3至5岁]的价值,尤其是第一童年的价值,从中我们可以得出一个不仅具有哲学性质,而且具有人文和文化的形象;从中又出现了另一种类型,它与处于早期婴儿期的儿童是部分连续并且部分不连续的,这是第二婴儿期的儿童。

有两个瓦莱里亚·乌加齐奥使用的术语,我认为值得一提。她使用的第一个术语是"先驱"(precursor)儿童:指的是跑在他们时代前面的孩子,懂得如何跟上时代的孩子,以及有能力适应他们的时代的孩子。因此,这些儿童充满能量,并且他们必定会向

---

① 这里的"生物"指的是年幼的儿童。——中译者注
② 在西方,幼儿集体教养的机构和方式起源于孤儿院或收留贫穷儿童的机构,因此历史上有对幼儿集体教养机构的负面看法。马拉古奇这段话是针对社会中仍存在的这种看法所言。——中译者注

成人寻求帮助、协助和保护,但最重要的是,他们不断在寻找既能摆脱过度服从成人又能防范成人对他们缺乏考虑的方法。"先驱"儿童通过周围的事物来构建自己:这些儿童知道如何找到方法、形式和语言(非口头的以及口头的语言),能够通过活动、个性和属于每个孩子的风格将他们自己纳入世界,并使每个孩子完全是独特的。

乌加齐奥使用的第二个术语是属于一个多交(promiscuous)世界的孩子,这就是"多交的"儿童(the "promiscuous" child)①。也就是说,他们今天是儿童,在我们今天所处的社会中,他们是渴望"多交"的儿童,也就是说渴望改变——改变与不同的人物类型建立关系的方式、可能性、潜能和资源——在与父亲和母亲的关系中,但最重要的是与其他男孩子们和女孩子们的关系中。很明显,在这一点上,我们开始看到一些基本的方面,它们是一个根深蒂固的儿童形象的坚实部分:我们希望能够欢迎和容纳的那种形象。这意味着产生了一系列我们将不在此详述的分歧[观点],但从本质上讲,它们是与精神分析的儿童的分歧:我们在一个不同的世界中,我们相距遥远(尽管我们也必须反思)。我们也远离皮亚杰的儿童:这是一个孤独的儿童,他以某种方式进行自我调节,仿佛被赋予了反复出现的能量,能够自我生产、积极地自我复制、自己逐步建立和累积。

我们远离鲍尔比著名的依恋[的概念],鲍尔比的依恋在许多方面代表了一种研究旅程中的一种必经之路,这是由于作者的权威性。而且也因为他支持了一个难以用三言两语去争论或驳斥的论点,即关于母亲(实际上指的是一个成人,但主要指的是母亲)和孩子之间的亲密关系和互动,因此针对的是依恋的问题。显然,由于我们已经说过,儿童实质上是在寻求一种渐进式的距离和渐进式的自主,所以我们到目前为止试图讨论的一些命题显然试图稍微削弱他的依恋理论的优势,而这个重要问题是与家庭有关的问题——父亲和母亲,但这也是教师关注的问题:因此,我们正在努力陪伴儿童走得更远一些。我们需要讨论这种疏远是如何发生的,以及什么样的内部依恋(物质的和非物质的)伴随着儿童逐渐将自己与他人相疏远,尤其是将自己与成人榜样之间拉开距离。

我们与华生(Watson)的白板说以及所有的行为主义相距甚远,其中包括行为主义的新面孔[……]。我们还与信息加工理论[23]相距甚远,因为我们认为,信息本身是一种极

---

① "多交的儿童"(the "promiscuous" child),根据瑞吉欧幼儿教育工作者的解释,是指幼儿有主动和周围各种人交往和建立关系的愿望及能力。这是针对经典依恋理论里只专注于幼儿-母亲之间亲子关系的观点。——中译者注

其贫乏的东西,相较于任何形式的行为主义凭借其所有的连接能力所能达到的或表现出的那样,它还更为缺乏复杂的情境化。

从儿童的形象到情境(context)的形象。在这一点上,我们需要展开我们的观点,但是我们没有时间。然而,我相信,我们会在一次关于情境的特别会议中提及。如果我们考虑一下,那么我们当然会知道情境的含义:儿童是与情境相关联的,或者是被移植到一个情境中的,并且这些儿童必须通过他们的情境来被识别、感知和调节。但是,当我们说情境时,我们立即了解到,我们面对的是一个我们能感觉到有完整形式的形象,但与此同时,该形象和形式又是不完整的。我们必须认真思考这意味着什么,因为很容易以一种笼统的方式说"情境",并且[认为我们]理解它的含义——哦,很好,我们将用一些不同的东西来包围这个孩子,我们应该使用什么?如果我们在某个时候考虑它,我们就会开始意识到,这种构建在某种程度上总是有限的,总是在某些方面是人造的。尽管我认为我们还需要承认我们的整个文化都是人造的,并且在某种程度上就是一种技巧。然而,我们稍后会回到这一点。

从儿童到情境的过渡意味着我们必须接受问题的复杂化,接受进入一个更为复杂的隧道。另一方面——我们都非常了解这一点,因为人类的经验很重要——我们所见过的任何一棵树都没有被从它的情境中移走,或被要求离开情境:因此,我们不再知道哪一个具有更大的价值,是周围的情境还是我们放在中心的形象。

有一个论点我们可以据为己有,因为它完全掩盖了试图为这个特定的情境的形象赋予意义和实质的问题。在某一点上,海德格尔[24]意识到,一个地方只有在与它的地区(district)或区域(region)的关系中才会被定义:这一巨大的背景抓握(hold)着这个地方,并且也充当着场地(ground)。他使用的这些术语非常激发人的思考:"抓握"直到不可能把那棵树从它的"场地"上拔出;但是另一方面,我们也有的背景是将树分解,直到完全吞噬它为止。我们赋予树一种主体性,但是树可以将其主体性(部分地或全部地)丧失于它的土壤中。儿童也是一样的。在某些情况下,无论我们将自己置于何种情境,我们都有一种感觉,即我们不再清楚对我们表达的是什么样的判断:这个判断是否是因为我们是谁,或者是因为我们身后的什么而被判断;是因为我们所说的话,还是因为我们背后的故事;是因为我们所说的事情,还是因为位于我们自身内部或外部的作为概念的树,如想法等。我认为,需要对此问题进行分析,因为情境的问题在于理解是否可以用铁丝网将其圈围起来,或者它是否仅仅是一个惯例,一个按照约定俗成我们需要接受的惯例。

如果我们脱离情境会怎样？我可以脱离情境吗？假设我可以脱离情境,但是之后我是会仍然携带着它呢,还是在哲学层面和……的层面进入到另一种情境化中呢？在这一点上产生了许多问题,从形式逻辑和哲学思想的角度来看,这些问题是非同寻常的。但是我们暂时将这些放在一边。不过,我认为,对情境的逻辑和情境化的逻辑进行深入的分析,如果我们要这样做的话,也会使我们陷入哲学、社会和政治性质的争论。这将使我们理解已经发生并将继续发生的某些现象。简而言之,我们可以说,现在正在发生的事情本质上是对情境的扭曲。我将在此打住。

因此,让我们放弃那个自给自足的儿童的形象,因为这是我们需要以某种方式拉开距离的另一种形象。儿童不是自给自足的,在儿童同时充当能动主体(agent)和接受者(recipient)的情境中,我们不认为他们在身体层面,尤其是在成长层面上——编织儿童成长的结构、联系和关系层面上——是自给自足的。这是儿童所具有的价值的伟大两重性和有效性:儿童作为他们自身建构的能动主体。这是必须做出声明的,也是我们必须如此尝试的。我们只能做我们能做的,但是在我看来,这一事实是绝对不能忽视的价值观。

第二个事实是,儿童是自我生产者,他们能够自给自足地构建思想、新事物和世界。在这里,我们将自给自足的含义称为相对的自给自足,因为显然,儿童的共存与情境相关联——由于他们的出生方式,由于他们的出生原因,以及由于他们的出生时间,这种身份是一种关联的身份。因此,显然,我们必须考虑所有这些联系:所有直接和间接的层面,所有的刺激因素,所有使儿童成为位于某个情境中的主体的原因,在这样的情境下,他们一部分是作者,一部分是合作者,一部分是请求者——请求帮助和保护,但这必须以相对的术语来理解,而不是我所说的传统的术语。这个孩子没有如皮亚杰所说的完全的自我调节的能力(这使我们进入了第二阶段的观点,它导向情境化)。因此,儿童的自我调节能力是一个非常强烈的概念,我们决不能忽视;但与此同时,我们还必须对它的局限性和全面性有所了解,这只能通过更加复杂和更有能力的动态来传递给儿童。

儿童是互动的和建构主义的:我要说,这些是基本的东西。他们具有互动性,因为他们具有做事、一起做事的积极能力;同时,他们是建构主义的儿童,正如我之前所说,我们以有限的、脱离情境的方式来认可儿童所具有的自我调节能力。当我们在情境中看到他们时(事实就是如此,不可能是其他的样子),那么很明显,所建议的动态的维度改变了这些自给自足的儿童,他们通过某种方式有能力变成巨人,并逐渐变得更加巨大，直到他们获得最终的成长形式，即成年的形式、个人的形式等。

现在，我不知道该怎么办，因为我已尽最大努力简化了这个形象。如果这是我从生物学中获得的影像，那么我将更加相信，个人和作为个体的儿童，天生就具有重塑和重构物种的连续性法则，就具有已经成为儿童形象的一部分的实质性的潜能，甚至当这个形象还未出现在现实世界中时就已如此：在子宫里，在母亲的子宫里。这就引出了重要的问题和重要的议题，涉及到个人生命何时开始、母亲的身份、出生、儿童的权利、堕胎等这些主题。你们懂的。我们所有人都必须将这些问题放置在某个地方。但是我个人很清楚，而且我认为自己是世俗的①（至少我一直在努力做到），当我从概念上拥抱这种儿童形象时，我不知道我是否应该将它深深地、牢固地固定下来，因为我从内心深处发现了一系列的形象和生成形式，并且可能还存在某些使我难以摆脱的价值观。而且在某种程度上，我们越过了边界，进入了一个不同的地方。

那好吧。那么，我们在哪里可以找到一个可以帮助我们理解生物学在何种程度上决定了命运的生物学的形象呢？由于我远离所有可能的决定论形式，因此对我，也对你们来说，这个问题显然深深地触碰了我们的心智和我们的感性。

新近的一些研究使我们能够将一些非常令人惊奇且非常重要的元素引入我们的研究反思中。这项研究是使用先进的技术完成的，是我们没有也不知道的手段。从本质上讲，它与铭刻在母婴早期生活过程中的互动联系有关。我不是在重新提出鲍尔比的母婴互动，而是在提出对我来说极为重要的[互动的]一个方面：互动是否具有生物学基础？

这里的焦点曾是母乳喂养，问题曾是儿童在母乳喂养期间吮吸和暂停的阶段的问题。让我提醒你们，这是只有人类才有的两个阶段，一个是吮吸的活动的阶段，一个是休息、暂停的阶段。看起来非同寻常的第一件事就是这种交替。我说"交替"这个词，是因为它是我们需要详细考虑的另一个术语。对于孩子的第一次人生经历，这种交替有其规律性和稳定性。每四到十次吮吸孩子就会停下来，停顿一下，等待，然后回到母亲那里，再吮吸六到十次，然后再停下来。仔细思考并把这种交替解读为一种可以引导我们到达更远的地方的东西，在这里，我们可以注意到我们在日常家庭生活和学校生活中看到的几个过程，其中交替是作为生活的先决条件绝对存在着的。如果我们没

---

① 这个"世俗的"是相对"宗教的"的意思。——中译者注

有能够获得交替的能力,那么我们注定要筋疲力尽,很可能会到死亡的地步。

那么交替,让我们注意这种交替的意思。让我们问自己,为什么这些活动和暂停阶段存在。原因本质上是生理性的吗?不,不是的,因为儿童不需要暂停下来再呼吸,因为儿童可以同时吞咽和呼吸,因此他们绝对不需要暂停下来。可是,可是,孩子们却停了下来。这不是在某个时刻喘不上气的问题。不,孩子什么都不缺,甚至不缺乏呼吸。人们可能会认为一定程度的疲倦可能是一种影响。但是,一个正在被喂养的孩子不会感到疲倦。而且,如果我们仍然不确定,那么研究记录会告诉我们,如果这种疲劳假说是正确的,那么主动和被动阶段、停顿阶段的长度可能是不规则的。相反,它们有自己的规律性。这是非同寻常的事情。因此,交替绝对不能归因于孩子的疲倦。

也许这种现象发生是为了让母亲恢复自己的精力。

> 编者按:在换录音带时,下一句话丢失了。

因此,我们必须使用在其他领域已经使用过的词汇。我要说的是活跃阶段和暂停阶段,休息阶段指的不是休息而是暂停,这种暂停实际上并不是暂停,因为这种暂停引起了我所说的各种回应,这是非同寻常的事情。那么会发生什么呢?发生的事情是,你观察母亲的所作所为(甚至是第一次母乳喂养孩子的母亲)时,你会意识到一些相当重要的事情。当孩子吮吸时,两者之间保持着一种沉默,一旦孩子停止吮吸并进入被动的阶段,母亲就会立即开始说话,就好像停顿让母亲进行干预(她聊天、发表陈述、催促、鼓励、称赞孩子等)。然后,在某个时刻孩子又回去吃奶,又会有一种无声的合谋,一种无声的共谋,几乎就好像他们需要在奔跑的旅途中寻找一些奔跑的时刻、一些不奔跑的时刻,这种旅途中的暂停能够产生一种交替、一种动力。

因此,这是一个了不起的阐述,而恰恰是因为它是在[生命的]开始时产生的,所以它依赖于某种在某些程度上具有生物学和生理学意义的事物。我想说的是,当我们今天讨论互动和讨论交替时,所有这些事情都非常重要。如果我们没有被教会轮流,我现在就无法发言,就没有人能够说话。在语言习得的层面上,交替是一项巨大的成就,这对儿童来说是非常困难的;但是,对于儿童来说也是很有趣的。

没有交替意味着重叠,这意味着混乱,意味着一次十个人在说话,这意味着,你不了解语言是一种你为了让他人理解而开口的东西。最重要的是,你必须要理解另一个人是否完全理解了你的意思：那么这有着一个极其复杂且极其难懂的*循环*（recursiveness）。但是，当你发现对话的趣味、语言的趣味、交流的趣味时——交流是一来一往的，交流是重新连接以重建［交流的］基地与建立相遇和对话、语言、思想的场所，这也非常令人满足。这是一件非同寻常的事情。这种行为在社会层面上、在社会化层面上也具有重要价值。

我认为，没有交替的话，我们就不会生活。如果没有轮流，儿童将无法玩耍。在儿童的学习过程中存在着一种交替的类型，当然这是适应的过程，是通过互动进行适应的过程。在此［母乳喂养］片段中，我要说的最后一件事情，在我看来也是根本性的一件事情，是在这里没有明确的目的性，因为整个操作都是在没有目的性的情况下进行的。目的性是那些具有目的性经验的人们所拥有的东西。但是，一个18岁、16岁或15岁的母亲第一次有了孩子，她没有目的性：她有自己的道路，她有直觉，她可能有某种源自文化、源自生物文化的东西，或者我指的是源自生物学文化的东西。因此，这是一件非同寻常的事情。

如果事情是这样，如果就是这样，那么我认为，对于那些想要攻击我们或攻击像我们这样的立场［具有我们的儿童形象］的人来说，就很难了。显然，他们将不得不以对他们而不是对我们来说非常危险的方式进行攻击。但是，如果所有这些［我们已经看到的事情］都是真实的，那么我们也必须在这张牌上投注我们的工作、专业素养和文化。在我看来，这是我们的应用领域。

我想回过来谈谈的一个方面是人为性（artificiality）和技巧（artifice）。只要我们同意这是什么。我们都非常了解"技巧"一词包含着各种含义，但是让我们所有人都同意这样一个事实，即我们所有的生活基本上都是技巧：法律的技巧、规则和无政府状态的技巧，其中有的事物会熔断然后重新点亮。但我认为，在一起理解了技巧的含义之后，我们可以同意，从某些方面来说，生活是一种伟大的技巧。

客体（object）①的价值，要非常小心，客体的价值。［……］也许是皮亚杰发现了客体的功能，我认为，这是在研究层面进行的过程和流程中的重大发现。但是，皮亚杰的客体在某种程度上是惰性的，把所有的属性和品质都交付给了儿童、儿童的协调能力以及他们对客体所采取的行动的协调能力，或者一个孩子与另一个孩子之间以及与

---

① "Object"在英文中同时有"客体""物体""对象"和"目的"的意思。在马拉古奇这几段讲话中"客体"和"物体"的意思常常交替使用，但原文都是使用了"object"一词。——中译者注

其他孩子之间的行动协调；或者在儿童与一个或多个客体之间；或者由客体以某种方式引起的情况。

我们现在第一次发现客体是思想社会的一部分。［……］它们不仅仅是作为一种生产属于一个思维社会，就好像生产的这一面会在产品被生产出的那一刻就消失了：在每个客体内部，都有丰富到令人恐惧的人类历史。我手里拿着的这个东西［一个扩音话筒］不是从伊特鲁利亚（Etruscan）人的坟墓或埃及人的坟墓中找到的，它是一个具有自己历史的物体，它不是一个死的历史，而是一个活的历史，并且它的鲜活程度使我习惯于与它保持一定距离并取得一定的效果。我们第一次用一系列更具价值和内涵的意义和含义来铭刻客体本身的价值，［……］；我相信，我们这个时代的*设计师*背后的许多哲学都与将泛灵论历史注入到客体中有关，这些客体不再与我们分离，而是我们自己的假肢。我的意思是，当我们将如下事物纳入到赋予它们价值的概念中时，你坐的椅子、这个书架、这个环境、我们的衣服、你用来书写的钢笔和圆珠笔可能都是得到加强的客体；在教育的层面上，以及在我们作为成人与客体之间的关系的层面上，它们可以发挥非常重要的作用。

许多人与客体之间的关系几乎类似于恋物癖：我们的购买，我们所做的选择，进入我们家中的东西，与我们的品位相称或相距甚远的事物；我们不再接受仅仅是功能性的东西（这是理性主义架构和哲学的一个永恒的方面），而是拥有一些所谓的*软性*［原文如此］的品质。客体是我们必须像阅读书本那样去阅读的东西，如果我们能够以阅读历史、事件和文化的方式来阅读客体，那么我们与客体之间的关系可能会大不相同，并且与自然这个伟大的客体之间的关系也会有所不同，这象征着具有建设性的重新联结的伟大举动。所有这些可能会使某些人认为我们超越了教育学的范畴，走得太远了。相反，正是教育学一直缺少这些东西。［……］教育学和心理学始终没有这些东西；但是，我们不能把缺乏生机的任务赋予心理学。一部分原因是，心理学继续执迷不悟地以自身为营养①，就像学校这个机构也是以自身为营养一样，以及我们今天拥有的文化工具只是不断在追逐自己的尾巴，永远无法与之联结。

在这些书中，你发现所有作者都对一件事感到遗憾，他们都在哀叹：他们全都感觉到（就像我们的美国朋友所感觉到的那样），你不能只着眼于事物的形式。这是不可能的。仅在形象上花工夫是行不通的。这也是不可能的。问题是，在一个情境化中

---

① 营养在这里指心理学或学校故步自封，不吸收其他领域的进步来滋养自身的进步。——中译者注

以同心圆的形式向外扩展,如何将形象与其根基以及与关联、关系和相互作用重新连接起来,并肯定会引领我们重新感受到世界的复杂性,以及引发明智地解读世界的能力。

[……]

因此,如果我们认为物体是假肢(这意味着它们与我们同在,与我们共存),那么请考虑,如果一个建筑师出发的前提是物体仅仅需要满足基本功能,那么这对于他来说意味着什么?或者我们不用建筑师这一说法——那个*设计师*,那个男人,那些男人们和那些女人们——他们选择某种物体的原因是出于某种超越了基本功能的纽带:这是一件非同寻常的事情。然后,让我们将所有这些带入到我们与儿童的关系中,让我们把它带回到我们与儿童和物体的关系中。让我们将其纳入我们采用的材料的主题中:我们以一种漫不经心的方式,以一种绝对无意识或退化的方式采用它们,我不知道我们究竟是哪一种。我所知道的是,为了材料本身而使用材料,为了建筑本身而使用建筑物,这让人嗅出极大的不宜居性(un-inhabitability)。所谓的"宜居性",是指在一种情境化的环境中,它不仅仅与身体上的保护需求相对应,而且还是你喜欢的某种东西,以及你会体会到的满意感、乐趣感、满足感和愉悦感。尝试思考所有这些意味着什么。

我之所以这么说,是因为在现实中,儿童是通过物体,通过他们与物体的关系,通过物体所具有的功能和物体所具有的价值作为媒介来中介(mediate)①人与人之间的交流、自我感知以及当我们个人独处时的自我享受;[它们具有]中介作为现实世界一部分的生产和建设的想法,以及作为玩耍和游戏等的一部分更自由和幻想的过程和想法[的价值]。因此,如果我们认为所有这些都是问题,那么我们可能正在面对一个被低估的问题。因此,我们必须对此达成共识,并开始使其成为我们反思的对象。

实质上,儿童(这是技巧)是通过微观世界得到中介的,这些是具有历史日期和历史真实性的历史微观世界。他们通过包含形式和材料的微观世界得到中介,但微观世界中也包含着原则、法律和规则:它们包含着移情和厌恶。很难说这一切不是一种技巧的一部分:它是一个人为的技巧,但它仍然是一个技巧。因此,儿童是通过微观世

---

① mediate 在此指客体或物体在儿童对世界和自我的认识以及关系的建立中起着媒介的作用。它具有连接、中介以及工具等至关重要的功能。——中译者注

界得到中介的。他们可能是斯巴达(Spartan)微观世界[的一部分]。想一想说斯巴达式的微观世界,雅典的微观世界或巴比伦的微观世界意味着什么：在这些微观世界中,我认为,我们会发现一系列的形象,也许我们会在我们的经历和反思中找到其他形象。我的意思是,自给自足的儿童的概念——如果这概念仍然存在,自主的儿童独自地进行建构和自我建构——必须被疏远,并将其带回情境中来,这样,获得想法的过程才能在不断的流动中进行下去。

所以,现在我们来讨论阶段的问题。让我们把阶段扔到窗外。也许我们今天没有时间讲述阶段的弊病,但是,这里有几个方面可以让我们相信,将一种流动性(flow)划分为阶段意味着要服从市政警察的规则。但是,我们不会受制于人。我们[想要]创造一种相遇(encounter),它在某种程度上是连续的,但也是高度不连续的,并且会自动中断的。

也许,这不仅仅是对自由以及我们可以工作的更大空间的赞美。在这个[儿童的]形象中,总是同时存在着成人的形象,因为我现在所说的一切只是表面上是针对儿童：在一种身份的、"共谋"的和与成人一起的儿童(如果可能的话,我们这个时代中与儿童一起的成人)的观念中,成人和儿童永远是完全结合在一起的。

因此,我想说的是,儿童对世界的巨大影响在于他们的方式,这一方式具有互动性、背景性、社会性,因此,讨论心理过程的社会成因具有一种我们可以更安全地接受的意义。维果茨基非常清楚地提出了这个问题,我们可以说维果茨基的贡献是极其重要的,今天仍然很重要。如果不以某种方式诉诸维果茨基,就很难烹饪出我们喜欢的菜肴。然而,我想说,在维果茨基的理论中,有着一种对现实的过度依恋,以及一系列元素的可能损失,这些元素拒绝被纳入和限制在一个过分现实的形式里。

如果儿童是能动主体和接纳者,那么我们认为成人也必须是能动主体和接纳者。因此,看一看我们开始发现了多大程度的主角性(protagonism)。所有这一切也要归功于研究的过程具有了我们过去所没有的观察工具。如果我们考虑一下相机所带来的一切：在微观分析方面,来回前后移动观看的能力,以及暂停并解构照片、解构图像的能力。我可以在一分钟之内拍下一千张图片,因此,我们有了更加接近的方法,它们的工作效率更高,能够为我们提供信号和信息。因此,我们的兴趣必须是一种更加关注过程而非结果的兴趣,因为过程会成为支撑事物的支柱。作为支柱的过程：我们可以将它转移到政治层面或政策层面。

但是,我想说的是,这个过程使我们能够在倾听儿童的同时倾听我们自己。请记住,当你不再倾听儿童时,那么你实质上也就不再倾听自己了。之后,你就很难发现意义和含义。因此,这是一个伟大的新事物,当然它也被巨大的障碍(物理的、立法的和文化性质的障碍)所包围,但这是重要的问题,当代研究的所有新主题均源于此:儿童的合作学习、儿童的冲突、社会认知的冲突。儿童身上发生的一切都是不断协商的过程,在此过程中,儿童会迷失并重新发现自己的身份。在形成**自我**的过程中,我们可以研究几个重要问题。**自我**是悬挂在一个挂钩上,还是挂在多个挂钩上?在一个人的人生中的某个特定的相应年龄,是否所有这些挂钩也同时成长?**自我**是否也会随着时间的流逝和在多年的岁月过程中不断地建构和解构?同样,在这些问题上,没有人可以使用确定性的措辞,但这些肯定是在我们当中一定不能迷失的问题。

因此,必须完全扭转儿童的形象,但是这种转变包括什么呢?[……]问题是,如何将儿童从没有互动的自我建构的形象转变为一个"社会-自我-建构"的形象。成人和儿童之间的不对称性的问题使我们对知识学习的性质和过程产生了极大的困惑,而今天我们仍然在为此付出代价。显然,学校立法可以提供的只是其整个动作的内容、形式、组织和法规的性质的简化版本,而不是教育过程的含义,不是尊重时间和节奏以及教育过程中的暂停和交替的意义。

[学校正在使用的]这一过程会产生持续的歧视,并试图遏制任何超出特定阈值的分化(differentiation)的可能性。但是,故意地和有意识地进行分类的问题不可避免地导致了阶段(因为当我说类别时,我说的就是阶段),而阶段是一种终点。有的人到达了,但是那些没有到的人就没有被包括在这个类别中,他们属于我发明的一个类别——我正在发明它。然后是另一个类别紧随其后。我的意思是,如果我们仅仅根据数量来验证判断的原则,那么这只会产生一种分门别类、分等级的态度——在所有与我有关的判断、主体和客体之中。

因此,最大的问题是,要从一个"儿童必须被创造"的愿景转变为一个"儿童与他人一起构建自己"的愿景,以及儿童和他人因此而结合的愿景——用我不能很好地表达的术语(我认为,没有人能够很好地表达出来),用仍然存在困惑的术语来描述的话,但是这些术语是有关在活动的时间和暂停的时间之间交替、结合、交织、远离和混合。也就是说,儿童通过对主观本质的反思进行自我建构的时间,以及因此在那一刻通过他们自己的自主生产力进行自我建构的时间;但是,他们绝对不能放松他们的生物和文化的联系,这是他们冒险的社会方面。这种认知的冒险就像成长的冒险和自我建构的冒险、发展的冒险一样,是具有社会性质而不是个人性质的冒险。这是一种具有社会特性的冒险:具有这类命题所带来的一切。也许现在我们可以更好地理解我们先前讨论过的儿童的前瞻性世界(precursory world)的含义。儿童是先行者,他们有能力成为自己的先行者,同时,他们知道如何交织和结合,这取决于事件,取决于机遇和不确定性,取决于必要性。所有这些与情境的交织和紧密联系都可以被部分地预测,但是,我们并不能完全地预测它们,相反,它们构成了儿童的基本特征之一。

[……]

在我看来,所有这些都是重要的,每个人都应该参与,尽管以可能完全不同的方式,因为不同的参与者会贡献不同的主题。我的判断被悬置,因为这些主题正被当作新事物来出售,但实际上它们并不是新的,或者并不是很新。它们是文化潮流的一部分,还没有找到方法以更广泛的方式流入它们的文化:进入学术文化,进入用引号括起来的"学术性的"文化,以及较少用引号括起来的"学术性的"文化。

还有什么其他问题可以影响我们与儿童以及我们自己之间的这种互动关系并与之对话,这还有待了解。偏见的力量和重要性是什么?什么是偏见?什么是社会表征?什么是心理归因?它们是伴随我们的绊脚石、障碍、错误和活化石吗?或者,它们是对我们脑海中携带的物体、碎片、词语、对话和形象的过低或过高的评价吗?

[……]

你永远无法让儿童对一棵树或一片叶子感兴趣。儿童必须要了解,一片叶子本身就是一个活生生的情境,一种生活的情境化。一片叶子、一颗芽是一种情境化。如果它是活着的,那仅仅是因为生命是一种情境、一种衍生的后果、一种持续的相互作用。这棵树与地球、空气、太阳、月亮、黑暗、二氧化碳、氧气相互作用。如果儿童能够感知情境的形式,即交织在一起的生态形式,那么他们将能够赋予物体以生命,并赋予那些他们感觉还是活着的但不被视为生命本质的一部分的事物以更多的意义。我们已经看到,当我们想让孩子们靠近叶子时,只有在孩子们认为叶子是一种生物、一种有生命的有机体时,我们才能设法做到这一点:孩子们认为叶子是一个呼吸、死亡、生存的有机体,一个年轻的有机体,一个变老的有机体,一个婴儿般的有机体,一个然后被消耗掉的有机体——我的意思是,被地球消耗掉——然后以某种方式回到我们身边的有机体。

我的意思是:有了一个叶子的故事,然后有了我们的故事,你明白吗?直到你把孩子们拉近为止……[否则]那里什么都没有[……]。

[……]

* * *

97. 91 运河 5 套（Canale 5）电视频道的采访文字，戴安娜幼儿园，瑞吉欧·艾米利亚，1991 年 12 月

> 编者按：这次在戴安娜学校的简短采访，大概是意大利电视频道的新闻报道的一部分，紧随着美国杂志《新闻周刊》上标题为"世界上十所最好的学校"的一篇文章之后，一个国际评审团确定市立戴安娜幼儿园代表瑞吉欧·艾米利亚的所有市立婴幼园和幼儿园，是世界上最先进的早期教育机构。

我们这些学校的计划旨在给予儿童最大的重视，这意味着，相信儿童有着比我们的想象丰富得多的资源、才能和潜力；并且让儿童借助他们丰富的智力、语言和对事物的开放来表达自己，特别是以一种有利于他们的自我引导、自我学习和自我组织的能力的方式。

这绝对不意味着要排除成人的角色，他们能够看、听和理解：他们有能力大量倾听，使自己进驻到与儿童永久互动的状态中；从能够给他们时间的意义上来说，为他们提供多样化的学习情境——在每个人都在抢夺儿童的时间的情况下，时间是一个极其重要的存在。相反，我们尽可能地尊重时间。儿童有自己的时间，这时间同时是主观的和客观的，但它们是非常重要的时间，如果你尊重它们，那么儿童就会以创造力和学习回报你，让你感到惊讶。

也许，必要的态度是一种对惊奇和惊讶保持开放的态度。如果你——作为成人——具备了这一点，那么儿童将以开放的态度来回应你的惊奇和惊叹。儿童不是在寻找沉闷的连续性，他们是在热切地寻找什么在变化、什么在转变，以及什么在变成为不同于自身的东西。

1992 年

98. 92 在《瑞吉欧·艾米利亚的童年和学校：全国解放委员会和意大利妇女联盟对市立托管学校的倡议》（*Infanzia e scuola a Reggio Emilia: Le iniziative del CLN e dell'UDI per la scuola materna*）一书的发布会上的讲话，瑞吉欧·艾米利亚，1992 年 2 月

> 编者按：马拉古奇在一本书的出版活动上发表讲话，该书由利诺·罗西（Lino Rossi）编辑，并由意大利妇女联盟出版，内容涉及在瑞吉欧·艾米利亚创立的面向幼儿的自治学校，以及妇女运动在这方面的作用；该书涵盖了从 1945 年到 1950 年代末的时期。本书的发行是在美国

> 杂志《新闻周刊》将戴安娜幼儿园评为全球最先进的幼儿教育学校后不久进行的,马拉古奇在开始时提及了这一事件。

[……]

意大利教育哲学的这种被输出的能力是一个伟大的事件。如此之伟大,以至于它收到了来自意大利和世界各地的朋友的许多祝贺、电话、信件和电报;那么,我们没有从公共教育部长[意大利教育部]那里收到任何东西,甚至没有收到一封简短的电报,就绝不是巧合了,我认为,我们所代表的东西有足够的价值,也有足够的荣誉,足以使他感动到让我们感受到他的存在。我想说,我们也没有得到影子公共教育部长[反对派教育部长]的认可,这意味着,这两位部长(一位在阴影中,一位在光亮中)[在他们的角色中]确实有更多共同点,而不仅仅是奇怪的巧合。也许,这些是我们需要明白和反思的事情。

我们的故事是如何开始的?我不会说它开始的时间,因为它已经有很多年了,而且太久远了,但是也许理解开头就意味着理解后来发生的许多事情。许多事情和许多事实汇聚在一起:人民的才智(甚至是他们的精明)和艰难的时期,极其艰难的时期,使长期处于地下状态的自治学校能够办下去。那时,作为一所自治学校意味着牺牲和关怀,放在今天很难再现和使人相信这种牺牲和关怀。无论如何,这些自治的"小小学校"(scuolette)在牺牲和不稳定的荒谬的基础上抵抗了二十年,它们的存在从未得到保证,教师的工资很低,每一天饭菜只能当天确认,当食物在上午10点或11点到达时才能确定那天可以继续下去。我们只在[每月]的26日、27日、28日、29日才知道是否可以向老师支付她们非常低的工资。你永远都不知道会发生什么:但是这些学校以某种非凡的方式拥有这种形式的先驱性社会管理。

家庭拥有管理权。我记得那些家长们,最重要的是,我记得这些走在我们[市立学校]前面的"小小学校"。我记得1945年诞生的学校是由妇女们决定的,是妇女的选择,没有邀请,没有鼓励,也没有[部级]通知。学校是自发诞生的,即使在我们城市的历史上,这仍然是非同寻常的事件。因为直到今天,这背后仍然有明确的含义,我们也许已经在某种程度上丢失了这种含义。你必须了解,这些妇女决定变卖东西,变卖逃离的德国人留下的东西,而且她们决定立即这么做。她们立即决定,是因为她们有智慧,是的,有智慧可以预见到如果她们把这件事留到稍晚一点来做,那么很可能拖延的时间会变得更长。她们必须在其他人或其他东西到达之前做出决定。这个决定是自发性的：一个必须立即生效的决定。这就是我们在这个小村庄的小广场上建造一所学校的想法的始发地。

那是一所砖头砌成的学校。他们在星期六全天工作：女人工作，男人工作，年轻人工作，孩子们工作。他们去河边收集沙子，又在因轰炸而毁坏的房子的废墟中收集旧石头。女人们想要一所属于她们的学校。她们之所以想要这所学校是因为她们深信不疑（有着很多天真，但是也有着很多兴奋和热情），她们想拥有这所学校是因为在她们看来，拥有房舍就等于拥有学校，拥有学校可能意味着掌握自己孩子的生活和命运。愿望如此之强烈，以至于我记得，在项目的后阶段，她们讨论了是否为老师盖一间小公寓（两个很小的房间），好像她们担心老师哪一天就会逃跑一样。有了这间小公寓，她们可以提供某种额外的保证，使老师不会逃走，而且可能会使她们这个伟大的声明——这个宏大的声明——立即实现。

我不认为她们头脑中对女性解放有很多想法，她们对后来出现并成熟的所有事物、思想和观念也没有很多想法。她们被朝着孩子的方向"发射"。孩子是伟大的历史产物，也是伟大的文化产物：孩子、贫穷的孩子、农田工人的孩子、贫穷妇女的孩子、背后承载着长达数百年的贫困的孩子。沉浸在这种命运中的人没有能逃脱的。上学的机会能让孩子们爬上梯子，也许正好让他们爬到足以将其引导至某种形式的新生，使他们从父母不愿意延续的命运中解脱出来。在我看来，这是伟大的姿态，是塞拉村妇女的姿态的伟大之处，是这些母亲的伟大之处；我认为，这个方面需要加以强调，因为后来这成为一个不一定是母亲也不一定是外出工作的女性所面临的问题。

因此，这可能是一种与其他愿望相结合的母性本能。她们设法建造了自己所建造的学校，这是我们分布在［瑞吉欧·艾米利亚］郊区最贫穷的社区的另外八所"小小学校"的开始。这些学校必须要做的是渐建立（在不久之后发生的所有事之前）自己的一种存在，这是当时孩子们最需要的一种存在。

当我们谈到那些孩子时，我们不能像讨论今天的孩子那样来谈论他们。那时，由于多年的战争，孩子们异常贫穷，异常瘦弱，营养严重不良。佝偻病的迹象是有目共睹的。孩子们说方言，他们只会说方言，听不懂一句意大利语。他们母亲的提议、他们母亲的希望就是将他们委托给这些奇迹般的人，这些奇迹般地被保护下来的人：这些人就是第一批老师。就好像通过了解一切，他们就能保障母亲的愿望实现，即她们的孩子将把原有的命运甩在身后，而将自己置于更高的位置。

我记得，那些时候似乎一切皆有可能（也许我之前已经说过），那是似乎一切皆有可能的时代。那时,在战争之后,在悲痛之后,在废墟之后,出现了一个非常奇特的现象,冲动而强大,这使人们的极大的渴望、极大的热情和极大的兴奋成为可能。这是一种让人能够想到任何事情并且认为任何事情都可以实实在在实现的荒诞的能力。

我记得当时,法布里科的工厂的工人和田地工人建起了电影院和剧院。在卡瓦里亚戈发生了同样的事情,在斯堪迪亚诺[25]发生了同样的事情。在那个时代,任何想法都可以通过聪明和才智被接纳和实现。那是一个思想百花齐放的时代,是一个实践能力而不仅仅是思辨能力百花齐放的时代。这完全是一种文化的征兆,这种文化在历史上第一次出现,它胆怯地前进,热情地前进,非常沉默寡言地前进,并且很幼稚地怀揣着许多幻想。本质上,这是被疏远的公民身份的进步,它要求来敲门——它是在敲门和打开门——并能够进入到纠缠不清的问题中,这是国家重建的一部分,是可怕的失业的一部分,并且伴随着不断增加的饥饿(饥饿已经积累了多年)。我认为,这种巨大的需求是对巨大团结的需要,而这种团结是无限的,这种团结在今天是不为人知的。

我记得瓦利尼(Vallini)[26]。那段时间,女性种稻工人(mondine)在皮埃蒙特大区的稻田里度过夏天。我不知道你们是否还记得德·桑蒂斯(De Santis)的电影?[27]我认为这部电影把皮埃蒙特和稻田、蚊子都浪漫化了,一整天都弯着腰在泥泞中、在水中种植水稻。我记得瓦利尼——这个来自乡下的女人——的想法,我想她是来自诺韦纳拉(Novellara)[瑞吉欧·艾米利亚附近的一个城镇],她有开办一个婴幼园的想法。我说的是1950年代,她为种水稻的妇女的子女开设了一个庇护所,以便她们可以更加安心地离开家,感到更安全。你可以挑选这些具有重大意义和高度团结的行动。

我记得那段时间真是太神奇了,以至于在我确定了塞拉村的妇女们都是动真格的之后,我记得一个月后,在我家附近有一栋被法西斯的一名上层成员遗弃的别墅,我们假定作为法西斯的老板,他至少要一年,[也许]要两年或三年都回不来,我的意思是,也许有足够长的时间让我们进入别墅。一切都有可能,有可能进入里面:我们配了钥匙,打开了门:这是可能的。当时公共秩序的缺失很严重,非常严重。在那儿,在别墅里,我记得塞尔吉奥·马西尼(Sergio Masini)教授和我做了一个巨大的横幅:"人民学校"(Scuola del popolo)。这样的名字现在会使我们置之一笑,但这是一所人民的学校。然后我们开张了:在三个季节里,我们为在拉丁语、意大利语和数学等方面有困难的中学生开设了一个课后中心。我想说的是:它是可能的,做任何事都是有可能的。

我认为,还值得记住1946年在瑞吉欧·艾米利亚成立的复兴学院,它专门为退伍军人和游击队员提供服务。这是另一个非凡的发明。这项发明是为了补偿意大利全国的年轻人和男人,因为他们花了几年的时间去打仗,他们绝对没有时间充分学习专业技能,所以他们是没有职业、没有任何东西的人。意大利在那里等待重建,需要创建有能力的个人履历,以能够胜任重建工作。这是为他们找到工作和高素质工作的唯一途径。学院文凭——我之所以想提醒你这些文凭,是因为它们也是非常精确的选择的结果——这一选择是培养工地经理:三年的学习,然后这些人成为工地经理。工地经理意味着让他们参与我们国家的房屋重建工作。在另一门课程中,也是三年的[学习]时间,这些人后来成为农业技术员。在当时,农业完全与土地有关。无论如何,这些冒险告诉你那几年是多么富有创造力,以及它们多么有能力发展出在正常时期绝对不可能发生的事物。

我想,当我们记住所有这些时,我们同时也会记住妇女给予的有组织的和无组织的巨大贡献和大力支持。在我们已经讨论过的所有这些事情中,以及在更多值得讨论的问题中,我认为,强大的动力和推动力在历史上属于妇女运动。当时的妇女很强大,有组织,不仅有能力提出理论,而且有能力进出政坛,有能力紧贴人民的需求,并能找到正确的对策。

今天,当我谈论女性时,我不仅要谈论意大利妇女联盟中的女性,这无疑是最强大、最有力的组织,我还想谈一谈天主教组织(一个较弱的组织)意大利妇女中心。当然,这些实体是具有不同灵感的不同实体,但是我想说的是,我们经常发现我们自己以非同寻常的方式并肩工作,并且是在所有事情都是以对抗的、激进的方式被处理的时候。但是,你会发现意大利妇女联盟中的妇女、意大利妇女中心中的妇女以及与教区一起工作的妇女在儿童事务上并肩作战。也许我想说的是,这填补了原本可能有些空白的风景画。

然后是伟大的第二个时期:有组织的女性开始丰富关于女性解放问题的理论的时期。我认为这是非常困难的,但它已经成为女性的觉悟的一部分;尽管也许无法在所有地方广泛传播,但是领导着妇女运动和城市组织的瑞吉欧·艾米利亚的女性已经出现了意识的萌芽。我认为,她们已经完全理解了这一点(凭直觉这看似容易,但在当时并不容易),即丰富理论——伴随着所有后来才被理解的错觉和局限性——使得在一个困难的社会中,或在各种困难的社会中(因为它们之间不断发生冲突),扩大女性在历史中的进程的可能性成为可能。这场运动对我们帮助很大;这场运动及其方向,在某些方面(在很短的时间内)预见到了这场伟大的运动,这场运动是我们最伟大的现象之一,也许仍然没有得到很多的反思,它看到了南方的人们向北迁移,年轻的农民抛弃了农村，进入了城市，最重要的是，女性离开了家庭，开始面临外出工作的问题。

这场大型运动具有巨大的政治和文化深度。这是女性第一次离开家庭核心，离开家庭，将自己的承诺、智慧和辛勤工作转移到了外面。当然，这是一种需求，也是一种经济需求，但这种需求给一个权利领域披上了一层非常细微的面纱：女性以非常缓慢的速度获得的且远远超出了工作领域的那些权利。没有背后的服务支持，是不可能进入工作世界。这是不可能的——但是服务却不存在。[针对幼儿]有一个教区的学校网络（尽管有其局限性，但也有其优点），存在着一些生活在极度贫困中的自治小学校，并且在教育哲学和教育方面的问题上，它们也身处于极度的贫困中（问题是巨大的）。与此同时，有着这样的需求，那就是在保障向家庭提供可获得的服务的问题上取得进展。

此时，出现了一个大的事件（我们需要回到1976年，那是全国范围内发生其他大事件的时候）。发生了什么？当时发生的事情是，私立学校，也就是当时由教会垄断的学校（按照当时的传统）在议会中被辩论了八年。几乎就好像国家无权经营自己国家的幼儿园一样（这场议会之战长达八年之久，就像玫瑰战争或征服特洛伊的战争那样）。这是一次大规模的对抗。最终在1968年，通过了444[法律]，丰富旧网络的可能性开始形成。

我们和我们的第一所市立学校诞生于1963年。多年来（由于我们在那十年以前就开始了），市政府对直接运行幼儿园进行了仔细的商议，但是显性的力量和隐性的力量（地方行政长官管辖区的和其他的）在议会的会议上使用了它们绝对的、极其严厉的否决（verboten）[原文如此]。

最后，在政治（那种政治）无法进行的地方，更精明的政治出现了，具有足够的精明和智慧的官员主管愚弄了（但是仁慈的、慈爱的）国家驻地方行政长官和议会少数派，并设法通过了一系列策略就[面向幼儿的]学校达成了一致：它们必须在轮子上，必须能够移动，并且可以从一个地方转移到另一个地方，因为法律规定，只能在私立教区的托管学校网络不存在的地方创建国立学校。因此，它们是二等学校，是B类学校，是次要的学校。最大的问题是，如何开始这种世俗学校的经验，这在我们的国家中是第一次开始浮出水面，开始获得一种服务的维度，开始（如果他们也能够做到的话）找到一个身份，这不仅是政治上的，不仅是历史上的，不仅是文化上的，而且是教育上的：儿童教育所必需的教育身份。

也许这里有一个点、一个时刻，[学校]服务与妇女运动之间失去了联系。我认为它始于1970年代初。直到1970年代，女性们连续奋战了15年，取得了成就，从家庭权利,到 1960 年至 1970 年间与妇女儿童联合会进行的长达十年的奋战,再到她们有能力提出并建立的另一个机构,即婴幼园,它从 1971 年开始运作。

在我看来,这是某种分离发生的时候,我认为这是以女性为代价的,但这也是以进一步去除其他元素为代价的,而不仅仅是女性。因为女性在未被充分探究的原因的驱使下,在那一点上走向了另一个方向:我认为可以指责运动的这种方向的转变。如此强大、如此庞大、如此胜利、如此含义深长的运动,在十五或二十年之内就已经能够创造出了转变和极为重要的决定性的改革。我的印象是,当时她们不仅把自己重新定向到其他地方,她们还失去了一个机会来认识到仅仅建立幼儿教育服务是不够的:你还必须赋予它一个身份和一个内容,你必须赋予它价值标准,你必须在它身上花费你的时间、你的能力和你的智慧,去深入、理解并领会其中正在发生的事情。

女性的命运与儿童的命运相连。时至今日,童年的价值仍然是女性的价值。女性的价值就是我们能够给予儿童的价值。

你从获得服务的那一刻到尝试继续坚持它的那一刻,存在着某种断裂,一种转换:不仅是因为你知道它可能对女性的心理层面、女性的情感、需求和要求产生巨大的影响,而且因为获得一项服务并不仅仅简单地意味于此:它也意味着,获得一种新的境况和一个新的维度。通过儿童教育的质量,它保证了你与女性一起开展的其他项目将通过一定程度的连贯性——这是连贯性和质量的一个维度——以及通过儿童教育的质量得到加强。

我认为,女性丢失的另一件事是那时男人的缺席——他们在其他的地方——而那些问题以及[学校服务的]领域和舞台基本上都交给了女性。男人们追随着自己的旅程奔向其他方向。我的意思是,不幸的是,这种[教育的]话语一直牢牢依附并植根于女性的能力(无论是好是坏)。我感到,她们丧失了巩固自己所建立的机构的能力,丧失了一种感知,即感觉到她们内部需要了解和明白服务永远不会是中立的,永远不会是自主的,它的故事并不是来自内部的:服务像是一个不停歇的广播员,传播着感觉、知识、才能、反馈[原文如此]和回应,这些反馈和回应会传回给你,然后再传出去。因此,在女性建设和女性保证[学校]服务具有她们理想的框架的层面上,这是不可或缺的一部分——在我看来,这是后来所缺少的东西。

[……]

另一方面,情况很困难,因为事实是,男人们不理解家庭的价值。我记得在有分歧的地方进行的无休止的讨论,你无法让他们理解。那是 1970 年代,《学校委托的法令》

(Decreti per gli organi collegiali,见第三章,注释21)问世,确定了家庭是否将[在学校教育中]发挥作用。但是,当时的理论和思想将男性和男性工人从家族[议题]中排除在外,似乎将他们纳入其中的话,他们就会以某种方式受到污染。因此,那里面[男性世界中]没有家庭,没有女性,没有儿童。

塞拉村的女人的最大主题是儿童,现在[时代]的最大主题成了男人:从政治人物、男性工人、男性工人阶级、作为工人阶级代表的男性的意义上说。女性和儿童不仅被完全边缘化,而且他们很危险。我们进行的那些讨论试图让人们理解,我们不能把一个工人的状况或一个劳动者的状况看作是在工厂里开始和结束的:这是一个人,与家庭环境和家庭核心有着一种人性的、存在的、文化的、情感的连续性。这是男人、好战的男人所无法理解的。我认为,这也对女性的声明产生了影响,这些声明中缺少[这一要素]。

[……]

当然,现在服务已经成倍增加,我们可以说,我们90%的孩子都进入了托管学校。[在意大利]有各种各样的学校:存在着不适宜栖居的学校,在这些学校中,孩子们永远都不知道自己是否应该去学校,或者如果可以去的话,他们是否会有饭吃,或者没有饭吃,他们是否肯定能得到三明治,或肯定得不到三明治,是肯定有老师,或肯定没有老师。尽管我们可以对幼儿园这一新生的学校类型给予轻松的称赞和重视,但它仍然没有身份:我相信,这些学校仍然需要宣布其全部身份,可还做不到这一点。

因此,现在这些服务已经存在,我们看到差异的巨大悬殊和功能失调的时间正在呈现和扩大。一方面,女性被更多的问题、焦虑、需求和要求压得喘不过气来,但是相应地,某些时间却在不断减少。因此,你可以想象一下,每当我们回到这个话题,并讨论女性、母亲和父亲的主题时发生了什么。这些功能失调的时间的含义是什么?在有的时间越来越短和有的时间越来越长之间的脱节已经成为一个持续发展的(也许是不可逆的)事实是什么意思?[28] 时间不仅是数量,而且也是质量,它带来了各种各样的新问题:困难的问题、微妙的问题、焦虑的问题、关于我们家庭的组织的问题,以及在属于我们家庭生活的所有不同时间之间找到统一的问题。

我认为,这是一个我们需要重新关注的现象。同样,我们必须认为,[学校]自治的问题是一场失败的战斗,世俗的社区没能推进这场战斗。这些事情助长了[学校]服务与整个[学校]网络的集权化和国有化,[29] 并且它们对不同教师组织的公司化诞生提出了很大的疑问。因此,我们现在看到,在本质上已经成为福利[服务]的学校中,有二三十个工会属于职业教育[服务]部门,属于公共部门,属于教师。这些学校满员了,人满为患,学校挤满了人,船上挤满了人,船上什么都不放过,因为一切都得到了超级的保证;它们是已经失去了文化品位的学校,失去了所有与儿童和年轻人一起生活的兴趣;是不知道如何让自己被爱的学校。在讨论学生的"道德"[辍学]时,社会学家喜欢提到一些原因,但他们总是忘了反思那些不讨人喜欢的学校:如果孩子们无法以任何方式爱上他们的学校,他们最终将放弃它,而寻找其他解决方案。这是我们时代的闹剧。

因此,从各个角度来看,我们都感到被一种糟糕的局势淹没了:从伦理和道德的角度来看;从尊重个人的角度来看;从暴力和大众媒体上的每日奇观、新出现的粗俗以及当我们所有人都希望安全和自治得到保障时却缺乏安全和自治的角度来看。这些都是公共教育部长不会讨论的元素:伟大的教育家,从负责人到巡视员,都避免讨论它们,好像有一层膜阻止了事物渗透到女人、男人和儿童的体内一样——这被认为是不可渗透的;尤其是在儿童身边工作的男人和女人。在这一层面上存在着一种令人恐惧的强烈的异化文化,这种文化令人恐惧地产生了巨大的痛苦,因此也造成了巨大的损失:蓬勃发展的丧失、希望的丧失、幻觉的丧失、在困难的游戏中遵循规则能力的丧失,我相信,即使政治在教育主题上进行了大量投资,这也是在政治中不被重视的元素。

但是,这个话题没有出现。不,有关于薪水因素、待遇方案、加薪等问题的讨论,好像所有这个公司的要求已经吞噬了政治。有些人开始说,他们是工会层面最勇敢的人,"是的,如果我们回顾我们的历史,我们就会意识到,神圣而又不能被边缘化的薪酬和薪酬要求已经将所有其他政治因素都吞噬了"。但是,即使我们去决定一个工资要求,我们也绝不能丢掉其他的部分。在分歧和冷漠太严重的情况下,我们失去了公众舆论(我们每天都亲身经历这种情况),政客们对所有这些事情都太麻木不仁了。他们在提供幼儿服务机构方面有自己的存在和主体性。但是,意大利政治世界的缺陷,尤其是在左派(但不仅在左派,在天主教方面也是如此),是这种过分地漠不关心的感觉,这种感觉在世俗领域比在天主教中更严重。

对命运的构建方式漠不关心,对儿童、非常年幼的儿童以及大学的年轻人的命运漠不关心。仅仅引用一些有关意大利状况的数字就足以让我们理解了。[……]仍然缺少的是,在学校内部发生的事情、在大学内部发生的事情、在婴幼园内部和幼儿园内部发生的事情。也就是说,失去的是全球的视野,这种视野将使政治世界具备所有必要的元素——相互融合和联系——以使其能够理解未来公民的状况在发生什么,或许这也解释了"瑞吉欧·艾米利亚"现象。我可以就这个问题展开几个章节,但我不打算这么做。

我的发言到此结束。这是一个非常快速的故事。我们需要回过头来,理解意大利教育哲学的发展路线和方向。我们必须明白,[由《新闻周刊》杂志]授予的这一奖项认识到了,我们的价值之一(意大利以外的人比意大利人更理解这种价值)始终是我们最初的身份;这种身份明确地反对行为主义性质的教育哲学,那是一种很容易被运用的教育哲学,并且因为它简单易教而获得了巨大的成功,因为你可以轻松地将作业纸拉出来粘贴到练习本上。当它在这种水平上被进行实践时,这个职业变得如此简单,以致于人们对未来和现在不可避免地会造成的损害一无所知。这种教育哲学是我所谓的"预言式"的教育哲学的一部分。当我们在博洛尼亚展示[瑞吉欧·艾米利亚]展览时,我们必须给它一个标题。[30]我记得,我使用了这个表述是因为我非常了解它应该针对的是谁。"预言式"的教育哲学事先知道一切:知道将会发生的一切,知道一切,没有一点的不确定性,绝对不会动摇。它考虑到了一切,预言了一切,看到了一切,看到一切以至于它能够为你提供一点一滴的行动的配方——每分钟、每小时、每个目标,每五分钟。这是如此粗鲁,如此怯懦的,羞辱了教师的才智,完全侮辱了孩子们的才智和潜能。

但是我们在这个层面上看到了什么?有斗争吗?在这些问题上是否有冲突?不,没有,完全没有。[……]

我们所获得的奖项是我们应得的奖项(无须过多强调),因为我们已经有能力做到这一点,因为我们正在继续做的一切,将继续做,但不能继续以我们过去的方式做。今天,我们的责任更大,我们的义务更大,我们必须反思的事情更多。我们已经开始的这种反思必须继续下去,必须理解在我们的教育经验中现在将会发生什么。超乎寻常的是,我们的经验不仅仅是获得了这个奖,这好像是一种好莱坞的奥斯卡奖,或者以你喜欢的任何方式来看待它——它就是这样。

事实是,当意大利仍然不知道自己是否具备了加入欧洲共同体的条件时,*我们*已经在欧洲共同体里了。我们已经带着这个经验身处其中:我们的关系和我们的交织在欧洲已经进行了十二年,所以我们已经加入其中了。我们已经成为欧洲和国际层面上反思的一部分。我们已经在其中,已经在参与了,并且针对那些与今晚的会议直接或间接相同的主题,我们已经在跨文化的欧洲机构中很活跃地参与了。我们具有一个对未来的愿景,尽管它像我们今天可以想到或想象的所有未来一样不确定,但它是一个通过一系列纽带与当下相连并扎根于一系列事实的未来。问题是这样的:已经抵达这一点的这种冒险必须继续成为一个很好的冒险,必须重新审视,必须被密切地追踪。最重要的是,尽管我们的市政府拥有所有优点(绝对没有人想忘记这些),并且一直不断确保并保证我们的学校生存了很长时间,但它仍然需要支持:它一直通过仁慈的眼睛和极大的爱在关注它们。

问题在于,基于这样一个核心[经验],是否也有可能反思一下,就这种遗产而言,这座城市不足的地方和仍然不足的地方。如果说有任何一种痛苦的感觉,那就是这种经验还没有影响到超越学校的物理边界的地方,还没有影响到学校的围墙以外。在更远的外面,在意大利的学校中,在意大利教育哲学和海外教育哲学中,它产生了巨大的影响。然而,它并没有能够对城市产生影响,并没有到达可以认为瑞吉欧·艾米利亚不仅拥有最先进的学校而且可能成为一种"首都"的地步。在1967年,他们称我们[的城市]为艰难岁月中的首都,当时他们称瑞吉欧·艾米利亚为我们指控的所有叛乱和颠覆活动的首都。

但是,我们缺乏的是把握其他情况和展示其他情况、其他时刻、其他可能性、其他场合的能力,这将让这个城市的形象得到成长。[因此,我们可以说,]这个城市不仅拥有最美丽的学校,它拥有这些学校是因为它是在童年问题上最美丽的城市。

1993年

99. 93 代表瑞吉欧·艾米利亚市立学校就获得科尔国际教学奖的演讲,芝加哥,1993年5月

> 编者按:科尔国际教学奖由总部位于芝加哥的多洛雷斯·科尔教育基金会(Dolores Kohl Education Foundation)于1985年至1994年颁发,以表彰小学和中学教师以及教育领域的媒体和终身贡献者。1993年,教育奖颁发给了瑞吉欧·艾米利亚的市政幼儿服务系统。

对于男人、儿童、女人来说,一个海湾总是需要的。它是一个环闭的地方,一个更安静的地方,一个我们可以更多地思考并且思考得更好的地方。我们所有人将在这个海湾中做什么?

我们会思考为了我们和孩子们,我们做了什么,没有做什么,我们也会试着去理解为什么这种经历不仅在我们身后,而且还在我们面前的原因。当然,乘坐着我们的船,

我们将离开海湾,也许会对儿童权利有更强烈的意识。联合国和联合国教科文组织所承认的儿童的权利已经不够了。儿童不再需要慈善或捐赠品,我们成人首先需要确信,儿童不仅是权利的拥有者,而且是自己文化的拥有者,他们拥有发展更多文化的能力,他们有能力建设自己的文化,并感染我们的文化。

我不知道你是否曾经想过,风可以有多种形状(shapes),或者有一种形状(a shape):我在哪里可以找到风的形状?禅宗哲学帮助我们西方人理解了风的形状无非就是树木的枝体形状,我们必须在那些树木中找到风的形状,多种形状。我们把这棵树作为我们的标志,作为榜样,作为力量,一棵有着更强根基的树,让这样一棵树的力量也能流进我们,流进人民,流进孩子们。

也许比起对过去的怀念,我们更需要对未来的念想。孩子们,现在的孩子和未来的孩子,在对未来的念想能够到达的地方等着我们,让我们所有人都希望我们也在那里。

* * *

100.93 劳瑞兹·马拉古奇所做的关于瑞吉欧儿童(组织)的笔记,1993年

> 编者按:这些笔记最初是由马拉古奇撰写的,总结了他正在考虑建立的一个新组织来构建瑞吉欧·艾米利亚与外界的关系。然后它们[这些笔记]被分割开来,放到卡片上以进行更广泛的传播;下方网格的每个部分代表一张卡片。瑞吉欧儿童这一组织是马拉古奇去世两个月后成立的。

瑞吉欧儿童(组织)

另一个为了儿童

家庭

教师

城市的资源

瑞吉欧儿童(组织)

让我们再次聚在一起

来帮助每一位儿童

成为他们所想

瑞吉欧儿童(组织)

教师和家长

把30年的工作

和充满激情的智慧

进行资源再投资

瑞吉欧儿童(组织)

一所超越国界的学校

加强并传播儿童的权利

和希望

瑞吉欧儿童(组织)
一个已经带着你
和正在带着你
体验在世界上飞翔的
更强大的形象

瑞吉欧儿童(组织)
向世界许多地方输出
儿童的智慧史和微笑史
标志着我们城市和人民
的喜悦和声望

注释

1　保罗·瓦兹莱维克(Paul Watzlawick,1921—2007)是一位奥地利—美国的家庭心理治疗师、心理学家、沟通交流理论家和哲学家。作为一位沟通交流的理论家和激进的建构主义者,他为家庭心理治疗领域和普通心理治疗学作出了贡献。

2　托马斯·坎帕内拉(Tommaso Campanella,1568—1639)是意大利哲学家、神学家、占星家和诗人,他最著名的是《太阳之城》(*La città del Sole*)的乌托邦式的论著。艾伦·凯(Ellen Kay,1849—1926),全名艾伦·卡罗琳娜·索菲亚·凯(Ellen Karolina Sofia Key),是一位写过有关家庭生活、伦理和教育领域里许多主题的瑞典作家,她是以儿童为中心的教育和养育的早期倡导者。她最著名的是关于教育的著作"*Barnets århundrade*"(1900),于1909年被译为英文版,书名为《儿童的世纪》(*The Century of the Child*)。

3　马拉古奇在脚注中提到的统计数据表明,随着儿童和年轻人经历意大利国家教育系统的各个阶段,他们的辍学率不断上升,因此,每100名中学生中,只有8名最终获得大学学位,这是欧洲最低的学位获得率的百分比之一。

4　玛丽·丁斯莫尔·萨尔特·安斯沃思(Mary Dinsmore Salter Ainsworth,1913—1999)是一位美国—加拿大发展心理学家,以其早期采用"陌生情境"(strange situation)设计开展的情感依恋工作以及依恋理论的发展而著称。

5　杰罗姆·卡根(Jerome Kagan,1929—2021)是美国一位领先的发展心理学家。

6　格雷戈尔·萨姆萨(Gregor Samsa)是弗朗兹·卡夫卡(Franz Kafka)的中篇小说《变形记》(*The Metamorphosis*)的主角,该小说于1915年首次出版。故事始于旅行推销员萨姆萨醒来后发现自己已转变(变形)成为一个巨大的、像昆虫的怪物。

7　泰勒主义(Taylorism)或科学管理,是一种管理理论,用来分析和综合工作流程,以提高经济效率,尤其是劳动生产率。

8　马拉古奇也许是指康德(Kant)对"范导性"(regulative)的使用,是指理性如何引导我们努力获取知识的工作,帮助我们纠正错误并获得更全面的见解。

9　格雷戈里·贝特森(Gregory Bateson)的《迈向心智生态学之路》(*Steps to an Ecology of Mind*),于1972年首次出版。

10　尼尔·波兹曼(Neil Postman,1931—2003)是一名美国作家、媒体理论家和文化评论家。他在1982年出版的《童年的消逝》(*Disappearance of Childhood*)一书中试图解释为什么童年和成年之间的界限在当代社会中正在迅速消失,以及为什么儿童的社会角色在现代工业社会中可能会消失。

11　塞尔吉·莫斯科维奇(Serge Moscovici,1925—2014)是罗马尼亚出生的法国社会心理学家,1961年首次使用"社会表征"(social representation)一词,指的是群体和社区成员之间共享的价值观念、思想、隐喻、信仰和实践。他假设了两个宇宙:**具体化的科学宇宙**(the reified universe of science),它按照科学的规则和程序运行并产生科学知识;以及社会表征的**共识性宇宙**(the consensual universe of social representation),在其中,非专业公众人士详细阐述和传播知识的形式,它构成了常识的内容。

12　阿道夫·费里埃(Adolphe Ferrière,1879—1960)是一名瑞士教育家,也是进步教育运动的创始人之一。他在瑞士洛桑(Lausanne)成立了实验学校(La Forge),但由于耳聋而不得不放弃教学。1921年,他是新教育团体第一届执行委员会的成员,并为此撰写了章程。该联盟的其他成员包括玛丽亚·蒙台梭利(Maria Montessori)和塞莱斯坦·弗里奈(Celestin Freinet)。

13　吉多·皮特(Guido Petter,1927—2011)是一位意大利心理学家,为在意大利传播让·皮亚杰的工作作出了很多贡献,并对认知发展、语言、青少年心理学、育儿和教育心理学进行了广泛的研究。

14　在瑞吉欧·艾米利亚,他们谈论了图像(grafica)语言,其中包括很年幼的儿童所创作的记号(有时在其他地方被认为是涂鸦),以及诸如用水在石头上画画,或者用手指在沙子上画画,或者如何用金属丝制作一个二维的雕塑,这都可以是一个绘画。

15　杰拉尔德·埃德尔曼(Gerald Edelman,1929—2014)是美国免疫学、胚胎学、分子生物学和神经科学领域的先驱,并于1972年获得诺贝尔生理学或医学奖。

16　让·皮埃尔·相舍(Jean-Pierre Changeux,1936—　)是一位法国神经科学家,因其在几个生物学领域的研究而闻名,从蛋白质的结构和功能到神经系统的早期发育。他的这些话可能来自1987年在《共和报》(la Repubblica)上的一篇文章。

17　诺伯特·埃利亚斯(Norbert Elias,1897—1990)是一名犹太裔德国社会学家,后来成为英国公民,发展了文明化(和去文明化)过程的理论,重点研究权力、行为、情感和知识之间的关系。

18　冷战是西方集团(美国和西欧)与苏联之间长期的军事和政治紧张局势,通常认为是在1991年左右结束的,当时中欧和东欧的共产主义政权被推翻,并且苏联解体。

19　"Mai"在意大利语中是"绝不"的意思,而"Stock"是一种著名的酒的名字。

20　马克·夏加尔(Marc Chagall,1887—1985)是一位俄罗斯-法国艺术家;克洛迪乌斯·托勒密(Claudius Ptolemy,90—约168),一名希腊裔埃及天文学家,认为地球处于宇宙的中心;波兰天文学家尼古拉·哥白尼(Nicolaus Copernicus,1473—1543)提出了一个将太阳而不是地球置于其中心的宇宙模型。

21　瓦莱里亚·乌加齐奥(Valeria Ugazio,1949—　)是贝加莫大学(University of Bergamo)的一名心理学家、家庭系统心理治疗师和临床心理学教授,她对关系心理治疗特别感兴趣。

22　录音转录中"重要的"之后少了一个词。根据这句话的含义,"价值"或"洞察力"被作为一种可能性提供于此。

23　信息加工理论研究认知发展的取向是从美国心理学的实验传统中发展而来的。该理论将头脑等同于计算机,该计算机负责分析来自环境的信息。

24　马丁·海德格尔(Martin Heidegger,1889—1976)是德国哲学家,在大陆传统中被广泛认为是开创性的思想家,其开创性的哲学影响了文学、社会和政治理论、艺术和美学、建筑、文化人类学、设计、环境主义、心理分析和心理治疗。

25　法布里科(Fabbrico)、卡瓦里亚戈(Cavriago)、斯堪迪亚诺(Scandiano)是瑞吉欧·艾米利亚省的小城市。

26　维利亚·瓦利尼(Velia Vallini)是一名游击队员,意大利妇女联盟的领导人,意大利共产党的成员以及省卫生评估负责人(1951—1974)。

27　朱塞佩·德·桑蒂斯(Giuseppe De Santis,1917—1997)是意大利电影导演,是1940年代和1950年代最理想主义的新现实主义电影制片人之一。马拉古奇指的是他的电影《苦米》(Bitter Rice,1950年),这是一位在稻田里做工的年轻女人的故事。

28　在关于功能失调的时间以及时间变得越来越短的讨论中,马拉古奇似乎对比了带薪工作所要求的更长时间和家庭时间所剩下的更短时间这两者。他也可能是指幼儿服务和小学的开放时间这个长期存在的问题,以及父母的要求和需求——通常需要更长的时间——与最适合儿童的上学时间之间的紧张关系。

29　马拉古奇这里指的是把自己的学校交给了国家的市政府们。

30　马拉古奇首次使用"预言式"的教育哲学(pedagogia profetica)一词是在1990年初在博洛尼亚举行的"儿童的一百种语言"展览时写的一篇评论中,那是在此次演讲的两年以前。

在丝线上行走

瑞吉欧·艾米利亚工作组

选择劳瑞兹·马拉古奇的文稿,并像本书中呈现的这样按照每十年进行整合(这是一个长期以来一直希望得以实现的项目,首先要感谢彼得·莫斯的热情和有效的承诺,我们对他深表感谢),这意味着有着更高程度的情感和意识,意味着重新审视一段历史,这段历史早于我们中的某些人,我们中某些人亲身经历过这段历史,并且我们仍生活在这一历史之中。将目光转向过去绝非易事,它重新唤醒了人们的回忆,它重新诠释着事件,并激发了与当下的比较。

毋庸置疑,劳瑞兹·马拉古奇的话语勾勒出一位杰出人物的形象,也描绘出一座城市的肖像,这座城市一直以来能够讨论并以原创的、通常是逆流而上的方式面对变化,能够努力发展成为一个被认为是更加有智慧、更加有文化和对所有人都更加公平的社会。

劳瑞兹·马拉古奇给我们留下了哪些遗产?对于这个城市以及我们这些生活在当下的人们,他留下了需要捍卫和滋养的宝贵财富:觉悟到尊重儿童文化与尊重我们自己和正在建设的文明是紧密地联系在一起的;以及觉悟到任何问题,无论多么复杂,如果不与其所处的情境联系起来,如果我们不据此创造新的思想,它是不可能得到解决的。然而,这种创新不能背离伴随着我们的教育和政治思想的建构的基本价值观和道德规范。

这并不是一个轻松的旅程。马拉古奇多次说过这样的话,我们中那些继续沿着马拉古奇和其他许多人所描绘的道路并以热情、勤奋和创造力参与这个教育事业的人也重复一遍这句话。这一直就像是"在丝线上行走"(walking on threads of silk)[1],要保持良好的平衡,并经常有跌倒的危险,这并不像引号内的话看起来那么有诗意。这意味着,要有勇气做出决定,哪怕这些决定违背潮流,存在着犯错的风险,而且由于情况不明而面临潜在的错误。这意味着"避免对于权威采取投机主义和卑躬屈膝的态度"(Malaguzzi,2012,p.29),并与其他的现实存在不断讨论和交换观点,尝试推动似乎停滞不前和无法解决的局面。

通过马拉古奇的著作和演讲,我们回顾了近五十年的历史,这让我们了解了构建那种要求并捍卫质量的持久的创新项目所需的一些能力:智慧、创造力、严谨(严格的严谨)、勇气、耐心、毅力、建立联系和为这些项目辩护的能力。一种高度的人类团结的普遍态度——社会的、文化的和政治的。

劳瑞兹·马拉古奇给我们留下了哪些遗产?这是一个我们无法回避的问题,最重要的是,无论多么困难,我们都无法回避对自我的评价。有那么几个时刻,我们发现自己在想,在这种情况下,马拉古奇会怎样做?对于我们正在做出的选择,他又会说些什么?虽然时代已经发生了很大的变化,但多年来它们不止一次将同样的问题摆在我们面前,然而当这些问题需要被面对并希望得到解决时,它们似乎总是新的且更加困难的问题。

一些积极而重要的演变已成为现实。1994年,马拉古奇逝世不久,瑞吉欧儿童(组织)的项目成为现实。二十多年来,该项目大幅度发展壮大,扩大了其活动范围,在超越了学校教育的范围中传播和重视儿童的观点,并日益被公认为是瑞吉欧·艾米利亚的市立婴幼园和幼儿园教育经验的国际代表。

劳瑞兹·马拉古奇国际中心(Loris Malaguzzi International Center)的诞生源于一个对原罗卡特里帕尔马-瑞吉欧干酪(Locatelli Parmigiano-Reggiano)库房进行翻新的项目,它于2006年向公众开放。它代表着一个艰辛构筑的梦想和一个勇敢的选择,它的全部潜力尚未完全呈现,但它能够拥抱众多的想法。也许这确实是马拉古奇[99.93]所说的海湾,在这里我们可以放下船锚来反思和思考,并凝视着星际一起来谈论童年的状况,进而谈论人类的生存和我们的星球。

国际对话和联系的网络不断地扩大,尽管在某些情况下仍存在一些抵制,但瑞吉欧·艾米利亚取向(Reggio Emilia Approach)现已成为各种教育学哲学都必须考虑的公认现实。

2011年,该系统的另一个合作伙伴诞生了,瑞吉欧儿童-劳瑞兹·马拉古奇中心基金会(Reggio Children-Loris Malaguzzi Centre Foundation),其宗旨是改善和发展瑞吉欧·艾米利亚和世界各地的社区的生活,对它们来说,关键词是研究、国际主义、团结和教育质量。

瑞吉欧·艾米利亚的十二个婴幼园和二十一个幼儿园的市政服务网络——自2003年以来由瑞吉欧·艾米利亚市立幼儿园和婴幼园市政运营机构管理,该机构还负责与那些附属的、官方认可的和国立的幼儿园建立关系——这已经是一个活生生的现实,也是一种有关高质量的现实(一个绝对不应该被当作是理所当然的事实)。这些服务继续在其日常生活中实现研究之旅和有趣的教育项目之旅,它们以勇气和独创性面对变化和新的文化挑战,它们继续充满热情和智慧地开展工作,以使家庭和市民通过有能力参与的方式参与其中。如果认为这种长期的、充满激情的社会和教育经验的持续是简单的,或者曾经是简单的,这种想法是应该受到谴责的,也是过于天真的。瑞吉欧·艾米利亚的教学哲学必须不断面对(和冲击)有关儿童、教师和学校的文化形象,而这些文化形象与在它自身的教育服务中所宣称并在日常工作中的那些形象相去甚远。

瑞吉欧·艾米利亚的市立婴幼园和幼儿园的现实已成为全世界越来越知名的参考点。它代表了一个*可能的*现实,对于那些相信教育、儿童和年轻人是值得社会关注和尊重的人们来说,这是一个具体的希望。

我们许多人认为,这是一种责任和政治承诺,需要有继续做出困难选择的严谨、勇气和创造力,有时,这往往与那些貌似有着广泛保证的社会共识相反。我们是否能够继续在丝线上行走而又不会失去平衡,而且丝线不会断裂?我们只能部分地为未来做准备,做好条件上的准备,使得所宣称的哲学不至于被行动和实践所背叛。但是,在此过程中会有许多障碍和绊脚石;经济危机仍然深远而严峻,当前的文化也使一切变得更加复杂。

我们经常反复对自己说,出于其专业的关系,教育学必须始终保持乐观的态度。即使经过漫长的夜晚和激烈的讨论,劳瑞兹·马拉古奇仍然能保持清晰而触及广泛的乐观的目光。他在文化和政治方面都具有远见卓识的能力,他通过具体的行动和选择来预测未来。马拉古奇喜欢引用保罗·弗莱雷的话说,敢于挑战未来不是一种危险,而是人类尊严的一种必要。

注释

1. 这些是劳瑞兹·马拉古奇的话,摘自 2004 年他的话。

参考文献

Applebaum, A. (2013) *Iron Curtain: The crushing of Eastern Europe 1944–56*. London: Penguin Books.

Castagnetti, M. and Vecchi, V. (eds) (1997) *Shoe and Meter*. Reggio Emilia: Reggio Children.

Catarsi, E. (2004) 'Loris Malaguzzi and the municipal school revolution', *Children in Europe*, 6, 8–9.

Edwards, C., Gandini, L. and Forman, G. (eds) (2012, 3rd edn) *The Hundred Languages of Children*. Santa Barbara, CA: Praeger.

Foucault, M. (1984) 'Truth and power', in P. Rabinow (ed.) *Foucault Reader*. New York: Pantheon Books.

Ginsborg, P. (1990) *A History of Contemporary Italy: 1943–80*. London: Penguin Books.

Lorenzi, O., Borghi, E. and Canovi, A. (2001) *Una storia presente. L'esperienza delle scuole comunali dell'infanzia a Reggio Emilia*. Reggio Emilia: RSLibri.

Malaguzzi, L. (2012, 3rd edn) 'History, ideas and basic philosophy', in C. Edwards, L. Gandini and G. Forman (eds) *The Hundred Languages of Children*. Santa Barbara, CA: Praeger.

Moss, P. (2014) *Transformative Change and Real Utopias in Early Childhood Education: A story of democracy, experimentation and potentiality*. London: Routledge.

Paolella, F. (2010) 'Un esperimento di profilassi sociale. La colonia-scuola "Antonio Marro" di Reggio Emilia' ('An experiment of social prophylaxis. The special school "Antonio Marro" in Reggio Emilia'), *Rivista Sperimentale di Freniatria*, 134, 3, 23–34.

Putnam, R. (1993) *Making Democracy Work: Civic traditions in modern Italy*. Princeton, NJ: Princeton University Press.

Rinaldi, C. (2006) *In Dialogue with Reggio Emilia: Listening, researching and learning*. London: Routledge.

Sturloni, S. and Vecchi, V. (eds) (1999) *Everything Has a Shadow except Ants*. Reggio Emilia: Reggio Children.

Various Authors (2012) *One City, Many Children: Reggio Emilia, a history of the present*. Reggio Emilia: Reggio Children.

Vecchi, V. (2010) *Art and Creativity in Reggio Emilia: Exploring the role and potentiality of ateliers in early childhood education*. London: Routledge.

其他的由劳瑞兹·马拉古奇撰写或者他的采访的英文文章

Malaguzzi, L. (1993) 'For an education based on relationships', *Young Children*, 11/93, 9–13.
Malaguzzi, L. (2004) 'Walking on threads of silk' (interviewed by C. Barsotti), *Children in Europe*, 6, 10–15.
Malaguzzi, L. (2009) *Conversations with Loris Malaguzzi* (edited by J. Moestrup and K. Eskesen). Odense: Danish Reggio Emilia Network.

其他的有关劳瑞兹·马拉古奇的英文文章

Hoyuelos, A. (2004) 'A pedagogy of transgression', *Children in Europe*, 6, 6–7.
Hoyuelos, A. (2013) *The Ethics in Loris Malaguzzi's Philosophy*. Reykjavik: Isalda.
Smidt, S. (2013) *Introducing Malaguzzi: Exploring the life and work of Reggio Emilia's founding father*. London: Routledge.

其他的有关瑞吉欧·艾米利亚教育经验的英语资源精选

Fasano, M. (2002) *Not Just Anyplace*. Reggio Emilia: Reggio Children.
Malaguzzi, L. et al. (1996) *The Hundred Languages of Children, exhibition catalogue*. Reggio Emilia: Reggio Children.
Rinaldi, C., Giudici, C. and Krechevsky, M. (2001) *Making Learning Visible. Children as Individual and Group Learners*. Reggio Emilia: Reggio Children.
Various Authors (2010) *Indications of Preschools and Infant-Toddler Centres – Istituzione of the Municipality of Reggio Emilia*. Reggio Emilia: Reggio Children.
Various Authors (2011) *The Wonder of Learning, exhibition catalogue*. Reggio Emilia: Reggio Children.

想了解更多信息

www.scuolenidi.re.it
www.reggiochildren.it
www.reggiochildrenfoundation.org